最新经济管理政策法规汇编丛书（第一辑）

中国证券业政策法规汇编

2014年版

丛书编辑部 编

经济管理出版社
ECONOMY & MANAGEMENT PUBLISHING HOUSE

最新经济管理政策法规汇编丛书（第一辑）
专家审读组

最新经济管理政策法规汇编丛书（第一辑）
丛书编辑部

出版说明

一、为了方便证券行业投资者、研究者和管理者全面、系统地了解和掌握证券业相关政策法规，指导相关投资以及政府对证券行业政策法规的完善与更新，我们特编印此书。

二、《中国证券业政策法规汇编》按以下顺序编排：①综合类政策法规；②证券发行与承销政策法规；③证券登记结算政策法规；④证券交易政策法规；⑤证券信息披露政策法规；⑥证券监管政策法规；⑦部分地区政策法规。

三、本书较为系统地梳理、收录了我国近年来中央及地方出台的有关证券业监督管理方面的政策及法规。在编辑过程中，我们对一些已经失去时效或相关部门明确表示作废、终止的政策法规进行了筛选和删除。

四、本书将根据国家证券业政策法规的制定、出台及更新情况及时进行修订。

五、由于时间仓促，本书在编辑方面难免存在不足，敬请指正。

编　者

2013 年 12 月

目 录

第一编　综合类政策法规

第二编　证券发行与承销政策法规

第三编　证券登记结算政策法规

第四编 证券交易政策法规

第五编 证券信息披露政策法规

第六编 证券监管政策法规

第七编　部分地区政策法规

第一编　综合类政策法规

中华人民共和国证券法（2013年修正本）

（中华人民共和国主席令第43号，1998年12月29日第九届全国人民代表大会常务委员会第六次会议通过 根据2004年8月28日第十届全国人民代表大会常务委员会第十一次会议《关于修改〈中华人民共和国证券法〉的决定》第一次修正 2005年10月27日第十届全国人民代表大会常务委员会第十八次会议修订 根据2013年6月29日第十二届全国人民代表大会常务委员会第三次会议《关于修改〈中华人民共和国文物保护法〉等十二部法律的决定》第二次修正）

目　录

第一章　总　则

第一条　为了规范证券发行和交易行为，保护投资者的合法权益，维护社会经济秩序和社会公共利益，促进社会主义市场经济的发展，制定本法。

第二条　在中华人民共和国境内，股票、公司债券和国务院依法认定的其他证券的发行和交易，适用本法；本法未规定的，适用《中华人民共和国公司法》和其他法律、行政法规的规定。

政府债券、证券投资基金份额的上市交易，适用本法；其他法律、行政法规有特别规定的，适用其规定。

证券衍生品种发行、交易的管理办法，由国务院依照本法的原则规定。

第三条　证券的发行、交易活动，必须实行公开、公平、公正的原则。

第四条　证券发行、交易活动的当事人具有平等的法律地位，应当遵守自愿、有偿、诚实信用的原则。

第五条　证券的发行、交易活动，必须遵守法律、行政法规；禁止欺诈、内幕交易和操纵证券市场的行为。

第六条　证券业和银行业、信托业、保险业实行分业经营、分业管理，证券公司与银行、信托、保险业务机构分别设立。国家另有规定的除外。

第七条　国务院证券监督管理机构依法对全国证券市场实行集中统一监督管理。

国务院证券监督管理机构根据需要可以设立派出机构，按照授权履行监督管理职责。

第八条　在国家对证券发行、交易活动实行集中统一监督管理的前提下，依法设立证券业协会，实行自律性管理。

第九条　国家审计机关依法对证券交易所、证券公司、证券登记结算机构、证券监督管理机构进行审计监督。

第二章　证券发行

第十条　公开发行证券，必须符合法律、行政法规规定的条件，并依法报经国务院证券监督管理机构或者国务院授权的部门核准；未经依法核准，任何单位和个人不得公开发行证券。

有下列情形之一的，为公开发行：

（一）向不特定对象发行证券；

（二）向特定对象发行证券累计超过二百人的；

（三）法律、行政法规规定的其他发行行为。

非公开发行证券，不得采用广告、公开劝诱和变相公开方式。

第十一条　发行人申请公开发行股票、可转换为股票的公司债券，依法采取承销方式的，或者公开发行法律、行政法规规定实行保荐制度的其他证券的，应当聘请具有保荐资格的机构担任保荐人。

保荐人应当遵守业务规则和行业规范，诚实守信，勤勉尽责，对发行人的申请文件和信息披露资料进行审慎核查，督导发行人规范运作。

保荐人的资格及其管理办法由国务院证券监督管理机构规定。

第十二条　设立股份有限公司公开发行股票，应当符合《中华人民共和国公司法》规定的条件和经国务院批准的国务院证券监督管理机构规定的其他条件，向国务院证券监督管理机构报送募股申请和下列文件：

（一）公司章程；

（二）发起人协议；

（三）发起人姓名或者名称，发起人认购的股份数、出资种类及验资证明；

（四）招股说明书；

（五）代收股款银行的名称及地址；

（六）承销机构名称及有关的协议。

依照本法规定聘请保荐人的，还应当报送保荐人出具的发行保荐书。

法律、行政法规规定设立公司必须报经批准的，还应当提交相应的批准文件。

第十三条　公司公开发行新股，应当符合下列条件：

（一）具备健全且运行良好的组织机构；

（二）具有持续盈利能力，财务状况良好；

（三）最近三年财务会计文件无虚假记载，无其他重大违法行为；

（四）经国务院批准的国务院证券监督管理机构规定的其他条件。

上市公司非公开发行新股，应当符合经国务院批准的国务院证券监督管理机构规定的条件，并报国务院证券监督管理机构核准。

第十四条　公司公开发行新股，应当向国务院证券监督管理机构报送募股申请和下列文件：

（一）公司营业执照；

（二）公司章程；

（三）股东大会决议；

（四）招股说明书；

（五）财务会计报告；

（六）代收股款银行的名称及地址；

（七）承销机构名称及有关的协议。

依照本法规定聘请保荐人的，还应当报送保荐人出具的发行保荐书。

第十五条　公司对公开发行股票所募集资金，必须按照招股说明书所列资金用途使用。改变招股说明书所列资金用途，必须经股东大会作出决议。擅自改变用途而未作纠正的，或者未经股东大会认可的，不得公开发行新股。

第十六条　公开发行公司债券，应当符合下列条件：

（一）股份有限公司的净资产不低于人民币三千万元，有限责任公司的净资产不低于人民币六千万元；

（二）累计债券余额不超过公司净资产的40%；

（三）最近三年平均可分配利润足以支付公司债券一年的利息；

（四）筹集的资金投向符合国家产业政策；

（五）债券的利率不超过国务院限定的利率水平；

（六）国务院规定的其他条件。

公开发行公司债券筹集的资金，必须用于核准的用途，不得用于弥补亏损和非生产性支出。

上市公司发行可转换为股票的公司债券，除应当符合第一款规定的条件外，还应当符合本法关于公开发行股票的条件，并报国务院证券监督管理机构核准。

第十七条　申请公开发行公司债券，应当向国务院授权的部门或者国务院证券监督管理机构报送下列文件：

（一）公司营业执照；

（二）公司章程；

（三）公司债券募集办法；

（四）资产评估报告和验资报告；

（五）国务院授权的部门或者国务院证券监督管理机构规定的其他文件。

依照本法规定聘请保荐人的，还应当报送保荐人出具的发行保荐书。

第十八条　有下列情形之一的，不得再次公开发行公司债券：

（一）前一次公开发行的公司债券尚未募足；

（二）对已公开发行的公司债券或者其他债务有违约或者延迟支付本息的事实，仍处于继续状态；

（三）违反本法规定，改变公开发行公司债券所募资金的用途。

第十九条　发行人依法申请核准发行证券所报送的申请文件的格式、报送方式，由依法负责核准的机构或者部门规定。

第二十条　发行人向国务院证券监督管理机构或者国务院授权的部门报送的证券发行申请文件，必须真实、准确、完整。

为证券发行出具有关文件的证券服务机构和人员，必须严格履行法定职责，保证其所出具文件的真实性、准确性和完整性。

第二十一条　发行人申请首次公开发行股票的，在提交申请文件后，应当按照国务院证券监督管理机构的规定预先披露有关申请文件。

第二十二条　国务院证券监督管理机构设发行审核委员会，依法审核股票发行申请。

发行审核委员会由国务院证券监督管理机构的专业人员和所聘请的该机构外的有关专家组成，以投票方式对股票发行申请进行表决，提出审核意见。

发行审核委员会的具体组成办法、组成人员任期、工作程序，由国务院证券监督管理机构规定。

第二十三条　国务院证券监督管理机构依照法定条件负责核准股票发行申请。核准程序应当公开，依法接受监督。

参与审核和核准股票发行申请的人员，不得与发行申请人有利害关系，不得直接或者间接接受发行申请人的馈赠，不得持有所核准的发行申请的股票，不得私下与发行申请人进行接触。

国务院授权的部门对公司债券发行申请的核准，参照前两款的规定执行。

第二十四条　国务院证券监督管理机构或者国务院授权的部门应当自受理证券发行申请文件之日起三个月内，依照法定条件和法定程序作出予以核准或者不予核准的决定，发行人根据要求补充、修改发行申请文件的时间不计算在内；不予核准的，应当说明理由。

第二十五条　证券发行申请经核准，发行人应当依照法律、行政法规的规定，在证券公开发行前，公告公开发行募集文件，并将该文件置备于指定场所供公众查阅。

发行证券的信息依法公开前，任何知情人不得公开或者泄露该信息。

发行人不得在公告公开发行募集文件前发行证券。

第二十六条　国务院证券监督管理机构或者国务院授权的部门对已作出的核准证券发行的决定，发现不符合法定条件或者法定程序，尚未发行证券的，应当予以撤销，停止发行。已经发行尚未上市的，撤销发行核准决定，发行人应当按照发行价并加算银行同期存款利息返还证券持有人；保荐人应当与发行人承担连带责任，但是能够证明自己没有过错的除外；发行人的控股股东、实际控制人有过错的，应当与发行人承担连带责任。

第二十七条　股票依法发行后，发行人经营与收益的变化，由发行人自行负责；由此变化引致的投资风险，由投资者自行负责。

第二十八条　发行人向不特定对象公开发行的证券，法律、行政法规规定应当由证券公司承销的，发行人应当同证券公司签订承销协议。证券承销业务采取代销或者包销方式。

证券代销是指证券公司代发行人发售证券，在承销期结束时，将未售出的证券全部退还给发行人的承销方式。

证券包销是指证券公司将发行人的证券按照协议全部购入或者在承销期结束时将售后剩余证券全部自行购入的承销方式。

第二十九条　公开发行证券的发行人有权依法自主选择承销的证券公司。证券公司不得以不正当竞争手段招揽证券承销业务。

第三十条　证券公司承销证券，应当同发行人签订代销或者包销协议，载明下列事项：

（一）当事人的名称、住所及法定代表人姓名；

（二）代销、包销证券的种类、数量、金额及发行价格；

（三）代销、包销的期限及起止日期；

（四）代销、包销的付款方式及日期；

（五）代销、包销的费用和结算办法；

（六）违约责任；

（七）国务院证券监督管理机构规定的其他事项。

第三十一条　证券公司承销证券，应当对公开发行募集文件的真实性、准确性、完整性进行核查；发现有虚假记载、误导性陈述或者重大遗漏的，不得进行销售活动；已经销售的，必须立即停止销售活动，并采取纠正措施。

第三十二条　向不特定对象公开发行的证券票面总值超过人民币五千万元的，应当由承销团承销。承销团应当由主承销和参与承销的证券公司组成。

第三十三条　证券的代销、包销期限最长不得超过九十日。

证券公司在代销、包销期内，对所代销、包销的证券应当保证先行出售给认购人，证券公司不得为本公司预留所代销的证券和预先购入并留存所包销的证券。

第三十四条　股票发行采取溢价发行的，其发行价格由发行人与承销的证券公司协商确定。

第三十五条　股票发行采用代销方式，代销期限届满，向投资者出售的股票数量未达到拟公开发行股票数量70%的，为发行失败。发行人应当按照发行价并加算银行同期存款利息返还股票认购人。

第三十六条　公开发行股票，代销、包销期限届满，发行人应当在规定的期限内将股票发行情况报国务院证券监督管理机构备案。

第三章　证券交易

第一节　一般规定

第三十七条　证券交易当事人依法买卖的证券，必须是依法发行并交付的证券。

非依法发行的证券，不得买卖。

第三十八条　依法发行的股票、公司债券及其他证券，法律对其转让期限有限制性规定的，在限定的期限内不得买卖。

第三十九条　依法公开发行的股票、公司债券及其他证券，应当在依法设立的证券交易所上市交易或者在国务院批准的其他证券交易场所转让。

第四十条　证券在证券交易所上市交易，应当采用公开的集中交易方式或者国务院证券监督管理机构批准的其他方式。

第四十一条　证券交易当事人买卖的证券可以采用纸面形式或者国务院证券监督管理机构规定的其他形式。

第四十二条　证券交易以现货和国务院规定的其他方式进行交易。

第四十三条　证券交易所、证券公司和证券登记结算机构的从业人员、证券监督管理机构的工作人员以及法律、行政法规禁止参与股票交易的其他人员，在任期或者法定限期内，不得直接或者以化名、借他人名义持有、买卖股票，也不得收受他人赠送的股票。

任何人在成为前款所列人员时，其原已持有的股票，必须依法转让。

第四十四条　证券交易所、证券公司、证券登记结算机构必须依法为客户开立的账户保密。

第四十五条　为股票发行出具审计报告、资产评估报告或者法律意见书等文件的证券服务机构和人员，在该股票承销期内和期满后六个月内，不得买卖该种股票。

除前款规定外，为上市公司出具审计报告、资产评估报告或者法律意见书等文件的证券服务机构和人员，自接受上市公司委托之日起至上述文件公开后五日内，不得买卖该种股票。

第四十六条　证券交易的收费必须合理，并公开收费项目、收费标准和收费办法。

证券交易的收费项目、收费标准和管理办法由国务院有关主管部门统一规定。

第四十七条　上市公司董事、监事、高级管理人员、持有上市公司股份 5%以上的股东，将其持有的该公司的股票在买入后六个月内卖出，或者在卖出后六个月内又买入，由此所得收益归该公司所有，公司董事会应当收回其所得收益。但是，证券公司因包销购入售后剩余股票而持有 5%以上股份的，卖出该股票不受六个月时间限制。

公司董事会不按照前款规定执行的，股东有权要求董事会在三十日内执行。公司董事会未在上述期限内执行的，股东有权为了公司的利益以自己的名义直接向人民法院提起诉讼。

公司董事会不按照第一款的规定执行的，负有责任的董事依法承担连带责任。

第二节　证券上市

第四十八条　申请证券上市交易，应当向证券交易所提出申请，由证券交易所依法审核同意，并由双方签订上市协议。

证券交易所根据国务院授权的部门的决定安排政府债券上市交易。

第四十九条　申请股票、可转换为股票的公司债券或者法律、行政法规规定实行保荐制度的其他证券上市交易，应当聘请具有保荐资格的机构担任保荐人。

本法第十一条第二款、第三款的规定适用于上市保荐人。

第五十条　股份有限公司申请股票上市，应当符合下列条件：

（一）股票经国务院证券监督管理机构核准已公开发行；

（二）公司股本总额不少于人民币三千万元；

（三）公开发行的股份达到公司股份总数的 25%以上；公司股本总额超过人民币四亿元的，公开发行股份的比例为 10%以上；

（四）公司最近三年无重大违法行为，财务会计报告无虚假记载。

证券交易所可以规定高于前款规定的上市条件，并报国务院证券监督管理机构批准。

第五十一条　国家鼓励符合产业政策并符合上市条件的公司股票上市交易。

第五十二条　申请股票上市交易，应当向证券交易所报送下列文件：

（一）上市报告书；

（二）申请股票上市的股东大会决议；

（三）公司章程；

（四）公司营业执照；

（五）依法经会计师事务所审计的公司最近三年的财务会计报告；

（六）法律意见书和上市保荐书；

（七）最近一次的招股说明书；

（八）证券交易所上市规则规定的其他文件。

第五十三条　股票上市交易申请经证券交易所审核同意后，签订上市协议的公司应当在规定的期限内公告股票上市的有关文件，并将该文件置备于指定场所供公众查阅。

第五十四条　签订上市协议的公司除公告前条规定的文件外，还应当公告下列事项：

（一）股票获准在证券交易所交易的日期；

（二）持有公司股份最多的前十名股东的名单和持股数额；

（三）公司的实际控制人；

（四）董事、监事、高级管理人员的姓名及其持有本公司股票和债券的情况。

第五十五条　上市公司有下列情形之一的，由证券交易所决定暂停其股票上市交易：

（一）公司股本总额、股权分布等发生变化不再具备上市条件；

（二）公司不按照规定公开其财务状况，或者对财务会计报告作虚假记载，可能误导投资者；

（三）公司有重大违法行为；

（四）公司最近三年连续亏损；

（五）证券交易所上市规则规定的其他情形。

第五十六条　上市公司有下列情形之一的，由证券交易所决定终止其股票上市交易：

（一）公司股本总额、股权分布等发生变化不再具备上市条件，在证券交易所规定的期限内仍不能达到上市条件；

（二）公司不按照规定公开其财务状况，或者对财务会计报告作虚假记载，且拒绝纠正；

（三）公司最近三年连续亏损，在其后一个年度内未能恢复盈利；

（四）公司解散或者被宣告破产；

（五）证券交易所上市规则规定的其他情形。

第五十七条　公司申请公司债券上市交易，应当符合下列条件：

（一）公司债券的期限为一年以上；

（二）公司债券实际发行额不少于人民币五千万元；

（三）公司申请债券上市时仍符合法定的公司债券发行条件。

第五十八条　申请公司债券上市交易，应当向证券交易所报送下列文件：

（一）上市报告书；

（二）申请公司债券上市的董事会决议；

（三）公司章程；

（四）公司营业执照；

（五）公司债券募集办法；

（六）公司债券的实际发行数额；

（七）证券交易所上市规则规定的其他文件。

申请可转换为股票的公司债券上市交易，还应当报送保荐人出具的上市保荐书。

第五十九条　公司债券上市交易申请经证券交易所审核同意后，签订上市协议的公司应当在规定的期限内公告公司债券上市文件及有关文件，并将其申请文件置备于指定场所供公众查阅。

第六十条　公司债券上市交易后，公司有下列情形之一的，由证券交易所决定暂停其公司债券上市交易：

（一）公司有重大违法行为；

（二）公司情况发生重大变化不符合公司债券上市条件；

（三）发行公司债券所募集的资金不按照核准的用途使用；

（四）未按照公司债券募集办法履行义务；

（五）公司最近二年连续亏损。

第六十一条　公司有前条第（一）项、第（四）项所列情形之一经查实后果严重的，或者有前条第（二）项、第（三）项、第（五）项所列情形之一，在限期内未能消除的，由证券交易所决定终止其公司债券上市交易。

公司解散或者被宣告破产的，由证券交易所终止其公司债券上市交易。

第六十二条　对证券交易所作出的不予上市、暂停上市、终止上市决定不服的，可以向证券交易所设立的复核机构申请复核。

第三节　持续信息公开

第六十三条　发行人、上市公司依法披露的信息，必须真实、准确、完整，不得有虚假记载、误导性陈述或者重大遗漏。

第六十四条　经国务院证券监督管理机构核准依法公开发行股票，或者经国务院授权的部门核准依法公开发行公司债券，应当公告招股说明书、公司债券募集办法。依法公开发行新股或者公司债券的，还应当公告财务会计报告。

第六十五条　上市公司和公司债券上市交易的公司，应当在每一会计年度的上半年结束之日起二个月内，向国务院证券监督管理机构和证券交易所报送记载以下内容的中期报告，并予公告：

（一）公司财务会计报告和经营情况；

（二）涉及公司的重大诉讼事项；

（三）已发行的股票、公司债券变动情况；

（四）提交股东大会审议的重要事项；

（五）国务院证券监督管理机构规定的其他事项。

第六十六条　上市公司和公司债券上市交易的公司，应当在每一会计年度结束之日起四个月内，向国务院证券监督管理机构和证券交易所报送记载以下内容的年度报告，并予公告：

（一）公司概况；

（二）公司财务会计报告和经营情况；

（三）董事、监事、高级管理人员简介及其持股情况；

（四）已发行的股票、公司债券情况，包括持有公司股份最多的前十名股东名单和持股数额；

（五）公司的实际控制人；

（六）国务院证券监督管理机构规定的其他事项。

第六十七条　发生可能对上市公司股票交易价格产生较大影响的重大事件，投资者尚未得知时，上市公司应当立即将有关该重大事件的情况向国务院证券监督管理机构和证券交易所报送临时报告，并予公告，说明事件的起因、目前的状态和可能产生的法律后果。

下列情况为前款所称重大事件：

（一）公司的经营方针和经营范围的重大变化；

（二）公司的重大投资行为和重大的购置财产的决定；

（三）公司订立重要合同，可能对公司的资产、负债、权益和经营成果产生重要影响；

（四）公司发生重大债务和未能清偿到期重大债务的违约情况；

（五）公司发生重大亏损或者重大损失；

（六）公司生产经营的外部条件发生的重大变化；

（七）公司的董事、1/3 以上监事或者经理发生变动；

（八）持有公司 5%以上股份的股东或者实际控制人，其持有股份或者控制公司的情况发生较大变化；

（九）公司减资、合并、分立、解散及申请破产的决定；

（十）涉及公司的重大诉讼，股东大会、董事会决议被依法撤销或者宣告无效；

（十一）公司涉嫌犯罪被司法机关立案调查，公司董事、监事、高级管理人员涉嫌犯罪被司法机关采取强制措施；

（十二）国务院证券监督管理机构规定的其他事项。

第六十八条　上市公司董事、高级管理人员应当对公司定期报告签署书面确认意见。

上市公司监事会应当对董事会编制的公司定期报告进行审核并提出书面审核意见。

上市公司董事、监事、高级管理人员应当保证上市公司所披露的信息真实、准确、完整。

第六十九条　发行人、上市公司公告的招股说明书、公司债券募集办法、财务会计报告、上市报告文件、年度报告、中期报告、临时报告以及其他信息披露资料，有虚假记载、误导性陈述或者重大遗漏，致使投资者在证券交易中遭受损失的，发行人、上市公司应当承担赔偿责任；发行人、上市公司的董事、监事、高级管理人员和其他直接责任人员以及保荐人、承销的证券公司，应当与发行人、上市公司承担连带赔偿责任，但是能够证明自己没有过错的除外；发行人、上市公司的控股股东、实际控制人有过错的，应当与发行人、上市公司承担连带赔偿责任。

第七十条　依法必须披露的信息，应当在国务院证券监督管理机构指定的媒体发布，同时将其置备于公司住所、证券交易所，供社会公众查阅。

第七十一条　国务院证券监督管理机构对上市公司年度报告、中期报告、临时报告以及公告的情况进行监督，对上市公司分派或者配售新股的情况进行监督，对上市公司控股股东和信息披露义务人的行为进行监督。

证券监督管理机构、证券交易所、保荐人、承销的证券公司及有关人员，对公司依照法律、行政法规规定必须作出的公告，在公告前不得泄露其内容。

第七十二条　证券交易所决定暂停或者终止证券上市交易的，应当及时公告，并报国务院证券监督管理机构备案。

第四节　禁止的交易行为

第七十三条　禁止证券交易内幕信息的知情人和非法获取内幕信息的人利用内幕信息从事证券交易活动。

第七十四条　证券交易内幕信息的知情人包括：

（一）发行人的董事、监事、高级管理人员；

（二）持有公司5%以上股份的股东及其董事、监事、高级管理人员，公司的实际控制人及其董事、监事、高级管理人员；

（三）发行人控股的公司及其董事、监事、高级管理人员；

（四）由于所任公司职务可以获取公司有关内幕信息的人员；

（五）证券监督管理机构工作人员以及由于法定职责对证券的发行、交易进行管理的其他人员；

（六）保荐人、承销的证券公司、证券交易所、证券登记结算机构、证券服务机构的有关人员；

（七）国务院证券监督管理机构规定的其他人。

第七十五条　证券交易活动中，涉及公司的经营、财务或者对该公司证券的市场价格有重大影响的尚未公开的信息，为内幕信息。

下列信息皆属内幕信息：

（一）本法第六十七条第二款所列重大事件；

（二）公司分配股利或者增资的计划；

（三）公司股权结构的重大变化；

（四）公司债务担保的重大变更；

（五）公司营业用主要资产的抵押、出售或者报废一次超过该资产的30%；

（六）公司的董事、监事、高级管理人员的行为可能依法承担重大损害赔偿责任；

（七）上市公司收购的有关方案；

（八）国务院证券监督管理机构认定的对证券交易价格有显著影响的其他重要信息。

第七十六条　证券交易内幕信息的知情人和非法获取内幕信息的人，在内幕信息公开前，不得买卖该公司的证券，或者泄露该信息，或者建议他人买卖该证券。

持有或者通过协议、其他安排与他人共同持有公司 5%以上股份的自然人、法人、其他组织收购上市公司的股份，本法另有规定的，适用其规定。

内幕交易行为给投资者造成损失的，行为人应当依法承担赔偿责任。

第七十七条　禁止任何人以下列手段操纵证券市场：

（一）单独或者通过合谋，集中资金优势、持股优势或者利用信息优势联合或者连续买卖，操纵证券交易价格或者证券交易量；

（二）与他人串通，以事先约定的时间、价格和方式相互进行证券交易，影响证券交易价格或者证券交易量；

（三）在自己实际控制的账户之间进行证券交易，影响证券交易价格或者证券交易量；

（四）以其他手段操纵证券市场。

操纵证券市场行为给投资者造成损失的，行为人应当依法承担赔偿责任。

第七十八条　禁止国家工作人员、传播媒介从业人员和有关人员编造、传播虚假信息，扰乱证券市场。

禁止证券交易所、证券公司、证券登记结算机构、证券服务机构及其从业人员，证券业协会、证券监督管理机构及其工作人员，在证券交易活动中作出虚假陈述或者信息误导。

各种传播媒介传播证券市场信息必须真实、客观，禁止误导。

第七十九条　禁止证券公司及其从业人员从事下列损害客户利益的欺诈行为：

（一）违背客户的委托为其买卖证券；

（二）不在规定时间内向客户提供交易的书面确认文件；

（三）挪用客户所委托买卖的证券或者客户账户上的资金；

（四）未经客户的委托，擅自为客户买卖证券，或者假借客户的名义买卖证券；

（五）为牟取佣金收入，诱使客户进行不必要的证券买卖；

（六）利用传播媒介或者通过其他方式提供、传播虚假或者误导投资者的信息；

（七）其他违背客户真实意思表示，损害客户利益的行为。

欺诈客户行为给客户造成损失的，行为人应当依法承担赔偿责任。

第八十条　禁止法人非法利用他人账户从事证券交易；禁止法人出借自己或者他人的证券账户。

第八十一条　依法拓宽资金入市渠道，禁止资金违规流入股市。

第八十二条　禁止任何人挪用公款买卖证券。

第八十三条　国有企业和国有资产控股的企业买卖上市交易的股票，必须遵守国家有关规定。

第八十四条　证券交易所、证券公司、证券登记结算机构、证券服务机构及其从业人员对证券交易中发现的禁止的交易行为，应当及时向证券监督管理机构报告。

第四章　上市公司的收购

第八十五条　投资者可以采取要约收购、协议收购及其他合法方式收购上市公司。

第八十六条　通过证券交易所的证券交易，投资者持有或者通过协议、其他安排与他人共同持有一个上市公司已发行的股份达到 5%时，应当在该事实发生之日起三日内，向国务院证券监督管理机构、证券交易所作出书面报告，通知该上市公司，并予公告；在上述期限内，不得再行买卖该上市公司的股票。

投资者持有或者通过协议、其他安排与他人共同持有一个上市公司已发行的股份达到 5%后，其所持该上市公司已发行的股份比例每增加或者减少 5%，应当依照前款规定进行报告和公告。在报告期限内和作出报告、公告后二日内，不得再行买卖该上市公司的股票。

第八十七条　依照前条规定所作的书面报告和公告，应当包括下列内容：

（一）持股人的名称、住所；

（二）持有的股票的名称、数额；

（三）持股达到法定比例或者持股增减变化达到法定比例的日期。

第八十八条　通过证券交易所的证券交易，投资者持有或者通过协议、其他安排与他人共同持有一个上市公司已发行的股份达到30%时，继续进行收购的，应当依法向该上市公司所有股东发出收购上市公司全部或者部分股份的要约。

收购上市公司部分股份的收购要约应当约定，被收购公司股东承诺出售的股份数额超过预定收购的股份数额的，收购人按比例进行收购。

第八十九条　依照前条规定发出收购要约，收购人必须事先向国务院证券监督管理机构报送上市公司收购报告书，并载明下列事项：

（一）收购人的名称、住所；

（二）收购人关于收购的决定；

（三）被收购的上市公司名称；

（四）收购目的；

（五）收购股份的详细名称和预定收购的股份数额；

（六）收购期限、收购价格；

（七）收购所需资金额及资金保证；

（八）报送上市公司收购报告书时持有被收购公司股份数占该公司已发行的股份总数的比例。

收购人还应当将上市公司收购报告书同时提交证券交易所。

第九十条　收购人在依照前条规定报送上市公司收购报告书之日起十五日后，公告其收购要约。在上述期限内，国务院证券监督管理机构发现上市公司收购报告书不符合法律、行政法规规定的，应当及时告知收购人，收购人不得公告其收购要约。

收购要约约定的收购期限不得少于三十日，并不得超过六十日。

第九十一条　在收购要约确定的承诺期限内，收购人不得撤销其收购要约。收购人需要变更收购要约的，必须事先向国务院证券监督管理机构及证券交易所提出报告，经批准后，予以公告。

第九十二条　收购要约提出的各项收购条件，适用于被收购公司的所有股东。

第九十三条　采取要约收购方式的，收购人在收购期限内，不得卖出被收购公司的股票，也不得采取要约规定以外的形式和超出要约的条件买入被收购公司的股票。

第九十四条　采取协议收购方式的，收购人可以依照法律、行政法规的规定同被收购公司的股东以协议方式进行股份转让。

以协议方式收购上市公司时，达成协议后，收购人必须在三日内将该收购协议向国务院证券监督管理机构及证券交易所作出书面报告，并予公告。

在公告前不得履行收购协议。

第九十五条　采取协议收购方式的，协议双方可以临时委托证券登记结算机构保管协议转让的股票，并将资金存放于指定的银行。

第九十六条　采取协议收购方式的，收购人收购或者通过协议、其他安排与他人共同收购一个上市公司已发行的股份达到30%时，继续进行收购的，应当向该上市公司所有股东发出收购上市公司全部或者部分股份的要约。但是，经国务院证券监督管理机构免除发出要约的除外。

收购人依照前款规定以要约方式收购上市公司股份，应当遵守本法第八十九条至第九十三条的规定。

第九十七条　收购期限届满，被收购公司股权分布不符合上市条件的，该上市公司的股票应当由证券交易所依法终止上市交易；其余仍持有被收购公司股票的股东，有权向收购人以收购要约的同等条件出售其股票，收购人应当收购。

收购行为完成后，被收购公司不再具备股份有限公司条件的，应当依法变更企业形式。

第九十八条　在上市公司收购中，收购人持有的被收购的上市公司的股票，在收购行为完成后的十二个月内不得转让。

第九十九条　收购行为完成后，收购人与被收购公司合并，并将该公司解散的，被解散公司的原有股票由收购人依法更换。

第一百条　收购行为完成后，收购人应当在十五日内将收购情况报告国务院证券监督管理机构和证券交易所，并予公告。

第一百零一条　收购上市公司中由国家授权投资的机构持有的股份，应当按照国务院的规定，经有关主管部门批准。

国务院证券监督管理机构应当依照本法的原则制定上市公司收购的具体办法。

第五章　证券交易所

第一百零二条　证券交易所是为证券集中交易提供场所和设施，组织和监督证券交易，实行自律管理的法人。

证券交易所的设立和解散，由国务院决定。

第一百零三条　设立证券交易所必须制定章程。

证券交易所章程的制定和修改，必须经国务院证券监督管理机构批准。

第一百零四条　证券交易所必须在其名称中标明证券交易所字样。其他任何单位或者个人不得使用证券交易所或者近似的名称。

第一百零五条　证券交易所可以自行支配的各项费用收入，应当首先用于保证其证券交易场所和设施的正常运行并逐步改善。

实行会员制的证券交易所的财产积累归会员所有，其权益由会员共同享有，在其存续期间，不得将其财产积累分配给会员。

第一百零六条　证券交易所设理事会。

第一百零七条　证券交易所设总经理一人，由国务院证券监督管理机构任免。

第一百零八条　有《中华人民共和国公司法》第一百四十七条规定的情形或者下列情形之一的，不得担任证券交易所的负责人：

（一）因违法行为或者违纪行为被解除职务的证券交易所、证券登记结算机构的负责人或者证券公司的董事、监事、高级管理人员，自被解除职务之日起未逾五年；

（二）因违法行为或者违纪行为被撤销资格的律师、注册会计师或者投资咨询机构、财务顾问机构、资信评级机构、资产评估机构、验证机构的专业人员，自被撤销资格之日起未逾五年。

第一百零九条　因违法行为或者违纪行为被开除的证券交易所、证券登记结算机构、证券服务机构、证券公司的从业人员和被开除的国家机关工作人员，不得招聘为证券交易所的从业人员。

第一百一十条　进入证券交易所参与集中交易的，必须是证券交易所的会员。

第一百一十一条　投资者应当与证券公司签订证券交易委托协议，并在证券公司开立证券交易账户，以书面、电话以及其他方式，委托该证券公司代其买卖证券。

第一百一十二条　证券公司根据投资者的委托，按照证券交易规则提出交易申报，参与证券交易所场内的集中交易，并根据成交结果承担相应的清算交收责任；证券登记结算机构根据成交结果，按照清算交收规则，与证券公司进行证券和资金的清算交收，并为证券公司客户办理证券的登记过户手续。

第一百一十三条 证券交易所应当为组织公平的集中交易提供保障，公布证券交易即时行情，并按交易日制作证券市场行情表，予以公布。

未经证券交易所许可，任何单位和个人不得发布证券交易即时行情。

第一百一十四条 因突发性事件而影响证券交易的正常进行时，证券交易所可以采取技术性停牌的措施；因不可抗力的突发性事件或者为维护证券交易的正常秩序，证券交易所可以决定临时停市。

证券交易所采取技术性停牌或者决定临时停市，必须及时报告国务院证券监督管理机构。

第一百一十五条 证券交易所对证券交易实行实时监控，并按照国务院证券监督管理机构的要求，对异常的交易情况提出报告。

证券交易所应当对上市公司及相关信息披露义务人披露信息进行监督，督促其依法及时、准确地披露信息。

证券交易所根据需要，可以对出现重大异常交易情况的证券账户限制交易，并报国务院证券监督管理机构备案。

第一百一十六条 证券交易所应当从其收取的交易费用和会员费、席位费中提取一定比例的金额设立风险基金。风险基金由证券交易所理事会管理。

风险基金提取的具体比例和使用办法，由国务院证券监督管理机构会同国务院财政部门规定。

第一百一十七条 证券交易所应当将收存的风险基金存入开户银行专门账户，不得擅自使用。

第一百一十八条 证券交易所依照证券法律、行政法规制定上市规则、交易规则、会员管理规则和其他有关规则，并报国务院证券监督管理机构批准。

第一百一十九条 证券交易所的负责人和其他从业人员在执行与证券交易有关的职务时，与其本人或者其亲属有利害关系的，应当回避。

第一百二十条 按照依法制定的交易规则进行的交易，不得改变其交易结果。对交易中违规交易者应负的民事责任不得免除；在违规交易中所获利益，依照有关规定处理。

第一百二十一条 在证券交易所内从事证券交易的人员，违反证券交易所有关交易规则的，由证券交易所给予纪律处分；对情节严重的，撤销其资格，禁止其入场进行证券交易。

第六章 证券公司

第一百二十二条 设立证券公司，必须经国务院证券监督管理机构审查批准。未经国务院证券监督管理机构批准，任何单位和个人不得经营证券业务。

第一百二十三条 本法所称证券公司是指依照《中华人民共和国公司法》和本法规定设立的经营证券业务的有限责任公司或者股份有限公司。

第一百二十四条 设立证券公司，应当具备下列条件：

（一）有符合法律、行政法规规定的公司章程；

（二）主要股东具有持续盈利能力，信誉良好，最近三年无重大违法违规记录，净资产不低于人民币二亿元；

（三）有符合本法规定的注册资本；

（四）董事、监事、高级管理人员具备任职资格，从业人员具有证券从业资格；

（五）有完善的风险管理与内部控制制度；

（六）有合格的经营场所和业务设施；

（七）法律、行政法规规定的和经国务院批准的国务院证券监督管理机构规定的其他条件。

第一百二十五条 经国务院证券监督管理机构批准，证券公司可以经营下列部分或者全部业务：

（一）证券经纪；

（二）证券投资咨询；

（三）与证券交易、证券投资活动有关的财务顾问；

（四）证券承销与保荐；

（五）证券自营；

（六）证券资产管理；

（七）其他证券业务。

第一百二十六条 证券公司必须在其名称中标明证券有限责任公司或者证券股份有限公司字样。

第一百二十七条 证券公司经营本法第一百二十五条第（一）项至第（三）项业务的，注册资本最低限额为人民币五千万元；经营第（四）项至第（七）项业务之一的，注册资本最低限额为人民币一亿元；经营第（四）项至第（七）项业务中两项以上的，注册资本最低限额为人民币五亿元。证券公司的注册资本应当是实缴资本。

国务院证券监督管理机构根据审慎监管原则和各项业务的风险程度，可以调整注册资本最低限额，但不得少于前款规定的限额。

第一百二十八条 国务院证券监督管理机构应当自受理证券公司设立申请之日起六个月内，依照法定条件和法定程序并根据审慎监管原则进行审查，作出批准或者不予批准的决定，并通知申请人；不予批准的，应当说明理由。

证券公司设立申请获得批准的，申请人应当在规定的期限内向公司登记机关申请设立登记，领取营业执照。

证券公司应当自领取营业执照之日起十五日内，向国务院证券监督管理机构申请经营证券业务许可证。未取得经营证券业务许可证，证券公司不得经营证券业务。

第一百二十九条 证券公司设立、收购或者撤销分支机构，变更业务范围，增加注册资本且股权结构发生重大调整，减少注册资本，变更持有5%以上股权的股东、实际控制人，变更公司章程中的重要条款，合并、分立、停业、解散、破产，必须经国务院证券监督管理机构批准。

证券公司在境外设立、收购或者参股证券经营机构，必须经国务院证券监督管理机构批准。

第一百三十条 国务院证券监督管理机构应当对证券公司的净资本，净资本与负债的比例，净资本与净资产的比例，净资本与自营、承销、资产管理等业务规模的比例，负债与净资产的比例，以及流动资产与流动负债的比例等风险控制指标作出规定。

证券公司不得为其股东或者股东的关联人提供融资或者担保。

第一百三十一条 证券公司的董事、监事、高级管理人员，应当正直诚实，品行良好，熟悉证券法律、行政法规，具有履行职责所需的经营管理能力，并在任职前取得国务院证券监督管理机构核准的任职资格。

有《中华人民共和国公司法》第一百四十七条规定的情形或者下列情形之一的，不得担任证券公司的董事、监事、高级管理人员：

（一）因违法行为或者违纪行为被解除职务的证券交易所、证券登记结算机构的负责人或者证券公司的董事、监事、高级管理人员，自被解除职务之日起未逾五年；

（二）因违法行为或者违纪行为被撤销资格的律师、注册会计师或者投资咨询机构、财务顾问机构、资信评级机构、资产评估机构、验证机构的专业人员，自被撤销资格之日起未逾五年。

第一百三十二条 因违法行为或者违纪行为被开除的证券交易所、证券登记结算机构、证券服务机构、证券公司的从业人员和被开除的国家机关工作人员，不得招聘为证券公司的从业人员。

第一百三十三条　国家机关工作人员和法律、行政法规规定的禁止在公司中兼职的其他人员，不得在证券公司中兼任职务。

第一百三十四条　国家设立证券投资者保护基金。证券投资者保护基金由证券公司缴纳的资金及其他依法筹集的资金组成，其筹集、管理和使用的具体办法由国务院规定。

第一百三十五条　证券公司从每年的税后利润中提取交易风险准备金，用于弥补证券交易的损失，其提取的具体比例由国务院证券监督管理机构规定。

第一百三十六条　证券公司应当建立健全内部控制制度，采取有效隔离措施，防范公司与客户之间、不同客户之间的利益冲突。

证券公司必须将其证券经纪业务、证券承销业务、证券自营业务和证券资产管理业务分开办理，不得混合操作。

第一百三十七条　证券公司的自营业务必须以自己的名义进行，不得假借他人名义或者以个人名义进行。

证券公司的自营业务必须使用自有资金和依法筹集的资金。

证券公司不得将其自营账户借给他人使用。

第一百三十八条　证券公司依法享有自主经营的权利，其合法经营不受干涉。

第一百三十九条　证券公司客户的交易结算资金应当存放在商业银行，以每个客户的名义单独立户管理。具体办法和实施步骤由国务院规定。

证券公司不得将客户的交易结算资金和证券归入其自有财产。禁止任何单位或者个人以任何形式挪用客户的交易结算资金和证券。证券公司破产或者清算时，客户的交易结算资金和证券不属于其破产财产或者清算财产。非因客户本身的债务或者法律规定的其他情形，不得查封、冻结、扣划或者强制执行客户的交易结算资金和证券。

第一百四十条　证券公司办理经纪业务，应当置备统一制定的证券买卖委托书，供委托人使用。采取其他委托方式的，必须作出委托记录。

客户的证券买卖委托，不论是否成交，其委托记录应当按照规定的期限，保存于证券公司。

第一百四十一条　证券公司接受证券买卖的委托，应当根据委托书载明的证券名称、买卖数量、出价方式、价格幅度等，按照交易规则代理买卖证券，如实进行交易记录；买卖成交后，应当按照规定制作买卖成交报告单交付客户。

证券交易中确认交易行为及其交易结果的对账单必须真实，并由交易经办人员以外的审核人员逐笔审核，保证账面证券余额与实际持有的证券相一致。

第一百四十二条　证券公司为客户买卖证券提供融资融券服务，应当按照国务院的规定并经国务院证券监督管理机构批准。

第一百四十三条　证券公司办理经纪业务，不得接受客户的全权委托而决定证券买卖、选择证券种类、决定买卖数量或者买卖价格。

第一百四十四条　证券公司不得以任何方式对客户证券买卖的收益或者赔偿证券买卖的损失作出承诺。

第一百四十五条　证券公司及其从业人员不得未经过其依法设立的营业场所私下接受客户委托买卖证券。

第一百四十六条　证券公司的从业人员在证券交易活动中，执行所属的证券公司的指令或者利用职务违反交易规则的，由所属的证券公司承担全部责任。

第一百四十七条　证券公司应当妥善保存客户开户资料、委托记录、交易记录和与内部管理、业务经营有关的各项资料，任何人不得隐匿、伪造、篡改或者毁损。上述资料的保存期限不得少于二十年。

第一百四十八条　证券公司应当按照规定向国务院证券监督管理机构报送业务、财务等经营管理信息和资料。国务院证券监督管理机构有权要求证券公司及其股东、实际控制人在指定的期限内提供有关信息、资料。

证券公司及其股东、实际控制人向国务院证券监督管理机构报送或者提供的信息、资料，必须真实、准确、完整。

第一百四十九条　国务院证券监督管理机构认为有必要时，可以委托会计师事务所、资产评估机构对证券公司的财务状况、内部控制状况、资产价值进行审计或者评估。具体办法由国务院证券监督管理机构会同有关主管部门制定。

第一百五十条　证券公司的净资本或者其他风险控制指标不符合规定的，国务院证券监督管理机构应当责令其限期改正；逾期未改正，或者其行为严重危及该证券公司的稳健运行、损害客户合法权益的，国务院证券监督管理机构可以区别情形，对其采取下列措施：

（一）限制业务活动，责令暂停部分业务，停止批准新业务；

（二）停止批准增设、收购营业性分支机构；

（三）限制分配红利，限制向董事、监事、高级管理人员支付报酬、提供福利；

（四）限制转让财产或者在财产上设定其他权利；

（五）责令更换董事、监事、高级管理人员或者限制其权利；

（六）责令控股股东转让股权或者限制有关股东行使股东权利；

（七）撤销有关业务许可。

证券公司整改后，应当向国务院证券监督管理机构提交报告。国务院证券监督管理机构经验收，符合有关风险控制指标的，应当自验收完毕之日起三日内解除对其采取的前款规定的有关措施。

第一百五十一条　证券公司的股东有虚假出资、抽逃出资行为的，国务院证券监督管理机构应当责令其限期改正，并可责令其转让所持证券公司的股权。

在前款规定的股东按照要求改正违法行为、转让所持证券公司的股权前，国务院证券监督管理机构可以限制其股东权利。

第一百五十二条　证券公司的董事、监事、高级管理人员未能勤勉尽责，致使证券公司存在重大违法违规行为或者重大风险的，国务院证券监督管理机构可以撤销其任职资格，并责令公司予以更换。

第一百五十三条　证券公司违法经营或者出现重大风险，严重危害证券市场秩序、损害投资者利益的，国务院证券监督管理机构可以对该证券公司采取责令停业整顿、指定其他机构托管、接管或者撤销等监管措施。

第一百五十四条　在证券公司被责令停业整顿、被依法指定托管、接管或者清算期间，或者出现重大风险时，经国务院证券监督管理机构批准，可以对该证券公司直接负责的董事、监事、高级管理人员和其他直接责任人员采取以下措施：

（一）通知出境管理机关依法阻止其出境；

（二）申请司法机关禁止其转移、转让或者以其他方式处分财产，或者在财产上设定其他权利。

第七章　证券登记结算机构

第一百五十五条　证券登记结算机构是为证券交易提供集中登记、存管与结算服务，不以营利为目的的法人。

设立证券登记结算机构必须经国务院证券监督管理机构批准。

第一百五十六条　设立证券登记结算机构，应当具备下列条件：

（一）自有资金不少于人民币二亿元；

（二）具有证券登记、存管和结算服务所必需的场所和设施；

（三）主要管理人员和从业人员必须具有证券从业资格；

（四）国务院证券监督管理机构规定的其他条件。

证券登记结算机构的名称中应当标明证券登记结算字样。

第一百五十七条　证券登记结算机构履行下列职能：

（一）证券账户、结算账户的设立；

（二）证券的存管和过户；

（三）证券持有人名册登记；

（四）证券交易所上市证券交易的清算和交收；

（五）受发行人的委托派发证券权益；

（六）办理与上述业务有关的查询；

（七）国务院证券监督管理机构批准的其他业务。

第一百五十八条　证券登记结算采取全国集中统一的运营方式。

证券登记结算机构章程、业务规则应当依法制定，并须经国务院证券监督管理机构批准。

第一百五十九条　证券持有人持有的证券，在上市交易时，应当全部存管在证券登记结算机构。

证券登记结算机构不得挪用客户的证券。

第一百六十条　证券登记结算机构应当向证券发行人提供证券持有人名册及其有关资料。

证券登记结算机构应当根据证券登记结算的结果，确认证券持有人持有证券的事实，提供证券持有人登记资料。

证券登记结算机构应当保证证券持有人名册和登记过户记录真实、准确、完整，不得隐匿、伪造、篡改或者毁损。

第一百六十一条　证券登记结算机构应当采取下列措施保证业务的正常进行：

（一）具有必备的服务设备和完善的数据安全保护措施；

（二）建立完善的业务、财务和安全防范等管理制度；

（三）建立完善的风险管理系统。

第一百六十二条　证券登记结算机构应当妥善保存登记、存管和结算的原始凭证及有关文件和资料。其保存期限不得少于二十年。

第一百六十三条　证券登记结算机构应当设立结算风险基金，用于垫付或者弥补因违约交收、技术故障、操作失误、不可抗力造成的证券登记结算机构的损失。

证券结算风险基金从证券登记结算机构的业务收入和收益中提取，并可以由结算参与人按照证券交易业务量的一定比例缴纳。

证券结算风险基金的筹集、管理办法，由国务院证券监督管理机构会同国务院财政部门规定。

第一百六十四条　证券结算风险基金应当存入指定银行的专门账户，实行专项管理。

证券登记结算机构以证券结算风险基金赔偿后，应当向有关责任人追偿。

第一百六十五条　证券登记结算机构申请解散，应当经国务院证券监督管理机构批准。

第一百六十六条　投资者委托证券公司进行证券交易，应当申请开立证券账户。证券登记结算机构应当按照规定以投资者本人的名义为投资者开立证券账户。

投资者申请开立账户，必须持有证明中国公民身份或者中国法人资格的合法证件。国家另有规定的除外。

第一百六十七条　证券登记结算机构为证券交易提供净额结算服务时，应当要求结算参与人按照货银对付的原则，足额交付证券和资金，并提供交收担保。

在交收完成之前，任何人不得动用用于交收的证券、资金和担保物。

结算参与人未按时履行交收义务的，证券登记结算机构有权按照业务规则处理前款所述财产。

第一百六十八条 证券登记结算机构按照业务规则收取的各类结算资金和证券，必须存放于专门的清算交收账户，只能按业务规则用于已成交的证券交易的清算交收，不得被强制执行。

第八章 证券服务机构

第一百六十九条 投资咨询机构、财务顾问机构、资信评级机构、资产评估机构、会计师事务所从事证券服务业务，必须经国务院证券监督管理机构和有关主管部门批准。

投资咨询机构、财务顾问机构、资信评级机构、资产评估机构、会计师事务所从事证券服务业务的审批管理办法，由国务院证券监督管理机构和有关主管部门制定。

第一百七十条 投资咨询机构、财务顾问机构、资信评级机构从事证券服务业务的人员，必须具备证券专业知识和从事证券业务或者证券服务业务二年以上经验。认定其证券从业资格的标准和管理办法，由国务院证券监督管理机构制定。

第一百七十一条 投资咨询机构及其从业人员从事证券服务业务不得有下列行为：

（一）代理委托人从事证券投资；

（二）与委托人约定分享证券投资收益或者分担证券投资损失；

（三）买卖本咨询机构提供服务的上市公司股票；

（四）利用传播媒介或者通过其他方式提供、传播虚假或者误导投资者的信息；

（五）法律、行政法规禁止的其他行为。

有前款所列行为之一，给投资者造成损失的，依法承担赔偿责任。

第一百七十二条 从事证券服务业务的投资咨询机构和资信评级机构，应当按照国务院有关主管部门规定的标准或者收费办法收取服务费用。

第一百七十三条 证券服务机构为证券的发行、上市、交易等证券业务活动制作、出具审计报告、资产评估报告、财务顾问报告、资信评级报告或者法律意见书等文件，应当勤勉尽责，对所依据的文件资料内容的真实性、准确性、完整性进行核查和验证。其制作、出具的文件有虚假记载、误导性陈述或者重大遗漏，给他人造成损失的，应当与发行人、上市公司承担连带赔偿责任，但是能够证明自己没有过错的除外。

第九章 证券业协会

第一百七十四条 证券业协会是证券业的自律性组织，是社会团体法人。

证券公司应当加入证券业协会。

证券业协会的权力机构为全体会员组成的会员大会。

第一百七十五条 证券业协会章程由会员大会制定，并报国务院证券监督管理机构备案。

第一百七十六条 证券业协会履行下列职责：

（一）教育和组织会员遵守证券法律、行政法规；

（二）依法维护会员的合法权益，向证券监督管理机构反映会员的建议和要求；

（三）收集整理证券信息，为会员提供服务；

（四）制定会员应遵守的规则，组织会员单位的从业人员的业务培训，开展会员间的业务交流；

（五）对会员之间、会员与客户之间发生的证券业务纠纷进行调解；

（六）组织会员就证券业的发展、运作及有关内容进行研究；

（七）监督、检查会员行为，对违反法律、行政法规或者协会章程的，按照规定给予纪律处分；

（八）证券业协会章程规定的其他职责。

第一百七十七条　证券业协会设理事会。理事会成员依章程的规定由选举产生。

第十章　证券监督管理机构

第一百七十八条　国务院证券监督管理机构依法对证券市场实行监督管理，维护证券市场秩序，保障其合法运行。

第一百七十九条　国务院证券监督管理机构在对证券市场实施监督管理中履行下列职责：

（一）依法制定有关证券市场监督管理的规章、规则，并依法行使审批或者核准权；

（二）依法对证券的发行、上市、交易、登记、存管、结算，进行监督管理；

（三）依法对证券发行人、上市公司、证券公司、证券投资基金管理公司、证券服务机构、证券交易所、证券登记结算机构的证券业务活动，进行监督管理；

（四）依法制定从事证券业务人员的资格标准和行为准则，并监督实施；

（五）依法监督检查证券发行、上市和交易的信息公开情况；

（六）依法对证券业协会的活动进行指导和监督；

（七）依法对违反证券市场监督管理法律、行政法规的行为进行查处；

（八）法律、行政法规规定的其他职责。

国务院证券监督管理机构可以和其他国家或者地区的证券监督管理机构建立监督管理合作机制，实施跨境监督管理。

第一百八十条　国务院证券监督管理机构依法履行职责，有权采取下列措施：

（一）对证券发行人、上市公司、证券公司、证券投资基金管理公司、证券服务机构、证券交易所、证券登记结算机构进行现场检查；

（二）进入涉嫌违法行为发生场所调查取证；

（三）询问当事人和与被调查事件有关的单位和个人，要求其对与被调查事件有关的事项作出说明；

（四）查阅、复制与被调查事件有关的财产权登记、通讯记录等资料；

（五）查阅、复制当事人和与被调查事件有关的单位和个人的证券交易记录、登记过户记录、财务会计资料及其他相关文件和资料；对可能被转移、隐匿或者毁损的文件和资料，可以予以封存；

（六）查询当事人和与被调查事件有关的单位和个人的资金账户、证券账户和银行账户；对有证据证明已经或者可能转移或者隐匿违法资金、证券等涉案财产或者隐匿、伪造、毁损重要证据的，经国务院证券监督管理机构主要负责人批准，可以冻结或者查封；

（七）在调查操纵证券市场、内幕交易等重大证券违法行为时，经国务院证券监督管理机构主要负责人批准，可以限制被调查事件当事人的证券买卖，但限制的期限不得超过十五个交易日；案情复杂的，可以延长十五个交易日。

第一百八十一条　国务院证券监督管理机构依法履行职责，进行监督检查或者调查，其监督检查、调查的人员不得少于二人，并应当出示合法证件和监督检查、调查通知书。监督检查、调查的人员少于二人或者未出示合法证件和监督检查、调查通知书的，被检查、调查的单位有权拒绝。

第一百八十二条　国务院证券监督管理机构工作人员必须忠于职守，依法办事，公正廉洁，不得利用职务便利牟取不正当利益，不得泄露所知悉的有关单位和个人的商业秘密。

第一百八十三条　国务院证券监督管理机构依法履行职责，被检查、调查的单位和个人应当配合，如实提供有关文件和资料，不得拒绝、阻碍和隐瞒。

第一百八十四条 国务院证券监督管理机构依法制定的规章、规则和监督管理工作制度应当公开。

国务院证券监督管理机构依据调查结果，对证券违法行为作出的处罚决定，应当公开。

第一百八十五条 国务院证券监督管理机构应当与国务院其他金融监督管理机构建立监督管理信息共享机制。

国务院证券监督管理机构依法履行职责，进行监督检查或者调查时，有关部门应当予以配合。

第一百八十六条 国务院证券监督管理机构依法履行职责，发现证券违法行为涉嫌犯罪的，应当将案件移送司法机关处理。

第一百八十七条 国务院证券监督管理机构的人员不得在被监管的机构中任职。

第十一章 法律责任

第一百八十八条 未经法定机关核准，擅自公开或者变相公开发行证券的，责令停止发行，退还所募资金并加算银行同期存款利息，处以非法所募资金金额1%以上5%以下的罚款；对擅自公开或者变相公开发行证券设立的公司，由依法履行监督管理职责的机构或者部门会同县级以上地方人民政府予以取缔。对直接负责的主管人员和其他直接责任人员给予警告，并处以三万元以上三十万元以下的罚款。

第一百八十九条 发行人不符合发行条件，以欺骗手段骗取发行核准，尚未发行证券的，处以三十万元以上六十万元以下的罚款；已经发行证券的，处以非法所募资金金额1%以上5%以下的罚款。对直接负责的主管人员和其他直接责任人员处以三万元以上三十万元以下的罚款。

发行人的控股股东、实际控制人指使从事前款违法行为的，依照前款的规定处罚。

第一百九十条 证券公司承销或者代理买卖未经核准擅自公开发行的证券的，责令停止承销或者代理买卖，没收违法所得，并处以违法所得一倍以上五倍以下的罚款；没有违法所得或者违法所得不足三十万元的，处以三十万元以上六十万元以下的罚款。给投资者造成损失的，应当与发行人承担连带赔偿责任。对直接负责的主管人员和其他直接责任人员给予警告，撤销任职资格或者证券从业资格，并处以三万元以上三十万元以下的罚款。

第一百九十一条 证券公司承销证券，有下列行为之一的，责令改正，给予警告，没收违法所得，可以并处三十万元以上六十万元以下的罚款；情节严重的，暂停或者撤销相关业务许可。给其他证券承销机构或者投资者造成损失的，依法承担赔偿责任。对直接负责的主管人员和其他直接责任人员给予警告，可以并处三万元以上三十万元以下的罚款；情节严重的，撤销任职资格或者证券从业资格：

（一）进行虚假的或者误导投资者的广告或者其他宣传推介活动；

（二）以不正当竞争手段招揽承销业务；

（三）其他违反证券承销业务规定的行为。

第一百九十二条 保荐人出具有虚假记载、误导性陈述或者重大遗漏的保荐书，或者不履行其他法定职责的，责令改正，给予警告，没收业务收入，并处以业务收入一倍以上五倍以下的罚款；情节严重的，暂停或者撤销相关业务许可。对直接负责的主管人员和其他直接责任人员给予警告，并处以三万元以上三十万元以下的罚款；情节严重的，撤销任职资格或者证券从业资格。

第一百九十三条 发行人、上市公司或者其他信息披露义务人未按照规定披露信息，或者所披露的信息有虚假记载、误导性陈述或者重大遗漏的，责令改正，给予警告，并处以三十万元以上六十万元以下的罚款。对直接负责的主管人员和其他直接责任人员给予警告，并处以三万元以上三十万元以下的罚款。

发行人、上市公司或者其他信息披露义务人未按照规定报送有关报告，或者报送的报告有虚假记载、误导性陈述或者重大遗漏的，责令改正，给予警告，并处以三十万元以上六十万元以下的罚款。对直接负责的主管人员和其他直接责任人员给予警告，并处以三万元以上三十万元以下的罚款。

发行人、上市公司或者其他信息披露义务人的控股股东、实际控制人指使从事前两款违法行为的，依照前两款的规定处罚。

第一百九十四条　发行人、上市公司擅自改变公开发行证券所募集资金的用途的，责令改正，对直接负责的主管人员和其他直接责任人员给予警告，并处以三万元以上三十万元以下的罚款。

发行人、上市公司的控股股东、实际控制人指使从事前款违法行为的，给予警告，并处以三十万元以上六十万元以下的罚款。对直接负责的主管人员和其他直接责任人员依照前款的规定处罚。

第一百九十五条　上市公司的董事、监事、高级管理人员、持有上市公司股份5%以上的股东，违反本法第四十七条的规定买卖本公司股票的，给予警告，可以并处三万元以上十万元以下的罚款。

第一百九十六条　非法开设证券交易场所的，由县级以上人民政府予以取缔，没收违法所得，并处以违法所得一倍以上五倍以下的罚款；没有违法所得或者违法所得不足十万元的，处以十万元以上五十万元以下的罚款。对直接负责的主管人员和其他直接责任人员给予警告，并处以三万元以上三十万元以下的罚款。

第一百九十七条　未经批准，擅自设立证券公司或者非法经营证券业务的，由证券监督管理机构予以取缔，没收违法所得，并处以违法所得一倍以上五倍以下的罚款；没有违法所得或者违法所得不足三十万元的，处以三十万元以上六十万元以下的罚款。对直接负责的主管人员和其他直接责任人员给予警告，并处以三万元以上三十万元以下的罚款。

第一百九十八条　违反本法规定，聘任不具有任职资格、证券从业资格的人员的，由证券监督管理机构责令改正，给予警告，可以并处十万元以上三十万元以下的罚款；对直接负责的主管人员给予警告，可以并处三万元以上十万元以下的罚款。

第一百九十九条　法律、行政法规规定禁止参与股票交易的人员，直接或者以化名、借他人名义持有、买卖股票的，责令依法处理非法持有的股票，没收违法所得，并处以买卖股票等值以下的罚款；属于国家工作人员的，还应当依法给予行政处分。

第二百条　证券交易所、证券公司、证券登记结算机构、证券服务机构的从业人员或者证券业协会的工作人员，故意提供虚假资料，隐匿、伪造、篡改或者毁损交易记录，诱骗投资者买卖证券的，撤销证券从业资格，并处以三万元以上十万元以下的罚款；属于国家工作人员的，还应当依法给予行政处分。

第二百零一条　为股票的发行、上市、交易出具审计报告、资产评估报告或者法律意见书等文件的证券服务机构和人员，违反本法第四十五条的规定买卖股票的，责令依法处理非法持有的股票，没收违法所得，并处以买卖股票等值以下的罚款。

第二百零二条　证券交易内幕信息的知情人或者非法获取内幕信息的人，在涉及证券的发行、交易或者其他对证券的价格有重大影响的信息公开前，买卖该证券，或者泄露该信息，或者建议他人买卖该证券的，责令依法处理非法持有的证券，没收违法所得，并处以违法所得一倍以上五倍以下的罚款；没有违法所得或者违法所得不足三万元的，处以三万元以上六十万元以下的罚款。单位从事内幕交易的，还应当对直接负责的主管人员和其他直接责任人员给予警告，并处以三万元以上三十万元以下的罚款。证券监督管理机构工作人员进行内幕交易的，从重处罚。

第二百零三条　违反本法规定，操纵证券市场的，责令依法处理其非法持有的证券，没收违法所得，并处以违法所得一倍以上五倍以下的罚款；没有违法所得或者违法所得不足三十万元的，处以三十万元以上三百万元以下的罚款。单位操纵证券市场的，还应当对直接负责的主管人员和其他直接责任人员给予警告，并处以十万元以上六十万元以下的罚款。

第二百零四条　违反法律规定，在限制转让期限内买卖证券的，责令改正，给予警告，并处以买卖证券等值以下的罚款。对直接负责的主管人员和其他直接责任人员给予警告，并处以三万元以上三十万元以下的罚款。

第二百零五条　证券公司违反本法规定，为客户买卖证券提供融资融券的，没收违法所得，暂停或者撤销相关业务许可，并处以非法融资融券等值以下的罚款。对直接负责的主管人员和其他直接责任人员给予警告，撤销任职资格或者证券从业资格，并处以三万元以上三十万元以下的罚款。

第二百零六条　违反本法第七十八条第一款、第三款的规定，扰乱证券市场的，由证券监督管理机构责令改正，没收违法所得，并处以违法所得一倍以上五倍以下的罚款；没有违法所得或者违法所得不足三万元的，处以三万元以上二十万元以下的罚款。

第二百零七条　违反本法第七十八条第二款的规定，在证券交易活动中作出虚假陈述或者信息误导的，责令改正，处以三万元以上二十万元以下的罚款；属于国家工作人员的，还应当依法给予行政处分。

第二百零八条　违反本法规定，法人以他人名义设立账户或者利用他人账户买卖证券的，责令改正，没收违法所得，并处以违法所得一倍以上五倍以下的罚款；没有违法所得或者违法所得不足三万元的，处以三万元以上三十万元以下的罚款。对直接负责的主管人员和其他直接责任人员给予警告，并处以三万元以上十万元以下的罚款。

证券公司为前款规定的违法行为提供自己或者他人的证券交易账户的，除依照前款的规定处罚外，还应当撤销直接负责的主管人员和其他直接责任人员的任职资格或者证券从业资格。

第二百零九条　证券公司违反本法规定，假借他人名义或者以个人名义从事证券自营业务的，责令改正，没收违法所得，并处以违法所得一倍以上五倍以下的罚款；没有违法所得或者违法所得不足三十万元的，处以三十万元以上六十万元以下的罚款；情节严重的，暂停或者撤销证券自营业务许可。对直接负责的主管人员和其他直接责任人员给予警告，撤销任职资格或者证券从业资格，并处以三万元以上十万元以下的罚款。

第二百一十条　证券公司违背客户的委托买卖证券、办理交易事项，或者违背客户真实意思表示，办理交易以外的其他事项的，责令改正，处以一万元以上十万元以下的罚款。给客户造成损失的，依法承担赔偿责任。

第二百一十一条　证券公司、证券登记结算机构挪用客户的资金或者证券，或者未经客户的委托，擅自为客户买卖证券的，责令改正，没收违法所得，并处以违法所得一倍以上五倍以下的罚款；没有违法所得或者违法所得不足十万元的，处以十万元以上六十万元以下的罚款；情节严重的，责令关闭或者撤销相关业务许可。对直接负责的主管人员和其他直接责任人员给予警告，撤销任职资格或者证券从业资格，并处以三万元以上三十万元以下的罚款。

第二百一十二条　证券公司办理经纪业务，接受客户的全权委托买卖证券的，或者证券公司对客户买卖证券的收益或者赔偿证券买卖的损失作出承诺的，责令改正，没收违法所得，并处以五万元以上二十万元以下的罚款，可以暂停或者撤销相关业务许可。对直接负责的主管人员和其他直接责任人员给予警告，并处以三万元以上十万元以下的罚款，可以撤销任职资格或者证券从业资格。

第二百一十三条　收购人未按照本法规定履行上市公司收购的公告、发出收购要约、报送上市公司收购报告书等义务或者擅自变更收购要约的，责令改正，给予警告，并处以十万元以上三十万元以下的罚款；在改正前，收购人对其收购或者通过协议、其他安排与他人共同收购的股份不得行使表决权。对直接负责的主管人员和其他直接责任人员给予警告，并处以三万元以上三十万元以下的罚款。

第二百一十四条　收购人或者收购人的控股股东，利用上市公司收购，损害被收购公司及其股东的合法权益的，责令改正，给予警告；情节严重的，并处以十万元以上六十万元以下的罚款。给被收购公司及其股东造成损失的，依法承担赔偿责任。对直接负责的主管人员和其他直接责任人员给予警告，并处以三万元以上三十万元以下的罚款。

第二百一十五条　证券公司及其从业人员违反本法规定，私下接受客户委托买卖证券的，责令改正，给予警告，没收违法所得，并处以违法所得一倍以上五倍以下的罚款；没有违法所得或者违法所得不足十万元的，处以十万元以上三十万元以下的罚款。

第二百一十六条　证券公司违反规定，未经批准经营非上市证券的交易的，责令改正，没收违法所得，并处以违法所得一倍以上五倍以下的罚款。

第二百一十七条　证券公司成立后，无正当理由超过三个月未开始营业的，或者开业后自行停业连续三个月以上的，由公司登记机关吊销其公司营业执照。

第二百一十八条　证券公司违反本法第一百二十九条的规定，擅自设立、收购、撤销分支机构，或者合并、分立、停业、解散、破产，或者在境外设立、收购、参股证券经营机构的，责令改正，没收违法所得，并处以违法所得一倍以上五倍以下的罚款；没有违法所得或者违法所得不足十万元的，处以十万元以上六十万元以下的罚款。对直接负责的主管人员给予警告，并处以三万元以上十万元以下的罚款。

证券公司违反本法第一百二十九条的规定，擅自变更有关事项的，责令改正，并处以十万元以上三十万元以下的罚款。对直接负责的主管人员给予警告，并处以五万元以下的罚款。

第二百一十九条　证券公司违反本法规定，超出业务许可范围经营证券业务的，责令改正，没收违法所得，并处以违法所得一倍以上五倍以下的罚款；没有违法所得或者违法所得不足三十万元的，处以三十万元以上六十万元以下罚款；情节严重的，责令关闭。对直接负责的主管人员和其他直接责任人员给予警告，撤销任职资格或者证券从业资格，并处以三万元以上十万元以下的罚款。

第二百二十条　证券公司对其证券经纪业务、证券承销业务、证券自营业务、证券资产管理业务，不依法分开办理，混合操作的，责令改正，没收违法所得，并处以三十万元以上六十万元以下的罚款；情节严重的，撤销相关业务许可。对直接负责的主管人员和其他直接责任人员给予警告，并处以三万元以上十万元以下的罚款；情节严重的，撤销任职资格或者证券从业资格。

第二百二十一条　提交虚假证明文件或者采取其他欺诈手段隐瞒重要事实骗取证券业务许可的，或者证券公司在证券交易中有严重违法行为，不再具备经营资格的，由证券监督管理机构撤销证券业务许可。

第二百二十二条　证券公司或者其股东、实际控制人违反规定，拒不向证券监督管理机构报送或者提供经营管理信息和资料，或者报送、提供的经营管理信息和资料有虚假记载、误导性陈述或者重大遗漏的，责令改正，给予警告，并处以三万元以上三十万元以下的罚款，可以暂停或者撤销证券公司相关业务许可。对直接负责的主管人员和其他直接责任人员，给予警告，并处以三万元以下的罚款，可以撤销任职资格或者证券从业资格。

证券公司为其股东或者股东的关联人提供融资或者担保的，责令改正，给予警告，并处以十万元以上三十万元以下的罚款。对直接负责的主管人员和其他直接责任人员，处以三万元以上十万元以下的罚款。股东有过错的，在按照要求改正前，国务院证券监督管理机构可以限制其股东权利；拒不改正的，可以责令其转让所持证券公司股权。

第二百二十三条　证券服务机构未勤勉尽责，所制作、出具的文件有虚假记载、误导性陈述或者重大遗漏的，责令改正，没收业务收入，暂停或者撤销证券服务业务许可，并处以业务收入一倍以上五倍以下的罚款。对直接负责的主管人员和其他直接责任人员给予警告，撤销证券从业资格，并处以三万元以上十万元以下的罚款。

第二百二十四条　违反本法规定，发行、承销公司债券的，由国务院授权的部门依照本法有关规定予以处罚。

第二百二十五条　上市公司、证券公司、证券交易所、证券登记结算机构、证券服务机构，未按照有关规定保存有关文件和资料的，责令改正，给予警告，并处以三万元以上三十万元以下的罚款；隐匿、伪造、篡改或者毁损有关文件和资料的，给予警告，并处以三十万元以上六十万元以下的罚款。

第二百二十六条　未经国务院证券监督管理机构批准，擅自设立证券登记结算机构的，由证券监督管理机构予以取缔，没收违法所得，并处以违法所得一倍以上五倍以下的罚款。

投资咨询机构、财务顾问机构、资信评级机构、资产评估机构、会计师事务所未经批准，擅自从事证券服务业务的，责令改正，没收违法所得，并处以违法所得一倍以上五倍以下的罚款。

证券登记结算机构、证券服务机构违反本法规定或者依法制定的业务规则的，由证券监督管理机构责令改正，没收违法所得，并处以违法所得一倍以上五倍以下的罚款；没有违法所得或者违法所得不足十万元的，处以十万元以上三十万元以下的罚款；情节严重的，责令关闭或者撤销证券服务业务许可。

第二百二十七条　国务院证券监督管理机构或者国务院授权的部门有下列情形之一的，对直接负责的主管人员和其他直接责任人员，依法给予行政处分：

（一）对不符合本法规定的发行证券、设立证券公司等申请予以核准、批准的；

（二）违反规定采取本法第一百八十条规定的现场检查、调查取证、查询、冻结或者查封等措施的；

（三）违反规定对有关机构和人员实施行政处罚的；

（四）其他不依法履行职责的行为。

第二百二十八条　证券监督管理机构的工作人员和发行审核委员会的组成人员，不履行本法规定的职责，滥用职权、玩忽职守，利用职务便利牟取不正当利益，或者泄露所知悉的有关单位和个人的商业秘密的，依法追究法律责任。

第二百二十九条　证券交易所对不符合本法规定条件的证券上市申请予以审核同意的，给予警告，没收业务收入，并处以业务收入一倍以上五倍以下的罚款。对直接负责的主管人员和其他直接责任人员给予警告，并处以三万元以上三十万元以下的罚款。

第二百三十条　拒绝、阻碍证券监督管理机构及其工作人员依法行使监督检查、调查职权未使用暴力、威胁方法的，依法给予治安管理处罚。

第二百三十一条　违反本法规定，构成犯罪的，依法追究刑事责任。

第二百三十二条　违反本法规定，应当承担民事赔偿责任和缴纳罚款、罚金，其财产不足以同时支付时，先承担民事赔偿责任。

第二百三十三条　违反法律、行政法规或者国务院证券监督管理机构的有关规定，情节严重的，国务院证券监督管理机构可以对有关责任人员采取证券市场禁入的措施。

前款所称证券市场禁入，是指在一定期限内直至终身不得从事证券业务或者不得担任上市公司董事、监事、高级管理人员的制度。

第二百三十四条　依照本法收缴的罚款和没收的违法所得，全部上缴国库。

第二百三十五条　当事人对证券监督管理机构或者国务院授权的部门的处罚决定不服的，可以依法申请行政复议，或者依法直接向人民法院提起诉讼。

第十二章　附　则

第二百三十六条　本法施行前依照行政法规已批准在证券交易所上市交易的证券继续依法进行

交易。

本法施行前依照行政法规和国务院金融行政管理部门的规定经批准设立的证券经营机构，不完全符合本法规定的，应当在规定的限期内达到本法规定的要求。具体实施办法，由国务院另行规定。

第二百三十七条 发行人申请核准公开发行股票、公司债券，应当按照规定缴纳审核费用。

第二百三十八条 境内企业直接或者间接到境外发行证券或者将其证券在境外上市交易，必须经国务院证券监督管理机构依照国务院的规定批准。

第二百三十九条 境内公司股票以外币认购和交易的，具体办法由国务院另行规定。

第二百四十条 本法自 2006 年 1 月 1 日起施行。

中华人民共和国证券投资基金法（2012年修订版）

（中华人民共和国主席令第71号　2003年10月28日第十届全国人民代表大会常务委员会第五次会议通过，2012年12月28日第十一届全国人民代表大会常务委员会第三十次会议修订）

目　录

第一章　总　则

第一条　为了规范证券投资基金活动，保护投资人及相关当事人的合法权益，促进证券投资基金和资本市场的健康发展，制定本法。

第二条　在中华人民共和国境内，公开或者非公开募集资金设立证券投资基金（以下简称基金），由基金管理人管理，基金托管人托管，为基金份额持有人的利益，进行证券投资活动，适用本法；本法未规定的，适用《中华人民共和国信托法》、《中华人民共和国证券法》和其他有关法律、行政法规的规定。

第三条　基金管理人、基金托管人和基金份额持有人的权利、义务，依照本法在基金合同中约定。

基金管理人、基金托管人依照本法和基金合同的约定，履行受托职责。

通过公开募集方式设立的基金（以下简称公开募集基金）的基金份额持有人按其所持基金份额享受收益和承担风险，通过非公开募集方式设立的基金（以下简称非公开募集基金）的收益分配和风险承担由基金合同约定。

第四条　从事证券投资基金活动，应当遵循自愿、公平、诚实信用的原则，不得损害国家利益和社会公共利益。

第五条　基金财产的债务由基金财产本身承担，基金份额持有人以其出资为限对基金财产的债务承担责任。但基金合同依照本法另有约定的，从其约定。

基金财产独立于基金管理人、基金托管人的固有财产。基金管理人、基金托管人不得将基金财产归入其固有财产。

基金管理人、基金托管人因基金财产的管理、运用或者其他情形而取得的财产和收益，归入基金财产。

基金管理人、基金托管人因依法解散、被依法撤销或者被依法宣告破产等原因进行清算的，基金财产不属于其清算财产。

第六条　基金财产的债权，不得与基金管理人、基金托管人固有财产的债务相抵销；不同基金财产的债权债务，不得相互抵销。

第七条　非因基金财产本身承担的债务，不得对基金财产强制执行。

第八条　基金财产投资的相关税收，由基金份额持有人承担，基金管理人或者其他扣缴义务人按照国家有关税收征收的规定代扣代缴。

第九条　基金管理人、基金托管人管理、运用基金财产，基金服务机构从事基金服务活动，应当恪尽职守，履行诚实信用、谨慎勤勉的义务。

基金管理人运用基金财产进行证券投资，应当遵守审慎经营规则，制定科学合理的投资策略和风险管理制度，有效防范和控制风险。

基金从业人员应当具备基金从业资格，遵守法律、行政法规，恪守职业道德和行为规范。

第十条　基金管理人、基金托管人和基金服务机构，应当依照本法成立证券投资基金行业协会（以下简称基金行业协会），进行行业自律，协调行业关系，提供行业服务，促进行业发展。

第十一条　国务院证券监督管理机构依法对证券投资基金活动实施监督管理；其派出机构依照授权履行职责。

第二章　基金管理人

第十二条　基金管理人由依法设立的公司或者合伙企业担任。

公开募集基金的基金管理人，由基金管理公司或者经国务院证券监督管理机构按照规定核准的其他机构担任。

第十三条　设立管理公开募集基金的基金管理公司，应当具备下列条件，并经国务院证券监督管理机构批准：

（一）有符合本法和《中华人民共和国公司法》规定的章程；

（二）注册资本不低于一亿元人民币，且必须为实缴货币资本；

（三）主要股东应当具有经营金融业务或者管理金融机构的良好业绩、良好的财务状况和社会信誉，资产规模达到国务院规定的标准，最近三年没有违法记录；

（四）取得基金从业资格的人员达到法定人数；

（五）董事、监事、高级管理人员具备相应的任职条件；

（六）有符合要求的营业场所、安全防范设施和与基金管理业务有关的其他设施；

（七）有良好的内部治理结构、完善的内部稽核监控制度、风险控制制度；

（八）法律、行政法规规定的和经国务院批准的国务院证券监督管理机构规定的其他条件。

第十四条 国务院证券监督管理机构应当自受理基金管理公司设立申请之日起六个月内依照本法第十三条规定的条件和审慎监管原则进行审查，作出批准或者不予批准的决定，并通知申请人；不予批准的，应当说明理由。

基金管理公司变更持有百分之五以上股权的股东，变更公司的实际控制人，或者变更其他重大事项，应当报经国务院证券监督管理机构批准。国务院证券监督管理机构应当自受理申请之日起六十日内作出批准或者不予批准的决定，并通知申请人；不予批准的，应当说明理由。

第十五条 有下列情形之一的，不得担任公开募集基金的基金管理人的董事、监事、高级管理人员和其他从业人员：

（一）因犯有贪污贿赂、渎职、侵犯财产罪或者破坏社会主义市场经济秩序罪，被判处刑罚的；

（二）对所任职的公司、企业因经营不善破产清算或者因违法被吊销营业执照负有个人责任的董事、监事、厂长、高级管理人员，自该公司、企业破产清算终结或者被吊销营业执照之日起未逾五年的；

（三）个人所负债务数额较大，到期未清偿的；

（四）因违法行为被开除的基金管理人、基金托管人、证券交易所、证券公司、证券登记结算机构、期货交易所、期货公司及其他机构的从业人员和国家机关工作人员；

（五）因违法行为被吊销执业证书或者被取消资格的律师、注册会计师和资产评估机构、验证机构的从业人员、投资咨询从业人员；

（六）法律、行政法规规定不得从事基金业务的其他人员。

第十六条 公开募集基金的基金管理人的董事、监事和高级管理人员，应当熟悉证券投资方面的法律、行政法规，具有三年以上与其所任职务相关的工作经历；高级管理人员还应当具备基金从业资格。

第十七条 公开募集基金的基金管理人的法定代表人、经营管理主要负责人和从事合规监管的负责人的选任或者改任，应当报经国务院证券监督管理机构依照本法和其他有关法律、行政法规规定的任职条件进行审核。

第十八条 公开募集基金的基金管理人的董事、监事、高级管理人员和其他从业人员，其本人、配偶、利害关系人进行证券投资，应当事先向基金管理人申报，并不得与基金份额持有人发生利益冲突。

公开募集基金的基金管理人应当建立前款规定人员进行证券投资的申报、登记、审查、处置等管理制度，并报国务院证券监督管理机构备案。

第十九条 公开募集基金的基金管理人的董事、监事、高级管理人员和其他从业人员，不得担任基金托管人或者其他基金管理人的任何职务，不得从事损害基金财产和基金份额持有人利益的证券交易及其他活动。

第二十条 公开募集基金的基金管理人应当履行下列职责：

（一）依法募集资金，办理基金份额的发售和登记事宜；

（二）办理基金备案手续；

（三）对所管理的不同基金财产分别管理、分别记账，进行证券投资；

（四）按照基金合同的约定确定基金收益分配方案，及时向基金份额持有人分配收益；

（五）进行基金会计核算并编制基金财务会计报告；

（六）编制中期和年度基金报告；

（七）计算并公告基金资产净值，确定基金份额申购、赎回价格；

（八）办理与基金财产管理业务活动有关的信息披露事项；

（九）按照规定召集基金份额持有人大会；

（十）保存基金财产管理业务活动的记录、账册、报表和其他相关资料；

（十一）以基金管理人名义，代表基金份额持有人利益行使诉讼权利或者实施其他法律行为；

（十二）国务院证券监督管理机构规定的其他职责。

第二十一条　公开募集基金的基金管理人及其董事、监事、高级管理人员和其他从业人员不得有下列行为：

（一）将其固有财产或者他人财产混同于基金财产从事证券投资；

（二）不公平地对待其管理的不同基金财产；

（三）利用基金财产或者职务之便为基金份额持有人以外的人牟取利益；

（四）向基金份额持有人违规承诺收益或者承担损失；

（五）侵占、挪用基金财产；

（六）泄露因职务便利获取的未公开信息、利用该信息从事或者明示、暗示他人从事相关的交易活动；

（七）玩忽职守，不按照规定履行职责；

（八）法律、行政法规和国务院证券监督管理机构规定禁止的其他行为。

第二十二条　公开募集基金的基金管理人应当建立良好的内部治理结构，明确股东会、董事会、监事会和高级管理人员的职责权限，确保基金管理人独立运作。

公开募集基金的基金管理人可以实行专业人士持股计划，建立长效激励约束机制。

公开募集基金的基金管理人的股东、董事、监事和高级管理人员在行使权利或者履行职责时，应当遵循基金份额持有人利益优先的原则。

第二十三条　公开募集基金的基金管理人应当从管理基金的报酬中计提风险准备金。

公开募集基金的基金管理人因违法违规、违反基金合同等原因给基金财产或者基金份额持有人合法权益造成损失，应当承担赔偿责任的，可以优先使用风险准备金予以赔偿。

第二十四条　公开募集基金的基金管理人的股东、实际控制人应当按照国务院证券监督管理机构的规定及时履行重大事项报告义务，并不得有下列行为：

（一）虚假出资或者抽逃出资；

（二）未依法经股东会或者董事会决议擅自干预基金管理人的基金经营活动；

（三）要求基金管理人利用基金财产为自己或者他人牟取利益，损害基金份额持有人利益；

（四）国务院证券监督管理机构规定禁止的其他行为。

公开募集基金的基金管理人的股东、实际控制人有前款行为或者股东不再符合法定条件的，国务院证券监督管理机构应当责令其限期改正，并可视情节责令其转让所持有或者控制的基金管理人的股权。

在前款规定的股东、实际控制人按照要求改正违法行为、转让所持有或者控制的基金管理人的股权前，国务院证券监督管理机构可以限制有关股东行使股东权利。

第二十五条　公开募集基金的基金管理人违法违规，或者其内部治理结构、稽核监控和风险控制管理不符合规定的，国务院证券监督管理机构应当责令其限期改正；逾期未改正，或者其行为严重危及该基金管理人的稳健运行、损害基金份额持有人合法权益的，国务院证券监督管理机构可以区别情形，对其采取下列措施：

（一）限制业务活动，责令暂停部分或者全部业务；

（二）限制分配红利，限制向董事、监事、高级管理人员支付报酬、提供福利；

（三）限制转让固有财产或者在固有财产上设定其他权利；

（四）责令更换董事、监事、高级管理人员或者限制其权利；

（五）责令有关股东转让股权或者限制有关股东行使股东权利。

公开募集基金的基金管理人整改后，应当向国务院证券监督管理机构提交报告。国务院证券监督管理机构经验收，符合有关要求的，应当自验收完毕之日起三日内解除对其采取的有关措施。

第二十六条　公开募集基金的基金管理人的董事、监事、高级管理人员未能勤勉尽责，致使基金管理人存在重大违法违规行为或者重大风险的，国务院证券监督管理机构可以责令更换。

第二十七条　公开募集基金的基金管理人违法经营或者出现重大风险，严重危害证券市场秩序、损害基金份额持有人利益的，国务院证券监督管理机构可以对该基金管理人采取责令停业整顿、指定其他机构托管、接管、取消基金管理资格或者撤销等监管措施。

第二十八条　在公开募集基金的基金管理人被责令停业整顿、被依法指定托管、接管或者清算期间，或者出现重大风险时，经国务院证券监督管理机构批准，可以对该基金管理人直接负责的董事、监事、高级管理人员和其他直接责任人员采取下列措施：

（一）通知出境管理机关依法阻止其出境；

（二）申请司法机关禁止其转移、转让或者以其他方式处分财产，或者在财产上设定其他权利。

第二十九条　有下列情形之一的，公开募集基金的基金管理人职责终止：

（一）被依法取消基金管理资格；

（二）被基金份额持有人大会解任；

（三）依法解散、被依法撤销或者被依法宣告破产；

（四）基金合同约定的其他情形。

第三十条　公开募集基金的基金管理人职责终止的，基金份额持有人大会应当在六个月内选任新基金管理人；新基金管理人产生前，由国务院证券监督管理机构指定临时基金管理人。

公开募集基金的基金管理人职责终止的，应当妥善保管基金管理业务资料，及时办理基金管理业务的移交手续，新基金管理人或者临时基金管理人应当及时接收。

第三十一条　公开募集基金的基金管理人职责终止的，应当按照规定聘请会计师事务所对基金财产进行审计，并将审计结果予以公告，同时报国务院证券监督管理机构备案。

第三十二条　对非公开募集基金的基金管理人进行规范的具体办法，由国务院金融监督管理机构依照本章的原则制定。

第三章　基金托管人

第三十三条　基金托管人由依法设立的商业银行或者其他金融机构担任。

商业银行担任基金托管人的，由国务院证券监督管理机构会同国务院银行业监督管理机构核准；其他金融机构担任基金托管人的，由国务院证券监督管理机构核准。

第三十四条　担任基金托管人，应当具备下列条件：

（一）净资产和风险控制指标符合有关规定；

（二）设有专门的基金托管部门；

（三）取得基金从业资格的专职人员达到法定人数；

（四）有安全保管基金财产的条件；

（五）有安全高效的清算、交割系统；

（六）有符合要求的营业场所、安全防范设施和与基金托管业务有关的其他设施；

（七）有完善的内部稽核监控制度和风险控制制度；

（八）法律、行政法规规定的和经国务院批准的国务院证券监督管理机构、国务院银行业监督管理机构规定的其他条件。

第三十五条 本法第十五条、第十八条、第十九条的规定，适用于基金托管人的专门基金托管部门的高级管理人员和其他从业人员。

本法第十六条的规定，适用于基金托管人的专门基金托管部门的高级管理人员。

第三十六条 基金托管人与基金管理人不得为同一机构，不得相互出资或者持有股份。

第三十七条 基金托管人应当履行下列职责：

（一）安全保管基金财产；

（二）按照规定开设基金财产的资金账户和证券账户；

（三）对所托管的不同基金财产分别设置账户，确保基金财产的完整与独立；

（四）保存基金托管业务活动的记录、账册、报表和其他相关资料；

（五）按照基金合同的约定，根据基金管理人的投资指令，及时办理清算、交割事宜；

（六）办理与基金托管业务活动有关的信息披露事项；

（七）对基金财务会计报告、中期和年度基金报告出具意见；

（八）复核、审查基金管理人计算的基金资产净值和基金份额申购、赎回价格；

（九）按照规定召集基金份额持有人大会；

（十）按照规定监督基金管理人的投资运作；

（十一）国务院证券监督管理机构规定的其他职责。

第三十八条 基金托管人发现基金管理人的投资指令违反法律、行政法规和其他有关规定，或者违反基金合同约定的，应当拒绝执行，立即通知基金管理人，并及时向国务院证券监督管理机构报告。

基金托管人发现基金管理人依据交易程序已经生效的投资指令违反法律、行政法规和其他有关规定，或者违反基金合同约定的，应当立即通知基金管理人，并及时向国务院证券监督管理机构报告。

第三十九条 本法第二十一条、第二十三条的规定，适用于基金托管人。

第四十条 基金托管人不再具备本法规定的条件，或者未能勤勉尽责，在履行本法规定的职责时存在重大失误的，国务院证券监督管理机构、国务院银行业监督管理机构应当责令其改正；逾期未改正，或者其行为严重影响所托管基金的稳健运行、损害基金份额持有人利益的，国务院证券监督管理机构、国务院银行业监督管理机构可以区别情形，对其采取下列措施：

（一）限制业务活动，责令暂停办理新的基金托管业务；

（二）责令更换负有责任的专门基金托管部门的高级管理人员。

基金托管人整改后，应当向国务院证券监督管理机构、国务院银行业监督管理机构提交报告；经验收，符合有关要求的，应当自验收完毕之日起三日内解除对其采取的有关措施。

第四十一条 国务院证券监督管理机构、国务院银行业监督管理机构对有下列情形之一的基金托管人，可以取消其基金托管资格：

（一）连续三年没有开展基金托管业务的；

（二）违反本法规定，情节严重的；

（三）法律、行政法规规定的其他情形。

第四十二条 有下列情形之一的，基金托管人职责终止：

（一）被依法取消基金托管资格；

（二）被基金份额持有人大会解任；

（三）依法解散、被依法撤销或者被依法宣告破产；

（四）基金合同约定的其他情形。

第四十三条 基金托管人职责终止的，基金份额持有人大会应当在六个月内选任新基金托管人；新基金托管人产生前，由国务院证券监督管理机构指定临时基金托管人。

基金托管人职责终止的，应当妥善保管基金财产和基金托管业务资料，及时办理基金财产和基金托管业务的移交手续，新基金托管人或者临时基金托管人应当及时接收。

第四十四条 基金托管人职责终止的，应当按照规定聘请会计师事务所对基金财产进行审计，并将审计结果予以公告，同时报国务院证券监督管理机构备案。

第四章 基金的运作方式和组织

第四十五条 基金合同应当约定基金的运作方式。

第四十六条 基金的运作方式可以采用封闭式、开放式或者其他方式。

采用封闭式运作方式的基金（以下简称封闭式基金），是指基金份额总额在基金合同期限内固定不变，基金份额持有人不得申请赎回的基金；采用开放式运作方式的基金（以下简称开放式基金），是指基金份额总额不固定，基金份额可以在基金合同约定的时间和场所申购或者赎回的基金。

采用其他运作方式的基金的基金份额发售、交易、申购、赎回的办法，由国务院证券监督管理机构另行规定。

第四十七条 基金份额持有人享有下列权利：

（一）分享基金财产收益；

（二）参与分配清算后的剩余基金财产；

（三）依法转让或者申请赎回其持有的基金份额；

（四）按照规定要求召开基金份额持有人大会或者召集基金份额持有人大会；

（五）对基金份额持有人大会审议事项行使表决权；

（六）对基金管理人、基金托管人、基金服务机构损害其合法权益的行为依法提起诉讼；

（七）基金合同约定的其他权利。

公开募集基金的基金份额持有人有权查阅或者复制公开披露的基金信息资料；非公开募集基金的基金份额持有人对涉及自身利益的情况，有权查阅基金的财务会计账簿等财务资料。

第四十八条 基金份额持有人大会由全体基金份额持有人组成，行使下列职权：

（一）决定基金扩募或者延长基金合同期限；

（二）决定修改基金合同的重要内容或者提前终止基金合同；

（三）决定更换基金管理人、基金托管人；

（四）决定调整基金管理人、基金托管人的报酬标准；

（五）基金合同约定的其他职权。

第四十九条 按照基金合同约定，基金份额持有人大会可以设立日常机构，行使下列职权：

（一）召集基金份额持有人大会；

（二）提请更换基金管理人、基金托管人；

（三）监督基金管理人的投资运作、基金托管人的托管活动；

（四）提请调整基金管理人、基金托管人的报酬标准；

（五）基金合同约定的其他职权。

前款规定的日常机构，由基金份额持有人大会选举产生的人员组成；其议事规则，由基金合同约定。

第五十条 基金份额持有人大会及其日常机构不得直接参与或者干涉基金的投资管理活动。

第五章　基金的公开募集

第五十一条　公开募集基金，应当经国务院证券监督管理机构注册。未经注册，不得公开或者变相公开募集基金。

前款所称公开募集基金，包括向不特定对象募集资金、向特定对象募集资金累计超过二百人，以及法律、行政法规规定的其他情形。

公开募集基金应当由基金管理人管理，基金托管人托管。

第五十二条　注册公开募集基金，由拟任基金管理人向国务院证券监督管理机构提交下列文件：

（一）申请报告；

（二）基金合同草案；

（三）基金托管协议草案；

（四）招募说明书草案；

（五）律师事务所出具的法律意见书；

（六）国务院证券监督管理机构规定提交的其他文件。

第五十三条　公开募集基金的基金合同应当包括下列内容：

（一）募集基金的目的和基金名称；

（二）基金管理人、基金托管人的名称和住所；

（三）基金的运作方式；

（四）封闭式基金的基金份额总额和基金合同期限，或者开放式基金的最低募集份额总额；

（五）确定基金份额发售日期、价格和费用的原则；

（六）基金份额持有人、基金管理人和基金托管人的权利、义务；

（七）基金份额持有人大会召集、议事及表决的程序和规则；

（八）基金份额发售、交易、申购、赎回的程序、时间、地点、费用计算方式，以及给付赎回款项的时间和方式；

（九）基金收益分配原则、执行方式；

（十）基金管理人、基金托管人报酬的提取、支付方式与比例；

（十一）与基金财产管理、运用有关的其他费用的提取、支付方式；

（十二）基金财产的投资方向和投资限制；

（十三）基金资产净值的计算方法和公告方式；

（十四）基金募集未达到法定要求的处理方式；

（十五）基金合同解除和终止的事由、程序以及基金财产清算方式；

（十六）争议解决方式；

（十七）当事人约定的其他事项。

第五十四条　公开募集基金的基金招募说明书应当包括下列内容：

（一）基金募集申请的准予注册文件名称和注册日期；

（二）基金管理人、基金托管人的基本情况；

（三）基金合同和基金托管协议的内容摘要；

（四）基金份额的发售日期、价格、费用和期限；

（五）基金份额的发售方式、发售机构及登记机构名称；

（六）出具法律意见书的律师事务所和审计基金财产的会计师事务所的名称和住所；

（七）基金管理人、基金托管人报酬及其他有关费用的提取、支付方式与比例；

（八）风险警示内容；

（九）国务院证券监督管理机构规定的其他内容。

第五十五条 国务院证券监督管理机构应当自受理公开募集基金的募集注册申请之日起六个月内依照法律、行政法规及国务院证券监督管理机构的规定进行审查，作出注册或者不予注册的决定，并通知申请人；不予注册的，应当说明理由。

第五十六条 基金募集申请经注册后，方可发售基金份额。

基金份额的发售，由基金管理人或者其委托的基金销售机构办理。

第五十七条 基金管理人应当在基金份额发售的三日前公布招募说明书、基金合同及其他有关文件。

前款规定的文件应当真实、准确、完整。

对基金募集所进行的宣传推介活动，应当符合有关法律、行政法规的规定，不得有本法第七十八条所列行为。

第五十八条 基金管理人应当自收到准予注册文件之日起六个月内进行基金募集。超过六个月开始募集，原注册的事项未发生实质性变化的，应当报国务院证券监督管理机构备案；发生实质性变化的，应当向国务院证券监督管理机构重新提交注册申请。

基金募集不得超过国务院证券监督管理机构准予注册的基金募集期限。基金募集期限自基金份额发售之日起计算。

第五十九条 基金募集期限届满，封闭式基金募集的基金份额总额达到准予注册规模的百分之八十以上，开放式基金募集的基金份额总额超过准予注册的最低募集份额总额，并且基金份额持有人人数符合国务院证券监督管理机构规定的，基金管理人应当自募集期限届满之日起十日内聘请法定验资机构验资，自收到验资报告之日起十日内，向国务院证券监督管理机构提交验资报告，办理基金备案手续，并予以公告。

第六十条 基金募集期间募集的资金应当存入专门账户，在基金募集行为结束前，任何人不得动用。

第六十一条 投资人交纳认购的基金份额的款项时，基金合同成立；基金管理人依照本法第五十九条的规定向国务院证券监督管理机构办理基金备案手续，基金合同生效。

基金募集期限届满，不能满足本法第五十九条规定的条件的，基金管理人应当承担下列责任：

（一）以其固有财产承担因募集行为而产生的债务和费用；

（二）在基金募集期限届满后三十日内返还投资人已交纳的款项，并加计银行同期存款利息。

第六章 公开募集基金的基金份额的交易、申购与赎回

第六十二条 申请基金份额上市交易，基金管理人应当向证券交易所提出申请，证券交易所依法审核同意的，双方应当签订上市协议。

第六十三条 基金份额上市交易，应当符合下列条件：

（一）基金的募集符合本法规定；

（二）基金合同期限为五年以上；

（三）基金募集金额不低于二亿元人民币；

（四）基金份额持有人不少于一千人；

（五）基金份额上市交易规则规定的其他条件。

第六十四条 基金份额上市交易规则由证券交易所制定，报国务院证券监督管理机构批准。

第六十五条 基金份额上市交易后，有下列情形之一的，由证券交易所终止其上市交易，并报

国务院证券监督管理机构备案：

（一）不再具备本法第六十三条规定的上市交易条件；

（二）基金合同期限届满；

（三）基金份额持有人大会决定提前终止上市交易；

（四）基金合同约定的或者基金份额上市交易规则规定的终止上市交易的其他情形。

第六十六条　开放式基金的基金份额的申购、赎回、登记，由基金管理人或者其委托的基金服务机构办理。

第六十七条　基金管理人应当在每个工作日办理基金份额的申购、赎回业务；基金合同另有约定的，从其约定。

投资人交付申购款项，申购成立；基金份额登记机构确认基金份额时，申购生效。

基金份额持有人递交赎回申请，赎回成立；基金份额登记机构确认赎回时，赎回生效。

第六十八条　基金管理人应当按时支付赎回款项，但是下列情形除外：

（一）因不可抗力导致基金管理人不能支付赎回款项；

（二）证券交易场所依法决定临时停市，导致基金管理人无法计算当日基金资产净值；

（三）基金合同约定的其他特殊情形。

发生上述情形之一的，基金管理人应当在当日报国务院证券监督管理机构备案。

本条第一款规定的情形消失后，基金管理人应当及时支付赎回款项。

第六十九条　开放式基金应当保持足够的现金或者政府债券，以备支付基金份额持有人的赎回款项。基金财产中应当保持的现金或者政府债券的具体比例，由国务院证券监督管理机构规定。

第七十条　基金份额的申购、赎回价格，依据申购、赎回日基金份额净值加、减有关费用计算。

第七十一条　基金份额净值计价出现错误时，基金管理人应当立即纠正，并采取合理的措施防止损失进一步扩大。计价错误达到基金份额净值百分之零点五时，基金管理人应当公告，并报国务院证券监督管理机构备案。

因基金份额净值计价错误造成基金份额持有人损失的，基金份额持有人有权要求基金管理人、基金托管人予以赔偿。

第七章　公开募集基金的投资与信息披露

第七十二条　基金管理人运用基金财产进行证券投资，除国务院证券监督管理机构另有规定外，应当采用资产组合的方式。

资产组合的具体方式和投资比例，依照本法和国务院证券监督管理机构的规定在基金合同中约定。

第七十三条　基金财产应当用于下列投资：

（一）上市交易的股票、债券；

（二）国务院证券监督管理机构规定的其他证券及其衍生品种。

第七十四条　基金财产不得用于下列投资或者活动：

（一）承销证券；

（二）违反规定向他人贷款或者提供担保；

（三）从事承担无限责任的投资；

（四）买卖其他基金份额，但是国务院证券监督管理机构另有规定的除外；

（五）向基金管理人、基金托管人出资；

（六）从事内幕交易、操纵证券交易价格及其他不正当的证券交易活动；

（七）法律、行政法规和国务院证券监督管理机构规定禁止的其他活动。

运用基金财产买卖基金管理人、基金托管人及其控股股东、实际控制人或者与其有其他重大利害关系的公司发行的证券或承销期内承销的证券，或者从事其他重大关联交易的，应当遵循基金份额持有人利益优先的原则，防范利益冲突，符合国务院证券监督管理机构的规定，并履行信息披露义务。

第七十五条　基金管理人、基金托管人和其他基金信息披露义务人应当依法披露基金信息，并保证所披露信息的真实性、准确性和完整性。

第七十六条　基金信息披露义务人应当确保应予披露的基金信息在国务院证券监督管理机构规定时间内披露，并保证投资人能够按照基金合同约定的时间和方式查阅或者复制公开披露的信息资料。

第七十七条　公开披露的基金信息包括：

（一）基金招募说明书、基金合同、基金托管协议；

（二）基金募集情况；

（三）基金份额上市交易公告书；

（四）基金资产净值、基金份额净值；

（五）基金份额申购、赎回价格；

（六）基金财产的资产组合季度报告、财务会计报告及中期和年度基金报告；

（七）临时报告；

（八）基金份额持有人大会决议；

（九）基金管理人、基金托管人的专门基金托管部门的重大人事变动；

（十）涉及基金财产、基金管理业务、基金托管业务的诉讼或者仲裁；

（十一）国务院证券监督管理机构规定应予披露的其他信息。

第七十八条　公开披露基金信息，不得有下列行为：

（一）虚假记载、误导性陈述或者重大遗漏；

（二）对证券投资业绩进行预测；

（三）违规承诺收益或者承担损失；

（四）诋毁其他基金管理人、基金托管人或者基金销售机构；

（五）法律、行政法规和国务院证券监督管理机构规定禁止的其他行为。

第八章　公开募集基金的基金合同的变更、终止与基金财产清算

第七十九条　按照基金合同的约定或者基金份额持有人大会的决议，基金可以转换运作方式或者与其他基金合并。

第八十条　封闭式基金扩募或者延长基金合同期限，应当符合下列条件，并报国务院证券监督管理机构备案：

（一）基金运营业绩良好；

（二）基金管理人最近二年内没有因违法违规行为受到行政处罚或者刑事处罚；

（三）基金份额持有人大会决议通过；

（四）本法规定的其他条件。

第八十一条　有下列情形之一的，基金合同终止：

（一）基金合同期限届满而未延期；

（二）基金份额持有人大会决定终止；

（三）基金管理人、基金托管人职责终止，在六个月内没有新基金管理人、新基金托管人承接；

（四）基金合同约定的其他情形。

第八十二条　基金合同终止时，基金管理人应当组织清算组对基金财产进行清算。

清算组由基金管理人、基金托管人以及相关的中介服务机构组成。

清算组作出的清算报告经会计师事务所审计，律师事务所出具法律意见书后，报国务院证券监督管理机构备案并公告。

第八十三条　清算后的剩余基金财产，应当按照基金份额持有人所持份额比例进行分配。

第九章　公开募集基金的基金份额持有人权利行使

第八十四条　基金份额持有人大会由基金管理人召集。基金份额持有人大会设立日常机构的，由该日常机构召集；该日常机构未召集的，由基金管理人召集。基金管理人未按规定召集或者不能召开的，由基金托管人召集。

代表基金份额百分之十以上的基金份额持有人就同一事项要求召开基金份额持有人大会，而基金份额持有人大会的日常机构、基金管理人、基金托管人都不召集的，代表基金份额百分之十以上的基金份额持有人有权自行召集，并报国务院证券监督管理机构备案。

第八十五条　召开基金份额持有人大会，召集人应当至少提前三十日公告基金份额持有人大会的召开时间、会议形式、审议事项、议事程序和表决方式等事项。

基金份额持有人大会不得就未经公告的事项进行表决。

第八十六条　基金份额持有人大会可以采取现场方式召开，也可以采取通信等方式召开。

每一基金份额具有一票表决权，基金份额持有人可以委托代理人出席基金份额持有人大会并行使表决权。

第八十七条　基金份额持有人大会应当有代表二分之一以上基金份额的持有人参加，方可召开。

参加基金份额持有人大会的持有人的基金份额低于前款规定比例的，召集人可以在原公告的基金份额持有人大会召开时间的三个月以后、六个月以内，就原定审议事项重新召集基金份额持有人大会。重新召集的基金份额持有人大会应当有代表三分之一以上基金份额的持有人参加，方可召开。

基金份额持有人大会就审议事项作出决定，应当经参加大会的基金份额持有人所持表决权的二分之一以上通过；但是，转换基金的运作方式、更换基金管理人或者基金托管人、提前终止基金合同、与其他基金合并，应当经参加大会的基金份额持有人所持表决权的三分之二以上通过。

基金份额持有人大会决定的事项，应当依法报国务院证券监督管理机构备案，并予以公告。

第十章　非公开募集基金

第八十八条　非公开募集基金应当向合格投资者募集，合格投资者累计不得超过二百人。

前款所称合格投资者，是指达到规定资产规模或者收入水平，并且具备相应的风险识别能力和风险承担能力、其基金份额认购金额不低于规定限额的单位和个人。

合格投资者的具体标准由国务院证券监督管理机构规定。

第八十九条　除基金合同另有约定外，非公开募集基金应当由基金托管人托管。

第九十条　担任非公开募集基金的基金管理人，应当按照规定向基金行业协会履行登记手续，报送基本情况。

第九十一条　未经登记，任何单位或者个人不得使用“基金”或者“基金管理”字样或者近似名称进行证券投资活动；但是，法律、行政法规另有规定的除外。

第九十二条 非公开募集基金，不得向合格投资者之外的单位和个人募集资金，不得通过报刊、电台、电视台、互联网等公众传播媒体或者讲座、报告会、分析会等方式向不特定对象宣传推介。

第九十三条 非公开募集基金，应当制定并签订基金合同。基金合同应当包括下列内容：

（一）基金份额持有人、基金管理人、基金托管人的权利、义务；

（二）基金的运作方式；

（三）基金的出资方式、数额和认缴期限；

（四）基金的投资范围、投资策略和投资限制；

（五）基金收益分配原则、执行方式；

（六）基金承担的有关费用；

（七）基金信息提供的内容、方式；

（八）基金份额的认购、赎回或者转让的程序和方式；

（九）基金合同变更、解除和终止的事由、程序；

（十）基金财产清算方式；

（十一）当事人约定的其他事项。

基金份额持有人转让基金份额的，应当符合本法第八十八条、第九十二条的规定。

第九十四条 按照基金合同约定，非公开募集基金可以由部分基金份额持有人作为基金管理人负责基金的投资管理活动，并在基金财产不足以清偿其债务时对基金财产的债务承担无限连带责任。

前款规定的非公开募集基金，其基金合同还应载明：

（一）承担无限连带责任的基金份额持有人和其他基金份额持有人的姓名或者名称、住所；

（二）承担无限连带责任的基金份额持有人的除名条件和更换程序；

（三）基金份额持有人增加、退出的条件、程序以及相关责任；

（四）承担无限连带责任的基金份额持有人和其他基金份额持有人的转换程序。

第九十五条 非公开募集基金募集完毕，基金管理人应当向基金行业协会备案。对募集的资金总额或者基金份额持有人的人数达到规定标准的基金，基金行业协会应当向国务院证券监督管理机构报告。

非公开募集基金财产的证券投资，包括买卖公开发行的股份有限公司股票、债券、基金份额，以及国务院证券监督管理机构规定的其他证券及其衍生品种。

第九十六条 基金管理人、基金托管人应当按照基金合同的约定，向基金份额持有人提供基金信息。

第九十七条 专门从事非公开募集基金管理业务的基金管理人，其股东、高级管理人员、经营期限、管理的基金资产规模等符合规定条件的，经国务院证券监督管理机构核准，可以从事公开募集基金管理业务。

第十一章 基金服务机构

第九十八条 从事公开募集基金的销售、销售支付、份额登记、估值、投资顾问、评价、信息技术系统服务等基金服务业务的机构，应当按照国务院证券监督管理机构的规定进行注册或者备案。

第九十九条 基金销售机构应当向投资人充分揭示投资风险，并根据投资人的风险承担能力销售不同风险等级的基金产品。

第一百条 基金销售支付机构应当按照规定办理基金销售结算资金的划付，确保基金销售结算资金安全、及时划付。

第一百零一条 基金销售结算资金、基金份额独立于基金销售机构、基金销售支付机构或者基金份额登记机构的自有财产。基金销售机构、基金销售支付机构或者基金份额登记机构破产或者清算时，基金销售结算资金、基金份额不属于其破产财产或者清算财产。非因投资人本身的债务或者法律规定的其他情形，不得查封、冻结、扣划或者强制执行基金销售结算资金、基金份额。

基金销售机构、基金销售支付机构、基金份额登记机构应当确保基金销售结算资金、基金份额的安全、独立，禁止任何单位或者个人以任何形式挪用基金销售结算资金、基金份额。

第一百零二条 基金管理人可以委托基金服务机构代为办理基金的份额登记、核算、估值、投资顾问等事项，基金托管人可以委托基金服务机构代为办理基金的核算、估值、复核等事项，但基金管理人、基金托管人依法应当承担的责任不因委托而免除。

第一百零三条 基金份额登记机构以电子介质登记的数据，是基金份额持有人权利归属的根据。基金份额持有人以基金份额出质的，质权自基金份额登记机构办理出质登记时设立。

基金份额登记机构应当妥善保存登记数据，并将基金份额持有人名称、身份信息及基金份额明细等数据备份至国务院证券监督管理机构认定的机构。其保存期限自基金账户销户之日起不得少于二十年。

基金份额登记机构应当保证登记数据的真实、准确、完整，不得隐匿、伪造、篡改或者毁损。

第一百零四条 基金投资顾问机构及其从业人员提供基金投资顾问服务，应当具有合理的依据，对其服务能力和经营业绩进行如实陈述，不得以任何方式承诺或者保证投资收益，不得损害服务对象的合法权益。

第一百零五条 基金评价机构及其从业人员应当客观公正，按照依法制定的业务规则开展基金评价业务，禁止误导投资人，防范可能发生的利益冲突。

第一百零六条 基金管理人、基金托管人、基金服务机构的信息技术系统，应当符合规定的要求。国务院证券监督管理机构可以要求信息技术系统服务机构提供该信息技术系统的相关资料。

第一百零七条 律师事务所、会计师事务所接受基金管理人、基金托管人的委托，为有关基金业务活动出具法律意见书、审计报告、内部控制评价报告等文件，应当勤勉尽责，对所依据的文件资料内容的真实性、准确性、完整性进行核查和验证。其制作、出具的文件有虚假记载、误导性陈述或者重大遗漏，给他人财产造成损失的，应当与委托人承担连带赔偿责任。

第一百零八条 基金服务机构应当勤勉尽责、恪尽职守，建立应急等风险管理制度和灾难备份系统，不得泄露与基金份额持有人、基金投资运作相关的非公开信息。

第十二章 基金行业协会

第一百零九条 基金行业协会是证券投资基金行业的自律性组织，是社会团体法人。

基金管理人、基金托管人应当加入基金行业协会，基金服务机构可以加入基金行业协会。

第一百一十条 基金行业协会的权力机构为全体会员组成的会员大会。

基金行业协会设理事会。理事会成员依章程的规定由选举产生。

第一百一十一条 基金行业协会章程由会员大会制定，并报国务院证券监督管理机构备案。

第一百一十二条 基金行业协会履行下列职责：

（一）教育和组织会员遵守有关证券投资的法律、行政法规，维护投资人合法权益；

（二）依法维护会员的合法权益，反映会员的建议和要求；

（三）制定和实施行业自律规则，监督、检查会员及其从业人员的执业行为，对违反自律规则和协会章程的，按照规定给予纪律处分；

（四）制定行业执业标准和业务规范，组织基金从业人员的从业考试、资质管理和业务培训；

（五）提供会员服务，组织行业交流，推动行业创新，开展行业宣传和投资人教育活动；

（六）对会员之间、会员与客户之间发生的基金业务纠纷进行调解；

（七）依法办理非公开募集基金的登记、备案；

（八）协会章程规定的其他职责。

第十三章　监督管理

第一百一十三条　国务院证券监督管理机构依法履行下列职责：

（一）制定有关证券投资基金活动监督管理的规章、规则，并行使审批、核准或者注册权；

（二）办理基金备案；

（三）对基金管理人、基金托管人及其他机构从事证券投资基金活动进行监督管理，对违法行为进行查处，并予以公告；

（四）制定基金从业人员的资格标准和行为准则，并监督实施；

（五）监督检查基金信息的披露情况；

（六）指导和监督基金行业协会的活动；

（七）法律、行政法规规定的其他职责。

第一百一十四条　国务院证券监督管理机构依法履行职责，有权采取下列措施：

（一）对基金管理人、基金托管人、基金服务机构进行现场检查，并要求其报送有关的业务资料；

（二）进入涉嫌违法行为发生场所调查取证；

（三）询问当事人和与被调查事件有关的单位和个人，要求其对与被调查事件有关的事项作出说明；

（四）查阅、复制与被调查事件有关的财产权登记、通信记录等资料；

（五）查阅、复制当事人和与被调查事件有关的单位和个人的证券交易记录、登记过户记录、财务会计资料及其他相关文件和资料；对可能被转移、隐匿或者毁损的文件和资料，可以予以封存；

（六）查询当事人和与被调查事件有关的单位和个人的资金账户、证券账户和银行账户；对有证据证明已经或者可能转移或者隐匿违法资金、证券等涉案财产或者隐匿、伪造、毁损重要证据的，经国务院证券监督管理机构主要负责人批准，可以冻结或者查封；

（七）在调查操纵证券市场、内幕交易等重大证券违法行为时，经国务院证券监督管理机构主要负责人批准，可以限制被调查事件当事人的证券买卖，但限制的期限不得超过十五个交易日；案情复杂的，可以延长十五个交易日。

第一百一十五条　国务院证券监督管理机构工作人员依法履行职责，进行调查或者检查时，不得少于二人，并应当出示合法证件；对调查或者检查中知悉的商业秘密负有保密的义务。

第一百一十六条　国务院证券监督管理机构工作人员应当忠于职守，依法办事，公正廉洁，接受监督，不得利用职务牟取私利。

第一百一十七条　国务院证券监督管理机构依法履行职责时，被调查、检查的单位和个人应当配合，如实提供有关文件和资料，不得拒绝、阻碍和隐瞒。

第一百一十八条　国务院证券监督管理机构依法履行职责，发现违法行为涉嫌犯罪的，应当将案件移送司法机关处理。

第一百一十九条 国务院证券监督管理机构工作人员在任职期间，或者离职后在《中华人民共和国公务员法》规定的期限内，不得在被监管的机构中担任职务。

第十四章 法律责任

第一百二十条 违反本法规定，未经批准擅自设立基金管理公司或者未经核准从事公开募集基金管理业务的，由证券监督管理机构予以取缔或者责令改正，没收违法所得，并处违法所得一倍以上五倍以下罚款；没有违法所得或者违法所得不足一百万元的，并处十万元以上一百万元以下罚款。对直接负责的主管人员和其他直接责任人员给予警告，并处三万元以上三十万元以下罚款。

基金管理公司违反本法规定，擅自变更持有百分之五以上股权的股东、实际控制人或者其他重大事项的，责令改正，没收违法所得，并处违法所得一倍以上五倍以下罚款；没有违法所得或者违法所得不足五十万元的，并处五万元以上五十万元以下罚款。对直接负责的主管人员给予警告，并处三万元以上十万元以下罚款。

第一百二十一条 基金管理人的董事、监事、高级管理人员和其他从业人员，基金托管人的专门基金托管部门的高级管理人员和其他从业人员，未按照本法第十八条第一款规定申报的，责令改正，处三万元以上十万元以下罚款。

基金管理人、基金托管人违反本法第十八条第二款规定的，责令改正，处十万元以上一百万元以下罚款；对直接负责的主管人员和其他直接责任人员给予警告，暂停或者撤销基金从业资格，并处三万元以上三十万元以下罚款。

第一百二十二条 基金管理人的董事、监事、高级管理人员和其他从业人员，基金托管人的专门基金托管部门的高级管理人员和其他从业人员违反本法第十九条规定的，责令改正，没收违法所得，并处违法所得一倍以上五倍以下罚款；没有违法所得或者违法所得不足一百万元的，并处十万元以上一百万元以下罚款；情节严重的，撤销基金从业资格。

第一百二十三条 基金管理人、基金托管人违反本法规定，未对基金财产实行分别管理或者分账保管，责令改正，处五万元以上五十万元以下罚款；对直接负责的主管人员和其他直接责任人员给予警告，暂停或者撤销基金从业资格，并处三万元以上三十万元以下罚款。

第一百二十四条 基金管理人、基金托管人及其董事、监事、高级管理人员和其他从业人员有本法第二十一条所列行为之一的，责令改正，没收违法所得，并处违法所得一倍以上五倍以下罚款；没有违法所得或者违法所得不足一百万元的，并处十万元以上一百万元以下罚款；基金管理人、基金托管人有上述行为的，还应当对其直接负责的主管人员和其他直接责任人员给予警告，暂停或者撤销基金从业资格，并处三万元以上三十万元以下罚款。

基金管理人、基金托管人及其董事、监事、高级管理人员和其他从业人员侵占、挪用基金财产而取得的财产和收益，归入基金财产。但是，法律、行政法规另有规定的，依照其规定。

第一百二十五条 基金管理人的股东、实际控制人违反本法第二十四条规定的，责令改正，没收违法所得，并处违法所得一倍以上五倍以下罚款；没有违法所得或者违法所得不足一百万元的，并处十万元以上一百万元以下罚款；对直接负责的主管人员和其他直接责任人员给予警告，暂停或者撤销基金或证券从业资格，并处三万元以上三十万元以下罚款。

第一百二十六条 未经核准，擅自从事基金托管业务的，责令停止，没收违法所得，并处违法所得一倍以上五倍以下罚款；没有违法所得或者违法所得不足一百万元的，并处十万元以上一百万元以下罚款；对直接负责的主管人员和其他直接责任人员给予警告，并处三万元以上三十万元以下罚款。

第一百二十七条 基金管理人、基金托管人违反本法规定，相互出资或者持有股份的，责令改正，可以处十万元以下罚款。

第一百二十八条　违反本法规定，擅自公开或者变相公开募集基金的，责令停止，返还所募资金和加计的银行同期存款利息，没收违法所得，并处所募资金金额百分之一以上百分之五以下罚款。对直接负责的主管人员和其他直接责任人员给予警告，并处五万元以上五十万元以下罚款。

第一百二十九条　违反本法第六十条规定，动用募集的资金的，责令返还，没收违法所得，并处违法所得一倍以上五倍以下罚款；没有违法所得或者违法所得不足五十万元的，并处五万元以上五十万元以下罚款；对直接负责的主管人员和其他直接责任人员给予警告，并处三万元以上三十万元以下罚款。

第一百三十条　基金管理人、基金托管人有本法第七十四条第一款第一项至第五项和第七项所列行为之一，或者违反本法第七十四条第二款规定的，责令改正，处十万元以上一百万元以下罚款；对直接负责的主管人员和其他直接责任人员给予警告，暂停或者撤销基金从业资格，并处三万元以上三十万元以下罚款。

基金管理人、基金托管人有前款行为，运用基金财产而取得的财产和收益，归入基金财产。但是，法律、行政法规另有规定的，依照其规定。

第一百三十一条　基金管理人、基金托管人有本法第七十四条第一款第六项规定行为的，除依照《中华人民共和国证券法》的有关规定处罚外，对直接负责的主管人员和其他直接责任人员暂停或者撤销基金从业资格。

第一百三十二条　基金信息披露义务人不依法披露基金信息或者披露的信息有虚假记载、误导性陈述或者重大遗漏的，责令改正，没收违法所得，并处十万元以上一百万元以下罚款；对直接负责的主管人员和其他直接责任人员给予警告，暂停或者撤销基金从业资格，并处三万元以上三十万元以下罚款。

第一百三十三条　基金管理人或者基金托管人不按照规定召集基金份额持有人大会的，责令改正，可以处五万元以下罚款；对直接负责的主管人员和其他直接责任人员给予警告，暂停或者撤销基金从业资格。

第一百三十四条　违反本法规定，未经登记，使用“基金”或者“基金管理”字样或者近似名称进行证券投资活动的，没收违法所得，并处违法所得一倍以上五倍以下罚款；没有违法所得或者违法所得不足一百万元的，并处十万元以上一百万元以下罚款。对直接负责的主管人员和其他直接责任人员给予警告，并处三万元以上三十万元以下罚款。

第一百三十五条　违反本法规定，非公开募集基金募集完毕，基金管理人未备案的，处十万元以上三十万元以下罚款。对直接负责的主管人员和其他直接责任人员给予警告，并处三万元以上十万元以下罚款。

第一百三十六条　违反本法规定，向合格投资者之外的单位或者个人非公开募集资金或者转让基金份额的，没收违法所得，并处违法所得一倍以上五倍以下罚款；没有违法所得或者违法所得不足一百万元的，并处十万元以上一百万元以下罚款。对直接负责的主管人员和其他直接责任人员给予警告，并处三万元以上三十万元以下罚款。

第一百三十七条　违反本法规定，擅自从事公开募集基金的基金服务业务的，责令改正，没收违法所得，并处违法所得一倍以上五倍以下罚款；没有违法所得或者违法所得不足三十万元的，并处十万元以上三十万元以下罚款。对直接负责的主管人员和其他直接责任人员给予警告，并处三万元以上十万元以下罚款。

第一百三十八条　基金销售机构未向投资人充分揭示投资风险并误导其购买与其风险承担能力不相当的基金产品的，处十万元以上三十万元以下罚款；情节严重的，责令其停止基金服务业务。对直接负责的主管人员和其他直接责任人员给予警告，撤销基金从业资格，并处三万元以上十万元以下罚款。

第一百三十九条　基金销售支付机构未按照规定划付基金销售结算资金的，处十万元以上三十万元以下罚款；情节严重的，责令其停止基金服务业务。对直接负责的主管人员和其他直接责任人员给予警告，撤销基金从业资格，并处三万元以上十万元以下罚款。

第一百四十条　挪用基金销售结算资金或者基金份额的，责令改正，没收违法所得，并处违法所得一倍以上五倍以下罚款；没有违法所得或者违法所得不足一百万元的，并处十万元以上一百万元以下罚款。对直接负责的主管人员和其他直接责任人员给予警告，并处三万元以上三十万元以下罚款。

第一百四十一条　基金份额登记机构未妥善保存或者备份基金份额登记数据的，责令改正，给予警告，并处十万元以上三十万元以下罚款；情节严重的，责令其停止基金服务业务。对直接负责的主管人员和其他直接责任人员给予警告，撤销基金从业资格，并处三万元以上十万元以下罚款。

基金份额登记机构隐匿、伪造、篡改、毁损基金份额登记数据的，责令改正，处十万元以上一百万元以下罚款，并责令其停止基金服务业务。对直接负责的主管人员和其他直接责任人员给予警告，撤销基金从业资格，并处三万元以上三十万元以下罚款。

第一百四十二条　基金投资顾问机构、基金评价机构及其从业人员违反本法规定开展投资顾问、基金评价服务的，处十万元以上三十万元以下罚款；情节严重的，责令其停止基金服务业务。对直接负责的主管人员和其他直接责任人员给予警告，撤销基金从业资格，并处三万元以上十万元以下罚款。

第一百四十三条　信息技术系统服务机构未按照规定向国务院证券监督管理机构提供相关信息技术系统资料，或者提供的信息技术系统资料虚假、有重大遗漏的，责令改正，处三万元以上十万元以下罚款。对直接负责的主管人员和其他直接责任人员给予警告，并处一万元以上三万元以下罚款。

第一百四十四条　会计师事务所、律师事务所未勤勉尽责，所出具的文件有虚假记载、误导性陈述或者重大遗漏的，责令改正，没收业务收入，暂停或者撤销相关业务许可，并处业务收入一倍以上五倍以下罚款。对直接负责的主管人员和其他直接责任人员给予警告，并处三万元以上十万元以下罚款。

第一百四十五条　基金服务机构未建立应急等风险管理制度和灾难备份系统，或者泄露与基金份额持有人、基金投资运作相关的非公开信息的，处十万元以上三十万元以下罚款；情节严重的，责令其停止基金服务业务。对直接负责的主管人员和其他直接责任人员给予警告，撤销基金从业资格，并处三万元以上十万元以下罚款。

第一百四十六条　违反本法规定，给基金财产、基金份额持有人或者投资人造成损害的，依法承担赔偿责任。

基金管理人、基金托管人在履行各自职责的过程中，违反本法规定或者基金合同约定，给基金财产或者基金份额持有人造成损害的，应当分别对各自的行为依法承担赔偿责任；因共同行为给基金财产或者基金份额持有人造成损害的，应当承担连带赔偿责任。

第一百四十七条　证券监督管理机构工作人员玩忽职守、滥用职权、徇私舞弊或者利用职务上的便利索取或者收受他人财物的，依法给予行政处分。

第一百四十八条　拒绝、阻碍证券监督管理机构及其工作人员依法行使监督检查、调查职权未使用暴力、威胁方法的，依法给予治安管理处罚。

第一百四十九条　违反法律、行政法规或者国务院证券监督管理机构的有关规定，情节严重的，国务院证券监督管理机构可以对有关责任人员采取证券市场禁入的措施。

第一百五十条　违反本法规定，构成犯罪的，依法追究刑事责任。

第一百五十一条　违反本法规定，应当承担民事赔偿责任和缴纳罚款、罚金，其财产不足以同时支付时，先承担民事赔偿责任。

第一百五十二条　依照本法规定，基金管理人、基金托管人、基金服务机构应当承担的民事赔偿责任和缴纳的罚款、罚金，由基金管理人、基金托管人、基金服务机构以其固有财产承担。

依法收缴的罚款、罚金和没收的违法所得，应当全部上缴国库。

第十五章　附　则

第一百五十三条　在中华人民共和国境内募集投资境外证券的基金，以及合格境外投资者在境内进行证券投资，应当经国务院证券监督管理机构批准，具体办法由国务院证券监督管理机构会同国务院有关部门规定，报国务院批准。

第一百五十四条　公开或者非公开募集资金，以进行证券投资活动为目的设立的公司或者合伙企业，资产由基金管理人或者普通合伙人管理的，其证券投资活动适用本法。

第一百五十五条　本法自2013年6月1日起施行。

中华人民共和国国民经济和社会发展第十二个五年规划纲要（节选）

（2011 年 3 月 16 日新华社发布，第十一届全国人民代表大会第四次会议审议通过。）

第四十八章　深化金融体制改革

全面推动金融改革、开放和发展，构建组织多元、服务高效、监管审慎、风险可控的金融体系，不断增强金融市场功能，更好地为加快转变经济发展方式服务。

第一节　深化金融机构改革

继续深化国家控股的大型金融机构改革，完善现代金融企业制度，强化内部治理和风险管理，提高创新发展能力和国际竞争力。继续深化国家开发银行改革，推动中国进出口银行和中国出口信用保险公司改革，研究推动中国农业发展银行改革，继续推动中国邮政储蓄银行改革。建立存款保险制度。促进证券期货经营机构规范发展。强化保险机构的创新服务能力和风险内控能力，加强保险业偿付能力监管，深化保险资金运用管理体制改革，稳步提高资金运作水平。促进金融资产管理公司商业化转型。积极稳妥推进金融业综合经营试点。

第二节　加快多层次金融市场体系建设

大力发展金融市场，继续鼓励金融创新，显著提高直接融资比重。拓宽货币市场广度和深度，增强流动性管理功能。深化股票发审制度市场化改革，规范发展主板和中小板市场，推进创业板市场建设，扩大代办股份转让系统试点，加快发展场外交易市场，探索建立国际板市场。积极发展债券市场，完善发行管理体制，推进债券品种创新和多样化，稳步推进资产证券化。推进期货和金融衍生品市场发展。促进创业投资和股权投资健康发展，规范发展私募基金市场。加强市场基础性制度建设，完善市场法律法规。继续推动资产管理、外汇、黄金市场发展。

第三节　完善金融调控机制

优化货币政策目标体系，健全货币政策决策机制，改善货币政策的传导机制和环境。构建逆周期的金融宏观审慎管理制度框架，建立健全系统性金融风险防范预警体系、评估体系和处置机制。稳步推进利率市场化改革，加强金融市场基准利率体系建设。完善以市场供求为基础的有管理的浮动汇率制度，推进外汇管理体制改革，扩大人民币跨境使用，逐步实现人民币资本项目可兑换。改进外汇储备经营管理，拓宽使用渠道，提高收益水平。

第四节 加强金融监管

完善金融监管体制机制，加强金融监管协调，健全金融监管机构之间以及与宏观调控部门之间的协调机制。完善地方政府金融管理体制，强化地方政府对地方中小金融机构的风险处置责任。制定跨行业、跨市场金融监管规则，强化对系统重要性金融机构的监管。完善金融法律法规。加快社会信用体系建设，规范发展信用评级机构。参与国际金融准则修订，完善我国金融业稳健标准。加强与国际组织和境外监管机构的国际合作。维护国家金融稳定和安全。

证券期货业反洗钱工作实施办法

（中国证券监督管理委员会令第68号令　2010年2月11日中国证券监督管理委员会第269次主席办公会审议通过，自2010年10月1日起施行）

第一章　总　则

第一条　为进一步配合国务院反洗钱行政主管部门加强证券期货业反洗钱工作，有效防范证券期货业洗钱和恐怖融资风险，规范行业反洗钱监管行为，推动证券期货经营机构认真落实反洗钱工作，维护证券期货市场秩序，根据《中华人民共和国反洗钱法》（以下简称《反洗钱法》）、《中华人民共和国证券法》、《中华人民共和国证券投资基金法》及《期货交易管理条例》等法律法规，制定本办法。

第二条　本办法适用于中华人民共和国境内的证券期货业反洗钱工作。

从事基金销售业务的机构在基金销售业务中履行反洗钱责任适用本办法。

第三条　中国证券监督管理委员会（以下简称证监会）依法配合国务院反洗钱行政主管部门履行证券期货业反洗钱监管职责，制定证券期货业反洗钱工作的规章制度，组织、协调、指导证券公司、期货公司和基金管理公司（以下简称证券期货经营机构）的反洗钱工作。

证监会派出机构按照本办法的规定，履行辖区内证券期货业反洗钱监管职责。

第四条　中国证券业协会和中国期货业协会依照本办法的规定，履行证券期货业反洗钱自律管理职责。

第五条　证券期货经营机构应当依法建立健全反洗钱工作制度，按照本办法规定向当地证监会派出机构报送相关信息。证券期货经营机构发现证券期货业内涉嫌洗钱活动线索，应当依法向反洗钱行政主管部门、侦查机关举报。

第二章　监管机构及行业协会职责

第六条　证监会负责组织、协调、指导证券期货业的反洗钱工作，履行以下反洗钱工作职责：

（一）配合国务院反洗钱行政主管部门研究制定证券期货业反洗钱工作的政策、规划，研究解决证券期货业反洗钱工作重大和疑难问题，及时向国务院反洗钱行政主管部门通报反洗钱工作信息；

（二）参与制定证券期货经营机构反洗钱有关规章，对证券期货经营机构提出建立健全反洗钱内控制度的要求，在证券期货经营机构市场准入和人员任职方面贯彻反洗钱要求；

（三）配合国务院反洗钱行政主管部门对证券期货经营机构实施反洗钱监管；

（四）会同国务院反洗钱行政主管部门指导中国证券业协会、中国期货业协会制定反洗钱工作指引，开展反洗钱宣传和培训；

（五）研究证券期货业反洗钱的重大问题并提出政策建议；

（六）及时向侦查机关报告涉嫌洗钱犯罪的交易活动，协助司法部门调查处理涉嫌洗钱犯罪案件；

（七）对派出机构落实反洗钱监管工作情况进行考评，对中国证券业协会、中国期货业协会落实反洗钱工作进行指导；

（八）法律、行政法规规定的其他职责。

第七条 证监会派出机构履行以下反洗钱工作职责：

（一）配合当地反洗钱行政主管部门对辖区证券期货经营机构实施反洗钱监管，并建立信息交流机制；

（二）定期向证监会报送辖区内半年度和年度反洗钱工作情况，及时报告辖区证券期货经营机构受反洗钱行政主管部门检查或处罚等信息及相关重大事件；

（三）组织、指导辖区证券期货业的反洗钱培训和宣传工作；

（四）研究辖区证券期货业反洗钱工作问题，并提出改进措施；

（五）法律、行政法规以及证监会规定的其他职责。

第八条 中国证券业协会、中国期货业协会履行以下反洗钱工作职责：

（一）在证监会的指导下，制定和修改行业反洗钱相关工作指引；

（二）组织会员单位开展反洗钱培训和宣传工作；

（三）定期向证监会报送协会年度反洗钱工作报告，及时报告相关重大事件；

（四）组织会员单位研究行业反洗钱工作的相关问题；

（五）法律、行政法规以及证监会规定的其他职责。

第三章 证券期货经营机构反洗钱义务

第九条 证券期货经营机构应当依法履行反洗钱义务，建立健全反洗钱内部控制制度。证券期货经营机构负责人应当对反洗钱内部控制制度的有效实施负责，总部应当对分支机构执行反洗钱内部控制制度进行监督管理，根据要求向当地证监会派出机构报告反洗钱工作开展情况。

第十条 证券期货经营机构应当向当地证监会派出机构报送其内部反洗钱工作部门设置、负责人及专门负责反洗钱工作的人员的联系方式等相关信息。如有变更，应当自变更之日起十个工作日内报送更新后的相关信息。

第十一条 证券期货经营机构应当在发现以下事项发生后的五个工作日内，以书面方式向当地证监会派出机构报告：

（一）证券期货经营机构受到反洗钱行政主管部门检查或处罚的；

（二）证券期货经营机构或其客户从事或涉嫌从事洗钱活动，被反洗钱行政主管部门、侦查机关或者司法机关处罚的；

（三）其他涉及反洗钱工作的重大事项。

第十二条 证券期货经营机构应当按照反洗钱法律法规的要求及时建立客户风险等级划分制度，并报当地证监会派出机构备案。在持续关注的基础上，应适时调整客户风险等级。

第十三条 证券期货经营机构在为客户办理业务过程中，发现客户所提供的个人身份证件或机构资料涉嫌虚假记载的，应当拒绝办理；发现存在可疑之处的，应当要求客户补充提供个人身份证件或机构原件等足以证实其身份的相关证明材料，无法证实的，应当拒绝办理。

第十四条　证券期货经营机构通过销售机构向客户销售基金等金融产品时，应当通过合同、协议或其他书面文件，明确双方在客户身份识别、客户身份资料和交易记录保存与信息交换、大额交易和可疑交易报告等方面的反洗钱职责和程序。

第十五条　证券期货经营机构应当建立反洗钱工作保密制度，并报当地证监会派出机构备案。

反洗钱工作保密事项包括以下内容：

（一）客户身份资料及客户风险等级划分资料；

（二）交易记录；

（三）大额交易报告；

（四）可疑交易报告；

（五）履行反洗钱义务所知悉的国家执法部门调查涉嫌洗钱活动的信息；

（六）其他涉及反洗钱工作的保密事项。

查阅、复制涉密档案应当实施书面登记制度。

第十六条　证券期货经营机构应当建立反洗钱培训、宣传制度，每年开展对单位员工的反洗钱培训工作和对客户的反洗钱宣传工作，持续完善反洗钱的预防和监控措施。每年年初，应当向当地证监会派出机构上报反洗钱培训和宣传的落实情况。

第十七条　证券期货经营机构不遵守本办法有关报告、备案或建立相关内控制度等规定的，证监会及其派出机构可采取责令改正、监管谈话或责令参加培训等监管措施。

第四章　附　则

第十八条　本办法自2010年10月1日起施行。

中华人民共和国反洗钱法

（中华人民共和国主席令第56号　2006年10月31日第十届全国人民代表大会常务委员会第二十四次会议通过，自2007年1月1日起施行）

目　录

第一章　总　则

第一条　为了预防洗钱活动，维护金融秩序，遏制洗钱犯罪及相关犯罪，制定本法。

第二条　本法所称反洗钱，是指为了预防通过各种方式掩饰、隐瞒毒品犯罪、黑社会性质的组织犯罪、恐怖活动犯罪、走私犯罪、贪污贿赂犯罪、破坏金融管理秩序犯罪、金融诈骗犯罪等犯罪所得及其收益的来源和性质的洗钱活动，依照本法规定采取相关措施的行为。

第三条　在中华人民共和国境内设立的金融机构和按照规定应当履行反洗钱义务的特定非金融机构，应当依法采取预防、监控措施，建立健全客户身份识别制度、客户身份资料和交易记录保存制度、大额交易和可疑交易报告制度，履行反洗钱义务。

第四条　国务院反洗钱行政主管部门负责全国的反洗钱监督管理工作。国务院有关部门、机构在各自的职责范围内履行反洗钱监督管理职责。

国务院反洗钱行政主管部门、国务院有关部门、机构和司法机关在反洗钱工作中应当相互配合。

第五条　对依法履行反洗钱职责或者义务获得的客户身份资料和交易信息，应当予以保密；非依法律规定，不得向任何单位和个人提供。

反洗钱行政主管部门和其他依法负有反洗钱监督管理职责的部门、机构履行反洗钱职责获得的客户身份资料和交易信息，只能用于反洗钱行政调查。

司法机关依照本法获得的客户身份资料和交易信息，只能用于反洗钱刑事诉讼。

第六条　履行反洗钱义务的机构及其工作人员依法提交大额交易和可疑交易报告，受法律保护。

第七条　任何单位和个人发现洗钱活动，有权向反洗钱行政主管部门或者公安机关举报。接受举报的机关应当对举报人和举报内容保密。

第二章　反洗钱监督管理

第八条　国务院反洗钱行政主管部门组织、协调全国的反洗钱工作，负责反洗钱的资金监测，制定或者会同国务院有关金融监督管理机构制定金融机构反洗钱规章，监督、检查金融机构履行反洗钱义务的情况，在职责范围内调查可疑交易活动，履行法律和国务院规定的有关反洗钱的其他职责。

国务院反洗钱行政主管部门的派出机构在国务院反洗钱行政主管部门的授权范围内，对金融机构履行反洗钱义务的情况进行监督、检查。

第九条　国务院有关金融监督管理机构参与制定所监督管理的金融机构反洗钱规章，对所监督管理的金融机构提出按照规定建立健全反洗钱内部控制制度的要求，履行法律和国务院规定的有关反洗钱的其他职责。

第十条　国务院反洗钱行政主管部门设立反洗钱信息中心，负责大额交易和可疑交易报告的接收、分析，并按照规定向国务院反洗钱行政主管部门报告分析结果，履行国务院反洗钱行政主管部门规定的其他职责。

第十一条　国务院反洗钱行政主管部门为履行反洗钱资金监测职责，可以从国务院有关部门、机构获取所必需的信息，国务院有关部门、机构应当提供。

国务院反洗钱行政主管部门应当向国务院有关部门、机构定期通报反洗钱工作情况。

第十二条　海关发现个人出入境携带的现金、无记名有价证券超过规定金额的，应当及时向反洗钱行政主管部门通报。

前款应当通报的金额标准由国务院反洗钱行政主管部门会同海关总署规定。

第十三条　反洗钱行政主管部门和其他依法负有反洗钱监督管理职责的部门、机构发现涉嫌洗钱犯罪的交易活动，应当及时向侦查机关报告。

第十四条　国务院有关金融监督管理机构审批新设金融机构或者金融机构增设分支机构时，应当审查新机构反洗钱内部控制制度的方案；对于不符合本法规定的设立申请，不予批准。

第三章　金融机构反洗钱义务

第十五条　金融机构应当依照本法规定建立健全反洗钱内部控制制度，金融机构的负责人应当对反洗钱内部控制制度的有效实施负责。

金融机构应当设立反洗钱专门机构或者指定内设机构负责反洗钱工作。

第十六条　金融机构应当按照规定建立客户身份识别制度。

金融机构在与客户建立业务关系或者为客户提供规定金额以上的现金汇款、现钞兑换、票据兑付等一次性金融服务时，应当要求客户出示真实有效的身份证件或者其他身份证明文件，进行核对并登记。

客户由他人代理办理业务的，金融机构应当同时对代理人和被代理人的身份证件或者其他身份证明文件进行核对并登记。

与客户建立人身保险、信托等业务关系，合同的受益人不是客户本人的，金融机构还应当对受益人的身份证件或者其他身份证明文件进行核对并登记。

金融机构不得为身份不明的客户提供服务或者与其进行交易，不得为客户开立匿名账户或者假名账户。

金融机构对先前获得的客户身份资料的真实性、有效性或者完整性有疑问的，应当重新识别客户身份。

任何单位和个人在与金融机构建立业务关系或者要求金融机构为其提供一次性金融服务时，都应当提供真实有效的身份证件或者其他身份证明文件。

第十七条 金融机构通过第三方识别客户身份的，应当确保第三方已经采取符合本法要求的客户身份识别措施；第三方未采取符合本法要求的客户身份识别措施的，由该金融机构承担未履行客户身份识别义务的责任。

第十八条 金融机构进行客户身份识别，认为必要时，可以向公安、工商行政管理等部门核实客户的有关身份信息。

第十九条 金融机构应当按照规定建立客户身份资料和交易记录保存制度。

在业务关系存续期间，客户身份资料发生变更的，应当及时更新客户身份资料。

客户身份资料在业务关系结束后、客户交易信息在交易结束后，应当至少保存五年。

金融机构破产和解散时，应当将客户身份资料和客户交易信息移交国务院有关部门指定的机构。

第二十条 金融机构应当按照规定执行大额交易和可疑交易报告制度。

金融机构办理的单笔交易或者在规定期限内的累计交易超过规定金额或者发现可疑交易的，应当及时向反洗钱信息中心报告。

第二十一条 金融机构建立客户身份识别制度、客户身份资料和交易记录保存制度的具体办法，由国务院反洗钱行政主管部门会同国务院有关金融监督管理机构制定。金融机构大额交易和可疑交易报告的具体办法，由国务院反洗钱行政主管部门制定。

第二十二条 金融机构应当按照反洗钱预防、监控制度的要求，开展反洗钱培训和宣传工作。

第四章 反洗钱调查

第二十三条 国务院反洗钱行政主管部门或者其省一级派出机构发现可疑交易活动，需要调查核实的，可以向金融机构进行调查，金融机构应当予以配合，如实提供有关文件和资料。

调查可疑交易活动时，调查人员不得少于两人，并出示合法证件和国务院反洗钱行政主管部门或者其省一级派出机构出具的调查通知书。调查人员少于两人或者未出示合法证件和调查通知书的，金融机构有权拒绝调查。

第二十四条 调查可疑交易活动，可以询问金融机构有关人员，要求其说明情况。

询问应当制作询问笔录。询问笔录应当交被询问人核对。记载有遗漏或者差错的，被询问人可以要求补充或者更正。被询问人确认笔录无误后，应当签名或者盖章；调查人员也应当在笔录上签名。

第二十五条 调查中需要进一步核查的，经国务院反洗钱行政主管部门或者其省一级派出机构的负责人批准，可以查阅、复制被调查对象的账户信息、交易记录和其他有关资料；对可能被转移、隐藏、篡改或者毁损的文件、资料，可以予以封存。

调查人员封存文件、资料，应当会同在场的金融机构工作人员查点清楚，当场开列清单一式两份，由调查人员和在场的金融机构工作人员签名或者盖章，一份交金融机构，一份附卷备查。

第二十六条 经调查仍不能排除洗钱嫌疑的，应当立即向有管辖权的侦查机关报案。客户要求将调查所涉及的账户资金转往境外的，经国务院反洗钱行政主管部门负责人批准，可以采取临时冻结措施。

侦查机关接到报案后，对已依照前款规定临时冻结的资金，应当及时决定是否继续冻结。侦查机关认为需要继续冻结的，依照刑事诉讼法的规定采取冻结措施；认为不需要继续冻结的，应当立即通知国务院反洗钱行政主管部门，国务院反洗钱行政主管部门应当立即通知金融机构解除冻结。

临时冻结不得超过 48 小时。金融机构在按照国务院反洗钱行政主管部门的要求采取临时冻结措施后 48 小时内，未接到侦查机关继续冻结通知的，应当立即解除冻结。

第五章　反洗钱国际合作

第二十七条　中华人民共和国根据缔结或者参加的国际条约，或者按照平等互惠原则，开展反洗钱国际合作。

第二十八条　国务院反洗钱行政主管部门根据国务院授权，代表中国政府与外国政府和有关国际组织开展反洗钱合作，依法与境外反洗钱机构交换与反洗钱有关的信息和资料。

第二十九条　涉及追究洗钱犯罪的司法协助，由司法机关依照有关法律的规定办理。

第六章　法律责任

第三十条　反洗钱行政主管部门和其他依法负有反洗钱监督管理职责的部门、机构从事反洗钱工作的人员有下列行为之一的，依法给予行政处分：

（一）违反规定进行检查、调查或者采取临时冻结措施的；

（二）泄露因反洗钱知悉的国家秘密、商业秘密或者个人隐私的；

（三）违反规定对有关机构和人员实施行政处罚的；

（四）其他不依法履行职责的行为。

第三十一条　金融机构有下列行为之一的，由国务院反洗钱行政主管部门或者其授权的设区的市一级以上派出机构责令限期改正；情节严重的，建议有关金融监督管理机构依法责令金融机构对直接负责的董事、高级管理人员和其他直接责任人员给予纪律处分：

（一）未按照规定建立反洗钱内部控制制度的；

（二）未按照规定设立反洗钱专门机构或者指定内设机构负责反洗钱工作的；

（三）未按照规定对职工进行反洗钱培训的。

第三十二条　金融机构有下列行为之一的，由国务院反洗钱行政主管部门或者其授权的设区的市一级以上派出机构责令限期改正；情节严重的，处 20 万元以上 50 万元以下罚款，并对直接负责的董事、高级管理人员和其他直接责任人员，处一万元以上五万元以下罚款：

（一）未按照规定履行客户身份识别义务的；

（二）未按照规定保存客户身份资料和交易记录的；

（三）未按照规定报送大额交易报告或者可疑交易报告的；

（四）与身份不明的客户进行交易或者为客户开立匿名账户、假名账户的；

（五）违反保密规定，泄露有关信息的；

（六）拒绝、阻碍反洗钱检查、调查的；

（七）拒绝提供调查材料或者故意提供虚假材料的。

金融机构有前款行为，致使洗钱后果发生的，处 50 万元以上 500 万元以下罚款，并对直接负责的董事、高级管理人员和其他直接责任人员处五万元以上 50 万元以下罚款；情节特别严重的，反洗钱行政主管部门可以建议有关金融监督管理机构责令停业整顿或者吊销其经营许可证。

对有前两款规定情形的金融机构直接负责的董事、高级管理人员和其他直接责任人员，反洗钱行政主管部门可以建议有关金融监督管理机构依法责令金融机构给予纪律处分，或者建议依法取消其任职资格、禁止其从事有关金融行业工作。

第三十三条 违反本法规定，构成犯罪的，依法追究刑事责任。

第七章 附 则

第三十四条 本法所称金融机构，是指依法设立的从事金融业务的政策性银行、商业银行、信用合作社、邮政储汇机构、信托投资公司、证券公司、期货经纪公司、保险公司以及国务院反洗钱行政主管部门确定并公布的从事金融业务的其他机构。

第三十五条 应当履行反洗钱义务的特定非金融机构的范围、其履行反洗钱义务和对其监督管理的具体办法，由国务院反洗钱行政主管部门会同国务院有关部门制定。

第三十六条 对涉嫌恐怖活动资金的监控适用本法；其他法律另有规定的，适用其规定。

第三十七条 本法自 2007 年 1 月 1 日起施行。

关于证券公司证券自营业务投资范围及有关事项的规定

（2011年4月29日中国证券监督管理委员会公布，根据2012年11月16日中国证券监督管理委员会《关于修改〈关于证券公司证券自营业务投资范围及有关事项的规定〉的决定》修订）

第一条 为了明确证券公司证券自营业务的投资范围及有关事项，根据《证券公司监督管理条例》，制定本规定。

第二条 证券公司从事证券自营业务，限于买卖本规定附件《证券公司证券自营投资品种清单》所列证券。

证券公司因包销而买卖证券，或者为对冲风险参与金融衍生产品交易的，不受前款规定的限制。

第三条 证券公司可以委托具备证券资产管理业务资格、特定客户资产管理业务资格或者合格境内机构投资者资格的其他证券公司或者基金管理公司进行证券投资管理。

证券公司将自有资金投资于依法公开发行的国债、投资级公司债、货币市场基金、央行票据等中国证券监督管理委员会（以下简称证监会）认可的风险较低、流动性较强的证券，或者委托其他证券公司或者基金管理公司进行证券投资管理，且投资规模合计不超过其净资本80%的，无须取得证券自营业务资格。

第四条 证券公司可以设立子公司，从事《证券公司证券自营投资品种清单》所列品种以外的金融产品等投资。

设立前款规定子公司的证券公司，应当具备证券自营业务资格，并按照《证券公司监督管理条例》第十三条关于变更公司章程重要条款的规定，事先报经证监会批准。

证券公司不得为本条第一款规定的子公司提供融资或者担保。

第五条 证券公司与本规定有关事项的净资本和风险资本准备计算标准，执行《关于证券公司风险资本准备计算标准的规定》（证监会公告〔2008〕28号）、《关于调整证券公司净资本计算标准的规定》（证监会公告〔2008〕29号）的规定。

第六条 本规定自2011年6月1日起施行。证监会此前公布的有关规定与本规定不一致的，以本规定为准。

关于修改《关于证券公司证券自营业务投资范围及有关事项的规定》的决定

一、第二条第一款修改为："证券公司从事证券自营业务，可以买卖本规定附件《证券公司证券自营投资品种清单》所列证券。"

二、删除第二条第二款。

三、第四条第二款修改为："设立前款规定子公司的证券公司，应当具备证券自营业务资格，并按照《证券公司监督管理条例》第十三条关于变更公司章程重要条款的规定，事先报经公司住所地证监会派出机构批准。"

四、增加一条，作为第五条："具备证券自营业务资格的证券公司可以从事金融衍生产品交易。

不具备证券自营业务资格的证券公司只能以对冲风险为目的，从事金融衍生产品交易。"

五、第五条改为第六条，修改为："证券公司与本规定有关事项的净资本和风险资本准备计算，应当符合证监会的规定。"

六、附件《证券公司证券自营投资品种清单》修改为："一、已经和依法可以在境内证券交易所上市交易和转让的证券。二、已经在全国中小企业股份转让系统挂牌转让的证券。三、已经和依法可以在符合规定的区域性股权交易市场挂牌转让的私募债券，已经在符合规定的区域性股权交易市场挂牌转让的股票。四、已经和依法可以在境内银行间市场交易的证券。五、经国家金融监管部门或者其授权机构依法批准或备案发行并在境内金融机构柜台交易的证券。"

本决定自公布之日起施行。

《关于证券公司证券自营业务投资范围及有关事项的规定》根据本决定作相应修改并对条款顺序作相应调整，重新公布。

证券公司风险处置条例

（中华人民共和国国务院令第523号，已于2008年4月23日国务院第6次常务会议通过）

第一章　总　则

第一条　为了控制和化解证券公司风险，保护投资者合法权益和社会公共利益，保障证券业健康发展，根据《中华人民共和国证券法》（以下简称《证券法》）、《中华人民共和国企业破产法》(以下简称《企业破产法》)，制定本条例。

第二条　国务院证券监督管理机构依法对处置证券公司风险工作进行组织、协调和监督。

第三条　国务院证券监督管理机构应当会同中国人民银行、国务院财政部门、国务院公安部门、国务院其他金融监督管理机构以及省级人民政府建立处置证券公司风险的协调配合与快速反应机制。

第四条　处置证券公司风险过程中，有关地方人民政府应当采取有效措施维护社会稳定。

第五条　处置证券公司风险过程中，应当保障证券经纪业务正常进行。

第二章　停业整顿、托管、接管、行政重组

第六条　国务院证券监督管理机构发现证券公司存在重大风险隐患，可以派出风险监控现场工作组对证券公司进行专项检查，对证券公司划拨资金、处置资产、调配人员、使用印章、订立以及履行合同等经营、管理活动进行监控，并及时向有关地方人民政府通报情况。

第七条　证券公司风险控制指标不符合有关规定，在规定期限内未能完成整改的，国务院证券监督管理机构可以责令证券公司停止部分或者全部业务进行整顿。停业整顿的期限不超过3个月。

证券经纪业务被责令停业整顿的，证券公司在规定的期限内可以将其证券经纪业务委托给国务院证券监督管理机构认可的证券公司管理，或者将客户转移到其他证券公司。证券公司逾期未按照要求委托证券经纪业务或者未转移客户的，国务院证券监督管理机构应当将客户转移到其他证券公司。

第八条　证券公司有下列情形之一的，国务院证券监督管理机构可以对其证券经纪等涉及客户的业务进行托管；情节严重的，可以对该证券公司进行接管：

（一）治理混乱，管理失控；

（二）挪用客户资产并且不能自行弥补；

（三）在证券交易结算中多次发生交收违约或者交收违约数额较大；

（四）风险控制指标不符合规定，发生重大财务危机；

（五）其他可能影响证券公司持续经营的情形。

第九条 国务院证券监督管理机构决定对证券公司证券经纪等涉及客户的业务进行托管的，应当按照规定程序选择证券公司等专业机构成立托管组，行使被托管证券公司的证券经纪等涉及客户的业务的经营管理权。

托管组自托管之日起履行下列职责：

（一）保障证券公司证券经纪业务正常合规运行，必要时依照规定垫付营运资金和客户的交易结算资金；

（二）采取有效措施维护托管期间客户资产的安全；

（三）核查证券公司存在的风险，及时向国务院证券监督管理机构报告业务运行中出现的紧急情况，并提出解决方案；

（四）国务院证券监督管理机构要求履行的其他职责。

托管期限一般不超过 12 个月。满 12 个月，确需继续托管的，国务院证券监督管理机构可以决定延长托管期限，但延长托管期限最长不得超过 12 个月。

第十条 被托管证券公司应当承担托管费用和托管期间的营运费用。国务院证券监督管理机构应当对托管费用和托管期间的营运费用进行审核。

托管组不承担被托管证券公司的亏损。

第十一条 国务院证券监督管理机构决定对证券公司进行接管的，应当按照规定程序组织专业人员成立接管组，行使被接管证券公司的经营管理权，接管组负责人行使被接管证券公司法定代表人职权，被接管证券公司的股东会或者股东大会、董事会、监事会以及经理、副经理停止履行职责。

接管组自接管之日起履行下列职责：

（一）接管证券公司的财产、印章和账簿、文书等资料；

（二）决定证券公司的管理事务；

（三）保障证券公司证券经纪业务正常合规运行，完善内控制度；

（四）清查证券公司财产，依法保全、追收资产；

（五）控制证券公司风险，提出风险化解方案；

（六）核查证券公司有关人员的违法行为；

（七）国务院证券监督管理机构要求履行的其他职责。

接管期限一般不超过 12 个月。满 12 个月，确需继续接管的，国务院证券监督管理机构可以决定延长接管期限，但延长接管期限最长不得超过 12 个月。

第十二条 证券公司出现重大风险，但具备下列条件的，可以直接向国务院证券监督管理机构申请进行行政重组：

（一）财务信息真实、完整；

（二）省级人民政府或者有关方面予以支持；

（三）整改措施具体，有可行的重组计划。

被停业整顿、托管、接管的证券公司，具备前款规定条件的，也可以向国务院证券监督管理机构申请进行行政重组。

国务院证券监督管理机构应当自受理行政重组申请之日起 30 个工作日内做出批准或者不予批准的决定；不予批准的，应当说明理由。

第十三条 证券公司进行行政重组，可以采取注资、股权重组、债务重组、资产重组、合并或者其他方式。

行政重组期限一般不超过12个月。满12个月，行政重组未完成的，证券公司可以向国务院证券监督管理机构申请延长行政重组期限，但延长行政重组期限最长不得超过6个月。

国务院证券监督管理机构对证券公司的行政重组进行协调和指导。

第十四条 国务院证券监督管理机构对证券公司做出责令停业整顿、托管、接管、行政重组的处置决定，应当予以公告，并将公告张贴于被处置证券公司的营业场所。

处置决定包括被处置证券公司的名称、处置措施、事由以及范围等有关事项。

处置决定的公告日期为处置日，处置决定自公告之时生效。

第十五条 证券公司被责令停业整顿、托管、接管、行政重组的，其债权债务关系不因处置决定而变化。

第十六条 证券公司经停业整顿、托管、接管或者行政重组在规定期限内达到正常经营条件的，经国务院证券监督管理机构批准，可以恢复正常经营。

第十七条 证券公司经停业整顿、托管、接管或者行政重组在规定期限内仍达不到正常经营条件，但能够清偿到期债务的，国务院证券监督管理机构依法撤销其证券业务许可。

第十八条 被撤销证券业务许可的证券公司应当停止经营证券业务，按照客户自愿的原则将客户安置到其他证券公司，安置过程中相关各方应当采取必要措施保证客户证券交易的正常进行。

被撤销证券业务许可的证券公司有未安置客户等情形的，国务院证券监督管理机构可以比照本条例第三章的规定，成立行政清理组，清理账户、安置客户、转让证券类资产。

第三章 撤 销

第十九条 证券公司同时有下列情形的，国务院证券监督管理机构可以直接撤销该证券公司：

（一）违法经营情节特别严重、存在巨大经营风险；

（二）不能清偿到期债务，并且资产不足以清偿全部债务或者明显缺乏清偿能力；

（三）需要动用证券投资者保护基金。

第二十条 证券公司经停业整顿、托管、接管或者行政重组在规定期限内仍达不到正常经营条件，并且有本条例第十九条第（二）项或者第（三）项规定情形的，国务院证券监督管理机构应当撤销该证券公司。

第二十一条 国务院证券监督管理机构撤销证券公司，应当做出撤销决定，并按照规定程序选择律师事务所、会计师事务所等专业机构成立行政清理组，对该证券公司进行行政清理。

撤销决定应当予以公告，撤销决定的公告日期为处置日，撤销决定自公告之时生效。

本条例施行前，国务院证券监督管理机构已经对证券公司进行行政清理的，行政清理的公告日期为处置日。

第二十二条 行政清理期间，行政清理组负责人行使被撤销证券公司法定代表人职权。

行政清理组履行下列职责：

（一）管理证券公司的财产、印章和账簿、文书等资料；

（二）清理账户，核实资产负债有关情况，对符合国家规定的债权进行登记；

（三）协助甄别确认、收购符合国家规定的债权；

（四）协助证券投资者保护基金管理机构弥补客户的交易结算资金；

（五）按照客户自愿的原则安置客户；

（六）转让证券类资产；

（七）国务院证券监督管理机构要求履行的其他职责。

前款所称证券类资产，是指证券公司为维持证券经纪业务正常进行所必需的计算机信息管理系统、交易系统、通信网络系统、交易席位等资产。

第二十三条 被撤销证券公司的股东会或者股东大会、董事会、监事会以及经理、副经理停止履行职责。

行政清理期间，被撤销证券公司的股东不得自行组织清算，不得参与行政清理工作。

第二十四条 行政清理期间，被撤销证券公司的证券经纪等涉及客户的业务，由国务院证券监督管理机构按照规定程序选择证券公司等专业机构进行托管。

第二十五条 证券公司设立或者实际控制的关联公司，其资产、人员、财务或者业务与被撤销证券公司混合的，经国务院证券监督管理机构审查批准，纳入行政清理范围。

第二十六条 证券公司的债权债务关系不因其被撤销而变化。

自证券公司被撤销之日起，证券公司的债务停止计算利息。

第二十七条 行政清理组清理被撤销证券公司账户的结果，应当经具有证券、期货相关业务资格的会计师事务所审计，并报国务院证券监督管理机构认定。

行政清理组根据经国务院证券监督管理机构认定的账户清理结果，向证券投资者保护基金管理机构申请弥补客户的交易结算资金的资金。

第二十八条 行政清理组应当自成立之日起 10 日内，将债权人需要登记的相关事项予以公告。

符合国家有关规定的债权人应当自公告之日起 90 日内，持相关证明材料向行政清理组申报债权，行政清理组按照规定登记。无正当理由逾期申报的，不予登记。

已登记债权经甄别确认符合国家收购规定的，行政清理组应当及时按照国家有关规定申请收购资金并协助收购；经甄别确认不符合国家收购规定的，行政清理组应当告知申报的债权人。

第二十九条 行政清理组应当在具备证券业务经营资格的机构中，采用招标、公开询价等公开方式转让证券类资产。证券类资产转让方案应当报国务院证券监督管理机构批准。

第三十条 行政清理组不得转让证券类资产以外的资产，但经国务院证券监督管理机构批准，易贬损并可能遭受损失的资产或者确为保护客户和债权人利益的其他情形除外。

第三十一条 行政清理组不得对债务进行个别清偿，但为保护客户和债权人利益的下列情形除外：

（一）因行政清理组请求对方当事人履行双方均未履行完毕的合同所产生的债务；

（二）为维持业务正常进行而应当支付的职工劳动报酬和社会保险费用等正常支出；

（三）行政清理组履行职责所产生的其他费用。

第三十二条 为保护债权人利益，经国务院证券监督管理机构批准，行政清理组可以向人民法院申请对处置前被采取查封、扣押、冻结等强制措施的证券类资产以及其他资产进行变现处置，变现后的资金应当予以冻结。

第三十三条 行政清理费用经国务院证券监督管理机构审核后，从被处置证券公司财产中随时清偿。

前款所称行政清理费用，是指行政清理组管理、转让证券公司财产所需的费用，行政清理组履行职务和聘用专业机构的费用等。

第三十四条 行政清理期限一般不超过 12 个月。满 12 个月，行政清理未完成的，国务院证券监督管理机构可以决定延长行政清理期限，但延长行政清理期限最长不得超过 12 个月。

第三十五条 行政清理期间，被处置证券公司免缴行政性收费和增值税、营业税等行政法规规定的税收。

第三十六条 证券公司被国务院证券监督管理机构依法责令关闭，需要进行行政清理的，比照本章的有关规定执行。

第四章　破产清算和重整

第三十七条　证券公司被依法撤销、关闭时，有《企业破产法》第二条规定情形的，行政清理工作完成后，国务院证券监督管理机构或者其委托的行政清理组依照《企业破产法》的有关规定，可以向人民法院申请对被撤销、关闭证券公司进行破产清算。

第三十八条　证券公司有《企业破产法》第二条规定情形的，国务院证券监督管理机构可以直接向人民法院申请对该证券公司进行重整。

证券公司或者其债权人依照《企业破产法》的有关规定，可以向人民法院提出对证券公司进行破产清算或者重整的申请，但应当依照《证券法》第一百二十九条的规定报经国务院证券监督管理机构批准。

第三十九条　对不需要动用证券投资者保护基金的证券公司，国务院证券监督管理机构应当在批准破产清算前撤销其证券业务许可。证券公司应当依照本条例第十八条的规定停止经营证券业务，安置客户。

对需要动用证券投资者保护基金的证券公司，国务院证券监督管理机构对该证券公司或者其债权人的破产清算申请不予批准，并依照本条例第三章的规定撤销该证券公司，进行行政清理。

第四十条　人民法院裁定受理证券公司重整或者破产清算申请的，国务院证券监督管理机构可以向人民法院推荐管理人人选。

第四十一条　证券公司进行破产清算的，行政清理时已登记的不符合国家收购规定的债权，管理人可以直接予以登记。

第四十二条　人民法院裁定证券公司重整的，证券公司或者管理人应当同时向债权人会议、国务院证券监督管理机构和人民法院提交重整计划草案。

第四十三条　自债权人会议各表决组通过重整计划草案之日起 10 日内，证券公司或者管理人应当向人民法院提出批准重整计划的申请。重整计划涉及《证券法》第一百二十九条规定相关事项的，证券公司或者管理人应当同时向国务院证券监督管理机构提出批准相关事项的申请，国务院证券监督管理机构应当自收到申请之日起 15 日内做出批准或者不予批准的决定。

第四十四条　债权人会议部分表决组未通过重整计划草案，但重整计划草案符合《企业破产法》第八十七条第二款规定条件的，证券公司或者管理人可以申请人民法院批准重整计划草案。重整计划草案涉及《证券法》第一百二十九条规定相关事项的，证券公司或者管理人应当同时向国务院证券监督管理机构提出批准相关事项的申请，国务院证券监督管理机构应当自收到申请之日起 15 日内做出批准或者不予批准的决定。

第四十五条　经批准的重整计划由证券公司执行，管理人负责监督。监督期届满，管理人应当向人民法院和国务院证券监督管理机构提交监督报告。

第四十六条　重整计划的相关事项未获国务院证券监督管理机构批准，或者重整计划未获人民法院批准的，人民法院裁定终止重整程序，并宣告证券公司破产。

第四十七条　重整程序终止，人民法院宣告证券公司破产的，国务院证券监督管理机构应当对证券公司做出撤销决定，人民法院依照《企业破产法》的规定组织破产清算。涉及税收事项，依照《企业破产法》和《中华人民共和国税收征收管理法》的规定执行。

人民法院认为应当对证券公司进行行政清理的，国务院证券监督管理机构比照本条例第三章的规定成立行政清理组，负责清理账户，协助甄别确认、收购符合国家规定的债权，协助证券投资者保护基金管理机构弥补客户的交易结算资金，转让证券类资产等。

第五章　监督协调

第四十八条　国务院证券监督管理机构在处置证券公司风险工作中，履行下列职责：

（一）制订证券公司风险处置方案并组织实施；

（二）派驻风险处置现场工作组，对被处置证券公司、托管组、接管组、行政清理组、管理人以及参与风险处置的其他机构和人员进行监督和指导；

（三）协调证券交易所、证券登记结算机构、证券投资者保护基金管理机构，保障被处置证券公司证券经纪业务正常进行；

（四）对证券公司的违法行为立案稽查并予以处罚；

（五）及时向公安机关等通报涉嫌刑事犯罪的情况，按照有关规定移送涉嫌犯罪的案件；

（六）向有关地方人民政府通报证券公司风险状况以及影响社会稳定的情况；

（七）法律、行政法规要求履行的其他职责。

第四十九条　处置证券公司风险过程中，发现涉嫌犯罪的案件，属公安机关管辖的，应当由国务院公安部门统一组织依法查处。有关地方人民政府应当予以支持和配合。

风险处置现场工作组、行政清理组和管理人需要从公安机关扣押资料中查询、复制与其工作有关资料的，公安机关应当支持和配合。证券公司进入破产程序的，公安机关应当依法将冻结的涉案资产移送给受理破产案件的人民法院，并留存必需的相关证据材料。

第五十条　国务院证券监督管理机构依照本条例第二章、第三章对证券公司进行处置的，可以向人民法院提出申请中止以该证券公司以及其分支机构为被告、第三人或者被执行人的民事诉讼程序或者执行程序。

证券公司设立或者实际控制的关联公司，其资产、人员、财务或者业务与被处置证券公司混合的，国务院证券监督管理机构可以向人民法院提出申请中止以该关联公司为被告、第三人或者被执行人的民事诉讼程序或者执行程序。

采取前两款规定措施期间，除本条例第三十一条规定的情形外，不得对被处置证券公司债务进行个别清偿。

第五十一条　被处置证券公司或者其关联客户可能转移、隐匿违法资金、证券，或者证券公司违反本条例规定可能对债务进行个别清偿的，国务院证券监督管理机构可以禁止相关资金账户、证券账户的资金和证券转出。

第五十二条　被处置证券公司以及其分支机构所在地人民政府，应当按照国家有关规定配合证券公司风险处置工作，制订维护社会稳定的预案，排查、预防和化解不稳定因素，维护被处置证券公司正常的营业秩序。

被处置证券公司以及其分支机构所在地人民政府，应当组织相关单位的人员成立个人债权甄别确认小组，按照国家规定对已登记的个人债权进行甄别确认。

第五十三条　证券投资者保护基金管理机构应当按照国家规定，收购债权、弥补客户的交易结算资金。

证券投资者保护基金管理机构可以对证券投资者保护基金的使用情况进行检查。

第五十四条　被处置证券公司的股东、实际控制人、债权人以及与被处置证券公司有关的机构和人员，应当配合证券公司风险处置工作。

第五十五条　被处置证券公司的董事、监事、高级管理人员以及其他有关人员应当妥善保管其使用和管理的证券公司财产、印章和账簿、文书等资料以及其他物品，按照要求向托管组、接管组、行政清理组或者管理人移交，并配合风险处置现场工作组、托管组、接管组、行政清理组的调查工作。

第五十六条　托管组、接管组、行政清理组以及被责令停业整顿、托管和行政重组的证券公司，应当按照规定向国务院证券监督管理机构报告工作情况。

第五十七条　托管组、接管组、行政清理组以及其工作人员应当勤勉尽责，忠实履行职责。

被处置证券公司的股东以及债权人有证据证明托管组、接管组、行政清理组以及其工作人员未依法履行职责的，可以向国务院证券监督管理机构投诉。经调查核实，由国务院证券监督管理机构责令托管组、接管组、行政清理组以及其工作人员改正或者对其予以更换。

第五十八条　有下列情形之一的机构或者人员，禁止参与处置证券公司风险工作：

（一）曾受过刑事处罚或者涉嫌犯罪正在被立案侦查、起诉；

（二）涉嫌严重违法正在被行政管理部门立案稽查或者曾因严重违法行为受到行政处罚未逾3年；

（三）仍处于证券市场禁入期；

（四）内部控制薄弱、存在重大风险隐患；

（五）与被处置证券公司处置事项有利害关系；

（六）国务院证券监督管理机构认定不宜参与处置证券公司风险工作的其他情形。

第六章　法律责任

第五十九条　证券公司的董事、监事、高级管理人员等对该证券公司被处置负有主要责任的，暂停其任职资格1至3年；情节严重的，撤销其任职资格、证券从业资格，并可以按照规定对其采取证券市场禁入的措施。

第六十条　被处置证券公司的董事、监事、高级管理人员等有关人员有下列情形之一的，处以其年收入一倍以上两倍以下的罚款，并可以暂停其任职资格、证券从业资格；情节严重的，撤销其任职资格、证券从业资格，处以其年收入两倍以上五倍以下的罚款，并可以按照规定对其采取证券市场禁入的措施：

（一）拒绝配合现场工作组、托管组、接管组、行政清理组依法履行职责；

（二）拒绝向托管组、接管组、行政清理组移交财产、印章或者账簿、文书等资料；

（三）隐匿、销毁、伪造有关资料，或者故意提供虚假情况；

（四）隐匿财产，擅自转移、转让财产；

（五）妨碍证券公司正常经营管理秩序和业务运行，诱发不稳定因素；

（六）妨碍处置证券公司风险工作正常进行的其他情形。

证券公司控股股东或者实际控制人指使董事、监事、高级管理人员有前款规定的违法行为的，对控股股东、实际控制人依照前款规定从重处罚。

第七章　附　则

第六十一条　证券公司因分立、合并或者出现公司章程规定的解散事由需要解散的，应当向国务院证券监督管理机构提出解散申请，并附解散理由和转让证券类资产、了结证券业务、安置客户等方案，经国务院证券监督管理机构批准后依法解散并清算，清算过程接受国务院证券监督管理机构的监督。

第六十二条　期货公司风险处置参照本条例的规定执行。

第六十三条　本条例自公布之日起施行。

非银行金融机构开展证券投资基金托管业务暂行规定

（2013 年 3 月 15 日，中国证券监督管理委员会公告〔2013〕15 号公布《非银行金融机构开展证券投资基金托管业务暂行规定》。自 2013 年 6 月 1 日起施行）

第一条 为了规范符合条件的非银行金融机构开展证券投资基金（以下简称基金）托管业务，维护基金份额持有人合法权益，促进基金行业持续健康发展，根据《证券法》、《证券投资基金法》及《证券投资基金托管业务管理办法》等法律、行政法规及规章，制定本规定。

第二条 本规定所称非银行金融机构是指在中国境内依法设立的除商业银行之外的其他金融机构。

第三条 非银行金融机构向中国证券监督管理委员会（以下简称中国证监会）申请开展基金托管业务，中国证监会依法核准其托管资格。

第四条 中国证监会依法对非银行金融机构从事基金托管业务活动进行监督管理。

中国证券投资基金业协会对非银行金融机构从事基金托管业务活动实行自律管理。

第五条 非银行金融机构申请开展基金托管业务，应当具备下列条件：

（一）最近 3 个会计年度的年末净资产均不低于 20 亿元人民币，风险控制指标持续符合监管部门的有关规定；

（二）设有专门的基金托管部门，部门设置能够保证托管业务运营的完整与独立，部门有满足营业需要的固定场所，并配备独立的安全监控系统和托管业务技术系统；

（三）基金托管部门拟任高级管理人员符合法定条件，基金托管部门取得基金从业资格的人员不低于部门员工人数的 1/2；拟从事基金清算、核算、投资监督、信息披露、内部稽核监控等业务的执业人员不少于八人，并具有基金从业资格，其中，核算、监督等核心业务岗位人员应当具备两年以上托管业务从业经验；

（四）具备安全保管基金财产、确保基金财产完整与独立的条件，不从事与托管业务潜在重大利益冲突的其他业务，具备安全高效的清算、交割系统，能够为基金办理证券与资金的集中清算、交割；

（五）具备完善的内部稽核监控制度和风险控制制度；

（六）最近三年无重大违法违规记录；

（七）法律、行政法规以及中国证监会规定的其他条件。

第六条 非银行金融机构申请开展基金托管业务，应当向中国证监会报送下列申请材料：

（一）申请书；

（二）具有证券业务资格的会计师事务所出具的净资产专项验资报告，风险控制指标持续符合监管部门有关规定的说明；

（三）设立专门基金托管部门的证明文件，确保部门业务运营完整与独立的说明和承诺，部门内部机构设置和岗位职责规定，办公场所平面图、安全监控系统及托管业务技术系统安装调试报告；

（四）基金托管部门拟任高级管理人员和执业人员基本情况，包括拟任高级管理人员任职材料，拟任执业人员名单、履历、基金从业资格证明复印件、专业培训及岗位配备情况；

（五）安全保管基金财产有关条件的报告，基金清算、交割系统的运行测试报告，基金托管业务备份系统设计方案和应急处理方案、应急处理能力测试报告；

（六）部门业务规章制度；

（七）律师事务所出具的关于非银行金融机构满足开展基金托管业务条件的法律意见书；

（八）开办基金托管业务的商业计划书；

（九）中国证监会规定的其他材料。

中国证监会自收到申请材料之日起五个工作日内作出是否受理的决定。中国证监会自受理申请材料之日起20个工作日内作出批准或不予批准的决定。

第七条 取得基金托管资格的非银行金融机构为基金托管人。基金托管人应当及时办理基金托管部门高级管理人员的任职手续。

第八条 非银行金融机构开展基金托管业务，应当遵守法律法规的规定、基金合同和基金托管协议的约定，恪守职业道德和行为规范，诚实信用、谨慎勤勉，为基金份额持有人利益履行基金托管职责。

非银行金融机构基金托管部门的高级管理人员及其他从业人员应当遵守法律法规及基金从业人员的各项行为规范，忠实、勤勉地履行职责，不得从事损害基金财产和基金份额持有人利益的证券交易及其他活动。

第九条 非银行金融机构开展基金托管业务，应当依法履行各项基金托管法定职责，并针对基金托管业务建立科学合理、控制严密、运行高效的内部控制体系。

第十条 非银行金融机构开展基金托管业务，应当将所托管的基金财产与其固有财产及其受托管理的各类财产严格分开保管，不得将所托管的基金财产归入其固有财产或其受托管理的各类财产。

第十一条 非银行金融机构开展基金托管业务，应当与本机构其他业务运作保持独立，建立严格的防火墙制度，隔离业务风险，有效执行信息隔离等内部控制制度，切实防范利益冲突和利益输送。

第十二条 非银行金融机构开展基金托管业务，应当对所托管基金财产投资运作的相关信息严格履行保密义务，不得向任何机构或个人泄露相关信息和资料，法律、行政法规和中国证监会另有规定或者基金合同另有约定的除外。

第十三条 非银行金融机构开展基金托管业务，应当为其托管的基金选定具有基金托管资格的商业银行作为资金存管银行，并开立托管资金专门账户，用于托管基金现金资产的归集、存放与支付，该账户不得存放其他性质资金。

第十四条 非银行金融机构开展基金托管业务，应当依法承担作为市场结算参与人的相关职责，为基金办理证券与资金的清算与交割，并与基金管理人签订结算协议或在基金托管协议中约定结算条款，明确双方在基金清算、交割及相关风险控制方面的职责。

第十五条 非银行金融机构开展公开募集基金托管业务，应当从托管费收入中计提风险准备金，用于弥补因其违法违规、违反基金合同、技术故障、操作错误等原因给基金财产或基金份额持有人造成的损失。风险准备金不足以赔偿上述损失的，应当使用其他固有财产进行赔偿。

第十六条　中国证监会依法对非银行金融机构开展基金托管业务情况进行非现场检查和现场检查。

第十七条　非银行金融机构开展基金托管业务违反相关法律法规以及中国证监会规定的，中国证监会依法对非银行金融机构及其直接负责的主管人员和其他直接责任人员采取行政监管措施；依法应予行政处罚的，依照有关规定进行行政处罚；涉嫌犯罪的，依法移送司法机关，追究刑事责任。

第十八条　非银行金融机构开展基金托管业务，本规定没有规定的，适用《证券投资基金法》、《证券投资基金托管业务管理办法》等法律法规以及中国证监会的相关规定。

第十九条　本规定自 2013 年 6 月 1 日起施行。

证券投资基金托管业务管理办法

（中国证券监督管理委员令第92号，经2013年2月17日中国证券监督管理委员会第28次主席办公会议审议通过，2013年4月2日中国证券监督管理委员会令第92号公布，自2013年4月2日起施行）

第一章　总　则

第一条　为了规范证券投资基金托管业务，维护证券投资基金托管业务竞争秩序，保护基金份额持有人及相关当事人合法权益，促进证券投资基金健康发展，根据《证券投资基金法》、《银行业监督管理法》及其他相关法律、行政法规，制定本办法。

第二条　本办法所称证券投资基金（以下简称基金）托管，是指由依法设立并取得基金托管资格的商业银行或者其他金融机构担任托管人，按照法律法规的规定及基金合同的约定，对基金履行安全保管基金财产、办理清算交割、复核审查资产净值、开展投资监督、召集基金份额持有人大会等职责的行为。

第三条　商业银行从事基金托管业务，应当经中国证券监督管理委员会（以下简称中国证监会）和中国银行业监督管理委员会（以下简称中国银监会）核准，依法取得基金托管资格。其他金融机构从事基金托管业务，应当经中国证监会核准，依法取得基金托管资格。

未取得基金托管资格的机构，不得从事基金托管业务。

第四条　基金托管人应当遵守法律法规的规定以及基金合同和基金托管协议的约定，恪守职业道德和行为规范，诚实信用、谨慎勤勉，为基金份额持有人利益履行基金托管职责。

第五条　基金托管人的基金托管部门高级管理人员和其他从业人员应当忠实、勤勉地履行职责，不得从事损害基金财产和基金份额持有人利益的证券交易及其他活动。

第六条　中国证监会、中国银监会依照法律法规和审慎监管原则，对基金托管人及其基金托管业务活动实施监督管理。

第七条　中国证券投资基金业协会依据法律法规和自律规则，对基金托管人及其基金托管业务活动进行自律管理。

第二章　基金托管机构

第八条　申请基金托管资格的商业银行（以下简称申请人），应当具备下列条件：

（一）最近三个会计年度的年末净资产均不低于20亿元人民币，资本充足率等风险控制指标符合监管部门的有关规定；

（二）设有专门的基金托管部门，部门设置能够保证托管业务运营的完整与独立；

（三）基金托管部门拟任高级管理人员符合法定条件，取得基金从业资格的人员不低于该部门员工人数的1/2；拟从事基金清算、核算、投资监督、信息披露、内部稽核监控等业务的执业人员不少于八人，并具有基金从业资格，其中，核算、监督等核心业务岗位人员应当具备2年以上托管业务从业经验；

（四）有安全保管基金财产、确保基金财产完整与独立的条件；

（五）有安全高效的清算、交割系统；

（六）基金托管部门有满足营业需要的固定场所、配备独立的安全监控系统；

（七）基金托管部门配备独立的托管业务技术系统，包括网络系统、应用系统、安全防护系统、数据备份系统；

（八）有完善的内部稽核监控制度和风险控制制度；

（九）最近3年无重大违法违规记录；

（十）法律、行政法规规定的和经国务院批准的中国证监会、中国银监会规定的其他条件。

第九条 申请人应当具有健全的清算、交割业务制度，清算、交割系统应当符合下列规定：

（一）系统内证券交易结算资金及时汇划到账；

（二）从交易所、证券登记结算机构等相关机构安全接收交易结算数据；

（三）与基金管理人、基金注册登记机构、证券登记结算机构等相关业务机构的系统安全对接；

（四）依法执行基金管理人的投资指令，及时办理清算、交割事宜。

第十条 申请人的基金托管营业场所、安全防范设施、与基金托管业务有关的其他设施和相关制度，应当符合下列规定：

（一）基金托管部门的营业场所相对独立，配备门禁系统；

（二）能够接触基金交易数据的业务岗位有单独的办公场所，无关人员不得随意进入；

（三）有完善的基金交易数据保密制度；

（四）有安全的基金托管业务数据备份系统；

（五）有基金托管业务的应急处理方案，具备应急处理能力。

第十一条 申请人应当向中国证监会报送下列申请材料，同时抄报中国银监会：

（一）申请书；

（二）具有证券业务资格的会计师事务所出具的净资产和资本充足率专项验资报告；

（三）设立专门基金托管部门的证明文件，确保部门业务运营完整与独立的说明和承诺；

（四）内部机构设置和岗位职责规定；

（五）基金托管部门拟任高级管理人员和执业人员基本情况，包括拟任高级管理人员任职材料，拟任执业人员名单、履历、基金从业资格证明复印件、专业培训及岗位配备情况；

（六）关于安全保管基金财产有关条件的报告；

（七）关于基金清算、交割系统的运行测试报告；

（八）办公场所平面图、安全监控系统设计方案和安装调试情况报告；

（九）基金托管业务备份系统设计方案和应急处理方案、应急处理能力测试报告；

（十）相关业务规章制度，包括业务管理、操作规程、基金会计核算、基金清算、信息披露、内部稽核监控、内控与风险管理、信息系统管理、从业人员管理、保密与档案管理、重大可疑情况报告、应急处理及其他履行基金托管人职责所需的规章制度；

（十一）开办基金托管业务的商业计划书；

（十二）中国证监会、中国银监会规定的其他材料。

第十二条 中国证监会应当自收到申请材料之日起五个工作日内作出是否受理的决定。申请材料齐全、符合法定形式的，向申请人出具书面受理凭证；申请材料不齐全或者不符合法定形式的，应当一次告知申请人需要补正的全部内容。

第十三条　中国证监会应当自受理申请材料之日起20个工作日内作出行政许可决定。中国证监会作出予以核准决定的，应当会签中国银监会；作出不予核准决定的，应当说明理由并告知申请人，行政许可程序终止。

中国银监会应当自收到会签件之日起20个工作日内，作出行政许可决定。中国银监会作出予以核准决定的，中国证监会和中国银监会共同签发批准文件，并由中国证监会颁发基金托管业务许可证；中国银监会作出不予核准决定的，应当说明理由并告知申请人，行政许可程序终止。

第十四条　中国证监会、中国银监会在作出核准决定前，可以采取下列方式进行审查：

（一）以专家评审、核查等方式审查申请材料的内容；

（二）联合对商业银行拟设立基金托管部门的筹建情况进行现场检查，现场检查由两名以上工作人员进行，现场检查的时间不计算在本办法第十三条规定的期限内。

第十五条　取得基金托管资格的商业银行为基金托管人。基金托管人应当及时办理基金托管部门高级管理人员的任职手续。

第三章　托管职责的履行

第十六条　基金托管人在与基金管理人订立基金合同、基金招募说明书、基金托管协议等法律文件前，应当从保护基金份额持有人角度，对涉及投资范围与投资限制、基金费用、收益分配、会计估值、信息披露等方面的条款进行评估，确保相关约定合规清晰、风险揭示充分、会计估值科学公允。在基金托管协议中，还应当对基金托管人与基金管理人之间的业务监督与协作等职责进行详细约定。

第十七条　基金托管人应当安全保管基金财产，按照相关规定和基金托管协议约定履行下列职责：

（一）为所托管的不同基金财产分别设置资金账户、证券账户等投资交易必需的相关账户，确保基金财产的独立与完整；

（二）建立与基金管理人的对账机制，定期核对资金头寸、证券账目、资产净值等数据，及时核查认购与申购资金的到账、赎回资金的支付以及投资资金的支付与到账情况，并对基金的会计凭证、交易记录、合同协议等重要文件档案保存15年以上；

（三）对基金财产投资信息和相关资料负保密义务，除法律、行政法规和其他有关规定、监管机构及审计要求外，不得向任何机构或者个人泄露相关信息和资料。

第十八条　基金托管人应当与相关证券登记结算机构签订结算协议，依法承担作为市场结算参与人的相关职责。

基金托管人与基金管理人应当签订结算协议或者在基金托管协议中约定结算条款，明确双方在基金清算交收及相关风险控制方面的职责。基金清算交收过程中，出现基金财产中资金或证券不足以交收的，基金托管人应当及时通知基金管理人，督促基金管理人积极采取措施、最大程度控制违约交收风险与相关损失，并报告中国证监会。

第十九条　基金托管人与基金管理人应当按照《企业会计准则》及中国证监会的有关规定进行估值核算，对各类金融工具的估值方法予以定期评估。基金托管人发现基金份额净值计价出现错误的，应当提示基金管理人立即纠正，并采取合理措施防止损失进一步扩大。基金托管人发现基金份额净值计价出现重大错误或者估值出现重大偏离的，应当提示基金管理人依法履行披露和报告义务。

第二十条 基金托管人应当按照法律法规的规定以及基金合同的约定办理与基金托管业务有关的信息披露事项，包括但不限于：披露基金托管协议，对基金定期报告等信息披露文件中有关基金财务报告等信息及时进行复核审查并出具意见，在基金年度报告和半年度报告中出具托管人报告，就基金托管部门负责人变动等重大事项发布临时公告。

第二十一条 基金托管人应当根据基金合同及托管协议约定，制定基金投资监督标准与监督流程，对基金合同生效之后所托管基金的投资范围、投资比例、投资风格、投资限制、关联方交易等进行严格监督，及时提示基金管理人违规风险。

当发现基金管理人发出但未执行的投资指令或者已经生效的投资指令违反法律、行政法规和其他有关规定，或者基金合同约定，应当依法履行通知基金管理人等程序，并及时报告中国证监会，持续跟进基金管理人的后续处理，督促基金管理人依法履行披露义务。基金管理人的上述违规失信行为给基金财产或者基金份额持有人造成损害的，基金托管人应当督促基金管理人及时予以赔偿。

第二十二条 基金托管人应当对所托管基金履行法律法规、基金合同有关收益分配约定情况进行定期复核，发现基金收益分配有违规失信行为的，应当及时通知基金管理人，并报告中国证监会。

第二十三条 对于转换基金运作方式、更换基金管理人等需召开基金份额持有人大会审议的事项，基金托管人应当积极配合基金管理人召集基金份额持有人大会；基金管理人未按规定召集或者不能召集的，基金托管人应当按照规定召集基金份额持有人大会，并依法履行对外披露与报告义务。

第二十四条 基金托管人在取得基金托管资格后，不得长期不开展基金托管业务；在从事基金托管业务过程中，不得进行不正当竞争，不得利用非法手段垄断市场，不得违反基金托管协议约定将部分或者全部托管的基金财产委托他人托管。

第二十五条 基金托管人应当按照市场化原则，综合考虑基金托管规模、产品类别、服务内容、业务处理难易程度等因素，与基金管理人协商确定基金托管费用的计算方式和方法。

基金托管费用的计提方式和计算方法应当在基金合同、基金招募说明书中明确列示。

第四章 托管业务内部控制

第二十六条 基金托管人应当按照相关法律法规，针对基金托管业务建立科学合理、控制严密、运行高效的内部控制体系，保持托管业务内部控制制度健全、执行有效。

基金托管人应当每年聘请具有证券业务资格的会计师事务所，或者由托管人内部审计部门组织，针对基金托管法定业务和增值业务的内部控制制度建设与实施情况，开展相关审查与评估，出具评估报告。

第二十七条 基金托管人应当建立突发事件处理预案制度，对发生严重影响基金份额持有人利益、可能引发系统性风险或者严重影响社会稳定的突发事件，按照预案妥善处理。

第二十八条 基金托管人应当健全从业人员管理制度，完善信息管理及保密制度，加强对基金托管部门从业人员执业行为及投资基金等相关活动的管理。

基金托管部门的从业人员不得利用未公开信息为自己或者他人谋取利益。

第二十九条 基金托管人应当根据托管业务发展及其风险控制的需要，不断完善托管业务信息技术系统，配置足够的托管业务人员，规范岗位职责，加强职业培训，保证托管服务质量。

第三十条 基金托管人应当依法采取措施，确保基金托管和基金销售业务相互独立，切实保障基金财产的完整与独立。

第三十一条 基金托管人根据业务发展的需要，按照法律法规规定和基金托管协议约定委托符合条件的境外资产托管人开展境外资产托管业务的，应当对境外资产托管人进行尽职调查，制定遴选标准与程序，健全相关的业务风险管理和应急处理制度，加强对境外资产托管人的监督与约束。

第三十二条 基金托管人在法定托管职责之外依法开展基金服务外包等增值业务的，应当设立专门的团队与业务系统，与原有基金托管业务团队之间建立必要的业务隔离，有效防范潜在的利益冲突。

第五章 监督管理与法律责任

第三十三条 申请人在申请基金托管资格时，隐瞒有关情况或者提供虚假申请材料的，中国证监会、中国银监会不予受理或者不予核准，并给予警告；申请人在三年内不得再次申请基金托管资格。

申请人以欺骗、贿赂等不正当手段取得基金托管资格的，中国证监会商中国银监会取消基金托管资格，给予警告、罚款，由中国证监会注销基金托管业务许可证；中国银监会可以区别不同情形，责令申请人对直接负责的主管人员和其他直接责任人员给予纪律处分，或者对其给予警告、罚款，或者禁止其一定期限直至终身从事银行业工作；申请人在三年内不得再次申请基金托管资格；涉嫌犯罪的依法移送司法机关，追究刑事责任。

第三十四条 未取得基金托管资格擅自从事基金托管业务的，责令停止，没收违法所得，并处违法所得一倍以上五倍以下罚款；没有违法所得或者违法所得不足100万元的，并处十万元以上100万元以下罚款；对直接负责的主管人员和其他直接责任人员给予警告，并处三万元以上30万元以下罚款。

第三十五条 基金托管人应当根据中国证监会的要求，履行下列信息报送义务：

（一）基金投资运作监督报告；

（二）基金托管业务运营情况报告；

（三）基金托管业务内部控制年度评估报告；

（四）中国证监会根据审慎监管原则要求报送的其他材料。

第三十六条 当基金托管人发生下列情形之一的，应当自发生之日起五日内向中国证监会报告：

（一）基金托管部门的设置发生重大变更；

（二）托管人或者其基金托管部门的名称、住所发生变更；

（三）基金托管部门的高级管理人员发生变更；

（四）托管人及基金托管部门的高级管理人员受到刑事、行政处罚，或者被监管机构、司法机关调查；

（五）涉及托管业务的重大诉讼或者仲裁；

（六）与基金托管业务相关的其他重大事项。

第三十七条 中国证监会可以根据日常监管情况，对基金托管人的基金托管部门进行现场检查，并采取下列措施：

（一）要求提供与检查事项有关的文件、会议记录、报表、凭证和其他资料，查阅、复制与检查事项有关的文件；

（二）询问相关工作人员，要求其对有关检查事项做出说明；

（三）检查基金托管业务系统；

（四）中国证监会规定的其他措施。

中国证监会进行现场检查后，应当向被检查的基金托管人出具检查结论。基金托管人及有关人员应当配合中国证监会进行检查，不得以任何理由拒绝、拖延提供有关材料，或者提供不真实、不准确、不完整的资料。

第三十八条 基金托管人在开展基金托管业务过程中违反本办法规定，中国证监会应当责令限期整改，整改期间可以暂停其办理新的基金托管业务；对直接负责的基金托管业务主管人员和其他直接责任人员，可以采取监管谈话、出具警示函等行政监管措施。

第三十九条 对有下列情形之一的基金托管人，中国证监会商中国银监会可以依法取消其基金托管资格，依法给予罚款；对直接负责的主管人员和其他直接责任人员，中国证监会依法给予罚款，可以并处暂停或者撤销基金从业资格，中国银监会可以并处禁止一定期限直至终身从事银行业工作：

（一）连续三年没有开展基金托管业务的；

（二）未能在规定时间内通过整改验收的；

（三）违反法律法规，情节严重的；

（四）法律法规规定的其他情形。

第六章 附 则

第四十条 本办法适用于境内法人商业银行及境内依法设立的其他金融机构。

第四十一条 非银行金融机构申请基金托管资格的条件与程序由中国证监会另行规定。

第四十二条 本办法自 2013 年 4 月 2 日起施行。2004 年 11 月 29 日中国证监会、中国银监会联合公布的《证券投资基金托管资格管理办法》同时废止。

基金管理公司、证券公司人民币合格境外机构投资者境内证券投资试点办法

（中国证券监督管理委员会、中国人民银行、国家外汇管理局第76号令，于2013年3月1日以中国证券监督管理委员会、中国人民银行、国家外汇管理局令第90号发布，自发布之日起实行）

第一条 为规范人民币合格境外机构投资者在境内进行证券投资的行为，促进证券市场发展，保护投资者合法权益，根据有关法律和行政法规，制定本办法。

第二条 本办法所称人民币合格境外机构投资者（以下简称人民币合格投资者），是指经中国证券监督管理委员会（以下简称中国证监会）批准，并取得国家外汇管理局（以下简称国家外汇局）批准的投资额度，运用来自境外的人民币资金进行境内证券投资的境外法人。

第三条 中国证监会依法对人民币合格投资者的境内证券投资实施监督管理，中国人民银行（以下简称人民银行）依法对人民币合格投资者在境内开立人民币银行账户进行管理，国家外汇局依法对人民币合格投资者的投资额度实施管理，中国人民银行会同国家外汇局依法对人民币合格投资者的资金汇出入进行监测和管理。

第四条 人民币合格投资者开展境内证券投资业务，应当委托具有合格境外机构投资者托管人资格的境内商业银行负责资产托管业务，委托境内证券公司代理买卖证券。

人民币合格投资者可以委托境内资产管理机构进行境内证券投资管理。

第五条 申请人民币合格投资者资格，应当具备下列条件：

（一）财务稳健，资信良好，注册地、业务资格等符合中国证监会的规定；

（二）公司治理和内部控制有效，从业人员符合所在国家或地区的有关从业资格要求；

（三）经营行为规范，最近三年或者自成立起未受到所在地监管部门的重大处罚；

（四）中国证监会根据审慎监管原则规定的其他条件。

第六条 中国证监会对人民币合格投资者的境内证券投资业务资格进行审核，自收到完整的申请文件之日起60日内作出批准或者不予批准的决定。决定批准的，作出书面批复并颁发证券投资业务许可证；决定不批准的，书面通知申请人。

第七条 取得境内证券投资业务资格的人民币合格投资者应当持下列材料向国家外汇局申请投资额度：

（一）申请报告，包括申请人的基本情况、资金来源说明、境内证券投资计划等；

（二）中国证监会颁发的证券投资业务许可证复印件；

（三）经公证的对境内托管人的授权委托书；

（四）国家外汇局要求提供的其他材料。

国家外汇局自收到人民币合格投资者完整的申请文件之日起 60 日内作出批准或者不予批准的决定。决定批准的，作出书面批复并颁发登记证；决定不批准的，书面通知申请人。

第八条　人民币合格投资者的境内托管人应当履行下列职责：

（一）保管人民币合格投资者托管的全部资产；

（二）监督人民币合格投资者的境内证券投资运作；

（三）办理人民币合格投资者资金汇出入等相关业务；

（四）按照规定进行国际收支统计申报；

（五）向中国证监会、人民银行和国家外汇局报送相关业务报告和报表；

（六）中国证监会、人民银行和国家外汇局根据审慎监管原则规定的其他职责。

第九条　人民币合格投资者在经批准的投资额度内投资人民币金融工具，应当遵守相关监管要求。中国证监会和人民银行可以根据宏观管理要求和试点发展情况，对总体投资比例和品种做出规定和调整。

人民币合格投资者投资银行间债券市场，应当根据人民银行相关规定办理。

第十条　人民币合格投资者开展境内证券投资业务试点，应当遵守中国境内关于持股比例、信息披露等法律法规的规定和其他有关监管规则的要求。

人民币合格投资者应当按照人民银行的规定，通过境内托管人向人民银行人民币跨境收付信息管理系统报送人民币资金汇出入等信息。

第十一条　人民币合格投资者应当按照投资额度管理的有关要求办理资金汇出入。

人民币合格投资者可以人民币或购汇汇出本金和投资收益。

第十二条　中国证监会、人民银行和国家外汇局依法可以要求人民币合格投资者、境内托管人、证券公司等机构提供人民币合格投资者的有关资料，并进行必要的询问、检查。

第十三条　人民币合格投资者有下列情形之一的，应当在五个工作日内报告中国证监会、人民银行和国家外汇局：

（一）变更境内托管人；

（二）变更机构负责人；

（三）调整股权结构；

（四）调整注册资本；

（五）吸收合并其他机构；

（六）涉及重大诉讼及其他重大事件；

（七）在境外受到重大处罚；

（八）中国证监会、人民银行和国家外汇局规定的其他情形。

第十四条　人民币合格投资者有下列情形之一的，应当重新申领证券投资业务许可证：

（一）变更机构名称；

（二）被其他机构吸收合并；

（三）中国证监会和国家外汇局认定的其他情形。

重新申领证券投资业务许可证期间，人民币合格投资者可以继续进行证券投资，但中国证监会根据审慎监管原则认定需要暂停的除外。

第十五条　人民币合格投资者有下列情形之一的，应当将证券投资业务许可证和外汇登记证分别交还发证机关：

（一）取得证券投资业务许可证后一年内未向国家外汇局提出投资额度申请的；

（二）机构解散、进入破产程序或者由接管人接管的；

（三）中国证监会、人民银行和国家外汇局认定的其他情形。

第十六条　人民币合格投资者及境内托管人在开展境内证券投资业务试点过程中发生违法违规行为的，中国证监会、人民银行和国家外汇局可以依法采取相应的监管措施和行政处罚。

第十七条　本办法自公布之日起施行，2011 年 12 月 16 日发布的《基金管理公司、证券公司人民币合格境外机构投资者境内证券投资试点办法》（证监会令第 76 号）同时废止。

证券公司董事、监事和高级管理人员任职资格监管办法

（中国证券监督管理委员会令第 86 号，2006 年 10 月 20 日中国证券监督管理委员会第 192 次主席办公会议审议通过，根据 2012 年10 月 19 日中国证券监督管理委员会《关于修改〈证券公司董事、监事和高级管理人员任职资格监管办法〉的决定》修订）

第一章 总 则

第一条 为了规范证券公司董事、监事、高级管理人员和分支机构负责人任职资格监管，提高董事、监事、高级管理人员和分支机构负责人的专业素质，保障证券公司依法合规经营，根据《公司法》、《证券法》、《行政许可法》、《证券公司监督管理条例》等法律、行政法规的有关规定，制定本办法。

第二条 证券公司董事、监事、高级管理人员和分支机构负责人的任职资格监管适用本办法。

本办法所称证券公司高级管理人员（以下简称高管人员），是指证券公司的总经理、副总经理、财务负责人、合规负责人、董事会秘书以及实际履行上述职务的人员。

证券公司行使经营管理职责的管理委员会、执行委员会以及类似机构的成员为高管人员。

第三条 证券公司董事、监事、高管人员和分支机构负责人应当在任职前取得中国证券监督管理委员会（以下简称中国证监会）核准的任职资格。

证券公司不得聘任未取得任职资格的人员担任董事、监事、高管人员和分支机构负责人，不得违反规定授权不具备任职资格的人员实际行使职责。

第四条 证券公司董事、监事、高管人员和分支机构负责人应当遵守法律、行政法规和中国证监会的规章、规范性文件，遵守公司章程和行业规范，恪守诚信，勤勉尽责。

第五条 中国证监会依法对证券公司董事、监事、高管人员和分支机构负责人进行监督管理。

证券公司董事、监事、高管人员和分支机构负责人的任职资格由中国证监会授权中国证监会派出机构（以下简称派出机构）依法核准。

第六条 中国证券业协会、证券交易所依法对证券公司董事、监事、高管人员和分支机构负责人进行自律管理。

第二章　任职资格条件

第一节　基本条件

第七条　有下列情形之一的，不得担任证券公司董事、监事、高管人员和分支机构负责人：

（一）《证券法》第一百三十一条第二款、第一百三十二条、第一百三十三条规定的情形；

（二）因重大违法违规行为受到金融监管部门的行政处罚，执行期满未逾三年；

（三）自被中国证监会撤销任职资格之日起未逾三年；

（四）自被中国证监会认定为不适当人选之日起未逾两年；

（五）中国证监会认定的其他情形。

第八条　取得证券公司董事、监事、高管人员和分支机构负责人任职资格，应当具备以下基本条件：

（一）正直诚实，品行良好；

（二）熟悉证券法律、行政法规、规章以及其他规范性文件，具备履行职责所必需的经营管理能力。

第二节　董事、监事的任职资格条件

第九条　取得董事、监事任职资格，除应当具备本办法第八条规定的基本条件外，还应当具备以下条件：

（一）从事证券、金融、法律、会计工作三年以上或者经济工作五年以上；

（二）具有大专以上学历。

第十条　取得独立董事任职资格，除应当具备本办法第八条规定的基本条件外，还应当具备以下条件：

（一）从事证券、金融、法律、会计工作五年以上；

（二）具有大学本科以上学历，并且具有学士以上学位；

（三）有履行职责所必需的时间和精力。

第十一条　独立董事不得与证券公司存在关联关系、利益冲突或者存在其他可能妨碍独立客观判断的情形。

下列人员不得担任证券公司独立董事：

（一）在证券公司或其关联方任职的人员及其近亲属和主要社会关系人员；

（二）在下列机构任职的人员及其近亲属和主要社会关系人员：持有或控制证券公司5%以上股权的单位、证券公司前五名股东单位、与证券公司存在业务联系或利益关系的机构；

（三）持有或控制上市证券公司1%以上股权的自然人，上市证券公司前十名股东中的自然人股东，或者控制证券公司5%以上股权的自然人，及其上述人员的近亲属；

（四）为证券公司及其关联方提供财务、法律、咨询等服务的人员及其近亲属；

（五）最近一年内曾经具有前四项所列举情形之一的人员；

（六）在其他证券公司担任除独立董事以外职务的人员；

（七）中国证监会认定的其他人员。

第十二条　取得董事长、副董事长和监事会主席任职资格，除应当具备本办法第八条规定的基本条件外，还应当具备以下条件：

（一）从事证券工作三年以上，或者金融、法律、会计工作五年以上，或者经济工作十年以上；

（二）具有大学本科以上学历或取得学士以上学位；

（三）通过中国证监会认可的资质测试。

第三节　高管人员的任职资格条件

第十三条　取得总经理、副总经理、财务负责人、合规负责人、董事会秘书，以及证券公司管理委员会、执行委员会和类似机构的成员（以下简称经理层人员）任职资格，除应当具备本办法第八条规定的基本条件外，还应当具备以下条件：

（一）从事证券工作三年以上，或者金融、法律、会计工作五年以上；

（二）具有证券从业资格；

（三）具有大学本科以上学历或取得学士以上学位；

（四）曾担任证券机构部门负责人以上职务不少于 2 年，或者曾担任金融机构部门负责人以上职务不少于四年，或者具有相当职位管理工作经历；

（五）通过中国证监会认可的资质测试。

第四节　分支机构负责人的任职资格条件

第十四条　取得分支机构负责人任职资格，除应当具备本办法第八条规定的基本条件外，还应当具备以下条件：

（一）从事证券工作三年以上或经济工作五年以上；

（二）具有证券从业资格；

（三）具有大学本科以上学历或取得学士以上学位。

第五节　其他规定

第十五条　证券公司法定代表人应当具有证券从业资格。

第十六条　证券公司董事、监事以及其他人员行使高管人员职责的，应当取得高管人员的任职资格。

第十七条　从事证券工作十年以上或曾担任金融机构部门负责人以上职务八年以上的人员，申请证券公司董事长、副董事长、独立董事、监事会主席、高管人员和分支机构负责人的任职资格的，学历要求可以放宽至大专。

第十八条　具有证券、金融、经济管理、法律、会计、投资类专业硕士研究生以上学历的人员，申请证券公司董事、监事、高管人员和分支机构负责人任职资格的，从事证券、金融、经济、法律、会计工作的年限可以适当放宽。

第十九条　在证券监管机构、自律机构以及其他承担证券监管职能的专业监管岗位任职八年以上的人员，申请高管人员和分支机构负责人的任职资格，可以豁免证券从业资格的要求。

第三章　申请与核准

第一节　申请与受理

第二十条　申请董事长、副董事长、监事会主席任职资格的，应当由拟任职的证券公司向证券公司注册地派出机构提出申请，申请经理层人员任职资格应当由本人向其住所地派出机构或由拟任职的证券公司向公司注册地派出机构提出申请，并提交以下材料：

（一）申请表；

（二）两名推荐人的书面推荐意见；

（三）身份、学历、学位证明文件；

（四）资质测试合格证明；

（五）最近三年曾任职单位鉴定意见；

（六）最近三年担任单位主要负责人的，应提交离任审计报告；

（七）最近三年内在金融机构任职且被纳入监管范围的，应提交监管部门的监管意见；

（八）中国证监会要求提交的其他材料。

申请经理层人员任职资格的，还应当提交证券从业资格证书。

第二十一条 推荐人应当是任职一年以上的证券公司现任董事长、副董事长、监事会主席或经理层人员。

申请人或拟任人不具有证券行业工作经历的，其推荐人中可有一名是其原任职单位的负责人。申请人或拟任人为境外人士的，推荐人中至少有一名为符合本办法规定的人员，另一名可以为申请人或拟任人曾任职的境外证券类机构的高管人员。

推荐人应当对申请人或拟任人是否存在本办法第七条所列举的情形作出说明，并对其个人品行、遵纪守法、从业经历、业务水平、管理能力等发表明确的推荐意见。

推荐人每个自然年度最多只能推荐三人申请证券公司董事长、副董事长、监事会主席或经理层人员的任职资格。

第二十二条 申请除董事长、副董事长、监事会主席以外董事、监事的任职资格，应当由拟任职的证券公司向公司注册地派出机构提出申请，并提交以下材料：

（一）申请表；

（二）证券公司或股东单位的推荐意见；

（三）身份、学历、学位证明文件；

（四）最近三年内曾任职单位的鉴定意见；

（五）中国证监会要求提交的其他材料。

第二十三条 股东单位推荐的前条所述董事、监事人选，由股东单位出具推荐意见；独立董事人选以及作为职工代表的董事、监事，应当由证券公司出具推荐意见。推荐意见至少包括以下内容：

（一）拟任人是否存在本办法第七条所列举的情形；

（二）拟任人遵守证券法律、行政法规、中国证监会有关规定以及自律组织规则的情况；

（三）拟任人的职业道德水准和诚信表现；

（四）拟任人的管理能力和业务能力；

（五）拟任人是否有足够的时间和精力履行职责。

第二十四条 申请独立董事任职资格，还应当提供拟任人具有五年以上证券、金融、法律或者会计工作经历的证明，以及拟任人关于独立性的声明。声明应重点说明其本人是否存在本办法第十一条所列举的情形。

第二十五条 已经取得董事长、副董事长、监事会主席任职资格的人员，自离开原任职公司之日起 12 个月内到其他证券公司担任董事长、副董事长、监事会主席，且未出现本办法第七条规定情形的，拟任职公司应当向公司注册地派出机构提交以下申请材料：

（一）申请表；

（二）原任职公司的离任审计报告；

（三）中国证监会要求的其他材料。

第二十六条 申请分支机构负责人任职资格的，应当由拟任职的证券公司向分支机构所在地派出机构提出申请，并提交以下材料：

（一）申请表；

（二）证券公司的推荐意见；

（三）身份、学历、学位、证券从业资格的证明文件；

（四）最近三年曾任职单位的鉴定意见；

（五）最近三年内曾在金融机构任职且被纳入监管范围的，应提交监管部门的监管意见；

（六）中国证监会要求提交的其他材料。

第二十七条　申请人提交学历、学位证明文件复印件的，应当加盖颁发单位或出具单位的公章，或出具公证机关的公证文书或律师的认证文件，以证明复印件与原件一致；提交国外和中国香港、澳门特别行政区及台湾地区大学或高等教育机构学位证书或高等教育文凭，或者非学历教育文凭的，应当同时提交国务院教育行政部门对其所获教育文凭的学历学位认证文件。

第二十八条　申请人提交的最近三年曾任职单位的鉴定意见，应当详细说明申请人或拟任人在曾任职单位的职责范围、履职情况以及是否受到纪律处分等情况。

第二十九条　派出机构根据《行政许可法》第三十二条和中国证监会行政许可实施程序的有关规定，对申请人提出的任职资格申请作出处理。

第二节　审查与核准

第三十条　派出机构认为有必要时，可以对申请人或拟任人进行考察、谈话。

第三十一条　申请人或拟任人有下列情形之一的，派出机构可以作出终止审查的决定：

（一）申请人或拟任人死亡或者丧失行为能力的；

（二）申请人依法终止的；

（三）申请人主动要求撤回申请材料的；

（四）申请人未在规定期限内针对反馈意见作出进一步说明、解释的；

（五）申请人或拟任人因涉嫌违法违规行为被行政机关立案调查的；

（六）申请人被依法采取停业整顿、托管、接管、限制业务等监管措施的；

（七）申请人或拟任人因涉嫌犯罪被司法机关立案侦查的；

（八）中国证监会认定的其他情形。

第三十二条　派出机构应当在规定期限内对证券公司董事、监事、高管人员和分支机构负责人的任职资格申请作出是否核准的决定。不予核准的，应当说明理由。

第三节　任　职

第三十三条　证券公司应当自拟任董事、监事取得任职资格之日起 30 日内，按照公司章程等有关规定办理上述人员的任职手续。自取得任职资格之日起 30 日内，上述人员未在证券公司任职或履行相关职务的，除有正当理由并经相关派出机构认可的，其任职资格自动失效。

第三十四条　证券公司任免董事、监事、高管人员和分支机构负责人的，应当自作出决定之日起 5 日内，将有关人员的变动情况以及高管人员的职责范围在公司公告，并向相关派出机构报告，提交以下材料：

（一）任职、免职决定文件；

（二）相关会议的决议；

（三）相关人员的任职资格核准文件；

（四）相关人员签署的诚信经营承诺书；

（五）高管人员职责范围的说明；

（六）中国证监会规定的其他材料。

证券公司未按要求履行公告、报告义务的，相关人员应当在两日内向相关派出机构报告。

第三十五条 证券公司任免董事、监事、高管人员和分支机构负责人的，中国证监会及相关派出机构可以对有关人员进行任职谈话。证券公司选任的董事、监事、高管人员和分支机构负责人不符合规定的条件的，中国证监会及相关派出机构应当责令证券公司限期更换人员。

第三十六条 内资证券公司境外人士担任经理层人员职务的比例最多可以达到公司该类人员总数的30%；外资参股证券公司境外人士担任经理层人员职务的比例最多可以达到公司该类人员总数的50%。

第三十七条 证券公司高管人员和分支机构负责人最多可以在证券公司参股的两家公司兼任董事、监事，但不得在上述公司兼任董事、监事以外的职务，不得在其他营利性机构兼职或者从事其他经营性活动。

证券公司高管人员在证券公司全资或控股子公司兼职的，不受上述限制，但应当遵守中国证监会有关规定。

证券公司分支机构负责人不得兼任其他同类分支机构负责人。

任何人员最多可以在两家证券公司担任独立董事。

证券公司董事、监事、高管人员和分支机构负责人兼职的，应自有关情况发生之日起五日内向相关派出机构报告。

第三十八条 取得经理层人员任职资格的人员，担任除独立董事之外的其他职务，不需重新申请任职资格，由拟任职的证券公司按照规定依法办理其任职手续。

取得分支机构负责人任职资格的人员，改任同一公司其他分支机构负责人或者其他公司分支机构负责人的，不需重新申请任职资格，由拟任职的证券公司按照规定依法办理其任职手续。

第三十九条 证券公司董事、监事离任的，其任职资格自离任之日起自动失效。

有以下情形的，不受前款规定限制：

（一）证券公司董事（不包括独立董事）、监事在同一公司相互改任；

（二）证券公司董事长、副董事长、监事会主席，在同一公司改任除独立董事之外的其他董事、监事。

第四十条 证券公司变更法定代表人、主要负责人及分支机构负责人的，应当自作出有关任职决定之日起20日内办理证券业务许可证的变更手续。

第四章 监督管理

第四十一条 证券公司董事、监事、高管人员和分支机构负责人应当按照法律、行政法规、中国证监会的规定和公司章程行使职权，不得授权未取得任职资格的人员代为行使职权。

第四十二条 高管人员职责分工发生调整的，证券公司应当在五日内在公司公告，并向相关派出机构报告。同时，证券公司应当将上述事项及时告知相关高管人员。证券公司未按要求履行公告、报告义务的，相关高管人员应当在两日内向相关派出机构报告。

第四十三条 证券公司董事、监事、高管人员和分支机构负责人应当拒绝执行任何机构、个人侵害公司利益或者客户合法权益等的指令或者授意，发现有侵害客户合法权益的违法违规行为的，应当及时向中国证监会及相关派出机构报告。

中国证监会及其派出机构依法保护因依法履行职责、切实维护客户利益而受到不公正待遇的董事、监事、高管人员和分支机构负责人的合法权益。

第四十四条 禁止证券公司董事、监事、高管人员和分支机构负责人从事下列行为：

（一）利用职权收受贿赂或者获取其他非法收入；

（二）挪用或侵占公司或者客户资产；

（三）违法将公司或者客户资金借贷给他人；

（四）以客户资产为本公司、公司股东或者其他机构、个人债务提供担保。

第四十五条　中国证监会对取得经理层人员任职资格但未在证券公司担任经理层人员职务的人员进行资格年检。

中国证监会对取得分支机构负责人任职资格但未在证券公司担任分支机构负责人职务的人员进行资格年检。

上述人员应当自取得任职资格的下一个年度起，在每年第一季度向住所地派出机构提交由单位负责人或推荐人签署意见的年检登记表。

第四十六条　取得经理层人员任职资格而不在证券公司担任经理层人员职务的人员，未按规定参加资格年检，或未通过资格年检，或自取得任职资格之日起连续五年未在证券公司任职的，应当在任职前重新申请取得经理层人员的任职资格。

取得分支机构负责人任职资格而不在证券公司担任分支机构负责人职务的人员，未按规定参加资格年检，或未通过资格年检，或连续五年未在证券公司任职的，应当在任职前重新申请取得分支机构负责人的任职资格。

第四十七条　中国证监会建立数据库，记录取得经理层人员任职资格的人员信息。证券公司选聘经理层人员，可以从中查询相关信息。

中国证监会将证券公司董事长、副董事长、监事会主席的有关信息录入数据库。

第四十八条　取得董事、监事、经理层人员任职资格的人员应当至少每三年参加一次中国证监会认可的业务培训，取得培训合格证书。

取得分支机构负责人任职资格的人员应当至少每三年参加一次所在地派出机构认可的业务培训，取得培训合格证书。

第四十九条　证券公司董事长、总经理不能履行职务或者缺位时，公司可以按公司章程等规定临时决定符合第八条规定的人员代为履行职务，并在作出决定之日起三日内向中国证监会及注册地派出机构报告。

公司决定的人员不符合条件的，中国证监会及相关派出机构可以责令公司限期另行决定代为履行职务的人员，并责令原代为履行职务人员停止履行职务。

代为履行职务的时间不得超过六个月。公司应当在六个月内选聘具有任职资格的人员担任董事长、总经理。

第五十条　证券公司董事、监事、高管人员和分支机构负责人涉嫌重大违法犯罪，被行政机关立案调查或司法机关立案侦查的，证券公司应当暂停相关人员的职务。

第五十一条　有下列情形之一的，相关派出机构应当对负有直接责任或领导责任的董事、监事、高管人员和分支机构负责人进行监管谈话：

（一）证券公司或本人涉嫌违反法律、行政法规或者中国证监会规定；

（二）证券公司法人治理结构、内部控制存在重大隐患；

（三）证券公司财务指标不符合中国证监会规定的风险控制指标；

（四）证券公司聘任不具有任职资格的人员担任董事、监事、高管人员和分支机构负责人或者违反本办法规定授权不具备任职资格的人员实际履行上述职务；

（五）违反本办法第三十四条、第四十二条规定，未履行公告义务；

（六）董事、监事、高管人员和分支机构负责人不遵守承诺；

（七）违反本办法第四十一条、第四十三条、第四十八条、第五十条规定；

（八）自签署推荐意见之日起一年内所推荐的人员被认定为不适当人选或被撤销任职资格；

（九）所出具的推荐意见存在虚假内容；

（十）对公司及其股东、其他董事、监事、高管人员和分支机构负责人的违法违规行为隐瞒不报；

（十一）未按规定对离任人员进行离任审计；

（十二）中国证监会根据审慎监管原则认定的其他情形。

第五十二条　证券公司净资本或其他风险控制指标不符合规定，被中国证监会责令限期改正而逾期未改正的，或其行为严重危及证券公司的稳健运行、损害客户合法权益的，中国证监会可以限制公司向董事、监事、高管人员和分支机构负责人支付报酬、提供福利，或暂停相关人员职务，或责令更换董事、监事、高管人员和分支机构负责人。

董事、监事、高管人员和分支机构负责人被暂停职务期间，不得离职。

第五十三条　证券公司董事、监事、高管人员和分支机构负责人在任职期间出现下列情形之一的，中国证监会及相关派出机构可以将其认定为不适当人选：

（一）向证券监管机构提供虚假信息、隐瞒重大事项；

（二）拒绝配合证券监管机构依法履行监管职责；

（三）擅离职守；

（四）一年内累计三次被证券监管机构按照本办法第五十一条的规定进行监管谈话；

（五）累计三次被自律组织纪律处分；

（六）累计三次对公司受到行政处罚负有领导责任；

（七）累计五次对公司受到纪律处分负有领导责任；

（八）中国证监会根据审慎监管原则认定的其他情形。

第五十四条　自被中国证监会及相关派出机构认定为不适当人选之日起两年内，任何证券公司不得聘用该人员担任董事、监事、高管人员和分支机构负责人。

第五十五条　证券公司董事、监事和高管人员未能勤勉尽责，致使证券公司存在重大违法违规行为或者重大风险的，中国证监会及相关派出机构可以撤销相关人员的任职资格，并责令公司限期更换董事、监事和高管人员。

分支机构负责人未能勤勉尽责，致使证券公司存在重大违法违规行为或者重大风险的，应当依据有关规定处理。

第五十六条　自推荐人签署推荐意见之日起一年内，被推荐人被认定为不适当人选或被撤销任职资格的，自作出有关决定之日起两年内不受理该推荐人的推荐意见和签署意见的年检登记表。

第五十七条　法定代表人、高管人员和分支机构负责人辞职，或被认定为不适当人选而被解除职务，或被撤销任职资格的，证券公司应当按照规定对其进行离任审计，并且自离任之日起两个月内将审计报告报相关派出机构备案。

第五十八条　法定代表人、高管人员、分支机构负责人离任审计期间，不得在其他证券公司担任董事、监事、高管人员和分支机构负责人。

第五章　法律责任

第五十九条　证券公司董事、监事、高管人员和分支机构负责人违反法律、行政法规和中国证监会的规定，依法应予以行政处罚的，依照有关规定进行处罚；涉嫌犯罪的，依法移送司法机关，追究刑事责任。

第六十条　申请人或拟任人隐瞒有关情况或者提供虚假材料申请任职资格的，证券监管机构不予受理或者不予行政许可，并依法给予警告。

第六十一条 申请人或拟任人以欺骗、贿赂等不正当手段取得任职资格的，应当予以撤销，对公司和负有责任的人员予以警告，并处以罚款。

第六十二条 证券公司违反本办法规定，聘任不具有任职资格的人员担任相应职务的，中国证监会根据《证券法》第一百九十八条的规定给予行政处罚。

第六十三条 有下列情形之一的，责令改正，对证券公司和负有责任的人员依据法律法规和部门规章的规定进行处罚：

（一）违反本办法第三十七条、第四十四条和第四十九条规定；

（二）对中国证监会依据本办法第三十五条、第五十四条作出的监管要求，公司未按规定作出相应处理；

（三）证券公司及相关人员未按规定履行报告义务或者报送的材料存在虚假记载、误导性陈述或者重大遗漏的。

第六章 附 则

第六十四条 本办法所称分支机构负责人是指证券公司在境内设立的分公司、证券营业部以及中国证监会规定可以从事业务经营活动的证券公司下属其他非法人机构的经理及实际履行经理职务的人员。

第六十五条 本办法所称金融工作是指除证券以外的其他金融工作。

在上市公司从事证券相关工作的，视为从事证券工作。

第六十六条 本办法规定的期限以工作日计算，不含法定节假日。

第六十七条 本办法自 2006 年 12 月 1 日起施行。中国证监会发布的《证券经营机构高级管理人员任职资格管理暂行办法》（证监机字〔1998〕46 号）、《证券公司高级管理人员管理办法》（证监会令第 24 号）同时废止。

外资参股证券公司设立规则

（中国证券监督管理委员会令第86号，2002年6月1日证监会令第8号公布，根据2007年12月28日中国证券监督管理委员会令《关于修改〈外资参股证券公司设立规则〉的决定》、2012年10月11日中国证券监督管理委员会令《关于修改〈外资参股证券公司设立规则〉的决定》修订）

第一条 为了适应证券市场对外开放的需要，加强和完善对外资参股证券公司的监督管理，明确外资参股证券公司的设立条件和程序，根据《公司法》和《证券法》的有关规定，制定本规则。

第二条 本规则所称外资参股证券公司是指：

（一）境外股东与境内股东依法共同出资设立的证券公司；

（二）境外投资者依法受让、认购内资证券公司股权，内资证券公司依法变更的证券公司。

第三条 中国证券监督管理委员会（以下简称中国证监会）负责对外资参股证券公司的审批和监督管理。

第四条 外资参股证券公司的名称、组织形式、注册资本、组织机构的设立及职责等，应当符合《公司法》、《证券法》等法律、法规和中国证监会的有关规定。

第五条 外资参股证券公司可以经营下列业务：

（一）股票（包括人民币普通股、外资股）和债券（包括政府债券、公司债券）的承销与保荐；

（二）外资股的经纪；

（三）债券（包括政府债券、公司债券）的经纪和自营；

（四）中国证监会批准的其他业务。

第六条 外资参股证券公司应当符合下列条件：

（一）注册资本符合《证券法》的规定；

（二）股东具备本规则规定的资格条件，其出资比例、出资方式符合本规则的规定；

（三）按照中国证监会的规定取得证券从业资格的人员不少于30人，并有必要的会计、法律和计算机专业人员；

（四）有健全的内部管理、风险控制和对承销、经纪、自营等业务在机构、人员、信息、业务执行等方面分开管理的制度，有适当的内部控制技术系统；

（五）有符合要求的营业场所和合格的业务设施；

（六）中国证监会规定的其他审慎性条件。

第七条 外资参股证券公司的境外股东，应当具备下列条件：

（一）所在国家或者地区具有完善的证券法律和监管制度，已与中国证监会或者中国证监会认可的机构签定证券监管合作谅解备忘录，并保持着有效的监管合作关系；

（二）在所在国家或者地区合法成立，至少有一名是具有合法的金融业务经营资格的机构；境外股东自参股之日起三年内不得转让所持有的外资参股证券公司股权；

（三）持续经营五年以上，近三年未受到所在国家或者地区监管机构或者行政、司法机关的重大处罚；

（四）近三年各项财务指标符合所在国家或者地区法律的规定和监管机构的要求；

（五）具有完善的内部控制制度；

（六）具有良好的声誉和经营业绩；

（七）中国证监会规定的其他审慎性条件。

第八条 外资参股证券公司的境内股东，应当具备中国证监会规定的证券公司股东资格条件。

外资参股证券公司的境内股东，应当有一名是内资证券公司。但内资证券公司变更为外资参股证券公司的，不在此限。

第九条 境内股东可以用现金、经营中必需的实物出资；境外股东应当以自由兑换货币出资。

第十条 境外股东持股比例或者在外资参股证券公司中拥有的权益比例，累计（包括直接持有和间接控制）不得超过49%。

境内股东中的内资证券公司，应当至少有一名的持股比例或者在外资参股证券公司中拥有的权益比例不低于49%。

内资证券公司变更为外资参股证券公司后，应当至少有一名内资股东的持股比例不低于49%。

第十一条 外资参股证券公司的董事、监事和高级管理人员应当具备中国证监会规定的任职资格条件。

第十二条 申请设立外资参股证券公司，应当由全体股东共同指定的代表或者委托的代理人，向中国证监会提交下列文件：

（一）境内外股东的法定代表人或者授权代表共同签署的申请表；

（二）关于设立外资参股证券公司的合同及章程草案；

（三）外资参股证券公司拟任主要高级管理人员符合任职条件的说明文件；

（四）股东的营业执照或者注册证书、证券业务资格证书复印件；

（五）申请前三年境内外股东经审计的财务报表；

（六）境外股东所在国家或者地区相关监管机构或者中国证监会认可的境外机构出具的关于该境外股东是否具备本规则第七条第（二）项至第（四）项规定的条件的说明函；

（七）由中国境内律师事务所出具的法律意见书；

（八）中国证监会要求的其他文件。

第十三条 中国证监会依照有关法律、行政法规和本规则对前条规定的申请文件进行审查，并在规定期限内作出是否批准的决定，书面通知申请人。不予批准的，书面说明理由。

第十四条 股东应自中国证监会的批准文件签发之日起六个月内足额缴付出资或者提供约定的合作条件，选举董事、监事，聘任高级管理人员，并向工商行政管理机关申请设立登记，领取营业执照。

第十五条 外资参股证券公司的董事长或者授权代表应自营业执照签发之日起15个工作日内，向中国证监会提交下列文件，申请《经营证券业务许可证》：

（一）营业执照副本复印件；

（二）公司章程；

（三）由中国境内具有证券相关业务资格的会计师事务所出具的验资报告；

（四）董事、监事、高级管理人员和主要业务人员的名单、任职资格证明文件和证券从业资格证明文件；

（五）内部控制制度文本；

（六）营业场所和业务设施情况说明书。

（七）中国证监会要求的其他文件。

第十六条　中国证监会依照有关法律、行政法规和本规则对前条规定的申请文件进行审查，并自接到符合要求的申请文件之日起 15 个工作日内作出决定。对符合规定条件的，颁发《经营证券业务许可证》；对不符合规定条件的，不予颁发，并书面说明理由。

第十七条　未取得中国证监会颁发的《经营证券业务许可证》，外资参股证券公司不得开业，不得经营证券业务。

第十八条　内资证券公司申请变更为外资参股证券公司的，应当具备本规则第六条规定的条件。

收购或者参股内资证券公司的境外股东应当具备本规则第七条规定的条件，其收购的股权比例或者出资比例应当符合本规则第十条的规定。

第十九条　内资证券公司申请变更为外资参股证券公司，应当向中国证监会提交下列文件：

（一）法定代表人签署的申请表；

（二）股东会关于变更为外资参股证券公司的决议；

（三）公司章程修改草案；

（四）股权转让协议或者出资协议（股份认购协议）；

（五）拟在该证券公司任职的外国投资者委派人员的名单、简历以及相应的从业资格证明文件、任职资格证明文件；

（六）境外股东的营业执照或者注册证书和相关业务资格证书复印件；

（七）申请前三年境外股东经审计的财务报表；

（八）境外股东所在国家或者地区相关监管机构或者中国证监会认可的境外机构出具的关于该境外股东是否具备本规则第七条第（二）项至第（四）项规定条件的说明函；

（九）依法不能由外资参股证券公司经营的业务的清理方案；

（十）由中国境内律师事务所出具的法律意见书；

（十一）中国证监会要求的其他文件。

第二十条　中国证监会依照有关法律、行政法规和本规则对前条规定的申请文件进行审查，并在规定期限内作出是否批准的决定，书面通知申请人。不予批准的，书面说明理由。

第二十一条　获准变更的证券公司，应自中国证监会的批准文件签发之日起六个月内，办理股权转让或者增资事宜，清理依法不能由外资参股证券公司经营的业务，并向工商行政管理机关申请变更登记，换领营业执照。

第二十二条　获准变更的证券公司应自变更登记之日起 15 个工作日内，向中国证监会提交下列文件，申请换发《经营证券业务许可证》：

（　）营业执照副本复印件；

（二）外资参股证券公司章程；

（三）公司原有经营证券业务许可证及其副本；

（四）由中国境内具有证券相关业务资格的会计师事务所出具的验资报告；

（五）依法不能由外资参股证券公司经营的业务的清理工作报告；

（六）中国境内律师事务所和具有证券相关业务资格的会计师事务所对前项清理工作出具的法律意见书和验证报告；

（七）中国证监会要求的其他文件。

第二十三条　中国证监会依照有关法律、行政法规和本规则对前条规定的申请文件进行审查，并自接到符合要求的申请文件之日起 15 个工作日内作出决定。对符合规定条件的，换发《经营证券业务许可证》；对不符合规定条件的，不予换发，并书面说明理由。

第二十四条 外资参股证券公司合并或者外资参股证券公司与内资证券公司合并后新设或者存续的证券公司，应当具备本规则规定的外资参股证券公司的设立条件；其业务范围、境外股东所占的股权或者权益比例应当符合本规则的规定。

外资参股证券公司分立后设立的证券公司，股东中有境外股东的，其业务范围、境外股东所占的股权或者权益比例应当符合本规则的规定。

第二十五条 境外投资者可以依法通过证券交易所的证券交易持有上市内资证券公司股份，或者与上市内资证券公司建立战略合作关系并经中国证监会批准持有上市内资证券公司股份，上市内资证券公司经批准的业务范围不变；在控股股东为内资股东的前提下，上市内资证券公司不受至少有一名内资股东的持股比例不低于 49%的限制。

境外投资者依法通过证券交易所的证券交易持有或者通过协议、其他安排与他人共同持有上市内资证券公司 5%以上股份的，应当符合本规则第七条规定的条件，并遵守《证券法》第一百二十九条的规定。

单个境外投资者持有（包括直接持有和间接控制）上市内资证券公司股份的比例不得超过 20%；全部境外投资者持有（包括直接持有和间接控制）上市内资证券公司股份的比例不得超过 25%。

第二十六条 按照本规则规定提交中国证监会的申请文件及报送中国证监会的资料，必须使用中文。境外股东及其所在国家或者地区相关监管机构或者中国证监会认可的境外机构出具的文件、资料使用外文的，应当附有与原文内容一致的中文译本。

申请人提交的文件及报送的材料，不能充分说明申请人的状况的，中国证监会可以要求申请人作出补充说明。

第二十七条 香港特别行政区、澳门特别行政区和台湾地区的投资者参股证券公司的，比照适用本规则。国家另有规定的，从其规定。

第二十八条 外资参股证券公司的设立、变更、终止、业务活动及监督管理事项，本规则未作规定的，适用中国证监会的其他有关规定。

第二十九条 本规则自 2002 年 7 月 1 日起施行。

中国证券监督管理委员会冻结、查封实施办法

（2005年12月28日中国证券监督管理委员会第169次主席办公会议审议通过，根据2011年5月23日中国证券监督管理委员会《关于修改〈中国证券监督管理委员会冻结、查封实施办法〉的决定》修订）

第一条 为了保护投资者和当事人的合法权益，及时有效查处证券违法行为，规范冻结、查封工作，维护市场秩序，根据《中华人民共和国证券法》及相关法律法规，制定本办法。

第二条 中国证券监督管理委员会及其派出机构依法履行职责，有权冻结、查封涉案当事人的违法资金、证券等涉案财产或者重要证据。

第三条 冻结、查封违法资金、证券等涉案财产或者重要证据，必须依照本办法规定的程序提交申请，经法律部门审查，报中国证券监督管理委员会主要负责人批准，制作决定书、通知书，由执法人员实施。

第四条 中国证券监督管理委员会案件调查部门、案件审理部门及派出机构在对证券违法案件进行调查、审理或者执行时，发现存在下列情形之一的，可以申请冻结、查封：

（一）已经转移、隐匿违法资金、证券等涉案财产的；

（二）可能转移、隐匿违法资金、证券等涉案财产的；

（三）已经隐匿、伪造、毁损重要证据的；

（四）可能隐匿、伪造、毁损重要证据的；

（五）其他需要及时冻结、查封的情形。

第五条 有下列情形之一的，视为可能转移或者隐匿违法资金、证券等涉案财产：

（一）涉案当事人本人开立的资金账户、证券账户和银行账户或由其实际控制的资金账户、证券账户和银行账户，以及与其有关联的资金账户、证券账户和银行账户中存放的违法资金、证券，部分已经被转移或者隐匿的；

（二）被举报的违法资金、证券等涉案财产已经或者将要被转移、隐匿并提供具体的转移或者隐匿线索的；

（三）通过与他人签订合同等形式，拟将违法资金、证券等涉案财产作为合同标的物或者以偿还贷款、支付合同价款等名义转移占有的；

（四）当事人因涉嫌严重违法而被立案调查，且其涉案场所、账户或者人员已经被执法部门调查的；

（五）其他有证据证明有转移或者隐匿违法资金、证券等涉案财产迹象的。

第六条 有下列特征之一的，视为重要证据：

（一）对案件调查有重大影响的；

（二）对案件定性有关键作用的；

（三）不可替代或者具有唯一性的；

（四）其他重要证据。

第七条 中国证券监督管理委员会案件调查部门、案件审理部门及派出机构需要实施冻结、查封时，应当提交申请，经部门或者派出机构主要负责人批准，交法律部门审查。业务监管部门在履行监管职责中发现需要采取冻结、查封措施的，应当及时通报案件调查部门实施冻结、查封。

第八条 冻结、查封申请书应当载明下列事项：

（一）被冻结、查封当事人姓名或者名称、地址等基本情况；

（二）申请冻结、查封的具体事项，包括涉案财产或者重要证据的名称、代码、数量、金额、地址等；

（三）主要违法事实与申请冻结、查封的理由；

（四）其他需要说明的事项。

第九条 负责审查的法律部门应当及时处理冻结、查封申请，出具审核意见，并制作冻结、查封决定书，报中国证券监督管理委员会主要负责人批准。

第十条 冻结、查封决定书应当载明下列事项：

（一）被冻结、查封当事人姓名或者名称、地址等基本情况；

（二）冻结、查封的理由和依据；

（三）冻结、查封财产或者证据的名称、数量和期限；

（四）申请行政复议的途径；

（五）中国证券监督管理委员会公章和日期。

第十一条 申请书、决定书经批准后，由申请部门负责实施。实施冻结、查封的部门应当制作冻结通知书或者查封通知书，通知书应当载明下列事项：

（一）协助冻结、查封的单位名称；

（二）冻结、查封的法律依据；

（三）冻结、查封的财产或者证据所在机构的名称或者地址；

（四）冻结、查封的财产或者证据的名称、数额等；

（五）冻结、查封的起止时间；

（六）其他需要说明的事项；

（七）中国证券监督管理委员会公章和日期。

第十二条 实施冻结，应当依照有关规定，向协助执行部门出示冻结决定书，送达冻结通知书，并在实施冻结后及时向当事人送达冻结决定书。当事人应当将被冻结情况告知其控制的涉案财产的名义持有人。

第十三条 实施查封，应当依照有关规定向当事人送达查封决定书。需要有关部门协助的，还应当向协助执行部门送达查封通知书。

实施查封后，应当制作现场笔录和查封清单。查封清单一式两份，由当事人和实施部门分别保存。

第十四条 冻结或者查封应当由两名以上执法人员实施。

执法人员在实施冻结或者查封时应当出示有效证件。

第十五条 现场笔录应当载明下列事项：

（一）冻结、查封的时间、地点；

（二）实施冻结、查封的单位和个人；

（三）被冻结、查封的单位和个人；

（四）协助冻结、查封的单位和个人；

（五）冻结、查封的具体事项，包括涉案财产或者重要证据的名称、代码、数量、金额、地址等；

（六）当事人的陈述和申辩；

（七）其他应当载明的事项。

现场笔录和清单由当事人、见证人和执法人员签名或者盖章，当事人不在现场或者当事人、见证人拒绝签名或者盖章的，应当在笔录中予以注明。

第十六条　查封可以采取下列方式：

（一）查封动产的，应当在该动产上加贴封条或者采取其他足以公示查封的适当方式；

（二）查封已登记的不动产、特定动产及其他财产权的，应当张贴封条或者公告，并通知有关登记机关办理查封登记手续；

（三）查封未登记的不动产、特定动产及其他财产权的，应当张贴封条或者公告，并告知法定权属登记机关；

（四）查封重要证据的，应当加贴封条或者采取其他足以公示查封的适当方式；

（五）其他合法的方式。

第十七条　冻结、查封的期限为六个月。因特殊原因需要延长的，应当在冻结、查封期满前十日内办理继续冻结、查封手续。每次继续冻结、查封期限最长不超过六个月。

逾期未办理继续冻结、查封手续的，视为自动撤销冻结、查封。

第十八条　冻结证券，其金额应当以冻结实施日前一交易日收市后的市值计算。

冻结证券时，中国证券监督管理委员会及其派出机构可以明确被冻结的证券是否限制卖出。

限制证券卖出的，由证券公司或者证券登记结算机构协助执行冻结。冻结期间，证券持有人可以提出出售部分或者全部被冻结证券的请求，经申请部门审查认为确有必要的，可以解除卖出限制，并监督证券持有人依法出售，同时将所得资金转入相关资金账户予以冻结。

不限制证券卖出的，由证券公司等控制资金账户的单位协助执行冻结。冻结期间，证券持有人可以依法出售部分或者全部被冻结的证券，同时将所得资金转入相关资金账户予以冻结。

证券公司协助执行冻结的，应当于当日将冻结信息发送证券登记结算机构。

证券被冻结后，不得进行转托管或转指定，不得设定抵押、质押等权利，不得进行非交易过户，不得进行重复冻结。

第十九条　有下列情形之一的，经中国证券监督管理委员会主要负责人批准，应当及时解除冻结、查封措施：

（一）已经完成调查、处罚的；

（二）经查证，确实与案件无关的；

（三）当事人提供相应担保的；

（四）其他应当及时解除冻结、查封的情形。

第二十条　冻结、查封财产的数额应当与违法行为的情节或者行政处罚决定的金额相适应。

第二十一条　案件调查结束后，当事人的违法行为涉嫌犯罪需要移送公安机关的，应当将冻结、查封的证据、材料一并移送。

第二十二条　当事人逾期不履行处罚决定的，中国证券监督管理委员会可以依法申请人民法院强制执行冻结、查封的涉案财产。

第二十三条　解除冻结、查封参照实施冻结、查封程序办理。

第二十四条　当事人对冻结、查封决定不服的，可以依法向中国证券监督管理委员会申请行政复议。

行政复议期间，冻结、查封措施不停止执行，但是有下列情形之一的，可以停止执行：

（一）实施部门认为需要停止执行并批准的；

（二）当事人申请停止执行并批准的；

（三）法律、法规规定应当停止执行的。

第二十五条 未按规定程序实施冻结、查封，给当事人的合法财产造成重大损失的，依法给予赔偿；对直接负责的主管人员和直接责任人员给予行政处分；构成犯罪的，依法追究刑事责任。

第二十六条 当事人和协助执行单位拒绝、阻碍中国证券监督管理委员会执法人员实施冻结、查封措施，未使用暴力、威胁方法的，依法给予治安管理处罚；构成犯罪的，依法追究刑事责任。

第二十七条 本办法由中国证券监督管理委员会负责解释。

第二十八条 本办法自2006年1月1日起施行。

证券投资基金评价业务管理暂行办法

（中国证券监督管理委员会令第 64 号，中国证券监督管理委员会第 250 次主席办公会议审议通过，2009 年 11 月 6 日颁布，自 2010 年 1 月 1 日起施行）

第一章　总　则

第一条　为了规范证券投资基金评价业务，引导证券投资基金的长期投资理念，保障基金投资人和相关当事人的合法权益，根据《证券法》、《证券投资基金法》等法律法规，制定本办法。

第二条　在中华人民共和国境内，基金评价机构对证券投资基金（以下简称基金）进行评价并通过公开形式发布基金评价结果，适用本办法。

基金评价机构仅通过非公开形式发布基金评价结果的，不适用本办法。但该机构应当与使用基金评价结果的对象签订协议，禁止对方对结果进行公开引用。

第三条　本办法所称基金评价业务，包括基金评价机构及其评价人员对基金的投资收益和风险或基金管理人的管理能力开展评级、评奖、单一指标排名或中国证监会认定的其他评价活动。

评级是指基金评价机构及其评价人员运用特定的方法对基金的投资收益和风险或基金管理人的管理能力进行综合性分析，并使用具有特定含义的符号、数字或文字展示分析结果的活动。

公开形式指通过报刊、电台、电视台、互联网等公众传播媒体形式或讲座、报告会、分析会、电脑终端、电话、传真、电子邮件、短信等形式，向非特定对象发布基金评价结果。

第四条　从事基金评价业务，应当遵循下列原则：

（一）长期性原则，即注重对基金的长期评价，培育和引导投资人的长期投资理念，不得以短期、频繁的基金评价结果误导投资人；

（二）公正性原则，即保持中立地位，公平对待所有评价对象，不得歪曲、诋毁评价对象，防范可能发生的利益冲突；

（三）全面性原则，即全面综合评价基金的投资收益和风险或基金管理人的管理能力，不得将单一指标作为基金评级的唯一标准；

（四）客观性原则，即基金评价过程和结果客观准确，不得使用虚假信息作为基金评价的依据，不得发布虚假的基金评价结果；

（五）一致性原则，即基金评价标准、方法和程序保持一致，不得使用未经公开披露的评价标准、方法和程序；

（六）公开性原则，即使用市场公开披露的信息，不得使用公开披露信息以外的数据。

第五条　中国证监会及其派出机构依法对基金评价业务活动进行监督管理。中国证券业协会依法对基金评价业务活动进行自律管理。

第二章　基金评价机构和评价人员

第六条　基金评价机构应当加入中国证券业协会。

中国证券业协会应当制定严格的基金评价机构自律规则、执业规范、入会标准和入会程序。基金评价机构应当在本办法施行后 30 个工作日内或开始从事基金评价业务后 30 个工作日内按照协会公示的要求向协会提请办理入会手续。

第七条　基金评价机构应当在加入中国证券业协会后 15 个工作日内向中国证监会报送书面材料进行备案，材料应当包括下列文件：

（一）基金评价机构基本情况；

（二）企业法人营业执照复印件；

（三）从事基金评价业务人员和业务主要负责人的名单、简历、身份证件及基金从业资格证明复印件；

（四）完整的基金评价理论基础、标准、方法的说明；

（五）内部控制制度和业务流程；

（六）诚信承诺书；

（七）中国证监会要求提供的其他文件。

第八条　基金评价机构应当具有健全的组织架构和完善的内部控制制度；有足够熟悉基金及其评价业务的专业人员；有完善、系统的评价标准、方法以及严谨的业务规范。

第九条　基金评价机构的内部控制应当促进基金评价业务的有效开展和规范运作：

（一）具有可靠的基金信息采集制度，并对信息数据库进行严格的管理，保证信息数据的安全、真实和完整；

（二）具有确定的基金评价标准、方法和作业程序，并据此建立和维护信息分析处理系统；

（三）建立和执行严格的校正和复核程序，保证评价结果的客观准确；

（四）建立基金评价标准、方法和程序的公开披露制度，并真实、准确、完整、及时地进行披露；

（五）建立和执行严格规范的文档制度，妥善保留业务数据、工作底稿和相关文件；

（六）建立基金评价标准、方法和作业程序的检讨评估制度，保证基金评价业务的一致性；

（七）建立基金评价结果发布制度和程序，保证发布的基金评价结果符合相关业务规范的要求。

第十条　基金评价人员应当具备基金从业资格。

基金评价人员是指从事基金评价业务的人员。基金评价人员只有被一家基金评价机构聘用后，方可从事基金评价业务，且基金评价人员不得同时在两个以上的基金评价机构执业。

基金评价机构不得聘用有违法、违规记录的人员从事基金评价业务。

第三章　基金评价业务

第十一条　从事基金评价业务应当有完善、系统的理论基础、标准和方法。基金评价方法应当基于机构自己的研究成果，不得侵犯其他基金评价机构的有关知识产权。

对基金进行评价应当至少考虑下列内容：

（一）基金招募说明书和基金合同约定的投资方向、投资范围、投资方法和业绩比较基准等；

（二）基金的风险收益特征；

（三）基金投资决策系统及交易系统的有效性和一贯性。

对基金管理人进行评价应当至少考虑下列内容：

（一）基金管理公司及其人员的合规性；

（二）基金管理公司的治理结构；

（三）股东、高级管理人员、基金经理的稳定性；

（四）投资管理和研究能力；

（五）信息披露和风险控制能力。

第十二条 对基金的分类应当以相关法律、行政法规和中国证监会的规定为标准，可以在法律、行政法规和中国证监会对基金分类规定的基础上进行细分；对法律、行政法规和中国证监会未做规定的分类方法，应当明确标注并说明理由。

第十三条 基金评价机构应当将基金评价标准、评价方法和程序报中国证监会、中国证券业协会备案，并通过中国证券业协会网站、本机构网站及至少一家中国证监会指定信息披露媒体向社会公告。基金评价机构修改上述内容时，应当及时备案、公告。

第十四条 任何机构从事基金评价业务并以公开形式发布评价结果的，不得有下列行为：

（一）对不同分类的基金进行合并评价；

（二）对同一分类中包含基金少于十只的基金进行评级或单一指标排名；

（三）对基金合同生效不足六个月的基金（货币市场基金除外）进行评奖或单一指标排名；

（四）对基金（货币市场基金除外）、基金管理人评级的评级期间少于 36 个月；

（五）对基金、基金管理人评级的更新间隔少于三个月；

（六）对基金、基金管理人评奖的评奖期间少于十二个月；

（七）对基金、基金管理人单一指标排名（包括具有点击排序功能的网站或咨询系统数据列示）的排名期间少于三个月；

（八）对基金、基金管理人单一指标排名的更新间隔少于一个月；

（九）对特定客户资产管理计划进行评价。

第十五条 基金评价机构与评价对象存在当前或潜在利益冲突时，应当在评级报告、评价报告中声明该机构与评价对象之间的关系，同时说明该机构在评价过程中为规避利益冲突影响而采取的措施。

第十六条 基金评价机构应当避免使用与评价对象存在当前或潜在利益冲突的人员对该对象进行评价。

第十七条 基金评价报告等文件应当声明评价结果并不是对未来表现的预测，也不应视作投资基金的建议。

第十八条 基金评价结果应当以基金评价机构的名义而并非基金评价人员的个人名义发布。

第十九条 基金评价机构应当将其向基金投资人或者社会公众提供的基金评价数据和资料，自提供之日起保存 15 年。

第四章 基金评价结果的引用

第二十条 基金管理人、基金销售机构及中国证监会指定信息披露媒体不得引用不具备中国证券业协会会员资格的机构提供的基金评价结果。

第二十一条 基金管理人、基金销售机构及中国证监会指定信息披露媒体决定与基金评价机构合作并引用基金评价结果的，应当事先根据本办法第九条的要求对拟合作的基金评价机构进行审慎调查，核查其内部控制是否能够保障基金评价业务的有效开展和规范运作。

基金管理人、基金销售机构及中国证监会指定信息披露媒体应当避免引用违反本办法第九条内部控制规范要求的基金评价机构提供的基金评价结果。

第二十二条 基金管理人、基金销售机构及中国证监会指定信息披露媒体决定引用基金评价结果的，应当事先根据本办法第十四条要求的业务规范对基金评价结果做出审查，发现有违反业务规范情形的，应当提请基金评价机构做出调整或拒绝进行引用。

第五章　监督管理与法律责任

第二十三条　基金评价机构及其评价人员违反本办法规定从事基金评价活动的，中国证监会依法采取责令改正、监管谈话、出具警示函等监管措施；情节严重的，依法进行行政处罚；涉嫌犯罪的，依法移送司法机关，追究其刑事责任。

第二十四条　中国证券业协会应当对违反自律准则和执业规范的行为给予纪律处分；情节严重的，取消会员资格。

第二十五条　基金评价机构应当按照中国证券业协会的规定向其提交相关备案文件和年度报告。

第二十六条　中国证券业协会应当建立基金评价机构及其评价人员从事基金评价业务的资料库和诚信档案，通过适当方式公布基金评价机构会员情况，并建立对基金评价行为的跟踪机制。

第二十七条　中国证券业协会可以对基金评价机构及其评价人员的业务活动进行检查，被检查的基金评价机构应当予以配合，不得干扰和阻碍。中国证券业协会应当将检查过程中发现的问题及时向中国证监会报告。

第二十八条　基金评价机构加入中国证券业协会后，未按照本办法第七条的规定向中国证监会备案，擅自从事基金评价业务的，责令改正，单处或者并处警告、罚款；对直接负责的主管人员和其他直接责任人员单处或者并处警告、罚款。

第二十九条　基金管理人、基金销售机构及中国证监会指定信息披露媒体引用或发布不具备中国证券业协会会员资格的基金评价机构提供的基金评价结果的，中国证监会采取责令改正、出具警示函等监管措施，单处或者并处警告、罚款；对直接负责的主管人员和其他直接责任人员单处或者并处警告、罚款。

第三十条　基金评价机构违反本办法规定，聘任不具备基金从业资格的人员的，中国证监会采取责令改正等监管措施，单处或者并处警告、罚款；对直接负责的主管人员和其他直接责任人员单处或者并处警告、罚款。

第三十一条　基金评价机构未按照本办法规定保存有关文件和资料的，责令改正，单处或者并处警告、罚款。

第三十二条　基金评价机构有下列行为之一的，中国证监会采取责令改正、监管谈话、出具警示函等监管措施，单处或者并处警告、罚款：

（一）内部控制制度不符合本办法第九条的规定；

（二）基金评价标准和方法不符合本办法第十一条、第十二条的规定；

（三）未按照本办法第十三条规定公开披露基金评价标准、方法和程序，或未按照公开披露的基金评价标准、方法和程序从事基金评价业务；

（四）违反本办法第十四条的规定进行基金评价或发布基金评价结果；

（五）违反本办法第十五条和第十六条规定的利益冲突防范制度；

（六）不公平对待评价对象，或贬低、诋毁其他基金评价机构、评价人员等不正当竞争行为。

第六章　附　则

第三十三条　本办法自 2010 年 1 月 1 日起施行。

证券期货规章制定程序规定

（中国证券监督管理委员会令第59号，2008年5月20日中国证券监督管理委员会第231次主席办公会议审议通过，自2008年12月1日起施行）

第一章　总　则

第一条　为了规范证券期货规章制定程序，提高规章质量和立法工作效率，根据《立法法》、《规章制定程序条例》、《行政法规制定程序条例》、《法规规章备案条例》和《法规汇编编辑出版管理规定》，制定本规定。

第二条　本规定所称证券期货规章（以下简称规章）是指中国证券监督管理委员会（以下简称中国证监会）为履行其证券期货市场监管职责，根据法律、行政法规和国务院授权制定并以中国证监会令的形式公布的规定、办法、规则等。

第三条　规章的立项、起草、审查、决定、公布、备案、解释、修改、废止、汇编和翻译，适用本规定。

第四条　中国证监会法律部（首席律师办公室）为中国证监会的法制机构，负责组织规章的制定工作，根据《规章制定程序条例》的有关规定，履行以下职责：

（一）研究、拟订年度规章制定工作计划草案，组织、督促计划的执行；

（二）起草或者组织起草规章草案；

（三）审查规章送审稿，出具审查意见；

（四）提请主席办公会议审议规章草案并作规章草案的审查报告；

（五）办理规章公布与备案事宜；

（六）组织、草拟规章解释、修改、废止的草案或者意见；

（七）编辑证券期货法规汇编。

第五条　制定规章应当坚持科学立法、民主立法的原则，以法律、行政法规为依据，注重调查研究，立足我国证券期货市场的发展实际，增强规章的规范化程度和前瞻性、可操作性。

第二章　立项与计划

第六条　中国证监会每年年初制定年度规章制定工作计划。

第七条　中国证监会各部门认为需要制定规章的，应当在每年12月15日前，向法律部报送下一年度制定规章的立项申请。

立项申请应当对制定规章的必要性、所要解决的主要问题、拟确立的主要制度等作出说明。

第八条 法律部对立项申请进行汇总研究，按照突出重点、统筹兼顾、切实可行、保证质量的原则，拟订中国证监会年度规章制定工作计划草案，提请主席办公会议审议、通过。

年度规章制定工作计划应当明确规章的名称、起草部门、项目负责人、项目承办人、进度安排、完成时间等内容。

第九条 在年度规章制定工作计划执行过程中，中国证监会各部门可以根据实际工作需要提出调整建议。对拟增加的规章项目应当进行补充论证，报会领导批准后由法律部纳入年度规章制定工作计划。

第三章 起草与审查

第十条 中国证监会各部门负责其职责范围内的规章起草工作；规章涉及两个或者两个以上部门职责的，由会领导指定主要起草部门；重要的或者综合性的规章，可以由法律部起草或者组织成立专门的工作小组负责起草。

第十一条 起草部门应当按照年度规章制定工作计划完成起草任务。法律部应当督促起草部门执行年度规章制定工作计划。

起草部门应当定期向法律部书面报告起草工作进展情况。法律部将汇总后的进展情况及时报告会领导。

第十二条 起草部门可以邀请中国证监会派出机构（以下简称派出机构）、证券期货交易所、证券登记结算机构、证券期货业协会等单位的公职律师等法制工作人员，以及有关专家、单位参与起草工作。

起草部门拟委托有关专家、单位起草规章草案的，应当商法律部后报会领导批准。未经批准，不得将起草工作委托给其他单位或者个人。

起草部门应当要求参与起草规章或者受托起草规章的有关专家、单位遵守保密等制度。

第十三条 在起草过程中，起草部门可以采取书面征求意见、座谈会、论证会、听证会等多种形式广泛听取有关机关、组织和公民的意见。

第十四条 起草部门应当收集国内外的相关立法资料；开展立法调研的，应当制作调研报告；采取各种形式听取意见的，应当制作座谈会报告、论证会报告、听证会报告等相应的报告。

第十五条 规章内容涉及中国证监会其他部门职责或者与其关系密切的，起草部门应当征求相关部门的意见并充分协商；不能取得一致意见的，起草部门应当在规章送审稿的起草说明中说明情况和原因。

规章内容涉及派出机构、证券期货交易所、证券登记结算机构、证券期货业协会等单位职责或者与其关系密切的，起草部门应当充分征求相关单位的意见。

第十六条 起草规章不得违反上位法的规定，应当注意与现行规章的衔接。新起草的规章拟取代现行规章的，应当在草案中写明拟废止的规章的名称、文号；新起草的规章对现行规章的部分内容予以修改的，应当在草案中写明所修改的规章的名称、文号、条款或者内容。

第十七条 起草完毕后，起草部门应当制作规章送审稿及其说明，整理关于规章送审稿主要问题的意见和其他有关材料。

规章送审稿的说明应当对制定规章的必要性、规定的主要制度、有关方面的意见等情况作出说明。

有关材料主要包括汇总的意见以及座谈会、论证会、听证会报告、调研报告、国内外相关立法资料等。

第十八条 报送审查的规章送审稿，应当由起草部门负责人签署；几个起草部门共同起草的规章送审稿，应当由几个起草部门负责人共同签署。

第十九条 法律部统一负责规章送审稿的审查。起草部门应当将规章送审稿及其说明、有关材料，一并报送法律部。

第二十条 法律部从以下几个方面对规章送审稿进行审查后，出具审查意见：

(一) 制定规章的基本条件是否成熟；

(二) 主要制度与现行法律、行政法规是否抵触；

(三) 起草部门是否已就规章的主要制度与中国证监会其他部门充分协调；

(四) 规章结构是否存在重大缺陷；

(五) 规章用语是否准确、简洁，内容是否明确、具体且并非对现行法律、行政法规、规章内容的简单重复；

(六) 需要审查的其他内容。

第二十一条 在审查过程中，法律部可以就规章送审稿涉及的问题，向起草部门了解情况；也可以会同起草部门进行调研，召开有关单位、专家参加的座谈会、论证会；需要征求但起草部门未征求国务院其他部门意见的，应当征求其他部门的意见。对于不能达成一致的重要不同意见，应当在审查报告中明确说明。

第二十二条 对于直接涉及公民、法人和其他组织切身利益或者涉及向社会提供公共服务、直接关系到社会公共利益的规章草案，可以向社会公开征求意见，但涉及国家秘密、国家安全或者证券期货市场敏感问题的除外。

第二十三条 经会领导批准，起草部门可以通过网站、报刊等媒体向社会公开征求意见。

向社会公开征求意见的，应当将征求意见稿及其起草说明在中国证监会网站、中国证监会指定的上市公司公开披露信息的报刊等媒体上刊登。

第二十四条 起草部门应当研究各方面的意见后，会同法律部对规章送审稿进行修改，形成规章草案和对草案的说明。

规章草案及其说明、审查报告由法律部提请主席办公会议审议。

第四章 决定、公布和备案

第二十五条 规章由主席办公会议审议决定。

主席办公会议审议规章草案时，可以由起草部门或者法律部作起草说明；起草部门作起草说明的，法律部作审查报告。

第二十六条 法律部应当根据主席办公会议的审议意见对规章草案进行修改，形成规章草案修改稿。规章草案修改稿会签起草部门后，报请主席签署，以中国证监会令的形式公布。

第二十七条 需要与国务院其他部门联合制定规章的，规章草案经中国证监会主席签署后，由法律部负责送国务院相关部门签署，以中国证监会令的形式公布。

国务院其他部门需要与中国证监会联合制定规章的，法律部或者归口业务部门参照本规定第三章、第四章的规定，办理起草、审查、提请审议等事宜。主席办公会议审议通过后，由法律部办理公布事宜。

第二十八条 规章签署公布后，应当在中国证监会公报和中国证监会网站、中国证监会指定的上市公司公开披露信息的报刊等媒体上公开。

第二十九条 规章应当明确规定实施日期。规章应当自公布之日起 30 日后施行。但是，可能严重影响证券、期货市场稳定或者公布后不立即施行将有碍规章施行的，经主席办公会议通过，可以自公布之日起施行。

法律部根据上述规定以及主席签署命令的时间，会商起草部门，确定规章实施日期。

第三十条 规章备案事宜，由法律部负责，按照《法规规章备案条例》的规定办理。

第五章 解释、修改与废止

第三十一条 中国证监会各部门对其职责范围内的规章可以向法律部提出解释的建议。法律部可以根据有关部门的建议，起草规章解释草案，报会领导批准后，以证券期货法律适用意见形式公布。

中国证监会各部门对在实践中遇到的规章适用的新情况和新问题，可以文件会签审查的方式征求法律部意见，但应当明确需要会签审查的具体法律问题，并提出倾向性意见。法律部主要对法律问题与倾向性意见作会签审查，但是对于已经提出过会签意见的类似法律问题原则上不再会签。

法律部对于会签审查时发现的具有普遍性的法律适用问题，可以起草或者组织起草规章解释草案，会签中国证监会相关部门，报会领导批准后，以证券期货法律适用意见形式公布。

第三十二条 现行规章存在下列情形之一的，应当予以修改：

（一）因上位法的修改需要作相应修改；

（二）因国家政策发生变化，有必要进行相应修改；

（三）因证券、期货市场实际情况发生变化，已不能完全适应现实需要；

（四）两件以上的规章对同一事项的规定相互抵触；

（五）其他情形。

中国证监会各部门对其职责范围内的规章可以向法律部提出修改的建议。法律部可以根据有关部门的建议，起草修正案草案，提请主席办公会议审议、通过后，以中国证监会令的形式公布。

第三十三条 现行规章存在下列情形之一的，应当予以废止：

（一）因上位法的废止或者修改而失去立法依据；

（二）所规范的事项已由新的法律、行政法规予以规范；

（三）所规范的事项由新的规章予以规范；

（四）所规范的事项已不存在或者已执行完毕，规章无继续存在的必要；

（五）其他情形。

中国证监会各部门对其职责范围内的规章可以向法律部提出废止的建议。法律部可以根据有关部门的建议，提出废止的请示，报请主席办公会议审议、通过后，以公告形式公布。

第三十四条 中国证监会建立立法信息及时反馈制度。中国证监会各部门以及派出机构、证券期货交易所、证券登记结算机构、证券期货业协会等单位，在适用现行证券期货法律、行政法规、规章时，发现需要修改、解释的，可以及时向法律部报告。

第三十五条 法律部应当在每年第一季度对上一年度中国证监会公布的规章和规章以外的其他规范性文件（以下简称规范性文件）进行清理，报会领导批准后，以公告的形式公布。

第六章 汇编和翻译

第三十六条 法律部按照《法规汇编编辑出版管理规定》的规定，负责中国证监会规章和规范性文件的汇编工作，定期或者不定期地编辑证券期货法规汇编。证券期货法规汇编的内容包括：

（一）全国人民代表大会及其常务委员会审议通过的涉及中国证监会职责的法律、决议、决定和命令等；

（二）国务院公布的涉及中国证监会职责的行政法规、决定和命令等；

（三）中国证监会公布的规章和规范性文件；

（四）司法部门公布的涉及中国证监会职责的司法解释等；

（五）国务院有关部门公布的涉及中国证监会职责的规章和规范性文件；

（六）其他文件。

证券期货法规汇编编辑完成后，交有关专业出版社出版。

第三十七条　规章需要翻译正式英文译本的，由起草部门在起草说明中予以说明，或者由法律部在审查报告中向主席办公会议提出建议，由主席办公会议作出决定。

主席办公会议作出翻译规章决定的，由法律部组织翻译、审定，起草部门和国际合作部予以协助。在翻译和审定工作中，法律部可以聘请相关专业组织或者人员予以协助。

第七章　附　则

第三十八条　中国证监会向国务院提出有关法律、行政法规的立法建议，报送法律、行政法规的立法规划、计划项目建议，由法律部负责办理。

第三十九条　证券期货交易所、证券登记结算机构、证券期货业协会等单位制定或者修改章程、业务规则等文件，应当按照《证券法》、《期货交易管理条例》和中国证监会的规定，报中国证监会批准、备案。

第四十条　本规定自 2008 年 12 月 1 日起施行。《证券期货规章制定程序规定（试行）》（证监发〔2003〕28 号）同时废止。

证券市场资信评级业务管理暂行办法

（中国证券监督管理委员会令第50号，2007年3月23日中国证券监督管理委员会第202次主席办公会议审议通过，自2007年9月1日起施行）

第一章 总 则

第一条 为了促进证券市场资信评级业务规范发展，提高证券市场的效率和透明度，保护投资者的合法权益和社会公共利益，依据《证券法》，制定本办法。

第二条 资信评级机构从事证券市场资信评级业务（以下简称证券评级业务），应当依照本办法的规定，向中国证券监督管理委员会（以下简称中国证监会）申请取得证券评级业务许可。未取得中国证监会的证券评级业务许可，任何单位和个人不得从事证券评级业务。

本办法所称证券评级业务，是指对下列评级对象开展资信评级服务：

（一）中国证监会依法核准发行的债券、资产支持证券以及其他固定收益或者债务型结构性融资证券；

（二）在证券交易所上市交易的债券、资产支持证券以及其他固定收益或者债务型结构性融资证券，国债除外；

（三）本款第（一）项和第（二）项规定的证券的发行人、上市公司、非上市公众公司、证券公司、证券投资基金管理公司；

（四）中国证监会规定的其他评级对象。

第三条 取得中国证监会证券评级业务许可的资信评级机构（以下简称证券评级机构），从事证券评级业务，应当遵循独立、客观、公正的原则。

第四条 证券评级机构从事证券评级业务，应当遵循一致性原则，对同一类评级对象评级，或者对同一评级对象跟踪评级，应当采用一致的评级标准和工作程序。评级标准有调整的，应当充分披露。

第五条 证券评级机构从事证券评级业务，应当制定科学的评级方法和完善的质量控制制度，遵守行业规范、职业道德和业务规则，勤勉尽责，审慎分析。

第六条 中国证监会及其派出机构依法对证券评级业务活动进行监督管理。

中国证券业协会依法对证券评级业务活动进行自律管理。

第二章 业务许可

第七条 申请证券评级业务许可的资信评级机构，应当具备下列条件：

（一）具有中国法人资格，实收资本与净资产均不少于人民币2000万元；

（二）具有符合本办法规定的高级管理人员不少于三人；具有证券从业资格的评级从业人员不少于20人，其中包括具有三年以上资信评级业务经验的评级从业人员不少于10人，具有中国注册会计师资格的评级从业人员不少于3人；

（三）具有健全且运行良好的内部控制机制和管理制度；

（四）具有完善的业务制度，包括信用等级划分及定义、评级标准、评级程序、评级委员会制度、评级结果公布制度、跟踪评级制度、信息保密制度、证券评级业务档案管理制度等；

（五）最近五年未受到刑事处罚，最近三年未因违法经营受到行政处罚，不存在因涉嫌违法经营、犯罪正在被调查的情形；

（六）最近三年在税务、工商、金融等行政管理机关，以及自律组织、商业银行等机构无不良诚信记录；

（七）中国证监会基于保护投资者、维护社会公共利益规定的其他条件。

第八条 资信评级机构负责证券评级业务的高级管理人员，应当具备下列条件：

（一）取得证券从业资格；

（二）熟悉资信评级业务有关的专业知识、法律知识，具备履行职责所需要的经营管理能力和组织协调能力，且通过证券评级业务高级管理人员资质测试；

（三）无《公司法》、《证券法》规定的禁止任职情形；

（四）未被金融监管机构采取市场禁入措施，或者禁入期已满；

（五）最近三年未因违法经营受到行政处罚，不存在因涉嫌违法经营、犯罪正在被调查的情形；

（六）正直诚实，品行良好，最近三年在税务、工商、金融等行政管理机关，以及自律组织、商业银行等机构无不良诚信记录。

境外人士担任前款规定职务的，还应当在中国境内或者香港、澳门等地区工作不少于三年。

第九条 申请证券评级业务许可的资信评级机构，应当向中国证监会提交下列材料：

（一）申请报告；

（二）企业法人营业执照复印件；

（三）公司章程；

（四）股东名册及其出资额、出资方式、出资比例、背景材料，股东之间是否存在关联关系的说明；

（五）经具有证券、期货相关业务资格的会计师事务所审计的财务报告；

（六）高级管理人员和评级从业人员情况的说明及其证明文件；

（七）内部控制机制、管理制度及其实施情况的说明；

（八）业务制度及其实施情况的说明；

（九）中国证监会规定的其他材料。

第十条 中国证监会依照法定条件和程序，根据审慎监管的原则，并充分考虑市场发展和行业公平竞争的需要，对资信评级机构的证券评级业务许可申请进行审查、作出决定。

第三章 业务规则

第十一条 证券评级机构应当自取得证券评级业务许可之日起20日内，将其信用等级划分及定义、评级方法、评级程序报中国证券业协会备案，并通过中国证券业协会网站、本机构网站及其他公众媒体向社会公告。

信用等级划分及定义、评级方法和评级程序有调整的，应当及时备案、公告。

第十二条 证券评级机构与评级对象存在下列利害关系的，不得受托开展证券评级业务：

（一）证券评级机构与受评级机构或者受评级证券发行人为同一实际控制人所控制；

（二）同一股东持有证券评级机构、受评级机构或者受评级证券发行人的股份均达到 5%以上；

（三）受评级机构或者受评级证券发行人及其实际控制人直接或者间接持有证券评级机构股份达到 5%以上；

（四）证券评级机构及其实际控制人直接或者间接持有受评级证券发行人或者受评级机构股份达到 5%以上；

（五）证券评级机构及其实际控制人在开展证券评级业务之前 6 个月内买卖受评级证券；

（六）中国证监会基于保护投资者、维护社会公共利益认定的其他情形。

第十三条 证券评级机构应当建立回避制度。证券评级机构评级委员会委员及评级从业人员在开展证券评级业务期间有下列情形之一的，应当回避：

（一）本人、直系亲属持有受评级机构或者受评级证券发行人的股份达到 5%以上，或者是受评级机构、受评级证券发行人的实际控制人；

（二）本人、直系亲属担任受评级机构或者受评级证券发行人的董事、监事和高级管理人员；

（三）本人、直系亲属担任受评级机构或者受评级证券发行人聘任的会计师事务所、律师事务所、财务顾问等证券服务机构的负责人或者项目签字人；

（四）本人、直系亲属持有受评级证券或者受评级机构发行的证券金额超过 50 万元，或者与受评级机构、受评级证券发行人发生累计超过 50 万元的交易；

（五）中国证监会认定的足以影响独立、客观、公正原则的其他情形。

第十四条 证券评级机构应当建立清晰合理的组织结构，合理划分内部机构职能，建立健全防火墙制度，从事证券评级业务的业务部门应当与其他业务部门保持独立。

证券评级机构的人员考核和薪酬制度，不得影响评级从业人员依据独立、客观、公正、一致性的原则开展业务。

证券评级机构应当指定专人对证券评级业务的合法合规性进行检查，并向注册地中国证监会派出机构报告。

第十五条 证券评级机构开展证券评级业务，应当成立项目组，项目组组长应当具有证券从业资格且从事资信评级业务三年以上。

项目组对评级对象进行考察、分析，形成初评报告，并对所依据的文件资料内容的真实性、准确性、完整性进行核查和验证。

第十六条 证券评级机构应当建立评级委员会制度，评级委员会是确定评级对象信用等级的最高机构。

评级委员会对项目组提交的初评报告进行审查，作出决议，确定信用等级。

第十七条 证券评级机构应当建立复评制度。证券评级机构接受委托开展证券评级业务，在确定信用等级后，应当将信用等级告知受评级机构或者受评级证券发行人。受评级机构或者受评级证券发行人对信用等级有异议的，可以申请复评一次。

证券评级机构受理复评申请的，应当召开评级委员会会议重新进行审查，作出决议，确定最终信用等级。

第十八条 证券评级机构应当建立评级结果公布制度。

评级结果应当包括评级对象的信用等级和评级报告。评级报告应当采用简洁、明了的语言，对评级对象的信用等级做出明确解释，并由符合本办法规定的高级管理人员签字。

第十九条 证券评级机构应当建立跟踪评级制度。证券评级机构应当在对评级对象出具的首次评级报告中，明确规定跟踪评级事项。在评级对象有效存续期间，证券评级机构应当持续跟踪评级对象的政策环境、行业风险、经营策略、财务状况等因素的重大变化，及时分析该变化对评级对象信用等级的影响，出具定期或者不定期跟踪评级报告。

第二十条　受评级机构或者受评级证券发行人对其委托的证券评级机构出具的评级报告有异议，另行委托其他证券评级机构出具评级报告的，原受托证券评级机构与现受托证券评级机构应当同时公布评级结果。

第二十一条　证券评级机构应当采用有效的统计方法，对评级结果的准确性和稳定性进行验证，并将统计结果通过中国证券业协会网站和本机构网站向社会公告。

第二十二条　证券评级机构应当建立证券评级业务信息保密制度。对于在开展证券评级业务活动中知悉的国家秘密、商业秘密和个人隐私，证券评级机构及其从业人员应当依法履行保密义务。

第二十三条　证券评级机构应当建立证券评级业务档案管理制度。业务档案应当包括受托开展证券评级业务的委托书、出具评级报告所依据的原始资料、工作底稿、初评报告、评级报告、评级委员会表决意见及会议记录、跟踪评级资料、跟踪评级报告等。

业务档案应当保存到评级合同期满后五年，或者评级对象存续期满后五年。业务档案的保存期限不得少于十年。

第二十四条　证券评级机构应当建立证券评级从业人员和管理人员的培训制度，开展培训活动，采取有效措施提高人员的职业道德和业务水平。

第四章　监督管理

第二十五条　证券评级机构的董事、监事和高级管理人员以及评级从业人员不得以任何方式在受评级机构或者受评级证券发行人兼职。

第二十六条　证券评级机构的董事、监事和高级管理人员不得投资其他证券评级机构。

第二十七条　证券评级机构应当在下列事项发生变更之日起五个工作日内，报注册地中国证监会派出机构备案：

（一）机构名称、住所；

（一）董事、监事、高级管理人员；

（三）实际控制人、持股5%以上股权的股东；

（四）内部控制机制与管理制度、业务制度；

（五）中国证监会规定的其他事项。

第二十八条　证券评级机构不得涂改、倒卖、出租、出借证券评级业务许可证，或者以其他形式非法转让证券评级业务许可证。

第二十九条　证券评级机构不得为他人提供融资或者担保。

证券评级机构的实际控制人、股东、董事、监事、高级管理人员应当遵纪守法，不得从事损害证券评级机构及其评级对象合法权益的活动。

第三十条　证券评级机构应当在每一会计年度结束之日起四个月内，向注册地中国证监会派出机构报送年度报告。年度报告应当包括本机构的基本情况、经营情况、经具有证券期货相关业务资格的会计师事务所审计的财务会计报告、重大诉讼事项、评级结果的准确性和稳定性统计情况等内容。证券评级机构的董事和高级管理人员应当对年度报告签署书面确认意见；对报告内容持有异议的，应当注明意见和理由。

证券评级机构应当在每个季度结束之日起十个工作日内，向注册地中国证监会派出机构报送包含经营情况、财务数据等内容的季度报告。

发生影响或者可能影响本机构经营管理的重大事件时，证券评级机构应当立即向注册地中国证监会派出机构报送临时报告，说明事件的起因、目前的状态和可能产生的后果。

第三十一条 中国证监会派出机构应当对证券评级机构内部控制、管理制度、经营运作、风险状况、从业活动、财务状况等进行非现场检查或者现场检查。

证券评级机构及其有关人员应当配合检查，提供的信息、资料应当真实、准确、完整。

第三十二条 证券评级机构及从业人员违反本办法规定的，中国证监会派出机构应当向证券评级机构发出警示函，对责任人或者高级管理人员进行监管谈话，责令限期整改。

证券评级机构逾期未改正的，中国证监会可以不受理由其出具的评级报告。

第三十三条 证券评级机构不再符合证券评级业务许可条件的，应当立即向注册地中国证监会派出机构书面报告并依法进行公告。中国证监会派出机构应当责令限期整改，整改期间不得从事证券评级业务。期限届满仍不符合条件的，中国证监会依法撤销证券评级业务许可。

证券评级机构的高级管理人员不符合规定条件的，应当限期更换。逾期未更换的，中国证监会派出机构应当责令证券评级机构整改，整改期间不得从事证券评级业务。

第三十四条 证券评级机构应当加入中国证券业协会。

中国证券业协会应当制定证券评级机构的自律准则和执业规范，对违反自律准则和执业规范的行为给予纪律处分。

中国证券业协会应当建立证券评级机构及其从业人员从事证券评级业务的资料库和诚信档案。

第五章 法律责任

第三十五条 未取得中国证监会的证券评级业务许可，擅自从事证券评级业务的，依照《证券法》第二百二十六条第二款的规定处理。

第三十六条 证券评级机构及其从业人员未勤勉尽责，出具的文件有虚假记载、误导性陈述或者重大遗漏的，依照《证券法》第二百二十三条的规定处理。

第三十七条 证券评级机构的从业人员，故意提供虚假资料，诱骗投资者买卖证券的，依照《证券法》第二百条的规定处理。

第三十八条 违反本办法规定，聘任不具备任职条件、证券从业资格的人员的，依照《证券法》第一百九十八条的规定处理。

第三十九条 证券评级机构未按照本办法规定保存有关文件和资料的，依照《证券法》第二百二十五条的规定处理。

第四十条 利用证券评级业务进行内幕交易的，依照《证券法》第二百零二条的规定处理。

第四十一条 证券评级机构有下列行为之一的，责令改正，给予警告，并处以一万元以上三万元以下的罚款；对直接负责的主管人员和其他直接责任人员给予警告，并处以一万元以上三万元以下的罚款；情节严重或者拒不改正的，依照《证券法》第二百二十六条第三款的规定处理：

（一）违反回避制度或者利益冲突防范制度；

（二）违反信息保密制度；

（三）未按照本办法规定进行跟踪评级；

（四）未按照本办法规定披露信息，或者未对其所依据的文件资料内容的真实性、准确性、完整性进行核查和验证；

（五）涂改、倒卖、出租、出借证券评级业务许可证，或者以其他形式非法转让证券评级业务许可证；

（六）违反本办法规定，拒不报送、提供经营管理信息和资料，或者报送、提供的经营管理信息和资料有虚假记载、误导性陈述或者重大遗漏；

（七）承诺给予高等级信用级别，贬低、诋毁其他证券评级机构、评级从业人员等不正当竞争行为；

（八）内部控制机制、管理制度与业务制度不健全、执行不规范，拒不改正；

（九）为他人提供融资或者担保；

（十）董事、监事和高级管理人员投资其他证券评级机构。

第六章　附　则

第四十二条　资信评级机构从事期货相关资信评级活动，参照本办法执行。

第四十三条　本办法自 2007 年 9 月 1 日起施行。

公司债券发行试点办法

（中国证券监督管理委员会令第49号，经2007年5月30日中国证券监督管理委员会第207次主席办公会议审议通过，由中国证券监督管理委员会于2007年8月24日颁布实施）

第一章 总 则

第一条 为规范公司债券的发行行为，保护投资者的合法权益和社会公共利益，根据《证券法》、《公司法》，制定本办法。

第二条 在中华人民共和国境内发行公司债券，适用本办法。

本办法所称公司债券，是指公司依照法定程序发行、约定在一年以上期限内还本付息的有价证券。

第三条 申请发行公司债券，应当符合《证券法》、《公司法》和本办法规定的条件，经中国证券监督管理委员会（以下简称“中国证监会”）核准。

第四条 申请发行公司债券，必须真实、准确、完整、及时、公平地披露或者提供信息，不得有虚假记载、误导性陈述或者重大遗漏。

第五条 公司应当诚实信用，维护债券持有人享有的法定权利和债券募集说明书约定的权利。

第六条 中国证监会对公司债券发行的核准，不表明其对该债券的投资价值或者投资者的收益作出实质性判断或者保证。公司债券的投资风险，由认购债券的投资者自行负责。

第二章 发行条件

第七条 发行公司债券，应当符合下列规定：

（一）公司的生产经营符合法律、行政法规和公司章程的规定，符合国家产业政策；

（二）公司内部控制制度健全，内部控制制度的完整性、合理性、有效性不存在重大缺陷；

（三）经资信评级机构评级，债券信用级别良好；

（四）公司最近一期末经审计的净资产额应符合法律、行政法规和中国证监会的有关规定；

（五）最近三个会计年度实现的年均可分配利润不少于公司债券一年的利息；

（六）本次发行后累计公司债券余额不超过最近一期末净资产额的40%，金融类公司的累计公司债券余额按金融企业的有关规定计算。

第八条 存在下列情形之一的，不得发行公司债券：

（一）最近36个月内公司财务会计文件存在虚假记载，或公司存在其他重大违法行为；

（二）本次发行申请文件存在虚假记载、误导性陈述或者重大遗漏；

（三）对已发行的公司债券或者其他债务有违约或者迟延支付本息的事实，仍处于继续状态；

（四）严重损害投资者合法权益和社会公共利益的其他情形。

第九条　公司债券每张面值100元，发行价格由发行人与保荐人通过市场询价确定。

第十条　公司债券的信用评级，应当委托经中国证监会认定、具有从事证券服务业务资格的资信评级机构进行。

公司与资信评级机构应当约定，在债券有效存续期间，资信评级机构每年至少公告一次跟踪评级报告。

第十一条　为公司债券提供担保的，应当符合下列规定：

（一）担保范围包括债券的本金及利息、违约金、损害赔偿金和实现债权的费用；

（二）以保证方式提供担保的，应当为连带责任保证，且保证人资产质量良好；

（三）设定担保的，担保财产权属应当清晰，尚未被设定担保或者采取保全措施，且担保财产的价值经有资格的资产评估机构评估不低于担保金额；

（四）符合《物权法》、《担保法》和其他有关法律、法规的规定。

第三章　发行程序

第十二条　申请发行公司债券，应当由公司董事会制定方案，由股东会或股东大会对下列事项做出决议：

（一）发行债券的数量；

（二）向公司股东配售的安排；

（三）债券期限；

（四）募集资金的用途；

（五）决议的有效期；

（六）对董事会的授权事项；

（七）其他需要明确的事项。

第十三条　发行公司债券募集的资金，必须符合股东会或股东大会核准的用途，且符合国家产业政策。

第十四条　发行公司债券，应当由保荐人保荐，并向中国证监会申报。

保荐人应当按照中国证监会的有关规定编制和报送募集说明书和发行申请文件。

第十五条　公司全体董事、监事、高级管理人员应当在债券募集说明书上签字，保证不存在虚假记载、误导性陈述或者重大遗漏，并声明承担个别和连带的法律责任。

第十六条　保荐人应当对债券募集说明书的内容进行尽职调查，并由相关责任人签字，确认不存在虚假记载、误导性陈述或者重大遗漏，并声明承担相应的法律责任。

第十七条　为债券发行出具专项文件的注册会计师、资产评估人员、资信评级人员、律师及其所在机构，应当按照依法制定的业务规则、行业公认的业务标准和道德规范出具文件，并声明对所出具文件的真实性、准确性和完整性承担责任。

第十八条　债券募集说明书所引用的审计报告、资产评估报告、资信评级报告，应当由有资格的证券服务机构出具，并由至少两名有从业资格的人员签署。

债券募集说明书所引用的法律意见书，应当由律师事务所出具，并由至少两名经办律师签署。

第十九条　债券募集说明书自最后签署之日起六个月内有效。

债券募集说明书不得使用超过有效期的资产评估报告或者资信评级报告。

第二十条　中国证监会依照下列程序审核发行公司债券的申请：

（一）收到申请文件后，五个工作日内决定是否受理；

（二）中国证监会受理后，对申请文件进行初审；

（三）发行审核委员会按照《中国证券监督管理委员会发行审核委员会办法》规定的特别程序审核申请文件；

（四）中国证监会作出核准或者不予核准的决定。

第二十一条　发行公司债券，可以申请一次核准，分期发行。自中国证监会核准发行之日起，公司应在六个月内首期发行，剩余数量应当在 24 个月内发行完毕。超过核准文件限定的时效未发行的，须重新经中国证监会核准后方可发行。

首期发行数量应当不少于总发行数量的 50%，剩余各期发行的数量由公司自行确定，每期发行完毕后五个工作日内报中国证监会备案。

第二十二条　公司应当在发行公司债券前的二至五个工作日内，将经中国证监会核准的债券募集说明书摘要刊登在至少一种中国证监会指定的报刊，同时将其全文刊登在中国证监会指定的互联网网站。

第四章　债券持有人权益保护

第二十三条　公司应当为债券持有人聘请债券受托管理人，并订立债券受托管理协议；在债券存续期限内，由债券受托管理人依照协议的约定维护债券持有人的利益。

公司应当在债券募集说明书中约定，投资者认购本期债券视作同意债券受托管理协议。

第二十四条　债券受托管理人由本次发行的保荐人或者其他经中国证监会认可的机构担任。为本次发行提供担保的机构不得担任本次债券发行的受托管理人。

债券受托管理人应当为债券持有人的最大利益行事，不得与债券持有人存在利益冲突。

第二十五条　债券受托管理人应当履行下列职责：

（一）持续关注公司和保证人的资信状况，出现可能影响债券持有人重大权益的事项时，召集债券持有人会议；

（二）公司为债券设定担保的，债券受托管理协议应当约定担保财产为信托财产，债券受托管理人应在债券发行前取得担保的权利证明或其他有关文件，并在担保期间妥善保管；

（三）在债券持续期内勤勉处理债券持有人与公司之间的谈判或者诉讼事务；

（四）预计公司不能偿还债务时，要求公司追加担保，或者依法申请法定机关采取财产保全措施；

（五）公司不能偿还债务时，受托参与整顿、和解、重组或者破产的法律程序；

（六）债券受托管理协议约定的其他重要义务。

第二十六条　公司应当与债券受托管理人制定债券持有人会议规则，约定债券持有人通过债券持有人会议行使权利的范围、程序和其他重要事项。

公司应当在债券募集说明书中约定，投资者认购本期债券视作同意债券持有人会议规则。

第二十七条　存在下列情况的，应当召开债券持有人会议：

（一）拟变更债券募集说明书的约定；

（二）拟变更债券受托管理人；

（三）公司不能按期支付本息；

（四）公司减资、合并、分立、解散或者申请破产；

（五）保证人或者担保物发生重大变化；

（六）发生对债券持有人权益有重大影响的事项。

第五章 监督管理

第二十八条 公司违反本办法规定，存在不履行信息披露义务，或者不按照约定召集债券持有人会议，损害债券持有人权益等行为的，中国证监会可以责令整改；对其直接负责的主管人员和其他直接责任人员，可以采取监管谈话、认定为不适当人选等行政监管措施，记入诚信档案并公布。

第二十九条 保荐人出具有虚假记载、误导性陈述或者重大遗漏的发行保荐书，保荐人或其相关人员伪造或变造签字、盖章，或者不履行其他法定职责的，依照《证券法》和保荐制度的有关规定处理。

第三十条 为公司债券发行出具审计报告、法律意见、资产评估报告、资信评级报告及其他专项文件的证券服务机构和人员，在其出具的专项文件中存在虚假记载、误导性陈述或者重大遗漏的，依照《证券法》和中国证监会的有关规定处理。

第三十一条 债券受托管理人违反本办法规定，未能履行债券受托管理协议约定的职责，损害债券持有人权益的，中国证监会可以责令整改；对其直接负责的主管人员和其他直接责任人员，可以采取监管谈话、认定为不适当人选等行政监管措施，记入诚信档案并公布。

第六章 附 则

第三十二条 公司债券的上市交易、登记结算等事项应当遵守所在证券交易场所及相应证券登记结算机构的有关规定。

证券公司合规管理有效性评估指引

（中国证券业协会于2012年2月10日发布，中证协发〔2012〕027号，2012年2月10日实施）

第一章　总　则

第一条　为指导证券公司开展合规管理有效性评估，有效防范和控制合规风险，制定本指引。

第二条　证券公司应当按照本指引的要求，对合规管理的有效性进行评估，及时发现和解决合规管理中存在的问题。

证券公司将合规管理有效性评估纳入内部控制评价的，其合规管理有效性评估工作应当符合本指引的要求，并单独出具合规管理有效性评估报告。

第三条　证券公司开展合规管理有效性评估，应当以合规风险为导向，覆盖合规管理各环节，重点关注可能影响合规目标实现的关键业务及管理活动，客观揭示合规管理状况。

第四条　证券公司合规管理有效性评估分为全面评估和专项评估。

除特别指明外，本指引所称合规管理有效性评估均指全面评估。

第五条　证券公司开展合规管理有效性评估，应当由董事会、监事会或董事会授权管理层组织评估小组或委托外部专业机构进行。

证券公司委托外部专业机构开展合规管理有效性评估的，参照本指引的规定进行。

第六条　证券公司每年应当至少开展一次合规管理有效性全面评估。

证券公司可以自主决定开展合规管理有效性专项评估；但在证券监管机构或自律组织提出要求，或公司内部发生重大合规风险事件时，应当开展合规管理有效性专项评估。

第七条　证券公司应当按照本指引的要求，结合自身实际情况，制定本公司合规管理有效性评估工作的实施办法，对评估组织形式、评估范围、评估内容、评估程序和方法、评估报告、评估问责等作出明确规定。

第二章　评估内容

第八条　证券公司开展合规管理有效性评估，应当涵盖合规管理环境、合规管理职责履行情况、经营管理制度与机制的建设及运行状况等方面。

第九条　证券公司对合规管理环境的评估应当重点关注公司高层是否重视合规管理、合规文化建设是否到位、合规管理制度是否健全、合规管理的履职保障是否充分等。

第十条　证券公司对合规管理职责履行情况的评估应当重点关注合规咨询、合规审查、合规检查、合规监测、合规培训、合规报告、监管沟通与配合、信息隔离墙管理、反洗钱等合规管理职能是否有效履行。

第十一条　证券公司对经营管理制度与机制建设情况的评估应当重点关注各项经营管理制度和操作流程是否健全，是否与外部法律、法规和准则相一致，是否能够根据外部法律、法规和准则的变化及时修订、完善。

第十二条　证券公司对经营管理制度与机制运行状况的评估应当重点关注是否能够严格执行经营管理制度和操作流程，是否能够及时发现并纠正有章不循、违规操作等问题。

第十三条　证券公司可以根据合规管理有效性专项评估的目的和需要，确定专项评估的内容。证券监管机构或自律组织另有要求的，从其要求。

第三章　评估程序和方法

第十四条　证券公司合规管理有效性评估的程序一般包括评估准备、评估实施、评估报告和后续整改四个阶段。

第十五条　证券公司自行组织开展合规管理有效性评估的，应当按照本指引第五条的要求成立评估小组，并对参与评估的人员开展必要的培训。

证券公司应当确保评估小组具备独立开展合规管理有效性评估的权力，确保评估小组成员具备相应的胜任能力。

评估小组应当制定评估实施方案，明确评估目的、范围、内容、分工、进程和要求，制作评估底稿等评估工作文件。

第十六条　评估小组应当组织各部门开展合规自评，各部门应当如实填写评估底稿，提交评估相关材料。合规管理环境评估底稿应当由公司主要负责人签署确认，合规管理职责履行情况评估底稿、经营管理制度与机制的建设及运行状况评估底稿应当由自评部门负责人和分管自评部门的高级管理人员签署确认。

第十七条　评估小组应当收集评估期内外部监管检查意见、审计报告、合规报告、投诉、举报、媒体报道等资料，明确评估重点。

第十八条　评估小组应当对自评底稿进行复核，并针对评估期内发生的合规风险事项开展重点评估，查找合规管理缺陷，分析问题产生原因，提出整改建议。

评估小组成员对其所在部门或者分管部门的评估底稿的复核应当实行回避制度。

第十九条　证券公司合规管理有效性评估应当采取访谈、文本审阅、问卷调查、知识测试、抽样分析、穿行测试、系统及数据测试等方法。

第二十条　评估人员可以根据关注重点，对业务与管理事项进行抽样分析，按照业务发生频率、重要性及合规风险的高低，从确定的抽样总体中抽取一定比例的样本，并对样本的符合性做出判断。

第二十一条　评估人员可以对具体业务处理流程开展穿行测试，检查与其相关的原始文件，并根据文件上的业务处理踪迹，追踪流程，对相关管理制度与操作流程的实际运行情况进行验证。

第二十二条　评估人员可以对涉及证券交易的业务进行系统及数据测试，重点检查相关业务系统中权限、参数设置的合规性，并调取相关交易数据，将其与相应的业务凭证或其他工作记录相比对，以验证相关业务是否按规则运行。

第二十三条　评估小组应当在评估工作结束前，与被评估部门就合规管理有效性评估的结果进行必要沟通，就评估发现的问题进行核实。被评估部门应当及时反馈意见。

第二十四条　评估小组应当根据评估实施情况及评估反馈意见撰写合规管理有效性评估报告。合规管理有效性评估报告至少应包括：评估依据、评估范围和对象、评估程序和方法、评估内容、发现的问题及改进建议、前次评估中发现问题的整改情况等。

证券公司可以参照附件所列合规管理有效性评估报告基本格式编制评估报告。

第二十五条　证券公司合规管理有效性评估报告应当按照公司内部规定履行内部报批程序。证券监管机构或自律组织要求报送的，从其要求。

第二十六条　证券公司应当针对合规管理有效性评估发现的问题，制定整改方案，明确整改责任部门和时间表。整改责任部门应当及时向公司管理层报告整改进展情况。

第二十七条　证券公司管理层应当对评估发现问题的整改情况进行持续关注和跟踪，指导并监督相关部门全面、及时完成整改。

第二十八条　证券公司合规管理有效性专项评估的程序和方法可以参照本指引相关规定执行。

第四章　评估问责

第二十九条　证券公司应当将合规管理有效性评估结果纳入公司管理层、各部门和分支机构及其工作人员的绩效考核范围。

对合规管理有效性评估中新发现的违法、违规行为，证券公司应当及时对责任人采取问责措施。

第三十条　证券公司董事会、监事会、管理层、各部门及分支机构应当积极支持和配合合规管理有效性评估工作。

对在合规管理有效性评估过程中出现拒绝、阻碍和隐瞒的，证券公司应当采取相应的问责措施。

第五章　附　则

第三十一条　本指引所称“公司主要负责人”是指公司董事长或总经理，或实际履行前述职务的人员。

第三十二条　证券公司在收集合规风险事项、评估合规管理环境、合规管理职责履行情况、重要业务的制度与机制的建设及运行状况时，可以参考附件所列合规管理有效性评估参考表编制工作底稿。评估参考表未涵盖证券公司合规管理有效性评估的全部评估内容，证券公司可以根据公司实际需要对表格内容加以适当调整和补充。

第三十三条　本指引由中国证券业协会负责解释。

第三十四条　本指引自发布之日起施行。

期货从业人员管理办法

（中国证券监督管理委员会令第48号，经中国证券监督管理委员会第207次主席办公会议审议通过，自2007年7月4日起施行）

第一章 总 则

第一条 为了加强期货从业人员的资格管理，规范期货从业人员的执业行为，根据《期货交易管理条例》，制定本办法。

第二条 申请期货从业人员资格（以下简称从业资格），从事期货经营业务的机构（以下简称机构）任用期货从业人员，以及期货从业人员从事期货业务的，应当遵守本办法。

第三条 本办法所称机构是指：

（一）期货公司；

（二）期货交易所的非期货公司结算会员；

（三）期货投资咨询机构；

（四）为期货公司提供中间介绍业务的机构；

（五）中国证券监督管理委员会（以下简称中国证监会）规定的其他机构。

第四条 本办法所称期货从业人员是指：

（一）期货公司的管理人员和专业人员；

（二）期货交易所的非期货公司结算会员中从事期货结算业务的管理人员和专业人员；

（三）期货投资咨询机构中从事期货投资咨询业务的管理人员和专业人员；

（四）为期货公司提供中间介绍业务的机构中从事期货经营业务的管理人员和专业人员；

（五）中国证监会规定的其他人员。

第五条 中国证监会及其派出机构依法对期货从业人员进行监督管理。

中国期货业协会（以下简称协会）依法对期货从业人员实行自律管理，负责从业资格的认定、管理及撤销。

第二章 从业资格的取得和注销

第六条 协会负责组织从业资格考试。

第七条 参加从业资格考试的，应当符合下列条件：

（一）年满18周岁；

（二）具有完全民事行为能力；

（三）具有高中以上文化程度；

（四）中国证监会规定的其他条件。

第八条　通过从业资格考试的，取得协会颁发的从业资格考试合格证明。

第九条　取得从业资格考试合格证明的人员从事期货业务的，应当事先通过其所在机构向协会申请从业资格。

未取得从业资格的人员，不得在机构中开展期货业务活动。

第十条　机构任用具有从业资格考试合格证明且符合下列条件的人员从事期货业务的，应当为其办理从业资格申请：

（一）品行端正，具有良好的职业道德；

（二）已被本机构聘用；

（三）最近三年内未受过刑事处罚或者中国证监会等金融监管机构的行政处罚；

（四）未被中国证监会等金融监管机构采取市场禁入措施，或者禁入期已经届满；

（五）最近三年内未因违法违规行为被撤销证券、期货从业资格；

（六）中国证监会规定的其他条件。

机构不得任用无从业资格的人员从事期货业务，不得在办理从业资格申请过程中弄虚作假。

第十一条　期货从业人员辞职、被解聘或者死亡的，机构应当自上述情形发生之日起十个工作日内向协会报告，由协会注销其从业资格。

机构的相关期货业务许可被注销的，由协会注销该机构中从事相应期货业务的期货从业人员的从业资格。

第十二条　取得从业资格考试合格证明或者被注销从业资格的人员连续两年未在机构中执业的，在申请从业资格前应当参加协会组织的后续职业培训。

第三章　执业规则

第十三条　期货从业人员必须遵守有关法律、行政法规和中国证监会的规定，遵守协会和期货交易所的自律规则，不得从事或者协同他人从事欺诈、内幕交易、操纵期货交易价格、编造并传播有关期货交易的虚假信息等违法违规行为。

第十四条　期货从业人员应当遵守下列执业行为规范：

（一）诚实守信，恪尽职守，促进机构规范运作，维护期货行业声誉；

（二）以专业的技能，谨慎、勤勉尽责地为客户提供服务，保守客户的商业秘密，维护客户的合法权益；

（三）向客户提供专业服务时，充分揭示期货交易风险，不得作出不当承诺或者保证；

（四）当自身利益或者相关方利益与客户的利益发生冲突或者存在潜在利益冲突时，及时向客户进行披露，并且坚持客户合法利益优先的原则；

（五）具有良好的职业道德与守法意识，抵制商业贿赂，不得从事不正当竞争行为和不正当交易行为；

（六）不得为迎合客户的不合理要求而损害社会公共利益、所在机构或者他人的合法权益；

（七）不得以本人或者他人名义从事期货交易；

（八）协会规定的其他执业行为规范。

第十五条　期货公司的期货从业人员不得有下列行为：

（一）进行虚假宣传，诱骗客户参与期货交易；

（二）挪用客户的期货保证金或者其他资产；

（三）中国证监会禁止的其他行为。

第十六条 期货交易所的非期货公司结算会员的期货从业人员不得有下列行为：

（一）利用结算业务关系及由此获得的结算信息损害非结算会员及其客户的合法权益；

（二）代理客户从事期货交易；

（三）中国证监会禁止的其他行为。

第十七条 期货投资咨询机构的期货从业人员不得有下列行为：

（一）利用传播媒介或者通过其他方式提供、传播虚假或者误导客户的信息；

（二）代理客户从事期货交易；

（三）中国证监会禁止的其他行为。

第十八条 为期货公司提供中间介绍业务的机构的期货从业人员不得有下列行为：

（一）收付、存取或者划转期货保证金；

（二）代理客户从事期货交易；

（三）中国证监会禁止的其他行为。

第十九条 机构或者其管理人员对期货从业人员发出违法违规指令的，期货从业人员应当予以抵制，并及时按照所在机构内部程序向高级管理人员或者董事会报告。机构应当及时采取措施妥善处理。

机构未妥善处理的，期货从业人员应当及时向中国证监会或者协会报告。中国证监会和协会应当对期货从业人员的报告行为保密。

机构的管理人员及其他相关人员不得对期货从业人员的上述报告行为打击报复。

第四章 监督管理

第二十条 中国证监会指导和监督协会对期货从业人员的自律管理活动。

第二十一条 协会应当建立期货从业人员信息数据库，公示并且及时更新从业资格注册、诚信记录等信息。

中国证监会及其派出机构履行监管职责，需要协会提供期货从业人员信息和资料的，协会应当按照要求及时提供。

第二十二条 协会应当组织期货从业人员后续职业培训，提高期货从业人员的职业道德和专业素质。

期货从业人员应当按照有关规定参加后续职业培训，其所在机构应予以支持并提供必要保障。

第二十三条 协会应当对期货从业人员的执业行为进行定期或者不定期检查，期货从业人员及其所在机构应当予以配合。

第二十四条 期货从业人员违反本办法以及协会自律规则的，协会应当进行调查、给予纪律惩戒。

期货从业人员涉嫌违法违规需要中国证监会给予行政处罚的，协会应当及时移送中国证监会处理。

第二十五条 协会应当设立专门的纪律惩戒及申诉机构，制订相关制度和工作规程，按照规定程序对期货从业人员进行纪律惩戒，并保障当事人享有申诉等权利。

第二十六条 协会应当自对期货从业人员作出纪律惩戒决定之日起十个工作日内，向中国证监会及其有关派出机构报告，并及时在协会网站公示。

第二十七条 期货从业人员受到机构处分，或者从事的期货业务行为涉嫌违法违规被调查处理的，机构应当在作出处分决定、知悉或者应当知悉该期货从业人员违法违规被调查处理事项之日起十个工作日内向协会报告。

第二十八条 协会应当定期向中国证监会报告期货从业人员管理的有关情况。

第二十九条 期货从业人员违反本办法规定的，中国证监会及其派出机构可以采取责令改正、监管谈话、出具警示函等监管措施。

第三十条 期货从业人员自律管理的具体办法，包括从业资格考试、从业资格注册和公示、执业行为准则、后续职业培训、执业检查、纪律惩戒和申诉等，由协会制订，报中国证监会核准。

第五章 罚 则

第三十一条 未取得从业资格，擅自从事期货业务的，中国证监会责令改正，给予警告，单处或者并处 3 万元以下罚款。

第三十二条 有下列行为之一的，中国证监会根据《期货交易管理条例》第七十条处罚：

（一）任用无从业资格的人员从事期货业务；

（二）在办理从业资格申请过程中弄虚作假；

（三）不履行本办法第二十三条规定的配合义务；

（四）不按照本办法第二十七条的规定履行报告义务或者报告材料存在虚假内容。

第三十三条 违反本办法第十九条的规定，对期货从业人员进行打击报复的，中国证监会根据《期货交易管理条例》第七十条、第八十一条处罚。

第三十四条 期货从业人员违法违规的，中国证监会依法给予行政处罚。但因被迫执行违法违规指令而按照本办法第十九条第二款的规定履行了报告义务的，可以从轻、减轻或者免予行政处罚。

第三十五条 协会工作人员不按本办法规定履行职责，徇私舞弊、玩忽职守或者故意刁难有关当事人的，协会应当给予纪律处分。

第六章 附 则

第三十六条 本办法自公布之日起施行。2002 年 1 月 23 日发布的《期货从业人员资格管理办法（修订）》（证监发〔2002〕6 号）同时废止。

境外证券交易所驻华代表机构管理办法

（中国证券监督管理委员会令第44号，经2007年4月3日中国证券监督管理委员会第203次主席办公会议审议通过，自2007年7月1日起施行）

第一章 总 则

第一条 为了规范境外证券交易所驻华代表机构的设立及其业务活动，根据《中华人民共和国证券法》及有关法规，制定本办法。

第二条 本办法所称境外证券交易所，是指在境外设立的股票交易所、证券自动报价或电子交易系统或市场。

本办法所称境外证券交易所驻华代表机构（以下简称代表处），是指境外证券交易所在中国境内获准设立并专门从事联络、推介和调研等非经营性活动的常驻代表机构。代表处主要负责人称首席代表。

第三条 代表处应当遵守中国法律、法规和中国证券监督管理委员会（以下简称中国证监会）的有关规定。代表处的合法权益受中国法律保护。

第四条 中国证监会根据审慎监管的原则，依法对代表处进行审批和监管。

第二章 申请与设立

第五条 申请设立代表处的境外证券交易所（以下简称申请人），应当具备下列条件：

（一）申请人所在国家或地区具有完善的金融监管法律、法规；

（二）申请人所在国家或地区的金融监管当局与中国证监会签订了监管合作谅解备忘录，并保持着良好的合作关系；

（三）申请人由其所在国家或地区金融监管当局批准设立或认可；

（四）申请人设立二十年以上，运作稳健规范，财务状况良好；

（五）中国证监会提出的其他审慎性条件。

第六条 申请人只能申请设立一个代表处，申请时应当向中国证监会提交下列材料：

（一）由董事长（理事长）或总经理签署的致中国证监会的申请书；

（二）所在国家或地区金融监管当局出具的同意申请人设立代表处的意见书或其他有关文件；

（三）所在国家或地区有关主管当局核发的、经所在国家或地区有权进行公证、认证的机构公证、认证并经中国驻该国使（领）馆认证的营业执照或合法开业证明的复印件；

（四）交易所章程和主要业务规则；

（五）董事会（理事会）成员名单、管理层人员名单；

（六）最近三年的年报；

（七）代表处设立方案，包括但不限于设立的目的、必要性、工作规划、内部机构设置与人员配备、管理制度及办公场所选址等内容；

（八）由董事长（理事长）或总经理签署的首席代表授权书；

（九）申请人就拟任首席代表没有因重大违法违规行为受到处罚的声明，且该声明经过申请人所在国家或地区公证机构的公证；

（十）拟任首席代表的身份证明、学历证明和简历；

（十一）中国证监会要求提交的其他文件。

第七条 中国证监会受理审核申请人提交的设立申请材料。决定批准的，颁发批准书。

第八条 代表处应当自中国证监会批准之日起90日内，凭批准书依法办理工商登记手续、税务登记手续，迁入固定的办公场所，并向中国证监会书面报告下列事项：

（一）工商登记证明、税务登记证明；

（二）办公场所的合法使用权证明；

（三）办公场所电话、传真、邮政通讯地址；

（四）首席代表移动电话、电子邮箱。

代表处未在上述规定时间内向中国证监会提交书面报告的，原批准书自动失效。

第九条 代表处的名称应当按下列顺序组成："境外证券交易所所在国家或地区名称"、"境外证券交易所名称"、"代表处所在城市名称"和"代表处"。

第十条 代表处除首席代表外，其他主要工作人员应当称"代表"、"副代表"。

第十一条 代表处首席代表的任职资格由中国证监会审批。首席代表应当具备下列条件：

（一）熟悉中国金融法律、法规；

（二）具有大学本科以上学历，从事金融或经济工作十年以上，在最近五年内至少有三年以上从事中国业务的经历；

（三）品行良好，没有受过刑事、行政处罚等不良记录。

第十二条 代表处聘用代表、副代表，自聘用之日起五个工作日内，应当将上述人员的名单、身份证明和简历报中国证监会备案。

第三章 变更与撤销

第十三条 代表处变更名称，应当向中国证监会提出申请，并提交其交易所董事长（理事长）或总经理签署的申请书及中国证监会要求的其他文件。

第十四条 代表处变更首席代表，应当向中国证监会提出申请，并提交其交易所董事长（理事长）或总经理签署的申请书及本办法第六条（八）至（十一）项规定的材料。

第十五条 中国证监会受理审核申请人提交的变更名称、变更首席代表的申请材料。决定批准的，换发批准书。

第十六条 代表处变更或增减代表、副代表，应当自变更之日起五个工作日内，将上述人员的名单、身份证明和简历报中国证监会备案。

第十七条 代表处只能在所在城市变更办公场所。自变更之日起五个工作日内，代表处应当向中国证监会书面报告下列事项：

（一）新办公场所合法使用权证明；

（二）新办公场所电话、传真、邮政通讯地址。

本条所称变更办公场所指原有办公场所的搬迁、扩大或缩小。

第十八条　代表处撤销，应当提前20个工作日向中国证监会报告，并凭中国证监会出具的同意撤销的有关确认文件向工商登记机关办理注销登记。代表处注销后，应当在五个工作日内向中国证监会提交有关注销证明文件。

第十九条　代表处撤销后，未了事宜由其交易所承担责任。

第四章　监督管理

第二十条　代表处应当有独立、固定的办公场所，配备合理数量的工作人员，其中境内居民所占比例不低于50%。

代表处的外籍工作人员入境后应当按照有关法律规定办理居留手续。

第二十一条　首席代表不得由其总部或地区总部人员兼任，也不得在中国境内任何经营性机构中任职。

首席代表应当常驻代表处主持日常工作。离境时间连续超过30日的，应当向中国证监会报告，并指定专人代行其职。

首席代表在其他机构兼职，或未报告擅自离境超过30日的，中国证监会可以要求其交易所更换首席代表。

第二十二条　代表处及其工作人员，不得从事或变相从事任何经营性活动，不得与任何法人或自然人签订可能给代表处或其交易所带来收入的协议或合同。

第二十三条　代表处及其工作人员，不得以任何形式进行广告宣传，不得以任何形式面向个人开展推介活动。

第二十四条　代表处及其工作人员组织举办面向企业的大型推介活动时，应当事先将活动方案报送中国证监会。中国证监会十个工作日内未提出异议的，方可进行。

第二十五条　代表处及其工作人员，不得以任何形式进行虚假推介，不得以任何形式进行不正当竞争，不得以任何形式为其他机构谋取利益。

第二十六条　代表处应当于每一年度结束之日起两个月内，向中国证监会报送上年度工作报告。

第二十七条　代表处应当于每一年度结束之日起两个月内，向中国证监会报送上年度在其交易所上市交易的中国公司的情况及其中资会员的情况。

第二十八条　代表处应当在其交易所会计年度结束之日起四个月内，向中国证监会报送其交易所上一年度的年报。

第二十九条　境外证券交易所对在其上市交易的中国公司及其中资会员进行重大处罚时，代表处应当及时通报中国证监会，并自处罚之日起十个工作日内，向中国证监会提交书面报告。

第三十条　境外证券交易所有下列情形之一的，代表处应当自事件发生之日起十个工作日内，向中国证监会提交书面报告：

（一）章程、注册资本或注册地址变更；

（二）分立、合并或其他重大并购活动；

（三）董事长（理事长）或总经理变动；

（四）经营严重亏损或财务严重困难；

（五）所在国家或地区的监管当局对其采取重大监管措施；

（六）对经营有重大影响的其他事项。

第三十一条 中国证监会依法对代表处进行定期或不定期的现场或非现场检查，内容包括但不限于：

（一）代表处是否从事或变相从事经营性活动；

（二）代表处是否进行广告宣传，是否面向个人开展推介活动；

（三）代表处是否未经事先报告擅自组织举办面向企业的大型推介活动；

（四）代表处申报材料的内容是否真实、准确；

（五）代表处变更事项的手续是否完备；

（六）代表处工作人员的聘用或变更手续是否完备；

（七）中国证监会认为需要检查的其他事项。

第三十二条 代表处违反本办法的，中国证监会可以对代表处的首席代表和其他直接责任人员采取责令整改、监管谈话、出具警示函等监管措施；情节严重的，中国证监会可以对代表处的首席代表和其他直接责任人员采取证券市场禁入的措施。

第五章　法律责任

第三十三条 境外证券交易所未经批准，擅自设立代表处或以代表处名义或其他形式在中国境内开展活动的，中国证监会依法予以取缔。触犯刑法的，依法追究刑事责任。

第三十四条 代表处从事或变相从事经营性活动的，中国证监会依法予以警告、没收违法所得、撤销代表处等处罚。

第三十五条 代表处进行广告宣传或面向个人开展推介活动的，中国证监会依法予以警告、撤销代表处等处罚。

第三十六条 代表处未经事先报告擅自组织举办面向企业的大型推介活动的，中国证监会依法予以警告、罚款、撤销代表处等处罚。

第三十七条 代表处进行虚假宣传或不正当竞争的，中国证监会依法予以警告、罚款、撤销代表处等处罚。

第六章　附　则

第三十八条 香港特别行政区、澳门特别行政区和台湾地区的证券交易所在内地设立代表处，参照本办法办理。

第三十九条 申请人依照本办法提交的文件应当使用中文。境外证券交易所章程、主要业务规则和年报可提供中文摘要，并附原文。

第四十条 本办法自 2007 年 7 月 1 日起施行。

期货投资者保障基金管理暂行办法

（已经中国证券监督管理委员会和财政部审议通过，于 2007 年 4 月 19 日公布，自 2007 年 8 月1 日起施行）

第一章　总　则

第一条　为保护期货投资者的合法权益，根据《期货交易管理条例》，制定本办法。

第二条　期货投资者保障基金（以下简称保障基金）是在期货公司严重违法违规或者风险控制不力等导致保证金出现缺口，可能严重危及社会稳定和期货市场安全时，补偿投资者保证金损失的专项基金。

第三条　期货交易活动实行公开、公平、公正和投资者投资决策自主、投资风险自担的原则。

投资者在期货投资活动中因期货市场波动或者投资品种价值本身发生变化所导致的损失，由投资者自行负担。

第四条　保障基金按照取之于市场、用之于市场的原则筹集。

第五条　保障基金由中国证监会集中管理、统筹使用。

第六条　保障基金的管理和运用遵循公开、合理、有效的原则。

第七条　保障基金的使用遵循保障投资者合法权益和公平救助原则，实行比例补偿。

第二章　保障基金的筹集

第八条　保障基金管理机构应当以保障基金名义设立资金专用账户，专户存储保障基金。

第九条　保障基金的启动资金由期货交易所从其积累的风险准备金中按照截至 2006 年 12 月31 日风险准备金账户总额的 15%缴纳形成。

保障基金的后续资金来源包括：

（一）期货交易所按其向期货公司会员收取的交易手续费的 3%缴纳；

（二）期货公司从其收取的交易手续费中按照代理交易额的千万分之五至十的比例缴纳；

（三）保障基金管理机构追偿或者接受的其他合法财产。

对于因财务状况恶化、风险控制不力等存在较高风险的期货公司，应当按照较高比例缴纳保障基金，各期货公司的具体缴纳比例由中国证监会根据期货公司风险状况确定。期货交易所、期货公司缴纳的保障基金在其营业成本中列支。

第十条　期货交易所应当在本办法实施之日起一个月内，将应当缴纳的启动资金划入保障基金专户。

期货交易所、期货公司应当按季度缴纳后续资金。期货交易所应当在每季度结束后 15 个工作日内，缴纳前一季度应当缴纳的保障基金，并按照本办法第九条确定的比例代扣代缴期货公司应当缴纳的保障基金。

第十一条　有下列情形之一的，经中国证监会、财政部批准，期货交易所、期货公司可以暂停缴纳保障基金：

（一）保障基金总额达到八亿元人民币；

（二）期货交易所、期货公司遭受重大突发市场风险或者不可抗力。

保障基金的规模、缴纳比例和缴纳方式，由中国证监会根据期货市场发展状况、市场风险水平等情况调整确定。

第十二条　鼓励保障基金来源多元化，保障基金可以接受社会捐赠和其他合法财产。

保障基金产生的利息以及运用所产生的各种收益等孳息归属保障基金。

第三章　保障基金的管理和监管

第十三条　中国证监会、财政部可以指定相关机构作为保障基金管理机构，代为管理保障基金。

第十四条　对保障基金的管理应当遵循安全、稳健的原则，保证保障基金的安全。

保障基金的资金运用限于银行存款、购买国债、中央银行债券（包括中央银行票据）和中央级金融机构发行的金融债券，以及中国证监会和财政部批准的其他资金运用方式。

第十五条　保障基金应当实行独立核算，分别管理，并与保障基金管理机构管理的其他资产有效隔离。

保障基金管理机构应当定期编报保障基金的筹集、管理、使用报告，经会计师事务所审计后，报送中国证监会和财政部。

第十六条　保障基金管理机构、期货交易所及期货公司，应当妥善保存有关保障基金的财务凭证、账簿和报表等资料，确保财务记录和档案完整、真实。

第十七条　财政部负责保障基金财务监管。保障基金的年度收支计划和决算报财政部批准。

第十八条　中国证监会负责保障基金业务监管，对保障基金的筹集、管理和使用等情况进行定期核查。

中国证监会定期向保障基金管理机构通报期货公司总体风险状况。存在较高风险的期货公司应当每月向保障基金管理机构提供财务监管报表。

第四章　保障基金的使用

第十九条　期货公司因严重违法违规或者风险控制不力等导致保证金出现缺口的，中国证监会可以按照本办法规定决定使用保障基金，对不能清偿的投资者保证金损失予以补偿。

第二十条　对期货投资者的保证金损失，保障基金按照下列原则予以补偿：

（一）对每位个人投资者的保证金损失在十万元以下（含十万元）的部分全额补偿，超过十万元的部分按 90%补偿；

（二）对每位机构投资者的保证金损失在十万元以下（含十万元）的部分全额补偿，超过十万元的部分按 80%补偿。

现有保障基金不足补偿的，由后续缴纳的保障基金补偿。

第二十一条　使用保障基金前，中国证监会和保障基金管理机构应当监督期货公司核实投资者保证金权益及损失，积极清理资产并变现处置，应当先以自有资金和变现资产弥补保证金缺口。不足弥补或者情况危急的，方能决定使用保障基金。

第二十二条　对投资者因参与非法期货交易而遭受的保证金损失，保障基金不予补偿。

对机构投资者以个人名义参与期货交易的，按照机构投资者补偿规则进行补偿。

第二十三条　动用保障基金对期货投资者的保证金损失进行补偿后，保障基金管理机构依法取得相应的受偿权，可以依法参与期货公司清算。

第二十四条　保障基金管理机构应当及时将保障基金的使用、补偿、追偿等情况报告中国证监会和财政部。

第五章　罚　则

第二十五条　期货公司因严重违法违规或者风险控制不力等导致保证金出现缺口的，中国证监会根据《期货交易管理条例》第七十条、第七十一条进行处罚，吊销期货业务许可证。涉嫌犯罪的，依法移送司法机关。

第二十六条　期货交易所、期货公司违反本办法规定，延期缴纳或者拒不缴纳保障基金以及不按规定保存、报送有关信息和资料的，中国证监会根据《期货交易管理条例》第六十八条、第七十条进行处罚。

第二十七条　对挪用、侵占、骗取保障基金的违法行为，依法查处；对有关失职人员，依法追究法律责任；涉嫌犯罪的，依法移送司法机关。

第六章　附　则

第二十八条　本办法自 2007 年 8 月 1 日起施行。

期货交易所管理办法

（中国证券监督管理委员会令第42号，《期货交易所管理办法》已经于2007年3月28日中国证券监督管理委员会第203次主席办公会议审议通过，自2007年4月15日起施行）

第一章　总　则

第一条　为了加强对期货交易所的监督管理，明确期货交易所职责，维护期货市场秩序，促进期货市场积极稳妥发展，根据《期货交易管理条例》，制定本办法。

第二条　本办法适用于在中华人民共和国境内设立的期货交易所。

第三条　本办法所称期货交易所是指依照《期货交易管理条例》和本办法规定设立，不以营利为目的，履行《期货交易管理条例》和本办法规定的职责，按照章程和交易规则实行自律管理的法人。

第四条　经中国证券监督管理委员会（以下简称中国证监会）批准，期货交易所可以采取会员制或者公司制的组织形式。

会员制期货交易所的注册资本划分为均等份额，由会员出资认缴。

公司制期货交易所采用股份有限公司的组织形式。

第五条　中国证监会依法对期货交易所实行集中统一的监督管理。

第二章　设立、变更与终止

第六条　设立期货交易所，由中国证监会审批。未经批准，任何单位或者个人不得设立期货交易所或者以任何形式组织期货交易及其相关活动。

第七条　经中国证监会批准设立的期货交易所，应当标明“商品交易所”或者“期货交易所”字样。其他任何单位或者个人不得使用期货交易所或者近似的名称。

第八条　期货交易所除履行《期货交易管理条例》规定的职责外，还应当履行下列职责：

（一）制定并实施期货交易所的交易规则及其实施细则；

（二）发布市场信息；

（三）监管会员及其客户、指定交割仓库、期货保证金存管银行及期货市场其他参与者的期货业务；

（四）查处违规行为。

第九条　申请设立期货交易所，应当向中国证监会提交下列文件和材料：

（一）申请书；
（二）章程和交易规则草案；
（三）期货交易所的经营计划；
（四）拟加入会员或者股东名单；
（五）理事会成员候选人或者董事会和监事会成员名单及简历；
（六）拟任用高级管理人员的名单及简历；
（七）场地、设备、资金证明文件及情况说明；
（八）中国证监会规定的其他文件、材料。

第十条　期货交易所章程应当载明下列事项：
（一）设立目的和职责；
（二）名称、住所和营业场所；
（三）注册资本及其构成；
（四）营业期限；
（五）组织机构的组成、职责、任期和议事规则；
（六）管理人员的产生、任免及其职责；
（七）基本业务制度；
（八）风险准备金管理制度；
（九）财务会计、内部控制制度；
（十）变更、终止的条件、程序及清算办法；
（十一）章程修改程序；
（十二）需要在章程中规定的其他事项。

第十一条　除本办法第十条规定的事项外，会员制期货交易所章程还应当载明下列事项：
（一）会员资格及其管理办法；
（二）会员的权利和义务；
（三）对会员的纪律处分。

第十二条　期货交易所交易规则应当载明下列事项：
（一）期货交易、结算和交割制度；
（二）风险管理制度和交易异常情况的处理程序；
（三）保证金的管理和使用制度；
（四）期货交易信息的发布办法；
（五）违规、违约行为及其处理办法；
（六）交易纠纷的处理方式；
（七）需要在交易规则中载明的其他事项。

公司制期货交易所还应当在交易规则中载明本办法第十一条规定的事项。

第十三条　期货交易所变更名称、注册资本的，应当经中国证监会批准。

第十四条　期货交易所的合并、分立，由中国证监会批准。

期货交易所合并可以采取吸收合并和新设合并两种方式，合并前各方的债权、债务由合并后存续或者新设的期货交易所承继。

期货交易所分立的，其债权、债务由分立后的期货交易所承继。

第十五条　期货交易所联网交易的，应当于决定之日起10日内报告中国证监会。

第十六条　未经中国证监会批准，期货交易所不得设立分所或者其他任何期货交易场所。

第十七条　期货交易所因下列情形之一解散：

（一）章程规定的营业期限届满；

（二）会员大会或者股东大会决定解散；

（三）中国证监会决定关闭。

期货交易所因前款第（一）项、第（二）项情形解散的，由中国证监会批准。

第十八条　期货交易所因合并、分立或者解散而终止的，由中国证监会予以公告。

期货交易所终止的，应当成立清算组进行清算。清算组制定的清算方案，应当报中国证监会批准。

第三章　组织机构

第一节　会员制期货交易所

第十九条　会员制期货交易所设会员大会。会员大会是期货交易所的权力机构，由全体会员组成。

第二十条　会员大会行使下列职权：

（一）审定期货交易所章程、交易规则及其修改草案；

（二）选举和更换会员理事；

（三）审议批准理事会和总经理的工作报告；

（四）审议批准期货交易所的财务预算方案、决算报告；

（五）审议期货交易所风险准备金使用情况；

（六）决定增加或者减少期货交易所注册资本；

（七）决定期货交易所的合并、分立、解散和清算事项；

（八）决定期货交易所理事会提交的其他重大事项；

（九）期货交易所章程规定的其他职权。

第二十一条　会员大会由理事会召集，每年召开一次。

有下列情形之一的，应当召开临时会员大会：

（一）会员理事不足期货交易所章程规定人数的 2/3；

（二）1/3 以上会员联名提议；

（三）理事会认为必要。

第二十二条　会员大会由理事长主持。召开会员大会，应当将会议审议的事项于会议召开十日前通知会员。临时会员大会不得对通知中未列明的事项作出决议。

第二十三条　会员大会有 2/3 以上会员参加方为有效。会员大会应当对表决事项制作会议纪要，由出席会议的理事签名。

会员大会结束之日起十日内，期货交易所应当将大会全部文件报告中国证监会。

第二十四条　期货交易所设理事会，每届任期三年。理事会是会员大会的常设机构，对会员大会负责。

第二十五条　理事会行使下列职权：

（一）召集会员大会，并向会员大会报告工作；

（二）拟订期货交易所章程、交易规则及其修改草案，提交会员大会审定；

（三）审议总经理提出的财务预算方案、决算报告，提交会员大会通过；

（四）审议期货交易所合并、分立、解散和清算的方案，提交会员大会通过；

（五）决定专门委员会的设置；

（六）决定会员的接纳和退出；

（七）决定对违规行为的纪律处分；

（八）决定期货交易所变更名称、住所或者营业场所；

（九）审议批准根据章程和交易规则制定的细则和办法；

（十）审议结算担保金的使用情况；

（十一）审议批准风险准备金的使用方案；

（十二）审议批准总经理提出的期货交易所发展规划和年度工作计划；

（十三）审议批准期货交易所对外投资计划；

（十四）监督总经理组织实施会员大会和理事会决议的情况；

（十五）监督期货交易所高级管理人员和其他工作人员遵守国家有关法律、行政法规、规章、政策和期货交易所章程、交易规则及其实施细则的情况；

（十六）组织期货交易所年度财务会计报告的审计工作，决定会计师事务所的聘用和变更事项；

（十七）期货交易所章程规定和会员大会授予的其他职权。

第二十六条　理事会由会员理事和非会员理事组成；其中会员理事由会员大会选举产生，非会员理事由中国证监会委派。

第二十七条　理事会设理事长一人、副理事长一至两人。理事长、副理事长的任免，由中国证监会提名，理事会通过。理事长不得兼任总经理。

第二十八条　理事长行使下列职权：

（一）主持会员大会、理事会会议和理事会日常工作；

（二）组织协调专门委员会的工作；

（三）检查理事会决议的实施情况并向理事会报告。

副理事长协助理事长工作。理事长因故临时不能履行职权的，由理事长指定的副理事长或者理事代其履行职权。

第二十九条　理事会会议至少每半年召开一次。每次会议应当于会议召开十日前通知全体理事。

有下列情形之一的，应当召开理事会临时会议：

（一）1/3 以上理事联名提议；

（二）期货交易所章程规定的情形；

（三）中国证监会提议。

理事会召开临时会议，可以另定召集理事会临时会议的通知方式和通知时限。

第三十条　理事会会议须有 2/3 以上理事出席方为有效，其决议须经全体理事 1/2 以上表决通过。

理事会会议结束之日起十日内，理事会应当将会议决议及其他会议文件报告中国证监会。

第三十一条　理事会会议应当由理事本人出席。理事因故不能出席的，应当以书面形式委托其他理事代为出席；委托书中应当载明授权范围。每位理事只能接受一位理事的委托。

理事会应当对会议表决事项作成会议记录，由出席会议的理事和记录员在会议记录上签名。

第三十二条　理事会可以根据需要设立监察、交易、结算、交割、会员资格审查、纪律处分、调解、财务和技术等专门委员会。

各专门委员会对理事会负责，其职责、任期和人员组成等事项由理事会规定。

第三十三条　期货交易所设总经理一人，副总经理若干人。总经理、副总经理由中国证监会任免。总经理每届任期三年，连任不得超过两届。

总经理是期货交易所的法定代表人，总经理是当然理事。

第三十四条　总经理行使下列职权：

（一）组织实施会员大会、理事会通过的制度和决议；
（二）主持期货交易所的日常工作；
（三）根据章程和交易规则拟订有关细则和办法；
（四）决定结算担保金的使用；
（五）拟订风险准备金的使用方案；
（六）拟订并实施经批准的期货交易所发展规划、年度工作计划；
（七）拟订并实施经批准的期货交易所对外投资计划；
（八）拟订期货交易所财务预算方案、决算报告；
（九）拟订期货交易所合并、分立、解散和清算的方案；
（十）拟订期货交易所变更名称、住所或者营业场所的方案；
（十一）决定期货交易所机构设置方案，聘任和解聘工作人员；
（十二）决定期货交易所员工的工资和奖惩；
（十三）期货交易所章程规定的或者理事会授予的其他职权。
总经理因故临时不能履行职权的，由总经理指定的副总经理代其履行职权。

第三十五条　期货交易所任免中层管理人员，应当在决定之日起十日内向中国证监会报告。

第二节　公司制期货交易所

第三十六条　公司制期货交易所设股东大会。股东大会是期货交易所的权力机构，由全体股东组成。

第三十七条　股东大会行使下列职权：
（一）本办法第二十条第（一）项、第（四）项至第（七）项规定的职权；
（二）选举和更换非由职工代表担任的董事、监事；
（三）审议批准董事会、监事会和总经理的工作报告；
（四）决定期货交易所董事会提交的其他重大事项；
（五）期货交易所章程规定的其他职权。

第三十八条　股东大会会议的召开及议事规则应当符合期货交易所章程的规定。
会议结束之日起十日内，期货交易所应当将会议全部文件报告中国证监会。

第三十九条　期货交易所设董事会，每届任期三年。

第四十条　董事会对股东大会负责，行使下列职权：
（一）召集股东大会会议，并向股东大会报告工作；
（二）拟订期货交易所章程、交易规则及其修改草案，提交股东大会审定；
（三）审议总经理提出的财务预算方案、决算报告，提交股东大会通过；
（四）审议期货交易所合并、分立、解散和清算的方案，提交股东大会通过；
（五）监督总经理组织实施股东大会和董事会决议的情况；
（六）本办法第二十五条第（五）项至第（十三）项、第（十五）项、第（十六）项规定的职权；
（七）期货交易所章程规定和股东大会授予的其他职权。

第四十一条　期货交易所设董事长一人，副董事长一至两人。董事长、副董事长的任免，由中国证监会提名，董事会通过。董事长不得兼任总经理。

第四十二条　董事长行使下列职权：
（一）主持股东大会、董事会会议和董事会日常工作；
（二）组织协调专门委员会的工作；

（三）检查董事会决议的实施情况并向董事会报告。

副董事长协助董事长工作。董事长因故临时不能履行职权的，由董事长指定的副董事长或者董事代其履行职权。

第四十三条　董事会会议的召开和议事规则应当符合期货交易所章程的规定。

董事会会议结束之日起十日内，董事会应当将会议决议及其他会议文件报告中国证监会。

第四十四条　董事会可以根据需要设立本办法第三十二条规定的专门委员会。各专门委员会对董事会负责，其职责、任期和人员组成等事项由董事会规定。

第四十五条　期货交易所应当设独立董事。独立董事由中国证监会提名，股东大会通过。

第四十六条　期货交易所可以设董事会秘书。董事会秘书由中国证监会提名，董事会通过。

董事会秘书负责期货交易所股东大会和董事会会议的筹备、文件保管以及期货交易所股东资料的管理等事宜。

第四十七条　期货交易所设总经理一人，副总经理若干人。总经理、副总经理由中国证监会任免。总经理每届任期三年，连任不得超过两届。

总经理是期货交易所的法定代表人，总经理应当由董事担任。

第四十八条　总经理行使下列职权：

（一）组织实施股东大会、董事会通过的制度和决议；

（二）本办法第三十四条第（二）项至第（十二）项规定的职权；

（三）期货交易所章程规定或者董事会授予的其他职权。

总经理因故临时不能履行职权的，由总经理指定的副总经理代其履行职权。

第四十九条　期货交易所设监事会，每届任期三年。监事会成员不得少于三人。监事会设主席一人，副主席一至两人。监事会主席、副主席的任免，由中国证监会提名，监事会通过。

第五十条　监事会行使下列职权：

（一）检查期货交易所财务；

（二）监督期货交易所董事、高级管理人员执行职务行为；

（三）向股东大会会议提出提案；

（四）期货交易所章程规定的其他职权。

第五十一条　监事会会议的召开和议事规则应当符合期货交易所章程的规定。

监事会会议结束之日起十日内，监事会应当将会议决议及其他会议文件报告中国证监会。

第五十二条　本办法第三十五条的规定适用于公司制期货交易所。

第四章　会员管理

第五十三条　期货交易所会员应当是在中华人民共和国境内登记注册的企业法人或者其他经济组织。

第五十四条　取得期货交易所会员资格，应当经期货交易所批准。

期货交易所批准、取消会员的会员资格，应当向中国证监会报告。

第五十五条　期货交易所应当制定会员管理办法，规定会员资格的取得与终止的条件和程序、对会员的监督管理等内容。

第五十六条　会员制期货交易所会员享有下列权利：

（一）参加会员大会，行使选举权、被选举权和表决权；

（二）在期货交易所从事规定的交易、结算和交割等业务；

（三）使用期货交易所提供的交易设施，获得有关期货交易的信息和服务；

（四）按规定转让会员资格；

（五）联名提议召开临时会员大会；

（六）按照期货交易所章程和交易规则行使申诉权；

（七）期货交易所章程规定的其他权利。

第五十七条　会员制期货交易所会员应当履行下列义务：

（一）遵守国家有关法律、行政法规、规章和政策；

（二）遵守期货交易所的章程、交易规则及其实施细则及有关决定；

（三）按规定缴纳各种费用；

（四）执行会员大会、理事会的决议；

（五）接受期货交易所监督管理。

第五十八条　公司制期货交易所会员享有下列权利：

（一）本办法第五十六条第（二）项和第（三）项规定的权利；

（二）按照交易规则行使申诉权；

（三）期货交易所交易规则规定的其他权利。

第五十九条　公司制期货交易所会员应当履行本办法第五十七条第（一）项至第（三）项、第（五）项规定的义务。

第六十条　期货交易所每年应当对会员遵守期货交易所交易规则及其实施细则的情况进行抽样或者全面检查，并将检查结果报告中国证监会。

期货交易所行使监管职权时，可以按照期货交易所章程和交易规则及其实施细则规定的权限和程序对会员进行调查取证，会员应当配合。

第六十一条　经中国证监会批准，期货交易所可以实行全员结算制度或者会员分级结算制度。

第六十二条　实行全员结算制度的期货交易所会员均具有与期货交易所进行结算的资格。

第六十三条　实行全员结算制度的期货交易所会员由期货公司会员和非期货公司会员组成。期货公司会员按照中国证监会批准的业务范围开展相关业务；非期货公司会员不得从事《期货交易管理条例》规定的期货公司业务。

第六十四条　实行全员结算制度的期货交易所对会员结算，会员对其受托的客户结算。

第六十五条　实行会员分级结算制度的期货交易所会员由结算会员和非结算会员组成。结算会员具有与期货交易所进行结算的资格，非结算会员不具有与期货交易所进行结算的资格。

期货交易所对结算会员结算，结算会员对非结算会员结算，非结算会员对其受托的客户结算。

第六十六条　结算会员由交易结算会员、全面结算会员和特别结算会员组成。

全面结算会员、特别结算会员可以为与其签订结算协议的非结算会员办理结算业务。交易结算会员不得为非结算会员办理结算业务。

第六十七条　申请成为结算会员的，应当取得中国证监会批准的结算业务资格。

第六十八条　实行会员分级结算制度的期货交易所可以根据结算会员资信和业务开展情况，限制结算会员的结算业务范围，但应当于 3 日内报告中国证监会。

第五章　基本业务规则

第六十九条　期货交易所向会员收取的保证金，只能用于担保期货合约的履行，不得查封、冻结、扣划或者强制执行。期货交易所应当在期货保证金存管银行开立专用结算账户，专户存储保证金，不得挪用。

保证金分为结算准备金和交易保证金。结算准备金是指未被合约占用的保证金；交易保证金是指已被合约占用的保证金。

实行会员分级结算制度的期货交易所只向结算会员收取保证金。

第七十条　期货交易所应当建立保证金管理制度。保证金管理制度应当包括下列内容：

（一）向会员收取保证金的标准和形式；

（二）专用结算账户中会员结算准备金最低余额；

（三）当会员结算准备金余额低于期货交易所规定最低余额时的处置方法。

会员结算准备金最低余额由会员以自有资金向期货交易所缴纳。

第七十一条　期货交易所可以接受以下有价证券充抵保证金：

（一）经期货交易所认定的标准仓单；

（二）可流通的国债；

（三）中国证监会认定的其他有价证券。

以前款规定的有价证券充抵保证金的，充抵的期限不得超过该有价证券的有效期限。

第七十二条　标准仓单充抵保证金的，期货交易所以充抵日前一交易日该标准仓单对应品种最近交割月份期货合约的结算价为基准计算价值。

国债充抵保证金的，期货交易所以充抵日前一交易日该国债在上海证券交易所、深圳证券交易所较低的收盘价为基准计算价值。

期货交易所可以根据市场情况对用于充抵保证金的有价证券的基准计算价值进行调整。

第七十三条　有价证券充抵保证金的金额不得高于以下标准中的较低值：

（一）有价证券基准计算价值的80%；

（二）会员在期货交易所专用结算账户中的实有货币资金的四倍。

第七十四条　期货交易的相关亏损、费用、货款和税金等款项，应当以货币资金支付，不得以有价证券充抵的金额支付。

第七十五条　客户以有价证券充抵保证金的，会员应当将收到的有价证券提交期货交易所。

非结算会员的客户以有价证券充抵保证金的，非结算会员应将收到的有价证券提交结算会员，由结算会员提交期货交易所。

第七十六条　客户以有价证券充抵保证金的，期货交易所应当将用于充抵的有价证券的种类和数量如实反映在该客户的交易编码下。

第七十七条　实行会员分级结算制度的期货交易所应当建立结算担保金制度。结算担保金包括基础结算担保金和变动结算担保金。

结算担保金由结算会员以自有资金向期货交易所缴纳。结算担保金属于结算会员所有，用于应对结算会员违约风险。期货交易所应当按照有关规定管理和使用，不得挪作他用。

期货交易所调整基础结算担保金标准的，应当在调整前报告中国证监会。

第七十八条　期货交易所应当按照手续费收入的20%的比例提取风险准备金，风险准备金应当单独核算，专户存储。

中国证监会可以根据期货交易所业务规模、发展计划以及潜在的风险决定风险准备金的规模。

第七十九条　期货交易实行客户交易编码制度。会员和客户应当遵守一户一码制度，不得混码交易。

第八十条　期货交易实行限仓制度和套期保值审批制度。

第八十一条　期货交易实行大户持仓报告制度。会员或者客户持仓达到期货交易所规定的持仓报告标准的，会员或者客户应当向期货交易所报告。客户未报告的，会员应当向期货交易所报告。

期货交易所可以根据市场风险状况制定并调整持仓报告标准。

第八十二条　期货交易实行当日无负债结算制度。

第八十三条 实行全员结算制度的期货交易所对会员进行风险管理，会员对其受托的客户进行风险管理。

实行会员分级结算制度的期货交易所对结算会员进行风险管理，结算会员对与其签订结算协议的非结算会员进行风险管理，会员对其受托的客户进行风险管理。

第八十四条 会员在期货交易中违约的，应当承担违约责任。

期货交易所先以违约会员的保证金承担该会员的违约责任，保证金不足的，实行全员结算制度的期货交易所应当以违约会员的自有资金、期货交易所风险准备金和期货交易所自有资金承担；实行会员分级结算制度的期货交易所应当以违约会员的自有资金、结算担保金、期货交易所风险准备金和期货交易所自有资金承担。

期货交易所以结算担保金、期货交易所风险准备金和期货交易所自有资金代为承担责任后，由此取得对违约会员的相应追偿权。

第八十五条 有根据认为会员或者客户违反期货交易所交易规则及其实施细则并且对市场正在产生或者即将产生重大影响，为防止违规行为后果进一步扩大，期货交易所可以对该会员或者客户采取下列临时处置措施：

（一）限制入金；

（二）限制出金；

（三）限制开仓；

（四）提高保证金标准；

（五）限期平仓；

（六）强行平仓。

期货交易所按交易规则及其实施细则规定的程序采取前款第（四）项、第（五）项或者第（六）项措施的，应当在采取措施后及时报告中国证监会。

期货交易所对会员或者客户采取临时处置措施，应当按照期货交易所交易规则及其实施细则规定的方式通知会员或者客户，并列明采取临时处置措施的根据。

第八十六条 期货价格出现同方向连续涨跌停板的，期货交易所可以采用调整涨跌停板幅度、提高交易保证金标准及按一定原则减仓等措施化解风险。

第八十七条 期货交易所实行风险警示制度。期货交易所认为必要的，可以分别或同时采取要求会员和客户报告情况、谈话提醒、发布风险提示函等措施，以警示和化解风险。

第八十八条 在期货交易过程中出现以下情形之一的，期货交易所可以宣布进入异常情况，采取紧急措施化解风险：

（一）地震、水灾、火灾等不可抗力或者计算机系统故障等不可归责于期货交易所的原因导致交易无法正常进行；

（二）会员出现结算、交割危机，对市场正在产生或者即将产生重大影响；

（三）出现本办法第八十六条规定的情形经采取相应措施后仍未化解风险；

（四）期货交易所交易规则及其实施细则中规定的其他情形。

期货交易所宣布进入异常情况并决定采取紧急措施前应当报告中国证监会。

第八十九条 期货交易所宣布进入异常情况并决定暂停交易的，暂停交易的期限不得超过三个交易日，但经中国证监会批准延长的除外。

第九十条 期货交易所应当以适当方式发布下列信息：

（一）即时行情；

（二）持仓量、成交量排名情况；

（三）期货交易所交易规则及其实施细则规定的其他信息。

期货交易涉及商品实物交割的，期货交易所还应当发布标准仓单数量和可用库容情况。

第九十一条 期货交易所应当编制交易情况周报表、月报表和年报表，并及时公布。

第九十二条 期货交易所对期货交易、结算、交割资料的保存期限应当不少于20年。

第六章 监督管理

第九十三条 期货交易所制定或者修改章程、交易规则，上市、中止、取消或者恢复交易品种，上市、修改或者终止合约，应当经中国证监会批准。

第九十四条 期货交易所应当对违反期货交易所交易规则及其实施细则的行为制定查处办法，并报中国证监会批准。

期货交易所对会员及其客户、指定交割仓库、期货保证金存管银行及期货市场其他参与者与期货业务有关的违规行为，应当在前款所称办法规定的职责范围内及时予以查处；超出前款所称办法规定的职责范围的，应当向中国证监会报告。

第九十五条 期货交易所制定或者修改交易规则的实施细则，应当征求中国证监会的意见，并在正式发布实施前，报告中国证监会。

第九十六条 期货交易所的交易结算系统和交易结算业务应当满足期货保证金安全存管监控的要求，真实、准确和完整地反映会员保证金的变动情况。

第九十七条 期货交易所应当按照中国证监会有关期货保证金安全存管监控的规定，向期货保证金安全存管监控机构报送相关信息。

第九十八条 公司制期货交易所收购本期货交易所股份、股东转让所持股份或者对其股份进行其他处置，应当经中国证监会批准。

第九十九条 期货交易所的高级管理人员应当具备中国证监会要求的条件。未经中国证监会批准，期货交易所的理事长、副理事长、董事长、副董事长、监事会主席、监事会副主席、总经理、副总经理、董事会秘书不得在任何营利性组织中兼职。

未经批准，期货交易所的其他工作人员和非会员理事不得以任何形式在期货交易所会员单位及其他与期货交易有关的营利性组织兼职。

第一百条 期货交易所工作人员应当自觉遵守有关法律、行政法规、规章和政策，恪尽职守，勤勉尽责，诚实信用，具有良好的职业操守。

期货交易所工作人员不得从事期货交易，不得泄露内幕消息或者利用内幕消息获得非法利益，不得从期货交易所会员、客户处谋取利益。

期货交易所的工作人员履行职务，遇有与本人或者其亲属有利害关系的情形时，应当回避。

第一百零一条 期货交易所的所得收益按照国家有关规定管理和使用，但应当首先用于保证期货交易场所、设施的运行和改善。

第一百零二条 期货交易所应当向中国证监会履行下列报告义务：

（一）每一年度结束后四个月内提交经具有证券、期货相关业务资格的会计师事务所审计的年度财务报告；

（二）每一季度结束后15日内、每一年度结束后30日内提交有关经营情况和有关法律、行政法规、规章、政策执行情况的季度和年度工作报告；

（三）中国证监会规定的其他事项。

第一百零三条 发生下列重大事项，期货交易所应当及时向中国证监会报告：

（一）发现期货交易所工作人员存在或者可能存在严重违反国家有关法律、行政法规、规章、政策的行为；

（二）期货交易所涉及占其净资产10%以上或者对其经营风险有较大影响的诉讼；

（三）期货交易所的重大财务支出、投资事项以及可能带来较大财务或者经营风险的重大财务决策；

（四）中国证监会规定的其他事项。

第一百零四条　中国证监会可以根据市场情况调整期货交易所收取的保证金标准，暂停、恢复或者取消某一期货交易品种的交易。

第一百零五条　中国证监会认为期货市场出现异常情况的，可以决定采取延迟开市、暂停交易、提前闭市等必要的风险处置措施。

第一百零六条　中国证监会认为有必要的，可以对期货交易所高级管理人员实施提示。

第一百零七条　中国证监会派出机构对期货交易所会员进行风险处置，采取监管措施的，经中国证监会批准，期货交易所应当在限制会员资金划转、限制会员开仓、移仓和强行平仓等方面予以配合。

第一百零八条　中国证监会可以向期货交易所派驻督察员。督察员依照中国证监会的有关规定履行职责。

督察员履行职责，期货交易所应当予以配合。

第一百零九条　期货交易所应当按照国家有关规定及时缴纳期货市场监管费。

第七章　法律责任

第一百一十条　期货交易所未按照本办法第十五条、第三十五条、第五十二条、第六十八条、第八十八条、第九十五条、第一百零二条和第一百零三条的规定履行报告义务，或者未按照本办法第二十三条、第三十条、第三十八条、第四十三条、第五十一条和第九十七条的规定报送有关文件、资料和信息的，根据《期货交易管理条例》第六十八条处罚。

第一百一十一条　期货交易所有下列行为之一的，根据《期货交易管理条例》第六十九条处罚：

（一）未经批准变更名称或者注册资本；

（二）未经批准设立分所或者其他任何交易场所；

（三）违反有价证券充抵保证金规定；

（四）不按照规定对会员进行检查；

（五）未建立或者未执行客户交易编码制度、保证金管理制度；

（六）交易结算系统和交易结算业务不符合本办法第九十六条的规定。

第一百一十二条　期货交易所工作人员违反本办法第一百条规定的，根据《期货交易管理条例》第八十二条处罚。

第八章　附　则

第一百一十三条　在中国证监会批准的其他交易场所进行期货交易的，依照本办法的有关规定执行。

第一百一十四条　本办法自2007年4月15日起施行。2002年5月17日发布的《期货交易所管理办法》（中国证券监督管理委员会令第6号）同时废止。

律师事务所从事证券法律业务管理办法

(中国证券监督管理委员会、中华人民共和国司法部联令第41号,《律师事务所从事证券法律业务管理办法》已经中国证券监督管理委员会主席办公会议和司法部部务会议审议通过,2007年3月9日公布,2007年5月1日起施行)

第一章 总 则

第一条 为了加强对律师事务所从事证券法律业务活动的监督管理,规范律师在证券发行、上市和交易等活动中的执业行为,完善法律风险防范机制,维护证券市场秩序,保护投资者的合法权益,根据《证券法》和《律师法》,制定本办法。

第二条 律师事务所及其指派的律师从事证券法律业务,适用本办法。

前款所称证券法律业务,是指律师事务所接受当事人委托,为其证券发行、上市和交易等证券业务活动,提供的制作、出具法律意见书等文件的法律服务。

第三条 律师事务所及其指派的律师从事证券法律业务,应当遵守法律、行政法规及相关规定,遵循诚实、守信、独立、勤勉、尽责的原则,恪守律师职业道德和执业纪律,严格履行法定职责,保证其所出具文件的真实性、准确性、完整性。

第四条 律师事务所应当建立健全风险控制制度,加强对律师从事证券法律业务的管理,提高律师证券法律业务水平。

第五条 中国证券监督管理委员会(以下简称中国证监会)及其派出机构、司法部及地方司法行政机关依法对律师事务所从事证券法律业务进行监督管理。

律师协会依照章程和律师行业规范对律师事务所从事证券法律业务进行自律管理。

第二章 业务范围

第六条 律师事务所从事证券法律业务,可以为下列事项出具法律意见:

(一)首次公开发行股票及上市;

(二)上市公司发行证券及上市;

(三)上市公司的收购、重大资产重组及股份回购;

(四)上市公司实行股权激励计划;

(五)上市公司召开股东大会;

(六)境内企业直接或者间接到境外发行证券、将其证券在境外上市交易;

(七)证券公司、证券投资基金管理公司及其分支机构的设立、变更、解散、终止;

（八）证券投资基金的募集、证券公司集合资产管理计划的设立；

（九）证券衍生品种的发行及上市；

（十）中国证监会规定的其他事项。

第七条　律师事务所可以接受当事人的委托，组织制作与证券业务活动相关的法律文件。

第八条　鼓励具备下列条件的律师事务所从事证券法律业务：

（一）内部管理规范，风险控制制度健全，执业水准高，社会信誉良好；

（二）有20名以上执业律师，其中5名以上曾从事过证券法律业务；

（三）已经办理有效的执业责任保险；

（四）最近两年未因违法执业行为受到行政处罚。

第九条　鼓励具备下列条件之一，并且最近两年未因违法执业行为受到行政处罚的律师从事证券法律业务：

（一）最近三年从事过证券法律业务；

（二）最近三年连续执业，且拟与其共同承办业务的律师最近三年从事过证券法律业务；

（三）最近三年连续从事证券法律领域的教学、研究工作，或者接受过证券法律业务的行业培训。

第十条　律师被吊销执业证书的，不得再从事证券法律业务。

律师被中国证监会采取证券市场禁入措施或者被司法行政机关给予停止执业处罚的，在规定禁入或者停止执业的期间不得从事证券法律业务。

第十一条　同一律师事务所不得同时为同一证券发行的发行人和保荐人、承销的证券公司出具法律意见，不得同时为同一收购行为的收购人和被收购的上市公司出具法律意见，不得在其他同一证券业务活动中为具有利害关系的不同当事人出具法律意见。

律师担任公司及其关联方董事、监事、高级管理人员，或者存在其他影响律师独立性的情形的，该律师所在律师事务所不得接受所任职公司的委托，为该公司提供证券法律服务。

第三章　业务规则

第十二条　律师事务所及其指派的律师从事证券法律业务，应当按照依法制定的业务规则，勤勉尽责，审慎履行核查和验证义务。

律师进行核查和验证，可以采用面谈、书面审查、实地调查、查询和函证、计算、复核等方法。

第十三条　律师事务所及其指派的律师从事证券法律业务，应当依法对所依据的文件资料内容的真实性、准确性、完整性进行核查和验证；在进行核查和验证前，应当编制核查和验证计划，明确需要核查和验证的事项，并根据业务的进展情况，对其予以适当调整。

第十四条　律师在出具法律意见时，对与法律相关的业务事项应当履行法律专业人士特别的注意义务，对其他业务事项履行普通人一般的注意义务，其制作、出具的文件不得有虚假记载、误导性陈述或者重大遗漏。

第十五条　律师从国家机关、具有管理公共事务职能的组织、会计师事务所、资产评估机构、资信评级机构、公证机构（以下统称公共机构）直接取得的文书，可以作为出具法律意见的依据，但律师应当履行本办法第十四条规定的注意义务并加以说明；对于不是从公共机构直接取得的文书，经核查和验证后方可作为出具法律意见的依据。

律师从公共机构抄录、复制的材料，经该机构确认后，可以作为出具法律意见的依据，但律师应当履行本办法第十四条规定的注意义务并加以说明；未取得公共机构确认的，对相关内容进行核查和验证后方可作为出具法律意见的依据。

第十六条　律师进行核查和验证，需要会计师事务所、资产评估机构等证券服务机构作出判断的，应当直接委托或者要求委托人委托会计师事务所、资产评估机构等证券服务机构出具意见。

第十七条　律师在从事证券法律业务时，委托人应当向其提供真实、完整的有关材料，不得拒绝、隐匿、谎报。

律师发现委托人提供的材料有虚假记载、误导性陈述、重大遗漏，或者委托人有重大违法行为的，应当要求委托人纠正、补充；委托人拒不纠正、补充的，律师可以拒绝继续接受委托，同时应当按照规定向有关方面履行报告义务。

第十八条　律师应当归类整理核查和验证中形成的工作记录和获取的材料，并对法律意见书等文件中各具体意见所依据的事实、国家相关规定以及律师的分析判断作出说明，形成记录清晰的工作底稿。

第十九条　工作底稿由出具法律意见的律师事务所保存，保存期限不得少于7年；中国证监会对保存期限另有规定的，从其规定。

第四章　法律意见

第二十条　法律意见是律师事务所及其指派的律师针对委托人委托事项的合法性，出具的明确结论性意见，是委托人、投资者和中国证监会及其派出机构确认相关事项是否合法的重要依据。法律意见应当由律师在核查和验证所依据的文件资料内容的真实性、准确性、完整性的基础上，依据法律、行政法规及相关规定作出。

第二十一条　法律意见书应当列明相关材料、事实、具体核查和验证结果、国家有关规定和结论性意见。

法律意见不得使用"基本符合"、"未发现"等含糊措辞。

第二十二条　有下列情形之一的，律师应当在法律意见中予以说明，并充分揭示其对相关事项的影响程度及其风险：

（一）委托人的全部或者部分事项不符合中国证监会规定；

（二）事实不清楚，材料不充分，不能全面反映委托人情况；

（三）核查和验证范围受到客观条件的限制，无法取得应有证据；

（四）律师已要求委托人纠正、补充而委托人未予纠正、补充；

（五）律师已依法履行勤勉尽责义务，仍不能对全部或者部分事项作出准确判断；

（六）律师认为应当予以说明的其他情形。

第二十三条　律师从事本办法第六条规定的证券法律业务，其所出具的法律意见应当经所在律师事务所讨论复核，并制作相关记录作为工作底稿留存。

第二十四条　律师从事本办法第六条规定的证券法律业务，其所出具的法律意见应当由两名执业律师和所在律师事务所负责人签名，加盖该律师事务所印章，并签署日期。

第二十五条　法律意见书的具体内容和格式，应当符合中国证监会的相关规定。

第二十六条　法律意见书等文件在报送中国证监会及其派出机构后，发生重大事项或者律师发现需要补充意见的，应当及时提出补充意见。

第五章　监督管理

第二十七条　律师从事证券法律业务期间，律师或者其所在律师事务所因涉嫌违法被有关机关立案调查的，该律师、律师事务所应当及时如实告知委托人，并明确提示可能的法律后果。

第二十八条　律师、律师事务所在向委托人出具法律意见时，应当按照规定同时提交其已从事证券法律业务的有关情况；委托人向中国证监会及其派出机构报送含有法律意见的文件时，应当按照规定同时提交律师、律师事务所已从事证券法律业务的有关情况。

第二十九条　中国证监会及其派出机构、司法行政机关及律师协会建立律师从事证券法律业务的资料库和诚信档案，记载律师、律师事务所从事证券法律业务所受处理处罚等情况，并按照规定予以公开。

第三十条　中国证监会及其派出机构在审核律师出具的法律意见时，对其真实性、准确性、完整性有疑义的，可以要求律师作出解释、补充，或者调阅其工作底稿。律师和律师事务所应当配合。

第三十一条　律师、律师事务所从事证券法律业务有下列情形之一的，中国证监会及其派出机构可以采取责令改正、监管谈话、出具警示函等措施：

（一）未按照本办法第十二条的规定勤勉尽责，对所依据的文件资料内容的真实性、准确性、完整性进行核查和验证；

（二）未按照本办法第十三条的规定编制核查和验证计划；

（三）未按照本办法第十七条的规定要求委托人予以纠正、补充，或者履行报告义务；

（四）未按照本办法第二十二条的规定在法律意见中作出说明；

（五）未按照本办法第二十三条的规定讨论复核法律意见；

（六）未按照本办法第二十七条的规定履行告知义务；

（七）法律意见的依据不适当或者不充分，法律分析有明显失误；

（八）法律意见的结论不明确或者与核查和验证的结果不对应；

（九）未按照本办法第十八条的规定制作工作底稿；

（十）未按照本办法第十九条的规定保存工作底稿；

（十一）法律意见书不符合规定内容或者格式；

（十二）法律意见书等文件存在严重文字错误等文书质量问题；

（十三）违反业务规则的其他情形。

第三十二条　中国证监会及其派出机构作出监管谈话决定的，应当将监管谈话的对象、原因、时间、地点等以书面形式通知律师或者律师事务所负责人。律师或者律师事务所负责人应当按照通知要求，接受监管谈话。

中国证监会及其派出机构对律师或者律师事务所负责人监管谈话，可以会同或者委托司法行政机关进行。

进行监管谈话，应当有两名以上工作人员在场，并对监管谈话的内容作出书面记录。

第三十三条　中国证监会及其派出机构或者司法行政机关对律师、律师事务所采取责令改正、监管谈话、出具警示函等措施的，律师、律师事务所应当按照要求改正所存在的问题，提高证券法律业务水平。

第三十四条　律师、律师事务所负责人未按照规定接受监管谈话，或者未按照要求改正所存在问题的，中国证监会及其派出机构或者司法行政机关可以责令其限期整改。

第三十五条　律师、律师事务所被中国证监会及其派出机构、司法行政机关立案调查或者责令整改的，在调查、整改期间，中国证监会及其派出机构暂不受理和审核该律师、律师事务所出具的法律意见书等文件。

第六章　法律责任

第三十六条　律师事务所及其指派的律师从事证券法律业务，违反《证券法》和有关证券管理的行政法规，应当给予行政处罚的，由中国证监会依据《证券法》和有关证券管理的行政法规实施处罚；需要对律师事务所给予停业整顿处罚、对律师给予停止执业或者吊销律师执业证书处罚的，由司法行政机关依法实施处罚。

第三十七条 律师事务所从事证券法律业务，未勤勉尽责，所制作、出具的文件有虚假记载、误导性陈述或者重大遗漏的，由中国证监会依照《证券法》第二百二十三条的规定实施处罚。

第三十八条 律师事务所从事证券法律业务，未按照本办法第十九条的规定保存工作底稿的，由中国证监会依照《证券法》第二百二十五条的规定实施处罚。

第三十九条 律师事务所从事证券法律业务，有本办法第三十一条第（一）项至第（八）项规定情形之一的，由中国证监会依照《证券法》第二百二十六条第三款的规定实施处罚。

第四十条 律师从事证券法律业务，违反《证券法》、有关行政法规和本办法规定，情节严重的，中国证监会可以依照《证券法》第二百三十三条的规定，对其采取证券市场禁入的措施。

第四十一条 律师事务所及其指派的律师从事证券法律业务，违反《律师法》和有关律师执业管理规定的，由司法行政机关给予相应的行政处罚。

律师事务所及其指派的律师从事证券法律业务，违反律师行业规范的，由律师协会给予相应的行业惩戒。

第四十二条 律师事务所及其指派的律师违反规定从事证券法律业务，涉嫌犯罪的，依法移送司法机关处理。

第四十三条 中国证监会及其派出机构、司法行政机关在查处律师事务所、律师从事证券法律业务的违法行为的工作中，应当相互配合，互通情况，建立协调协商机制。对于依法应当由对方实施处罚的，及时移送对方处理；一方实施处罚后，应当将处罚结果书面告知另一方，并抄送律师协会。

第七章 附 则

第四十四条 律师事务所及其指派的律师从事期货法律业务，参照本办法执行。

第四十五条 本办法自2007年5月1日起施行。《中国证券监督管理委员会关于加强律师从事证券法律业务管理的通知》（证监法字〔1998〕1号）同时废止。

证券分析师执业行为准则

（2012 年 6 月 19 日发布，2012 年 9 月 1 日起施行）

第一条 为规范证券分析师执业行为，提高证券分析师专业水平，维护证券分析师良好职业形象，根据法律、法规、《中国证券业协会章程》及《发布证券研究报告暂行规定》（中国证监会公告［2010］28 号）的有关要求，特制定本准则。

第二条 本准则所称证券分析师是指与证券公司、证券投资咨询机构签订劳动合同，并在中国证券业协会注册登记为证券分析师的人员。

第三条 证券分析师应当自觉遵守法律、法规、中国证监会的有关规定、行业自律规则以及所在证券公司、证券投资咨询机构的内部管理制度，规范执业行为。

第四条 证券分析师应当遵循独立、客观、公平、审慎、专业、诚信的执业原则。

第五条 证券分析师应当保持独立性，不因所在公司内部其他部门、证券发行人、上市公司、基金管理公司、资产管理公司等利益相关者的不当要求而放弃自己的独立立场。

第六条 证券分析师应当恪守诚信原则，其研究结论应当是证券分析师真实意思的表达，不得在提供投资分析意见时违背自身真实意思误导投资者。

第七条 证券分析师制作发布证券研究报告，应当自觉使用合法合规信息，不得以任何形式使用或泄露国家保密信息、上市公司内幕信息以及未公开重大信息，不得编造并传播虚假、不实、误导性信息。

第八条 证券分析师制作发布证券研究报告，应当基于认真审慎的工作态度、专业严谨的研究方法与分析逻辑得出研究结论。证券研究报告的分析与结论应当保持逻辑一致性。

第九条 证券分析师应当充分尊重知识产权，不得抄袭他人著作、论文或其他证券分析师的研究成果，在证券研究报告中引用他人著作、论文或研究成果时，应当加以注明。

第十条 证券分析师制作发布证券研究报告、提供相关服务，不得用以往推荐具体证券的表现佐证未来预测的准确性，也不得对具体的研究观点或结论进行保证或夸大。

第十一条 证券分析师制作发布证券研究报告、提供相关服务，应当向客户进行必要的风险提示。

第十二条 证券分析师应当通过公司规定的系统平台发布证券研究报告，不得通过短信、个人邮件等方式向特定客户、公司内部部门提供或泄露尚未发布的证券研究报告内容和观点，不得通过论坛、博客、微博等互联网平台对外提供或泄露尚未发布的证券研究报告内容和观点。

第十三条 证券分析师明知特定客户、公司内部其他部门的要求或拟委托的事项违反了法律、法规、中国证监会监管规定、行业自律规则以及公司管理制度的，应当予以拒绝，并及时向公司报告。

第十四条 证券分析师在执业过程中遇到自身利益与公司利益、客户利益存在冲突时，应当主动向公司报告。

第十五条 证券分析师的配偶、子女、父母担任其所研究覆盖的上市公司的董事、监事、高级管理人员的，证券分析师应当按照公司的规定进行执业回避或者在证券研究报告中对上述事实进行披露。

第十六条 证券分析师应当珍惜职业称号和职业声誉，以真实姓名执业。

第十七条 证券分析师只能与一家证券公司、证券投资咨询机构签订劳动合同，不得以任何形式同时在两家或两家以上的机构执业。

证券分析师不得在公司内部或外部兼任有损其独立性与客观性的其他职务，包括担任上市公司的独立董事。

第十八条 证券分析师在执业过程中，不得向上市公司、证券发行人、基金管理公司、资产管理公司以及其他利益相关者提供、索要或接受任何贵重财物或可能对证券分析师独立客观执业构成不利影响的其他利益。

证券分析师参加媒体组织的研究评价活动，应当经所在公司同意，秉承公平竞争的原则，不得以不正当手段争取较高的研究评价结果。

第十九条 证券分析师应当相互尊重，共同维护行业声誉，不得在公众场合及媒体上发表贬低、损害同行声誉的言论，不得以不正当手段与同行竞争。

第二十条 证券分析师通过广播、电视、网络、报刊等公众媒体以及报告会、交流会等形式，发表涉及具体证券的评论意见，应当严格执行证券信息传播及中国证监会的相关规定，准确地表述自己的研究观点，不得与其所在公司已发布证券研究报告的最新意见和建议相矛盾，也不得就所在研究机构未覆盖的公司发表证券估值或投资评级意见。

证券分析师通过论坛、博客、微博等互联网平台发表评论意见的行为应当符合上述规定。

第二十一条 证券分析师应当遵守所在公司的管理制度，履行岗位职责，充分尊重和维护所在公司的合法权益。

证券分析师离职后，应当履行与原所在公司所签署的劳动合同或协议的有关约定，承担相应的保密、竞业限制、培训赔偿等义务。

第二十二条 证券分析师应当按照中国证券业协会的相关规定参加后续执业培训，积极参加所在公司组织的业务培训及合规培训，不断提高专业能力、执业水平以及合规意识。

第二十三条 证券分析师违反本准则规定的，中国证券业协会将根据自律规定，视情节轻重采取自律管理措施或纪律处分，并将纪律处分结果报送中国证监会。

第二十四条 协助制作发布证券研究报告的有关人员比照本准则执行。

第二十五条 本准则由中国证券业协会负责解释。

第二十六条 本准则自 2012 年 9 月 1 日起施行，2005 年发布的《中国证券分析师职业道德守则》同时废止。

期货公司管理办法

（中国证券监督管理委员会令第 43 号，经 2007 年 3 月 28 日中国证券监督管理委员会第 203 次主席办公会议审议通过，2007 年 4 月 9 日发布，自 2007 年 4 月 15 日起施行）

第一章　总　则

第一条　为了规范期货公司的经营活动，加强对期货公司的监督管理，保护客户的合法权益，促进期货市场积极稳妥发展，根据《公司法》和《期货交易管理条例》等法律、行政法规，制定本办法。

第二条　在中华人民共和国境内设立的期货公司，适用本办法。

第三条　期货公司应当遵守法律、行政法规和中国证券监督管理委员会（以下简称中国证监会）的规定，审慎经营，履行对客户的诚信义务。

第四条　期货公司的控股股东、实际控制人和其他关联人不得滥用权力，不得占用期货公司的资产或者挪用客户保证金和其他资产，不得损害期货公司、客户的合法权益。

第五条　中国证监会及其派出机构依法对期货公司及其分支机构实行监督管理。

中国期货业协会、期货交易所依法对期货公司实行自律管理。

期货保证金安全存管监控机构依法对保证金安全实施监控。

第二章　设立、变更与业务终止

第六条　申请设立期货公司，除应当符合《期货交易管理条例》第十六条规定的条件外，还应当具备下列条件：

（一）具有期货从业人员资格的人员不少于十五人；

（二）具备任职资格的高级管理人员不少于三人。

第七条　申请设立期货公司，股东应当具有中国法人资格，持有 5%以上股权的股东应当具备下列条件：

（一）实收资本和净资产均不低于人民币 3000 万元，持续经营两个以上完整的会计年度，在最近两个会计年度内至少一个会计年度盈利；或者实收资本和净资产均不低于人民币两亿元；

（二）净资产不低于实收资本的 50%，或有负债低于净资产的 50%，不存在对财务状况产生重大不确定影响的其他风险；

（三）包括对期货公司的出资在内的累计对外长期股权投资不超过自身净资产；

（四）没有较大数额的到期未清偿债务；

（五）近三年内未因违法违规经营受到行政处罚或者刑事处罚；

（六）未因涉嫌违法违规经营正在被有权机关立案调查或者采取强制措施；

（七）在近三年内作为金融机构的股东或者实际控制人，或者作为上市公司的控股股东或者实际控制人，没有滥用股东权利、逃避股东义务等不诚信行为；

（八）其自然人股东、法定代表人或者高级管理人员没有被采取证券、期货市场禁入措施，或者禁入期限届满已逾两年；没有被撤销证券、期货高级管理人员任职资格或者从业人员资格，或者自被撤销之日起已逾两年；不存在《公司法》第一百四十七条第一款所列情形；

（九）不存在中国证监会根据审慎监管原则认定的其他不适合参股期货公司的情形。

第八条　设立期货公司，持有100%股权的股东除应当符合本办法第七条规定的条件外，净资本应当不低于人民币 10 亿元；股东不适用净资本或者类似指标的，净资产应当不低于人民币 15 亿元。

第九条　期货公司有关联关系的股东持股比例合计达到 5%的，持股比例最高的股东应当符合本办法第七条规定的条件。

期货公司有关联关系的股东持股比例合计达到 100%的，持股比例最高的股东应当符合本办法第八条规定的条件。

第十条　申请设立期货公司，应当向中国证监会提交下列申请材料：

（一）设立期货公司申请书；

（二）公司章程草案；

（三）经营计划；

（四）发起人名单及其审计报告；

（五）拟任用高级管理人员和从业人员名单、简历和相关资格证明；

（六）拟订的期货业务制度、内部控制制度和风险管理制度文本；

（七）场地、设备、资金证明文件；

（八）律师事务所出具的法律意见书；

（九）中国证监会规定的其他申请材料。

第十一条　按照本办法设立的期货公司，可以从事商品期货经纪业务；从事其他期货业务的，还应当取得相应的业务资格。

第十二条　期货公司申请金融期货经纪业务资格，应当具备下列条件：

（一）申请日前两个月的风险监管指标持续符合规定的标准；

（二）具有健全的公司治理、风险管理制度和内部控制制度，并有效执行；

（三）符合中国证监会期货保证金安全存管监控的规定；

（四）具有从事金融期货经纪业务的详细计划；

（五）业务设施和技术系统符合相关技术规范且运行状况良好；

（六）高级管理人员近两年内未受过刑事处罚，未因违法违规经营受过行政处罚，无不良信用记录，且不存在因涉嫌违法违规经营正在被有权机关调查的情形；

（七）不存在被中国证监会及其派出机构采取《期货交易管理条例》第五十九条第二款、第六十条规定的监管措施的情形；

（八）不存在因涉嫌违法违规经营正在被行政、司法机关立案调查的情形；

（九）近两年内未因违法违规经营受过刑事处罚或者行政处罚。但期货公司控股股东或者实际控制人变更，高级管理人员变更比例超过 50%，对出现上述情形负有责任的高级管理人员和业务负责人已不在公司任职，且已整改完成并经期货公司住所地的中国证监会派出机构验收合格的，可不受此限制；

（十）控股股东净资产不低于人民币 3000 万元；

（十一）控股股东和实际控制人近两年内未受过刑事处罚，未因违法违规经营受过行政处罚，且不存在因涉嫌违法违规经营正在被有权机关立案调查的情形；

（十二）中国证监会根据审慎监管原则规定的其他条件。

第十三条 期货公司申请金融期货经纪业务资格，应当向中国证监会提交下列申请材料：

（一）金融期货经纪业务资格申请书；

（二）加盖公司公章的营业执照和业务许可证复印件；

（三）股东会或者董事会关于期货公司申请金融期货经纪业务资格的决议文件；

（四）申请日前两个月月末的期货公司风险监管报表，及申请日前两个月的风险监管指标持续符合规定标准的书面保证；

（五）公司治理、风险管理制度和内部控制制度文本及执行情况报告；

（六）从事金融期货经纪业务的计划书；

（七）业务设施和技术系统运行情况报告；

（八）《高级管理人员情况表》、《主要部门负责人情况表》和《从业人员情况表》；

（九）经具有证券、期货相关业务资格的会计师事务所审计的前一年度财务报告；申请日在下半年的，还应提供经审计的半年度财务报告；

（十）控股股东的经具有证券、期货相关业务资格的会计师事务所审计的最近一期的财务报告；

（十一）律师事务所就期货公司是否符合本办法第十二条第（六）项、第（八）项、第（九）项和第（十一）项规定的条件，以及股东会或者董事会决议是否合法出具的法律意见书；

（十二）若存在本办法第十二条第（九）项规定的情形的，还应提供期货公司住所地的中国证监会派出机构出具的整改验收合格的专项意见书；

（十三）中国证监会规定的其他申请材料。

第十四条 期货公司变更股权有下列情形之一的，应当经中国证监会批准：

（一）单个股东的持股比例增加到 5%以上，或者有关联关系的股东合计持股比例增加到 5%以上；

（二）持有 5%以上股权的股东受让股权，或者有关联关系且合计持有 5%以上股权的股东受让股权。

第十五条 期货公司变更股权有本办法第十四条所列情形的，应当符合下列条件：

（一）拟变更的股权不存在被查封、冻结等情形；

（二）期货公司与股东之间不存在交叉持股的情形，期货公司不存在为股权受让方提供任何形式财务支持的情形；

（三）涉及的股东符合本办法第七条、第八条、第九条规定的条件。

第十六条 期货公司变更股权有本办法第十四条所列情形的，应当向中国证监会提交下列申请材料：

（一）变更股权申请书；

（二）股东会关于变更股权的决议文件；

（三）股权转让合同，以及其他股东放弃优先购买权的承诺书；

（四）变更后期货公司股东股权背景情况图；

（五）间接持有期货公司 5%及以上股权的自然人情况申报表；

（六）期货公司关于变更后股东之间是否存在关联关系、期货公司是否为股权受让方提供任何形式财务支持的情况说明；

（七）拟增加出资额的股东的股东会或者董事会做出的相关决议；

（八）拟增加出资额的股东以及符合本办法第九条规定的股东的基本情况报告；

（九）拟增加出资额的股东以及符合本办法第九条规定的股东的审计报告；

（十）拟增加出资额的股东以及符合本办法第九条规定的股东关于投资期货公司的可行性报告和计划；

（十一）律师事务所出具的法律意见书；

（十二）中国证监会规定的其他材料。

第十七条　期货公司变更注册资本，应当符合下列条件：

（一）变更后注册资本不低于所从事的期货业务的注册资本最低限额；

（二）模拟计算的变更注册资本后的净资本和其他财务指标满足风险监管指标标准；

（三）增加注册资本的，拟增加出资或者受让股权的股东应当符合本办法第七条、第八条、第九条的规定。

第十八条　期货公司变更注册资本，应当经中国证监会审核，期货公司应当向中国证监会提交下列申请材料：

（一）变更注册资本申请书；

（二）股东会关于变更注册资本的决议文件；

（三）股东变更出资的合同，以及其他股东放弃优先购买权的承诺书；

（四）变更注册资本的详细方案；

（五）模拟计算的变更注册资本后的资产负债表、风险监管报表；

（六）本办法第十六条第（四）项至第（十一）项规定的材料；

（七）中国证监会规定的其他材料。

第十九条　期货公司变更股权或者注册资本，单个股东或者有关联关系的股东拟持有期货公司100%股权的，中国证监会根据审慎监管原则进行审查，做出批准或者不批准的决定。

第二十条　期货公司变更法定代表人，拟任法定代表人应当具备任职资格。期货公司应当向住所地的中国证监会派出机构提交下列申请材料：

（一）变更法定代表人申请书；

（二）股东会关于变更法定代表人的决议文件，公司章程另有规定的，从其规定；

（三）拟任法定代表人任职资格证明；

（四）中国证监会规定的其他材料。

第二十一条　期货公司变更住所，应当妥善处理客户的保证金和持仓，拟迁入的住所和拟使用的设施应当符合期货业务的需要。期货公司在中国证监会不同派出机构辖区变更住所的，还应当符合下列条件：

（一）符合持续性经营规则；

（二）近两年内无重大违法违规经营记录，未发生重大风险事件；

（三）中国证监会根据审慎监管原则规定的其他条件。

第二十二条　期货公司变更住所，应当向拟迁入地中国证监会派出机构提交下列申请材料：

（一）变更住所申请书；

（二）变更住所的详细计划；

（三）拟变更后的住所所有权或者使用权证明和消防检验合格证明；

（四）妥善处理客户保证金和持仓的报告；

（五）中国证监会规定的其他材料。

第二十三条 期货公司申请设立营业部，应当具备下列条件：

（一）未因涉嫌违法违规经营正在被有权机关调查，近一年内未因违法违规经营受到行政处罚或者刑事处罚；

（二）申请日前三个月符合期货公司风险监管指标标准；

（三）符合有关客户资产保护和期货保证金安全存管监控的规定；

（四）公司治理和内部控制制度符合有关规定并有效执行；

（五）拟任负责人具备任职资格条件，业务岗位工作人员具备期货从业人员资格；

（六）业务岗位职责明确、分工合理，与营业部的经营计划相适应；

（七）具有符合期货业务需要的营业场所和设施；

（八）中国证监会根据审慎监管原则规定的其他条件。

第二十四条 期货公司申请设立营业部，应当向拟设立营业部所在地的中国证监会派出机构提交下列申请材料：

（一）设立营业部申请书；

（二）拟设立营业部的决议文件；

（三）申请日前三个月月末的风险监管报表；

（四）营业部的管理制度文本；

（五）拟任负责人任职资格申请材料或证明；

（六）拟任用从业人员名册、期货从业人员资格证书复印件；

（七）营业场所所有权或者使用权证明和消防检验合格证明；

（八）中国证监会规定的其他材料。

第二十五条 期货公司营业部变更负责人的，拟任负责人应当具备相应的任职资格。

期货公司应当向营业部所在地的中国证监会派出机构提交关于变更负责人申请书和拟任负责人任职资格证明。

第二十六条 期货公司营业部变更营业场所的，应当妥善处理客户的保证金和持仓，拟迁入的营业场所和拟使用的设施应当满足期货业务的需要。

期货公司应当向营业部所在地的中国证监会派出机构提交下列申请材料：

（一）变更营业部营业场所申请书；

（二）变更营业部营业场所的详细计划；

（三）对客户保证金和持仓妥善处理的情况报告；

（四）拟变更后的营业场所所有权或者使用权证明和消防检验合格证明；

（五）中国证监会规定的其他材料。

本办法所称期货公司变更营业部营业场所仅限于在中国证监会同一派出机构辖区内变更营业场所。

第二十七条 期货公司营业部终止的，应当先行妥善处理该营业部客户的保证金和其他资产，结清期货业务并终止经营活动。

期货公司应当向营业部所在地的中国证监会派出机构提交下列申请材料：

（一）终止营业部申请书；

（二）拟终止营业部的决议文件；

（三）关于处理客户的保证金和其他资产、结清期货业务并终止经营活动的情况报告；

（四）中国证监会规定的其他材料。

第二十八条 期货公司因遭遇不可抗力等正当事由申请停业的，应当妥善处理客户的保证金和其他资产，清退或转移客户。

期货公司恢复营业的，应当符合期货公司持续性经营规则。停业期限届满后，期货公司仍未能恢复营业或者仍不符合持续性经营规则的，中国证监会可以根据《期货交易管理条例》第二十一条第一款的规定注销其期货业务许可证。

第二十九条　期货公司停业的，应当向中国证监会提交下列申请材料：

（一）停业申请书；

（二）停业决议文件；

（三）关于处理客户的保证金和其他资产、结清期货业务的情况报告；

（四）中国证监会规定的其他材料。

第三十条　期货公司解散、破产的，应当先行妥善处理客户的保证金和其他资产，结清期货业务。

期货公司被撤销所有期货业务许可的，应当妥善处理客户的保证金和其他资产，结清期货业务；公司继续存续的，应当依法办理名称、营业范围和公司章程等工商变更登记，存续公司不得继续以期货公司名义从事期货业务，其名称中不得有“期货”或者近似字样。

第三十一条　期货公司设立、变更、解散、破产、被撤销期货业务许可或者其营业部设立、变更、终止的，期货公司应当在中国证监会指定的报刊或者媒体上公告。

第三十二条　期货公司及其营业部的许可证由中国证监会统一印制。许可证正本或者副本遗失或者灭失的，期货公司应当在30日内在中国证监会指定的报刊或者媒体上声明作废，并持登载声明向中国证监会重新申领。

第三章　公司治理

第三十三条　期货公司应当按照明晰职责、强化制衡、加强风险管理的原则，建立并完善公司治理。

第三十四条　期货公司与其控股股东在业务、人员、资产、财务、场所等方面应当严格分开，独立经营，独立核算。

期货公司的控股股东、实际控制人不得超越期货公司股东会、董事会任免期货公司的董事、监事、高级管理人员，或者非法干预客户保证金存管、交易、结算、风险管理、财务会计和营业部管理等经营管理活动。

期货公司不得向股东做出最低收益、分红的承诺；期货公司向股东、实际控制人及其关联人提供期货经纪服务的，不得降低风险管理要求。

第三十五条　期货公司股东会应当按照《公司法》和公司章程，对职权范围内的事项进行审议和表决。股东会每年应当至少召开一次会议。

期货公司股东应当按照出资比例行使表决权。

第三十六条　期货公司的股东及实际控制人出现下列情形之一的，应当在三日内通知期货公司：

（一）所持有的期货公司股权被冻结、查封或者被强制执行；

（二）质押所持有的期货公司股权；

（三）决定转让所持有的期货公司股权；

（四）不能正常行使股东权利或者承担股东义务，可能造成期货公司治理的重大缺陷；

（五）涉嫌严重违法违规经营，被有权机关调查、采取强制措施；

（六）变更名称；

（七）合并、分立或者进行重大资产、债务重组；

（八）被撤销、接管、托管、关闭，或者解散、破产；

（九）其他可能影响期货公司股权变更的情形。

期货公司股东发生前款规定情形的，期货公司及其相关股东应当在五日内向期货公司住所地的中国证监会派出机构提交书面报告；期货公司实际控制人发生前款第（五）项至第（八）项所列情形的，期货公司及其实际控制人应当在五日内向期货公司住所地的中国证监会派出机构提交书面报告。

第三十七条 期货公司有下列情形之一的，应当立即书面通知全体股东，并向期货公司住所地的中国证监会派出机构报告：

（一）公司或其董事、监事、高级管理人员因涉嫌重大违法违规被有权机关立案调查或者采取强制措施；

（二）拟更换董事长、总经理；

（三）财务状况恶化，不符合中国证监会规定的风险监管指标标准；

（四）客户发生重大透支、穿仓；

（五）发生突发事件，对期货公司和客户利益产生或者可能产生重大不利影响；

（六）其他可能影响期货公司持续经营的情形。

中国证监会及其派出机构对期货公司及其营业部作出的整改通知、监管措施和行政处罚等，期货公司应当书面通知全体股东。

第三十八条 期货公司应当设立董事会。董事会每年应当至少召开两次会议。董事会会议记录应当真实、准确、完整。

第三十九条 期货公司的董事会除应当行使《公司法》规定的职权外，还应当履行下列职责：

（一）审议并决定客户保证金安全存管制度，确保客户保证金存管符合有关客户资产保护和期货保证金安全存管监控的各项要求；

（二）审议并决定风险管理、内部控制制度。

第四十条 具有实行会员分级结算制度期货交易所结算业务资格的期货公司和独资期货公司等应当设独立董事。

独立董事应当保持独立性，不得在期货公司担任除董事以外的其他职务，不得与期货公司及其控股股东、实际控制人或者其他关联人存在可能妨碍其进行独立客观判断的关系。

独立董事应当遵守法律、行政法规和中国证监会的规定，遵守公司章程，对期货公司负有忠实义务和勤勉义务，维护客户、期货公司和全体股东的合法权益。期货公司的其他董事、监事和高级管理人员应当积极配合、协助独立董事履行职责。

第四十一条 期货公司应当按照《公司法》的规定设立监事会或监事，切实保障监事会和监事对公司经营情况的知情权。监事会或者监事应当按照《公司法》和公司章程的规定履行其职责。

第四十二条 期货公司章程应当就法定代表人对外代表公司进行经营活动时，违反董事会决定的公司经营计划和期货保证金安全存管、风险管理、内部控制等制度或者其他董事会决议的行为，规定法定代表人应当承担的责任与相应的责任追究程序。

第四十三条 期货公司应当设首席风险官，对期货公司经营管理行为的合法合规性、风险管理进行监督、检查。

首席风险官发现涉嫌占用、挪用客户保证金等违法违规行为或者可能发生风险的，应当立即向中国证监会派出机构和公司董事会报告。

期货公司拟解聘首席风险官的，应当有正当理由并向中国证监会派出机构报告。首席风险官不履行职责的，中国证监会及其派出机构有权责令更换。

第四十四条 期货公司的董事长、总经理、首席风险官之间不得存在近亲属关系。董事长和总经理不得由一人兼任。

第四十五条 期货公司应当合理设置业务部门及其职能，建立交易、结算、风险管理、财务等岗位责任制度，对关键岗位及业务实施重点控制，确保前、中、后台业务分开。

期货公司交易、结算、财务业务应当由不同部门和人员分开办理。

第四十六条 期货公司应当设立风险管理部门或者岗位，管理和控制期货公司的经营风险。

期货公司应当设立合规审查部门或者岗位，对期货公司经营管理行为的合法合规性进行审查、稽核。

第四十七条 期货公司应当按照中国证监会的规定对营业部实行统一结算、统一风险管理、统一资金调拨、统一财务管理和会计核算，建立规范、完善的营业部岗位责任制度和业务操作规程。

期货公司不得与他人合资、合作经营管理营业部，不得将营业部承包、租赁或者委托给他人经营管理。

第四章 经纪业务规则

第四十八条 期货公司应当按照审慎经营的原则，建立并有效执行风险管理、内部控制、期货保证金存管等业务制度和流程，保持财务稳健并持续符合中国证监会规定的风险监管指标标准，确保客户的交易安全和资产安全。

第四十九条 期货公司应当遵循诚实信用原则，以专业的技能，勤勉尽责地执行客户的委托，维护客户的合法权益。

期货公司应当避免与客户的利益冲突，当无法避免时，应当确保客户利益优先。

第五十条 除《期货交易管理条例》第二十六条规定的情形外，下列人员不得以本人或者他人名义从事期货交易：

（一）无民事行为能力人或者限制民事行为能力人；

（二）期货公司的工作人员及其配偶；

（三）中国证监会及其派出机构、期货交易所、期货保证金安全存管监控机构和中国期货业协会的工作人员及其配偶。

第五十一条 客户开立账户，必须出具中国公民身份证明或者中国法人资格或者其他经济组织资格的合法证件，中国证监会另有规定的除外。

第五十二条 期货公司在为客户开立账户前，应当向客户出示《期货交易风险说明书》，由客户签字确认已了解《期货交易风险说明书》的内容，并签订期货经纪合同。期货公司不得为未签订《期货经纪合同》的客户开立账户。

《〈期货经纪合同〉指引》、《期货交易风险说明书》的内容和格式由中国期货业协会制定。

期货公司应当根据《〈期货经纪合同〉指引》及时更新《期货经纪合同》格式文本，报中国期货业协会审查备案，并报住所地的中国证监会派出机构备案。

期货公司对外发布的广告宣传材料，应当自发布之日起五个工作日内报住所地的中国证监会派出机构备案。

第五十三条 期货公司应当向客户充分揭示期货交易的风险，在其营业场所备置期货交易相关法规、期货交易所业务规则，并公开相关期货经纪业务流程、相关从业人员资格证明等资料供客户查阅。

期货公司应当在期货经纪合同、本公司网站和营业场所提示客户可以通过中国期货业协会网站查询其从业人员资格公示信息。

第五十四条 期货公司应当按照规定为客户申请交易编码。期货公司办理客户销户手续时，应当按照规定及时向期货交易所申请注销客户的交易编码。

第五十五条 客户需要委托他人办理下达指令、调拨资金等事项的，应当在期货经纪合同中指定受托人及明确其受托权限，约定联络方式、指令下达方式并预留受托人签字。

第五十六条 客户可以通过书面、电话、计算机、互联网等委托方式下达交易指令。以书面方式下达交易指令的，客户应当填写书面交易指令单；以电话方式下达交易指令的，期货公司应当同步录音；以计算机、互联网等委托方式下达交易指令的，期货公司应当以适当的方式保存该交易指令。

第五十七条 期货公司为客户提供互联网委托服务的，应当建立互联网交易风险管理制度，并对客户进行互联网交易风险的特别提示。

第五十八条 期货公司应当按照时间优先的原则传递客户交易指令。

第五十九条 期货公司应当在期货经纪合同中约定风险管理的标准、条件及处置措施。

第六十条 期货公司应当在每日交易闭市后为客户提供交易结算报告。客户应当按照期货经纪合同约定的时间和方式查询交易结算报告的内容。

期货公司应当根据期货交易所或者有结算业务资格的机构的结算结果对客户进行当日结算，结算科目的内容、格式、处理方式和处理日期应当与期货交易所保持一致。

期货公司应当在期货经纪合同、本公司网站和营业场所提示客户可以通过期货保证金安全存管监控机构查询服务系统，查询期货交易结算结果和有关期货交易的其他信息。

第六十一条 客户对交易结算报告的内容有异议的，应当在期货经纪合同约定的时间内向期货公司提出书面异议；客户对交易结算报告的内容无异议的，应当按照期货经纪合同约定的方式确认。客户既未对交易结算报告的内容确认，也未在期货经纪合同约定的时间内提出异议的，视为对交易结算报告内容的确认。

客户有异议的，期货公司应当在期货经纪合同约定的时间内予以核实。

第六十二条 期货公司应当制定并执行错单处理业务规则。

第六十三条 期货公司应当建立客户资料档案，除依法接受调查和检查外，应当为客户保密。

第六十四条 期货公司应当建立、健全客户投诉处理制度。期货公司应当将客户的投诉材料及处理结果存档。

第六十五条 期货公司之间或者期货公司与客户之间发生期货业务纠纷的，可以提请中国期货业协会、期货交易所调解处理。

第六十六条 客户与期货公司的委托关系终止的，应当办理相关的销户手续。期货公司不得将客户未注销的资金账号、交易编码借给他人使用。

第六十七条 期货公司应当建立交易、结算、财务数据的备份制度。

有关开户、变更、销户的客户资料档案应当自期货经纪合同终止之日起至少保存 20 年；交易指令记录、交易结算记录、错单记录、客户投诉档案以及其他业务记录应当至少保存 20 年。

期货公司以电子数据方式保存或者备份相关资料的，应当确保电子数据的真实、可靠，采取有效措施防止电子数据被篡改、损毁，保存的电子数据资料应当能随时转化为纸质形式。

第六十八条 期货公司可以委托经中国证监会批准的其他机构从事中间介绍业务。

第五章 客户资产保护

第六十九条 期货公司存管的期货保证金属于客户所有，除依据《期货交易管理条例》第二十九条划转客户保证金外，禁止任何单位或者个人以任何形式占用、挪用。期货公司破产或者清算时，客户的保证金和充抵保证金的其他资产不属于破产财产或者清算财产。非因客户本身的债务或者法律、行政法规规定的其他情形，不得查封、冻结、扣划或者强制执行客户的保证金和充抵保证金的其他资产。

客户的保证金应当与期货公司的自有资产相互独立、分别管理。

第七十条　期货公司应当在依法批准的期货保证金存管银行开立期货保证金账户。

期货公司开立、变更或者撤销期货保证金账户的，应在当日向其住所地的中国证监会派出机构和期货保证金安全存管监控机构备案，并通过规定的方式向客户披露期货保证金账户开立、变更或者撤销情况。

客户应当将保证金存入期货公司通过期货保证金安全存管监控机构网站披露的期货保证金账户。

期货保证金账户是指期货公司在期货保证金存管银行开立的用于存放和管理客户保证金的专用存款账户，包括期货公司在期货交易所所在地开立的、用于与期货交易所办理期货业务资金往来的专用资金账户。

第七十一条　期货公司存管的客户保证金应当全额存放在期货保证金账户和期货交易所专用结算账户内，严禁在期货保证金账户和期货交易所专用结算账户之外存放客户保证金。

第七十二条　客户应当向期货公司登记以本人名义开立的用于存取保证金的期货结算账户。

期货公司和客户应当通过备案的期货保证金账户和登记的期货结算账户转账存取保证金。

第七十三条　期货公司应当按照期货保证金安全存管监控的规定，及时向期货保证金安全存管监控机构报送信息。

第七十四条　期货保证金存管银行未能按照中国证监会有关规定向期货保证金安全存管监控机构报送有关期货保证金信息的，期货公司应当按照中国证监会及其派出机构的要求将期货保证金转存至其他符合规定的期货保证金存管银行。

第七十五条　期货公司应当按照期货交易所规则，使用自有资金缴存结算担保金、结算准备金，并维持最低数额的结算准备金等专用资金，确保客户期货交易的正常进行和客户保证金的安全。

第七十六条　客户在期货交易中违约造成保证金不足的，期货公司应当以风险准备金和自有资金垫付，不得占用其他客户的保证金。

期货公司应当按照规定提取、管理和使用风险准备金，不得挪作他用。

第六章　监督管理

第七十七条　期货公司应当按照规定定期报送年度报告、月度报告等有关资料。

期货公司的董事、高级管理人员、财务负责人应当对年度报告签署确认意见；法定代表人、经营管理的主要负责人和财务负责人应当对月度报告签署确认意见。

在期货公司年度报告、月度报告上签字的人员，应当保证报告的内容真实、准确、完整；对报告内容有异议的，应当注明自己的意见和理由。

第七十八条　中国证监会及其派出机构可以要求下列机构或者个人，在指定的期限内报送与期货公司经营管理和财务状况等相关的资料：

（一）期货公司及其董事、监事、高级管理人员及其他工作人员；

（二）期货公司的股东、实际控制人或者其他关联人；

（三）为期货公司提供相关服务的会计师事务所、律师事务所、资产评估机构等中介服务机构。

第七十九条　期货公司的股东、实际控制人或者其他关联人在期货公司从事期货交易的，期货公司应当自开户之日起五个工作日内向其住所地的中国证监会派出机构备案，定期向全体股东、董事会和监事会或者监事报告相关交易情况，并定期向其住所地的中国证监会派出机构报告相关交易情况。

第八十条　发生下列事项之一的，期货公司应当在五个工作日内向其住所地的中国证监会派出机构书面报告：

（一）变更名称、公司章程；

（二）发生本办法第十四条规定情形以外的股权变更；

（三）作出终止业务等重大决议；

（四）任免董事、监事、高级管理人员、财务负责人、营业部负责人，或者高级管理人员的分工发生变更；

（五）被有权机关立案调查或者采取强制措施；

（六）中国证监会规定的其他事项。

发生影响或者可能影响期货公司经营管理、财务状况或者客户资产安全的重大事件的，期货公司应当立即向中国证监会派出机构报告，说明事件的起因、目前的状态、可能发生的后果以及应对方案或者措施。

第八十一条　期货公司聘请或者解聘会计师事务所的，应当自作出决定之日起五个工作日内向其住所地的中国证监会派出机构报告；解聘会计师事务所的，应当说明理由。

中国证监会派出机构有理由认为会计师事务所不适合从事期货公司审计业务的，可以要求期货公司予以更换。

第八十二条　期货公司应当按照中国证监会的规定公开披露其基本情况、经营管理状况等有关信息。

第八十三条　有关机构和个人报送、提供或者披露的资料、信息应当真实、准确、完整，不得有虚假记载、误导性陈述或者重大遗漏。

第八十四条　中国证监会可以组织派出机构对期货公司或者营业部实施定期或者不定期的现场检查。

中国证监会派出机构可以对辖区内期货公司或者营业部实施现场检查。

中国证监会及其派出机构依法履行职责进行检查时，检查人员不得少于两人，并应当出示合法证件和检查通知书，不得泄露所知悉的商业秘密。

第八十五条　中国证监会及其派出机构有权采取下列措施，对期货公司或者营业部的经营管理、业务活动、财务状况等进行检查：

（一）询问期货公司及其营业部的工作人员，要求其对被检查事项作出解释、说明；

（二）查阅、复制与被检查事项有关的文件、资料；

（三）查询期货公司及其营业部的期货保证金账户；

（四）检查期货公司及其营业部的交易、结算及财务等电脑系统。

第八十六条　中国证监会及其派出机构认为期货公司可能存在下列情形之一的，可以要求其聘请中介服务机构进行专项审计、评估或者出具法律意见：

（一）期货公司的年度报告、月度报告或者临时报告等存在虚假记载、误导性陈述或者重大遗漏；

（二）违反有关客户资产保护和期货保证金安全存管监控规定或者风险监管指标管理规定；

（三）中国证监会根据审慎监管原则认定的其他重大情形。

期货公司应当配合有关中介服务机构工作，如实提供有关文件和资料。

第八十七条　期货公司及其股东、实际控制人或者其他关联人，为期货公司提供相关服务的会计师事务所、律师事务所、资产评估机构等中介服务机构涉嫌违反本办法有关规定的，中国证监会及其派出机构可以与其负责人以及相关工作人员进行监管谈话，责令改正，出具警示函。

第八十八条　期货公司或其营业部有下列情形之一的，中国证监会及其派出机构可以依据《期货交易管理条例》第五十九条的规定，采取相应的监管措施：

（一）公司治理不健全或者未有效执行，部门或者岗位设置存在较大缺陷，关键业务岗位或者人员缺位或者未履行应有职责等情况，可能影响期货公司持续经营；

（二）期货经纪业务规则不健全或者未有效执行，风险管理或者内部控制等存在较大缺陷，经营管理混乱，可能影响期货公司持续经营或者客户交易安全；

（三）期货结算业务规则不健全或者未有效执行，可能损害其他期货公司或者客户的合法权益；

（四）不符合有关客户资产保护或者期货保证金安全存管监控规定，可能影响客户资产安全；

（五）未按规定实行营业部统一管理制度，经营管理存在较大风险或者风险隐患；

（六）未按规定委托中间介绍业务，业务活动存在较大风险或者风险隐患；

（七）交易、结算或者财务系统存在重大缺陷的，可能造成有关数据失真或者损害客户合法权益；

（八）股东、实际控制人或者其他关联人出现停业、重大风险或者涉嫌严重违法违规等重大情况，可能影响期货公司治理或者持续经营；

（九）存在可能影响财务稳健状况的纠纷、仲裁、诉讼；

（十）报送、提供或者出具的有关报告、材料或者信息等存在虚假、误导或者遗漏；

（十一）不符合其他持续性经营规则规定或者出现其他经营风险的情形。

对经过整改仍未达到经营条件的期货公司营业部，中国证监会派出机构有权依法关闭该营业部。

第八十九条　未经中国证监会批准，任何个人或者单位及其关联人擅自持有期货公司5%以上股权，或者通过提供虚假申请材料等方式成为期货公司股东，中国证监会可以责令其限期转让股权。

该股权在转让之前，不具有表决权、分红权。

第九十条　期货公司的股东、实际控制人或其他关联人有下列情形之一的，中国证监会及其派出机构可以责令其限期整改：

（一）占用期货公司的资产，可能影响期货公司持续经营；

（二）直接任免期货公司的董事、监事、高级管理人员，或者非法干预期货公司经营管理活动；

（三）股东未按照出资比例行使表决权；

（四）报送、提供或者出具的有关报告、材料或者信息等存在虚假、误导或者遗漏。

因前款情形致使期货公司不符合持续性经营规则或者出现经营风险的，中国证监会及其派出机构可以依据《期货交易管理条例》第五十九条的规定责令控股股东转让股权或者限制其行使股东权利。

第七章　法律责任

第九十一条　未经中国证监会批准，任何个人或者单位及其关联人擅自持有期货公司5%以上股权，或者通过提供虚假申请材料等方式成为期货公司股东，情节严重的，给予警告，单处或者并处三万元以下罚款。

第九十二条　期货公司及其营业部接受未办理开户手续的单位或者个人委托进行期货交易，或者将客户的资金账号、交易编码借给其他单位或者个人使用的，给予警告，单处或者并处三万元以下罚款。

第九十三条　会计师事务所、律师事务所、资产评估机构等中介服务机构不按照规定履行报告义务，提供或者出具的报告、材料、意见不完整，责令改正，没收业务收入，单处或者并处三万元以下罚款。对直接负责的主管人员和其他责任人员给予警告，并处三万元以下罚款。

第九十四条　期货公司及其营业部有下列行为之一的，根据《期货交易管理条例》第七十条处罚：

（一）未按照规定将客户保证金与期货公司的自有资产相互独立、分别管理；

（二）未按照规定缴存结算担保金、结算准备金，或者未维持最低数额的结算准备金等专用资金；

（三）对股东、实际控制人及其关联人的期货交易降低风险管理要求，侵害其他客户合法权益；

（四）以合资、合作、联营方式设立营业部，或者将营业部承包、出租给他人，或者违反营业部集中统一管理规定；

（五）在期货保证金账户和期货交易所专用结算账户之外存放客户保证金；

（六）向期货保证金安全存管监控机构报送的信息存在虚假、误导或者重大遗漏；

（七）占用客户保证金；

（八）违反中国证监会有关结算业务管理规定，利用结算业务关系损害其他期货公司及其客户合法权益；

（九）违反规定委托中间介绍业务，损害客户合法权益；

（十）违反中国证监会有关风险监管指标规定；

（十一）拒不配合、阻碍或者破坏中国证监会及其派出机构监督管理；

（十二）违反有关期货投资者保障基金管理规定；

（十三）违反有价证券充抵保证金的有关规定。

第九十五条　期货公司及其营业部有下列情形之一的，根据《期货交易管理条例》第七十一条处罚：

（一）发布虚假广告或者进行虚假宣传，诱骗客户参与期货交易；

（二）不按照规定变更或者撤销期货保证金账户，或者不按照规定的方式向客户披露期货保证金账户信息。

第八章　附　则

第九十六条　香港、澳门服务提供者参股期货公司的，适用中国证监会有关规定。

第九十七条　本办法自2007年4月15日起施行。2002年5月17日发布的《期货经纪公司管理办法》（中国证券监督管理委员会令第7号）、中国证监会发布的《关于期货经纪公司营业部设立、变更、终止有关问题的通知》（证监期货字［2004］41号）、《关于期货经纪公司变更法定代表人、注册资本、股东或者股权结构、住所有关问题的通知》（证监期货字［2004］42号）、《关于期货经纪公司设立、解散、合并有关问题的通知》（证监期货字［2004］46号）、《关于期货经纪公司股东资格及相关问题的通知》（证监期货字［2005］155号）同时废止。

公开募集证券投资基金参与国债期货交易指引

（中国证券监督管理委员会公告〔2013〕37号，2013年9月3日发布并实施）

第一条 为规范公开募集证券投资基金（以下简称基金）参与国债期货交易的行为，防范投资风险，保护基金份额持有人的合法权益，根据《证券投资基金法》、《期货交易管理条例》、《证券投资基金运作管理办法》等法律法规，制定本指引。

第二条 本指引所称国债期货，是指由中国证监会批准，在中国金融期货交易所上市交易的以国债为标的的金融期货合约。

第三条 基金参与国债期货交易，应当根据风险管理的原则，以套期保值为目的，并按照中国金融期货交易所套期保值管理的有关规定执行。保本基金及中国证监会批准的特殊基金品种除外。

第四条 股票基金、混合基金、债券基金（短期理财债券基金除外），可以按照本指引参与国债期货交易，货币市场基金、短期理财债券基金不得参与国债期货交易。

第五条 基金参与国债期货交易，除中国证监会另有规定或批准的特殊基金品种外，应当遵守下列要求：

（一）基金在任何交易日日终，持有的买入国债期货合约价值，不得超过基金资产净值的15%。

（二）开放式基金在任何交易日日终，持有的买入国债期货和股指期货合约价值与有价证券市值之和，不得超过基金资产净值的95%。

封闭式基金、开放式指数基金（不含增强型）、交易型开放式指数基金（ETF）在任何交易日日终，持有的买入国债期货和股指期货合约价值与有价证券市值之和，不得超过基金资产净值的100%。其中，有价证券指股票、债券（不含到期日在一年以内的政府债券）、权证、资产支持证券、买入返售金融资产（不含质押式回购）等。

债券基金参与国债期货交易不受本项限制，但应当符合基金合同约定的投资策略和投资目标。

（三）基金在任何交易日日终，持有的卖出国债期货合约价值不得超过基金持有的债券总市值的30%。

基金管理人应当按照中国金融期货交易所要求的内容、格式与时限向交易所报告所交易和持有的卖出期货合约情况、交易目的及对应的证券资产情况等。

（四）基金所持有的债券（不含到期日在一年以内的政府债券）市值和买入、卖出国债期货合约价值，合计（轧差计算）应当符合基金合同关于债券投资比例的有关约定。

（五）基金在任何交易日内交易（不包括平仓）的国债期货合约的成交金额不得超过上一交易日基金资产净值的30%。

（六）开放式基金（不含ETF）每个交易日日终在扣除国债期货和股指期货合约需缴纳的交易保证金后，应当保持不低于基金资产净值5%的现金或到期日在一年以内的政府债券。

（七）封闭式基金、ETF每个交易日日终在扣除国债期货和股指期货合约需缴纳的交易保证金后，应当保持不低于交易保证金一倍的现金。

（八）保本基金参与国债期货交易不受上述第（一）项至第（七）项的限制，但应当符合基金合同约定的保本策略和投资目标，且每日所持期货合约及有价证券的最大可能损失不得超过基金净资产扣除用于保本部分资产后的余额。担保机构应当充分了解保本基金的国债期货交易策略和可能损失，并在担保协议中作出专门说明。

（九）法律法规、基金合同规定的其他比例限制。

因证券期货市场波动、基金规模变动等基金管理人之外的因素致使基金投资比例不符合上述要求的，基金管理人应当在十个交易日之内调整完毕。

第六条　本指引施行前已经获得中国证监会核准或准予注册的基金，基金管理人应当根据法律法规、基金合同和本指引的有关要求，决定是否参与国债期货交易。拟参与国债期货交易的，基金管理人应当在基金合同中明确相应的投资策略、比例限制、信息披露方式等，并履行相应程序。

第七条　本指引施行后注册的基金，拟参与国债期货交易的，应当在基金合同、招募说明书、产品方案等募集申报材料中列明国债期货交易方案等相关内容。

第八条　基金应当在季度报告、半年度报告、年度报告等定期报告和招募说明书（更新）等文件中披露国债期货交易情况，包括投资政策、持仓情况、损益情况、风险指标等，并充分揭示国债期货交易对基金总体风险的影响以及是否符合既定的投资政策和投资目标。

第九条　基金管理人和托管人应当充分了解国债期货的特点和各种风险，真正从保护基金份额持有人利益的角度出发，以审慎的态度对待基金参与国债期货交易的问题。基金管理人拟运用基金财产参与国债期货交易的，应当根据公司自身的发展战略和总体规划，综合衡量现阶段的风险管理水平、技术系统和专业人员准备情况，审慎评估参与国债期货交易的能力，科学决策参与国债期货交易的广度和深度，并将相关投资决策流程和风险控制制度等报公司董事会批准。

第十条　基金管理人应当针对国债期货交易制定严格的授权管理制度和投资决策流程，确保研究分析、投资决策、交易执行及风险控制等各环节的独立运作，并明确相关岗位职责。此外，应当建立国债期货交易决策部门或小组，并授权特定的管理人员负责国债期货的投资审批事项。

第十一条　基金管理人和托管人应当强化内部控制制度，完善风险管理体系，做好人员、制度、业务流程、技术系统等方面的培训和准备工作，并在上报基金募集申请等相关材料时附上相关制度及准备情况的说明。

第十二条　基金管理人在参与国债期货交易的过程中，应当根据有关法律法规的要求，规范运作，不得从事内幕交易、操纵证券及期货价格、进行利益输送及其他不正当的交易活动。

第十三条　基金管理人和托管人应当根据中国金融期货交易所的相关规定，确定基金参与国债期货交易的交易结算模式，明确交易执行、资金划拨、资金清算、会计核算、保证金存管等业务中的权利和义务，建立资金安全保障机制。基金托管人应当加强对基金参与国债期货交易的监督、核查和风险控制，切实保护基金份额持有人的合法权益。

第十四条　本指引自公布之日起施行。

证券投资者保护基金管理办法（2005年）

（中国证监会、财政部、人民银行于2005年6月30日联合发布）

第一章　总　则

第一条　为建立防范和处置证券公司风险的长效机制，维护社会经济秩序和社会公共利益，保护证券投资者的合法权益，促进证券市场有序、健康发展，制定本办法。

第二条　证券投资者保护基金（以下简称“基金”）是指按照本办法筹集形成的、在防范和处置证券公司风险中用于保护证券投资者利益的资金。

设立国有独资的中国证券投资者保护基金有限责任公司（以下简称“基金公司”），负责基金的筹集、管理和使用。

第三条　基金主要用于按照国家有关政策规定对债权人予以偿付。

第四条　证券交易活动实行公开、公平、公正和投资者投资决策自主、投资风险自担的原则。

投资者在证券投资活动中因证券市场波动或投资产品价值本身发生变化所导致的损失，由投资者自行负担。

第五条　基金按照取之于市场、用之于市场的原则筹集。基金的筹集方式、标准，由中国证券监督管理委员会（以下简称“证监会”）商财政部、中国人民银行决定。

第六条　基金公司依据国家有关法律、法规及本办法独立运作，基金公司董事会对基金的合规使用及安全负责。

第二章　基金公司的职责和组织机构

第七条　基金公司的职责为：

（一）筹集、管理和运作基金；

（二）监测证券公司风险，参与证券公司风险处置工作；

（三）证券公司被撤销、关闭和破产或被证监会采取行政接管、托管经营等强制性监管措施时，按照国家有关政策规定对债权人予以偿付；

（四）组织、参与被撤销、关闭或破产证券公司的清算工作；

（五）管理和处分受偿资产，维护基金权益；

（六）发现证券公司经营管理中出现可能危及投资者利益和证券市场安全的重大风险时，向证监会提出监管、处置建议；对证券公司运营中存在的风险隐患会同有关部门建立纠正机制；

（七）国务院批准的其他职责。

第八条　基金公司应当与证监会建立证券公司信息共享机制，证监会定期向基金公司通报关于证券公司财务、业务等经营管理信息的统计资料。

证监会认定存在风险隐患的证券公司，应按照规定直接向基金公司报送财务、业务等经营管理信息和资料。

第九条 基金公司设立董事会。董事会由 9 名董事组成。董事长由证监会推荐，报国务院批准。

第十条 董事会为基金公司的决策机构，负责制定基本管理制度，决定内部管理机构设置，任免高级管理人员，对基金的筹集、管理和使用等重大事项做出决定，并行使基金公司章程规定的其他职权。

第十一条 基金公司董事会按季召开例会。董事长或 1/3 以上的董事联名提议时，可以召开临时董事会会议。

董事会会议由全体董事 2/3 以上出席方可举行。董事会会议决议，由全体董事 1/2 以上表决通过方为有效。

第三章 基金的筹集

第十二条 基金的来源：

（一）上海、深圳证券交易所在风险基金分别达到规定的上限后，交易经手费的 20%纳入基金。

（二）所有在中国境内注册的证券公司，按其营业收入的 0.5%~5%缴纳基金。

经营管理、运作水平较差、风险较高的证券公司，应当按较高比例缴纳基金。各证券公司的具体缴纳比例由基金公司根据证券公司风险状况确定后，报证监会批准，并按年进行调整。证券公司缴纳的基金在其营业成本中列支。

（三）发行股票、可转债等证券时，申购冻结资金的利息收入。

（四）依法向有关责任方追偿所得和从证券公司破产清算中受偿收入。

（五）国内外机构、组织及个人的捐赠。

（六）其他合法收入。

第十三条 基金公司设立时，财政部专户储存的历年认购新股冻结资金利差余额，一次性划入，作为基金公司的注册资本；中国人民银行安排发放专项再贷款，垫付基金的初始资金。专项再贷款余额的上限以国务院批准额度为准。

第十四条 根据防范和处置证券公司风险的需要，基金公司可以多种形式进行融资。必要时，经国务院批准，基金公司可以通过发行债券等方式获得特别融资。

第十五条 证券公司应当缴纳的基金，按照证券公司佣金收入的一定比例预先提取，并由中国证券登记结算有限责任公司（以下简称结算公司）代扣代收。证券公司应在年度审计结束后，根据其审计后的收入和事先核定的比例确定需要缴纳的基金金额，并及时向基金公司申报清缴。

不从事证券经纪业务的证券公司，应在每季后 10 个工作日内按该季营业收入和事先核定的比例预缴。每年度审计结束后，确定年度需要缴纳的基金金额并及时向基金公司申报清缴。

第十六条 结算公司、证券交易所应于每季后 10 个工作日内，将证券发行申购冻结资金利息收入及交易经手费中应纳入基金的部分划入基金公司指定的账户。

第四章 基金的使用

第十七条 基金的用途为：

（一）证券公司被撤销、关闭和破产或被证监会实施行政接管、托管经营等强制性监管措施时，按照国家有关政策规定对债权人予以偿付；

（二）国务院批准的其他用途。

第十八条　为处置证券公司风险需要动用基金的，证监会根据证券公司的风险状况制定风险处置方案，基金公司制定基金使用方案，报经国务院批准后，由基金公司办理发放基金的具体事宜。

第十九条　基金公司使用基金偿付证券公司债权人后，取得相应的受偿权，依法参与证券公司的清算。

第五章　管理和监督

第二十条　基金公司应依法合规运作，按照安全、稳健的原则履行对基金的管理职责，保证基金的安全。

基金的资金运用限于银行存款、购买国债、中央银行债券（包括中央银行票据）和中央级金融机构发行的金融债券以及国务院批准的其他资金运用形式。

第二十一条　基金公司日常运营费用按照国家有关规定列支，具体支取范围、标准及预决算等由基金公司董事会制定，报财政部审批。

第二十二条　证监会负责基金公司的业务监管，监督基金的筹集、管理与使用。

财政部负责基金公司的国有资产管理和财务监督。

中国人民银行负责对基金公司向其借用再贷款资金的合规使用情况进行检查监督。

第二十三条　基金公司应建立科学的业绩考评制度，并将考核结果定期报送证监会、财政部、中国人民银行。

第二十四条　基金公司应建立信息报告制度，编制基金筹集、管理、使用的月报、季报信息，报送证监会、财政部、中国人民银行。

基金公司每年应向财政部专题报告财务收支及预、决算执行情况，接受财政部的监督检查。

基金公司每年应向中国人民银行专题报告再贷款资金的使用情况，接受中国人民银行的监督检查。

第二十五条　证监会应按年度向国务院报告基金公司运作和证券公司风险处置情况，同时抄送财政部、中国人民银行。

第二十六条　证券公司、托管清算机构应按规定用途使用基金，不得将基金挪作他用。

基金公司对使用基金的情况进行检查，并可委托中介机构进行专项审计。接受检查的证券公司或托管清算机构及有关单位、个人应予以配合。

第二十七条　基金公司、证券公司及托管清算机构应妥善保管基金的收划款凭证、兑付清单及原始凭证，确保原始档案的完整性，并建立基金核算台账。

第二十八条　证监会负责监督证券公司按期足额缴纳基金及向基金公司报送财务、业务等经营管理信息和资料，对拒绝或故意拖延缴纳基金以及不按规定报送有关信息和资料的证券公司，证监会应按有关规定进行处理。

第二十九条　对挪用、侵占或骗取基金的违法行为，依法严厉打击；对有关人员的失职行为，依法追究其责任；涉嫌犯罪的，移送司法机关依法追究其刑事责任。

第六章　附　则

第三十条　本办法所称托管清算机构，是指证券公司被行政接管、托管经营、关闭、撤销或破产时，对证券公司实施行政接管的接管组、实施托管经营的托管组或依法成立的清算组。

第三十一条　本办法自 2005 年 7 月 1 日起施行。

第三十二条　本办法由证监会会同财政部、中国人民银行负责解释。

证券公司缴纳证券投资者保护基金实施办法（试行）

第一章　总　则

第一条　为规范证券公司缴纳证券投资者保护基金（以下简称保护基金）行为，保证及时、足额筹集保护基金，根据《中华人民共和国证券法》、《证券投资者保护基金管理办法》等有关规定，制定本办法。

第二条　本办法所称保护基金是指根据《证券投资者保护基金管理办法》规定，按照“取之于市场，用之于市场”原则筹集的，由证券公司按其营业收入的一定比例缴纳的资金。

第三条　所有在中国境内注册的证券公司，必须依照《证券投资者保护基金管理办法》及本办法缴纳保护基金。

第四条　保护基金收取机构为依法设立的中国证券投资者保护基金有限责任公司（以下简称保护基金公司）。

第五条　保护基金公司开立专用账户，负责收缴和管理证券公司缴纳的保护基金。

第二章　缴纳比例

第六条　依照《证券投资者保护基金管理办法》的规定，证券公司应当按其营业收入的0.5%~5%向保护基金公司缴纳保护基金。

营业收入是指在利润表中列报的营业收入。

第七条　证券公司缴纳保护基金实行差别缴纳比例。保护基金公司根据中国证监会对证券公司的监管分类，确定各证券公司缴纳保护基金的具体比例，报中国证监会批准，并按年进行调整。

第三章　缴纳方式

第八条　证券公司采用当年预缴、次年汇算清缴的方式缴纳保护基金。

第九条　证券公司全年分两次预缴保护基金，每年7月15日之前将上半年应缴纳的保护基金划入保护基金公司指定账户，次年1月15日之前补充缴纳全年度应缴纳的保护基金。

第十条　证券公司在预缴保护基金时，应当按照当年半年或全年营业收入及核定的缴纳比例计算应缴纳的保护基金金额，并向保护基金公司报送《保护基金预缴申报表》（附件1）及中期财务报告或年度财务报告。

第十一条　证券公司应按照年度审计报告或营业收入专项审计报告审定的营业收入及核定缴纳比例确认年度应缴纳的保护基金金额，并于次年 4 月 30 日（汇算清缴申报截止日）前向保护基金公司申报汇算清缴，保护基金公司应于 5 月 31 日（汇算清缴核实工作结束日）前完成汇算清缴核实工作。

第十二条　证券公司在申报汇算清缴时，应当报送以下资料：

（一）《保护基金汇算清缴申报表》（附件 2）；

（二）年度审计报告或会计师事务所出具的营业收入专项审计报告；

（三）年度净资本计算表和风险监控指标监管报表审计报告；

（四）保护基金公司要求提供的其他有关资料。

第十三条　证券公司报送的《保护基金预缴申报表》、《保护基金汇算清缴申报表》应当由法定代表人、主管会计工作负责人和经办人签字，并加盖公司公章。以上人员对所报送资料的真实性、完整性承担责任。

第十四条　证券公司申报汇算清缴时，对于少缴的部分应当同时补缴；对于多缴的部分，证券公司可申请退回或抵缴下一年度保护基金，未提出退回要求的视为同意抵缴。

对于申请退回的，保护基金公司应在收到《保护基金汇算清缴申报表》后，于汇算清缴核实工作结束日后 10 个工作日内将多缴资金退回证券公司。

第四章　监督管理

第十五条　证券公司应按时、足额缴纳保护基金。汇算清缴申报截止后，未足额缴纳保护基金的，保护基金公司对其欠缴金额从滞纳日（汇算清缴申报截止日后的第一个自然日）起按每日万分之三的比例计收滞纳金。

第十六条　保护基金公司应当对证券公司保护基金预缴、汇算清缴和报送资料的情况进行核查。对报送资料不真实完整、不及时缴纳保护基金、预缴金额与汇算清缴金额差异较大的，保护基金公司应当及时通知证券公司予以纠正，并将有关情况报告中国证监会，同时通报证券公司注册地的中国证监会派出机构。

第十七条　保护基金公司对不及时缴纳保护基金、欠缴金额较大、报送资料不真实完整的证券公司，可报请中国证监会进行现场检查或接受中国证监会的委托进行审计检查，核实报表。

保护基金公司可在保护基金公司、中国证券业协会、证券交易所、结算公司网站公布拒不缴纳或长期欠缴保护基金的证券公司名单，并要求其按时、足额缴纳保护基金。

第十八条　证券公司注册地的中国证监会派出机构负责督促证券公司按时足额缴纳保护基金及向保护基金公司报送本办法第十二条规定的资料。中国证监会或证券公司注册地的中国证监会派出机构依据有关法律、法规和监管政策对违反本办法的证券公司采取监管措施。

第十九条　保护基金公司应当与中国证监会相关部门建立信息共享机制，中国证监会相关部门应当定期向保护基金公司通报证券公司的监管分类信息及相关资料。

中国证监会认定存在风险隐患的证券公司，应当按照规定直接向保护基金公司报送财务、业务等经营管理信息和资料。

保护基金公司可通过中国证监会证券机构监管信息系统获取证券公司向证券机构监管部门定期报送的有关信息。

保护基金公司可在其网站上披露证券公司法定应当披露的信息和证券公司缴纳保护基金的有关情况。

第二十条　保护基金公司应建立信息报告制度，编制保护基金筹集、管理、使用的月报、季报信息，报送中国证监会、财政部、中国人民银行。

第五章　附　则

第二十一条　本办法由中国证监会负责解释和修订。

第二十二条　本办法自发布之日起施行。

附件：1. 保护基金预缴申报表

2. 保护基金汇算清缴申报表

附件 1：

保护基金预缴申报表

<table>
<tr><td colspan="6">年　月　日</td></tr>
<tr><td colspan="5">证券公司名称（盖章）：</td><td>单位：元</td></tr>
<tr><td>年度</td><td>经审计营业收入</td><td>缴纳比例</td><td>应缴纳金额</td><td>预缴金额</td><td>应补缴（退回）金额</td></tr>
<tr><td></td><td></td><td></td><td></td><td></td><td></td></tr>
<tr><td>经办人</td><td colspan="2"></td><td>联系电话</td><td colspan="2"></td></tr>
<tr><td>传　真
邮　编</td><td colspan="2"></td><td>E-mail
地　址</td><td colspan="2"></td></tr>
<tr><td colspan="6">申请事项</td></tr>
<tr><td>主管会计工作负责人</td><td colspan="2"></td><td>法定代表人</td><td colspan="2"></td></tr>
</table>

填表须知：

1. 营业收入为利润表中列报的营业收入；

2. 缴纳比例为保护基金公司核定的本证券公司缴纳保护基金的具体比例；

3. 应缴纳金额 = 当期营业收入 × 缴纳比例；

4. 缴纳金额保留到小数点后两位；

5. 年度：因当年预缴分两次进行，上半年预缴时填写 ** 年上半年度；下半年预缴时填写 ** 年度；

6. 已预缴金额：上半年预缴时应填报上个年度用于抵缴本年度保护基金的金额；下半年预缴时应填报上半年度实际预缴的金额。

附件 2：

保护基金汇算清缴申报表

<table>
<tr><td colspan="3">证券公司名称（盖章）：</td><td colspan="2">年　月　日</td><td>单位：元</td></tr>
<tr><td>年度</td><td>经审计营业收入</td><td>缴纳比例</td><td>应缴纳金额</td><td>预缴金额</td><td>应补缴（退回）金额</td></tr>
<tr><td></td><td></td><td></td><td></td><td></td><td></td></tr>
<tr><td>经办人</td><td colspan="2"></td><td>联系电话</td><td colspan="2"></td></tr>
</table>

续表

传 真		E-mail	
邮 编		地 址	
申请事项			
主管会计工作负责人		法定代表人	

填表须知：

1. 营业收入为经审计的利润表中列报的营业收入；
2. 缴纳比例为保护基金公司核定的本证券公司缴纳保护基金的具体比例；
3. 应缴纳金额=年度营业收入×缴纳比例；
4. 缴纳金额保留到小数点后两位；
5. 年度：申报汇算清缴的实际年度；
6. 已预缴金额：汇算清缴年度内已实际缴纳的保护基金金额；
7. 申请事项：应明确本年度多缴部分是否申请退回或抵缴下年度保护基金。

基金管理公司固有资金运用管理暂行规定

(2013年8月2日，中国证券监督管理委员会公告〔2013〕33号，自公布之日起施行。关于《基金管理公司运用固有资金进行基金投资有关事项的通知》（证监基金字〔2005〕96号）予以废止）

第一条 为了规范公开募集基金的基金管理公司（以下简称基金管理公司）固有资金运用行为，防范固有资金投资风险，维护基金份额持有人的合法权益，促进基金业持续健康发展，根据《证券投资基金法》、《证券投资基金管理公司管理办法》等法律法规，制定本规定。

第二条 在中国境内依法设立的基金管理公司运用固有资金的活动适用本规定。

第三条 本规定所称固有资金运用，是指基金管理公司运用以本外币计价的资本金、公积金、未分配利润及其他自有资金进行投资以及用于本公司资产管理业务开展所需的资金支出行为。

第四条 固有资金运用应当遵循谨慎稳健、分散风险的原则，确保固有资金的安全性、流动性，不得影响基金管理公司的正常运营。

第五条 固有资金运用应当遵循合法、公平的原则，避免与基金管理公司及其子公司管理的投资组合之间发生利益冲突，禁止任何形式的利益输送行为，不得损害基金份额持有人和其他客户的合法权益。

第六条 鼓励基金管理公司运用固有资金按照规定购买本公司管理的公开募集的证券投资基金（以下简称基金）、特定客户资产管理计划或者其子公司管理的投资组合，建立与基金份额持有人、其他客户的利益绑定机制，与基金份额持有人、其他客户共担风险、共享收益。

第七条 中国证券监督管理委员会（以下简称中国证监会）及其派出机构依法对基金管理公司固有资金运用活动进行监督管理。

中国证券投资基金业协会对基金管理公司固有资金运用活动实行自律管理。

第八条 基金管理公司固有资金可以进行金融资产投资以及进行与经营资产管理业务相关的股权投资，其中持有现金、银行存款、国债、基金等高流动性资产的比例不得低于50%。

固有资金进行金融资产投资的，不得投资于上市交易的股票、期货及其他衍生品。

固有资金从事境外投资的，应当符合中国证监会以及其他相关部门的规定。

第九条 基金管理公司运用固有资金投资本公司管理的基金的，应当遵守基金合同、招募说明书等的约定，并遵守下列规定：

（一）持有基金份额的期限不少于六个月，但持有货币市场基金等现金管理工具基金或者公司出现风险事件确需赎回基金份额弥补资金缺口的不受此限，持有发起式基金份额的期限另有规定的从其规定；

（二）按照基金合同、招募说明书的约定费率进行认购、申购和赎回，不享有比其他投资人更优惠的费率，并不得进行盘后交易；

（三）认购基金份额的，在基金合同生效公告中载明所认购的基金份额、认购日期、适用费率等情况；

（四）申购、赎回或者买卖基金份额的，在基金季度报告中载明申购、赎回或者买卖基金的日期、金额、适用费率等情况。

第十条 基金管理公司运用固有资金投资本公司管理的基金的，依法可以作为基金份额持有人向基金份额持有人大会提出议案，但对涉及本公司利益的表决事项应当回避。

第十一条 基金管理公司固有资金投资本公司及子公司管理的单个特定客户资产管理计划的份额与本公司及子公司员工投资的份额合计不得超过该计划总份额的50%。

第十二条 基金管理公司运用固有资金投资设立子公司，应当符合中国证监会的相关规定。

运用固有资金进行股权投资，基金管理公司应当事前向中国证监会及公司所在地中国证监会派出机构报告。投资入股按照规定需要履行审批程序的，还应当报经有关主管部门批准。

第十三条 基金管理公司可以用固有资金为本公司管理的特定投资组合提供保本承诺或者资金垫付以及为子公司管理的特定投资组合提供担保，但保本承诺总额、资金垫付总额或者担保总额合计不得超过上一会计年度本公司经审计的净资产规模。

第十四条 基金管理公司应当建立健全公司治理，加强对固有资金运用的授权管理，在公司章程和相关制度中明确规定股东（大）会、董事会和经营管理层在固有资金运用方面的职责和授权范围。

第十五条 基金管理公司应当制定固有资金运用的内部控制制度，对固有资金运用的评估论证、决策、执行、风险控制、稽核、信息披露等事项作出规定。

第十六条 基金管理公司运用固有资金投资，应当建立防火墙制度，指定专门的部门负责，确保固有资金投资与本公司及子公司的资产管理业务在人员、信息、账户、资金、会计核算上严格分离，投资决策及操作应当独立于本公司及子公司管理的投资组合的投资决策及操作，不得利用本公司及子公司管理的投资组合的未公开信息获取利益。

第十七条 基金管理公司运用固有资金投资，应当加强对关联交易的管理，不得违反规定将本公司及子公司管理的投资组合作为交易对手，不得自行或者通过第三方与本公司及子公司的投资组合进行显失公平的交易。

第十八条 基金管理公司运用固有资金，应当在公司监察稽核季度报告、年度报告中列明投资时间、投资标的、金额、费率及提供保本承诺、资金垫付、担保等信息，并对是否合规、是否存在利益冲突、是否存在显失公平的关联交易等进行说明，还应当在公司年度报告中对固有资金运用情况进行总结，评估本年度固有资金运用效果及存在的风险。

第十九条 基金管理公司的净资产低于4000万元人民币，或者现金、银行存款、国债、基金等可运用的高流动性资产低于2000万元人民币且低于公司上一会计年度营业支出的，基金管理公司应当暂停继续运用固有资金进行投资，其固有资金应当主要用于日常经营管理活动。

第二十条 基金管理公司违反本规定的，中国证监会责令改正，并可以对基金管理公司及其直接负责的主管人员和其他直接责任人员，采取监管谈话、出具警示函、暂停履行职务、认定为不适当人选等行政监管措施。依法应予行政处罚的，依照有关规定进行行政处罚；涉嫌犯罪的，依法移送司法机关，追究刑事责任。

第二十一条 基金管理公司风险准备金的运用管理由中国证监会另行规定。

第二十二条 本规定自公布之日起施行。《关于基金管理公司运用固有资金进行基金投资有关事项的通知》（证监基金字〔2005〕96号）同时废止。

关于建立金融期货投资者适当性制度的规定

(2010 年 2 月 5 日中国证券监督管理委员会公布，根据 2013 年 8 月 2 日中国证券监督管理委员会《关于修改〈关于建立股指期货投资者适当性制度的规定（试行）〉的决定》修订)

第一条 为督促期货公司建立健全内控、合规制度，建立并完善以了解客户和分类管理为核心的客户管理和服务制度，保护投资者合法权益，保障金融期货市场平稳、规范和健康运行，根据《期货交易管理条例》、《期货交易所管理办法》及《期货公司管理办法》等行政法规、规章，制定本规定。

第二条 本规定所称金融期货投资者适当性制度（以下简称投资者适当性制度），是指根据金融期货的产品特征和风险特性，区别投资者的产品认知水平和风险承受能力，选择适当的投资者审慎参与金融期货交易，并建立与之相适应的监管制度安排。

第三条 中国证监会各省、自治区、直辖市、计划单列市监管局（以下统称各派出机构），中国金融期货交易所（以下简称中金所），中国期货保证金监控中心公司（以下简称监控中心），中国期货业协会（以下简称中期协）应当按照“统一领导、各司其职、各负其责、加强协作、联合监管”的原则，严格落实本规定的各项工作要求。

第四条 中国证监会及其派出机构对期货公司执行投资者适当性制度的情况进行监督检查。

中金所、中期协对期货公司执行投资者适当性制度的情况进行自律管理。

监控中心对期货公司执行投资者适当性制度的情况进行核查验证。

第五条 中金所应当根据“将适当的产品销售给适当投资者”的核心原则，从投资者的经济实力、金融期货产品认知能力、投资经历等方面，制定投资者适当性制度的具体标准和实施指引，并报中国证监会备案。

第六条 期货公司应当建立健全内控、合规制度，严格落实投资者适当性制度。

期货公司应当根据中金所制定的标准和指引，制定投资者适当性标准的实施方案，建立并有效执行客户开发管理制度和开户审核工作制度，完善业务流程与内部分工，加强责任追究。

期货公司应当及时将投资者适当性制度实施方案及相关制度报中金所和公司所在地中国证监会派出机构备案。

第七条 期货公司应当深化客户服务，向投资者充分揭示金融期货风险，全面客观介绍金融期货法律法规、业务规则和产品特征，测试投资者的金融期货基础知识，认真审核投资者开户申请材料，审慎评估投资者的风险承受能力，不得为不符合适当性标准的投资者申请开立金融期货交易编码。

期货公司应当建立客户资料档案，除依法接受调查和检查外，应当为客户保密。

第八条 自然人投资者应当全面评估自身的经济实力、产品认知能力、风险控制能力、生理及心理承受能力等，审慎决定是否参与金融期货交易。

法人投资者及其他经济组织从事金融期货交易业务，应当根据自身的经营管理特点和业务运作状况，建立健全内部控制和风险管理制度，对自身的内部控制和风险管理能力进行客观评估，审慎决定是否参与金融期货交易。

第九条 投资者应当如实申报开户材料，不得采取虚假申报等手段规避投资者适当性标准要求。投资者提供虚假证明材料的，应当承担相应的责任。

投资者应当遵守“买卖自负”的原则，承担金融期货交易的履约责任，不得以不符合投资者适当性标准为由拒绝承担金融期货交易履约责任。

第十条 中金所、期货公司应当加强对投资者交易行为的合法合规性管理，督促投资者遵守金融期货交易相关法律、行政法规、规章及中金所业务规则，持续开展投资者风险教育。

第十一条 期货公司应当完善客户纠纷处理机制，明确承担此项职责的部门和岗位，负责处理投资者参与金融期货交易所产生的投诉等事项，及时化解相关矛盾纠纷。

期货公司应当督促客户遵守法律法规，通过正当途径维护自身合法权益，不得侵害国家利益及他人的合法权益，不得扰乱社会公共秩序。

第十二条 期货公司违反投资者适当性制度要求，未能执行相关内控、合规制度的，中国证监会及其派出机构依据相关法律法规的规定，采取监管措施；情节严重的，根据《期货交易管理条例》第六十七条规定进行处罚。

期货公司违反投资者适当性制度要求的，中金所、中期协应当根据业务规则和自律规则对其进行纪律处分。

第十三条 从事中间介绍业务的证券公司接受期货公司委托，协助办理开户手续的，应当对投资者开户资料和身份真实性等进行审查，向投资者充分揭示金融期货交易风险，进行相关知识测试和风险评估，做好开户入金指导，严格执行投资者适当性制度。

第十四条 期货公司和从事中间介绍业务的证券公司应当按照《期货市场客户开户管理规定》和行业监管政策的要求为投资者办理金融期货开户手续。

第十五条 中国证监会及其派出机构对从事中间介绍业务的证券公司进行日常监督检查，发现证券公司违反投资者适当性制度要求的，依法采取监管措施或者予以行政处罚。

中金所对期货公司执行投资者适当性制度的情况进行检查，检查中发现从事中间介绍业务的证券公司存在违法违规行为的，应将有关情况通报相关派出机构。

第十六条 投资者适当性制度对投资者的各项要求以及依据制度进行的评价，不构成投资建议，不构成对投资者的获利保证。

第十七条 本规定由中国证监会负责解释。

第十八条 本规定自公布之日起施行。

保险机构投资设立基金管理公司试点办法

（2013年6月7日，中国证券监督管理委员会公告〔2013〕27号公布，
自2013年6月18日起施行）

第一章　总　则

第一条　为保证保险机构投资设立基金管理公司试点工作顺利进行，根据《中华人民共和国公司法》、《中华人民共和国证券投资基金法》以及《中华人民共和国保险法》等法律法规，制定本办法。

第二条　本办法所称保险机构，是指在中华人民共和国境内，经中国保险监督管理委员会（以下简称中国保监会）批准设立的保险公司、保险集团（控股）公司、保险资产管理公司和其他保险机构。

第三条　本办法所称基金管理公司，是指在中华人民共和国境内，经中国证券监督管理委员会（以下简称中国证监会）批准设立，由保险机构作为主要股东，从事基金管理业务的企业法人。

第四条　中国保监会、中国证监会按照各自监管职责，对保险机构投资设立基金管理公司及其有关业务活动进行监督管理。

第二章　申请程序

第五条　申请投资设立基金管理公司的保险机构，应当符合中国保监会有关股权投资的规定，向中国保监会报送申请材料。中国保监会从保险资金投资风险防范的角度，审查保险机构投资基金管理公司的资格，并依法出具保险机构投资基金管理公司的监管意见。

第六条　获准投资设立基金管理公司的保险机构，应当按照中国证监会有关规定，向中国证监会报送申请材料。中国证监会依法进行审核并作出批准或者不予批准的决定。

第七条　保险机构投资设立基金管理公司，可以采用发起设立或收购股权等方式。

第八条　保险机构投资设立基金管理公司，应当全面分析发展战略、投资成本、管理能力、经济效益等因素，审慎决策，稳健运作。保险机构收购基金管理公司股权，应当综合考虑收购目标的公司治理、管理团队、资产规模、经营业绩、市场地位和发展能力等条件。

第九条　保险机构转让其持有的基金管理公司股权，应当符合有关法律法规、本办法和公司章程的规定，充分考虑基金管理公司的稳定经营、长远发展及基金份额持有人的利益。

第三章　风险控制

第十条　保险机构及其投资设立的基金管理公司，应当建立良好的公司治理，严格按照“法人

分业”原则，建立保险机构与其投资设立的基金管理公司之间的风险隔离制度。风险隔离制度至少应当包括以下内容：

（一）保险机构根据保险资金性质或来源，单独建账，独立核算；

（二）有效隔离保险机构与其投资设立基金管理公司的经营业务和经营场地，经营管理人员不得相互兼职；

（三）严格隔离保险机构与其投资设立基金管理公司的财务管理，保证账簿分设，会计核算独立；

（四）严格隔离保险机构与其投资设立基金管理公司的投资运作和信息传递，保险机构不得要求基金管理公司提供有关投资、研究等非公开信息和资料，防范不正当关联交易，禁止任何形式的利益输送。

第十一条　保险机构投资其投资设立的基金管理公司发行的基金产品，应当遵守中国保监会有关投资品种和投资比例等方面的规定，并应当公平对待其他基金管理公司的基金产品。

第十二条　保险机构为其投资设立的基金管理公司提供融资支持，应当符合相关法律法规及监管部门的规定。

第十三条　保险机构不得与其投资设立的基金管理公司，在全国银行间市场、交易所市场和其他市场，以优于非关联第三方同类交易的条件进行交易。

第十四条　保险机构与其投资设立的基金管理公司之间的关联交易规则，由中国保监会和中国证监会另行制定。

第十五条　保险机构与其投资设立的基金管理公司，不得违反国家规定相互提供客户信息资料，业务往来不得损害客户正当合法权益。保险机构与其投资设立的基金管理公司，应当分别按照中国保监会和中国证监会的有关规定，披露有关信息。

第四章　监督管理

第十六条　中国保监会制定保险机构投资设立基金管理公司的监管规定，并实施并表监管。

第十七条　中国证监会依法对保险机构投资设立的基金管理公司实施监督管理，督促基金管理公司合法运用基金财产，维护基金份额持有人的合法权益。

第十八条　中国保监会和中国证监会建立监管信息共享制度和互通处置机制，加强对保险机构设立基金管理公司的协同监管。

第五章　附　则

第十九条　中国保监会和中国证监会共同选定试点保险机构，并根据试点情况和市场发展需要，共同商定试点工作安排。

第二十条　本办法由中国证监会和中国保监会共同解释。

第二十一条　本办法自 2013 年 6 月 18 日起施行。

关于进一步完善证券公司缴纳证券投资者保护基金有关事项的补充规定

根据《证券投资者保护基金管理办法》（证监会令第27号）、《证券公司缴纳证券投资者保护基金实施办法（试行）》（证监发〔2007〕50号）等有关规定，现就证券公司缴纳证券投资者保护基金（以下简称保护基金）有关事项补充规定如下：

一、中国证券投资者保护基金有限责任公司负责按年根据证券公司分类结果等，确定不同级别证券公司缴纳保护基金的具体比例，报证监会批准后，发布实施。

二、保护基金规模在200亿以上时，AAA、AA、A、BBB、BB、B、CCC、CC、C、D等10级证券公司，分别按照其营业收入的0.5%、0.75%、1%、1.5%、1.75%、2%、2.5%、2.75%、3%、3.5%的比例缴纳保护基金。

对于连续三年（含缴纳当年）评定等级为A类并且缴纳当年评定为AA级以上（含）的证券公司，按照其营业收入的0.5%的比例缴纳保护基金；对于连续三年（含缴纳当年）评定等级为A类并且缴纳当年评定为A级的证券公司，按照其营业收入的0.75%的比例缴纳保护基金。

三、保护基金规模在200亿以上，且上一年度证券公司亏损面在10%~30%（含）之间时，A类、B类、C类、D类证券公司，分别按照其营业收入的0.5%、0.75%、1%、1.25%的比例缴纳保护基金。

四、保护基金规模在200亿以上，且上一年度证券公司亏损面超过30%时，所有证券公司按照0.5%的最低比例缴纳保护基金。

五、保护基金规模在200亿（含）以下时，AAA、AA、A、BBB、BB、B、CCC、CC、C、D等10级证券公司，分别按照其营业收入的0.5%、1%、1.5%、2%、2.5%、3%、3.5%、4%、4.5%、5%的比例缴纳保护基金。

六、证券公司亏损面的认定以证监会CISP系统查询平台提供的数据为准。

证券公司分支机构监管规定

（2013年3月15日，中国证券监督管理委员会公告〔2013〕17号公布，
自公布之日起施行）

第一条 为了加强对证券公司分支机构的监督管理，规范证券公司分支机构的设立和运营，根据《公司法》、《证券法》和《证券公司监督管理条例》，制定本规定。

第二条 本规定所称分支机构，是指证券公司在境内设立的从事业务经营活动的分公司和证券营业部。

分支机构不具有法人资格，其法律责任由证券公司承担。

第三条 证券公司设立、收购或者撤销分支机构，应当经中国证券监督管理委员会（以下简称中国证监会）授权的证监局批准。

第四条 分支机构经营的业务，不得超出证券公司的业务范围。

第五条 证券公司设立、收购分支机构，应当具备下列条件：

（一）治理结构健全，内部管理有效，能有效控制现有和拟设分支机构的风险；

（二）最近一年各项风险控制指标持续符合规定，增加分支机构后，风险控制指标仍然符合规定；

（三）最近两年未因重大违法违规行为受到行政或刑事处罚，最近一年未被采取重大监管措施，无因与分支机构相关的活动涉嫌重大违法违规正在被立案调查的情形；

（四）信息技术系统安全稳定运行，最近一年未发生重大信息技术事故；

（五）现有分支机构管理状况良好；

（六）中国证监会规定的其他条件。

第六条 证券公司申请设立、收购分支机构，应当向公司住所地证监局提交下列材料：

（一）申请表；

（二）公司内部决策文件；

（三）公司最近两年合规情况的说明；

（四）公司信息技术系统安全稳定运行情况的说明；

（五）公司现有分支机构管理情况的说明；

（六）拟设分支机构业务范围的说明；

（七）中国证监会要求提交的其他材料。

证券公司申请收购分支机构的，应当同时提交收购协议、拟收购的分支机构最近三年合规运行情况及经营管理情况的说明。

第七条 证券公司撤销分支机构，不得损害客户权益。证券公司申请撤销分支机构的，应当向分支机构所在地证监局提交下列材料：

（一）申请表；

（二）公司内部决策文件；

（三）包括转移客户、了结业务的步骤和时间安排等内容的撤销方案；

（四）中国证监会要求提交的其他材料。

第八条 证监局应当在受理相关申请之日起 30 个工作日内，作出是否批准的决定。

证券公司住所地证监局作出的批准决定，应当书面抄送分支机构所在地证监局；分支机构所在地证监局作出的批准决定，应当书面抄送证券公司住所地证监局。

第九条 证券公司应当在设立、收购分支机构的申请获得批准后六个月内，依法向公司登记机关办理登记手续，并向中国证监会提交分支机构营业执照副本复印件，申请颁发或者换发经营证券业务许可证。

证券公司不能在前款规定的期限内办理完毕分支机构设立、收购事项的，可以向证券公司住所地证监局申请延期一次。期限届满未完成分支机构设立或者收购的，批准文件自动失效。

分支机构增加或减少业务种类的，证券公司应当向中国证监会申请换发经营证券业务许可证。

第十条 证券公司撤销分支机构的申请获得批准后，拟撤销的分支机构不得新增客户和开展新的业务活动。证券公司应当按照分支机构撤销方案转移客户、了结分支机构业务、关闭分支机构营业场所，并向分支机构所在地证监局提交撤销方案实施情况报告。

分支机构所在地证监局应当自收到撤销方案实施情况报告之日起 15 个工作日内进行核查，并向证券公司出具核查意见。

经核查撤销方案已实施完毕的，证券公司应当自收到核查意见之日起 30 个工作日内办理工商注销登记，向中国证监会提交撤销方案实施情况报告和证监局出具的核查意见书，缴回分支机构的经营证券业务许可证。

第十一条 证券公司收购、撤销分支机构的，应当在申请获得批准后 15 个工作日内，在中国证监会指定的报刊上公告相关事宜，妥善处理与客户权益相关的事项。

第十二条 分支机构变更营业场所的，新营业场所应当与原营业场所位于同一城市。新营业场所开业前，证券公司应当向中国证监会申请换发经营证券业务许可证，并于新营业场所开业后，关闭原营业场所。

证券公司应当在分支机构新营业场所开业后五个工作日内，向分支机构所在地证监局报备已变更的分支机构营业执照副本复印件、已变更的经营证券业务许可证副本复印件和分支机构原营业场所关闭情况说明。

第十三条 分支机构被责令限期撤销的，按照法律、行政法规和中国证监会的相关规定办理。

第十四条 证券公司应当在取得、换发或者缴回分支机构经营证券业务许可证后五个工作日内，在证券公司网站和中国证券业协会网站上进行披露，并相应更新分支机构名称、地址、业务范围、负责人、投诉电话等信息。

分支机构应当具有固定的营业场所，在营业场所显著位置悬挂其经营证券业务许可证和营业执照。

第十五条 证券公司应当对分支机构实行集中统一管理，建立对分支机构具体、明确、合理的授权、检查、问责制度，加强对分支机构的合规管理、风险控制和稽核审计，保障分支机构规范、安全运营。

分支机构经营证券自营业务、证券承销与保荐业务及证券资产管理等业务的，应当符合相关业务集中运营、集中操作的规定。

第十六条 证券公司应当健全内部控制制度，在分支机构相互存在利益冲突的业务之间，建立有效的信息隔离墙制度，防范因敏感信息的不当流动和使用而引发的利益冲突和内幕交易。

第十七条　证券公司应当建立分支机构负责人年度考核与强制离岗制度，确保分支机构负责人至少每三年强制离岗一次，每次离岗时间不少于十个工作日。证券公司应当在分支机构负责人强制离岗期间，对分支机构进行现场稽核。

分支机构负责人强制离岗或因故缺位五个工作日以上的，证券公司应当指定专人代为履行职务，并在指定之日起三个工作日内向分支机构所在地证监局报告。代为履行职务的时间不得超过三个月。

代为履行职务的人员应当熟悉相关监管规定，具备履行职责的能力，且近三年内无不良行为记录。

证券公司对分支机构负责人的年度考核情况和离岗稽核报告应当以书面方式记载、保存。年度考核和离岗稽核的内容应当包括分支机构的合规经营、客户投诉及纠纷处理情况。

第十八条　发生影响或者可能影响分支机构经营管理和客户权益的重大事件的，分支机构应当及时向所在地证监局报送报告，说明事件的起因、目前的状态、可能产生的后果、已采取和拟采取的措施。

第十九条　分支机构所在地证监局依法对分支机构实施日常监管。证券公司住所地证监局应当将证券公司对其分支机构的合规管理、风险控制和稽核审计等内部管理活动纳入监管范围。

第二十条　证券公司及其分支机构违反本规定的，由中国证监会及相关证监局依法采取监管措施或者实施行政处罚。

第二十一条　证券公司设立代表处、办事处等从事联络、市场调查或者信息技术维护等非经营性活动的机构，应当报证券公司住所地和该机构所在地证监局备案。

第二十二条　本规定自公布之日起施行。《关于证券经营机构同城迁址审批工作的通知》（证监机构字〔1999〕92号）、《证券公司分公司监管规定（试行）》（证监会公告〔2008〕20号）、《关于进一步规范证券营业网点的规定》（证监会公告〔2009〕27号）同时废止。

黄金交易型开放式证券投资基金暂行规定

（2013年1月23日，中国证券监督管理委员会公告〔2013〕6号公布，自公布之日起施行）

第一条 为促进证券投资基金的创新与发展，规范黄金交易型开放式证券投资基金（以下简称黄金ETF）的运作，保护投资人的合法权益，根据《证券投资基金法》、《证券投资基金运作管理办法》等有关法律规定，制定本规定。

第二条 黄金ETF是指将绝大部分基金财产投资于上海黄金交易所挂盘交易的黄金品种，紧密跟踪黄金价格，使用黄金品种组合或基金合同约定的方式进行申购赎回，并在证券交易所上市交易的开放式基金。

第三条 黄金ETF可以投资于上海黄金交易所挂盘交易的黄金现货合约，以及中国证监会允许基金投资的其他品种。其中，持有的黄金现货合约的价值不得低于基金资产的90%。

第四条 黄金ETF不得办理黄金实物的出、入库业务，保证金交易只能用于风险管理或提高资产配置效率。

第五条 基金管理公司应当与相关各方认真制定黄金ETF产品方案，明确认购、申购、赎回、上市交易、投资管理、估值核算、信息披露等环节的运作机制、业务流程和管理制度，做好相关技术准备，有效防范投资运作风险，确保基金平稳安全运行。上报募集申请材料前，产品方案应当经证券交易所、上海黄金交易所、证券登记结算机构等论证通过。

第六条 基金管理公司和托管银行应当根据相关规定，确定黄金ETF的资产保管、交易执行、清算交收、数据传送等业务中的权利和义务，建立资产安全保障机制。托管银行应当加强对黄金ETF的监督核查，切实保护基金持有人的合法权益。

第七条 黄金ETF的上市、交易、申购赎回、登记结算、投资运作应当遵守法律法规及证券交易所、上海黄金交易所、证券登记结算机构的相关规定。

第八条 黄金ETF联接基金财产中，目标ETF的比例不得低于基金资产净值的90%。

第九条 本规定自公布之日起施行。

证券公司次级债管理规定

（2012 年 12 月 27 日，中国证券监督管理委员会公告〔2012〕51 号公布，
自公布之日起施行）

第一条 为规范证券公司次级债管理，维护投资者合法权益，根据《证券法》、《证券公司监督管理条例》等法律、行政法规的规定，制定本规定。

第二条 本规定所称证券公司次级债，是指证券公司向股东或机构投资者定向借入的清偿顺序在普通债之后的次级债务（以下简称次级债务），以及证券公司向机构投资者发行的、清偿顺序在普通债之后的有价证券（以下简称次级债券）。次级债务、次级债券为证券公司同一清偿顺序的债务。

前款所称的机构投资者是指：经国家金融监管部门批准设立的金融机构，包括商业银行、证券公司、基金管理公司、信托公司和保险公司等；上述金融机构面向投资者发行的理财产品，包括但不限于银行理财产品、信托产品、投连险产品、基金产品、证券公司资产管理产品等；注册资本不低于人民币 1000 万元的企业法人；合伙人认缴出资总额不低于人民币 5000 万元，实缴出资总额不低于人民币 1000 万元的合伙企业；经中国证监会认可的其他投资者。

证券公司次级债券只能以非公开方式发行，不得采用广告、公开劝诱和变相公开方式。每期债券的机构投资者合计不得超过 200 人。

第三条 次级债分为长期次级债和短期次级债。

证券公司借入或发行期限在一年以上（不含一年）的次级债为长期次级债。

证券公司为满足正常流动性资金需要，借入或发行期限在三个月以上（含三个月）、一年以下（含一年）的次级债为短期次级债。

第四条 长期次级债可按一定比例计入净资本，到期期限在三年、二年、一年以上的，原则上分别按 100%、70%、50%的比例计入净资本。

短期次级债不计入净资本。证券公司为满足承销股票、债券业务的流动性资金需要而借入或发行的短期次级债，可按照以下标准扣减风险资本准备：

（一）在承销期内，按债务资金与承销业务风险资本准备的孰低值扣减风险资本准备；

（二）承销结束，发生包销情形的，按照债务资金与因包销形成的自营业务风险资本准备的孰低值扣减风险资本准备。

承销结束，未发生包销情况的，借入或发行的短期次级债不得扣减风险资本准备。

第五条 证券公司借入或发行次级债应根据公司章程的规定对以下事项作出决议：

（一）次级债的规模、期限、利率以及展期和利率调整；

（二）借入或募集资金的用途；

（三）与借入或发行次级债相关的其他重要事项；

（四）决议有效期。

第六条 证券公司发行次级债券应提供募集说明书，借入次级债务应与债权人签订次级债务合同。募集说明书和次级债务合同应约定以下事项：

（一）清偿顺序在普通债之后；

（二）次级债的金额、期限、利率；

（三）次级债本息的偿付安排；

（四）借入或募集资金用途；

（五）证券公司应向债权人披露的信息内容和披露时间、方式；

（六）次级债的借入或发行、偿还或兑付应符合本规定；

（七）违约责任。

募集说明书还应载明公司基本情况、财务状况、债券发行、转让范围及约束条件。

第七条 证券公司借入或发行次级债应符合以下条件：

（一）借入或募集资金有合理用途；

（二）次级债应以现金或中国证监会认可的其他形式借入或融入；

（三）借入或发行次级债数额应符合以下规定：

1. 长期次级债计入净资本的数额不得超过净资本（不含长期次级债累计计入净资本的数额）的 50%；

2. 净资本与负债的比例、净资产与负债的比例等各项风险控制指标不触及预警标准。

（四）募集说明书内容或次级债务合同条款符合证券公司监管规定。

第八条 证券公司申请借入或发行次级债，应提交以下申请文件：

（一）申请书；

（二）关于借入或发行次级债的决议；

（三）募集说明书或借入次级债务合同；

（四）借入或募集资金的用途说明；

（五）合同当事人之间的关联关系说明；

（六）证券公司最近六个月的风险控制指标情况及相关测算报告；

（七）债权人资产信用的说明材料；

（八）中国证监会要求提交的其他文件。

第九条 证券公司次级债券可在证券交易所或中国证监会认可的交易场所（以下统称交易场所）依法向机构投资者发行、转让。发行或转让后，债券持有人不得超过 200 人。

次级债券发行或转让后，证券公司应在中国证券登记结算有限责任公司或中国证监会认可的其他登记结算机构（以下统称登记结算机构）办理登记。

证券公司在银行间市场发行次级债券，应事先经中国证监会认可，并遵守银行间市场的相关规定。

第十条 证券公司次级债券的发行、转让、兑付、登记、托管、结算、投资者适当性、信息披露和投资者权益保护等应符合法律法规以及交易场所和登记结算机构的相关规定。

证券公司次级债券可由具备承销业务资格的其他证券公司承销，也可由证券公司自行销售。

第十一条 证券公司申请次级债务展期，应提交以下申请文件：

（一）申请书；

（二）关于次级债务展期的决议；

（三）借入次级债务合同；

（四）债务资金的用途说明；

（五）证券公司最近三个月的风险控制指标情况及相关测算报告；

（六）中国证监会要求提交的其他文件。

前款所称次级债务展期，包括将短期次级债务转为长期次级债务。

第十二条　证券公司申请偿还次级债务，应在债务到期前至少十个工作日提交以下申请文件：

（一）申请书；

（二）借入次级债务合同；

（三）证券公司最近一个月的风险控制指标情况及相关测算报告；

（四）中国证监会要求提交的其他文件。

证券公司偿还短期次级债务的，还应提交债务资金使用情况的说明。

证券公司提前偿还次级债务的，还应提交关于提前偿还次级债务的决议。

第十三条　中国证监会及其派出机构对证券公司借入或发行次级债进行批准。其中，中国证监会对证券公司申请发行次级债券事项作出核准或不予核准的书面决定，中国证监会派出机构对证券公司申请次级债务借入、展期、偿还、利率调整等事项作出核准或不予核准的书面决定。

（一）对证券公司发行长期次级债券的申请，自受理之日起二十个工作日内作出决定；对证券公司发行短期次级债券的申请，自受理之日起十个工作日内作出决定；

（二）对证券公司借入长期次级债务、次级债务展期的申请，自受理之日起十个工作日内作出决定；对证券公司借入短期次级债务、偿还次级债务和利率调整的申请，自受理之日起五个工作日内作出决定。

证券公司次级债券经批准后，可分期发行。次级债券分期发行的，自批准发行之日起，证券公司应在六个月内完成首期发行，剩余债券应在二十四个月内完成发行。

第十四条　证券公司可自长期次级债资金到账之日起按规定比例计入净资本。但是，长期次级债资金于获批日之前到账的，只能在获得批复后按规定比例计入净资本。

证券公司借入的短期次级债务转为长期次级债务或将长期次级债务展期的，在获得批复后方可按规定比例将长期次级债务计入净资本。

第十五条　证券公司提前偿还长期次级债务后一年内再次借入新的长期次级债务的，新借入的次级债务应先按照提前偿还的长期次级债务剩余到期期限对应的比例计入净资本；在提前偿还的次级债务合同期限届满后，再按规定比例计入净资本。

新借入的长期次级债务数额超出提前偿还的长期次级债务数额的，超出部分的次级债务可按规定比例计入净资本。

第十六条　证券公司向其他证券公司借入长期次级债务或发行长期次级债券的，作为债权人的证券公司在计算自身净资本时应将借出或融出资金全额扣除。

证券公司不得向其实际控制的子公司借入或发行次级债。

第十七条　证券公司借入次级债务等事项获批后，未经批准不得变更次级债务合同。

第十八条　证券公司风险控制指标不符合规定标准或偿还次级债务后将导致风险控制指标不符合规定标准的，不得偿还到期次级债务本息。次级债务合同应明确约定前述事项。

证券公司到期偿还次级债券不受前款约束。

第十九条　除以下情形外，证券公司不得提前偿还或兑付次级债：

（一）证券公司偿还或兑付全部或部分次级债后，各项风险控制指标符合规定标准且未触及预警指标，净资本数额不低于借入或发行长期次级债时的净资本数额（包括长期次级债计入净资本的数额）；

（二）债权人将次级债权转为股权，且次级债权转为股权符合相关法律法规规定并经批准；

（三）中国证监会认可的其他情形。

第二十条 证券公司应自借入次级债务获批之日起三个工作日内在公司网站公开披露借入次级债务事项，自发行次级债券获批之日起两个工作日内在公司网站公开披露获准发行次级债券事项，并及时披露次级债券的后续发行情况。

证券公司偿还或兑付次级债，应在到期日前至少三个工作日在公司网站公开披露，并在实际偿还或兑付次级债后三个工作日内公开披露偿还或兑付情况。证券公司在交易场所发行次级债券，还应遵守其信息披露的要求。

上市证券公司借入或发行、偿还或兑付次级债的，除应遵守本规定要求外，还应按照上市公司信息披露管理的规定，履行信息披露义务。

第二十一条 中国证监会及其派出机构应加强对证券公司次级债存续期间的日常监管，对违反本规定及相关监管要求的，责令其及时改正，并依法采取监管措施。

第二十二条 从事证券相关业务的证券类机构借入或发行、偿还或兑付次级债等事项，经中国证监会同意，可参照本规定执行。

前款所称的证券类机构，包括但不限于证券金融公司。

第二十三条 本规定自公布之日起施行。《证券公司借入次级债务规定》（证监会公告〔2010〕23号）同时废止。

中国证券监督管理委员会上市公司并购重组审核委员会工作规程

（于2011年12月28日以中国证券监督管理委员会公告〔2011〕40号公布，自公布之日起施行）

第一章　总　则

第一条　为在上市公司并购重组审核工作中贯彻公开、公平、公正的原则，提高并购重组审核工作的质量和透明度，根据《中国证券监督管理委员会发行审核委员会办法》以及上市公司并购重组的相关规定，制定本规程。

第二条　中国证券监督管理委员会（以下简称中国证监会）上市公司并购重组审核委员会（以下简称并购重组委）审核下列并购重组事项的，适用本规程：

（一）根据中国证监会的相关规定构成上市公司重大资产重组的；

（二）上市公司以新增股份向特定对象购买资产的；

（三）上市公司实施合并、分立的；

（四）中国证监会规定的其他情形。

第三条　并购重组委依照《中华人民共和国公司法》、《中华人民共和国证券法》等法律、行政法规和中国证监会的规定，对并购重组申请人的申请文件和中国证监会的初审报告进行审核。

并购重组委依照本规程规定的程序履行职责。

第四条　中国证监会根据并购重组委审核意见，依照法定条件和法定程序对并购重组申请作出予以核准或者不予核准的决定。

第二章　并购重组委的组成

第五条　并购重组委由专业人员组成，人数不多于三十五名，其中中国证监会的人员不多于七名。

并购重组委根据需要按一定比例设置专职委员。

第六条　中国证监会依照公开、公平、公正的原则，按照行业自律组织或者相关主管单位推荐、社会公示、执业情况核查、差额遴选、中国证监会聘任的程序选聘并购重组委委员。

第七条　并购重组委委员每届任期两年，可以连任，连续任期最长不超过四年。

第八条　并购重组委委员应当符合下列条件：

（一）坚持原则，公正廉洁，忠于职守，遵守法律、行政法规和规章；

（二）熟悉上市公司并购重组业务及有关的法律、行政法规和规章；

（三）精通所从事行业的专业知识，具有丰富的行业实践经验；

（四）没有违法、违纪记录；

（五）中国证监会规定的其他条件。

第九条　并购重组委委员有下列情形之一的，中国证监会应当予以解聘：

（一）违反法律、行政法规和中国证监会的相关规定的；

（二）未按照中国证监会的规定勤勉尽职的；

（三）两次以上无故不出席并购重组委会议的；

（四）本人提出辞职申请，并经中国证监会批准的；

（五）经中国证监会考核认为不适合担任并购重组委委员的其他情形。

并购重组委委员的解聘不受任期是否届满的限制。并购重组委委员解聘后，中国证监会应选聘增补新的委员。

第十条　中国证监会组织设立并购重组专家咨询委（以下简称专家咨询委），专家咨询委的具体组成办法、工作职责和工作制度另行制定。

第三章　并购重组委及委员的职责

第十一条　并购重组委的职责是：根据有关法律、行政法规和中国证监会的规定，审核上市公司并购重组申请是否符合相关条件；审核财务顾问、会计师事务所、律师事务所、资产评估机构等证券服务机构及相关人员为并购重组申请事项出具的有关材料及意见书；审核中国证监会出具的初审报告；依法对并购重组申请事项提出审核意见。

第十二条　并购重组委委员以个人身份出席并购重组委会议，依法履行职责，独立发表审核意见并行使表决权。

第十三条　并购重组委委员应当遵守下列规定：

（一）按要求出席并购重组委会议，并在审核工作中勤勉尽职；

（二）保守国家秘密和并购重组当事人的商业秘密；

（三）不得泄露并购重组委会议讨论内容、表决情况以及其他有关情况；

（四）不得利用并购重组委委员身份或者在履行职责中所得到的非公开信息，为本人或者他人直接或者间接谋取利益；

（五）不得直接或间接接受并购重组当事人及相关单位或个人提供的资金、物品等馈赠和其他利益；

（六）不得直接或者以化名、借他人名义买卖上市公司的证券；

（七）不得在履行职责期间私下与并购重组当事人及相关单位或个人进行接触；

（八）不得有与其他并购重组委委员串通表决或诱导其他并购重组委委员表决的行为；

（九）未经授权或许可，不得以并购重组委委员名义对外公开发表言论及从事与并购重组委有关的工作；

（十）中国证监会的其他有关规定。

第十四条　并购重组委委员接受中国证监会聘任后，应当如实申报登记证券账户及持有上市公司证券的情况；持有上市公司证券的，应当在聘任之日起一个月内清理卖出；因故不能卖出的，应当在聘任之日起一个月内提出聘任期间暂停证券交易并锁定账户的申请。

第十五条　并购重组当事人及其他任何单位或者个人以不正当手段对并购重组委委员施加影响的，并购重组委委员应当向中国证监会举报。

第十六条 并购重组委委员审核并购重组申请文件时，有下列情形之一，可能影响公正履行职责的，委员应当及时提出回避：

（一）委员本人或者其亲属担任并购重组当事人或者其聘请的专业机构的董事（含独立董事，下同）、监事、经理或者其他高级管理人员的；

（二）委员本人或者其所在工作单位近两年内为并购重组当事人提供保荐、承销、财务顾问、审计、资产评估、法律、咨询等服务的；

（三）委员本人或者其亲属担任董事、监事、经理或其他高级管理人员的公司或机构与并购重组当事人有商业竞争关系的；

（四）委员与并购重组当事人及其他相关单位或者个人进行过接触的；

（五）委员本人及其亲属持有与并购重组申请事项相关的公司证券或股份的；

（六）委员亲属或者委员所在工作单位与并购重组申请人存在其他利益冲突的；

（七）中国证监会认定的可能产生利害冲突或者委员认为可能影响其公正履行职责的其他情形。

前款所称亲属，是指并购重组委委员的父母、配偶、子女及其配偶。

第十七条 并购重组申请人及其他相关单位或者个人认为并购重组委委员与其存在利害冲突或者潜在的利害冲突，可能影响并购重组委委员公正履行职责的，可以向中国证监会提出要求有关并购重组委委员予以回避的书面申请，并说明理由。

中国证监会根据并购重组申请人及其他相关单位或者个人提出的书面申请，决定相关并购重组委委员是否回避。

第十八条 并购重组委委员接受聘任后，应当承诺遵守中国证监会对并购重组委委员的有关规定和纪律要求，认真履行职责，接受中国证监会的考核和监督。

第四章 并购重组委会议

第十九条 并购重组委通过召开并购重组委会议进行审核工作，每次参加并购重组委会议的并购重组委委员为五名。

并购重组委设会议召集人。

第二十条 并购重组委委员分为召集人组和专业组，其中专业组分为法律组、会计组、资产评估组和金融组。分组名单应当在中国证监会网站予以公示。

中国证监会应当按照分组名单及委员排序确定参会委员；对委员提出回避或者因故不能出席会议的原因，应当予以公示，并按所在组的名单顺序递延更换委员。

专业组委员出现轮空的，由专职委员替换。

第二十一条 并购重组委会议审核上市公司并购重组申请事项的，中国证监会在并购重组委会议拟定召开日的四个工作日前将会议审核的申请人名单、会议时间、相关当事人承诺函和参会委员名单在中国证监会网站上予以公示，并于公示的下一工作日将会议通知、工作底稿、并购重组申请文件及中国证监会的初审报告送交参会委员签收。

第二十二条 并购重组委建立公示监督制度，会议公示期间为公示投诉期。如期间发生对拟参会委员的举报且线索明确的，中国证监会应当更换委员，并重新履行公示程序，会议召开日期顺延。

会议公示期间如发生对并购重组申请人的举报且线索明确的，或社会出现负面舆论且所涉事项性质恶劣、影响重大的，中国证监会应当及时启动核查程序，暂停并购重组委会议。

会议公示期间委员因故不能出席会议的，中国证监会应当更换委员，并重新履行公示程序，会议召开日期顺延。

第二十三条 并购重组委会议开始前，委员应当签署与并购重组申请人及其所聘请的证券服务机构或者相关人员接触及回避事项的有关说明，并交由中国证监会留存。

第二十四条 并购重组委委员应当依据法律、行政法规和中国证监会的规定，运用自身的专业知识，独立、客观、公正地对并购重组申请事项进行审核。

并购重组委委员可以通过中国证监会调阅履行职责所必需的与并购重组申请人有关的材料。

并购重组委委员应当以审慎、负责的态度，全面审阅申请人的并购重组申请文件和中国证监会出具的初审报告。并购重组委委员应当在工作底稿上就下述内容提出有依据、明确的审核意见：

（一）对初审报告中提请关注的问题和审核意见有异议的；

（二）申请人存在初审报告提请关注问题以外的其他问题的；

（三）申请人存在尚待调查核实并影响明确判断的重大问题的。

并购重组委委员在并购重组委会议上应当根据自己的工作底稿发表个人审核意见，同时应当根据会议讨论情况，完善个人审核意见并在工作底稿上予以记录。

并购重组委会议在充分讨论的基础上，形成会议对申请人并购重组申请事项的审核意见，并对申请人的并购重组申请是否符合相关条件进行表决。

第二十五条 并购重组委以记名投票方式对并购重组申请进行表决。并购重组委委员不得弃权。

表决票设同意票和反对票。表决投票时同意票数达到三票为通过，同意票数未达到三票为未通过。

并购重组委委员在投票时应当在表决票上说明理由。

第二十六条 并购重组委会议对申请人的并购重组申请形成审核意见之前，可以要求并购重组当事人及其聘请的证券服务机构的代表到会陈述意见和接受询问。

对于并购重组委委员的任何询问、意见及相关陈述，未经中国证监会同意，并购重组当事人及其他相关单位或者个人均不得对外披露。

第二十七条 并购重组委根据审核工作需要，可以通过中国证监会邀请并购重组委委员以外的行业专家到会提供专业咨询意见，所邀请的专家没有表决权。

第二十八条 并购重组委会议召集人按照中国证监会的有关规定负责召集并购重组委会议，维持会议秩序，组织参会委员发表意见、进行讨论，组织投票、宣读表决结果并负责形成并购重组委会议审核意见。

并购重组委会议结束后，参会委员应当在会议记录、审核意见、表决结果等会议资料上签名确认，同时提交工作底稿。

第二十九条 对于并购重组委会议表决结果为有条件通过的，中国证监会对审核意见的落实情况进行核实，并将核实结果向参会委员进行反馈。

第三十条 并购重组委会议对申请人的并购重组申请投票表决后，中国证监会在网站上公布表决结果。

并购重组委会议对并购重组申请作出的表决结果及提出的审核意见，中国证监会应当于会议结束之日起三个工作日内向并购重组申请人及其聘请的财务顾问进行书面反馈。

第三十一条 并购重组申请人可在表决结果公示之日起十个工作日内向中国证监会提出申诉意见。中国证监会应当要求并购重组委会议召集人组织参会委员对申诉意见做出书面解释、说明。如有必要，中国证监会可以组织召开专家咨询委会议。根据会议意见，决定是否驳回申诉或者重新提交并购重组委会议审核。并购重组委会议重新审核的，原则上仍由原并购重组委委员审核。

第三十二条 并购重组委参会委员认为并购重组委会议表决结果存在显失公正情形的，可在并购重组委会议结束之日起两个工作日内，以书面形式提出异议，并说明理由。经中国证监会调查认为理由充分的，应当重新提请召开并购重组委会议，原则上不由原并购重组委委员审核。

第三十三条　在并购重组委会议对并购重组申请表决通过后至中国证监会作出核准决定前，并购重组申请人发生重大事项，导致与其所报送的并购重组申请文件不一致；或并购重组委会议的审核意见具有前置条件且未能落实的，中国证监会可以提请重新召开并购重组委会议，原则上仍由原并购重组委委员审核。

第三十四条　上市公司并购重组申请经并购重组委审核未获通过且中国证监会作出不予核准决定的，申请人对并购重组方案进行修改补充或提出新方案的，应当按照有关规定履行信息披露义务，财务顾问应审慎履行职责，提供专业服务，进行独立判断，确认符合有关并购重组规定条件的可以重新提出并购重组申请。重新提交并购重组委审核的，原则上仍由原并购重组委委员审核。

第三十五条　中国证监会建立并购重组委审核工作回访制度。通过组织回访，实地了解上市公司并购重组方案实施情况、承诺事项履行情况、审核意见落实情况以及证券服务机构持续督导等情况。

第三十六条　并购重组委应以召开全体会议的形式，对并购重组审核工作中的重大疑难问题及创新性事项进行研究讨论。并购重组委可要求中国证监会组织召开专家咨询委会议，由专家咨询委出具专家意见，提供决策支持。

第三十七条　中国证监会负责安排并购重组委工作会议、送达审核材料、会议记录、起草会议纪要及保管档案等具体工作。

并购重组委审核工作所需费用，由中国证监会支付。

第五章　并购重组委的监督管理

第三十八条　中国证监会负责并购重组委事务的日常管理以及并购重组委委员的考核和监督。

第三十九条　中国证监会对并购重组委实行问责制度。出现并购重组委会议审核意见与表决结果有明显差异的，或事后显示存在重大疏漏的，中国证监会可以要求所有参会的并购重组委委员分别作出解释和说明。

第四十条　并购重组委委员存在违反本规程规定的行为及其他违反并购重组委工作纪律的行为的，中国证监会应当根据情节轻重予以谈话提醒、通报批评、暂停参加并购重组委会议、解聘等处理。

第四十一条　中国证监会建立对并购重组委委员违法违纪行为的举报监督机制。

对有线索举报并购重组委委员存在违法违纪行为的，中国证监会应当进行调查，并根据调查结果予以谈话提醒、通报批评、暂停参加并购重组委会议、解聘等处理；涉嫌犯罪的，依法移交司法机关处理。

第四十二条　中国证监会对并购重组委委员违法违纪的处理措施可以在新闻媒体上公开。

第四十三条　在并购重组委会议召开前，有证据表明并购重组申请人、其他单位或者个人直接或者间接以不正当手段或者其他方式影响、干扰并购重组委委员对并购重组申请的判断和审核的，中国证监会可以暂停召开对有关申请的并购重组委会议。

并购重组申请通过并购重组委会议后，有证据表明并购重组申请人、其他单位或者个人直接或者间接以不正当手段或者其他方式影响、干扰并购重组委委员对并购重组申请的判断和审核的，中国证监会可以暂停核准；情节严重的，中国证监会不予核准。

第六章　附　则

第四十四条　本规程自公布之日起施行。《中国证券监督管理委员会上市公司并购重组审核委员会工作规程》（证监发〔2007〕94号）同时废止。

附件：1. 中国证券监督管理委员会上市公司并购重组审核委员会委员廉洁自律承诺书

2. 中国证券监督管理委员会上市公司并购重组审核委员会委员与并购重组申请人回避及接触事项的有关说明

3. 中国证券监督管理委员会上市公司并购重组审核委员会审核工作底稿

4. 并购重组申请人保证不影响和干扰上市公司并购重组审核委员会审核工作的承诺函

附件 1：

中国证券监督管理委员会上市公司并购重组审核委员会委员廉洁自律承诺书

本人向中国证券监督管理委员会和社会公众郑重承诺：

一、本人在担任并购重组委委员期间，将自觉遵守国家的法律法规、《中国证券监督管理委员会上市公司并购重组审核委员会工作规程》、《关于加强并购重组审核委员会委员监督工作的若干意见（试行）》及相关规定，并自觉接受社会监督；

二、本人将遵守社会公德，以端正的个人品行自觉维护并购重组委形象，并承诺在履行并购重组委委员的职责时，以自己的专业知识和从业经验为基础，秉承“公开、公平、公正”原则，诚实守信、勤勉尽责，客观、公正地审核，独立发表个人意见和投票表决，并对此承担相关责任；

三、本人不以任何形式收受并购重组当事人及相关单位或者个人赠送的礼品、礼金、各种有价证券及各种代币券（卡）等支付凭证，不接受并购重组当事人及相关单位或个人提供的宴请、旅游、休闲等娱乐活动，不接受并购重组当事人及相关单位或个人报销应由本人及亲属支付的个人费用；

四、本人将保守并购重组当事人的商业秘密，不泄露并购重组委会议讨论内容、表决情况以及其他有关情况；

五、本人不在履行职责期间私下与并购重组当事人及相关单位或个人进行接触；不与其他并购重组委委员串通表决或诱导其他并购重组委委员的表决；

六、本人不直接或者以化名、借他人名义买卖上市公司的证券；

七、本人除因不可抗力或其他特殊原因，且取得中国证监会同意外，按要求出席并购重组委会议；

八、本人未经中国证监会同意，在教学、演讲、写作和接受采访等活动中，不引用因担任并购重组委委员而获悉的信息；未经中国证监会授权，不以并购重组委委员身份对外发表言论；

九、本人接受中国证监会按有关规定进行的考核和监督，遵守中国证监会纪检部门的谈话制度，接受廉政评议，按规定向中国证监会上市部、纪委、监察局提交述职报告；

十、本人接受并愿意积极配合中国证监会按有关规定就并购重组委有关事宜开展的调查；

十一、本人如果违反上述承诺，愿意承担由此引起的有关责任。

承诺人签名：　　　　　　　　　　　　　　　　　　　　年　　月　　日

附件 2：

中国证券监督管理委员会上市公司并购重组审核委员会委员与并购重组申请人回避及接触事项的有关说明

（20　年第　次并购重组委会议）

一、本人不存在可能影响公正履行职责的情形。

二、本人不存在应当提出回避而未回避的情形。

三、本次所审核的并购重组申请人或者其他相关单位或者个人未曾以不正当手段影响本人对本次所审核的申请人的判断。

四、本人未曾私下与本次所审核的并购重组申请人或者其他相关单位或者个人进行过接触，未接受过上述单位或者个人提供的资金、物品等馈赠及其他利益。

五、其他需要说明的事项：

委员签名：　　　　　　　　　　　　　　年　月　日

附：本次所审核的申请人（公司）名单

__________股份有限公司

__________股份有限公司

__________股份有限公司

__________股份有限公司

附件3：

中国证券监督管理委员会上市公司并购重组审核委员会审核工作底稿

参会委员姓名：

并购重组委会议届次：20　年　次

并购重组申请人名称：

并购重组类型：

一、对初审报告提请委员关注的问题和审核意见发表个人审核意见及依据。

二、申请人是否存在初审报告提请关注问题以外的其他问题，如有，请说明。

三、申请人是否存在尚待调查核实影响明确判断的重大问题，如有，请说明。

四、其他。

五、是否对上述意见有修改，如有，请补充。

委员签名：　　　　　　　　　　　　　　年　月　日

附件4：

并购重组申请人保证不影响和干扰上市公司并购重组审核委员会审核工作的承诺函

__________股份有限公司向中国证券监督管理委员会承诺：

一、本公司保证不直接或者间接地向并购重组委委员提供资金、物品等馈赠及其他利益，保证不直接或间接地向并购重组委委员提供本次所审核的相关公司的证券，保证不以不正当手段影响并购重组委委员对申请人的判断。

二、本公司保证不以任何方式干扰并购重组委的审核工作。

三、在并购重组委会议上接受并购重组委委员的询问时，本公司保证陈述内容真实、客观、准确、简洁，不含与本次并购重组审核无关的内容。

四、若本公司违反上述承诺，将承担由此引起的一切法律责任。

承诺人：__________股份有限公司（加盖公章）

并购重组申请人负责人签字：

此项承诺于　　年　月　日在　（地点）作出

关于外国投资者并购境内企业的规定

（2009 年修订）

目　录

第一章　总　则

第一条　为了促进和规范外国投资者来华投资，引进国外的先进技术和管理经验，提高利用外资的水平，实现资源的合理配置，保证就业、维护公平竞争和国家经济安全，依据外商投资企业的法律、行政法规及《公司法》和其他相关法律、行政法规，制定本规定。

第二条　本规定所称外国投资者并购境内企业，系指外国投资者购买境内非外商投资企业（以下称“境内公司”）股东的股权或认购境内公司增资，使该境内公司变更设立为外商投资企业（以下称“股权并购”）；或者，外国投资者设立外商投资企业，并通过该企业协议购买境内企业资产且运营该资产，或，外国投资者协议购买境内企业资产，并以该资产投资设立外商投资企业运营该资产（以下称“资产并购”）。

第三条　外国投资者并购境内企业应遵守中国的法律、行政法规和规章，遵循公平合理、等价有偿、诚实信用的原则，不得造成过度集中、排除或限制竞争，不得扰乱社会经济秩序和损害社会公共利益，不得导致国有资产流失。

第四条　外国投资者并购境内企业，应符合中国法律、行政法规和规章对投资者资格的要求及产业、土地、环保等政策。

依照《外商投资产业指导目录》不允许外国投资者独资经营的产业，并购不得导致外国投资者持有企业的全部股权；需由中方控股或相对控股的产业，该产业的企业被并购后，仍应由中方在企业中占控股或相对控股地位；禁止外国投资者经营的产业，外国投资者不得并购从事该产业的企业。

被并购境内企业原有所投资企业的经营范围应符合有关外商投资产业政策的要求；不符合要求的，应进行调整。

第五条　外国投资者并购境内企业涉及企业国有产权转让和上市公司国有股权管理事宜的，应当遵守国有资产管理的相关规定。

第六条　外国投资者并购境内企业设立外商投资企业，应依照本规定经审批机关批准，向登记管理机关办理变更登记或设立登记。

如果被并购企业为境内上市公司，还应根据《外国投资者对上市公司战略投资管理办法》，向国务院证券监督管理机构办理相关手续。

第七条　外国投资者并购境内企业所涉及的各方当事人应当按照中国税法规定纳税，接受税务机关的监督。

第八条　外国投资者并购境内企业所涉及的各方当事人应遵守中国有关外汇管理的法律和行政法规，及时向外汇管理机关办理各项外汇核准、登记、备案及变更手续。

第二章　基本制度

第九条　外国投资者在并购后所设外商投资企业注册资本中的出资比例高于25%的，该企业享受外商投资企业待遇。

外国投资者在并购后所设外商投资企业注册资本中的出资比例低于25%的，除法律和行政法规另有规定外，该企业不享受外商投资企业待遇，其举借外债按照境内非外商投资企业举借外债的有关规定办理。审批机关向其颁发加注“外资比例低于25%”字样的外商投资企业批准证书（以下称“批准证书”）。登记管理机关、外汇管理机关分别向其颁发加注“外资比例低于25%”字样的外商投资企业营业执照和外汇登记证。

境内公司、企业或自然人以其在境外合法设立或控制的公司名义并购与其有关联关系的境内公司，所设立的外商投资企业不享受外商投资企业待遇，但该境外公司认购境内公司增资，或者该境外公司向并购后所设企业增资，增资额占所设企业注册资本比例达到25%以上的除外。根据该款所述方式设立的外商投资企业，其实际控制人以外的外国投资者在企业注册资本中的出资比例高于25%的，享受外商投资企业待遇。

外国投资者并购境内上市公司后所设外商投资企业的待遇，按照国家有关规定办理。

第十条　本规定所称的审批机关为中华人民共和国商务部或省级商务主管部门（以下称“省级审批机关”），登记管理机关为中华人民共和国国家工商行政管理总局或其授权的地方工商行政管理局，外汇管理机关为中华人民共和国国家外汇管理局或其分支机构。

并购后所设外商投资企业，根据法律、行政法规和规章的规定，属于应由商务部审批的特定类型或行业的外商投资企业的，省级审批机关应将申请文件转报商务部审批，商务部依法决定批准或不批准。

第十一条　境内公司、企业或自然人以其在境外合法设立或控制的公司名义并购与其有关联关系的境内的公司，应报商务部审批。

当事人不得以外商投资企业境内投资或其他方式规避前述要求。

第十二条　外国投资者并购境内企业并取得实际控制权，涉及重点行业、存在影响或可能影响国家经济安全因素或者导致拥有驰名商标或中华老字号的境内企业实际控制权转移的，当事人应就此向商务部进行申报。

当事人未予申报，但其并购行为对国家经济安全造成或可能造成重大影响的，商务部可以会同相关部门要求当事人终止交易或采取转让相关股权、资产或其他有效措施，以消除并购行为对国家经济安全的影响。

第十三条　外国投资者股权并购的，并购后所设外商投资企业承继被并购境内公司的债权和债务。

外国投资者资产并购的，出售资产的境内企业承担其原有的债权和债务。

外国投资者、被并购境内企业、债权人及其他当事人可以对被并购境内企业的债权债务的处置另行达成协议，但是该协议不得损害第三人利益和社会公共利益。债权债务的处置协议应报送审批机关。

出售资产的境内企业应当在投资者向审批机关报送申请文件之前至少 15 日，向债权人发出通知书，并在全国发行的省级以上报纸上发布公告。

第十四条 并购当事人应以资产评估机构对拟转让的股权价值或拟出售资产的评估结果作为确定交易价格的依据。并购当事人可以约定在中国境内依法设立的资产评估机构。资产评估应采用国际通行的评估方法。禁止以明显低于评估结果的价格转让股权或出售资产，变相向境外转移资本。

外国投资者并购境内企业，导致以国有资产投资形成的股权变更或国有资产产权转移时，应当符合国有资产管理的有关规定。

第十五条 并购当事人应对并购各方是否存在关联关系进行说明，如果有两方属于同一个实际控制人，则当事人应向审批机关披露其实际控制人，并就并购目的和评估结果是否符合市场公允价值进行解释。当事人不得以信托、代持或其他方式规避前述要求。

第十六条 外国投资者并购境内企业设立外商投资企业，外国投资者应自外商投资企业营业执照颁发之日起三个月内向转让股权的股东，或出售资产的境内企业支付全部对价。对特殊情况需要延长者，经审批机关批准后，应自外商投资企业营业执照颁发之日起六个月内支付全部对价的 60%以上，一年内付清全部对价，并按实际缴付的出资比例分配收益。

外国投资者认购境内公司增资，有限责任公司和以发起方式设立的境内股份有限公司的股东应当在公司申请外商投资企业营业执照时缴付不低于 20%的新增注册资本，其余部分的出资时间应符合《公司法》、有关外商投资的法律和《公司登记管理条例》的规定。其他法律和行政法规另有规定的，从其规定。股份有限公司为增加注册资本发行新股时，股东认购新股，依照设立股份有限公司缴纳股款的有关规定执行。

外国投资者资产并购的，投资者应在拟设立的外商投资企业合同、章程中规定出资期限。设立外商投资企业，并通过该企业协议购买境内企业资产且运营该资产的，对与资产对价等额部分的出资，投资者应在本条第一款规定的对价支付期限内缴付；其余部分的出资应符合设立外商投资企业出资的相关规定。

外国投资者并购境内企业设立外商投资企业，如果外国投资者出资比例低于企业注册资本 25%，投资者以现金出资的，应自外商投资企业营业执照颁发之日起 3 个月内缴清；投资者以实物、工业产权等出资的，应自外商投资企业营业执照颁发之日起 6 个月内缴清。

第十七条 作为并购对价的支付手段，应符合国家有关法律和行政法规的规定。外国投资者以其合法拥有的人民币资产作为支付手段的，应经外汇管理机关核准。外国投资者以其拥有处置权的股权作为支付手段的，按照本规定第四章办理。

第十八条 外国投资者协议购买境内公司股东的股权，境内公司变更设立为外商投资企业后，该外商投资企业的注册资本为原境内公司注册资本，外国投资者的出资比例为其所购买股权在原注册资本中所占比例。

外国投资者认购境内有限责任公司增资的，并购后所设外商投资企业的注册资本为原境内公司注册资本与增资额之和。外国投资者与被并购境内公司原其他股东，在境内公司资产评估的基础上，确定各自在外商投资企业注册资本中的出资比例。

外国投资者认购境内股份有限公司增资的，按照《公司法》有关规定确定注册资本。

第十九条 外国投资者股权并购的，除国家另有规定外，对并购后所设外商投资企业应按照以下比例确定投资总额的上限：

（一）注册资本在210万美元以下的，投资总额不得超过注册资本的10/7；

（二）注册资本在210万美元至500万美元的，投资总额不得超过注册资本的两倍；

（三）注册资本在500万美元至1200万美元的，投资总额不得超过注册资本的25倍；

（四）注册资本在1200万美元以上的，投资总额不得超过注册资本的三倍。

第二十条　外国投资者资产并购的，应根据购买资产的交易价格和实际生产经营规模确定拟设立的外商投资企业的投资总额。拟设立的外商投资企业的注册资本与投资总额的比例应符合有关规定。

第三章　审批与登记

第二十一条　外国投资者股权并购的，投资者应根据并购后所设外商投资企业的投资总额、企业类型及所从事的行业，依照设立外商投资企业的法律、行政法规和规章的规定，向具有相应审批权限的审批机关报送下列文件：

（一）被并购境内有限责任公司股东一致同意外国投资者股权并购的决议，或被并购境内股份有限公司同意外国投资者股权并购的股东大会决议；

（二）被并购境内公司依法变更设立为外商投资企业的申请书；

（三）并购后所设外商投资企业的合同、章程；

（四）外国投资者购买境内公司股东股权或认购境内公司增资的协议；

（五）被并购境内公司上一财务年度的财务审计报告；

（六）经公证和依法认证的投资者的身份证明文件或注册登记证明及资信证明文件；

（七）被并购境内公司所投资企业的情况说明；

（八）被并购境内公司及其所投资企业的营业执照（副本）；

（九）被并购境内公司职工安置计划；

（十）本规定第十三条、第十四条、第十五条要求报送的文件。

并购后所设外商投资企业的经营范围、规模、土地使用权的取得等，涉及其他相关政府部门许可的，有关的许可文件应一并报送。

第二十二条　股权购买协议、境内公司增资协议应适用中国法律，并包括以下主要内容：

（一）协议各方的状况，包括名称（姓名），住所，法定代表人姓名、职务、国籍等；

（二）购买股权或认购增资的份额和价款；

（三）协议的履行期限、履行方式；

（四）协议各方的权利、义务；

（五）违约责任、争议解决；

（六）协议签署的时间、地点。

第二十三条　外国投资者资产并购的，投资者应根据拟设立的外商投资企业的投资总额、企业类型及所从事的行业，依照设立外商投资企业的法律、行政法规和规章的规定，向具有相应审批权限的审批机关报送下列文件：

（一）境内企业产权持有人或权力机构同意出售资产的决议；

（二）外商投资企业设立申请书；

（三）拟设立的外商投资企业的合同、章程；

（四）拟设立的外商投资企业与境内企业签署的资产购买协议，或外国投资者与境内企业签署的资产购买协议；

（五）被并购境内企业的章程、营业执照（副本）；

（六）被并购境内企业通知、公告债权人的证明以及债权人是否提出异议的说明；

（七）经公证和依法认证的投资者的身份证明文件或开业证明、有关资信证明文件；

（八）被并购境内企业职工安置计划；

（九）本规定第十三条、第十四条、第十五条要求报送的文件。

依照前款的规定购买并运营境内企业的资产，涉及其他相关政府部门许可的，有关的许可文件应一并报送。

外国投资者协议购买境内企业资产并以该资产投资设立外商投资企业的，在外商投资企业成立之前，不得以该资产开展经营活动。

第二十四条 资产购买协议应适用中国法律，并包括以下主要内容：

（一）协议各方的状况，包括名称（姓名），住所，法定代表人姓名、职务、国籍等；

（二）拟购买资产的清单、价格；

（三）协议的履行期限、履行方式；

（四）协议各方的权利、义务；

（五）违约责任、争议解决；

（六）协议签署的时间、地点。

第二十五条 外国投资者并购境内企业设立外商投资企业，除本规定另有规定外，审批机关应自收到规定报送的全部文件之日起30日内，依法决定批准或不批准。决定批准的，由审批机关颁发批准证书。

外国投资者协议购买境内公司股东股权，审批机关决定批准的，应同时将有关批准文件分别抄送股权转让方、境内公司所在地外汇管理机关。股权转让方所在地外汇管理机关为其办理转股收汇外资外汇登记并出具相关证明，转股收汇外资外汇登记证明是证明外方已缴付的股权收购对价已到位的有效文件。

第二十六条 外国投资者资产并购的，投资者应自收到批准证书之日起30日内，向登记管理机关申请办理设立登记，领取外商投资企业营业执照。

外国投资者股权并购的，被并购境内公司应依照本规定向原登记管理机关申请变更登记，领取外商投资企业营业执照。原登记管理机关没有登记管辖权的，应自收到申请文件之日起十日内转送有管辖权的登记管理机关办理，同时附送该境内公司的登记档案。被并购境内公司在申请变更登记时，应提交以下文件，并对其真实性和有效性负责：

（一）变更登记申请书；

（二）外国投资者购买境内公司股东股权或认购境内公司增资的协议；

（三）修改后的公司章程或原章程的修正案和依法需要提交的外商投资企业合同；

（四）外商投资企业批准证书；

（五）外国投资者的主体资格证明或者自然人身份证明；

（六）修改后的董事会名单，记载新增董事姓名、住所的文件和新增董事的任职文件；

（七）国家工商行政管理总局规定的其他有关文件和证件。

投资者自收到外商投资企业营业执照之日起30日内，到税务、海关、土地管理和外汇管理等有关部门办理登记手续。

第四章　外国投资者以股权作为支付手段并购境内公司

第一节　以股权并购的条件

第二十七条　本章所称外国投资者以股权作为支付手段并购境内公司，系指境外公司的股东以其持有的境外公司股权，或者境外公司以其增发的股份，作为支付手段，购买境内公司股东的股权或者境内公司增发股份的行为。

第二十八条　本章所称的境外公司应合法设立并且其注册地具有完善的公司法律制度，且公司及其管理层最近3年未受到监管机构的处罚；除本章第三节所规定的特殊目的公司外，境外公司应为上市公司，其上市所在地应具有完善的证券交易制度。

第二十九条　外国投资者以股权并购境内公司所涉及的境内外公司的股权，应符合以下条件：

（一）股东合法持有并依法可以转让；

（二）无所有权争议且没有设定质押及任何其他权利限制；

（三）境外公司的股权应在境外公开合法证券交易市场（柜台交易市场除外）挂牌交易；

（四）境外公司的股权最近一年交易价格稳定。

前款第（三）、（四）项不适用于本章第三节所规定的特殊目的公司。

第三十条　外国投资者以股权并购境内公司，境内公司或其股东应当聘请在中国注册登记的中介机构担任顾问（以下称“并购顾问”）。并购顾问应就并购申请文件的真实性、境外公司的财务状况以及并购是否符合本规定第十四条、第二十八条和第二十九条的要求作尽职调查，并出具并购顾问报告，就前述内容逐项发表明确的专业意见。

第三十一条　并购顾问应符合以下条件：

（一）信誉良好且有相关从业经验；

（二）无重大违法违规记录；

（三）应有调查并分析境外公司注册地和上市所在地法律制度与境外公司财务状况的能力。

第二节　申报文件与程序

第三十二条　外国投资者以股权并购境内公司应报送商务部审批，境内公司除报送本规定第三章所要求的文件外，另须报送以下文件：

（一）境内公司最近一年股权变动和重大资产变动情况的说明；

（二）并购顾问报告；

（三）所涉及的境内外公司及其股东的开业证明或身份证明文件；

（四）境外公司的股东持股情况说明和持有境外公司5%以上股权的股东名录；

（五）境外公司的章程和对外担保的情况说明；

（六）境外公司最近年度经审计的财务报告和最近半年的股票交易情况报告。

第三十三条　商务部自收到规定报送的全部文件之日起30日内对并购申请进行审核，符合条件的，颁发批准证书，并在批准证书上加注“外国投资者以股权并购境内公司，自营业执照颁发之日起六个月内有效”。

第三十四条　境内公司应自收到加注的批准证书之日起30日内，向登记管理机关、外汇管理机关办理变更登记，由登记管理机关、外汇管理机关分别向其颁发加注“自颁发之日起八个月内有效”字样的外商投资企业营业执照和外汇登记证。

境内公司向登记管理机关办理变更登记时，应当预先提交旨在恢复股权结构的境内公司法定代表人签署的股权变更申请书、公司章程修正案、股权转让协议等文件。

第三十五条　自营业执照颁发之日起六个月内，境内公司或其股东应就其持有境外公司股权事项，向商务部、外汇管理机关申请办理境外投资开办企业核准、登记手续。

当事人除向商务部报送《关于境外投资开办企业核准事项的规定》所要求的文件外，另须报送加注的外商投资企业批准证书和加注的外商投资企业营业执照。商务部在核准境内公司或其股东持有境外公司的股权后，颁发中国企业境外投资批准证书，并换发无加注的外商投资企业批准证书。

境内公司取得无加注的外商投资企业批准证书后，应在 30 日内向登记管理机关、外汇管理机关申请换发无加注的外商投资企业营业执照、外汇登记证。

第三十六条　自营业执照颁发之日起 6 个月内，如果境内外公司没有完成其股权变更手续，则加注的批准证书和中国企业境外投资批准证书自动失效。登记管理机关根据境内公司预先提交的股权变更登记申请文件核准变更登记，使境内公司股权结构恢复到股权并购之前的状态。

并购境内公司增发股份而未实现的，在登记管理机关根据前款予以核准变更登记之前，境内公司还应当按照《公司法》的规定，减少相应的注册资本并在报纸上公告。

境内公司未按照前款规定办理相应的登记手续的，由登记管理机关按照《公司登记管理条例》的有关规定处理。

第三十七条　境内公司取得无加注的外商投资企业批准证书、外汇登记证之前，不得向股东分配利润或向有关联关系的公司提供担保，不得对外支付转股、减资、清算等资本项目款项。

第三十八条　境内公司或其股东凭商务部和登记管理机关颁发的无加注批准证书和营业执照，到税务机关办理税务变更登记。

第三节　对于特殊目的公司的特别规定

第三十九条　特殊目的公司系指中国境内公司或自然人为实现以其实际拥有的境内公司权益在境外上市而直接或间接控制的境外公司。

特殊目的公司为实现在境外上市，其股东以其所持公司股权，或者特殊目的公司以其增发的股份，作为支付手段，购买境内公司股东的股权或者境内公司增发的股份的，适用本节规定。

当事人以持有特殊目的公司权益的境外公司作为境外上市主体的，该境外公司应符合本节对于特殊目的公司的相关要求。

第四十条　特殊目的公司境外上市交易，应经国务院证券监督管理机构批准。

特殊目的公司境外上市所在国家或者地区应有完善的法律和监管制度，其证券监管机构已与国务院证券监督管理机构签订监管合作谅解备忘录，并保持着有效的监管合作关系。

第四十一条　本节所述的权益在境外上市的境内公司应符合下列条件：

（一）产权明晰，不存在产权争议或潜在产权争议；

（二）有完整的业务体系和良好的持续经营能力；

（三）有健全的公司治理结构和内部管理制度；

（四）公司及其主要股东近三年无重大违法违规记录。

第四十二条　境内公司在境外设立特殊目的公司，应向商务部申请办理核准手续。办理核准手续时，境内公司除向商务部报送《关于境外投资开办企业核准事项的规定》要求的文件外，另须报送以下文件：

（一）特殊目的公司实际控制人的身份证明文件；

（二）特殊目的公司境外上市商业计划书；

（三）并购顾问就特殊目的公司未来境外上市的股票发行价格所作的评估报告。

获得中国企业境外投资批准证书后，设立人或控制人应向所在地外汇管理机关申请办理相应的境外投资外汇登记手续。

第四十三条　特殊目的公司境外上市的股票发行价总值，不得低于其所对应的经中国有关资产评估机构评估的被并购境内公司股权的价值。

第四十四条　特殊目的公司以股权并购境内公司的，境内公司除向商务部报送本规定第三十二条所要求的文件外，另须报送以下文件：

（一）设立特殊目的公司时的境外投资开办企业批准文件和证书；

（二）特殊目的公司境外投资外汇登记表；

（三）特殊目的公司实际控制人的身份证明文件或开业证明、章程；

（四）特殊目的公司境外上市商业计划书；

（五）并购顾问就特殊目的公司未来境外上市的股票发行价格所作的评估报告。

如果以持有特殊目的公司权益的境外公司作为境外上市主体，境内公司还须报送以下文件：

（一）该境外公司的开业证明和章程；

（二）特殊目的公司与该境外公司之间就被并购的境内公司股权所作的交易安排和折价方法的详细说明。

第四十五条　商务部对本规定第四十四条所规定的文件初审同意的，出具原则批复函，境内公司凭该批复函向国务院证券监督管理机构报送申请上市的文件。国务院证券监督管理机构于20个工作日内决定是否核准。

境内公司获得核准后，向商务部申领批准证书。商务部向其颁发加注“境外特殊目的公司持股，自营业执照颁发之日起一年内有效”字样的批准证书。

并购导致特殊目的公司股权等事项变更的，持有特殊目的公司股权的境内公司或自然人，凭加注的外商投资企业批准证书，向商务部就特殊目的公司相关事项办理境外投资开办企业变更核准手续，并向所在地外汇管理机关申请办理境外投资外汇登记变更。

第四十六条　境内公司应自收到加注的批准证书之日起30日内，向登记管理机关、外汇管理机关办理变更登记，由登记管理机关、外汇管理机关分别向其颁发加注“自颁发之日起14个月内有效”字样的外商投资企业营业执照和外汇登记证。

境内公司向登记管理机关办理变更登记时，应当预先提交旨在恢复股权结构的境内公司法定代表人签署的股权变更申请书、公司章程修正案、股权转让协议等文件。

第四十七条　境内公司应自特殊目的公司或与特殊目的公司有关联关系的境外公司完成境外上市之日起30日内，向商务部报告境外上市情况和融资收入调回计划，并申请换发无加注的外商投资企业批准证书。同时，境内公司应自完成境外上市之日起30日内，向国务院证券监督管理机构报告境外上市情况并提供相关的备案文件。境内公司还应向外汇管理机关报送融资收入调回计划，由外汇管理机关监督实施。境内公司取得无加注的批准证书后，应在30日内向登记管理机关、外汇管理机关申请换发无加注的外商投资企业营业执照、外汇登记证。

如果境内公司在前述期限内未向商务部报告，境内公司加注的批准证书自动失效，境内公司股权结构恢复到股权并购之前的状态，并应按本规定第三十六条办理变更登记手续。

第四十八条　特殊目的公司的境外上市融资收入，应按照报送外汇管理机关备案的调回计划，根据现行外汇管理规定调回境内使用。融资收入可采取以下方式调回境内：

（一）向境内公司提供商业贷款；

（二）在境内新设外商投资企业；

（三）并购境内企业。

在上述情形下调回特殊目的公司境外融资收入，应遵守中国有关外商投资及外债管理的法律和行政法规。如果调回特殊目的公司境外融资收入，导致境内公司和自然人增持特殊目的公司权益或特殊目的公司净资产增加，当事人应如实披露并报批，在完成审批手续后办理相应的外资外汇登记和境外投资登记变更。

境内公司及自然人从特殊目的公司获得的利润、红利及资本变动所得外汇收入，应自获得之日起六个月内调回境内。利润或红利可以进入经常项目外汇账户或者结汇。资本变动外汇收入经外汇管理机关核准，可以开立资本项目专用账户保留，也可经外汇管理机关核准后结汇。

第四十九条 自营业执照颁发之日起一年内，如果境内公司不能取得无加注批准证书，则加注的批准证书自动失效，并应按本规定第三十六条办理变更登记手续。

第五十条 特殊目的公司完成境外上市且境内公司取得无加注的批准证书和营业执照后，当事人继续以该公司股份作为支付手段并购境内公司的，适用本章第一节和第二节的规定。

第五章 附 则

第五十一条 依据《反垄断法》的规定，外国投资者并购境内企业达到《国务院关于经营者集中申报标准的规定》规定的申报标准的，应当事先向商务部申报，未申报不得实施交易。

第五十二条 外国投资者在中国境内依法设立的投资性公司并购境内企业，适用本规定。

外国投资者购买境内外商投资企业股东的股权或认购境内外商投资企业增资的，适用现行外商投资企业法律、行政法规和外商投资企业投资者股权变更的相关规定，其中没有规定的，参照本规定办理。

外国投资者通过其在中国设立的外商投资企业合并或收购境内企业的，适用关于外商投资企业合并与分立的相关规定和关于外商投资企业境内投资的相关规定，其中没有规定的，参照本规定办理。

外国投资者并购境内有限责任公司并将其改制为股份有限公司的，或者境内公司为股份有限公司的，适用关于设立外商投资股份有限公司的相关规定，其中没有规定的，适用本规定。

第五十三条 申请人或申报人报送文件，应依照本规定对文件进行分类，并附文件目录。规定报送的全部文件应用中文表述。

第五十四条 被股权并购境内公司的中国自然人股东，经批准，可继续作为变更后所设外商投资企业的中方投资者。

第五十五条 境内公司的自然人股东变更国籍的，不改变该公司的企业性质。

第五十六条 相关政府机构工作人员必须忠于职守、依法履行职责，不得利用职务之便牟取不正当利益，并对知悉的商业秘密负有保密义务。

第五十七条 香港特别行政区、澳门特别行政区和台湾地区的投资者并购境内其他地区的企业，参照本规定办理。

第五十八条 本规定自公布之日起施行。

外国投资者对上市公司战略投资管理办法

（2005 年 12 月 31 日，商务部、证监会、税务总局、工商总局、外管局、
商务部 2005 年第 28 号令，2006 年 1 月 30 日开始实施）

第一条 为了规范股权分置改革后外国投资者对 A 股上市公司（以下简称上市公司）进行战略投资，维护证券市场秩序，引进境外先进管理经验、技术和资金，改善上市公司治理结构，保护上市公司和股东的合法权益，按照《关于上市公司股权分置改革的指导意见》的要求，根据国家有关外商投资、上市公司监管的法律法规以及《外国投资者并购境内企业暂行规定》，制定本办法。

第二条 本办法适用于外国投资者（以下简称投资者）对已完成股权分置改革的上市公司和股权分置改革后新上市公司通过具有一定规模的中长期战略性并购投资（以下简称战略投资），取得该公司 A 股股份的行为。

第三条 经商务部批准，投资者可以根据本办法对上市公司进行战略投资。

第四条 战略投资应遵循以下原则：

（一）遵守国家法律、法规及相关产业政策，不得危害国家经济安全和社会公共利益；

（二）坚持公开、公正、公平的原则，维护上市公司及其股东的合法权益，接受政府、社会公众的监督及中国的司法和仲裁管辖；

（三）鼓励中长期投资，维护证券市场的正常秩序，不得炒作；

（四）不得妨碍公平竞争，不得造成中国境内相关产品市场过度集中、排除或限制竞争。

第五条 投资者进行战略投资应符合以下要求：

（一）以协议转让、上市公司定向发行新股方式以及国家法律法规规定的其他方式取得上市公司 A 股股份；

（二）投资可分期进行，首次投资完成后取得的股份比例不低于该公司已发行股份的 10%，但特殊行业有特别规定或经相关主管部门批准的除外；

（三）取得的上市公司 A 股股份三年内不得转让；

（四）法律法规对外商投资持股比例有明确规定的行业，投资者持有上述行业股份比例应符合相关规定；属法律法规禁止外商投资的领域，投资者不得对上述领域的上市公司进行投资；

（五）涉及上市公司国有股股东的，应符合国有资产管理的相关规定。

第六条 投资者应符合以下要求：

（一）依法设立、经营的外国法人或其他组织，财务稳健、资信良好且具有成熟的管理经验；

（二）境外实有资产总额不低于一亿美元或管理的境外实有资产总额不低于五亿美元；或其母公司境外实有资产总额不低于一亿美元或管理的境外实有资产总额不低于五亿美元；

（三）有健全的治理结构和良好的内控制度，经营行为规范；

（四）近三年内未受到境内外监管机构的重大处罚（包括其母公司）。

第七条　通过上市公司定向发行方式进行战略投资的，按以下程序办理：

（一）上市公司董事会通过向投资者定向发行新股及公司章程修改草案的决议；

（二）上市公司股东大会通过向投资者定向发行新股及修改公司章程的决议；

（三）上市公司与投资者签订定向发行的合同；

（四）上市公司根据本办法第十二条向商务部报送相关申请文件，有特殊规定的从其规定；

（五）在取得商务部就投资者对上市公司进行战略投资的原则批复函后，上市公司向中国证监会报送定向发行申请文件，中国证监会依法予以核准；

（六）定向发行完成后，上市公司到商务部领取外商投资企业批准证书，并凭该批准证书到工商行政管理部门办理变更登记。

第八条　通过协议转让方式进行战略投资的，按以下程序办理：

（一）上市公司董事会通过投资者以协议转让方式进行战略投资的决议；

（二）上市公司股东大会通过投资者以协议转让方式进行战略投资的决议；

（三）转让方与投资者签订股份转让协议；

（四）投资者根据本办法第十二条向商务部报送相关申请文件，有特殊规定的从其规定；

（五）投资者参股上市公司的，获得前述批准后向证券交易所办理股份转让确认手续、向证券登记结算机构申请办理登记过户手续，并报中国证监会备案；

（六）协议转让完成后，上市公司到商务部领取外商投资企业批准证书，并凭该批准证书到工商行政管理部门办理变更登记。

第九条　投资者拟通过协议转让方式构成对上市公司的实际控制，按照第八条第（一）、（二）、（三）、（四）项的程序获得批准后，向中国证监会报送上市公司收购报告书及相关文件，经中国证监会审核无异议后向证券交易所办理股份转让确认手续、向证券登记结算机构申请办理登记过户手续。完成上述手续后，按照第八条第（六）项办理。

第十条　投资者对上市公司进行战略投资，应按《证券法》和中国证监会的相关规定履行报告、公告及其他法定义务。

第十一条　投资者对其已持有股份的上市公司继续进行战略投资的，需按本办法规定的方式和程序办理。

第十二条　上市公司或投资者应向商务部报送以下文件：

（一）战略投资申请书（格式见附件1）；

（二）战略投资方案（格式见附件2）；

（三）定向发行合同或股份转让协议；

（四）保荐机构意见书（涉及定向发行）或法律意见书；

（五）投资者持续持股的承诺函；

（六）投资者三年内未受到境内外监管机构重大处罚的声明，以及是否受到其他非重大处罚的说明；

（七）经依法公证、认证的投资者的注册登记证明、法定代表人（或授权代表）身份证明；

（八）经注册会计师审计的该投资者近三年来的资产负债表；

（九）上述第（一）、（二）、（三）、（五）、（六）项中规定提交的文件均需经投资者法定代表人或其授权代表签署，由授权代表签署的还应提交经法定代表人签署的授权书及相应的公证、认证文件；

（十）商务部规定的其他文件。

前款所列文件，除第（七）项、第（八）项所列文件外，必须报送中文本原件，第（七）项、第（八）项所列文件应报送原件及中文译件。

商务部收到上述全部文件后应在30日内作出原则批复，原则批复有效期180日。

第十三条 符合本办法第六条规定的外国公司（“母公司”）可以通过其全资拥有的境外子公司（“投资者”）进行战略投资，投资者除提交本办法第十二条所列文件外，还应向商务部提交其母公司对投资者投资行为承担连带责任的不可撤销的承诺函。

第十四条 投资者应在商务部原则批复之日起 15 日内根据外商投资并购的相关规定开立外汇账户。投资者从境外汇入的用于战略投资的外汇资金，应当根据外汇管理的有关规定，到上市公司注册所在地外汇局申请开立外国投资者专用外汇账户（收购类），账户内资金的结汇及账户注销手续参照相关外汇管理规定办理。

第十五条 投资者可以持商务部对该投资者对上市公司进行战略投资的批准文件和有效身份证明，向证券登记结算机构办理相关手续。

对于投资者在上市公司股权分置改革前持有的非流通股份或在上市公司首次公开发行前持有的股份，证券登记结算机构可以根据投资者申请为其开立证券账户。

证券登记结算机构应根据本管理办法制定相应规定。

第十六条 投资者应在资金结汇之日起 15 日内启动战略投资行为，并在原则批复之日起 180 日内完成战略投资。

投资者未能在规定时间内按战略投资方案完成战略投资的，审批机关的原则批复自动失效。投资者应在原则批复失效之日起 45 日内，经外汇局核准后将结汇所得人民币资金购汇并汇出境外。

第十七条 战略投资完成后，上市公司应于十日内凭以下文件到商务部领取外商投资企业批准证书：

（一）申请书；

（二）商务部原则批复函；

（三）证券登记结算机构出具的股份持有证明；

（四）上市公司营业执照和法定代表人身份证明；

（五）上市公司章程。

商务部在收到上述全部文件之日起五日内颁发外商投资企业批准证书，加注“外商投资股份公司（A 股并购）”。

如投资者取得单一上市公司 25%或以上股份并承诺在十年内持续持股不低于 25%，商务部在颁发的外商投资企业批准证书上加注“外商投资股份公司（A 股并购 25%或以上）”。

第十八条 上市公司应自外商投资企业批准证书签发之日起 30 日内，向工商行政管理机关申请办理公司类型变更登记，并提交下列文件：

（一）公司法定代表人签署的申请变更申请书；

（二）外商投资企业批准证书；

（三）证券登记结算机构出具的股份持有证明；

（四）经公证、认证的投资者的合法开业证明；

（五）国家工商行政管理总局规定应提交的其他文件。

经核准变更的，工商行政管理机关在营业执照企业类型栏目中加注“外商投资股份公司（A 股并购）”字样，其中，投资者进行战略投资取得单一上市公司 25%或以上股份并承诺在十年内持续持股不低于 25%的，加注“外商投资股份公司（A 股并购 25%或以上）”。

第十九条 上市公司应自外商投资企业营业执照签发之日起 30 日内，到税务、海关、外汇管理等有关部门办理相关手续。外汇管理部门在所颁发的外汇登记证上加注“外商投资股份公司（A 股并购）”。如投资者进行战略投资取得单一上市公司 25%或以上股份并承诺在十年内持续持股不低于 25%的，外汇管理部门在外汇登记证上加注“外商投资股份公司（A 股并购 25%或以上）”。

第二十条 除以下情形外，投资者不得进行证券买卖（B 股除外）：

（一）投资者进行战略投资所持上市公司 A 股股份，在其承诺的持股期限届满后可以出售；

（二）投资者根据《证券法》相关规定须以要约方式进行收购的，在要约期间可以收购上市公司 A 股股东出售的股份；

（三）投资者在上市公司股权分置改革前持有的非流通股份，在股权分置改革完成且限售期满后可以出售；

（四）投资者在上市公司首次公开发行前持有的股份，在限售期满后可以出售；

（五）投资者承诺的持股期限届满前，因其破产、清算、抵押等特殊原因需转让其股份的，经商务部批准可以转让。

第二十一条　投资者减持股份使上市公司外资股比低于 25%，上市公司应在十日内向商务部备案并办理变更外商投资企业批准证书的相关手续。

投资者减持股份使上市公司外资股比低于 10%，且该投资者非为单一最大股东，上市公司应在十日内向审批机关备案并办理注销外商投资企业批准证书的相关手续。

第二十二条　投资者减持股份使上市公司外资股比低于 25%，上市公司应自外商投资企业批准证书变更之日起 30 日内到工商行政管理机关办理变更登记，工商行政管理机关在营业执照上企业类型调整为"外商投资股份公司（A 股并购）"。上市公司应自营业执照变更之日起 30 日内到外汇管理部门办理变更外汇登记，外汇管理部门在外汇登记证上加注"外商投资股份公司（A 股并购）"。

投资者减持股份使上市公司外资股比低于 10%，且投资者非为单一最大股东，上市公司自外商投资企业批准证书注销之日起 30 日内到工商行政管理机关办理变更登记，企业类型变更为股份有限公司。上市公司应自营业执照变更之日起 30 日内到外汇管理部门办理外汇登记注销手续。

第二十三条　母公司通过其全资拥有的境外子公司进行战略投资并已按期完成的，母公司转让上述境外子公司前应向商务部报告，并根据本办法所列程序提出申请。新的受让方仍应符合本办法所规定的条件，承担母公司及其子公司在上市公司中的全部权利和义务，并依法履行向中国证监会报告、公告及其他法定义务。

第二十四条　投资者通过 A 股市场将所持上市公司股份出让的，可凭以下文件向上市公司注册所在地外汇局申请购汇汇出：

（一）书面申请；

（二）为战略投资目的所开立的外国投资者专用外汇账户（收购类）内资金经外汇局核准结汇的核准件；

（三）证券经纪机构出具的有关证券交易证明文件。

第二十五条　投资者持股比例低于 25%的上市公司，其举借外债按照境内中资企业举借外债的有关规定办理。

第二十六条　相关政府机构工作人员必须忠于职守、依法履行职责，不得利用职务便利牟取不正当利益，并对知悉的商业秘密负有保密义务。

第二十七条　香港特别行政区、澳门特别行政区、台湾地区的投资者进行战略投资，参照本办法办理。

第二十八条　本办法自发布之日起 30 日后施行。

附件 1：

战略投资申请书

一、投资者名称

二、目标上市公司名称

三、投资意向

（投资者及授权代表签章）

年 月 日

附件 2：

战略投资方案

一、 投资者名称及自身情况简介（母公司通过其全资拥有的境外子公司进行战略投资的还应提供母公司的相关材料）

二、目标上市公司名称、经营范围，拟取得公司股份的具体方式、拟取得的股份数量及取得后占上市公司已发行股份的比例、战略投资时限

三、持续持股期限

四、投资者与目标上市公司控股股东的关联关系说明

（投资者及授权代表签章）

年 月 日

证券公司网上证券信息系统技术指引

（中国证券业协会于2009年6月23日发布并实施）

第一章　总　则

第一条　为保障网上证券信息系统的安全、可靠、高效运行，促进证券公司在网上开展的证券业务健康有序发展，保护投资者的合法权益，依据《中华人民共和国电子签名法》、《中华人民共和国计算机信息系统安全保护条例》、《计算机信息网络国际联网安全保护管理办法》等相关法律法规制定本指引。

第二条　本指引适用于在中华人民共和国境内依法设立的证券公司。

第三条　网上证券信息系统是证券公司在网上开展证券业务活动中所采用的由相关网络设备、计算机设备、软件及专用通讯线路等构成的信息系统，包括网上证券服务端、客户端和门户网站。

第四条　证券公司利用网上证券信息系统开展证券业务应遵循如下基本原则：

（一）安全性原则：网上证券信息系统的建设应提高风险防范意识，保证在网上开展证券业务的安全性。通过技术措施和管理手段，实现信息的保密性、完整性和服务可用性。

（二）系统性原则：网上证券信息系统的安全建设应覆盖安全保障体系的各个方面，包括：安全体系建设、证券业务在网上的开展、网络和系统安全、应用系统安全、运维和安全保障、灾难恢复和应急措施等。

（三）可用性原则：网上证券信息系统的建设应在保障安全的原则下，确保在网上开展的证券业务的连续性和可靠性。

第五条　中国证券业协会对证券公司执行本指引的情况进行指导和督促。

第二章　基本要求

第六条　证券公司对网上证券信息系统应统一规划、集中管理，保证在网上开展证券业务安全、有序发展。

第七条　证券公司应制定在网上开展证券业务的各项安全管理制度，对安全管理目标、安全管理组织、安全人员配备、安全策略、安全措施、安全培训、安全检查、系统建设、运行管理、应急措施、风险控制、安全审计等方面作出规定。

第八条　证券公司应根据在网上开展证券业务特性，设立相应的管理职能岗位，明确在网上开展证券业务管理的责任，配备合格、足够的管理人员和技术人员，包括安全管理员、安全审计员等。

第九条　证券公司应将在网上开展证券业务的风险管理纳入证券公司风险控制工作范围，建立健全网上证券风险控制管理体系。

第十条　对在网上开展证券业务的审计应纳入证券公司的审计工作范围。

第十一条　证券公司网上证券信息系统应部署在中华人民共和国境内，满足技术审计、监管部门现场检查及中国司法机构调查取证等要求。部署网上证券信息系统的有形场所，应符合国家安全标准的有关要求。

第十二条　证券公司应当与投资者签订网上证券服务协议或合同，明确双方的权利、义务和相关风险的责任承担，向投资者充分揭示使用网上证券信息系统可能面临的风险、证券公司已采取的风险控制措施和客户应采取的风险防范措施。

第十三条　证券公司应通过多种方式揭示使用网上交易方式可能面临的风险和客户应采取的风险防范措施，提醒投资者加强账号、口令的保护工作，建议投资者定期修改口令、增强口令强度、防止口令泄露、防止用于网上交易的计算机或手机终端感染木马、病毒等，并根据投资者需要开启或关闭网上交易方式。

第十四条　证券公司应尽可能使用统一的网上证券服务电话、域名、短信号码等，并应在与投资者签订的协议或合同中明确告知客户使用网上证券信息系统的合法途径、意外事件的处理办法，以及证券公司联系方式等。

第十五条　证券公司的网上证券信息系统应自主运营、自主管理。如涉及第三方（指除证券公司及其客户以外的任何一方），应与第三方签订保密协议和服务级别协议，并明确责任，采取措施防止通过第三方泄露用户信息。

第十六条　证券公司通过网上证券信息系统向客户提供证券交易的行情信息，应提示行情源；如向客户提供证券信息，应说明信息来源，并提示投资者对行情信息及证券信息等进行核实。

第十七条　证券公司应对网上证券信息系统的各个子系统合理划分安全域，在不同安全域之间进行有效的隔离，保障网上证券信息系统的接入系统与其后台系统在技术上进行有效隔离，后台系统应与行情、资讯处理系统进行网络隔离，并应部署在证券公司可控的物理安全域内。

第十八条　证券公司应在两个以上的物理地点建立网上证券信息系统，互为备份，并应具备两个或两个以上不同运营商的互联网接入，避免在同一运营商的线路接入上出现单点故障和瓶颈，同时应充分考虑不同互联网运营商的互联“瓶颈”问题，确保局部故障或灾难发生时，系统能继续对用户提供服务。

第十九条　对于外包定制的网上证券信息系统，证券公司应与软件开发商签署服务协议和保密协议，明确客户端、服务端以及数据传输过程均无后门，明确软件开发商应用软件中使用的插件具备合法版权，以确保客户数据、交易资料不被泄露，保障证券公司的权益。

第三章　门户网站

第二十条　证券公司门户网站指证券公司建立的实现信息发布、业务咨询、营销推广、客户服务和投资者教育等功能的网站。

第二十一条　证券公司门户网站应当按照国家主管部门的有关规定办理网站备案，并提供备案信息的链接。

第二十二条　证券公司应定期对网站程序代码进行全面检查和评估，并及时修补，避免各种漏洞的存在。

第二十三条　证券公司应在门户网站部署防篡改系统，当网站上的页面内容、提供给投资者下载的客户端软件及其他文件被异常修改时，能自动告警或自动恢复，防止被捆绑木马程序。

第二十四条 与核心交易业务有关的客户资料、交易数据等客户敏感数据不得存放在门户网站数据库中。网上客户业务处理的日志应单独存放。

第二十五条 在证券公司门户网站中客户账号及口令，应采用加密方式传输，并最低达到 SSL 协议 128 位的加密强度。

第二十六条 证券公司应该建立对门户网站内容发布的审核、管理和监控机制，对网页内容进行监控，对有害信息进行过滤，防止网站出现不良信息。

第四章 网上证券客户端

第二十七条 网上证券客户端是指证券公司通过互联网向本公司开户的客户提供的用于查看行情、检索资讯、交易委托等的应用程序，包括基于计算机和手机等终端的前端软件。

第二十八条 网上证券客户端应提供技术手段协助用户检查、清除木马等恶意程序，并提供验证码、强制口令图形键盘、安全的口令输入安全控件、客户端电脑或手机特征码绑定、软硬件证书、动态口令等多种用户认证方式，防范不法分子利用木马等黑客程序窃取客户账号和口令信息，进行证券盗买盗卖非法活动。

第二十九条 网上证券客户端应具备反调试能力。

第三十条 网上证券客户端的客户身份信息和交易数据等重要数据传输应采用国家信息安全机构认可的加密技术和加密强度，并最低达到 SSL 协议 128 位的加密强度。

第三十一条 网上证券客户端应能向客户提示最近一次登录的日期、时间、地址等信息。

第三十二条 网上证券客户端应能在指定的闲置时间间隔到期后，自动锁定客户端的使用。

第三十三条 网上证券客户端应具有唯一连接到本证券公司网上证券接入系统的保障机制。网上证券客户端应提供足够的识别信息，以保证网上证券服务端能够对发出连接请求的客户端与证券公司所提供下载的程序进行一致性验证。

第三十四条 当客户访问网上证券服务端时，未经客户许可，不得以任何方式在客户端系统中安装插件。

第三十五条 网上证券客户端在本地计算机储存客户账户、交易数据等重要信息，应提示客户，经客户确认后以加密方式存储。

第五章 网上证券服务端

第三十六条 网上证券服务端是指证券公司通过互联网向客户提供网上交易、网上行情、数据查询等服务的信息系统，包括互联网接入子系统、安全防护与监控子系统、应用服务子系统、身份认证子系统和后台隔离子系统。

第三十七条 证券公司应提供预留验证信息服务，在客户登录时向客户显示预留的验证信息，帮助客户识别仿冒的网上证券信息系统，防范不法分子利用仿冒的网上证券信息系统进行诈骗活动或盗取用户账号、口令等信息。

第三十八条 证券公司应提供可靠的用户身份认证机制，支持网上证券客户端采用多种认证方式与服务端进行身份认证。除输入账户名、口令、验证码的身份认证方式之外，还应向客户提供一种以上强度更高的身份认证方式，如，客户端电脑或手机特征码绑定、软硬件证书、动态口令等认证方式，确认网上交易客户的身份和登录的合法性，防止非法接入。用户身份认证信息应当在服务器上加密存放。

第三十九条 证券公司应提供可靠的访问控制和权限管理机制，防止客户的授权被恶意提升或转授，防止客户使用未经授权的功能，防止客户进行访问未经授权的数据等非法访问活动。

第四十条　网上证券信息系统采用的认证授权和加密体系应通过国家信息安全机构的安全性测评，具备足够的强度和抗攻击能力，并根据在网上开展证券业务的安全性需要和信息技术的发展，定期检查、评估和及时调整。

第四十一条　网上证券信息系统未经证券公司授权不得与第三方进行任何形式的数据交换，并具备经过认证后仅向授权的第三方指定地址发送信息的功能。

第四十二条　证券公司应保证网上证券数据传输的保密性、完整性、真实性和可稽核性，对网上交易委托的客户信息、交易指令及其他敏感信息进行可靠的加密，加解密应在投资者与证券公司实际控制的设备中进行，不得存在任何中间环节对数据进行加解密。

第四十三条　网上证券服务端应防止用户使用简单口令，应能够抵御连续猜测等对客户账户恶意攻击行为。

第四十四条　网上证券服务端应对不完整、被篡改、重发的数据包进行监控，对登录、委托方式、品种、价格、数量、操作频率、转账等异常行为进行跟踪、监控和限制，记录其账号、IP 地址等相关信息，并通过短信、电话等方式及时提示客户，必要时进行用户临时锁定。监控和处置情况应形成记录备查。

第四十五条　网上证券服务端应能监控并避免攻击者通过群体大规模对合法证券账户进行非法用户登录的请求，导致大量用户账户被异常锁定，正常用户无法登录。

第四十六条　网上证券服务端应能在指定的时间间隔到期后，自动中止用户对系统的访问权。

第四十七条　网上交易服务端应能产生、记录并集中存储必要的日志信息，其中应包含能识别服务请求方身份的内容、登录终端的 IP 地址、MAC 地址、手机号码和终端特征码等，并确保数据的可审计性，满足监管部门现场检查要求及司法机构调查取证的要求。

第四十八条　网上证券服务端应能向客户提供可证明服务端自身身份的信息，以确保客户能查验所使用服务的真实性。

第四十九条　网上证券服务端应能够有效屏蔽系统技术错误信息，不将系统产生的错误信息直接反馈给客户。

第五十条　网上证券服务端应能够提供系统运行健康状况信息（如活动状态、并发在线客户数目、并发会话数目、线程数目、队列长度等）、错误信息、安全警告等。

第五十一条　基于浏览器的网上证券下单网页应当使用 HTTPS 等加密方式与服务端交互，服务端应具备防范 SQL 注入式攻击、跨站脚本攻击等网页攻击的能力，同时关闭 HTTP 服务器的 Web 远程维护功能。

第六章　移动证券

第五十二条　移动证券指客户通过手机或其他具备无线数据通讯能力的移动设备，经无线公众网络获取证券公司提供的行情信息、资讯信息服务或进行交易、转账、查询等证券自助业务。

第五十三条　证券公司应使用安全、可靠的移动证券系统。移动证券系统宜自主运营，实现数据从用户终端到网上证券服务端之间的加密传送和控制，并随着技术的发展，不断提高加密强度，完善认证算法。

第五十四条　证券公司应建立确认机制以保证客户获得正确的移动证券客户端软件。

第五十五条　移动证券客户端应具备一定加密强度的用户认证功能，保护客户账号和口令信息。

第五十六条　证券公司应在门户网站或固定营业场所公告短信服务号码、移动证券门户网站地址等信息，提醒客户防范他人利用移动通讯设备进行欺诈。

第五十七条 证券公司应根据移动证券业务的网络延迟时间、链路稳定状况、信号衰减程度等风险因素，对行情或交易数据可能出现明显滞后或产生数据丢失的情况，事先对客户进行风险提示。

第七章 安全管理

第五十八条 证券公司网上证券信息系统的管理、开发、测试应与运营人员及生产环境分离。开发、测试和运营人员未经授权不得访问、修改非职责范围内的网上证券信息系统。

第五十九条 证券公司应制定在网上开展证券业务连续性计划，保证在网上开展证券业务的连续正常运营。在网上开展证券业务连续性计划应充分评估第三方服务供应商对业务连续性的影响，并应采取适当的预防措施。

第六十条 客户使用的网上证券委托软件应由证券公司管理和授权发布，证券公司应对其授权第三方发布的证券委托软件进行审核、监管。

第六十一条 证券公司应采取有效措施对门户网站上提供下载的网上证券客户端软件程序进行保护，客户端软件程序编译封装、形成下载文件后，应安排专人对其进行严格的病毒扫描和木马检查，并通过专用安全手段传输至网站文件下载服务器。

第六十二条 证券公司网上证券应用系统上线或重大版本升级，应进行安全测试和评估。

第六十三条 原则上不允许通过互联网对网上证券信息系统（如防火墙、网络设备、服务器等）进行远程管理和日常维护等操作，对网上证券信息系统的访问控制应做到：

（一）关闭网上证券信息系统所有与业务和维护无关的服务及端口，严格控制防火墙中的权限设置，确保按“最小权限原则”进行设置；

（二）对于网上证券信息系统的内部访问，应严格限制访问源。

（三）特殊紧急情况下需要通过互联网进行远程操作时，应通过限制登录IP、使用数字证书或动态口令、全程监控等措施确保安全，并在操作完成后，及时关闭相关端口。

第六十四条 证券公司应部署有效的网上证券信息系统安全防护与监控子系统，包括防火墙，防病毒、防木马系统，入侵检测系统或入侵防护系统，并正确配置。应及时更新病毒库，定期对系统进行全面的病毒扫描，加强相关系统的日志审查工作，提高网上证券信息系统的防护能力。

第六十五条 证券公司制定的安全措施，应定期检查、测试，并根据实际情况及时调整，保证安全措施的持续有效。

第六十六条 证券公司应建立定期的网上证券信息系统安全风险评估机制和整改的工作制度，及时发现SQL注入漏洞、弱口令账户、绕过验证、目录遍历、文件上传、跨站脚本等系统存在的安全隐患和漏洞，并进行改进和完善。风险评估应通过内部评估与外部评估相结合的方式进行。

第六十七条 安全风险评估应包括漏洞扫描、攻击测试、病毒扫描、木马检测等，针对不同的威胁设置相应的检查频率。

第六十八条 证券公司应对网上证券信息系统进行实时监控，建立异常事件的甄别、报警、处理和报告机制。网上证券信息系统实时监控范围应包括各种安全设备、网络设备、服务器设备及操作系统、通讯线路状态及应用软件等。监控内容包括其运行状况、日志内容、安全警告等，并统一记录保存监控信息，保存期至少为六个月。

第六十九条 证券公司应通过多种技术手段加强对投资者账户异动情况的监控，如委托的方式、品种、价格、数量异常等，并及时提醒客户，以保护客户资产安全。

第七十条 证券公司应对网上证券信息系统中包括网络安全设备、服务器以及应用系统在内的账户进行严格管理，账户权限应按最小权限原则设置，清除所有冗余、与应用无关的账户，并严格限制各管理员账户的使用，禁止用最高权限账户执行一般操作，尽量避免以最高权限账户运行网上信息系统服务端应用软件。

第七十一条　管理员账户和口令应由专人负责，口令长度应在12位以上，且含有字符和数字，区分大小写，并定期更改。

第七十二条　证券公司应严格限制人工对数据库操作的账户权限，并应分别使用不同权限的账户执行查询、插入、更新、删除等操作。

第七十三条　网上证券信息系统各环节应有可靠的热备或冷备措施，保证整个系统的高可用性。

第七十四条　证券公司应根据自身实际情况制订网上证券信息系统的数据备份计划并落实执行。备份的数据应包括：系统程序、配置参数、系统日志、安全审计数据、门户网站信息、客户数据等。

第七十五条　证券公司应保证备份数据的准确性、完整性、可用性。备份数据的管理应符合相关技术管理规定，有严格的保管、使用、检查管理制度。

第七十六条　证券公司应当保障网上证券信息系统运营设施、设备以及安全控制设施、设备的安全。对重要设施、设备的接触、检查、维修和应急处理，应有明确的权限规定、责任划分和操作流程，并建立日志文件管理制度，如实记录并妥善保管相关记录。

第七十七条　证券公司应定期评估可供客户使用的网上证券信息系统的资源状况，并根据实时监控信息、可预见的业务发展需求进行容量的需求预测，确保有充足的处理能力、存储容量和通讯带宽，满足业务增长的需要，保证网上证券服务的可用性，并能抵御一定程度的拒绝服务攻击和缓冲区溢出攻击。

第七十八条　在网上开展证券业务的网络系统、安全系统、应用系统等重要环节应具备足够的冗余，以应对网站及网上交易可能出现的突发峰值；在网上开展证券业务的网络系统、安全系统、应用系统等重要环节应具备良好的可扩充性，以应对业务增长和市场的变化。

第七十九条　证券公司应建立严格的变更管理流程，对包括网络安全设备、服务器、应用系统等软硬件系统和配置变更实行规范化的变更管理，完整、真实地记录和反映系统所涉及的软硬件配置及相互影响关系，并保持与实际生产环境同步更新。

第八十条　证券公司应建立网上证券信息系统应急处理组织体系，并制定相应的应急预案，应急预案应纳入证券公司和行业的应急预案体系内，并按照有关规定进行演练。

第八十一条　证券公司应根据网上证券信息系统故障的影响和损失情况对应急组织体系和应急预案进行分级管理和执行，并遵循统一领导、快速响应、协调配合、最小损失的原则。

第八十二条　证券公司网上证券信息系统应急预案应针对电力、通信等基础设施故障、计算机硬件或网络设备故障、操作系统或应用系统故障、操作系统或应用系统漏洞、病毒入侵、恶意攻击、误操作、不可抗力等可能的故障原因制定对应的应急恢复操作流程或步骤。

第八十三条　证券公司在发现假冒本公司网上证券服务的非法活动或者网上证券信息系统出现重大安全事件后，应及时向监管部门、公安机关报告。在启动实施网上证券信息系统应急预案时应及时向投资者公告。对于假冒本公司的非法活动应及时通过证券公司网站、网上证券客户端、电话语音系统或短信平台等提醒投资者注意。

第八章　附　则

第八十四条　本指引由中国证券业协会负责解释。

第八十五条　本指引自发布之日起施行。

证券公司直接投资业务规范

（中国证券业协会于2012年11月2日发布）

第一章　总　则

第一条　为规范证券公司直接投资业务活动及直接投资业务从业人员（以下简称直投从业人员）的执业行为，有效控制风险，促进业务发展，根据有关法律、法规、《中国证券业协会章程》及其他相关规定，制定本规范。

第二条　证券公司开展直接投资业务，应当按照监管部门有关规定设立直接投资业务子公司（以下简称直投子公司），并根据法律、法规及中国证券业协会（以下简称协会）的规定开展业务。证券公司不得以其他形式开展直接投资业务。

第三条　证券公司应当加强对直投子公司及其下属机构、直接投资基金（以下简称直投基金）、直投从业人员的管理，督促直投子公司及其下属机构、直投基金、直投从业人员遵守法律、法规和本规范。

第四条　协会对证券公司的直接投资业务进行自律管理。直投子公司应当加入协会，成为协会会员。直投子公司及其下属机构、直投基金、直投从业人员应当接受协会的自律管理。

第二章　业务规则

第五条　直投子公司及其下属机构、直投基金和直投从业人员从事业务活动，应当遵循公平、公正的原则，合法合规，诚实守信，审慎尽责。

第六条　直投子公司可以开展以下业务：

（一）使用自有资金或设立直投基金，对企业进行股权投资或与股权相关的债权投资，或投资于与股权投资相关的其他投资基金；

（二）为客户提供与股权投资相关的投资顾问、投资管理、财务顾问服务；

（三）经中国证监会认可开展的其他业务。

第七条　直投子公司及其下属机构、直投基金在有效控制风险、保持流动性的前提下，可以以现金管理为目的，将闲置资金投资于依法公开发行的国债、央行票据、投资级公司债、货币市场基金及保本型银行理财产品等风险较低、流动性较强的证券，以及证券投资基金、集合资产管理计划或专项资产管理计划。

第八条　直投子公司及其下属机构应当建立健全投资管理制度，明确投资领域、投资策略、投资方式、投资限制、决策程序、投资流程、投后管理、投资退出等内容。

第九条　直投子公司及其下属机构应当对拟投资企业开展尽职调查，充分、客观了解拟投资企业的情况，必要时可以聘请第三方专业机构或专家协助完成相关工作。

第十条　直投子公司及其下属机构应当设立专门的投资决策委员会，建立投资决策程序和风险跟踪、分析机制，有效防范投资风险。

投资决策委员会的成员中，直投子公司及其下属机构的人员数量不得低于 1/2，证券公司的人员数量不得超过 1/3。

第十一条　直投子公司及其下属机构应当加强对已投资企业的管理，持续跟踪、分析、评估已投资企业的经营状况，并及时处置出现的投资风险。

第十二条　直投子公司及其下属机构可以建立投资管理团队的跟投机制。

第十三条　证券公司不得对直投子公司及其下属机构、直投基金提供担保。

直投子公司及其下属机构不得对直投子公司及其下属机构、直投基金之外的单位或个人提供担保，不得成为对所投资企业的债务承担连带责任的出资人。

直投子公司及其下属机构、直投基金由于补充流动性或进行并购过桥贷款而负债经营的，负债期限不得超过 12 个月，负债余额不得超过注册资本或实缴出资总额的 30%。

第十四条　直投子公司及其下属机构、直投基金不得以商业贿赂等非法手段获得投资机会，或者违法违规进行交易。

第十五条　证券公司担任拟上市企业首次公开发行股票的辅导机构、财务顾问、保荐机构或者主承销商的，应按照签订有关协议或者实质开展相关业务两个时点孰早的原则，在该时点后直投子公司及其下属机构、直投基金不得对该企业进行投资。

前款所称有关协议，是指证券公司与拟上市企业签订含有确定证券公司担任拟上市企业首次公开发行股票的辅导机构、财务顾问、保荐机构或主承销商条款的协议，包括辅导协议、财务顾问协议、保荐及承销协议等。

前款所称实质开展相关业务之日，是指证券公司虽然未与拟上市企业签订书面协议，但以拟上市企业首次公开发行股票的辅导机构、财务顾问、保荐机构或主承销商身份为拟上市企业提供了相关服务的时点，可以以证券公司召开拟上市企业首次公开发行股票项目第一次中介机构协调会的日期认定。

第十六条　直投子公司及其下属机构、直投基金对企业投资，不得以企业聘请证券公司担任保荐机构为前提。

第十七条　直投子公司及其下属机构、直投基金开展业务活动，不得违背国家宏观政策和产业政策。

第十八条　直投子公司及其下属机构、直投基金应当按照法律规定和合同约定严格履行保密义务。

第三章　直投基金的特别业务规则

第十九条　直投子公司及其下属机构可以设立和管理股权投资基金、创业投资基金、并购基金、夹层基金等直投基金，以及以前述基金为主要投资对象的直投基金。

第二十条　直投子公司及其下属机构设立直投基金，应当以非公开的方式向合格投资者募集资金；直投基金的投资者不得超过 200 人。直投子公司及其下属机构不得向不特定对象宣传推介，亦不得采用广告、公开劝诱或变相公开方式募集资金。

前款所称合格投资者，是指具备充分的风险识别、判断和承受能力，且认购金额不低于人民币 1000 万元的法人机构或专业从事股权投资或基金投资业务的有限合伙企业；合格投资者为前述有限合伙企业的，该有限合伙企业的有限合伙人应当为认购金额不低于人民币 1000 万元的法人机构。

直投子公司及其下属机构的投资管理团队进行跟投的，不受此限制。

第二十一条 证券公司、直投子公司及其下属机构不得以任何方式对直投基金或者直投基金的投资者的投资收益或者赔偿投资损失做出承诺。

第二十二条 直投子公司及其下属机构应当加强投资者适当性管理，确立了解投资者投资经验、收益预期和风险承受能力的程序和方法，明确合格投资者的筛选标准，公平对待潜在投资者，审慎确定适当的资金筹集对象。

第二十三条 直投子公司及其下属机构可以自行管理或设立基金管理机构管理直投基金。直投子公司及其下属机构设立基金管理机构管理直投基金的，直投子公司及其下属机构应当持有基金管理机构51%以上的股权或出资，并拥有管理控制权。

基金管理机构的组织形式应当是有限合伙企业或公司制企业。

第二十四条 直投基金的资金应当交由负责客户交易结算资金存管的商业银行、证券登记结算机构或经中国证监会认可的证券公司等其他资产托管机构托管。

第二十五条 直投子公司及其下属机构完成直投基金的首轮募集或者签订受托管理第三方募集设立的直投基金的协议后十个工作日内，直投子公司应当向协会备案。申请备案时，应提交下列材料：

（一）直投基金备案申请书；

（二）直投基金招募说明书；

（三）直投基金章程或合伙协议；

（四）直投基金管理机构章程或合伙协议；

（五）直投基金认缴承诺书；

（六）直投基金委托管理协议、托管协议；

（七）直投基金募集合法合规情况说明；

（八）直投子公司及其下属机构、直投基金遵守法律法规及本规范的承诺；

（九）协会要求的其他材料。

前款所称直投基金完成首轮募集是指直投子公司或其关联方之外的其他投资者完成对直投基金的首次出资且直投基金就此完成工商登记。

第二十六条 直投基金备案申请书应当载明直投子公司及其相关下属机构的名称、设立日期、联系方式、组织形式、管理资产规模、人员构成，直投基金与直投子公司及其下属机构、证券公司之间以及设立或管理的不同直投基金之间的风险隔离、利益冲突防范措施。

第二十七条 直投子公司可以通过纸质或者电子方式向协会报送备案材料。

备案材料完备并符合规定的，协会自受理材料之日起15个工作日内予以确认。

备案材料不完备或不符合规定的，协会自受理之日起十个工作日内，一次性告知直投子公司需要补正的全部内容。直投子公司应当在接到补正通知后两个工作日内补正。直投子公司按照要求补正的，协会自受理之日起15个工作日内（补正的时间不计算在内）予以确认。

第二十八条 直投基金应当由会计师事务所进行年度审计并对其估值方法和估值结果进行复核。

第二十九条 直投基金应当根据基金法律文件的约定，向投资者披露基金的相关信息。

第四章 内部控制

第三十条 证券公司应当建立健全利益冲突识别和管理机制，及时、准确地识别证券公司的证券承销与保荐、财务顾问、自营、资产管理、投资咨询等证券业务与直接投资业务之间可能存在的利益冲突，评估其影响范围和程度，并采取有效措施防范利益冲突风险。

第三十一条　证券公司与直投子公司及其下属机构、直投基金之间应当建立有效的信息隔离机制，加强对敏感信息的隔离、监控和管理，防止敏感信息在证券业务与直接投资业务之间的不当流动和使用，防范内幕交易和利益输送风险。

第三十二条　证券公司与直投子公司及其下属机构、直投基金之间，应当在人员、机构、财务、资产、经营管理、业务运作、办公场所、信息系统等方面相互独立、有效隔离，确保直投子公司及其下属机构、直投基金独立运作。

第三十三条　证券公司应当加强人员管理，防范道德风险。证券公司人员不得在直投子公司及其下属机构、直投基金兼任高级管理人员或直投从业人员，不得以其他方式违规从事直接投资业务。证券公司存在利益冲突的人员不得兼任上述机构的董事、监事、投资决策委员会委员；其他人员兼任上述职务的，证券公司应当建立严格有效的内部控制机制，防范可能产生的利益冲突和道德风险。

第三十四条　证券公司应当认真履行股东职责，加强对直投子公司的管理。证券公司应当督促直投子公司及其下属机构建立健全内部控制制度和合规管理制度；严格落实投资者适当性管理，保护投资者合法权益；防范直投子公司及其下属机构违规经营导致的证券公司声誉风险。

第三十五条　证券公司应当建立对直投子公司及其下属机构内部控制制度和合规管理制度有效性的评估机制，并建立和落实严格的内部责任追究机制。

第三十六条　直投子公司及其下属机构设立或管理的不同直投基金之间应当在人员、机构、财务、资产、经营管理等方面相互独立。

直投子公司及其下属机构应当确保尚处在投资阶段的自有资金和直投基金之间以及不同的直投基金之间，至少在投资领域、投资策略和投资区域中的某一个方面存在明确的区分。

第三十七条　直投子公司及其下属机构、直投基金、直投从业人员在处理与客户之间的利益冲突时，应当遵循客户利益优先的原则；在处理不同客户之间的利益冲突时，应当遵循公平对待客户的原则。

第三十八条　直投子公司及其下属机构的投资管理团队对自有资金或直投基金投资的项目进行跟投的，应当对自有资金或直投基金投资的所有项目进行跟投，且投资管理团队的投资额与自有资金或直投基金的投资额之间的比例应当在所有项目上保持一致，投资管理团队的投资价格与自有资金或直投基金的投资价格应当在单一项目上保持一致。

第三十九条　直投子公司及其下属机构应当建立健全文档管理制度，妥善保管尽职调查报告、项目评估材料、投资决策记录、董事会决议等重要投资文件。

第五章　直投从业人员

第四十条　直投从业人员应当遵守所在机构的规章制度以及行业公认的职业道德和行为规范，勤勉工作，忠于职守，不侵害所在机构利益，切实履行对所在机构的责任和义务，接受所在机构的管理。

第四十一条　直投从业人员应当对业务活动中获得的保密信息严格保密，但因法律、法规另有规定、国家机关依法调查取证或者协会按照规定进行自律管理而进行披露的除外。

直投从业人员离开所在机构或不再从事直接投资业务的，仍应按照有关规定或合同约定承担保密义务。

第四十二条　直投从业人员开展业务不得有如下行为：

（一）单独或协同他人从事欺诈、内幕交易等非法活动，或从事与其履行职责有利益冲突的业务；

（二）贬损同行或以其他不正当竞争手段争揽业务；

（三）接受利益相关方的贿赂或对其进行贿赂；

（四）向客户承诺确保收回投资本金或者固定收益或者赔偿投资损失；

（五）违规向客户提供资金或侵占挪用客户资产；

（六）私自泄露投资信息，或利用客户的相关信息为本人或者他人谋取不当利益；

（七）隐匿、伪造、篡改或者毁损投资信息；

（八）损害所在机构利益的不当交易行为；

（九）在不同直投基金之间、直投基金和直投子公司及其下属机构之间进行不当利益输送。

第六章　自律管理

第四十三条　直投子公司应当在完成工商登记后五个工作日内，向协会报告并在证券公司网站上披露直投子公司的名称、注册地、注册资本、业务范围、法定代表人、高管人员以及防范与直投子公司风险传递、利益冲突的制度安排等情况。前述情况发生变更时，直投子公司应当及时更新并报告协会。

第四十四条　直投子公司应当于每月结束后七个工作日内，向协会报送月度报告。月度报告的内容应当包括直投子公司及其下属机构、直投基金的业务情况和财务状况等。

第四十五条　直投子公司应当于每个会计年度结束后四个月内，向协会报送年度报告。年度报告内容除业务情况和财务状况外，还应当包括直投子公司及其下属机构、直投基金的内部控制、合规管理、人员管理等情况。

第四十六条　直投子公司及其下属机构、直投基金投资运作过程中发生重大事件的，直投子公司应当在两个工作日内向协会报告。

第四十七条　直投子公司应当建立舆论监测及市场质疑快速反应机制，及时分析判断与直接投资业务相关的舆论反映和市场质疑，进行自我检查。自我检查发现存在问题或者不足的，应当及时采取有效措施予以纠正、整改，相关情况应当及时报告协会，并向社会公开作出说明。

第四十八条　协会依据本规范对证券公司、直投子公司及其下属机构、直投基金、直投从业人员开展业务活动进行执业检查。

第四十九条　证券公司、直投子公司及其下属机构、直投基金违反本规范的，协会视情况对证券公司、直投子公司采取谈话提醒、警示、责令整改、行业内通报批评、公开谴责等自律管理措施或纪律处分并记入诚信档案。

第五十条　直投从业人员违反本规范的，协会视情况对直投从业人员采取谈话提醒、警示、行业内通报批评、公开谴责等自律管理措施或纪律处分并记入直投从业人员诚信档案。

第七章　附　则

第五十一条　本规范所称直投子公司下属机构，是指直投子公司直接或间接控股并拥有管理控制权的法人或其他组织，包括基金管理机构以及依据本规范从事相关业务的其他法人或组织。

第五十二条　本规范由协会负责解释、修订。

第五十三条　本规范自公布之日起实施。

第二编　证券发行与承销政策法规

证券发行与承销管理办法

（2006年9月11日中国证券监督管理委员会第189次主席办公会议审议通过，根据2012年5月18日中国证券监督管理委员会《关于修改〈证券发行与承销管理办法〉的决定》修订）

第一章 总 则

第一条 为了规范证券发行与承销行为，保护投资者的合法权益，根据《中华人民共和国证券法》、《中华人民共和国公司法》，制定本办法。

第二条 发行人在境内发行股票或者可转换公司债券（以下统称证券）、证券公司在境内承销证券，以及投资者认购境内发行的证券，适用本办法。

发行人、证券公司和投资者参与证券发行，还应当遵守中国证券监督管理委员会（以下简称中国证监会）有关证券发行的其他规定，以及证券交易所、证券登记结算机构的业务规则和中国证券业协会的自律规则。证券公司承销证券，还应当遵守中国证监会有关保荐制度、风险控制制度和内部控制制度的相关规定。

第三条 为证券发行出具相关文件的证券服务机构和人员，应当按照本行业公认的业务标准和道德规范，严格履行法定职责，对其所出具文件的真实性、准确性和完整性承担责任。

第四条 中国证监会依法对证券发行和承销行为进行监督管理。

第二章 询价与定价

第五条 首次公开发行股票，可以通过向询价对象询价的方式确定股票发行价格，也可以通过发行人与主承销商自主协商直接定价等其他合法可行的方式确定发行价格，发行人应在发行公告中说明本次发行股票的定价方式。上市公司发行证券的定价，应当符合中国证监会关于上市公司证券发行的有关规定。

询价对象是指符合本办法规定条件的证券投资基金管理公司、证券公司、信托投资公司、财务公司、保险机构投资者、合格境外机构投资者、主承销商自主推荐的机构和个人投资者，以及经中国证监会认可的其他投资者。

主承销商自主推荐询价对象，应当按照本办法和中国证券业协会自律规则的规定，制定明确的推荐原则和标准，建立透明的推荐决策机制，并报中国证券业协会登记备案。自主推荐的询价对象包括具有较高定价能力和长期投资取向的机构投资者和投资经验比较丰富的个人投资者。

第六条 询价对象及其管理的证券投资产品（以下称股票配售对象）应当在中国证券业协会登

记备案，接受中国证券业协会的自律管理。

第七条 机构投资者作为询价对象应当符合下列条件：

（一）依法设立，最近 12 个月未因重大违法违规行为被相关监管部门给予行政处罚、采取监管措施或者受到刑事处罚；

（二）依法可以进行股票投资；

（三）信用记录良好，具有独立从事证券投资所必需的机构和人员；

（四）具有健全的内部风险评估和控制系统并能够有效执行，风险控制指标符合有关规定；

（五）按照本办法的规定被中国证券业协会从询价对象名单中去除的，自去除之日起已满 12 个月。

个人投资者作为询价对象应当具备五年以上投资经验、较强的研究能力和风险承受能力。主承销商应当严格按照既定的推荐原则、标准和程序进行推荐。

第八条 下列机构投资者作为询价对象除应当符合第七条规定的条件外，还应当符合下列条件：

（一）证券公司经批准可以经营证券自营或者证券资产管理业务；

（二）信托投资公司经相关监管部门重新登记已满两年，注册资本不低于四亿元，最近 12 个月有活跃的证券市场投资记录；

（三）财务公司成立两年以上，注册资本不低于三亿元，最近 12 个月有活跃的证券市场投资记录。

第九条 主承销商可以在刊登招股意向书后向询价对象提供投资价值研究报告。发行人、主承销商和询价对象不得以任何形式公开披露投资价值研究报告的内容，但中国证监会另有规定的除外。

第十条 投资价值研究报告应当由承销商的研究人员独立撰写并署名，承销商不得提供承销团以外的机构撰写的投资价值研究报告。出具投资价值研究报告的承销商应当建立完善的投资价值研究报告质量控制制度，撰写投资价值研究报告的人员应当遵守证券公司内部控制制度。

第十一条 撰写投资价值研究报告应当遵守下列要求：

（一）独立、审慎、客观；

（二）引用的资料真实、准确、完整、权威并须注明来源；

（三）对发行人所在行业的评估具有一致性和连贯性；

（四）无虚假记载、误导性陈述或者重大遗漏。

第十二条 投资价值研究报告应当对影响发行人投资价值的因素进行全面分析，至少包括下列内容：

（一）发行人的行业分类、行业政策，发行人与主要竞争者的比较及其在行业中的地位；

（二）发行人经营状况和发展前景分析；

（三）发行人盈利能力和财务状况分析；

（四）发行人募集资金投资项目分析；

（五）发行人与同行业可比上市公司的投资价值比较；

（六）宏观经济走势、股票市场走势以及其他对发行人投资价值有重要影响的因素。

投资价值研究报告应当在上述分析的基础上，运用行业公认的估值方法对发行人股票的合理投资价值进行预测。

第十三条 招股说明书（申报稿）预先披露后，发行人和主承销商可向特定询价对象以非公开方式进行初步沟通，征询价格意向，预估发行价格区间，也可通过其他合理方式预估发行价格区间。

初步沟通不得采用公开或变相公开方式进行，不得向询价对象提供除预先披露的招股说明书（申报稿）等公开信息以外的发行人其他信息。

第十四条 采用询价方式定价的，发行人和主承销商可以根据初步询价结果直接确定发行价格，也可以通过初步询价确定发行价格区间，在发行价格区间内通过累计投标询价确定发行价格。

第十五条 首次公开发行股票招股意向书刊登后，发行人及其主承销商可以向询价对象进行推介和询价，并通过互联网等方式向公众投资者进行推介。

发行人及其主承销商向公众投资者进行推介时，向公众投资者提供的发行人信息的内容及完整性应当与向询价对象提供的信息保持一致。

第十六条 发行人及其主承销商在推介过程中不得夸大宣传，或以虚假广告等不正当手段诱导、误导投资者，不得干扰询价对象正常报价和申购，不得披露除招股意向书等公开信息以外的发行人其他信息；推介资料不得存在虚假记载、误导性陈述或者重大遗漏。

承销商应当保留推介、询价、定价过程中的相关资料并存档备查，包括推介宣传材料、路演现场录音等，如实、全面反映询价、定价过程。

第十七条 采用询价方式确定发行价格的，询价对象可以自主决定是否参与初步询价，询价对象申请参与初步询价的，主承销商无正当理由不得拒绝。未参与初步询价或者参与初步询价但未有效报价的询价对象，不得参与累计投标询价和网下配售。

第十八条 询价对象应当遵循独立、客观、诚信的原则合理报价，不得协商报价或者故意压低或抬高价格。

第十九条 主承销商的证券自营账户不得参与本次发行股票的询价、网下配售和网上发行。

与发行人或其主承销商具有实际控制关系的询价对象的自营账户，不得参与本次发行股票的询价、网下配售，可以参与网上发行。

第二十条 发行人及其主承销商在发行价格区间和发行价格确定后，应当分别报中国证监会备案，并予以公告。

第二十一条 询价对象应当在年度结束后一个月内对上年度参与询价的情况进行总结，并就其是否持续符合本办法规定的条件以及是否遵守本办法对询价对象的监管要求进行说明。总结报告应当报中国证券业协会备案。

第二十二条 发行人与主承销商自主协商确定发行价格，或采用询价以外其他合法可行方式确定发行价格的，应当在发行方案中详细说明定价方式，并在发行方案报送中国证监会备案后刊登招股意向书。

第三章 证券发售

第二十三条 首次公开发行股票数量在四亿股以上的，可以向战略投资者配售股票。发行人应当与战略投资者事先签署配售协议，并报中国证监会备案。

发行人及其主承销商应当在发行公告中披露战略投资者的选择标准、向战略投资者配售的股票总量、占本次发行股票的比例，以及持有期限制等。

第二十四条 战略投资者不得参与首次公开发行股票的初步询价和累计投标询价，并应当承诺获得本次配售的股票持有期限不少于12个月，持有期自本次公开发行的股票上市之日起计算。

第二十五条 发行人及其主承销商应当向参与网下配售的询价对象配售股票。发行人及其主承销商向询价对象配售股票的数量原则上不低于本次公开发行新股及转让老股（简称为本次发行）总量的50%。

询价对象与发行人、承销商可自主约定网下配售股票的持有期限。

第二十六条 股票配售对象限于下列类别：

（一）经批准募集的证券投资基金；

（二）全国社会保障基金；

（三）证券公司证券自营账户；

（四）经批准设立的证券公司集合资产管理计划；

（五）信托投资公司证券自营账户；

（六）信托投资公司设立并已向相关监管部门履行报告程序的集合信托计划；

（七）财务公司证券自营账户；

（八）经批准的保险公司或者保险资产管理公司证券投资账户；

（九）合格境外机构投资者管理的证券投资账户；

（十）在相关监管部门备案的企业年金基金；

（十一）主承销商自主推荐机构投资者管理的证券投资账户和自主推荐个人投资者的证券投资账户；

（十二）经中国证监会认可的其他证券投资产品。

机构投资者管理的证券投资产品在招募说明书、投资协议等文件中以直接或间接方式载明以博取一、二级市场价差为目的申购新股的，相关证券投资账户不得作为股票配售对象。

第二十七条 询价对象应当为其管理的股票配售对象分别指定资金账户和证券账户，专门用于累计投标询价和网下配售。指定账户应当在中国证监会、中国证券业协会和证券登记结算机构登记备案。

第二十八条 股票配售对象参与累计投标询价和网下配售应当全额缴付申购资金，单一指定证券账户的累计申购数量不得超过本次向询价对象配售的股票总量。

第二十九条 发行人及其主承销商通过累计投标询价确定发行价格的，当发行价格以上的有效申购总量大于网下配售数量时，应当对发行价格以上的全部有效申购进行同比例配售。

第三十条 主承销商应当对询价对象和股票配售对象的登记备案情况进行核查，对有下列情形之一的询价对象不得配售股票：

（一）采用询价方式定价但未参与初步询价；

（二）询价对象或者股票配售对象的名称、账户资料与中国证券业协会登记的不一致；

（三）未在规定时间内报价或者足额划拨申购资金；

（四）有证据表明在询价过程中有违法违规或者违反诚信原则的情形。

第三十一条 发行人及其主承销商网下配售股票，应当与网上发行同时进行。

网上发行时发行价格尚未确定的，参与网上发行的投资者应当按价格区间上限申购，如最终确定的发行价格低于价格区间上限，差价部分应当退还给投资者。

投资者参与网上发行应当遵守证券交易所和证券登记结算机构的相关规定。

第三十二条 首次公开发行股票的发行人及其主承销商应当在网下配售和网上发行之间建立双向回拨机制，根据申购情况调整网下配售和网上发行的比例。

网上申购不足时，可以向网下回拨由网下投资者申购，仍然申购不足的，可以由承销团推荐其他投资者参与网下申购。

网下中签率为网上中签率的两至四倍时，发行人和承销商应将本次发售股份中的10%从网下向网上回拨；四倍以上的应将本次发售股份中的20%从网下向网上回拨。

第三十三条 初步询价结束后，公开发行股票数量在四亿股以下，提供有效报价的询价对象不足20家的，或者公开发行股票数量在四亿股以上，提供有效报价的询价对象不足50家的，发行人及其主承销商不得确定发行价格，并应当中止发行。

网下投资者在既定的网下发售比例内有效申购不足，不得向网上回拨，可以中止发行。网下报价情况未及发行人和主承销商预期、网上申购不足、网上申购不足向网下回拨后仍然申购不足的，可以中止发行。中止发行的具体情形可以由发行人和承销商约定，并予以披露。

中止发行后，在核准文件有效期内，经向中国证监会备案，可重新启动发行。

第三十四条 上市公司发行证券，存在利润分配方案、公积金转增股本方案尚未提交股东大会表决或者虽经股东大会表决通过但未实施的，应当在方案实施后发行。相关方案实施前，主承销商不得承销上市公司发行的证券。

第三十五条 上市公司向原股东配售股票（以下简称配股），应当向股权登记日登记在册的股东配售，且配售比例应当相同。

第三十六条 上市公司向不特定对象公开募集股份（以下简称增发）或者发行可转换公司债券，主承销商可以对参与网下配售的机构投资者进行分类，对不同类别的机构投资者设定不同的配售比例，对同一类别的机构投资者应当按相同的比例进行配售。主承销商应当在发行公告中明确机构投资者的分类标准。

主承销商未对机构投资者进行分类的，应当在网下配售和网上发行之间建立回拨机制，回拨后两者的获配比例应当一致。

第三十七条 上市公司增发股票或者发行可转换公司债券，可以全部或者部分向原股东优先配售，优先配售比例应当在发行公告中披露。

第三十八条 上市公司非公开发行证券的，发行对象及其数量的选择应当符合中国证监会关于上市公司证券发行的相关规定。

第四章 证券承销

第三十九条 证券公司实施证券承销前，应当向中国证监会报送发行与承销方案。

第四十条 证券公司承销证券，应当依照《中华人民共和国证券法》第二十八条的规定采用包销或者代销方式。上市公司非公开发行股票未采用自行销售方式或者上市公司配股的，应当采用代销方式。

第四十一条 股票发行采用代销方式的，应当在发行公告中披露发行失败后的处理措施。股票发行失败后，主承销商应当协助发行人按照发行价并加算银行同期存款利息返还股票认购人。

第四十二条 证券发行依照法律、行政法规的规定应当由承销团承销的，组成承销团的承销商应当签订承销团协议，由主承销商负责组织承销工作。

证券发行由两家以上证券公司联合主承销的，所有担任主承销商的证券公司应当共同承担主承销责任，履行相关义务。承销团由三家以上承销商组成的，可以设副主承销商，协助主承销商组织承销活动。

第四十三条 承销团成员应当按照承销团协议及承销协议的规定进行承销活动，不得进行虚假承销。

第四十四条 承销协议和承销团协议可以在发行价格确定后签订。

第四十五条 主承销商应当设立专门的部门或者机构，协调公司投资银行、研究、销售等部门共同完成信息披露、推介、簿记、定价、配售和资金清算等工作。

第四十六条 证券公司在承销过程中，不得以提供透支、回扣或者中国证监会认定的其他不正当手段诱使他人申购股票。

第四十七条 上市公司发行证券期间相关证券的停复牌安排，应当遵守证券交易所的相关规则。

主承销商应当按有关规定及时划付申购资金冻结利息。

第四十八条 投资者申购缴款结束后，主承销商应当聘请具有证券相关业务资格的会计师事务所（以下简称会计师事务所）对申购资金进行验证，并出具验资报告；首次公开发行股票的，还应当聘请律师事务所对向战略投资者、询价对象的询价和配售行为是否符合法律、行政法规及本办法的规定等进行见证，并出具专项法律意见书。

第四十九条 首次公开发行股票数量在四亿股以上的，发行人及其主承销商可以在发行方案中采用超额配售选择权。超额配售选择权的实施应当遵守中国证监会、证券交易所和证券登记结算机构的规定。

第五十条 公开发行证券的，主承销商应当在证券上市后十日内向中国证监会报备承销总结报告，总结说明发行期间的基本情况及证券上市后的表现，并提供下列文件：

（一）募集说明书单行本；

（二）承销协议及承销团协议；

（三）律师见证意见；

（四）会计师事务所验资报告；

（五）中国证监会要求的其他文件。

第五十一条 上市公司非公开发行股票的，发行人及其主承销商应当在发行完成后向中国证监会报送下列文件：

（一）发行情况报告书；

（二）主承销商关于本次发行过程和认购对象合规性的报告；

（三）发行人律师关于本次发行过程和认购对象合规性的见证意见；

（四）会计师事务所验资报告；

（五）中国证监会要求的其他文件。

第五章 信息披露

第五十二条 发行人和主承销商在发行过程中，应当按照中国证监会规定的程序、内容和格式，编制信息披露文件，履行信息披露义务。

第五十三条 首次公开发行股票申请文件受理后至发行人发行申请经中国证监会核准、依法刊登招股意向书前，发行人及与本次发行有关的当事人不得采取任何公开方式或变相公开方式进行与股票发行相关的推介活动，也不得通过其他利益关联方或委托他人等方式进行相关活动。

发行人和承销商在发行过程中披露的信息，应当真实、准确、完整，不得片面夸大优势，淡化风险，美化形象，误导投资者，不得有虚假记载、误导性陈述或者重大遗漏。

第五十四条 发行人及其主承销商应当将发行过程中披露的信息刊登在至少一种中国证监会指定的报刊，同时将其刊登在中国证监会指定的互联网网站，并置备于中国证监会指定的场所，供公众查阅。

第五十五条 发行人披露的招股意向书除不含发行价格、筹资金额以外，其内容与格式应当与招股说明书一致，并与招股说明书具有同等法律效力。

第五十六条 发行人及其主承销商应当在刊登招股意向书或者招股说明书摘要的同时刊登发行公告，对发行方案进行详细说明。

发行人及其主承销商应当在发行价格确定后，披露网下申购情况、网下具体报价情况。

第五十七条 发行人及其主承销商应公告发行价格、发行市盈率及发行市盈率的计算方法。发行人还可以同时披露市净率等反映发行人所在行业特点的发行价格指标。

第五十八条 首次公开发行股票向战略投资者配售股票的，发行人及其主承销商应当在网下配售结果公告中披露战略投资者的名称、认购数量及承诺持有期等情况。

第五十九条 上市公司非公开发行新股后，应当按中国证监会的要求编制并披露发行情况报告书。

第六十条　本次发行的证券上市前，发行人及其主承销商应当按证券交易所的要求编制信息披露文件并公告。

第六章　监管和处罚

第六十一条　发行人、证券公司、证券服务机构、询价对象及其直接负责的主管人员和其他直接责任人员违反法律、行政法规或者本办法规定，中国证监会可以责令其整改，对其直接负责的主管人员和其他直接责任人员，可以采取监管谈话、重点关注、出示警示函、责令公开说明、认定为不适当人选、市场禁入等监管措施，并记入诚信档案；依法应予行政处罚的，依照有关规定进行处罚；涉嫌犯罪的，依法移送司法机关，追究其刑事责任。中国证券业协会应当根据自律规则对有关单位和个人采取自律惩戒措施。

第六十二条　证券公司有下列行为之一的，除依法承担法律责任外，中国证监会可以自确认之日起责令其暂停36个月证券承销业务：

（一）承销未经核准的证券的；

（二）在承销过程中，进行虚假或误导投资者的广告或者其他宣传推介活动，以不正当手段诱使他人报价或申购股票，或者披露的信息有虚假记载、误导性陈述或者重大遗漏，情节严重的；

（三）以自有资金或者变相通过自有资金参与网下询价和配售，或者唆使他人报高价，限制报低价，严重干扰正常报价秩序的。

第六十三条　证券公司有下列行为之一的，除依法承担法律责任外，中国证监会将视情节轻重自确认之日起责令其暂停3至12个月证券承销业务：

（一）提前泄露证券发行信息；

（二）以不正当竞争手段招揽承销业务；

（三）向询价对象提供除招股说明书（招股意向书）等公开信息以外的发行人其他信息；

（四）在承销过程中的实际操作与报送中国证监会的发行方案不一致；

（五）违反相关规定撰写或者发布投资价值研究报告；

（六）违反规定直接或通过其利益相关方向参与认购的投资者提供财务资助或者补偿；

（七）向推荐的询价对象输送利益。

第六十四条　发行人及其直接负责的主管人员和其他直接责任人员有下列行为之一的，除依法承担法律责任外，中国证监会可以责令其整改，对其直接负责的主管人员和其他直接责任人员视情节轻重采取监管谈话、重点关注、出示警示函、责令公开说明、认定为不适当人选、市场禁入等监管措施，并记入诚信档案：

（一）向询价对象提供除招股说明书（招股意向书）等公开信息以外的发行人其他信息；

（二）违反规定直接或通过其利益相关方向参与认购的投资者提供财务资助或者补偿；

（三）在发行人股票上市前，进行虚假或误导投资者的广告或者其他宣传推介活动，以不正当手段诱使他人报价或申购股票，或者披露的信息有虚假记载、误导性陈述或者重大遗漏，情节严重的；

（四）唆使他人报高价，限制报低价，严重干扰正常报价秩序。

第六十五条　询价对象有下列情形之一的，中国证券业协会应当将其从询价对象名单中去除：

（一）不再符合本办法规定的条件；

（二）最近12个月内因违反相关监管要求被监管谈话三次以上；

（三）未按时提交年度总结报告。

第七章　附　则

第六十六条　上市公司其他证券的发行和承销比照本办法执行。

第六十七条　本办法自2006年9月19日起施行。《证券经营机构股票承销业务管理办法》（证委发〔1996〕18号）、《关于禁止股票发行中不当行为的通知》（证监发字〔1996〕21号）、《关于坚决制止股票发行中透支等行为的通知》（证监发字〔1996〕169号）、《关于禁止证券经营机构申购自己承销股票的通知》（证监机字〔1997〕4号）、《关于加强证券经营机构股票承销业务监管工作的通知》（证监机构字〔1999〕54号）、《关于法人配售股票有关问题的通知》（证监发行字〔1999〕121号）、《关于股票上市安排有关问题的通知》（证监发行字〔2000〕86号）、《关于证券经营机构股票承销业务监管工作的补充通知》（证监机构字〔2000〕199号）、《关于新股发行公司通过互联网进行公司推介的通知》（证监发行字〔2001〕12号）及《关于首次公开发行股票试行询价制度若干问题的通知》（证监发行字〔2004〕162号）同时废止。

证券发行上市保荐业务管理办法

（2008年8月14日中国证券监督管理委员会第235次主席办公会议审议通过，根据2009年5月13日中国证券监督管理委员会《关于修改〈证券发行上市保荐业务管理办法〉的决定》修订）

第一章 总 则

第一条 为了规范证券发行上市保荐业务，提高上市公司质量和证券公司执业水平，保护投资者的合法权益，促进证券市场健康发展，根据《证券法》、《国务院对确需保留的行政审批项目设定行政许可的决定》（国务院令第412号）等有关法律、行政法规，制定本办法。

第二条 发行人应当就下列事项聘请具有保荐机构资格的证券公司履行保荐职责：

（一）首次公开发行股票并上市；

（二）上市公司发行新股、可转换公司债券；

（三）中国证券监督管理委员会（以下简称"中国证监会"）认定的其他情形。

第三条 证券公司从事证券发行上市保荐业务，应依照本办法规定向中国证监会申请保荐机构资格。

保荐机构履行保荐职责，应当指定依照本办法规定取得保荐代表人资格的个人具体负责保荐工作。

未经中国证监会核准，任何机构和个人不得从事保荐业务。

第四条 保荐机构及其保荐代表人应当遵守法律、行政法规和中国证监会的相关规定，恪守业务规则和行业规范，诚实守信，勤勉尽责，尽职推荐发行人证券发行上市，持续督导发行人履行规范运作、信守承诺、信息披露等义务。

保荐机构及其保荐代表人不得通过从事保荐业务谋取任何不正当利益。

第五条 保荐代表人应当遵守职业道德准则，珍视和维护保荐代表人职业声誉，保持应有的职业谨慎，保持和提高专业胜任能力。

保荐代表人应当维护发行人的合法利益，对从事保荐业务过程中获知的发行人信息保密。保荐代表人应当恪守独立履行职责的原则，不因迎合发行人或者满足发行人的不当要求而丧失客观、公正的立场，不得唆使、协助或者参与发行人及证券服务机构实施非法的或者具有欺诈性的行为。

保荐代表人及其配偶不得以任何名义或者方式持有发行人的股份。

第六条 同次发行的证券，其发行保荐和上市保荐应当由同一保荐机构承担。保荐机构依法对发行人申请文件、证券发行募集文件进行核查，向中国证监会、证券交易所出具保荐意见。保荐机构应当保证所出具的文件真实、准确、完整。

证券发行规模达到一定数量的，可以采用联合保荐，但参与联合保荐的保荐机构不得超过两家。

证券发行的主承销商可以由该保荐机构担任，也可以由其他具有保荐机构资格的证券公司与该保荐机构共同担任。

第七条 发行人及其董事、监事、高级管理人员，为证券发行上市制作、出具有关文件的律师事务所、会计师事务所、资产评估机构等证券服务机构及其签字人员，应当依照法律、行政法规和中国证监会的规定，配合保荐机构及其保荐代表人履行保荐职责，并承担相应的责任。

保荐机构及其保荐代表人履行保荐职责，不能减轻或者免除发行人及其董事、监事、高级管理人员、证券服务机构及其签字人员的责任。

第八条 中国证监会依法对保荐机构及其保荐代表人进行监督管理。

中国证券业协会对保荐机构及其保荐代表人进行自律管理。

第二章　保荐机构和保荐代表人的资格管理

第九条 证券公司申请保荐机构资格，应当具备下列条件：

（一）注册资本不低于人民币一亿元，净资本不低于人民币5000万元；

（二）具有完善的公司治理和内部控制制度，风险控制指标符合相关规定；

（三）保荐业务部门具有健全的业务规程、内部风险评估和控制系统，内部机构设置合理，具备相应的研究能力、销售能力等后台支持；

（四）具有良好的保荐业务团队且专业结构合理，从业人员不少于35人，其中最近三年从事保荐相关业务的人员不少于20人；

（五）符合保荐代表人资格条件的从业人员不少于四人；

（六）最近三年内未因重大违法违规行为受到行政处罚；

（七）中国证监会规定的其他条件。

第十条 证券公司申请保荐机构资格，应当向中国证监会提交下列材料：

（一）申请报告；

（二）股东（大）会和董事会关于申请保荐机构资格的决议；

（三）公司设立批准文件；

（四）营业执照复印件；

（五）公司治理和公司内部控制制度及执行情况的说明；

（六）董事、监事、高级管理人员和主要股东情况的说明；

（七）内部风险评估和控制系统及执行情况的说明；

（八）保荐业务尽职调查制度、辅导制度、内部核查制度、持续督导制度、持续培训制度和保荐工作底稿制度的建立情况；

（九）经具有证券期货相关业务资格的会计师事务所审计的最近一年度净资本计算表、风险资本准备计算表和风险控制指标监管报表；

（十）保荐业务部门机构设置、分工及人员配置情况的说明；

（十一）研究、销售等后台支持部门的情况说明；

（十二）保荐业务负责人、内核负责人、保荐业务部门负责人和内核小组成员名单及其简历；

（十三）证券公司指定联络人的说明；

（十四）证券公司对申请文件真实性、准确性、完整性承担责任的承诺函，并应由全体董事签字；

（十五）中国证监会要求的其他材料。

第十一条 个人申请保荐代表人资格，应当具备下列条件：

（一）具备三年以上保荐相关业务经历；

（二）最近三年内在本办法第二条规定的境内证券发行项目中担任过项目协办人；

（三）参加中国证监会认可的保荐代表人胜任能力考试且成绩合格有效；

（四）诚实守信，品行良好，无不良诚信记录，最近三年未受到中国证监会的行政处罚；

（五）未负有数额较大到期未清偿的债务；

（六）中国证监会规定的其他条件。

第十二条 个人申请保荐代表人资格，应当通过所任职的保荐机构向中国证监会提交下列材料：

（一）申请报告；

（二）个人简历、身份证明文件和学历学位证书；

（三）证券业从业人员资格考试、保荐代表人胜任能力考试成绩合格的证明；

（四）证券业执业证书；

（五）从事保荐相关业务的详细情况说明，以及最近三年内担任本办法第二条规定的境内证券发行项目协办人的工作情况说明；

（六）保荐机构出具的推荐函，其中应当说明申请人遵纪守法、业务水平、组织能力等情况；

（七）保荐机构对申请文件真实性、准确性、完整性承担责任的承诺函，并应由其董事长或者总经理签字；

（八）中国证监会要求的其他材料。

第十三条 证券公司和个人应当保证申请文件真实、准确、完整。申请期间，申请文件内容发生重大变化的，应当自变化之日起两个工作日内向中国证监会提交更新资料。

第十四条 中国证监会依法受理、审查申请文件。对保荐机构资格的申请，自受理之日起45个工作日内做出核准或者不予核准的书面决定；对保荐代表人资格的申请，自受理之日起20个工作日内做出核准或者不予核准的书面决定。

第十五条 证券公司取得保荐机构资格后，应当持续符合本办法第九条规定的条件。保荐机构因重大违法违规行为受到行政处罚的，中国证监会撤销其保荐机构资格；不再具备第九条规定其他条件的，中国证监会可责令其限期整改，逾期仍然不符合要求的，中国证监会撤销其保荐机构资格。

第十六条 个人取得保荐代表人资格后，应当持续符合本办法第十一条第（四）项、第（五）项和第（六）项规定的条件。保荐代表人被吊销、注销证券业执业证书，或者受到中国证监会行政处罚的，中国证监会撤销其保荐代表人资格；不再符合其他条件的，中国证监会责令其限期整改，逾期仍然不符合要求的，中国证监会撤销其保荐代表人资格。

个人通过中国证监会认可的保荐代表人胜任能力考试或者取得保荐代表人资格后，应当定期参加中国证券业协会或者中国证监会认可的其他机构组织的保荐代表人年度业务培训。保荐代表人未按要求参加保荐代表人年度业务培训的，中国证监会撤销其保荐代表人资格；通过保荐代表人胜任能力考试而未取得保荐代表人资格的个人，未按要求参加保荐代表人年度业务培训的，其保荐代表人胜任能力考试成绩不再有效。

第十七条 中国证监会依法对保荐机构、保荐代表人进行注册登记管理。

第十八条 保荐机构的注册登记事项包括：

（一）保荐机构名称、成立时间、注册资本、注册地址、主要办公地址和法定代表人；

（二）保荐机构的主要股东情况；

（三）保荐机构的董事、监事和高级管理人员情况；

（四）保荐机构的保荐业务负责人、内核负责人情况；

（五）保荐机构的保荐业务部门负责人情况；

（六）保荐机构的保荐业务部门机构设置、分工及人员配置情况；

（七）保荐机构的执业情况；

（八）中国证监会要求的其他事项。

第十九条 保荐代表人的注册登记事项包括：

（一）保荐代表人的姓名、性别、出生日期、身份证号码；

（二）保荐代表人的联系电话、通讯地址；

（三）保荐代表人的任职机构、职务；

（四）保荐代表人的学习和工作经历；

（五）保荐代表人的执业情况；

（六）中国证监会要求的其他事项。

第二十条 保荐机构、保荐代表人注册登记事项发生变化的，保荐机构应当自变化之日起五个工作日内向中国证监会书面报告，由中国证监会予以变更登记。

第二十一条 保荐代表人从原保荐机构离职，调入其他保荐机构的，应通过新任职机构向中国证监会申请变更登记，并提交下列材料：

（一）变更登记申请报告；

（二）证券业执业证书；

（三）保荐代表人出具的其在原保荐机构保荐业务交接情况的说明；

（四）新任职机构出具的接收函；

（五）新任职机构对申请文件真实性、准确性、完整性承担责任的承诺函，并应由其董事长或者总经理签字；

（六）中国证监会要求的其他材料。

第二十二条 保荐机构应当于每年 4 月向中国证监会报送年度执业报告。年度执业报告应当包括以下内容：

（一）保荐机构、保荐代表人年度执业情况的说明；

（二）保荐机构对保荐代表人尽职调查工作日志检查情况的说明；

（三）保荐机构对保荐代表人的年度考核、评定情况；

（四）保荐机构、保荐代表人其他重大事项的说明；

（五）保荐机构对年度执业报告真实性、准确性、完整性承担责任的承诺函，并应由其法定代表人签字；

（六）中国证监会要求的其他事项。

第三章 保荐职责

第二十三条 保荐机构应当尽职推荐发行人证券发行上市。

发行人证券上市后，保荐机构应当持续督导发行人履行规范运作、信守承诺、信息披露等义务。

第二十四条 保荐机构推荐发行人证券发行上市，应当遵循诚实守信、勤勉尽责的原则，按照中国证监会对保荐机构尽职调查工作的要求，对发行人进行全面调查，充分了解发行人的经营状况及其面临的风险和问题。

第二十五条 保荐机构在推荐发行人首次公开发行股票并上市前，应当对发行人进行辅导，对发行人的董事、监事和高级管理人员、持有 5%以上股份的股东和实际控制人（或者其法定代表人）进行系统的法规知识、证券市场知识培训，使其全面掌握发行上市、规范运作等方面的有关法律法规和规则，知悉信息披露和履行承诺等方面的责任和义务，树立进入证券市场的诚信意识、自律意识和法制意识。

第二十六条　保荐机构辅导工作完成后，应由发行人所在地的中国证监会派出机构进行辅导验收。

第二十七条　保荐机构应当与发行人签订保荐协议，明确双方的权利和义务，按照行业规范协商确定履行保荐职责的相关费用。

保荐协议签订后，保荐机构应在五个工作日内报发行人所在地的中国证监会派出机构备案。

第二十八条　保荐机构应当确信发行人符合法律、行政法规和中国证监会的有关规定，方可推荐其证券发行上市。

保荐机构决定推荐发行人证券发行上市的，可以根据发行人的委托，组织编制申请文件并出具推荐文件。

第二十九条　对发行人申请文件、证券发行募集文件中有证券服务机构及其签字人员出具专业意见的内容，保荐机构应当结合尽职调查过程中获得的信息对其进行审慎核查，对发行人提供的资料和披露的内容进行独立判断。

保荐机构所作的判断与证券服务机构的专业意见存在重大差异的，应当对有关事项进行调查、复核，并可聘请其他证券服务机构提供专业服务。

第三十条　对发行人申请文件、证券发行募集文件中无证券服务机构及其签字人员专业意见支持的内容，保荐机构应当获得充分的尽职调查证据，在对各种证据进行综合分析的基础上对发行人提供的资料和披露的内容进行独立判断，并有充分理由确信所作的判断与发行人申请文件、证券发行募集文件的内容不存在实质性差异。

第三十一条　保荐机构推荐发行人发行证券，应当向中国证监会提交发行保荐书、保荐代表人专项授权书以及中国证监会要求的其他与保荐业务有关的文件。发行保荐书应当包括下列内容：

（一）逐项说明本次发行是否符合《公司法》、《证券法》规定的发行条件和程序；

（二）逐项说明本次发行是否符合中国证监会的有关规定，并载明得出每项结论的查证过程及事实依据；

（三）发行人存在的主要风险；

（四）对发行人发展前景的评价；

（五）保荐机构内部审核程序简介及内核意见；

（六）保荐机构与发行人的关联关系；

（七）相关承诺事项；

（八）中国证监会要求的其他事项。

第三十二条　保荐机构推荐发行人证券上市，应当向证券交易所提交上市保荐书以及证券交易所要求的其他与保荐业务有关的文件，并报中国证监会备案。上市保荐书应当包括下列内容：

（一）逐项说明本次证券上市是否符合《公司法》、《证券法》及证券交易所规定的上市条件；

（二）对发行人证券上市后持续督导工作的具体安排；

（三）保荐机构与发行人的关联关系；

（四）相关承诺事项；

（五）中国证监会或者证券交易所要求的其他事项。

第三十三条　在发行保荐书和上市保荐书中，保荐机构应当就下列事项做出承诺：

（一）有充分理由确信发行人符合法律法规及中国证监会有关证券发行上市的相关规定；

（二）有充分理由确信发行人申请文件和信息披露资料不存在虚假记载、误导性陈述或者重大遗漏；

（三）有充分理由确信发行人及其董事在申请文件和信息披露资料中表达意见的依据充分合理；

（四）有充分理由确信申请文件和信息披露资料与证券服务机构发表的意见不存在实质性差异；

（五）保证所指定的保荐代表人及本保荐机构的相关人员已勤勉尽责，对发行人申请文件和信息披露资料进行了尽职调查、审慎核查；

（六）保证保荐书、与履行保荐职责有关的其他文件不存在虚假记载、误导性陈述或者重大遗漏；

（七）保证对发行人提供的专业服务和出具的专业意见符合法律、行政法规、中国证监会的规定和行业规范；

（八）自愿接受中国证监会依照本办法采取的监管措施；

（九）中国证监会规定的其他事项。

第三十四条　保荐机构提交发行保荐书后，应当配合中国证监会的审核，并承担下列工作：

（一）组织发行人及证券服务机构对中国证监会的意见进行答复；

（二）按照中国证监会的要求对涉及本次证券发行上市的特定事项进行尽职调查或者核查；

（三）指定保荐代表人与中国证监会职能部门进行专业沟通，保荐代表人在发行审核委员会会议上接受委员质询；

（四）中国证监会规定的其他工作。

第三十五条　保荐机构应当针对发行人的具体情况，确定证券发行上市后持续督导的内容，督导发行人履行有关上市公司规范运作、信守承诺和信息披露等义务，审阅信息披露文件及向中国证监会、证券交易所提交的其他文件，并承担下列工作：

（一）督导发行人有效执行并完善防止控股股东、实际控制人、其他关联方违规占用发行人资源的制度；

（二）督导发行人有效执行并完善防止其董事、监事、高级管理人员利用职务之便损害发行人利益的内控制度；

（三）督导发行人有效执行并完善保障关联交易公允性和合规性的制度，并对关联交易发表意见；

（四）持续关注发行人募集资金的专户存储、投资项目的实施等承诺事项；

（五）持续关注发行人为他人提供担保等事项，并发表意见；

（六）中国证监会、证券交易所规定及保荐协议约定的其他工作。

第三十六条　首次公开发行股票并上市的，持续督导的期间为证券上市当年剩余时间及其后两个完整会计年度；上市公司发行新股、可转换公司债券的，持续督导的期间为证券上市当年剩余时间及其后一个完整会计年度。

首次公开发行股票并在创业板上市的，持续督导的期间为证券上市当年剩余时间及其后三个完整会计年度；创业板上市公司发行新股、可转换公司债券的，持续督导的期间为证券上市当年剩余时间及其后两个完整会计年度。

首次公开发行股票并在创业板上市的，持续督导期内保荐机构应当自发行人披露年度报告、中期报告之日起 15 个工作日内在中国证监会指定网站披露跟踪报告，对本办法第三十五条所涉及的事项，进行分析并发表独立意见。发行人临时报告披露的信息涉及募集资金、关联交易、委托理财、为他人提供担保等重大事项的，保荐机构应当自临时报告披露之日起十个工作日内进行分析并在中国证监会指定网站发表独立意见。

持续督导的期间自证券上市之日起计算。

第三十七条　持续督导期届满，如有尚未完结的保荐工作，保荐机构应当继续完成。

保荐机构在履行保荐职责期间未勤勉尽责的，其责任不因持续督导期届满而免除或者终止。

第四章　保荐业务规程

第三十八条　保荐机构应当建立健全保荐工作的内部控制体系，切实保证保荐业务负责人、内核负责人、保荐业务部门负责人、保荐代表人、项目协办人及其他保荐业务相关人员勤勉尽责，严格控制风险，提高保荐业务整体质量。

第三十九条　保荐机构应当建立健全证券发行上市的尽职调查制度、辅导制度、对发行上市申请文件的内部核查制度、对发行人证券上市后的持续督导制度。

第四十条　保荐机构应当建立健全对保荐代表人及其他保荐业务相关人员的持续培训制度。

第四十一条　保荐机构应当建立健全工作底稿制度，为每一项目建立独立的保荐工作底稿。

保荐代表人必须为其具体负责的每一项目建立尽职调查工作日志，作为保荐工作底稿的一部分存档备查；保荐机构应当定期对尽职调查工作日志进行检查。

保荐工作底稿应当真实、准确、完整地反映整个保荐工作的全过程，保存期不少于十年。

第四十二条　保荐机构的保荐业务负责人、内核负责人负责监督、执行保荐业务各项制度并承担相应的责任。

第四十三条　保荐机构及其控股股东、实际控制人、重要关联方持有发行人的股份合计超过7%，或者发行人持有、控制保荐机构的股份超过7%的，保荐机构在推荐发行人证券发行上市时，应联合一家无关联保荐机构共同履行保荐职责，且该无关联保荐机构为第一保荐机构。

第四十四条　刊登证券发行募集文件前终止保荐协议的，保荐机构和发行人应当自终止之日起五个工作日内分别向中国证监会报告，说明原因。

第四十五条　刊登证券发行募集文件以后直至持续督导工作结束，保荐机构和发行人不得终止保荐协议，但存在合理理由的情形除外。发行人因再次申请发行证券另行聘请保荐机构、保荐机构被中国证监会撤销保荐机构资格的，应当终止保荐协议。

终止保荐协议的，保荐机构和发行人应当自终止之日起五个工作日内向中国证监会、证券交易所报告，说明原因。

第四十六条　持续督导期间，保荐机构被撤销保荐机构资格的，发行人应当在一个月内另行聘请保荐机构，未在规定期限内另行聘请的，中国证监会可以为其指定保荐机构。

第四十七条　另行聘请的保荐机构应当完成原保荐机构未完成的持续督导工作。

因原保荐机构被撤销保荐机构资格而另行聘请保荐机构的，另行聘请保荐机构持续督导的时间不得少于一个完整的会计年度。

另行聘请的保荐机构应当自保荐协议签订之日起开展保荐工作并承担相应的责任。原保荐机构在履行保荐职责期间未勤勉尽责的，其责任不因保荐机构的更换而免除或者终止。

第四十八条　保荐机构应当指定两名保荐代表人具体负责一家发行人的保荐工作，出具由法定代表人签字的专项授权书，并确保保荐机构有关部门和人员有效分工协作。保荐机构可以指定一名项目协办人。

第四十九条　证券发行后，保荐机构不得更换保荐代表人，但因保荐代表人离职或者被撤销保荐代表人资格的，应当更换保荐代表人。

保荐机构更换保荐代表人的，应当通知发行人，并在五个工作日内向中国证监会、证券交易所报告，说明原因。原保荐代表人在具体负责保荐工作期间未勤勉尽责的，其责任不因保荐代表人的更换而免除或者终止。

第五十条　保荐机构法定代表人、保荐业务负责人、内核负责人、保荐代表人和项目协办人应当在发行保荐书上签字，保荐机构法定代表人、保荐代表人应同时在证券发行募集文件上签字。

第五十一条　保荐机构应将履行保荐职责时发表的意见及时告知发行人，同时在保荐工作底稿中保存，并可依照本办法规定公开发表声明、向中国证监会或者证券交易所报告。

第五十二条　持续督导工作结束后，保荐机构应当在发行人公告年度报告之日起的十个工作日内向中国证监会、证券交易所报送保荐总结报告书。保荐机构法定代表人和保荐代表人应当在保荐总结报告书上签字。保荐总结报告书应当包括下列内容：

（一）发行人的基本情况；

（二）保荐工作概述；

（三）履行保荐职责期间发生的重大事项及处理情况；

（四）对发行人配合保荐工作情况的说明及评价；

（五）对证券服务机构参与证券发行上市相关工作情况的说明及评价；

（六）中国证监会要求的其他事项。

第五十三条　保荐代表人及其他保荐业务相关人员属于内幕信息的知情人员，应当遵守法律、行政法规和中国证监会的规定，不得利用内幕信息直接或者间接为保荐机构、本人或者他人谋取不正当利益。

第五章　保荐业务协调

第五十四条　保荐机构及其保荐代表人履行保荐职责可对发行人行使下列权利：

（一）要求发行人按照本办法规定和保荐协议约定的方式，及时通报信息；

（二）定期或者不定期对发行人进行回访，查阅保荐工作需要的发行人材料；

（三）列席发行人的股东大会、董事会和监事会；

（四）对发行人的信息披露文件及向中国证监会、证券交易所提交的其他文件进行事前审阅；

（五）对有关部门关注的发行人相关事项进行核查，必要时可聘请相关证券服务机构配合；

（六）按照中国证监会、证券交易所信息披露规定，对发行人违法违规的事项发表公开声明；

（七）中国证监会规定或者保荐协议约定的其他权利。

第五十五条　发行人有下列情形之一的，应当及时通知或者咨询保荐机构，并将相关文件送交保荐机构：

（一）变更募集资金及投资项目等承诺事项；

（二）发生关联交易、为他人提供担保等事项；

（三）履行信息披露义务或者向中国证监会、证券交易所报告有关事项；

（四）发生违法违规行为或者其他重大事项；

（五）中国证监会规定或者保荐协议约定的其他事项。

第五十六条　证券发行前，发行人不配合保荐机构履行保荐职责的，保荐机构应当发表保留意见，并在发行保荐书中予以说明；情节严重的，应当不予保荐，已保荐的应当撤销保荐。

第五十七条　证券发行后，保荐机构有充分理由确信发行人可能存在违法违规行为以及其他不当行为的，应当督促发行人做出说明并限期纠正；情节严重的，应当向中国证监会、证券交易所报告。

第五十八条　保荐机构应当组织协调证券服务机构及其签字人员参与证券发行上市的相关工作。

发行人为证券发行上市聘用的会计师事务所、律师事务所、资产评估机构以及其他证券服务机构，保荐机构有充分理由认为其专业能力存在明显缺陷的，可以向发行人建议更换。

第五十九条　保荐机构对证券服务机构及其签字人员出具的专业意见存有疑义的，应当主动与证券服务机构进行协商，并可要求其做出解释或者出具依据。

第六十条　保荐机构有充分理由确信证券服务机构及其签字人员出具的专业意见可能存在虚假记载、误导性陈述或重大遗漏等违法违规情形或者其他不当情形的，应当及时发表意见；情节严重的，应当向中国证监会、证券交易所报告。

第六十一条　证券服务机构及其签字人员应当保持专业独立性，对保荐机构提出的疑义或者意见进行审慎的复核判断，并向保荐机构、发行人及时发表意见。

第六章　监管措施和法律责任

第六十二条　中国证监会可以对保荐机构及其保荐代表人从事保荐业务的情况进行定期或者不定期现场检查，保荐机构及其保荐代表人应当积极配合检查，如实提供有关资料，不得拒绝、阻挠、逃避检查，不得谎报、隐匿、销毁相关证据材料。

第六十三条　中国证监会建立保荐信用监管系统，对保荐机构和保荐代表人进行持续动态的注册登记管理，记录其执业情况、违法违规行为、其他不良行为以及对其采取的监管措施等，必要时可以将记录予以公布。

第六十四条　自保荐机构向中国证监会提交保荐文件之日起，保荐机构及其保荐代表人承担相应的责任。

第六十五条　保荐机构资格申请文件存在虚假记载、误导性陈述或者重大遗漏的，中国证监会不予核准；已核准的，撤销其保荐机构资格。

保荐代表人资格申请文件存在虚假记载、误导性陈述或者重大遗漏的，中国证监会不予核准；已核准的，撤销其保荐代表人资格。对提交该申请文件的保荐机构，中国证监会自撤销之日起六个月内不再受理该保荐机构推荐的保荐代表人资格申请。

第六十六条　保荐机构、保荐代表人、保荐业务负责人和内核负责人违反本办法，未诚实守信、勤勉尽责地履行相关义务的，中国证监会责令改正，并对其采取监管谈话、重点关注、责令进行业务学习、出具警示函、责令公开说明、认定为不适当人选等监管措施；依法应给予行政处罚的，依照有关规定进行处罚；情节严重涉嫌犯罪的，依法移送司法机关，追究其刑事责任。

第六十七条　保荐机构出现下列情形之一的，中国证监会自确认之日起暂停其保荐机构资格三个月；情节严重的，暂停其保荐机构资格六个月，并可以责令保荐机构更换保荐业务负责人、内核负责人；情节特别严重的，撤销其保荐机构资格：

（一）向中国证监会、证券交易所提交的与保荐工作相关的文件存在虚假记载、误导性陈述或者重大遗漏；

（二）内部控制制度未有效执行；

（三）尽职调查制度、内部核查制度、持续督导制度、保荐工作底稿制度未有效执行；

（四）保荐工作底稿存在虚假记载、误导性陈述或者重大遗漏；

（五）唆使、协助或者参与发行人及证券服务机构提供存在虚假记载、误导性陈述或者重大遗漏的文件；

（六）唆使、协助或者参与发行人干扰中国证监会及其发行审核委员会的审核工作；

（七）通过从事保荐业务谋取不正当利益；

（八）严重违反诚实守信、勤勉尽责义务的其他情形。

第六十八条　保荐代表人出现下列情形之一的，中国证监会可根据情节轻重，自确认之日起3个月到12个月内不受理相关保荐代表人具体负责的推荐；情节特别严重的，撤销其保荐代表人资格：

（一）尽职调查工作日志缺失或者遗漏、隐瞒重要问题；

（二）未完成或者未参加辅导工作；

（三）未参加持续督导工作，或者持续督导工作未勤勉尽责；

（四）因保荐业务或其具体负责保荐工作的发行人在保荐期间内受到证券交易所、中国证券业协会公开谴责；

（五）唆使、协助或者参与发行人干扰中国证监会及其发行审核委员会的审核工作；

（六）严重违反诚实守信、勤勉尽责义务的其他情形。

第六十九条 保荐代表人出现下列情形之一的，中国证监会撤销其保荐代表人资格；情节严重的，对其采取证券市场禁入的措施：

（一）在与保荐工作相关文件上签字推荐发行人证券发行上市，但未参加尽职调查工作，或者尽职调查工作不彻底、不充分，明显不符合业务规则和行业规范；

（二）通过从事保荐业务谋取不正当利益；

（三）本人及其配偶持有发行人的股份；

（四）唆使、协助或者参与发行人及证券服务机构提供存在虚假记载、误导性陈述或者重大遗漏的文件；

（五）参与组织编制的与保荐工作相关文件存在虚假记载、误导性陈述或者重大遗漏。

第七十条 保荐机构、保荐代表人因保荐业务涉嫌违法违规处于立案调查期间的，中国证监会暂不受理该保荐机构的推荐；暂不受理相关保荐代表人具体负责的推荐。

第七十一条 发行人出现下列情形之一的，中国证监会自确认之日起暂停保荐机构的保荐机构资格三个月，撤销相关人员的保荐代表人资格：

（一）证券发行募集文件等申请文件存在虚假记载、误导性陈述或者重大遗漏；

（二）公开发行证券上市当年即亏损；

（三）持续督导期间信息披露文件存在虚假记载、误导性陈述或者重大遗漏。

第七十二条 发行人在持续督导期间出现下列情形之一的，中国证监会可根据情节轻重，自确认之日起 3 个月到 12 个月内不受理相关保荐代表人具体负责的推荐；情节特别严重的，撤销相关人员的保荐代表人资格：

（一）证券上市当年累计 50%以上募集资金的用途与承诺不符；

（二）公开发行证券并在主板上市当年营业利润比上年下滑 50%以上；

（三）首次公开发行股票并上市之日起 12 个月内控股股东或者实际控制人发生变更；

（四）首次公开发行股票并上市之日起 12 个月内累计 50%以上资产或者主营业务发生重组；

（五）上市公司公开发行新股、可转换公司债券之日起 12 个月内累计 50%以上资产或者主营业务发生重组，且未在证券发行募集文件中披露；

（六）实际盈利低于盈利预测达 20%以上；

（七）关联交易显失公允或者程序违规，涉及金额较大；

（八）控股股东、实际控制人或其他关联方违规占用发行人资源，涉及金额较大；

（九）违规为他人提供担保，涉及金额较大；

（十）违规购买或出售资产、借款、委托资产管理等，涉及金额较大；

（十一）董事、监事、高级管理人员侵占发行人利益受到行政处罚或者被追究刑事责任；

（十二）违反上市公司规范运作和信息披露等有关法律法规，情节严重的；

（十三）中国证监会规定的其他情形。

第七十三条 保荐代表人被暂不受理具体负责的推荐或者被撤销保荐代表人资格的，保荐业务负责人、内核负责人应承担相应的责任，对已受理的该保荐代表人具体负责推荐的项目，保荐机构应当撤回推荐；情节严重的，责令保荐机构就各项保荐业务制度限期整改，责令保荐机构更换保荐业务负责人、内核负责人，逾期仍然不符合要求的，撤销其保荐机构资格。

第七十四条　保荐机构、保荐业务负责人或者内核负责人在一个自然年度内被采取本办法第六十六条规定监管措施累计五次以上，中国证监会可暂停保荐机构的保荐机构资格三个月，责令保荐机构更换保荐业务负责人、内核负责人。

保荐代表人在两个自然年度内被采取本办法第六十六条规定监管措施累计两次以上，中国证监会可六个月内不受理相关保荐代表人具体负责的推荐。

第七十五条　对中国证监会采取的监管措施，保荐机构及其保荐代表人提出申辩的，如有充分证据证明下列事实且理由成立，中国证监会予以采纳：

（一）发行人或其董事、监事、高级管理人员故意隐瞒重大事实，保荐机构和保荐代表人已履行勤勉尽责义务；

（二）发行人已在证券发行募集文件中做出特别提示，保荐机构和保荐代表人已履行勤勉尽责义务；

（三）发行人因不可抗力致使业绩、募集资金运用等出现异常或者未能履行承诺；

（四）发行人及其董事、监事、高级管理人员在持续督导期间故意违法违规，保荐机构和保荐代表人主动予以揭示，已履行勤勉尽责义务；

（五）保荐机构、保荐代表人已履行勤勉尽责义务的其他情形。

第七十六条　发行人及其董事、监事、高级管理人员违反本办法规定，变更保荐机构后未另行聘请保荐机构，持续督导期间违法违规且拒不纠正，发生重大事项未及时通知保荐机构，或者发生其他严重不配合保荐工作情形的，中国证监会可以责令改正，予以公布并可根据情节轻重采取下列监管措施：

（一）要求发行人每月向中国证监会报告接受保荐机构督导的情况；

（二）要求发行人披露月度财务报告、相关资料；

（三）指定证券服务机构进行核查；

（四）要求证券交易所对发行人证券的交易实行特别提示；

（五）36个月内不受理其发行证券申请；

（六）将直接负责的主管人员和其他责任人员认定为不适当人选。

第七十七条　证券服务机构及其签字人员违反本办法规定的，中国证监会责令改正，并对相关机构和责任人员采取监管谈话、重点关注、出具警示函、责令公开说明、认定为不适当人选等监管措施。

第七十八条　证券服务机构及其签字人员出具的专业意见存在虚假记载、误导性陈述或重大遗漏，或者因不配合保荐工作而导致严重后果的，中国证监会自确认之日起六个月到36个月内不受理其文件，并将处理结果予以公布。

第七十九条　发行人及其董事、监事、高级管理人员、证券服务机构及其签字人员违反法律、行政法规，依法应予行政处罚的，依照有关规定进行处罚；涉嫌犯罪的，依法移送司法机关，追究其刑事责任。

第七章　附　则

第八十条　本办法所称“保荐机构”，是指《证券法》第十一条所指“保荐人”。

第八十一条　中国证券业协会或者经中国证监会认可的其他机构，可以组织保荐代表人胜任能力考试。

第八十二条　本办法实施前从事证券发行上市保荐业务的保荐机构，不完全符合本办法规定的，应当在本办法实施之日起三个月内达到本办法规定的要求，并由中国证监会组织验收。逾期仍然不符合要求的，中国证监会撤销其保荐机构资格。

第八十三条　本办法自 2008 年 12 月 1 日起施行，《证券发行上市保荐制度暂行办法》（证监会令第 18 号）、《首次公开发行股票辅导工作办法》（证监发〔2001〕125 号）同时废止。

发布证券研究报告暂行规定

（自2011年1月1日起施行）

第一条 为了规范证券公司、证券投资咨询机构发布证券研究报告行为，保护投资者合法权益，维护证券市场秩序，依据《证券法》、《证券公司监督管理条例》、《证券、期货投资咨询管理暂行办法》，制定本规定。

第二条 本规定所称发布证券研究报告，是证券投资咨询业务的一种基本形式，指证券公司、证券投资咨询机构对证券及证券相关产品的价值、市场走势或者相关影响因素进行分析，形成证券估值、投资评级等投资分析意见，制作证券研究报告，并向客户发布的行为。

证券研究报告主要包括涉及证券及证券相关产品的价值分析报告、行业研究报告、投资策略报告等。证券研究报告可以采用书面或者电子文件形式。

第三条 证券公司、证券投资咨询机构发布证券研究报告，应当遵守法律、行政法规和本规定，遵循独立、客观、公平、审慎原则，有效防范利益冲突，公平对待发布对象，禁止传播虚假、不实、误导性信息，禁止从事或者参与内幕交易、操纵证券市场活动。

第四条 中国证监会及其派出机构依法对证券公司、证券投资咨询机构发布证券研究报告行为实行监督管理。

中国证券业协会对证券公司、证券投资咨询机构发布证券研究报告行为实行自律管理，并依据有关法律、行政法规和本规定，制定相应的执业规范和行为准则。

第五条 在发布的证券研究报告上署名的人员，应当具有证券投资咨询执业资格，并在中国证券业协会注册登记为证券分析师。证券分析师不得同时注册为证券投资顾问。

第六条 发布证券研究报告的证券公司、证券投资咨询机构，应当设立专门研究部门或者子公司，建立健全业务管理制度，对发布证券研究报告行为及相关人员实行集中统一管理。

从事发布证券研究报告业务的相关人员，不得同时从事证券自营、证券资产管理等存在利益冲突的业务。公司高级管理人员同时负责管理发布证券研究报告业务和其他证券业务的，应当采取防范利益冲突的措施，并有充分证据证明已经有效防范利益冲突。

第七条 证券公司、证券投资咨询机构应当采取有效措施，保证制作发布证券研究报告不受证券发行人、上市公司、基金管理公司、资产管理公司等利益相关者的干涉和影响。

第八条 证券公司、证券投资咨询机构发布的证券研究报告，应当载明下列事项：

（一）“证券研究报告”字样；

（二）证券公司、证券投资咨询机构名称；

（三）具备证券投资咨询业务资格的说明；

（四）署名人员的证券投资咨询执业资格证书编码；

（五）发布证券研究报告的时间；

（六）证券研究报告采用的信息和资料来源；

（七）使用证券研究报告的风险提示。

第九条 制作证券研究报告应当合规、客观、专业、审慎。署名的证券分析师应当对证券研究报告的内容和观点负责，保证信息来源合法合规，研究方法专业审慎，分析结论具有合理依据。

第十条 证券公司、证券投资咨询机构应当建立证券研究报告发布审阅机制，明确审阅流程，安排专门人员，做好证券研究报告发布前的质量控制和合规审查。

第十一条 证券公司、证券投资咨询机构应当公平对待证券研究报告的发布对象，不得将证券研究报告的内容或者观点，优先提供给公司内部部门、人员或者特定对象。

第十二条 证券公司、证券投资咨询机构应当建立健全与发布证券研究报告相关的利益冲突防范机制，明确管理流程、披露事项和操作要求，有效防范发布证券研究报告与其他证券业务之间的利益冲突。

发布对具体股票作出明确估值和投资评级的证券研究报告时，公司持有该股票达到相关上市公司已发行股份 1%以上的，应当在证券研究报告中向客户披露本公司持有该股票的情况，并且在证券研究报告发布日及第二个交易日，不得进行与证券研究报告观点相反的交易。

第十三条 证券公司、证券投资咨询机构应当采取有效管理措施，防止制作发布证券研究报告的相关人员利用发布证券研究报告为自身及其利益相关者谋取不当利益，或者在发布证券研究报告前泄露证券研究报告的内容和观点。

第十四条 证券公司、证券投资咨询机构应当严格执行发布证券研究报告与其他证券业务之间的隔离墙制度，防止存在利益冲突的部门及人员利用发布证券研究报告谋取不当利益。

第十五条 证券公司、证券投资咨询机构的证券分析师因公司业务需要，阶段性参与公司承销保荐、财务顾问等业务项目，撰写投资价值研究报告或者提供行业研究支持的，应当履行公司内部跨越隔离墙审批程序。

合规管理部门和相关业务部门应当对证券分析师跨越隔离墙后的业务活动实行监控。证券分析师参与公司承销保荐、财务顾问等业务项目期间，不得发布与该业务项目相关的证券研究报告。跨越隔离墙期满，证券分析师不得利用公司承销保荐、财务顾问等业务项目的非公开信息，发布证券研究报告。

第十六条 证券公司、证券投资咨询机构从事发布证券研究报告业务，同时从事证券承销与保荐、上市公司并购重组财务顾问业务的，应当根据有关规定，按照独立、客观、公平的原则，建立健全发布证券研究报告静默期制度和实施机制，并通过公司网站等途径向客户披露静默期安排。

第十七条 证券公司、证券投资咨询机构应当严格执行合规管理制度，对与发布证券研究报告相关的人员资格、利益冲突、跨越隔离墙等情形进行合规审查和监控。

第十八条 证券公司、证券投资咨询机构发布证券研究报告，应当对发布的时间、方式、内容、对象和审阅过程实行留痕管理。

发布证券研究报告相关业务档案的保存期限自证券研究报告发布之日起不得少于五年。

第十九条 鼓励证券公司、证券投资咨询机构组织安排证券分析师，按照证券信息传播的有关规定，通过广播、电视、网络、报刊等公众媒体，客观、专业、审慎地对宏观经济、行业状况、证券市场变动情况发表评论意见，为公众投资者提供证券资讯服务，传播证券知识，揭示投资风险，引导理性投资。

第二十条 证券分析师通过广播、电视、网络、报刊等公众媒体以及报告会、交流会等形式，发表涉及具体证券的评论意见，或者解读其撰写的证券研究报告，应当符合证券信息传播的有关规定以及下列要求：

（一）由所在证券公司或者证券投资咨询机构统一安排；

（二）说明所依据的证券研究报告的发布日期；

（三）禁止明示或者暗示保证投资收益。

第二十一条　证券公司、证券投资咨询机构授权其他机构刊载或者转发证券研究报告或者摘要的，应当与相关机构作出协议约定，明确刊载或者转发责任，要求相关机构注明证券研究报告的发布人和发布日期，提示使用证券研究报告的风险。未经授权刊载或者转发证券研究报告的，应当承担相应的法律责任。

第二十二条　证券公司、证券投资咨询机构及其人员违反法律、行政法规和本规定的，中国证监会及其派出机构可以采取责令改正、监管谈话、出具警示函、责令增加内部合规检查次数并提交合规检查报告、责令暂停发布证券研究报告、责令处分有关人员等监管措施；情节严重的，中国证监会依照法律、行政法规和有关规定作出行政处罚；涉嫌犯罪的，依法移送司法机关。

第二十三条　本规定自 2011 年 1 月 1 日起施行。

首次公开发行股票并在创业板上市管理暂行办法

（中国证券监督管理委员会令2009年第61号颁布，自2009年5月1日起施行）

第一章　总　则

第一条　为了规范首次公开发行股票并在创业板上市的行为，促进自主创新企业及其他成长型创业企业的发展，保护投资者的合法权益，维护社会公共利益，根据《证券法》、《公司法》，制定本办法。

第二条　在中华人民共和国境内首次公开发行股票并在创业板上市，适用本办法。

第三条　发行人申请首次公开发行股票并在创业板上市，应当符合《证券法》、《公司法》和本办法规定的发行条件。

第四条　发行人依法披露的信息，必须真实、准确、完整，不得有虚假记载、误导性陈述或者重大遗漏。

第五条　保荐人及其保荐代表人应当勤勉尽责，诚实守信，认真履行审慎核查和辅导义务，并对其所出具文件的真实性、准确性和完整性负责。

第六条　为证券发行出具文件的证券服务机构和人员，应当按照本行业公认的业务标准和道德规范，严格履行法定职责，并对其所出具文件的真实性、准确性和完整性负责。

第七条　创业板市场应当建立与投资者风险承受能力相适应的投资者准入制度，向投资者充分提示投资风险。

第八条　中国证券监督管理委员会（以下简称“中国证监会”）依法核准发行人的首次公开发行股票申请，对发行人股票发行进行监督管理。

证券交易所依法制定业务规则，创造公开、公平、公正的市场环境，保障创业板市场的正常运行。

第九条　中国证监会依据发行人提供的申请文件对发行人首次公开发行股票的核准，不表明其对该股票的投资价值或者对投资者的收益作出实质性判断或者保证。股票依法发行后，因发行人经营与收益的变化引致的投资风险，由投资者自行负责。

第二章　发行条件

第十条　发行人申请首次公开发行股票应当符合下列条件：

（一）发行人是依法设立且持续经营三年以上的股份有限公司。

有限责任公司按原账面净资产值折股整体变更为股份有限公司的，持续经营时间可以从有限责任公司成立之日起计算。

（二）最近两年连续盈利，最近两年净利润累计不少于1000万元，且持续增长；或者最近一年盈利，且净利润不少于500万元，最近一年营业收入不少于5000万元，最近两年营业收入增长率均不低于30%。净利润以扣除非经常性损益前后孰低者为计算依据。

（三）最近一期末净资产不少于2000万元，且不存在未弥补亏损。

（四）发行后股本总额不少于3000万元。

第十一条 发行人的注册资本已足额缴纳，发起人或者股东用作出资的资产的财产权转移手续已办理完毕。发行人的主要资产不存在重大权属纠纷。

第十二条 发行人应当主要经营一种业务，其生产经营活动符合法律、行政法规和公司章程的规定，符合国家产业政策及环境保护政策。

第十三条 发行人最近两年内主营业务和董事、高级管理人员均没有发生重大变化，实际控制人没有发生变更。

第十四条 发行人应当具有持续盈利能力，不存在下列情形：

（一）发行人的经营模式、产品或服务的品种结构已经或者将发生重大变化，并对发行人的持续盈利能力构成重大不利影响；

（二）发行人的行业地位或发行人所处行业的经营环境已经或者将发生重大变化，并对发行人的持续盈利能力构成重大不利影响；

（三）发行人在用的商标、专利、专有技术、特许经营权等重要资产或者技术的取得或者使用存在重大不利变化的风险；

（四）发行人最近一年的营业收入或净利润对关联方或者有重大不确定性的客户存在重大依赖；

（五）发行人最近一年的净利润主要来自合并财务报表范围以外的投资收益；

（六）其他可能对发行人持续盈利能力构成重大不利影响的情形。

第十五条 发行人依法纳税，享受的各项税收优惠符合相关法律法规的规定。发行人的经营成果对税收优惠不存在严重依赖。

第十六条 发行人不存在重大偿债风险，不存在影响持续经营的担保、诉讼以及仲裁等重大或有事项。

第十七条 发行人的股权清晰，控股股东和受控股股东、实际控制人支配的股东所持发行人的股份不存在重大权属纠纷。

第十八条 发行人资产完整，业务及人员、财务、机构独立，具有完整的业务体系和直接面向市场独立经营的能力。与控股股东、实际控制人及其控制的其他企业间不存在同业竞争，以及严重影响公司独立性或者显失公允的关联交易。

第十九条 发行人具有完善的公司治理结构，依法建立健全股东大会、董事会、监事会以及独立董事、董事会秘书、审计委员会制度，相关机构和人员能够依法履行职责。

第二十条 发行人会计基础工作规范，财务报表的编制符合企业会计准则和相关会计制度的规定，在所有重大方面公允地反映了发行人的财务状况、经营成果和现金流量，并由注册会计师出具无保留意见的审计报告。

第二十一条 发行人内部控制制度健全且被有效执行，能够合理保证公司财务报告的可靠性、生产经营的合法性、营运的效率与效果，并由注册会计师出具无保留结论的内部控制鉴证报告。

第二十二条 发行人具有严格的资金管理制度，不存在资金被控股股东、实际控制人及其控制的其他企业以借款、代偿债务、代垫款项或者其他方式占用的情形。

第二十三条 发行人的公司章程已明确对外担保的审批权限和审议程序，不存在为控股股东、实际控制人及其控制的其他企业进行违规担保的情形。

第二十四条 发行人的董事、监事和高级管理人员了解股票发行上市相关法律法规，知悉上市公司及其董事、监事和高级管理人员的法定义务和责任。

第二十五条 发行人的董事、监事和高级管理人员应当忠实、勤勉，具备法律、行政法规和规章规定的资格，且不存在下列情形：

（一）被中国证监会采取证券市场禁入措施尚在禁入期的；

（二）最近三年内受到中国证监会行政处罚，或者最近一年内受到证券交易所公开谴责的；

（三）因涉嫌犯罪被司法机关立案侦查或者涉嫌违法违规被中国证监会立案调查，尚未有明确结论意见的。

第二十六条 发行人及其控股股东、实际控制人最近三年内不存在损害投资者合法权益和社会公共利益的重大违法行为。

发行人及其控股股东、实际控制人最近三年内不存在未经法定机关核准，擅自公开或者变相公开发行证券，或者有关违法行为虽然发生在三年前，但目前仍处于持续状态的情形。

第二十七条 发行人募集资金应当用于主营业务，并有明确的用途。募集资金数额和投资项目应当与发行人现有生产经营规模、财务状况、技术水平和管理能力等相适应。

第二十八条 发行人应当建立募集资金专项存储制度，募集资金应当存放于董事会决定的专项账户。

第三章 发行程序

第二十九条 发行人董事会应当依法就本次股票发行的具体方案、本次募集资金使用的可行性及其他必须明确的事项作出决议，并提请股东大会批准。

第三十条 发行人股东大会应当就本次发行股票作出决议，决议至少应当包括下列事项：

（一）股票的种类和数量；

（二）发行对象；

（三）价格区间或者定价方式；

（四）募集资金用途；

（五）发行前滚存利润的分配方案；

（六）决议的有效期；

（七）对董事会办理本次发行具体事宜的授权；

（八）其他必须明确的事项。

第三十一条 发行人应当按照中国证监会有关规定制作申请文件，由保荐人保荐并向中国证监会申报。

第三十二条 保荐人保荐发行人发行股票并在创业板上市，应当对发行人的成长性进行尽职调查和审慎判断并出具专项意见。发行人为自主创新企业的，还应当在专项意见中说明发行人的自主创新能力。

第三十三条 中国证监会收到申请文件后，在五个工作日内作出是否受理的决定。

第三十四条 中国证监会受理申请文件后，由相关职能部门对发行人的申请文件进行初审，并由创业板发行审核委员会审核。

第三十五条 中国证监会依法对发行人的发行申请作出予以核准或者不予核准的决定，并出具相关文件。

发行人应当自中国证监会核准之日起六个月内发行股票；超过六个月未发行的，核准文件失效，须重新经中国证监会核准后方可发行。

第三十六条 发行申请核准后至股票发行结束前发生重大事项的，发行人应当暂缓或者暂停发行，并及时报告中国证监会，同时履行信息披露义务。出现不符合发行条件事项的，中国证监会撤回核准决定。

第三十七条 股票发行申请未获核准的，发行人可自中国证监会作出不予核准决定之日起六个月后再次提出股票发行申请。

第四章 信息披露

第三十八条 发行人应当按照中国证监会的有关规定编制和披露招股说明书。

第三十九条 中国证监会制定的创业板招股说明书内容与格式准则是信息披露的最低要求。不论准则是否有明确规定，凡是对投资者作出投资决策有重大影响的信息，均应当予以披露。

第四十条 发行人应当在招股说明书显要位置作如下提示："本次股票发行后拟在创业板市场上市，该市场具有较高的投资风险。创业板公司具有业绩不稳定、经营风险高、退市风险大等特点，投资者面临较大的市场风险。投资者应充分了解创业板市场的投资风险及本公司所披露的风险因素，审慎作出投资决定。"

第四十一条 发行人及其全体董事、监事和高级管理人员应当在招股说明书上签名、盖章，保证招股说明书内容真实、准确、完整。保荐人及其保荐代表人应当对招股说明书的真实性、准确性、完整性进行核查，并在核查意见上签名、盖章。

发行人的控股股东、实际控制人应当对招股说明书出具确认意见，并签名、盖章。

第四十二条 招股说明书引用的财务报表在其最近一期截止日后六个月内有效。特别情况下发行人可申请适当延长，但至多不超过一个月。财务报表应当以年度末、半年度末或者季度末为截止日。

第四十三条 招股说明书的有效期为六个月，自中国证监会核准前招股说明书最后一次签署之日起计算。

第四十四条 申请文件受理后、发行审核委员会审核前，发行人应当在中国证监会网站预先披露招股说明书（申报稿）。发行人可在公司网站刊登招股说明书（申报稿），所披露的内容应当一致，且不得早于在中国证监会网站披露的时间。

第四十五条 预先披露的招股说明书（申报稿）不能含有股票发行价格信息。

发行人应当在预先披露的招股说明书（申报稿）的显要位置声明："本公司的发行申请尚未得到中国证监会核准。本招股说明书（申报稿）不具有据以发行股票的法律效力，仅供预先披露之用。投资者应当以正式公告的招股说明书作为投资决定的依据。"

第四十六条 发行人及其全体董事、监事和高级管理人员应当保证预先披露的招股说明书（申报稿）的内容真实、准确、完整。

第四十七条 发行人股票发行前应当在中国证监会指定网站全文刊登招股说明书，同时在中国证监会指定报刊刊登提示性公告，告知投资者网上刊登的地址及获取文件的途径。

发行人应当将招股说明书披露于公司网站，时间不得早于前款规定的刊登时间。

第四十八条 保荐人出具的发行保荐书、证券服务机构出具的文件及其他与发行有关的重要文件应当作为招股说明书备查文件，在中国证监会指定网站和公司网站披露。

第四十九条 发行人应当将招股说明书及备查文件置备于发行人、拟上市证券交易所、保荐人、主承销商和其他承销机构的住所，以备公众查阅。

第五十条 申请文件受理后至发行人发行申请经中国证监会核准、依法刊登招股说明书前，发行人及与本次发行有关的当事人不得以广告、说明会等方式为公开发行股票进行宣传。

第五章 监督管理和法律责任

第五十一条 证券交易所应当建立适合创业板特点的上市、交易、退市等制度，督促保荐人履行持续督导义务，对违反有关法律、法规以及交易所业务规则的行为，采取相应的监管措施。

第五十二条 证券交易所应当建立适合创业板特点的市场风险警示及投资者持续教育的制度，督促发行人建立健全维护投资者权益的制度以及防范和纠正违法违规行为的内部控制体系。

第五十三条 发行人向中国证监会报送的发行申请文件有虚假记载、误导性陈述或者重大遗漏的，发行人不符合发行条件以欺骗手段骗取发行核准的，发行人以不正当手段干扰中国证监会及其发行审核委员会审核工作的，发行人或其董事、监事、高级管理人员、控股股东、实际控制人的签名、盖章系伪造或者变造的，发行人及与本次发行有关的当事人违反本办法规定为公开发行股票进行宣传的，中国证监会将采取终止审核并在 36 个月内不受理发行人的股票发行申请的监管措施，并依照《证券法》的有关规定进行处罚。

第五十四条 保荐人出具有虚假记载、误导性陈述或者重大遗漏的发行保荐书的，保荐人以不正当手段干扰中国证监会及其发行审核委员会审核工作的，保荐人或其相关签名人员的签名、盖章系伪造或变造的，或者不履行其他法定职责的，依照《证券法》和保荐制度的有关规定处理。

第五十五条 证券服务机构未勤勉尽责，所制作、出具的文件有虚假记载、误导性陈述或者重大遗漏的，中国证监会将采取 12 个月内不接受相关机构出具的证券发行专项文件，36 个月内不接受相关签名人员出具的证券发行专项文件的监管措施，并依照《证券法》及其他相关法律、行政法规和规章的规定进行处罚。

第五十六条 发行人、保荐人或证券服务机构制作或者出具文件不符合要求，擅自改动已提交文件的，或者拒绝答复中国证监会审核提出的相关问题的，中国证监会将视情节轻重，对相关机构和责任人员采取监管谈话、责令改正等监管措施，记入诚信档案并公布；情节特别严重的，给予警告。

第五十七条 发行人披露盈利预测的，利润实现数如未达到盈利预测的 80%，除因不可抗力外，其法定代表人、盈利预测审核报告签名注册会计师应当在股东大会及中国证监会指定网站、报刊上公开作出解释并道歉；中国证监会可以对法定代表人处以警告。

利润实现数未达到盈利预测的 50%的，除因不可抗力外，中国证监会在 36 个月内不受理该公司的公开发行证券申请。

第六章 附 则

第五十八条 本办法自 2009 年 5 月 1 日起施行。

证券市场禁入规定

（2006年3月7日中国证券监督管理委员会第173次主席办公会议审议通过，
现予公布，自2006年7月10日起施行）

第一条 为了维护证券市场秩序，保护投资者合法权益和社会公众利益，促进证券市场健康稳定发展，根据《中华人民共和国证券法》等法律、行政法规，制定本规定。

第二条 中国证券监督管理委员会（以下简称“中国证监会”）对违反法律、行政法规或者中国证监会有关规定的有关责任人员采取证券市场禁入措施，以事实为依据，遵循公开、公平、公正的原则。

第三条 下列人员违反法律、行政法规或者中国证监会有关规定，情节严重的，中国证监会可以根据情节严重的程度，采取证券市场禁入措施：

（一）发行人、上市公司的董事、监事、高级管理人员，其他信息披露义务人或者其他信息披露义务人的董事、监事、高级管理人员；

（二）发行人、上市公司的控股股东、实际控制人或者发行人、上市公司控股股东、实际控制人的董事、监事、高级管理人员；

（三）证券公司的董事、监事、高级管理人员及其内设业务部门负责人、分支机构负责人或者其他证券从业人员；

（四）证券公司的控股股东、实际控制人或者证券公司控股股东、实际控制人的董事、监事、高级管理人员；

（五）证券服务机构的董事、监事、高级管理人员等从事证券服务业务的人员和证券服务机构的实际控制人或者证券服务机构实际控制人的董事、监事、高级管理人员；

（六）证券投资基金管理人、证券投资基金托管人的董事、监事、高级管理人员及其内设业务部门、分支机构负责人或者其他证券投资基金从业人员；

（七）中国证监会认定的其他违反法律、行政法规或者中国证监会有关规定的有关责任人员。

第四条 被中国证监会采取证券市场禁入措施的人员，在禁入期间内，除不得继续在原机构从事证券业务或者担任原上市公司董事、监事、高级管理人员职务外，也不得在其他任何机构中从事证券业务或者担任其他上市公司董事、监事、高级管理人员职务。

被采取证券市场禁入措施的人员，应当在收到中国证监会作出的证券市场禁入决定后立即停止从事证券业务或者停止履行上市公司董事、监事、高级管理人员职务，并由其所在机构按规定的程序解除其被禁止担任的职务。

第五条 违反法律、行政法规或者中国证监会有关规定，情节严重的，可以对有关责任人员采取三至五年的证券市场禁入措施；行为恶劣、严重扰乱证券市场秩序、严重损害投资者利益或者在重大违法活动中起主要作用等情节较为严重的，可以对有关责任人员采取五至十年的证券市场禁入措施；有下列情形之一的，可以对有关责任人员采取终身的证券市场禁入措施：

（一）严重违反法律、行政法规或者中国证监会有关规定，构成犯罪的；

（二）违反法律、行政法规或者中国证监会有关规定，行为特别恶劣，严重扰乱证券市场秩序并造成严重社会影响，或者致使投资者利益遭受特别严重损害的；

（三）组织、策划、领导或者实施重大违反法律、行政法规或者中国证监会有关规定的活动的；

（四）其他违反法律、行政法规或者中国证监会有关规定，情节特别严重的。

第六条 违反法律、行政法规或者中国证监会有关规定，情节严重的，可以单独对有关责任人员采取证券市场禁入措施，或者一并依法进行行政处罚；涉嫌犯罪的，依法移送公安机关、人民检察院，并可同时采取证券市场禁入措施。

第七条 有下列情形之一的，可以对有关责任人员从轻、减轻或者免予采取证券市场禁入措施：

（一）主动消除或者减轻违法行为危害后果的；

（二）配合查处违法行为有立功表现的；

（三）受他人指使、胁迫有违法行为，且能主动交代违法行为的；

（四）其他可以从轻、减轻或者免予采取证券市场禁入措施的。

第八条 共同违反法律、行政法规或者中国证监会有关规定，需要采取证券市场禁入措施的，对负次要责任的人员，可以比照应负主要责任的人员，适当从轻、减轻或者免予采取证券市场禁入措施。

第九条 中国证监会采取证券市场禁入措施前，应当告知当事人采取证券市场禁入措施的事实、理由及依据，并告知当事人有陈述、申辩和要求举行听证的权利。

第十条 被采取证券市场禁入措施者因同一违法行为同时被认定有罪或者进行行政处罚的，如果对其所作有罪认定或行政处罚决定被依法撤销或者变更，并因此影响证券市场禁入措施的事实基础或者合法性、适当性的，依法撤销或者变更证券市场禁入措施。

第十一条 被中国证监会采取证券市场禁入措施的人员，中国证监会将通过中国证监会网站或指定媒体向社会公布，并记入被认定为证券市场禁入者的诚信档案。

第十二条 中国证监会依法宣布个人或者单位的直接责任人员为期货市场禁止进入者的，可以参照本规定执行。

第十三条 本规定自 2006 年 7 月 10 日起施行。1997 年 3 月 3 日中国证监会发布施行的《证券市场禁入暂行规定》（证监〔1997〕7 号）同时废止。

证券投资基金销售管理办法

（中国证券监督管理委员会令第 91 号，由中国证券监督管理委员会第 28 次主席办公会议于2013 年 2 月 17 日修订通过，自 2013 年 6 月 1 日起施行）

第一章　总　则

第一条　为了规范公开募集证券投资基金（以下简称基金）的销售活动，促进证券投资基金市场健康发展，根据《证券投资基金法》、《证券法》及其他有关法律法规，制定本办法。

第二条　本办法所称基金销售，包括基金销售机构宣传推介基金，发售基金份额，办理基金份额申购、赎回等活动。

基金销售机构是指基金管理人以及经中国证券监督管理委员会（以下简称中国证监会）及其派出机构注册的其他机构。

其他基金服务机构就其参与基金销售业务的环节适用本办法。其他基金服务机构包括为基金销售机构提供支付结算服务、基金销售结算资金监督、份额登记等与基金销售业务相关服务的机构。

第三条　基金销售机构从事基金销售活动，应当遵守法律法规和中国证监会的规定，不得损害国家利益、社会公共利益和基金投资人的合法权益。

第四条　基金销售机构从事基金销售活动，应当遵守基金合同、基金销售协议的约定，遵循公开、公平、公正的原则，诚实守信，勤勉尽责，恪守职业道德和行为规范。

第五条　基金销售结算资金是基金投资人的交易结算资金，涉及基金销售结算专用账户开立、使用、监督的机构不得将基金销售结算资金归入其自有财产。禁止任何单位或者个人以任何形式挪用基金销售结算资金。相关机构破产或者清算时，基金销售结算资金不属于其破产财产或者清算财产。

基金销售结算资金是指由基金销售机构、基金销售支付结算机构或者基金份额登记机构等基金销售相关机构归集的，在基金投资人结算账户与基金财产托管账户之间划转的基金申购（认购）、赎回、现金分红等资金。

第六条　中国证监会及其派出机构依照法律法规和本办法的规定，对基金销售活动实施监督管理。

第七条　中国证券投资基金业协会（以下简称基金业协会）依据法律法规和自律规则，对基金销售活动进行自律管理，并对基金销售人员进行资格管理。

基金销售机构及基金销售服务机构可以加入基金业协会，接受行业协会的自律管理。

第二章　基金销售机构

第八条　基金管理人可以办理其募集的基金产品的销售业务。商业银行（含在华外资法人银行，下同）、证券公司、期货公司、保险机构、证券投资咨询机构、独立基金销售机构以及中国证监会认定的其他机构从事基金销售业务的，应向工商注册登记所在地的中国证监会派出机构进行注册并取得相应资格。

第九条　商业银行、证券公司、期货公司、保险机构、证券投资咨询机构、独立基金销售机构以及中国证监会认定的其他机构申请注册基金销售业务资格，应当具备下列条件：

（一）具有健全的治理结构、完善的内部控制和风险管理制度，并得到有效执行；

（二）财务状况良好，运作规范稳定；

（三）有与基金销售业务相适应的营业场所、安全防范设施和其他设施；

（四）有安全、高效的办理基金发售、申购和赎回等业务的技术设施，且符合中国证监会对基金销售业务信息管理平台的有关要求，基金销售业务的技术系统已与基金管理人、中国证券登记结算公司相应的技术系统进行了联网测试，测试结果符合国家规定的标准；

（五）制定了完善的资金清算流程，资金管理符合中国证监会对基金销售结算资金管理的有关要求；

（六）有评价基金投资人风险承受能力和基金产品风险等级的方法体系；

（七）制定了完善的业务流程、销售人员执业操守、应急处理措施等基金销售业务管理制度，符合中国证监会对基金销售机构内部控制的有关要求；

（八）有符合法律法规要求的反洗钱内部控制制度；

（九）中国证监会规定的其他条件。

第十条　商业银行申请基金销售业务资格，除具备本办法第九条规定的条件外，还应当具备下列条件：

（一）有专门负责基金销售业务的部门；

（二）资本充足率符合国务院银行业监督管理机构的有关规定；

（三）最近三年内没有受到重大行政处罚或者刑事处罚；

（四）公司负责基金销售业务的部门取得基金从业资格的人员不低于该部门员工人数的1/2，负责基金销售业务的部门管理人员取得基金从业资格，熟悉基金销售业务，并具备从事基金业务两年以上或者在其他金融相关机构五年以上的工作经历；公司主要分支机构基金销售业务负责人均已取得基金从业资格；

（五）国有商业银行、股份制商业银行以及邮政储蓄银行等取得基金从业资格人员不少于30人；城市商业银行、农村商业银行、在华外资法人银行等取得基金从业资格人员不少于20人。

第十一条　证券公司申请基金销售业务资格，除具备本办法第九条规定的条件外，还应当具备下列条件：

（一）有专门负责基金销售业务的部门；

（二）净资本等财务风险监控指标符合中国证监会的有关规定；

（三）最近三年没有挪用客户资产等损害客户利益的行为；

（四）没有因违法违规行为正在被监管机构调查或者正处于整改期间，最近三年没有受到重大行政处罚或者刑事处罚；

（五）没有发生已经影响或者可能影响公司正常运作的重大变更事项，或者诉讼、仲裁等其他重大事项；

（六）公司负责基金销售业务的部门取得基金从业资格的人员不低于该部门员工人数的1/2，负责基金销售业务的部门管理人员取得基金从业资格，熟悉基金销售业务，并具备从事基金业务两年以上或者在其他金融相关机构五年以上的工作经历；公司主要分支机构基金销售业务负责人均已取得基金从业资格；

（七）取得基金从业资格的人员不少于30人。

第十二条 期货公司申请基金销售业务资格，除具备本办法第九条规定的条件外，还应当具备下列条件：

（一）有专门负责基金销售业务的部门；

（二）净资本等财务风险监控指标符合中国证监会的有关规定；

（三）最近三年没有挪用客户保证金等损害客户利益的行为；

（四）没有因违法违规行为正在被监管机构调查或者正处于整改期间，最近三年内没有受到重大行政处罚或者刑事处罚；

（五）没有发生已经影响或者可能影响公司正常运作的重大变更事项，或者诉讼、仲裁等其他重大事项；

（六）公司负责基金销售业务的部门取得基金从业资格的人员不低于该部门员工人数的1/2，负责基金销售业务的部门管理人员取得基金从业资格，熟悉基金销售业务，并具备从事基金业务两年以上或者在其他金融相关机构五年以上的工作经历；公司主要分支机构基金销售业务负责人均已取得基金从业资格；

（七）取得基金从业资格的人员不少于20人。

第十三条 保险机构是指在中华人民共和国境内经中国保险监督管理委员会批准设立的保险公司、保险经纪公司和保险代理公司。

保险公司申请基金销售业务资格，除具备本办法第九条规定的条件外，还应当具备下列条件：

（一）有专门负责基金销售业务的部门；

（二）注册资本不低于五亿元人民币；

（三）偿付能力充足率符合国务院保险业监督管理机构的有关规定；

（四）没有因违法违规行为正在被监管机构调查或者正处于整改期间，最近三年没有受到重大行政处罚或者刑事处罚；

（五）没有发生已经影响或者可能影响公司正常运作的重大变更或者诉讼、仲裁等重大事项；

（六）公司负责基金销售业务的部门取得基金从业资格的人员不低于该部门员工人数的1/2，负责基金销售业务的部门管理人员取得基金从业资格，熟悉基金销售业务，并具备从事基金业务两年以上或者在其他金融相关机构五年以上的工作经历；公司主要分支机构基金销售业务负责人均已取得基金从业资格；

（七）取得基金从业资格的人员不少于30人。

保险经纪公司和保险代理公司申请基金销售业务资格，除具备本办法第九条规定的条件外，还应当具备下列条件：

（一）有专门负责基金销售业务的部门；

（二）注册资本不低于5000万元人民币，且必须为实缴货币资本；

（三）公司负责基金销售业务的高级管理人员已取得基金从业资格，熟悉基金销售业务，并具备从事基金业务两年以上或者在其他金融相关机构五年以上的工作经历；

（四）没有因违法违规行为正在被监管机构调查或者正处于整改期间，最近三年内没有受到重大行政处罚或者刑事处罚；

（五）没有发生已经影响或者可能影响公司正常运作的重大变更或者诉讼、仲裁等重大事项；

（六）公司负责基金销售业务的部门取得基金从业资格的人员不低于该部门员工人数的 1/2，负责基金销售业务的部门管理人员取得基金从业资格，熟悉基金销售业务，并具备从事基金业务两年以上或者在其他金融相关机构五年以上的工作经历；公司主要分支机构基金销售业务负责人均已取得基金从业资格；

（七）取得基金从业资格的人员不少于十人。

第十四条　证券投资咨询机构申请基金销售业务资格，除具备本办法第九条规定的条件外，还应当具备下列条件：

（一）有专门负责基金销售业务的部门；

（二）注册资本不低于 2000 万元人民币，且必须为实缴货币资本；

（三）公司负责基金销售业务的高级管理人员已取得基金从业资格，熟悉基金销售业务，并具备从事基金业务两年以上或者在其他金融相关机构五年以上的工作经历；

（四）持续从事证券投资咨询业务三个以上完整会计年度；

（五）最近三年没有代理投资人从事证券买卖的行为；

（六）没有因违法违规行为正在被监管机构调查，或者正处于整改期间；最近三年没有受到重大行政处罚或者刑事处罚；

（七）没有发生已经影响或者可能影响公司正常运作的重大变更事项，或者诉讼、仲裁等其他重大事项；

（八）公司负责基金销售业务的部门取得基金从业资格的人员不低于该部门员工人数的 1/2，负责基金销售业务的部门管理人员取得基金从业资格，熟悉基金销售业务，并具备从事基金业务两年以上或者其他金融相关机构五年以上的工作经历；公司主要分支机构基金销售业务负责人均已取得基金从业资格；

（九）取得基金从业资格的人员不少于十人。

第十五条　独立基金销售机构可以专业从事基金及其他金融理财产品销售，其申请基金销售业务资格，除具备本办法第九条规定的条件外，还应当具备下列条件：

（一）为依法设立的有限责任公司、合伙企业或者符合中国证监会规定的其他形式；

（二）有符合规定的经营范围；

（三）注册资本或者出资不低于 2000 万元人民币，且必须为实缴货币资本；

（四）有限责任公司股东或者合伙企业合伙人符合本办法规定；

（五）没有发生已经影响或者可能影响机构正常运作的重大变更事项，或者诉讼、仲裁等其他重大事项；

（六）高级管理人员已取得基金从业资格，熟悉基金销售业务，并具备从事基金业务两年以上或者在其他金融相关机构五年以上的工作经历；

（七）取得基金从业资格的人员不少于十人。

第十六条　独立基金销售机构以有限责任公司形式设立的，其股东可以是企业法人或者自然人。

企业法人参股独立基金销售机构，应当具备以下条件：

（一）持续经营三个以上完整会计年度，财务状况良好，运作规范稳定；

（二）最近三年没有受到刑事处罚；

（三）最近三年没有受到金融监管、行业监管、工商、税务等行政管理部门的行政处罚；

（四）最近三年在自律管理、商业银行等机构无不良记录；

（五）没有因违法违规行为正在被监管机构调查或者正处于整改期间。

自然人参股独立基金销售机构，应当具备以下条件：

（一）有从事证券、基金或者其他金融业务十年以上或者证券、基金业务部门管理五年以上或者担任证券、基金行业高级管理人员三年以上的工作经历；

（二）最近三年没有受到刑事处罚；

（三）最近三年没有受到金融监管、行业监管、工商、税务等行政管理部门的行政处罚；

（四）在自律管理、商业银行等机构无不良记录；

（五）无到期未清偿的数额较大的债务；

（六）最近三年无其他重大不良诚信记录。

第十七条　独立基金销售机构以合伙企业形式设立的，其合伙人应当具备以下条件：

（一）有从事证券、基金或者其他金融业务十年以上或者证券、基金业务部门管理五年以上或者担任证券、基金行业高级管理人员三年以上的工作经历；

（二）最近三年没有受到刑事处罚；

（三）最近三年没有受到金融监管、工商、税务等行政管理部门的行政处罚；

（四）在自律管理、商业银行等机构无不良记录；

（五）无到期未清偿的数额较大的债务；

（六）最近三年无其他重大不良诚信记录。

第十八条　申请基金销售业务资格的机构，应当按照中国证监会的规定提交申请材料。

申请期间申请材料涉及的事项发生重大变化的，申请人应当自变化发生之日起五个工作日内向工商注册登记所在地的中国证监会派出机构提交更新材料。

第十九条　中国证监会派出机构依照《行政许可法》的规定，受理基金销售业务资格的注册申请，并进行审查，作出注册或不予注册的决定。

第二十条　依法必须办理工商变更登记的，申请人应当在收到批准文件后按照有关规定向工商行政管理机关办理变更登记手续。

第二十一条　独立基金销售机构申请设立分支机构的，应当具备下列条件：

（一）内部控制完善，经营稳定，有较强的持续经营能力，能有效控制分支机构风险；

（二）最近一年没有受到行政处罚或者刑事处罚；

（三）没有因违法违规行为正在被监管机构调查，或者正处于整改期间；

（四）拟设立的分支机构有符合规定的办公场所、业务人员、安全防范设施和与业务有关的其他设施；

（五）拟设立的分支机构有明确的职责和完善的管理制度；

（六）拟设立的分支机构取得基金从业资格的人员不少于两人；

（七）中国证监会规定的其他条件。

独立基金销售机构申请基金销售业务资格时已经设立的分支机构，应当符合上述条件。

第二十二条　独立基金销售机构设立分支机构，变更经营范围、注册资本或者出资、股东或者合伙人、高级管理人员的，应当在变更前将变更方案报工商注册登记所在地中国证监会派出机构备案。独立基金销售机构经营期间取得基金从业资格的人员少于十人或者分支机构经营期间取得基金从业资格的人员少于两人的，应当于五个工作日内向工商注册登记所在地中国证监会派出机构报告，并于30个工作日内将人员调整至规定要求。

独立基金销售机构按照前款规定备案后，中国证监会派出机构根据本办法第十五条、第十六条、第十七条、第十八条的规定进行持续动态监管。对于不符合基金销售机构资质条件的机构责令限期改正，逾期未予改正的，取消基金销售业务资格。

第二十三条　取得基金销售业务资格的基金销售机构，应当将机构基本信息报中国证监会备案，并予以定期更新。

第二十四条　基金销售机构合并分立，基金销售业务资格按下述原则管理：

（一）基金销售机构新设合并的，新公司应当根据本办法的规定向工商注册登记所在地的中国证监会派出机构进行注册，在新公司未完成注册前，合并方基金销售业务资格部分终止，新公司六个月内仍未完成注册的，合并方基金销售业务资格终止；

（二）基金销售机构吸收合并且存续方不具备基金销售业务资格的，存续方应当根据本办法的规定向工商注册登记所在地的中国证监会派出机构进行注册，在存续方完成注册前，被合并方基金销售业务部分终止，存续方六个月内仍未完成注册的，被合并方基金销售业务资格终止；

（三）基金销售机构吸收合并且被合并方不具备基金销售业务资格的，基金销售机构应当在被合并方分支机构（网点）符合基金销售规范要求后，按本办法第二十二条、第二十三条的要求备案，同时按照基金销售信息管理平台的相关要求将系统整合报告报中国证监会备案；

（四）基金销售机构吸收合并，合并方和被合并方均具备基金销售业务资格的，合并方应当按照基金销售信息管理平台的相关要求将系统整合报告报中国证监会备案；

（五）基金销售机构分立的，新公司应当根据本办法的规定向工商注册登记所在地的中国证监会派出机构进行注册。

基金销售业务资格部分终止的，基金销售机构可以办理销户、赎回、转托管转出等业务，不得办理开户、认购、申购等业务。

第三章　基金销售支付结算

第二十五条　基金销售机构可以选择商业银行或者支付机构从事基金销售支付结算业务。基金销售支付结算机构应当确保基金销售结算资金安全、及时、高效的划付。

第二十六条　基金销售机构应当选择具备下列条件的商业银行或者支付机构从事基金销售支付结算业务

（一）有安全、高效的办理支付结算业务的信息系统。该信息系统应当具有合法的知识产权，且与合作机构及监管机构完成联网测试，测试结果符合国家规定标准；

（二）制订了有效的风险控制制度；

（三）中国证监会规定的其他条件。

第二十七条　从事基金销售支付结算业务的商业银行除应当具备本办法第二十六条规定的条件外，还应当具有基金销售业务资格。

商业银行为基金销售机构提供支付结算服务的，应当根据商业银行从事支付结算服务的价格收取相关费用。商业银行收取超出支付结算服务费用的，应当与基金销售机构签订销售协议，并提供基金销售相关服务，履行基金销售相关责任。

第二十八条　从事基金销售支付结算业务的支付机构除应当具备本办法第二十六条规定的条件外，还应当取得中国人民银行颁发的《支付业务许可证》，且公司基金销售支付结算业务账户应当与公司其他业务账户有效隔离。

第二十九条　基金销售机构、基金销售支付结算机构、基金份额登记机构可以在具备基金销售业务资格的商业银行或者从事客户交易结算资金存管的指定商业银行开立基金销售结算专用账户。

基金销售机构、基金销售支付结算机构、基金份额登记机构开立基金销售结算专用账户时，应当就账户性质、账户功能、账户使用的具体内容、监督方式、账户异常处理等事项以监督协议的形式与基金销售结算资金监督机构做出约定。

基金销售结算专用账户是指基金销售机构、基金销售支付结算机构或者基金份额登记机构用于归集、暂存、划转基金销售结算资金的专用账户。

基金销售结算资金监督机构是指在基金销售结算资金流转过程中，对基金销售相关机构开立、使用销售账户的行为和基金销售结算资金划转流程承担监督职责的商业银行或者中国证券登记结算有限责任公司。

第三十条　基金销售结算专用账户的启用、变更和撤销应当按照规定向中国证监会及账户开立人所在地中国证监会派出机构备案。

第三十一条　基金销售机构应当以基金投资人的结算账户作为其申购资金的银行账户。

第四章　基金宣传推介材料

第三十二条　本办法所称基金宣传推介材料，是指为推介基金向公众分发或者公布，使公众可以普遍获得的书面、电子或者其他介质的信息，包括：

（一）公开出版资料；

（二）宣传单、手册、信函、传真、非指定信息披露媒体上刊发的与基金销售相关的公告等面向公众的宣传资料；

（三）海报、户外广告；

（四）电视、电影、广播、互联网资料、公共网站链接广告、短信及其他音像、通信资料；

（五）中国证监会规定的其他材料。

第三十三条　基金管理人的基金宣传推介材料，应当事先经基金管理人负责基金销售业务的高级管理人员和督察长检查，出具合规意见书，并自向公众分发或者发布之日起五个工作日内报主要经营活动所在地中国证监会派出机构备案。

其他基金销售机构的基金宣传推介材料，应当事先经基金销售机构负责基金销售业务和合规的高级管理人员检查，出具合规意见书，并自向公众分发或者发布之日起五个工作日内报工商注册登记所在地中国证监会派出机构机构备案。

第三十四条　制作基金宣传推介材料的基金销售机构应当对其内容负责，保证其内容的合规性，并确保向公众分发、公布的材料与备案的材料一致。

第三十五条　基金宣传推介材料必须真实、准确，与基金合同、基金招募说明书相符，不得有下列情形：

（一）虚假记载、误导性陈述或者重大遗漏；

（二）预测基金的证券投资业绩；

（三）违规承诺收益或者承担损失；

（四）诋毁其他基金管理人、基金托管人或者基金销售机构，或者其他基金管理人募集或者管理的基金；

（五）夸大或者片面宣传基金，违规使用安全、保证、承诺、保险、避险、有保障、高收益、无风险等可能使投资人认为没有风险的或者片面强调集中营销时间限制的表述；

（六）登载单位或者个人的推荐性文字；

（七）中国证监会规定的其他情形。

第三十六条　基金宣传推介材料可以登载该基金、基金管理人管理的其他基金的过往业绩，但基金合同生效不足六个月的除外。

基金宣传推介材料登载过往业绩的，应当符合以下要求：

（一）基金合同生效六个月以上但不满一年的，应当登载从合同生效之日起计算的业绩；

（二）基金合同生效一年以上但不满十年的，应当登载自合同生效当年开始所有完整会计年度的业绩，宣传推介材料公布日在下半年的，还应当登载当年上半年度的业绩；

（三）基金合同生效十年以上的，应当登载最近十个完整会计年度的业绩；

（四）业绩登载期间基金合同中投资目标、投资范围和投资策略发生改变的，应当予以特别说明。

第三十七条　基金宣传推介材料登载该基金、基金管理人管理的其他基金的过往业绩，应当遵守下列规定：

（一）按照有关法律法规的规定或者行业公认的准则计算基金的业绩表现数据；

（二）引用的统计数据和资料应当真实、准确，并注明出处，不得引用未经核实、尚未发生或者模拟的数据；对于推介定期定额投资业务等需要模拟历史业绩的，应当采用我国证券市场或者境外成熟证券市场具有代表性的指数，对其过往足够长时间的实际收益率进行模拟，同时注明相应的复合年平均收益率；此外，还应当说明模拟数据的来源、模拟方法及主要计算公式，并进行相应的风险提示；

（三）真实、准确、合理地表述基金业绩和基金管理人的管理水平。

基金业绩表现数据应当经基金托管人复核或者摘取自基金定期报告。

第三十八条　基金宣传推介材料登载基金过往业绩的，应当特别声明，基金的过往业绩并不预示其未来表现，基金管理人管理的其他基金的业绩并不构成基金业绩表现的保证。

第三十九条　基金宣传推介材料对不同基金的业绩进行比较的，应当使用可比的数据来源、统计方法和比较期间，并且有关数据来源、统计方法应当公平、准确，具有关联性。

第四十条　基金宣传推介材料附有统计图表的，应当清晰、准确。

第四十一条　基金宣传推介材料提及基金评价机构评价结果的，应当符合中国证监会关于基金评价结果引用的相关规范，并应当列明基金评价机构的名称及评价日期。

第四十二条　基金宣传推介材料登载基金管理人股东背景时，应当特别声明基金管理人与股东之间实行业务隔离制度，股东并不直接参与基金财产的投资运作。

第四十三条　基金宣传推介材料中推介货币市场基金的，应当提示基金投资人，购买货币市场基金并不等于将资金作为存款存放在银行或者存款类金融机构，基金管理人不保证基金一定盈利，也不保证最低收益。

第四十四条　基金宣传材料中推介保本基金的，应当充分揭示保本基金的风险，说明投资者投资于保本基金并不等于将资金作为存款存放在银行或者存款类金融机构，并说明保本基金在极端情况下仍然存在本金损失的风险。

保本基金在保本期间开放申购的，应当在相关业务公告以及宣传推介材料中说明开放申购期间，投资者的申购金额是否保本。

第四十五条　基金宣传推介材料应当含有明确、醒目的风险提示和警示性文字，以提醒投资人注意投资风险，仔细阅读基金合同和基金招募说明书，了解基金的具体情况。

有足够平面空间的基金宣传推介材料应当在材料中加入具有符合规定的必备内容的风险提示函。

电视、电影、互联网资料、公共网站链接形式的宣传推介材料应当包括为时至少5秒钟的影像显示，提示投资人注意风险并参考该基金的销售文件。电台广播应当以旁白形式表达上述内容。

第四十六条　基金宣传推介材料含有基金获中国证监会核准内容的，应当特别声明中国证监会的核准并不代表中国证监会对该基金的风险和收益做出实质性判断、推荐或者保证。

第五章　基金销售费用

第四十七条　基金管理人应当在基金合同、招募说明书或者公告中载明收取销售费用的项目、条件和方式，在招募说明书或者公告中载明费率标准及费用计算方法。

第四十八条　基金销售机构办理基金销售业务，可以按照基金合同和招募说明书的约定向投资人收取认购费、申购费、赎回费、转换费和销售服务费等费用。基金销售机构收取基金销售费用的，应当符合中国证监会关于基金销售费用的有关规定。

第四十九条　基金销售机构为基金投资人提供增值服务的，可以向基金投资人收取增值服务费。增值服务是指基金销售机构在销售基金产品的过程中，在确保遵守基金和相关产品销售适用性原则的基础上，向投资人提供的除法定或者基金合同、招募说明书约定服务以外的附加服务。

第五十条　基金销售机构收取增值服务费的，应当符合下列要求：

（一）遵循合理、公开、质价相符的定价原则；

（二）所有开办增值服务的营业网点应当公示增值服务的内容；

（三）统一印制服务协议，明确增值服务的内容、方式、收费标准、期限及纠纷解决机制等；

（四）基金投资人应当享有自主选择增值服务的权利，选择接受增值服务的基金投资人应当在服务协议上签字确认；

（五）增值服务费应当单独缴纳，不应从申购（认购）资金中扣除；

（六）提供增值服务和签订服务协议的主体应当是基金销售机构，任何销售人员不得私自收取增值服务费；

（七）相关监管机构规定的其他情形。

基金销售机构提供增值服务并以此向投资人收取增值服务费的，应当将统一印制的服务协议向中国证监会备案。

第五十一条　基金管理人与基金销售机构可以在基金销售协议中约定依据基金销售机构销售基金的保有量提取一定比例的客户维护费，用以向基金销售机构支付客户服务及销售活动中产生的相关费用。基金销售机构收取客户维护费的，应当符合中国证监会关于基金销售费用的有关规定。

第五十二条　基金管理人与基金销售机构应当在基金销售协议或者其补充协议中约定，双方在申购（认购）费、赎回费、销售服务费等销售费用的分成比例，并据此就各自实际取得的销售费用确认基金销售收入，如实核算、记账，依法纳税。

第五十三条　基金业协会可以在自律规则中规定基金销售费用的最低标准。

第六章　销售业务规范

第五十四条　办理基金销售业务或者办理基金销售相关业务，并向基金销售机构收取以基金交易（含开户）为基础的相关佣金的机构应当向中国证监会派出机构进行注册或者经中国证监会认定。

未经注册并取得基金销售业务资格或者未经中国证监会认定的机构，不得办理基金的销售或者相关业务。任何个人不得以个人名义办理基金的销售或者相关业务。

第五十五条　基金销售机构应当建立健全并有效执行基金销售业务制度，加强对基金销售业务合规运作的检查和监督，确保基金销售业务的执行符合中国证监会对基金销售机构内部控制的有关要求。

第五十六条　基金销售机构应当确保基金销售信息管理平台安全、高效运行，且符合中国证监会对基金销售业务信息管理平台的有关要求。

第五十七条　未经基金销售机构聘任，任何人员不得从事基金销售活动，中国证监会另有规定的除外。

宣传推介基金的人员、基金销售信息管理平台系统运营维护人员等从事基金销售业务的人员应当取得基金销售业务资格。基金销售机构应当建立健全并有效执行基金销售人员的持续培训制度，加强对基金销售人员行为规范的检查和监督。

第五十八条　基金销售机构应当建立完善的基金份额持有人账户和资金账户管理制度，以及基金份额持有人资金的存取程序和授权审批制度。

第五十九条 基金销售机构在销售基金和相关产品的过程中，应当坚持投资人利益优先原则，注重根据投资人的风险承受能力销售不同风险等级的产品，把合适的产品销售给合适的基金投资人。

第六十条 基金销售机构应当建立基金销售适用性管理制度，至少包括以下内容：

（一）对基金管理人进行审慎调查的方式和方法；

（二）对基金产品的风险等级进行设置、对基金产品进行风险评价的方式和方法；

（三）对基金投资人风险承受能力进行调查和评价的方式和方法；

（四）对基金产品和基金投资人进行匹配的方法。

第六十一条 基金销售机构所使用的基金产品风险评价方法及其说明应当向基金投资人公开。

第六十二条 基金管理人在选择基金销售机构时应当对基金销售机构进行审慎调查，基金销售机构选择销售基金产品应当对基金管理人进行审慎调查。

第六十三条 基金销售机构应当加强投资者教育，引导投资者充分认识基金产品的风险特征，保障投资者合法权益。

第六十四条 基金销售机构办理基金销售业务时应当根据反洗钱法规相关要求识别客户身份，核对客户的有效身份证件，登记客户身份基本信息，确保基金账户持有人名称与身份证明文件中记载的名称一致，并留存有效身份证件的复印件或者影印件。

基金销售机构销售基金产品时委托其他机构进行客户身份识别的，应当通过合同、协议或者其他书面文件，明确双方在客户身份识别、客户身份资料和交易记录保存与信息交换、大额交易和可疑交易报告等方面的反洗钱职责和程序。

第六十五条 基金销售机构应当建立健全档案管理制度，妥善保管基金份额持有人的开户资料和与销售业务有关的其他资料。客户身份资料自业务关系结束当年计起至少保存 15 年，与销售业务有关的其他资料自业务发生当年计起至少保存 15 年。

第六十六条 基金销售机构办理基金的销售业务，应当由基金销售机构与基金管理人签订书面销售协议，明确双方的权利义务，并至少包括以下内容：

（一）销售费用分配的比例和方式；

（二）基金持有人联系方式等客户资料的保存方式；

（三）对基金持有人的持续服务责任；

（四）反洗钱义务履行及责任划分；

（五）基金销售信息交换及资金交收权利义务。

未经签订书面销售协议，基金销售机构不得办理基金的销售。

第六十七条 基金销售机构应当将基金销售业务资格的证明文件置备于基金销售网点的显著位置或者在其网站予以公示。

第六十八条 基金募集申请在完成向中国证监会注册前，基金销售机构不得办理基金销售业务，不得向公众分发、公布基金宣传推介材料或者发售基金份额。

第六十九条 基金销售机构选择合作的基金销售相关机构应当符合监管部门的资质要求，并建立完善的合作基金销售相关机构选择标准和业务流程，充分评估相关风险，明确双方的权利义务。

第七十条 基金份额登记机构是指办理基金份额的登记过户、存管和结算等业务的机构。基金份额登记机构可办理投资人基金账户的建立和管理、基金份额注册登记、基金销售业务的确认、清算和结算、代理发放红利、建立并保管基金份额持有人名册等业务。

第七十一条 基金份额登记机构应当确保基金份额的登记过户、存管和结算业务处理安全、准确、及时、高效。主要职责包括：

（一）建立并管理投资人基金份额账户；

（二）负责基金份额的登记；

（三）基金交易确认；

（四）代理发放红利；

（五）建立并保管基金份额持有人名册；

（六）登记代理协议规定的其他职责。

第七十二条　基金管理人变更基金份额登记机构的，应当在变更前将变更方案报中国证监会备案。

第七十三条　基金销售机构、基金份额登记机构应当通过中国证监会指定的技术平台进行数据交换，并完成基金注册登记数据在中国证监会指定机构的集中备份存储。数据交换应当符合中国证监会的有关规范。

第七十四条　开放式基金合同生效后，基金销售机构应当按照法律、行政法规、中国证监会的规定和基金合同、销售协议的约定，办理基金份额的申购、赎回，不得擅自停止办理基金份额的发售或者拒绝接受投资人的申购、赎回申请。基金管理人暂停或者开放申购、赎回等业务的，应当在公告中说明具体原因和依据。

第七十五条　基金销售机构不得在基金合同约定之外的日期或者时间办理基金份额的申购、赎回或者转换。

投资人在基金合同约定之外的日期和时间提出申购、赎回或者转换申请的，作为下一个交易日交易处理，其基金份额申购、赎回价格为下次办理基金份额申购、赎回时间所在开放日的价格。

第七十六条　投资人申购基金份额时，必须全额交付申购款项，但中国证监会规定的特殊基金品种除外；投资人按规定提交申购申请并全额交付款项的，申购申请即为成立；申购申请是否生效以基金份额登记机构确认为准。

第七十七条　基金销售机构应当提供有效途径供基金投资人查询基金合同、招募说明书等基金销售文件。

第七十八条　基金销售机构应当按照基金合同、招募说明书和基金销售服务协议的约定向投资人收取销售费用，并如实核算、记账；未经基金合同、招募说明书、基金销售服务协议约定，不得向投资人收取额外费用；未经招募说明书载明并公告，不得对不同投资人适用不同费率。

第七十九条　基金销售机构及基金销售相关机构应当依法为投资人保守秘密。

第八十条　基金销售机构和基金销售相关机构通过互联网开展基金销售活动的，应当报相关部门进行网络内容服务商备案，其信息系统应当符合中国证监会基金销售业务信息管理平台的有关要求，并在向投资人开通前将基金销售网站地址报中国证监会备案。

第八十一条　基金销售机构公开发售以基金为投资标的的理财产品等活动的管理规定，由中国证监会另行规定。

第八十二条　基金销售机构从事基金销售活动，不得有下列情形：

（一）以排挤竞争对手为目的，压低基金的收费水平；

（二）采取抽奖、回扣或者送实物、保险、基金份额等方式销售基金；

（三）以低于成本的销售费用销售基金；

（四）承诺利用基金资产进行利益输送；

（五）进行预约认购或者预约申购（基金定期定额投资业务除外），未按规定公告擅自变更基金的发售日期；

（六）挪用基金销售结算资金；

（七）本办法第三十五条规定的情形；

（八）中国证监会规定禁止的其他情形。

第七章　监督管理和法律责任

第八十三条　基金管理人应当自与基金销售机构签订销售协议之日起七日内，将销售协议报送其主要经营活动所在地中国证监会派出机构。

第八十四条　基金销售机构应当建立相关人员的离任审计或者离任审查制度。独立基金销售机构的董事长、总经理离任或者执行事务合伙人退伙的，应当根据中国证监会的规定进行审计。独立基金销售机构的其他高级管理人员，保险经纪公司、保险代理公司和证券投资咨询机构负责基金销售业务的高级管理人员，其他基金销售机构负责基金销售业务的部门负责人离任的，应当根据中国证监会的规定进行审查。

第八十五条　基金销售机构负责基金销售业务的监察稽核人员应当及时检查基金销售业务的合法合规情况，并于年度结束一个季度内完成上年度监察稽核报告，予以存档备查。

第八十六条　基金销售机构应当根据中国证监会的要求履行信息报送义务。中国证监会及其派出机构对基金销售机构从事基金销售活动的情况进行定期或者不定期检查，基金销售机构应当予以配合。

第八十七条　基金销售机构违反本办法规定的，中国证监会及其派出机构可以责令改正，出具警示函暂停办理相关业务；对直接负责的主管人员和其他直接责任人员，可以采取监管谈话、出具警示函、暂停履行职务、认定为不适宜担任相关职务者等行政监管措施。

第八十八条　商业银行、证券公司、期货公司、保险机构、证券投资咨询机构、独立基金销售机构，以及中国证监会认定的其他机构进行基金销售业务资格注册时，隐瞒有关情况或者提供虚假材料的，中国证监会派出机构不予接受；已经接受的，不予注册，并处以警告。

第八十九条　基金销售机构从事基金销售活动，存在下列情形之一的，将依据《证券投资基金法》对相关机构和人员进行处罚。

未经中国证监会注册或认定，擅自从事基金销售业务的；

未向投资人充分揭示投资风险并误导其购买与其风险承担能力不相当的基金产品；

挪用基金销售结算资金或者基金份额的；

未建立应急等风险管理制度和灾难备份系统，或者泄露与基金份额持有人、基金投资运作相关的非公开信息的。

基金销售机构存在上述情形，情节严重的，责令暂停或者终止基金销售业务；构成犯罪的，依法移送司法机构，追究刑事责任。

第九十条　基金销售机构从事基金销售活动，有下列情形之一的，责令改正，单处或者并处警告、三万元以下罚款；对直接负责的主管人员和其他直接责任人员，单处或者并处警告、三万元以下罚款：

（一）基金销售机构与未取得基金销售业务资格或经中国证监会资质认定的机构或者个人合作，开办基金销售业务的；

（二）未按照本办法第二十九条的规定开立与基金销售有关的账户；

（三）未按照本办法第三十四条的规定使用基金宣传推介材料；

（四）违反本办法第五十七条的规定，允许未经聘任的人员销售基金或者未经中国证监会认可的人员宣传推介基金；

（五）未按照本办法第六十六条的规定签订书面销售协议；

（六）违反本办法第六十八条的规定，擅自向公众分发、公布基金宣传推介材料；

（七）违反本办法第七十四条的规定，擅自停止办理基金份额发售或者拒绝投资人的申购、赎回；

（八）违反本办法第七十五条的规定，确定基金份额申购、赎回价格；

（九）未按照本办法第七十八条的规定收取销售费用并核算、记账；

（十）从事本办法第八十二条规定禁止的行为；

（十一）未按照本办法第八十五条的规定进行自查，并编制监察稽核报告；

（十二）未按照本办法第八十六条的规定履行信息报送义务或者配合中国证监会及其派出机构进行监督检查。

基金销售机构存在上述情形，情节严重的，责令暂停或者终止基金销售业务；构成犯罪的，依法移送司法机构，追究刑事责任。

第九十一条　基金销售机构获得基金销售业务资格后一年内未开展基金销售业务，将终止基金销售业务资格。

第九十二条　基金销售机构被责令暂停基金销售业务的，暂停期间不得从事下列活动：

（一）签订新的销售协议；

（二）宣传推介基金；

（三）发售基金份额；

（四）办理基金份额申购。

基金销售机构被责令终止基金销售业务的，应当停止基金销售活动。

基金销售机构被责令暂停或者终止基金销售业务的，基金管理人应当配合中国证监会指定的中介机构妥善处理有关投资人基金份额的申购、赎回、转托管等业务，并可按照销售协议的约定，依法要求销售机构赔偿有关损失。

第九十三条　基金销售支付结算机构从事基金销售支付结算活动，存在下列情形之一的，将依据《证券投资基金法》对相关机构和人员进行处罚。

（一）未经中国证监会认可，擅自开办基金销售支付结算业务的；

（二）未按照规定划付基金销售结算资金的；

（三）挪用基金销售结算资金或者基金份额的；

（四）未建立应急等风险管理制度和灾难备份系统，或者泄露与基金份额持有人、基金投资运作相关的非公开信息的。

基金销售支付结算机构存在上述情形，情节严重的，责令暂停或者终止基金销售支付结算业务；构成犯罪的，依法移送司法机构，追究刑事责任。

第九十四条　基金销售支付结算机构被暂停或者终止基金销售支付结算业务的，基金销售机构和监督机构应当配合中国证监会指定的中介机构妥善处理有关投资人基金份额的申购、赎回、转托管等业务，并可按相关协议的约定，依法追偿有关损失。

第八章　附　则

第九十五条　本办法自 2013 年 6 月 1 日起施行。2011 年 6 月 9 日发布的《证券投资基金销售管理办法》（证监会令第 72 号）同时废止。

资产管理机构开展公募证券投资基金管理业务暂行规定

（证监会公告〔2013〕10号）

第一条 为了规范符合条件的资产管理机构开展公开募集证券投资基金（以下简称基金）管理业务，维护基金份额持有人合法权益，促进基金行业和资本市场持续健康发展，根据《证券法》、《保险法》、《证券投资基金法》等法律法规，制定本规定。

第二条 本规定所称资产管理机构是指在中国境内依法设立的证券公司、保险资产管理公司以及专门从事非公开募集证券投资基金管理业务的资产管理机构（以下简称私募证券基金管理机构）。

第三条 资产管理机构向中国证券监督管理委员会（以下简称中国证监会）申请开展基金管理业务，中国证监会依法核准其业务资格。

第四条 中国证监会及其派出机构依法对资产管理机构从事基金管理业务活动进行监督管理。

中国证券投资基金业协会（以下简称基金业协会）对资产管理机构从事基金管理业务活动实行自律管理。

第五条 申请开展基金管理业务的资产管理机构，应当符合下列条件：

（一）具有三年以上证券资产管理经验，最近三年管理的证券类产品业绩良好；

（二）公司治理完善，内部控制健全，风险管理有效；

（三）最近三年经营状况良好，财务稳健；

（四）诚信合规，最近三年在监管部门无重大违法违规记录，没有因违法违规行为正在被监管部门调查，或者正处于整改期间；

（五）为基金业协会会员；

（六）中国证监会规定的其他条件。

第六条 证券公司申请开展基金管理业务，除符合第五条规定外，还应当符合下列条件：

（一）资产管理总规模不低于200亿元或者集合资产管理业务规模不低于20亿元；

（二）最近12个月各项风险控制指标持续符合规定标准。

第七条 保险资产管理公司申请开展基金管理业务，除符合第五条规定外，还应当符合下列条件：

（一）管理资产规模不低于200亿元；

（二）最近一个季度末净资产不低于五亿元。

第八条 私募证券基金管理机构申请开展基金管理业务，除符合第五条规定外，还应当符合下列条件：

（一）实缴资本或者实际缴付出资不低于1000万元；

（二）最近三年证券资产管理规模年均不低于20亿元。

第九条 资产管理机构申请开展基金管理业务，应当向中国证监会提交申请材料，中国证监会依法对资产管理机构的申请进行审核。取得基金管理业务资格的，向其核发《基金管理资格证书》。

第十条 资产管理机构开展基金管理业务，应当遵守法律、行政法规、中国证监会的规定，恪守诚信，审慎勤勉，忠实尽责，为基金份额持有人的利益管理和运用基金财产。

第十一条 资产管理机构开展基金管理业务，应当设立专门的基金业务部门，建立独立的基金投资决策流程及相关防火墙制度，有效防范利益输送和利益冲突。

资产管理机构开展基金管理业务，应当有符合要求的信息系统和安全防范设施或者有完善的信息系统、业务外包方案。资产管理机构可以为开展基金管理业务提供研究、风险控制、监察稽核、人力资源管理、信息技术和运营服务等方面的支持。

第十二条 资产管理机构应当建立公平交易和关联交易管理制度，完善公平交易和异常交易监控机制，公平对待管理的不同资产，防范内幕交易。

第十三条 资产管理机构开展基金管理业务，应当有符合法律法规规定的高级管理人员，从事投资、研究业务并取得基金从业资格的专业人员不少于十人。

高级管理人员及其他从业人员应当遵守法律法规，恪守职业道德和行为规范，履行诚实守信、谨慎勤勉的义务，不得从事损害基金份额持有人利益的活动。

第十四条 中国证监会依照法律法规对资产管理机构开展基金管理业务情况进行非现场检查和现场检查。

第十五条 资产管理机构开展基金管理业务违反相关法律法规以及中国证监会规定的，中国证监会依法对资产管理机构及其直接负责的主管人员和其他直接责任人员采取行政监管措施。依法应予行政处罚的，依照有关规定进行行政处罚；涉嫌犯罪的，依法移送司法机关，追究刑事责任。

第十六条 证券公司通过其控股的资产管理子公司开展基金管理业务的，比照本规定执行。

股权投资管理机构、创业投资管理机构等其他资产管理机构符合本规定第五条、第八条规定条件，申请开展基金管理业务的，比照本规定执行。

第十七条 资产管理机构开展基金管理业务，本规定没有规定的，适用《证券投资基金法》及相关法律法规和中国证监会的规定。

第十八条 本规定自 2013 年 6 月 1 日起施行。

上市公司非公开发行股票实施细则

（2011 年 4 月 27 日中国证券监督管理委员会第 294 次主席办公会议审议通过，
自 2011 年 9 月 1 日起实施）

第一章　总　则

第一条　为规范上市公司非公开发行股票行为，根据《上市公司证券发行管理办法》（证监会令第 30 号，以下简称《管理办法》）的有关规定，制定本细则。

第二条　上市公司非公开发行股票，应当有利于减少关联交易、避免同业竞争、增强独立性；应当有利于提高资产质量、改善财务状况、增强持续盈利能力。

第三条　上市公司董事、监事、高级管理人员、保荐人和承销商、为本次发行出具专项文件的专业人员及其所在机构，以及上市公司控股股东、实际控制人及其知情人员，应当遵守有关法律法规和规章，勤勉尽责，不得利用上市公司非公开发行股票谋取不正当利益，禁止泄露内幕信息和利用内幕信息进行证券交易或者操纵证券交易价格。

第四条　上市公司的控股股东、实际控制人和本次发行对象，应当按照有关规定及时向上市公司提供信息，配合上市公司真实、准确、完整地履行信息披露义务。

第五条　保荐人、上市公司选择非公开发行股票的发行对象和确定发行价格，应当遵循公平、公正原则，体现上市公司和全体股东的最大利益。

第六条　发行方案涉及中国证监会规定的重大资产重组的，重大资产重组应当与发行股票筹集资金分开办理。

第二章　发行对象与认购条件

第七条　《管理办法》所称"定价基准日"，是指计算发行底价的基准日。定价基准日可以为关于本次非公开发行股票的董事会决议公告日、股东大会决议公告日，也可以为发行期的首日。上市公司应按不低于该发行底价的价格发行股票。

《管理办法》所称"定价基准日前 20 个交易日股票交易均价"的计算公式为：定价基准日前 20 个交易日股票交易均价=定价基准日前 20 个交易日股票交易总额/定价基准日前 20 个交易日股票交易总量。

第八条　《管理办法》所称"发行对象不超过十名"，是指认购并获得本次非公开发行股票的法人、自然人或者其他合法投资组织不超过十名。

证券投资基金管理公司以其管理的两只以上基金认购的，视为一个发行对象。

信托公司作为发行对象，只能以自有资金认购。

第九条 发行对象属于下列情形之一的，具体发行对象及其认购价格或者定价原则应当由上市公司董事会的非公开发行股票决议确定，并经股东大会批准；认购的股份自发行结束之日起36个月内不得转让：

（一）上市公司的控股股东、实际控制人或其控制的关联人；

（二）通过认购本次发行的股份取得上市公司实际控制权的投资者；

（三）董事会拟引入的境内外战略投资者。

第十条 发行对象属于本细则第九条规定以外的情形的，上市公司应当在取得发行核准批文后，按照本细则的规定以竞价方式确定发行价格和发行对象。发行对象认购的股份自发行结束之日起12个月内不得转让。

第三章 董事会与股东大会决议

第十一条 上市公司申请非公开发行股票，应当按照《管理办法》的相关规定召开董事会、股东大会，并按规定及时披露信息。

第十二条 董事会决议确定具体发行对象的，上市公司应当在召开董事会的当日或者前一日与相应发行对象签订附条件生效的股份认购合同。

前款所述认购合同应载明该发行对象拟认购股份的数量或数量区间、认购价格或定价原则、限售期，同时约定本次发行一经上市公司董事会、股东大会批准并经中国证监会核准，该合同即应生效。

第十三条 上市公司董事会作出非公开发行股票决议，应当符合下列规定：

（一）应当按照《管理办法》的规定选择确定本次发行的定价基准日，并提请股东大会批准。

（二）董事会决议确定具体发行对象的，董事会决议应当确定具体的发行对象名称及其认购价格或定价原则、认购数量或者数量区间、限售期；发行对象与公司签订的附条件生效的股份认购合同应当经董事会批准。

（三）董事会决议未确定具体发行对象的，董事会决议应当明确发行对象的范围和资格，定价原则、限售期。

（四）本次非公开发行股票的数量不确定的，董事会决议应当明确数量区间（含上限和下限）。董事会决议还应当明确，上市公司的股票在定价基准日至发行日期间除权、除息的，发行数量和发行底价是否相应调整。

（五）董事会决议应当明确本次募集资金数量的上限、拟投入项目的资金需要总数量、本次募集资金投入数量、其余资金的筹措渠道。募集资金用于补充流动资金或者偿还银行贷款的，应当说明补充流动资金或者偿还银行贷款的具体数额；募集资金用于收购资产的，应当明确交易对方、标的资产、作价原则等事项。

第十四条 董事会决议经表决通过后，上市公司应当在两个交易日内披露。

董事会应当按照《公开发行证券的公司信息披露内容与格式准则第25号——上市公司非公开发行股票预案和发行情况报告书》的要求编制非公开发行股票预案，作为董事会决议的附件，与董事会决议同时刊登。

第十五条 本次发行涉及资产审计、评估或者上市公司盈利预测的，资产审计结果、评估结果和经审核的盈利预测报告至迟应随召开股东大会的通知同时公告。

第十六条 非公开发行股票的董事会决议公告后，出现以下情况需要重新召开董事会的，应当由董事会重新确定本次发行的定价基准日：

（一）本次非公开发行股票股东大会决议的有效期已过；

（二）本次发行方案发生变化；

（三）其他对本次发行定价具有重大影响的事项。

第十七条 上市公司股东大会就非公开发行股票作出的决定，至少应当包括《管理办法》和本细则规定须提交股东大会批准的事项。

《管理办法》所称应当回避表决的“特定的股东及其关联人”，是指董事会决议已确定为本次发行对象的股东及其关联人。

第四章 核准与发行

第十八条 股东大会批准本次发行后，上市公司可向中国证监会提交发行申请文件。

申请文件应当按照本细则附件 1《上市公司非公开发行股票申请文件目录》的有关规定编制。

第十九条 保荐人和发行人律师应当各司其职，勤勉尽责，对本次非公开发行股票申请的合规性审慎地履行尽职调查职责。

保荐人出具的发行保荐书和发行人律师出具的法律意见书，应当对照中国证监会的各项规定逐项发表明确的结论性意见，并载明得出每项结论的查证过程及事实依据。

第二十条 中国证监会按照《管理办法》规定的程序审核非公开发行股票申请。

上市公司收到中国证监会发行审核委员会关于本次发行申请获得通过或者未获通过的结果后，应当在次一交易日予以公告，并在公告中说明，公司收到中国证监会作出的予以核准或者不予核准的决定后，将另行公告。

第二十一条 上市公司取得核准批文后，应当在批文的有效期内，按照《证券发行与承销管理办法》（证监会令第 37 号）的有关规定发行股票。

上市公司收到中国证监会予以核准决定后作出的公告中，应当公告本次发行的保荐人，并公开上市公司和保荐人指定办理本次发行的负责人及其有效联系方式。

上市公司、保荐人对非公开发行股票进行推介或者向特定对象提供投资价值研究报告的，不得采用任何公开方式，且不得早于上市公司董事会关于非公开发行股票的决议公告之日。

第二十二条 董事会决议确定具体发行对象的，上市公司在取得核准批文后，应当按照本细则第九条的规定和认购合同的约定发行股票。

第二十三条 董事会决议未确定具体发行对象的，在取得中国证监会的核准批文后，由上市公司及保荐人在批文的有效期内选择发行时间；在发行期起始的前一日，保荐人应当向符合条件的特定对象提供认购邀请书。

第二十四条 认购邀请书发送对象的名单由上市公司及保荐人共同确定。

认购邀请书发送对象的名单除应当包含董事会决议公告后已经提交认购意向书的投资者、公司前 20 名股东外，还应当包含符合《证券发行与承销管理办法》规定条件的下列询价对象：

（一）不少于 20 家证券投资基金管理公司；

（二）不少于 10 家证券公司；

（三）不少于 5 家保险机构投资者。

第二十五条 认购邀请书应当按照公正、透明的原则，事先约定选择发行对象、确定认购价格、分配认购数量等事项的操作规则。

认购邀请书及其申购报价表参照本细则附件 2 的范本制作，发送时由上市公司加盖公章，由保荐代表人签署。

第二十六条 认购邀请书发出后，上市公司及保荐人应当在认购邀请书约定的时间内收集特定投资者签署的申购报价表。

在申购报价期间，上市公司、保荐人应当确保任何工作人员不泄露发行对象的申购报价情况，申购报价过程应当由发行人律师现场见证。

第二十七条　申购报价结束后，上市公司及保荐人应当对有效申购按照报价高低进行累计统计，按照价格优先的原则合理确定发行对象、发行价格和发行股数。

第二十八条　发行结果确定后，上市公司应当与发行对象签订正式认购合同，发行对象应当按照合同约定缴款。

发行对象的认购资金应先划入保荐人为本次发行专门开立的账户，验资完毕后，扣除相关费用再划入发行人募集资金专项存储账户。

第二十九条　验资完成后的次一交易日，上市公司和保荐人应当向中国证监会提交《证券发行与承销管理办法》第五十条规定的备案材料。

发行情况报告书应当按照《公开发行证券的公司信息披露内容与格式准则第 25 号——上市公司非公开发行股票预案和发行情况报告书》的要求编制。

第三十条　保荐人关于本次发行过程和认购对象合规性的报告应当详细记载本次发行的全部过程，列示发行对象的申购报价情况及其获得配售的情况，并对发行结果是否公平、公正，是否符合非公开发行股票的有关规定发表意见。

报价在发行价格之上的特定对象未获得配售或者被调减配售数量的，保荐人应当向该特定对象说明理由，并在报告书中说明情况。

第三十一条　发行人律师关于本次发行过程和认购对象合规性的报告应当详细认证本次发行的全部过程，并对发行过程的合规性、发行结果是否公平、公正，是否符合非公开发行股票的有关规定发表明确意见。

发行人律师应当对认购邀请书、申购报价表、正式签署的股份认购合同及其他有关法律文书进行见证，并在报告书中确认有关法律文书合法有效。

第五章　附　则

第三十二条　本细则自发布之日起实施。

第三十三条　本细则的附件包括《上市公司非公开发行股票申请文件目录》、《〈认购邀请书〉和〈申购报价单〉范本》。

首次公开发行股票询价和网下申购业务实施细则

(2012年9月7日，中国证券业协会以中证协发〔2012〕177号发布)

第一章 总 则

第一条 为了规范首次公开发行股票（以下简称首发股票）的询价和网下申购业务，确保首发股票发行承销工作的有序开展，中国证券业协会（以下简称协会）根据《证券发行与承销管理办法(2012年修订)》(以下简称《承销办法》)的相关规定，制定本细则。

第二条 本细则的适用对象包括：

(一) 担任首发股票项目主承销商的证券公司（以下简称主承销商）；

(二) 参与首发股票网下发行业务的询价对象，包括常规类询价对象和推荐类询价对象。

第三条 协会依据《承销办法》及本细则的相关规定，对主承销商及询价对象实施自律管理。

第二章 常规类询价对象的备案

第四条 常规类询价对象是指经相关监管部门批准，依法设立并符合《承销办法》规定条件的证券公司、基金公司、财务公司、保险公司、信托公司以及合规境外机构投资者。

第五条 常规类配售对象是指常规类询价对象管理并符合《承销办法》规定范围，可参与首发股票询价和网下申购业务的自营投资账户或证券投资产品，包括：

(一) 经批准募集的证券投资基金；

(二) 全国社会保障基金；

(三) 证券公司证券自营账户；

(四) 经批准设立的证券公司集合资产管理计划；

(五) 信托公司证券自营账户；

(六) 财务公司证券自营账户；

(七) 经批准的保险公司或者保险资产管理公司证券投资账户；

(八) 合格境外机构投资者管理的证券投资账户；

(九) 在相关监管部门备案的企业年金基金；

(十) 经中国证监会认可的其他证券投资产品。

每个常规类配售对象应当指定两个证券账户（上海、深圳市场各一个）和一个银行资金账户，参与首发股票网下申购业务。

第六条 申请成为常规类询价对象或增加配售对象的机构应向协会提交备案申请材料，在协会完成备案后可参与首发股票询价和网下申购业务。

第七条 申请成为常规类询价对象或增加配售对象的机构向协会提交的备案文件包括下列内容：

（一）申请机构关于符合《承销办法》第七、八条相关条件的说明函。

（二）申请机构关于接受询价对象相关监管和自律管理的承诺函，包括以下必备内容：

1. 自觉遵守法律、法规、规章及询价制度的相关规定；

2. 保证询价对象备案文件的真实性；

3. 参与首发股票询价和网下申购业务应以专业知识和从业经验为基础，诚实守信、勤勉尽责；

4. 接受协会的自律管理；

5. 接受并积极配合监管部门依法就首发股票询价和网下申购业务有关事宜进行的调查；

6. 如果违反上述承诺，愿意承担由此引起的相关责任，并接受相关处罚。

（三）询价对象业务联系人信息，包括姓名、办公电话、手机、传真电话、电子信箱、办公地址、邮政编码。

（四）配售对象指定账户信息，包括自营账户或证券投资产品的名称、指定证券账户信息（包括上海、深圳市场证券账户名称、账户号码）和指定银行资金账户信息（包括开户银行名称、资金账户名称、资金账户号码、开户银行联行行号）。指定账户一经备案，不得随意变更。

（五）询价对象资质证明文件，包括工商营业执照副本复印件，自有资金具备投资 A 股资格的证明文件复印件或可开展客户资产管理业务的资格证明文件复印件。

（六）配售对象资质证明文件，其中以下类别证券投资账户分别需要提交：

1. 经批准募集的证券投资基金：基金募集设立的批复复印件，基金备案确认函复印件，验资报告复印件，基金合同复印件，上海、深圳市场证券账户卡复印件。

2. 全国社会保障基金：社保基金组合资产规模说明函，社保基金组合投资管理合同复印件，上海、深圳市场证券账户卡复印件。

3. 证券公司证券自营账户：可用于投资权益类证券的资金规模说明函，上海、深圳市场证券账户卡复印件。

4. 经批准设立的证券公司集合资产管理计划：资产管理计划募集设立批复或备案回执复印件，验资报告复印件，资产管理计划管理合同复印件，上海、深圳市场证券账户卡复印件。

5. 信托公司证券自营账户：可用于投资权益类证券的资金规模说明函，上海、深圳市场证券账户卡复印件。

6. 财务公司证券自营账户：可用于投资权益类证券的资金规模说明函，上海、深圳市场证券账户卡复印件。

7. 经批准的保险公司或者保险资产管理公司证券投资账户：保险产品的批复或备案回执复印件，可用于投资权益类证券的资金规模说明函，上海、深圳市场证券账户卡复印件，属于受托代理投资业务的，应提交委托代理合同复印件。

8. 合格境外机构投资者管理的证券投资账户：A 股投资额度的说明函，上海、深圳市场证券账户卡复印件。

9. 在相关监管部门备案的企业年金基金：企业年金确认函复印件，企业年金组合的资产规模说明函，上海、深圳市场证券账户卡复印件。

第八条 常规类询价对象管理的证券投资产品在招募说明书、投资协议（合同）等文件中以直接或间接方式载明以博取一、二级市场价差为目的申购首发股票的，协会不受理其相关证券投资产品的配售对象备案申请。

第三章　推荐类询价对象的备案

第九条　除常规类询价对象外，主承销商还可自主推荐部分机构投资者和个人投资者作为推荐类询价对象，参与本公司主承销首发股票项目的询价和网下申购业务。主承销商自主选定推荐类询价对象名单，同时确定询价对象指定配售对象名单。

第十条　主承销商应当设定明确的推荐类询价对象条件，建立审核决策机制、日常培训管理机制和定期复核制度，确保询价对象的甄选、确定和调整符合内部规则和程序。主承销商还应针对个人投资者的推荐工作建立专项合规管理制度，避免由于各类关联关系所引发的不正当关联交易或利益输送等违法违规行为，保证个人投资者参与网下发行业务的独立性。

第十一条　主承销商应当按照既定的条件和流程选定推荐类询价对象，相关名单向协会备案前应经公司级相关决策委员会审议通过。

第十二条　主承销商设定推荐机构投资者的条件，应当包括但不限于以下几方面：

（一）最低注册资本；

（二）资产管理规模；

（三）专业技能；

（四）投资经验；

（五）市场影响力；

（六）合规管理和风险控制水平；

（七）信用记录。

被推荐的机构投资者应当是依法设立的企事业单位，用于投资的资金来源应当合法合规。符合主承销商设定基本条件的前提下，应当优先考虑投资经验丰富、研究能力较强、资质过硬且具有长期持股投资偏好、尤其是与发行人存在长期战略合作关系的机构投资者。

第十三条　如机构投资者指定的证券投资产品发生本细则第八条所述情形的，主承销商不得推荐其参与首发股票网下发行业务。

第十四条　主承销商设定推荐个人投资者的条件，应当包括但不限于以下几方面：

（一）投资资金规模；

（二）专业技能；

（三）投资经验；

（四）信用记录；

（五）投资偏好；

（六）抗风险能力。

被推荐的个人投资者应当具备五年以上 A 股投资经验，无违法违规记录，其用于投资的资金应确系自有资金，主承销商应对其投资资金来源的合法性进行核查。

在选择个人投资者时，主承销商应当优先选择具有丰富投资经验、其投资资金规模与首发股票网下申购业务的特性相适应、且与本单位具有长期合作关系并相互了解的自有客户。

第十五条　每个承销项目主承销商可推荐不多于 20 名机构投资者、十名个人投资者成为推荐类询价对象；承销项目的发行数量超过四亿股的，可推荐不多于 40 名机构投资者、十名个人投资者成为推荐类询价对象。每个询价对象应指定一个配售对象，每个配售对象应指定两个证券账户（上海、深圳市场各一个）和一个银行资金账户。询价对象为个人投资者的，其银行资金账户应为本人自有银行资金账户。

第十六条　主承销商应向协会备案公司内部推荐规则和推荐类询价对象名单。具体备案内容包括：

（一）推荐规则包括但不限于推荐条件、审核规程、决策程序、日常培训管理、定期复核制度以及合规管理制度等方面内容。

（二）主承销商报备推荐类询价对象名单时，应包含以下文件和信息：

1. 推荐类询价对象名单及其管理的配售对象名单；

2. 公司级相关决策委员会就推荐名单的有关书面决议；

3. 推荐类询价对象相关信息明细，其中，机构投资者包括各询价对象业务联系人信息、各配售对象指定账户信息；个人投资者包括个人联系信息、个人指定自有账户信息。

询价对象业务联系人信息包括联系人姓名、办公电话、手机、传真电话、电子信箱、办公地址、邮政编码，询价对象为个人投资者的，还需提供其本人的长期居住地址和有效身份证件号码。

配售对象指定账户信息包括自营投资账户或证券投资产品的名称、指定证券账户信息（包括上海、深圳市场证券账户名称、账户号码）和指定银行资金账户信息（包括开户银行名称、资金账户名称、资金账户号码、开户银行联行行号）。指定账户一经报备，不得随意变更。

第十七条　主承销商可对公司内部推荐规则内容和推荐类询价对象名单进行调整，相关变更备案工作按照以下要求进行：

（一）主承销商内部推荐规则做出调整的，应于五个工作日内向协会备案变更文件。

（二）因拟发行项目需要变更推荐类询价对象名单的，主承销商应最晚于招股意向书刊登之前一个工作日向协会提交变更备案申请及相关文件。变更文件和信息的要求见第十六条第（二）项。

（三）询价对象业务联系人信息或指定账户信息发生变更时，主承销商应在相关事项发生后随时向协会申请变更备案。

第四章　首发股票网下发行业务信息的备案

第十八条　首发股票项目的发行承销工作完成后，主承销商应就该项目发行承销工作的基本信息、询价对象报价信息、网下配售信息以及询价对象在报价与申购业务中出现的禁止行为和异常行为信息向协会备案。

第十九条　报价与网下申购业务中的异常行为是指询价对象在开展报价与网下申购业务时出现的不符合正常业务逻辑、或者不符合职业操守，但尚未违反法律、行政法规和中国证监会监管规定以及自律规则的行为，例如在网下发行电子平台随意变更报价、报价缺乏逻辑一致性等行为；禁止行为的具体情形见第七章。

第五章　备案文件的受理

第二十条　协会受理常规类询价对象增加配售对象的申请，以及受理主承销商关于本细则第三、四章所述备案事项，应当自受理备案文件之日起十个工作日内完成备案工作，不予备案的应在此期限内书面回复；协会受理本细则第二章第四条所述机构申请成为常规类询价对象报备事项的，需征求监管部门监管意见无异议后方可完成备案工作，不予备案的应书面回复。

受理日期自申请单位收到受理回执之日起计算。

第二十一条　本细则第二、三、四章所述报备事项的受理条件包括：

（一）申请文件齐全，内容完备，符合本细则相关规定；

（二）申请备案事项符合《承销办法》及本细则的相关要求和条件。询价对象申请增加配售对象的，拟新增自营投资账户或证券投资产品应属于本细则第二章第五条规定的相关范围。

第六章 询价对象行为要求

第二十二条 询价对象在参与首发股票询价和网下申购业务时，应当持续健全公司内控机制，完善业务操作流程和岗位职责等相关制度，认真、审慎、专业地掌握资料，深入调研、理性报价、合规申购。

第二十三条 询价对象应当有选择地参与首发股票询价和网下申购业务，应当选择询价对象自身已配备专门研究力量的行业领域内的首发股票项目，或对该项目及其所在行业有较深入研究，切勿盲目参与。

第二十四条 询价对象应制定专项内控制度，对其相关业务人员或研究人员参与发行人及主承销商组织的首发股票项目推介活动做出必要的规范要求，规避有悖职业道德的行为。

第二十五条 询价对象开展首发股票的研究工作时，应当始终坚持科学、独立、客观、审慎的原则，要认真研读发行人招股说明书等信息，发现存在异常情形的，如与本次发行相关联的机构或个人存在不良诚信记录、发行人所在行业已经出现不利变化、发行人盈利水平与行业相比存在异常等，询价对象应采取调研、核查等方式进一步核实研判。

第二十六条 询价对象在参与首发股票询价业务时，应当建立健全投资决策小组机制，由投资决策小组就最终报价做出集体决策，询价对象应当对相关报价决策人员的报价行为进行阶段性绩效评估，并将评估结果作为向报价决策人员支付薪酬的重要参考。

第二十七条 询价对象应当严格按照既定业务操作流程实施提交报价操作，针对提交报价业务环节建立双岗复核机制并严格执行。询价对象应配备两名以上熟练掌握上海、深圳市场网下发行电子平台操作方法的交易员。

第二十八条 询价对象的资金运营部门应与相关业务部门保持密切联系，并根据首发股票申购计划安排，保障足额的备付资金。应当制定首发股票申购资金划付审批程序并严格执行，确保资金在规定时间内划入结算银行账户。

第二十九条 询价对象的合规风控部门应当对其首发股票询价和网下申购业务的参与情况、报价与申购材料进行合规审查，并通过合规检查、合规管理有效性评估等手段对相关业务进行监控。

第三十条 询价对象应设置询价专员岗位，负责报价与申购业务全过程的组织与协调工作，包括保管网下发行电子平台数字证书；查询、收集首发股票项目信息并提交业务人员或研究人员；制作、流转、留存与业务相关的文档和表格；全程跟踪项目初选、参与推介、研究、报价决策、申购、获配股票交易等环节的业务开展情况，并定期做出书面总结。

同一询价对象管理的配售对象之间或内部部门之间存在利益冲突的，应分别设置询价专员，并做好职能划分与衔接工作。

第三十一条 询价对象应当建立健全员工业务培训机制，定期或不定期组织员工开展有针对性的业务法规培训，持续提升执业水平。

第三十二条 询价对象应当将相关业务制度汇编、展业资料等存档备查。

第三十三条 询价对象为个人投资者的，在保证个人投资者报价独立性的前提下，主承销商或相关证券公司可以在个人投资者参与首发股票询价和网下申购业务过程中适当提供研究、资金管理和合规风控等方面的专业支持。

第三十四条 询价对象参与由发行人与主承销商自主协商确定发行价格的首发股票项目时，其网下申购行为应当符合《承销办法》和本细则的相关规定。

第七章　自律管理

第三十五条　询价对象在参与首发股票询价和网下申购业务时，不得存在以下行为：

（一）所属业务人员或研究人员在参与首发股票推介活动时收受礼品或礼金；

（二）与发行人、主承销商或其他询价对象协商抬高或压低股票价格；

（三）所属同一配售对象网上网下同时申购单一首发股票项目；

（四）提交有效报价或申购要约后应缴款未缴款；

（五）所属配售对象利用非指定证券账户或银行资金账户参与网下申购；

（六）行政法规、自律规则或新股发行公告中规定或约定的其他禁止行为。

第三十六条　主承销商对其选定的推荐类询价对象负有持续督导责任，并对其参与的首发股票询价和网下申购业务进行必要的监督和管理。当主承销商选定的推荐类询价对象在参与首发股票询价和网下申购业务过程中出现无效申购等禁止行为时，该询价对象及主承销商均应承担相应责任。主承销商应保证其推荐个人投资者参与首发股票询价和网下申购业务的独立性，严禁发生由于各类关联关系所引发的不正当关联交易或利益输送等违法违规行为。

第三十七条　常规类询价对象应当在年度结束后一个月内向协会提交年度总结，主要内容包括：

（一）对上年度参与首发股票询价和网下申购业务的情况进行总结；

（二）就其是否持续符合《承销办法》规定的条件以及是否遵守《承销办法》和本细则对询价对象的相关规定进行说明；

（三）如出现本细则中规定的禁止行为和异常行为，应在年度总结中如实写明并说明原因。

第三十八条　主承销商应当在年度结束后一个月内对上年度的推荐询价对象工作进行总结，主要内容包括：

（一）上年度主承销首发股票项目的基本情况；

（二）上年度推荐询价对象工作的基本情况、业务培训及持续督导情况；

（三）上年度推荐类询价对象参与本公司主承销首发股票项目网下发行业务的情况；

（四）上年度推荐类询价对象在参与本公司主承销首发股票项目时出现的本细则规定的禁止行为和异常行为，以及主承销商的处理措施。

推荐类询价对象不必单独向协会报送年度总结。

第三十九条　协会组织对常规类询价对象询价和网下申购业务的参与情况，以及主承销商的推荐询价对象工作情况进行不定期现场检查。

现场检查由专项工作小组负责，工作小组由监管部门、协会相关工作人员以及部分行业专家组成。

第四十条　主承销商违反本细则规定的，协会视情节轻重分别给予自律管理措施和纪律处分，其中自律管理措施包括：

（一）谈话提醒；

（二）警示；

（三）责令整改；

（四）协会规定的其他自律管理措施。

纪律处分包括：

（一）行业内通报批评；

（二）公开谴责；

（三）一定期限内不受理其推荐类询价对象名单的报备；

（四）暂停部分会员权利；

（五）取消会员资格。

第四十一条　询价对象发生本细则所规定禁止行为的，协会可对其采取的自律措施包括：

（一）在一个自然年度内，单一询价对象累计出现第三十五条（三）、（四）、（五）、（六）项所述情形不足三次，且经查非主观恶意的，协会可对其采取谈话提醒、警示或责令整改等自律管理措施；

（二）在一个自然年度内，单一询价对象累计出现第三十五条（三）、（四）、（五）、（六）项所述情形达三次（含）以上，且经查非主观恶意的，协会可视情节轻重给予其询价对象范围通报批评或通过媒体公开谴责等纪律处分；

（三）出现第三十五条（一）至（六）项所述情形，且经查系主观恶意的，协会可视情节轻重给予其询价对象范围通报批评或通过媒体公开谴责等纪律处分。

协会还可视相关询价对象禁止行为情节的轻重在一定期限内不将其列入有效询价对象名单。

主承销商、询价对象涉嫌违法违规的，协会应移交监管部门处理。

第四十二条　询价对象发生本细则所规定异常行为的，协会可对其采取谈话提醒的自律处理措施，同时可视情节轻重在一定期限内不将其列入有效询价对象名单。

第八章　附　则

第四十三条　本细则由中国证券业协会负责解释。

第四十四条　本细则自发布之日起实施。本细则发布后，《关于做好新股发行体制改革后新股询价工作的通知》（中证协发〔2009〕101 号）相应废止。

证券公司开展中小企业私募债券承销业务试点办法

（中国证券业协会于2012年5月23日发布）

第一章　总　则

第一条　为规范证券公司开展中小企业私募债券承销业务，服务实体经济，促进中小微企业发展，根据《中华人民共和国公司法》、《中华人民共和国证券法》等法律、法规，制定本办法。

第二条　证券公司接受非上市中小微企业委托，承销该企业以非公开方式发行公司债券（以下简称私募债券），适用本办法。

第三条　证券公司开展私募债券承销业务，应当遵循平等、自愿、诚实信用原则。

担任私募债券承销商的证券公司及其业务人员应勤勉尽责，严格遵守执业规范和职业道德，按规定和约定履行义务。

第四条　担任私募债券承销商的证券公司应按照本办法和相关约定督促发行人履行信息披露义务，协助发行人制定偿债保障措施和投资者保护机制，保护投资者的合法权益。

第五条　证券公司开展私募债券承销业务，应当建立完备的投资者适当性制度。参与私募债券认购和转让的投资者应为具备相应风险识别和承担能力的合格投资者，证券公司应当了解和评估投资者对私募债券的风险识别和承担能力，充分揭示风险。

第六条　证券公司应要求投资者在首次认购私募债券前签署风险认知书，承诺具备合格投资者资格，知悉债券风险，进行独立的投资判断，并自行承担投资风险。

第七条　中国证券业协会（以下简称证券业协会）依据本办法对证券公司开展私募债券承销业务实施自律管理。

第二章　试点方案备案

第八条　证券公司开展私募债券承销业务试点，应符合下列条件：

（一）经中国证券监督管理委员会（以下简称中国证监会）批准可以从事证券承销业务，并已开展债券承销业务；

（二）最近一年证券公司分类评价B类（含）以上；

（三）净资本不低于十亿元人民币；

（四）各项风险控制指标符合中国证监会的有关规定；

（五）最近一年没有重大违法违规行为，未被中国证监会立案稽查，未受到中国证监会行政处罚；

（六）已制定开展私募债券承销业务试点实施方案和健全的业务规则，具备开展试点所需的专业人员和技术设施；

（七）证券业协会规定的其他条件。

第九条　证券公司开展私募债券承销业务试点，应当将下列材料报证券业协会备案：

（一）公司关于开展私募债券承销业务试点的说明；

（二）开展私募债券承销业务试点实施方案及相关业务规则；

（三）公司董事会关于开展私募债券承销业务的决议；

（四）证券业协会要求的其他文件。

第十条　证券业协会负责组织对证券公司试点实施方案进行专业评价。通过专业评价后，证券公司方可开展私募债券承销业务。

第三章　尽职调查

第十一条　证券公司担任私募债券的承销商，应对发行人及其担保人的情况进行尽职调查，形成尽职调查报告。

尽职调查包括但不限于以下内容：

（一）发行人的基本情况和实际控制人情况；

（二）经营范围和主营业务情况；

（三）公司治理和内部控制情况；

（四）财务状况及偿债能力；

（五）信用记录调查；

（六）所募资金用途；

（七）增信措施安排和提供信用增进服务的机构资信状况（若有）；

（八）或有事项及其他重大事项情况。

第十二条　证券公司承销私募债券，应遵循审慎原则，履行必要的立项、内部审核程序。

证券公司在内部审核中应重点关注以下事项：

（一）发行人公司治理和内部控制制度是否存在重大缺陷；

（二）发行人提供的财务会计文件有无虚假记载；

（三）发行人对已发行的债券或者其他债务是否有违约或者迟延支付本息的事实，且仍处于继续状态；

（四）发行人是否存在重大违法行为或严重损害投资者合法权益和社会公共利益的其他情形。

第十三条　证券公司应建立尽职调查工作底稿制度，尽职调查工作底稿应归入公司私募债券承销业务档案予以妥善保存。

第四章　债券承销

第十四条　证券公司应与发行人签订《私募债券承销协议》（以下简称承销协议），明确双方的权利和义务。

承销协议的内容包括但不限于：

（一）发行人、证券公司的基本情况；

（二）承销方式和承销费用；

（三）发行人对其所提供资料的真实性、准确性和完整性的声明；

（四）发行对象的范围和条件；

（五）私募债券名称、发行金额、期限、发行价格或利率确定方式；

（六）募集资金的用途；

（七）信息披露的范围、方式和具体标准；

（八）私募债券的转让场所、转让方式、转让范围及约束条件；

（九）私募债券增信措施情况（若有）；

（十）信用评级和跟踪评级的具体安排（若有）；

（十一）保密条款；

（十二）证券业协会规定的其他内容。

第十五条　证券公司应协助发行人制作债券募集说明书及相关附属文件。

第十六条　证券公司不得采用广告等公开以及变相公开方式承销私募债券。每期私募债券的投资者合计不得超过 200 人。

第十七条　证券公司在承销过程中，不得以提供透支、回扣等不正当手段诱使投资者认购私募债券。

第十八条　证券公司对在承销活动中获得的内幕信息和商业秘密应当予以保密，不得利用内幕信息和商业秘密获取不当利益。

第十九条　私募债券存续期间，证券公司应持续关注发行人和提供增信服务的机构的情况，及时掌握其风险状况及偿债能力，督促发行人按有关约定履行还本付息义务。

证券公司应按照本办法和相关约定协助、指导和督促发行人履行信息披露义务。

第五章　风险控制与合规管理

第二十条　证券公司应建立健全开展私募债券承销业务的管理制度、业务流程和操作规范，明确内部职责分工，规范开展私募债券承销业务。

第二十一条　证券公司应建立健全私募债券承销业务的风险管理制度，加强业务开展过程中的风险识别、评价和管理；建立相应的风险控制指标体系和动态监控机制。

第二十二条　证券公司应采取有效措施，对私募债券承销业务的相关管理制度、重大决策和业务方案进行合规审查，对业务开展情况进行合规监督，并按本办法规定和公司内部规章制度，进行定期或不定期的合规检查。

证券公司应建立健全必要的隔离墙制度，防范私募债券承销业务过程中可能存在的内幕交易，管理利益冲突。

第二十三条　证券公司应建立健全私募债券承销业务档案管理制度，加强对尽职调查工作底稿、尽职调查报告、承销协议等业务档案的管理。私募债券承销业务档案保存期限在私募债券到期后不少于五年。

第六章　自律管理

第二十四条　证券业协会对证券公司的私募债券承销业务进行定期或不定期检查。证券公司及其相关业务人员违反本办法规定，证券业协会视情节轻重采取相关自律惩戒措施，并记入证券公司诚信信息管理系统或证券从业人员诚信信息管理系统。

第二十五条 证券公司及其相关业务人员开展业务，存在违反法律、法规行为的，证券业协会将移交中国证监会或其他有权机关依法查处。

第七章 附 则

第二十六条 本办法由证券业协会负责解释。

第二十七条 本办法经中国证监会批准后生效，自发布之日起施行。

国务院关于股份有限公司境内上市外资股的规定

（本规定由国务院于1994年8月4日颁布并实施）

第一条 为了规范股份有限公司境内上市外资股的发行及交易，保护投资人的合法权益，根据《中华人民共和国公司法》（以下简称《公司法》）的有关规定，制定本规定。

第二条 经国务院证券委员会批准，股份有限公司（以下简称公司）可以发行境内上市外资股；但是，拟发行境内上市外资股的面值总额超过3000万美元的，国务院证券委员会应当报国务院批准。

前款所称公司发行境内上市外资股，包括以募集方式设立公司发行境内上市外资股和公司增加资本发行境内上市外资股。

国务院证券委员会批准发行境内上市外资股的总额应当控制在国家确定的总规模之内。

第三条 公司发行的境内上市外资股，采取记名股票形式，以人民币标明面值，以外币认购、买卖，在境内证券交易所上市交易。

发行境内上市外资股的公司向境内投资人发行的股份（以下简称内资股），采取记名股票形式。

第四条 境内上市外资股投资人限于：

（一）外国的自然人、法人和其他组织；

（二）中国香港、澳门、台湾地区的自然人、法人和其他组织；

（三）定居在国外的中国公民；

（四）国务院证券委员会规定的境内上市外资股其他投资人。

境内上市外资股投资人认购、买卖境内上市外资股，应当提供证明其投资人身份和资格的有效文件。

第五条 持有同一种类股份的境内上市外资股股东与内资股股东，依照《公司法》享有同等权利和履行同等义务。

公司可以在其公司章程中对股东行使权利和履行义务的特殊事宜，作出具体规定。

第六条 公司章程对公司及其股东、董事、监事、经理和其他高级管理人员具有约束力。

公司的董事、监事、经理和其他高级管理人员对公司负有诚信和勤勉的义务。

本条第一款、第二款所称其他高级管理人员包括公司财务负责人、董事会秘书和公司章程规定的其他人员。

第七条 国务院证券委员会及其监督管理执行机构中国证券监督管理委员会（以下简称中国证监会），依照法律、行政法规的规定，对境内上市外资股的发行、交易及相关活动实施管理和监督。

第八条 以募集方式设立公司，申请发行境内上市外资股的，应当符合下列条件：

（一）所筹资金用途符合国家产业政策；

（二）符合国家有关固定资产投资立项的规定；

（三）符合国家有关利用外资的规定；

（四）发起人认购的股本总额不少于公司拟发行股本总额的 35%；

（五）发起人出资总额不少于 1.5 亿元人民币；

（六）拟向社会发行的股份达公司股份总数的 25%以上；拟发行的股本总额超过四亿元人民币的，其拟向社会发行股份的比例达 15%以上；

（七）改组设立公司的原有企业或者作为公司主要发起人的国有企业，在最近三年内没有重大违法行为；

（八）改组设立公司的原有企业或者作为公司主要发起人的国有企业，最近三年连续盈利；

（九）国务院证券委员会规定的其他条件。

第九条　公司增加资本，申请发行境内上市外资股的，除应当符合本规定第八条第（一）、（二）、（三）项的规定外，还应当符合下列条件：

（一）公司前一次发行的股份已经募足，所得资金的用途与募股时确定的用途相符，并且资金使用效益良好；

（二）公司净资产总值不低于 1.5 亿元人民币；

（三）公司从前一次发行股票到本次申请期间没有重大违法行为；

（四）公司最近三年连续盈利；原有企业改组或者国有企业作为主要发起人设立的公司，可以连续计算；

（五）国务院证券委员会规定的其他条件。

以发起方式设立的公司首次增加资本，申请发行境内上市外资股的，还应当符合本规定第八条第（六）项的规定。

第十条　申请发行境内上市外资股，按照下列程序办理：

（一）发起人或者公司向省、自治区、直辖市人民政府或者国务院有关企业主管部门提出申请，由省、自治区、直辖市人民政府或者国务院有关企业主管部门向国务院证券委员会推荐；

（二）国务院证券委员会会商国务院有关部门选定可以发行境内上市外资股的公司；

（三）被选定的公司将本规定第十一条、第十二条所列文件提交中国证监会审核；

（四）经中国证监会审核符合条件的，报经国务院证券委员会批准或者依照本规定第二条第一款的规定经国务院批准后，公司方可发行境内上市外资股。

第十一条　以募集方式设立公司，申请发行境内上市外资股的，应当向中国证监会报送下列文件：

（一）申请报告；

（二）发起人姓名或者名称，发起人认购的股份数、出资种类及验资证明；

（三）发起人会议同意公开发行境内上市外资股的决议；

（四）国务院授权的部门或者省、自治区、直辖市人民政府批准设立公司的文件；

（五）省、自治区、直辖市人民政府或者国务院有关企业主管部门的推荐文件；

（六）公司登记机关颁发的《企业名称预先核准通知书》；

（七）公司章程草案；

（八）招股说明书；

（九）资金运用的可行性报告；所筹资金用于固定资产投资项目需要立项审批的，还应当提供有关部门同意固定资产投资立项的批准文件；

（十）经注册会计师及其所在事务所审计的原有企业或者作为公司主要发起人的国有企业最近三年的财务报告和有两名以上注册会计师及其所在事务所签字、盖章的审计报告；

（十一）经两名以上专业评估人员及其所在机构签字、盖章的资产评估报告；涉及国有资产的，还应当提供国有资产管理部门出具的确认文件及国有股权的批准文件；

（十二）经两名以上律师及其所在事务所就有关事项签字、盖章的法律意见书；

（十三）股票发行承销方案和承销协议；

（十四）中国证监会要求提供的其他文件。

第十二条　公司增加资本，申请发行境内上市外资股的，应当向中国证监会报送下列文件：

（一）申请报告；

（二）股东大会同意公开发行境内上市外资股的决议；

（三）国务院授权的部门或者省、自治区、直辖市人民政府同意增资发行新股的文件；

（四）省、自治区、直辖市人民政府或者国务院有关企业主管部门的推荐文件；

（五）公司登记机关颁发的公司营业执照；

（六）公司章程；

（七）招股说明书；

（八）资金运用的可行性报告；所筹资金用于固定资产投资项目需要立项审批的，还应当提供有关部门同意固定资产投资立项的批准文件；

（九）经注册会计师及其所在事务所审计的公司最近三年的财务报告和有两名以上注册会计师及其所在事务所签字、盖章的审计报告；

（十）经两名以上律师及其所在事务所就有关事项签字、盖章的法律意见书；

（十一）股票发行承销方案和承销协议；

（十二）中国证监会要求提供的其他文件。

第十三条　公司发行境内上市外资股与发行内资股的间隔时间可以少于 12 个月。

第十四条　公司应当聘用符合国家规定的注册会计师及其所在事务所，对其财务报告进行审计或者复核。

第十五条　公司应当按照国家有关规定进行会计核算和编制财务报告。

公司向境内上市外资股投资人披露的财务报告，按照其他国家或者地区的会计准则进行相应调整的，应当对有关差异作出说明。

第十六条　发行境内上市外资股的公司应当依法向社会公众披露信息，并在其公司章程中对信息披露的地点、方式等事宜作出具体规定。

第十七条　发行境内上市外资股的公司的信息披露文件，以中文制作；需要提供外文译本的，应当提供一种通用的外国语言文本。中文文本、外文文本发生歧义时，以中文文本为准。

第十八条　公司发行境内上市外资股，应当委托中国人民银行依法批准设立并经中国证监会认可的境内证券经营机构作为主承销商或者主承销商之一。

第十九条　发行境内上市外资股的公司，应当在具有经营外汇业务资格的境内银行开立外汇账户。公司开立外汇账户应当按照国家有关外汇管理的规定办理。承销境内上市外资股的主承销商应当在承销协议约定的期限内，将所筹款项划入发行境内上市外资股的公司的外汇账户。

第二十条　境内上市外资股股票的代理买卖业务，应当由中国人民银行依法批准设立并经中国证监会认可的证券经营机构办理。

第二十一条　境内上市外资股股东可以委托代理人代为行使其股东权利；代理人代行股东权利时，应当提供证明其代理资格的有效文件。

第二十二条　境内上市外资股的权益拥有人，可以将其股份登记在名义持有人名下。境内上市外资股的权益拥有人应当依法披露其持股变动信息。

第二十三条　境内上市外资股的交易、保管、清算交割、过户和登记，应当遵守法律、行政法规以及国务院证券委员会的有关规定。

第二十四条 经国务院证券委员会批准，境内上市外资股或者其派生形式可以在境外流通转让。前款所称派生形式，是指股票的认股权凭证和境外存股凭证。

第二十五条 公司向境内上市外资股股东支付股利及其他款项，以人民币计价和宣布，以外币支付。公司所筹集的外币资本金的管理和公司支付股利及其他款项所需的外币，按照国家有关外汇管理的规定办理公司章程规定由其他机构代为兑换外币并付给股东的，可以按照公司章程的规定办理。

第二十六条 境内上市外资股的股利和其他收益依法纳税后，可以汇出境外。

第二十七条 国务院证券委员会可以根据本规定制定实施细则。

第二十八条 本规定自发布之日起施行。中国人民银行、上海市人民政府 1991 年 11 月 22 日发布的《上海市人民币特种股票管理办法》，中国人民银行、深圳市人民政府 1991 年 12 月 5 日发布的《深圳市人民币特种股票管理暂行办法》同时废止。

国务院关于股份有限公司境外募集股份及上市的特别规定

（1994 年 8 月 4 日　国务院令第 160 号）

第一条　为适应股份有限公司境外募集股份及境外上市的需要，根据《中华人民共和国公司法》第八十五条、第一百五十五条，制定本规定。

第二条　股份有限公司经国务院证券委员会批准，可以向境外特定的、非特定的投资人募集股份，其股票可以在境外上市。本规定所称境外上市，是指股份有限公司向境外投资人发行的股票，在境外公司公开的证券交易场所流通转让。

第三条　股份有限公司向境外投资人募集并在境外上市的股份（以下简称境外上市外资股），采取记名股票形式，以人民币标明面值的，以外币认购。

境外上市外资股在境外上市，可以采取境外存股证形式或者股票的其他派生形式。

第四条　国务院证券委员会或者其监督管理执行机构中国证券监督管理委员会，可能与境外证券监督管理机构达成谅解、协议，对股份有限公司向境外投资人募集股份并在境外上市及相关活动进行合作监督管理。

第五条　股份有限公司向境外投资人募集股份并在境外上市，应当按照国务院证券委员会的要求提出书面申请并附有关材料，报经国务院证券委员会批准。

第六条　国有企业或者国有资产占主导地位的企业按照国家有关规定改建为向境外投资人募集股份并在境外上市的股份有限公司，以发起方式设立的，发起人可以少于五人；该股份有限公司一经成立，即可以发行新股。

第七条　向境外投资人募集股份并在境外上市的股份有限公司（以下简称公司）向境内投资人发行的股份（以下简称内资股），采取记名股票形式。

第八条　经国务院证券委员会批准的公司发行境外上市外资股和内资股的计划，公司董事会可以作出分别发行的实施安排。公司依照前款规定分别发行境外上市外资股和内资股的计划，可以自国务院证券委员会批准之日至 15 个月内分别实施。

第九条　公司在发行计划确定的股份总数内，分别发行境外上市外资股和内资股的，应当分别一次募足；有特殊情况不能一次募足，经国务院证券委员会批准，也可以分次发行。

第十条　公司发行计划确定的股份未募足的，不得在该发行计划外发行新股。公司需要调整发行计划的，由股东大会作出决议，经国务院授权的公司审批部门核准后，报国务院证券委员会审批。公司增资发行境外上市外资股与前一次发行股份的间隔期间，可以少于 12 个月。

第十一条　公司在发行计划确定的股份总数内发行境外上市外资股，经国务院证券委员会批准，可以与包销商在包光彩协议中约定，在包销数额之外预留不超过该次拟募集境外上市外资股数额 5%的股份。预留股份的发行，视为该资发行的一部分。

第十二条 公司分别发行境外上市外资股和内资股的计划，应当在公司各资募集股份的招股说明材料中全面、详尽披露。对已经批准并披露的发行计划进行调整的，必须重新披露。

第十三条 国务院证券委员会会同国务院授权的公司审批部门，可以对公司章程必备条款作出规定。公司章程应当载明公司章程必备条款所要求的内容；公司不得擅自修改或者删除公司章程中有关公司章程必备条款的内容。

第十四条 公司应当在公司章程载明公司的营业期限。公司的营业期限，可以为永久存续。

第十五条 公司章程对公司及其股东、董事、监事、经理和其他高级管理人员具有约束力。公司及其股东、董事、监事、经理和其他高级管理人员均可以依据公司章程主张权利，提出仲裁或者提起诉讼。本条第一款、第二款所称其他高级管理人员包括公司财务负责人、董事会秘书和公司章程规定的其他人员。

第十六条 依法持有境外上市外资股、其姓名或者名称登记在公司的股东名册上的境外投资人，为公司的境外上市外资股股东。境外上市外资股的权益拥有人可以依照境外上市外资股股东名册正本存放地或者境外上市地的法律规定，将其股份登记在股份的名义持有人名下。境外上市外资股股东名册为证明境外上市外资股股东持有公司股份的充分证据；但是有相反证据的除外。

第十七条 依据本规定第四条所指的谅解、协议，公司可以将境外上市外资股股东名册正本存放在境外，委托境外代理机构管理；公司应当将境外代理机构制作的境外上市外资股股东名册的副本备置于公司的住所。受委托的境外代理机构应当随时保证境外上市外资股股东名册正本、副本的一致性。

第十八条 境外上市外资股股东名册正本的更正需要依据司法裁定作出的，可以由名册正本存放地有管辖权的法院裁定。

第十九条 境外上市外资股股东遗失股票，申请补发的，可以依照境外上市外资股股东名册正本存放地的法律、证券交易场所规则或者其他有关规定处理。

第二十条 公司召开股东大会，应当于会议召开 45 日前发出书面通知，将会议拟审议的事项以及会议日期和地点告知所有在册股东。 拟出席股东大会的股东应当于会议召开 20 日前，将出席会议的书面回复送达公司。书面通知和书面回复的具体形式由公司在公司章程中作出规定。

第二十一条 公司召开股东大会年会，持有公司有表决权的股份 5%以上的股东有权以书面形式向公司提出新的提案，公司应当将提案中属于股东大会职责范围内的事项，列入该次会议的议程。

第二十二条 公司根据股东大会召开前 20 日收到的书面回复，计算拟出席会议的股东所代表的有表决权的股份数。拟出席会议的股东所代表的有表决权的股份数达到公司有表决权的股份总数 1/2 的，公司可以召开股东大会；达不到的，公司应当于五日内将会议拟审的事项、会议日期和地点以公告形式再次通知股东，经公告通知，公司可以召开股东大会。

第二十三条 公司的董事、监事、经理和其他高级管理人员对公司负有诚信和勤勉的义务。前款所列人员应当遵守公司章程，忠实履行职务，维护公司利益，不得利用在公司的地位和职权为自己谋取私利。

第二十四条 公司应当聘用符合国家有关规定的、独立的会计师事务所，审计公司的年度报告，并复核公司的其他财务报告。公司应当向其聘用的会计师事务所提供有关资料和答复询问。公司聘用会计师事务所的聘期，自公司本资股东年会结束时起至下年股东年会结束时止。

第二十五条 公司解聘或者不再续聘会计师事务所，应当事先通知会计师事务所，会计师事务所有权向股东大会陈述意见。会计师事务所提辞聘的，应当向股东大会说明公司有无不当事情。

第二十六条 公司聘用、解聘或者不再续聘会计师事务所由股东大会作出决定，并报中国证券监督管理委员会备案。

第二十七条　公司向境外上市外资股股东支付股利以及其他款项，以人民币计价和宣布，以外币支付。公司所筹集的外币资本金的结汇和公司向股东支付股利以及其他款项所需的外币，按照国家有关外汇管理的规定办理。

公司章程规定由其他机构代为兑换外币并付给股东的，可以依照公司章程的规定办理。

第二十八条　公司所编制的向境内和境外公布的信息披露文件，内容不得相互矛盾。

分别依照境内、境外法律、法规、证券交易场所规则的规定，公司在境内、境外或者境外不同国家和地区披露的信息有差异的，应当将差异在有关的证券交易场所同时披露。

第二十九条　境外上市外资股股东与公司之间，境外上市外资股股东与公司董事、监事和经理之间，境外上市外资股股东与内资股股东之间发生的与公司章程规定的内容以及公司其他事务有关的争议，依照公司章程规定的解决方式处理。

解决前款所述争议，适用中华人民共和国法律。

第三十条　本规定自发布之日起施行。

中国证券监督管理委员会发行审核委员会办法

（2006年5月8日　中国证券监督管理委员会第179次主席办公会议审议通过，根据2009年5月13日　中国证券监督管理委员会《关于修改〈中国证券监督管理委员会发行审核委员会办法〉的决定》修订）

第一章　总　则

第一条　为了保证在股票发行审核工作中贯彻公开、公平、公正的原则，提高股票发行审核工作的质量和透明度，根据《中华人民共和国证券法》的有关规定，制定本办法。

第二条　中国证券监督管理委员会（以下简称中国证监会）设立主板市场发行审核委员会（以下简称主板发审委）、创业板市场发行审核委员会（以下简称创业板发审委）和上市公司并购重组审核委员会（以下简称并购重组委）。

主板发审委、创业板发审委（以下统称发审委）审核发行人股票发行申请和可转换公司债券等中国证监会认可的其他证券的发行申请（以下统称股票发行申请），适用本办法。

并购重组委的组成、职责、工作规程等另行制定。

第三条　发审委依照《中华人民共和国证券法》、《中华人民共和国公司法》等法律、行政法规和中国证监会的规定，对发行人的股票发行申请文件和中国证监会有关职能部门的初审报告进行审核。

发审委以投票方式对股票发行申请进行表决，提出审核意见。

中国证监会依照法定条件和法定程序作出予以核准或者不予核准股票发行申请的决定。

第四条　发审委通过发审委工作会议（以下简称发审委会议）履行职责。

第五条　中国证监会负责对发审委事务的日常管理以及对发审委委员的考核和监督。

第二章　发审委的组成

第六条　发审委委员由中国证监会的专业人员和中国证监会外的有关专家组成，由中国证监会聘任。

主板发审委委员为25名，部分发审委委员可以为专职。其中中国证监会的人员五名，中国证监会以外的人员20名。

创业板发审委委员为35名，部分发审委委员可以为专职。其中中国证监会的人员五名，中国证监会以外的人员30名。

发审委设会议召集人。

第七条　发审委委员每届任期一年，可以连任，但连续任期最长不超过三届。

主板发审委委员、创业板发审委委员和并购重组委委员不得相互兼任。

第八条　发审委委员应当符合下列条件：

（一）坚持原则，公正廉洁，忠于职守，严格遵守国家法律、行政法规和规章；

（二）熟悉证券、会计业务及有关的法律、行政法规和规章；

（三）精通所从事行业的专业知识，在所从事的领域内有较高声誉；

（四）没有违法、违纪记录；

（五）中国证监会认为需要符合的其他条件。

第九条　发审委委员有下列情形之一的，中国证监会应当予以解聘：

（一）违反法律、行政法规、规章和发行审核工作纪律的；

（二）未按照中国证监会的有关规定勤勉尽职的；

（三）本人提出辞职申请的；

（四）两次以上无故不出席发审委会议的；

（五）经中国证监会考核认为不适合担任发审委委员的其他情形。

发审委委员的解聘不受任期是否届满的限制。发审委委员解聘后，中国证监会应及时选聘新的发审委委员。

第三章　发审委的职责

第十条　发审委的职责是：根据有关法律、行政法规和中国证监会的规定，审核股票发行申请是否符合相关条件；审核保荐人、会计师事务所、律师事务所、资产评估机构等证券服务机构及相关人员为股票发行所出具的有关材料及意见书；审核中国证监会有关职能部门出具的初审报告；依法对股票发行申请提出审核意见。

第十一条　发审委委员以个人身份出席发审委会议，依法履行职责，独立发表审核意见并行使表决权。

第十二条　发审委委员可以通过中国证监会有关职能部门调阅履行职责所必需的与发行人有关的资料。

第十三条　发审委委员应当遵守下列规定：

（一）按要求出席发审委会议，并在审核工作中勤勉尽职；

（二）保守国家秘密和发行人的商业秘密；

（三）不得泄露发审委会议讨论内容、表决情况以及其他有关情况；

（四）不得利用发审委委员身份或者在履行职责上所得到的非公开信息，为本人或者他人直接或者间接谋取利益；

（五）不得与发行申请人有利害关系，不得直接或间接接受发行申请人及相关单位或个人提供的资金、物品等馈赠和其他利益，不得持有所核准的发行申请的股票，不得私下与发行申请人及其他相关单位或个人进行接触；

（六）不得有与其他发审委委员串通表决或者诱导其他发审委委员表决的行为；

（七）中国证监会的其他有关规定。

第十四条　发审委委员有义务向中国证监会举报任何以不正当手段对其施加影响的发行人及其他相关单位或者个人。

第十五条　发审委委员审核股票发行申请文件时，有下列情形之一的，应及时提出回避：

（一）发审委委员或者其亲属担任发行人或者保荐人的董事（含独立董事，下同）、监事、经理或者其他高级管理人员的；

（二）发审委委员或者其亲属、发审委委员所在工作单位持有发行人的股票，可能影响其公正履行职责的；

（三）发审委委员或者其所在工作单位近两年来为发行人提供保荐、承销、审计、评估、法律、咨询等服务，可能妨碍其公正履行职责的；

（四）发审委委员或者其亲属担任董事、监事、经理或者其他高级管理人员的公司与发行人或者保荐人有行业竞争关系，经认定可能影响其公正履行职责的；

（五）发审委会议召开前，与本次所审核发行人及其他相关单位或者个人进行过接触，可能影响其公正履行职责的；

（六）中国证监会认定的可能产生利害冲突或者发审委委员认为可能影响其公正履行职责的其他情形。

前款所称亲属，是指发审委委员的配偶、父母、子女、兄弟姐妹、配偶的父母、子女的配偶、兄弟姐妹的配偶。

第十六条 发行人及其他相关单位和个人如果认为发审委委员与其存在利害冲突或者潜在的利害冲突，可能影响发审委委员公正履行职责的，可以在报送发审委会议审核的股票发行申请文件时，向中国证监会提出要求有关发审委委员予以回避的书面申请，并说明理由。

中国证监会根据发行人及其他相关单位和个人提出的书面申请，决定相关发审委委员是否回避。

第十七条 发审委委员接受聘任后，应当承诺遵守中国证监会有关对发审委委员的规定和纪律要求，认真履行职责，接受中国证监会的考核和监督。

第四章 发审委会议

第一节 一般规定

第十八条 发审委通过召开发审委会议进行审核工作。

第十九条 发审委会议表决采取记名投票方式。表决票设同意票和反对票，发审委委员不得弃权。发审委委员在投票时应当在表决票上说明理由。

第二十条 发审委委员应依据法律、行政法规和中国证监会的规定，结合自身的专业知识，独立、客观、公正地对股票发行申请进行审核。

发审委委员应当以审慎、负责的态度，全面审阅发行人的股票发行申请文件和中国证监会有关职能部门出具的初审报告。在审核时，发审委委员应当在工作底稿上填写个人审核意见：

（一）发审委委员对初审报告中提请发审委委员关注的问题和审核意见有异议的，应当在工作底稿上对相关内容提出有依据、明确的审核意见；

（二）发审委委员认为发行人存在初审报告提请关注问题以外的其他问题的，应当在工作底稿上提出有依据、明确的审核意见；

（三）发审委委员认为发行人存在尚待调查核实并影响明确判断的重大问题的，应当在工作底稿上提出有依据、明确的审核意见。

发审委委员在发审委会议上应当根据自己的工作底稿发表个人审核意见，同时应当根据会议讨论情况，完善个人审核意见并在工作底稿上予以记录。

发审委会议在充分讨论的基础上，形成会议对发行人股票发行申请的审核意见，并对发行人的股票发行申请是否符合相关条件进行表决。

第二十一条 发审委会议召集人按照中国证监会的有关规定负责召集发审委会议，组织发审委委员发表意见、讨论，总结发审委会议审核意见和组织投票等事项。

发审委会议结束后，参会发审委委员应当在会议记录、审核意见、表决结果等会议资料上签名确认，同时提交工作底稿。

第二十二条 发审委会议对发行人的股票发行申请形成审核意见之前，可以请发行人代表和保荐代表人到会陈述和接受发审委委员的询问。

第二十三条 发审委会议对发行人的股票发行申请只进行一次审核。

出现发审委会议审核意见与表决结果有明显差异或者发审委会议表决结果显失公正情况的，中国证监会可以进行调查，并依法做出核准或者不予核准的决定。

第二十四条 中国证监会有关职能部门负责安排发审委会议、送达有关审核材料、对发审委会议讨论情况进行记录、起草发审委会议纪要、保管档案等具体工作。

第二十五条 发审委会议根据审核工作需要，可以邀请发审委委员以外的行业专家到会提供专业咨询意见。发审委委员以外的行业专家没有表决权。

第二十六条 发审委每年应当至少召开一次全体会议，对审核工作进行总结。

第二节 普通程序

第二十七条 发审委会议审核发行人公开发行股票申请和可转换公司债券等中国证监会认可的其他公开发行证券申请，适用本节规定。

第二十八条 中国证监会有关职能部门应当在发审委会议召开五日前，将会议通知、股票发行申请文件及中国证监会有关职能部门的初审报告送达参会发审委委员，并将发审委会议审核的发行人名单、会议时间、发行人承诺函和参会发审委委员名单在中国证监会网站上公布。

第二十九条 每次参加发审委会议的发审委委员为七名。表决投票时同意票数达到五票为通过，同意票数未达到五票为未通过。

第三十条 发审委委员发现存在尚待调查核实并影响明确判断的重大问题，应当在发审委会议前以书面方式提议暂缓表决。发审委会议首先对该股票发行申请是否需要暂缓表决进行投票，同意票数达到五票的，可以对该股票发行申请暂缓表决；同意票数未达到五票的，发审委会议按正常程序对该股票发行申请进行审核。

暂缓表决的发行申请再次提交发审委会议审核时，原则上仍由原发审委委员审核。

发审委会议对发行人的股票发行申请只能暂缓表决一次。

第三十一条 发审委会议对发行人的股票发行申请投票表决后，中国证监会在网站上公布表决结果。

发审委会议对发行人股票发行申请作出的表决结果及提出的审核意见，中国证监会有关职能部门应当向发行人聘请的保荐人进行书面反馈。

第三十二条 在发审委会议对发行人的股票发行申请表决通过后至中国证监会核准前，发行人发生了与所报送的股票发行申请文件不一致的重大事项，中国证监会有关职能部门可以提请发审委召开会后事项发审委会议，对该发行人的股票发行申请文件重新进行审核。会后事项发审委会议的参会发审委委员不受是否审核过该发行人的股票发行申请的限制。

第三节 特别程序

第三十三条 发审委会议审核上市公司非公开发行股票申请和中国证监会认可的其他非公开发行证券申请，适用本节规定。

第三十四条 中国证监会有关职能部门应当在发审委会议召开前，将会议通知、股票发行申请文件及中国证监会有关职能部门的初审报告送达参会发审委委员。

第三十五条 每次参加发审委会议的委员为五名。表决投票时同意票数达到三票为通过，同意票数未达到三票为未通过。

第三十六条 发审委委员在审核上市公司非公开发行股票申请和中国证监会认可的其他非公开发行证券申请时，不得提议暂缓表决。

第三十七条 中国证监会不公布发审委会议审核的发行人名单、会议时间、发行人承诺函、参会发审委委员名单和表决结果。

第五章 对发审委审核工作的监督

第三十八条 中国证监会对发审委实行问责制度。出现发审委会议审核意见与表决结果有明显差异的，中国证监会可以要求所有参会发审委委员分别作出解释和说明。

第三十九条 发审委委员存在违反本办法第十三条规定的行为，或者存在对所参加发审委会议应当回避而未提出回避等其他违反发审委工作纪律的行为的，中国证监会应当根据情节轻重对有关发审委委员分别予以谈话提醒、批评、解聘等处理。

第四十条 中国证监会建立对发审委委员违法、违纪行为的举报监督机制。

对有线索举报发审委委员存在违法、违纪行为的，中国证监会应当进行调查，根据调查结果对有关发审委委员分别予以谈话提醒、批评、解聘等处理；涉嫌犯罪的，依法移交司法机关处理。

第四十一条 中国证监会对发审委委员的批评可以在新闻媒体上公开。

第四十二条 在发审委会议召开前，有证据表明发行人、其他相关单位或者个人直接或者间接以不正当手段影响发审委委员对发行人股票发行申请的判断，或者以其他方式干扰发审委委员审核的，中国证监会可以暂停对有关发行人的发审委会议审核。

发行人股票发行申请通过发审委会议后，有证据表明发行人、其他相关单位或者个人直接或者间接以不正当手段影响发审委委员对发行人股票发行申请的判断的，或者以其他方式干扰发审委委员审核的，中国证监会可以暂停核准；情节严重的，中国证监会不予核准。

第四十三条 发行人聘请的保荐人有义务督促发行人遵守本办法的有关规定。保荐人唆使、协助或者参与干扰发审委工作的，中国证监会按照有关规定在三个月内不受理该保荐人的推荐。

第六章 附 则

第四十四条 本办法自 2006 年 5 月 9 日起施行。《中国证券监督管理委员会股票发行审核委员会暂行办法》（证监会令第 16 号）同时废止。

开放式证券投资基金销售费用管理规定

（2009 年 12 月 14 日证监会公告〔2009〕32 号公布，根据 2013 年 6 月 6 日证监会公告〔2013〕26 号《关于修改〈开放式证券投资基金销售费用管理规定〉的决定》修订）

第一章　总　则

第一条　为维护开放式证券投资基金销售的市场秩序，保护开放式证券投资基金投资人的合法权益，促进证券投资基金业的健康发展，根据《证券投资基金法》、《证券投资基金销售管理办法》（证监会令第 91 号），制定本规定。

第二条　本规定所称基金是指依据《证券投资基金法》并经中国证监会注册的公开募集开放式证券投资基金。

本规定所称基金销售机构是指办理基金销售业务的基金管理人以及经中国证监会注册取得基金销售业务资格的其他机构。

本规定所称基金销售费用，是指基金销售机构在中华人民共和国境内，发售基金份额以及办理基金份额的申购、赎回等销售活动中收取的费用。

创新型封闭式基金以及中国证监会规定的其他基金品种，参照本规定执行。

第三条　基金管理人应当依据有关法律法规及本规定，设定科学合理、简单清晰的基金销售费用结构和费率水平，不断完善基金销售信息披露，防止不正当竞争。

第四条　基金销售机构应当依据有关法律法规及本规定，建立健全对基金销售费用的监督和控制机制，持续提高对基金投资人的服务质量，保证公平、有序、规范地开展基金销售业务。

第二章　基金销售费用结构和费率水平

第五条　基金销售费用包括基金的申购（认购）费、赎回费和销售服务费。

第六条　基金管理人发售基金份额、募集基金，可以收取认购费。

基金管理人办理基金份额的申购，可以收取申购费。

认购费和申购费可以采用在基金份额发售或者申购时收取的前端收费方式，也可以采用在赎回时从赎回金额中扣除的后端收费方式。

基金管理人可以对选择前端收费方式的投资人根据其申购（认购）金额的数量适用不同的前端申购（认购）费率标准。

基金管理人可以对选择后端收费方式的投资人根据其持有期限适用不同的后端申购（认购）费

率标准。对于持有期低于 3 年的投资人，基金管理人不得免收其后端申购（认购）费用。

第七条　基金管理人办理开放式基金份额的赎回应当收取赎回费。

对于除本条第三款规定之外的股票基金和混合基金，基金管理人应当在基金合同、招募说明书中约定按照以下费用标准收取赎回费：

（一）收取销售服务费的，对持续持有期少于 30 日的投资人收取不低于 0.5%的赎回费，并将上述赎回费全额计入基金财产；

（二）不收取销售服务费的，对持续持有期少于七日的投资人收取不低于 1.5%的赎回费，对持续持有期少于 30 日的投资人收取不低于 0.75%的赎回费，并将上述赎回费全额计入基金财产；对持续持有期少于三个月的投资人收取不低于 0.5%的赎回费，并将不低于赎回费总额的 75%计入基金财产；对持续持有期长于三个月但少于六个月的投资人收取不低于 0.5%的赎回费，并将不低于赎回费总额的 50%计入基金财产；对持续持有期长于六个月的投资人，应当将不低于赎回费总额的 25%计入基金财产。

对于交易型开放式指数基金（ETF）、上市开放式基金（LOF）、分级基金、指数基金、短期理财产品基金等股票基金、混合基金以及其他类别基金，基金管理人可以参照上述标准在基金合同、招募说明书中约定赎回费的收取标准和计入基金财产的比例。

第八条　基金管理人可以从基金财产中计提一定的销售服务费，专门用于基金的销售与基金持有人的服务。

第九条　基金销售机构可以对基金销售费用实行一定的优惠。

第三章　基金销售费用规范

第十条　基金销售机构应当依据相关法律法规的要求，完善内部控制制度和业务执行系统，健全内部监督和反馈系统，加强后台管理系统对费率的合规控制，强化对分支机构基金销售费用的统一管理和监督。

第十一条　基金销售机构应当按照基金合同和招募说明书的约定向投资人收取销售费用；未经招募说明书载明并公告，不得对不同投资人适用不同费率。

第十二条　基金管理人与基金销售机构应在基金销售协议及其补充协议中约定，双方在申购（认购）费、赎回费、销售服务费等销售费用的分成比例，并据此就各自实际取得的销售费用确认基金销售收入，如实核算、记账，依法纳税。

第十三条　基金销售机构销售基金管理人的基金产品前，应与基金管理人签订销售协议，约定支付报酬的比例和方式。基金管理人与基金销售机构可以在基金销售协议中约定依据销售机构销售基金的保有量提取一定比例的客户维护费，用以向基金销售机构支付客户服务及销售活动中产生的相关费用，客户维护费从基金管理费中列支。

基金管理人和基金销售机构应当在基金销售协议中明确约定销售费用的结算方式和支付方式，除客户维护费外，不得就销售费用签订其他补充协议。

基金管理人不得向销售机构支付非以销售基金的保有量为基础的客户维护费，不得在基金销售协议之外支付或变相支付销售佣金或报酬奖励。

第十四条　基金销售机构在基金销售活动中，不得有下列行为：

（一）在签订销售协议或销售基金的活动中进行商业贿赂；

（二）以排挤竞争对手为目的，压低基金的收费水平；

（三）未经公告擅自变更向基金投资人的收费项目或收费标准，或通过先收后返、财务处理等方式变相降低收费标准；

（四）采取抽奖、回扣或者送实物、保险、基金份额等方式销售基金；

（五）其他违反法律、行政法规的规定，扰乱行业竞争秩序的行为。

第十五条　基金管理人应当在招募说明书及基金份额发售公告中载明以下有关基金销售费用的信息内容：

（一）基金销售费用收取的条件、方式、用途和费用标准；

（二）以简单明了的格式和举例方式向投资人说明基金销售费用水平；

（三）中国证监会规定的其他有关基金销售费用的信息事项。

第十六条　基金管理人应当在基金半年度报告和基金年度报告中披露从基金财产中计提的管理费、托管费、基金销售服务费的金额，并说明管理费中支付给基金销售机构的客户维护费总额。

第十七条　基金管理人应当在每季度的监察稽核报告中列明基金销售费用的具体支付项目和使用情况以及从管理费中支付的客户维护费总额。

第四章　附　则

第十八条　中国证监会依法对基金销售机构执行本规定的情况进行监督检查，并依据相关法律法规采取行政监管措施或作出行政处罚。

第十九条　本规定自 2013 年 8 月 1 日起施行。

证券投资基金销售机构通过第三方电子商务平台开展业务管理暂行规定

（2013年3月15日，中国证券监督管理委员会公告〔2013〕18号公布，自公布之日起施行）

第一条 为了进一步拓宽公开募集证券投资基金（以下简称基金）的销售渠道，保障基金销售机构在第三方电子商务平台上基金销售活动的安全有序开展，维护基金投资人合法权益，根据《证券投资基金销售管理办法》等有关法律法规，制定本规定。

第二条 本规定所称第三方电子商务平台，是指在通过互联网开展的基金销售活动中，为基金投资人和基金销售机构之间的基金交易活动提供辅助服务的信息系统。

第三条 基金交易账户开户、宣传推介、基金份额的申购（认购）和赎回、相关投资顾问咨询和投诉处理等基金销售服务应当由基金销售机构提供。

第三方电子商务平台可以为基金销售机构开展基金销售业务提供辅助服务。第三方电子商务平台自行开展基金销售业务的，其经营者应当取得基金销售业务资格。

第四条 第三方电子商务平台为基金销售机构的销售业务提供辅助服务的，其经营者应当按照中国证券监督管理委员会（以下简称中国证监会）的规定进行备案；未报中国证监会备案的，第三方电子商务平台经营者不得开展相关业务。

基金销售机构通过第三方电子商务平台开展基金销售业务的，应当于业务开展后五个工作日内报中国证监会备案。

第五条 中国证监会及其派出机构依照法律法规、中国证监会的相关规定，对基金销售机构和第三方电子商务平台经营者的相关行为实施监督管理。中国证监会及其派出机构可以对基金销售机构及第三方电子商务平台经营者的相关行为进行日常监管和现场检查，基金销售机构及第三方电子商务平台经营者应予配合。

第六条 第三方电子商务平台经营者为基金销售业务提供辅助服务的，应当具备下列条件：

（一）为中华人民共和国境内依法设立的企业法人，网站接入地在中华人民共和国境内；

（二）取得互联网行业主管部门颁发的相关电信业务经营许可证满三年；

（三）诚信记录良好，最近三年没有受到重大行政处罚或者刑事处罚；

（四）具有健全的组织机构、业务规则、规章制度，有完善的内部控制和风险管理制度；

（五）具有与电子商务平台经营规模相适应的管理人员、技术人员和客户服务人员；

（六）具有保障电子商务平台安全运行的信息系统，与基金销售机构、相关服务提供商相应的技术系统完成了联网测试；

（七）具有与开展基金销售业务辅助服务相适应的安全管理措施和安全防范技术措施，信息安全保障水平符合国家规定的标准；

（八）符合法律、行政法规规定的其他条件。

第七条　第三方电子商务平台经营者报中国证监会备案的文件应当包括备案报告、工商注册登记资料、电信业务经营许可证、商业计划书、信息技术系统实施方案、内部控制管理制度、与基金销售机构以及投资人之间协议样本、法律意见书等材料。

基金销售机构报中国证监会备案的文件应当包括业务方案、风险管理与应急处理制度、与相关各方签署的合作协议、技术系统联网测试报告等材料。

第八条　基金销售机构通过第三方电子商务平台开展基金销售活动，应当符合法律法规和中国证监会的有关规定，保证基金销售结算资金安全，确保销售适用性原则的贯彻落实。

第九条　通过第三方电子商务平台开展基金销售业务的，基金销售机构应当进行充分评估论证，履行必要的内部决策程序，并制定相应的风险管理和应急处理制度，维护基金投资人合法权益。

第十条　通过第三方电子商务平台开展基金销售活动的，基金销售机构的信息技术系统应当符合中国证监会对基金销售业务信息管理平台的要求，具备基金交易账户与投资人信息管理、基金交易、销售适用性实施、投资人服务等功能。

第三方电子商务平台为基金销售机构的销售服务活动提供技术支持的，其信息技术系统应当符合《证券投资基金销售业务信息管理平台管理规定》和《网上基金销售信息系统技术指引》等的要求。

第十一条　基金销售机构通过第三方电子商务平台开展基金销售活动的，可以自行选择投资人身份认证、支付结算等相关服务提供商。

第十二条　基金销售机构与第三方电子商务平台经营者、投资人身份认证和支付结算等相关服务提供商应当签署合作协议，明确约定各自在基金产品销售、投资人服务、信息安全保障、风险控制、技术支持等方面的权责义务，确保分工清晰、责任明确。

基金销售机构与第三方电子商务平台经营者的合作协议还应当包括协议到期、合作终止以及一方资格被暂停或取消后妥善处理相应业务的方案、违约责任等内容。

因第三方电子商务平台原因导致基金投资人合法权益受到损害的，其经营者应当承担赔偿责任。

第十三条　基金销售机构通过第三方电子商务平台开展基金销售活动的，应当在第三方电子商务平台的醒目位置披露其工商登记信息和基金销售业务资格信息，并提示基金销售服务由基金销售机构提供。

第十四条　第三方电子商务平台经营者应当向基金销售机构提供基金投资人的资料信息，包括但不限于姓名、证件类型、证件号码、联系方式等资料。

第十五条　第三方电子商务平台经营者为基金投资人开立账户的，应当对基金投资人账户进行实名制管理，该账户可以用于基金投资人在第三方电子商务平台完成的基金交易记录的展示。

第十六条　基金销售机构、第三方电子商务平台经营者和相关服务提供商应当保证基金投资人身份资料及交易信息的安全。除法律法规规定的情形外，基金销售机构、第三方电子商务平台经营者和相关服务提供商不得将相关信息泄露给任何机构或者个人。

第十七条　基金销售机构和第三方电子商务平台经营者违反相关法律法规及本规定的，中国证监会可以依法责令整改，暂停办理相关业务，情节严重的，取消业务备案；对直接负责的主管人员和其他直接责任人员，可以采取监管谈话、出具警示函、记入诚信档案等行政监管措施；涉嫌犯罪的，依法移送司法机关，追究其刑事责任。

第十八条　本规定自公布之日起施行。

资产管理机构开展公募证券投资基金管理业务暂行规定

（2013 年 2 月 18 日，中国证券监督管理委员会公告〔2013〕10 号公布，
自 2013 年 6 月 1 日起施行）

第一条 为了规范符合条件的资产管理机构开展公开募集证券投资基金（以下简称基金）管理业务，维护基金份额持有人合法权益，促进基金行业和资本市场持续健康发展，根据《证券法》、《保险法》、《证券投资基金法》等法律法规，制定本规定。

第二条 本规定所称资产管理机构是指在中国境内依法设立的证券公司、保险资产管理公司以及专门从事非公开募集证券投资基金管理业务的资产管理机构（以下简称私募证券基金管理机构）。

第三条 资产管理机构向中国证券监督管理委员会（以下简称中国证监会）申请开展基金管理业务，中国证监会依法核准其业务资格。

第四条 中国证监会及其派出机构依法对资产管理机构从事基金管理业务活动进行监督管理。

中国证券投资基金业协会（以下简称基金业协会）对资产管理机构从事基金管理业务活动实行自律管理。

第五条 申请开展基金管理业务的资产管理机构，应当符合下列条件：

（一）具有三年以上证券资产管理经验，最近三年管理的证券类产品业绩良好；

（二）公司治理完善，内部控制健全，风险管理有效；

（三）最近三年经营状况良好，财务稳健；

（四）诚信合规，最近三年在监管部门无重大违法违规记录，没有因违法违规行为正在被监管部门调查，或者正处于整改期间；

（五）为基金业协会会员；

（六）中国证监会规定的其他条件。

第六条 证券公司申请开展基金管理业务，除符合第五条规定外，还应当符合下列条件：

（一）资产管理总规模不低于 200 亿元或者集合资产管理业务规模不低于 20 亿元；

（二）最近 12 个月各项风险控制指标持续符合规定标准。

第七条 保险资产管理公司申请开展基金管理业务，除符合第五条规定外，还应当符合下列条件：

（一）管理资产规模不低于 200 亿元；

（二）最近一个季度末净资产不低于 5 亿元。

第八条 私募证券基金管理机构申请开展基金管理业务，除符合第五条规定外，还应当符合下列条件：

（一）实缴资本或者实际缴付出资不低于1000万元；

（二）最近三年证券资产管理规模年均不低于20亿元。

第九条 资产管理机构申请开展基金管理业务，应当向中国证监会提交申请材料，中国证监会依法对资产管理机构的申请进行审核。取得基金管理业务资格的，向其核发《基金管理资格证书》。

第十条 资产管理机构开展基金管理业务，应当遵守法律、行政法规、中国证监会的规定，恪守诚信，审慎勤勉，忠实尽责，为基金份额持有人的利益管理和运用基金财产。

第十一条 资产管理机构开展基金管理业务，应当设立专门的基金业务部门，建立独立的基金投资决策流程及相关防火墙制度，有效防范利益输送和利益冲突。

资产管理机构开展基金管理业务，应当有符合要求的信息系统和安全防范设施或者有完善的信息系统、业务外包方案。资产管理机构可以为开展基金管理业务提供研究、风险控制、监察稽核、人力资源管理、信息技术和运营服务等方面的支持。

第十二条 资产管理机构应当建立公平交易和关联交易管理制度，完善公平交易和异常交易监控机制，公平对待管理的不同资产，防范内幕交易。

第十三条 资产管理机构开展基金管理业务，应当有符合法律法规规定的高级管理人员，从事投资、研究业务并取得基金从业资格的专业人员不少于十人。

高级管理人员及其他从业人员应当遵守法律法规，恪守职业道德和行为规范，履行诚实守信、谨慎勤勉的义务，不得从事损害基金份额持有人利益的活动。

第十四条 中国证监会依照法律法规对资产管理机构开展基金管理业务情况进行非现场检查和现场检查。

第十五条 资产管理机构开展基金管理业务违反相关法律法规以及中国证监会规定的，中国证监会依法对资产管理机构及其直接负责的主管人员和其他直接责任人员采取行政监管措施。依法应予行政处罚的，依照有关规定进行行政处罚；涉嫌犯罪的，依法移送司法机关，追究刑事责任。

第十六条 证券公司通过其控股的资产管理子公司开展基金管理业务的，比照本规定执行。

股权投资管理机构、创业投资管理机构等其他资产管理机构符合本规定第五条、第八条规定条件，申请开展基金管理业务的，比照本规定执行。

第十七条 资产管理机构开展基金管理业务，本规定没有规定的，适用《证券投资基金法》及相关法律法规和中国证监会的规定。

第十八条 本规定自2013年6月1日起施行。

附件：资产管理机构申请基金管理业务申请材料清单

附件：

资产管理机构申请基金管理业务申请材料清单

一、对提交申请材料真实、准确、完整、合规的承诺函；

二、申请报告，内容至少包括资产管理机构的基本情况、开展基金管理业务的目的、符合开展基金管理业务资格条件的说明等；

三、可行性研究报告，内容至少包括资产管理机构开展基金管理业务的必要性和可行性，现有资产管理业务开展情况说明、具备的优势条件、基金管理业务发展规划等；

四、资产管理机构按照自身决策程序，同意开展基金管理业务的决议或者决定；

五、资产管理机构开展基金管理业务的组织架构，开展基金管理业务与机构现有资产管理业务的业务隔离、业务共享机制安排、防范利益冲突的机制安排；

六、资产管理机构参股基金管理公司有关情况，直接开展基金管理业务与参股基金管理公司的同业竞争问题考虑、业务协同及总体战略发展安排；

七、符合开展基金管理业务条件的证明材料，包括但不限于：法人资格及业务资格证明文件、最近三年经审计的财务报告、托管机构或者其他机构出具的资产管理规模证明等文件；

八、基金管理业务主要负责人及合规负责人的任职申请材料（参照证券投资基金行业高级管理人员任职资格申请材料提供）；

九、基金管理业务主要管理制度，至少包括投资管理制度、风险控制制度、基金会计制度、信息披露制度、监察稽核制度、业绩评估考核制度、紧急情况处理制度等以及信息系统、业务外包等协议；

十、律师事务所出具的法律意见书；

十一、中国证监会规定的其他文件。

关于前次募集资金使用情况报告的规定

（中国证券监督管理委员会于2007年12月26日发布并实施）

第一条 为规范上市公司前次募集资金使用情况报告的编制行为，保护投资者的合法权益，根据《上市公司证券发行管理办法》（证监会令第30号），制定本规定。

第二条 上市公司申请发行证券，且前次募集资金到账时间距今未满五个会计年度的，董事会应按照本规定编制前次募集资金使用情况报告，对发行申请文件最近一期经审计的财务报告截止日的最近一次（境内或境外）募集资金实际使用情况进行详细说明，并就前次募集资金使用情况报告作出决议后提请股东大会批准。

董事会应保证前次募集资金使用情况报告的内容真实、准确、完整，不存在虚假记载、误导性陈述或重大遗漏。

第三条 前次募集资金使用情况报告在提请股东大会批准前应由具有证券、期货相关业务资格的会计师事务所按照《中国注册会计师其他鉴证业务准则第3101号——历史财务信息审计或审阅以外的鉴证业务》的相关规定出具鉴证报告。

注册会计师应当以积极方式对前次募集资金使用情况报告是否已经按照本规定编制以及是否如实反映了上市公司前次募集资金使用情况发表鉴证意见。

第四条 前次募集资金使用情况报告应说明前次募集资金的数额、资金到账时间以及资金在专项账户的存放情况（至少应当包括初始存放金额、截止日余额）。

第五条 前次募集资金使用情况报告应通过与前次募集说明书或非公开发行股票相关信息披露文件中关于募集资金运用的相关披露内容进行逐项对照，以对照表的方式对比说明前次募集资金实际使用情况，包括（但不限于）投资项目、项目中募集资金投资总额、截止日募集资金累计投资额、项目达到预定可使用状态日期或截止日项目完工程度。

前次募集资金实际投资项目发生变更的，应单独说明变更项目的名称、涉及金额及占前次募集资金总额的比例、变更原因、变更程序、批准机构及相关披露情况；前次募集资金项目的实际投资总额与承诺存在差异的，应说明差异内容和原因。

前次募集资金投资项目已对外转让或置换的（前次募集资金投资项目在上市公司实施重大资产重组中已全部对外转让或置换的除外），应单独说明在对外转让或置换前使用募集资金投资该项目的金额、投资项目完工程度和实现效益，转让或置换的定价依据及相关收益，转让价款收取和使用情况，置换进入资产的运行情况（至少应当包括资产权属变更情况、资产账面价值变化情况、生产经营情况和效益贡献情况）。

临时将闲置募集资金用于其他用途的，应单独说明使用闲置资金金额、用途、使用时间、批准机构、批准程序以及收回情况。前次募集资金未使用完毕的，应说明未使用金额及占前次募集资金总额的比例、未使用完毕的原因以及剩余资金的使用计划和安排。

第六条 前次募集资金使用情况报告应通过与前次募集说明书或非公开发行股票相关信息披露文件中关于募集资金投资项目效益预测的相关披露内容进行逐项对照，以对照表的方式对比说明前次募集资金投资项目最近三年实现效益的情况，包括（但不限于）实际投资项目、截止日投资项目累计产能利用率、投资项目承诺效益、最近三年实际效益、截止日累计实现效益、是否达到预计效益。实现效益的计算口径、计算方法应与承诺效益的计算口径、计算方法一致，并在前次募集资金使用情况报告中明确说明。

前次募集资金投资项目无法单独核算效益的，应说明原因，并就该投资项目对公司财务状况、经营业绩的影响作定性分析。

募集资金投资项目的累计实现的收益低于承诺的累计收益 20%（含 20%）以上的，应对差异原因进行详细说明。

第七条 前次发行涉及以资产认购股份的，前次募集资金使用情况报告应对该资产运行情况予以详细说明。该资产运行情况至少应当包括资产权属变更情况、资产账面价值变化情况、生产经营情况、效益贡献情况、是否达到盈利预测以及承诺事项的履行情况。

第八条 前次募集资金使用情况报告应将募集资金实际使用情况与公司定期报告和其他信息披露文件中披露的有关内容做逐项对照，并说明实际情况与披露内容是否存在差异。如有差异，应详细说明差异内容和原因。

第九条 前次募集资金使用情况报告和会计师事务所鉴证报告均为上市公司证券发行申请文件的必备内容。

第十条 本规定自发布之日起实施。原《前次募集资金使用情况专项报告指引》（2001 年 4 月 10 日证监公司字〔2001〕42 号）同时废止。

保险机构销售证券投资基金管理暂行规定

（2013 年 6 月 3 日，中国证券监督管理委员会公告〔2013〕25 号公布，
自公布之日起施行）

第一章　总　则

第一条　为了规范保险机构参与公开募集证券投资基金（以下简称基金）销售业务，根据《保险法》、《证券投资基金法》、《证券投资基金销售管理办法》（证监会令第 91 号）等法律法规，制定本规定。

第二条　本规定所称保险机构，是指在中华人民共和国境内经中国保险监督管理委员会（以下简称中国保监会）批准设立的保险公司、保险经纪公司和保险代理公司。

第三条　中国证券监督管理委员会（以下简称中国证监会）和中国保监会及各自派出机构负责保险机构销售基金的综合协调和监督管理工作。

第四条　保险机构办理基金销售业务的相关要求，本规定未明确的，适用《证券投资基金销售管理办法》和其他有关法律法规的规定。

第二章　销售业务资格申请

第五条　保险公司申请基金销售业务资格应当具备下列条件：

（一）符合《证券投资基金销售管理办法》第九条规定的条件；

（二）有专门负责基金销售业务的部门；

（三）注册资本不低于五亿元人民币；

（四）偿付能力充足率符合中国保监会的有关规定；

（五）没有因违法违规行为正在被监管机构调查或者正处于整改期间，最近三年内没有受到重大行政处罚或者刑事处罚；

（六）没有发生已经影响或者可能影响公司正常运作的重大变更或者诉讼、仲裁等重大事项；

（七）公司负责基金销售业务的部门取得基金从业资格的人员不低于该部门员工人数的 1/2，负责基金销售业务的部门管理人员取得基金从业资格，熟悉基金销售业务，并具备从事基金业务两年以上或者在其他金融相关机构五年以上的工作经历；公司主要分支机构基金销售业务负责人均已取得基金从业资格；

（八）取得基金从业资格的人员不少于 30 人。

第六条　保险经纪公司和保险代理公司申请基金销售业务资格应当具备下列条件：

（一）符合《证券投资基金销售管理办法》第九条规定的条件；

（二）有专门负责基金销售业务的部门；

（三）注册资本不低于 5000 万元人民币，且必须为实缴货币资本；

（四）公司负责基金销售业务的高级管理人员已取得基金从业资格，熟悉基金销售业务，并具备从事基金业务两年以上或者在其他金融相关机构五年以上的工作经历；

（五）没有因违法违规行为正在被监管机构调查或者正处于整改期间，最近三年内没有受到重大行政处罚或者刑事处罚；

（六）没有发生已经影响或者可能影响公司正常运作的重大变更或者诉讼、仲裁等重大事项；

（七）公司负责基金销售业务的部门取得基金从业资格的人员不低于该部门员工人数的 1/2，负责基金销售业务的部门管理人员取得基金从业资格，熟悉基金销售业务，并具备从事基金业务两年以上或者在其他金融相关机构五年以上的工作经历；公司主要分支机构基金销售业务负责人均已取得基金从业资格；

（八）取得基金从业资格的人员不少于十人。

第七条 申请基金销售业务资格的保险机构，应当按照中国证监会的规定提交申请材料。中国证监会依照《行政许可法》的规定，受理基金销售业务资格的申请并进行审查，做出决定。

中国证监会在审核保险机构基金销售业务资格申请时，应当征求中国保监会的意见。

第三章 销售业务规范

第八条 保险机构未取得基金销售业务资格，不得办理基金的销售或者相关业务。取得基金销售业务资格的保险机构不得委托其他机构代为办理基金销售业务。基金管理公司不得委托没有取得基金销售业务资格的保险机构办理基金的销售或者相关业务。

取得基金销售业务资格的保险机构，应当将机构的基本信息报中国证监会、中国保监会备案，将参与基金销售业务的分支机构（网点）基本信息报分支机构（网点）所在地中国证监会、中国保监会派出机构备案，并予以定期更新。

第九条 保险机构办理基金销售业务，应当与基金管理公司签订书面销售协议，明确双方的权利和义务。未经签订书面销售协议，保险机构不得办理基金销售业务。

保险机构选择合作基金管理公司时，应当充分考虑其投资管理能力、内部控制情况、经营管理能力和诚信状况等。

基金管理公司选择合作保险机构时，应当充分考虑其内部控制情况、经营管理能力、销售能力和诚信状况等。

第十条 保险机构使用的基金销售业务信息管理平台应当符合中国证监会对基金销售业务信息管理平台的有关要求。

第十一条 保险机构在销售基金和相关产品的过程中，应当坚持基金投资人利益优先原则，注重根据基金投资人的风险承受能力销售不同风险等级的产品，把合适的产品销售给合适的投资人。

第十二条 保险机构销售基金应当符合中国证监会对基金销售结算资金管理的有关要求，其归集的基金销售结算资金应当与保险机构自有资产进行有效隔离。

保险机构销售基金时应当采用非现金交易方式，禁止保险机构或者销售人员接受基金投资人用于基金投资的现金。

第十三条 保险机构及基金销售人员在办理基金销售业务时应当向基金投资人明示基金产品与保险产品的不同风险特征，不得采取抽奖、回扣或者送实物、保险、基金份额等方式销售基金，避免误导基金投资人。

第十四条　保险机构应当按照基金合同、招募说明书和基金销售服务协议的约定向基金投资人收取销售费用，不得向基金投资人收取额外费用；未经招募说明书载明并公告，不得对不同投资人适用不同费率。

第十五条　保险机构应当按照法律法规和基金招募说明书规定的时间办理基金销售业务，对于基金投资人交易时间外的申请均作为下一交易日交易处理。保险机构应当在交易被拒绝或者确认失败时主动通知基金投资人。

第十六条　保险机构应当按照中国证监会对基金宣传推介材料管理的有关要求，加强对宣传推介材料的管理。

第四章　销售人员管理

第十七条　符合以下条件的保险机构销售人员，可以在保险机构授权范围内，从事基金销售业务：

（一）符合中国保监会关于保险销售从业人员资质条件的相关规定；

（二）具有本规定第十八条规定的基金销售业务资格；

（三）最近一年未受过行政处罚或者刑事处罚；

（四）具有在保险机构两年以上工作经历。

第十八条　保险机构的基金销售人员应当通过以下方式获取基金销售从业资质：

（一）通过证券业从业人员资格考试中的“证券市场基础知识”和“证券投资基金”两科考试；

（二）通过基金销售人员从业考试即“证券投资基金销售基础知识”一科，获得基金销售人员从业考试成绩合格证。

符合上述两项情形之一的人员，经所在保险机构向中国证券投资基金业协会注册后，可以获得基金销售业务资格。任何销售人员未经所在保险机构向中国证券投资基金业协会注册，不得办理基金销售和相关业务。

第十九条　保险机构的基金销售人员只能在一个保险机构从事基金销售业务，不得在其他机构兼职从事基金销售业务。

保险机构的基金销售人员在开展基金宣传推介、基金理财业务咨询等活动时，应当通过适当的方式向基金投资人出示基金销售业务资格及其他证明文件。

第二十条　保险机构应当按照中国证券投资基金业协会的有关规定开展基金销售人员从业资格管理工作。基金销售人员离职时，保险机构应当向中国证券投资基金业协会办理注销手续。

保险机构和基金管理公司应当加强对基金销售人员的培训，确保基金销售人员熟悉所销售产品的特性，全面客观地介绍产品的风险收益特征。

第二十一条　保险机构的基金销售人员在保险机构授权范围内办理基金销售业务的，由保险机构承担责任；保险机构的基金销售人员没有代理权、超越代理权或者代理权终止后以保险机构名义销售基金，基金投资人有理由相信其有代理权的，由保险机构承担责任。

第二十二条　保险机构的基金销售人员从事基金销售活动，不得有以下情形：

（一）在销售活动中为自己或者他人牟取不正当利益；

（二）同意或者默许他人以其本人或者所在机构的名义从事基金销售业务；

（三）违规接受投资者全权委托，直接代理客户进行基金认购、申购、赎回等交易；

（四）违规对投资者做出盈亏承诺，与投资者以口头或者书面形式约定利益分成、亏损分担；

（五）挪用投资者的交易资金或者基金份额；

（六）散布虚假信息，扰乱市场秩序；

（七）诋毁其他基金、基金销售机构或者基金销售人员；

（八）以账外暗中给予他人财物、利益，或者接受他人给予的财物、利益等形式进行商业贿赂。

第五章 监督管理

第二十三条 保险机构基金销售业务可能存在违反本规定的情形时，中国证监会、中国保监会及其派出机构可以进行现场检查，并依法对违法违规行为采取监管措施，追究相应责任，并给予相应处罚。

中国证监会、中国保监会及其派出机构对保险机构销售基金业务可以进行联合现场检查。

第二十四条 保险机构、基金管理公司及其分支机构或者其从业人员违反本规定，由中国证监会、中国保监会及其派出机构依照法律、行政法规、规章进行处罚；涉嫌犯罪的，依法移送司法机关追究刑事责任。

保险机构在办理基金销售业务过程中，出现应当吊销其基金销售业务资格情形的，由中国证监会依照法律、行政法规、规章的规定执行。

保险机构基金销售人员在办理基金销售业务过程中，出现应当吊销其基金销售业务资格情形的，由中国证券投资基金业协会注销其注册。

第二十五条 中国证监会、中国保监会及其派出机构应当加强对保险机构基金销售业务监管的沟通交流，定期沟通和交流保险机构基金销售业务监管信息，及时向对方通报保险机构基金销售业务现场检查及处罚情况。

第六章 附 则

第二十六条 本规定由中国证监会和中国保监会共同解释。

第二十七条 本规定自公布之日起施行。

第三编　证券登记结算政策法规

证券登记结算管理办法

（2006年4月7日中国证券监督管理委员会令第29号公布，根据2009年11月20日中国证券监督管理委员会《关于修改〈证券登记结算管理办法〉的决定》修订）

第一章　总　则

第一条　为了规范证券登记结算行为，保护投资者的合法权益，维护证券登记结算秩序，防范证券登记结算风险，保障证券市场安全高效运行，根据《证券法》、《公司法》等法律、行政法规的规定，制定本办法。

第二条　在证券交易所上市的股票、债券、证券投资基金份额等证券及证券衍生品种（以下统称证券）的登记结算，适用本办法。

非上市证券的登记结算业务，参照本办法执行。

境内上市外资股的登记结算业务，法律、行政法规、中国证券监督管理委员会（以下简称中国证监会）另有规定的，从其规定。

第三条　证券登记结算活动必须实行公开、公平、公正、安全、高效的原则。

第四条　证券登记结算机构是为证券交易提供集中登记、存管与结算服务，不以营利为目的的法人。

证券登记结算业务采取全国集中统一的运营方式，由证券登记结算机构依法集中统一办理。

证券登记结算机构实行行业自律管理。

第五条　证券登记结算活动必须遵守法律、行政法规、中国证监会的规定以及证券登记结算机构依法制定的业务规则。

第六条　中国证监会依法对证券登记结算机构及证券登记结算活动进行监督管理。

第二章　证券登记结算机构

第七条　证券登记结算机构的设立和解散，必须经中国证监会批准。

第八条　证券登记结算机构履行下列职能：

（一）证券账户、结算账户的设立和管理；

（二）证券的存管和过户；

（三）证券持有人名册登记及权益登记；

（四）证券和资金的清算交收及相关管理；

（五）受发行人的委托派发证券权益；

（六）依法提供与证券登记结算业务有关的查询、信息、咨询和培训服务；

（七）中国证监会批准的其他业务。

第九条 证券登记结算机构不得从事下列活动：

（一）与证券登记结算业务无关的投资；

（二）购置非自用不动产；

（三）在本办法第六十五条、第六十六条规定之外买卖证券；

（四）法律、行政法规和中国证监会禁止的其他行为。

第十条 证券登记结算机构的下列事项，应当报中国证监会批准：

（一）章程、业务规则的制定和修改；

（二）重大国际合作与交流活动、涉港澳台重大事务；

（三）与证券登记结算有关的主要收费项目和标准的制定或调整；

（四）董事长、副董事长、总经理和副总经理的任免；

（五）依法应当报中国证监会批准的其他事项。

前款第（一）项中所称的业务规则，是指证券登记结算机构的证券账户管理、证券登记、证券托管与存管、证券结算、结算参与人管理等与证券登记结算业务有关的业务规则。

第十一条 证券登记结算机构的下列事项和文件，应当向中国证监会报告：

（一）业务实施细则；

（二）制定或修改业务管理制度、业务复原计划、紧急应对程序；

（三）办理新的证券品种的登记结算业务，变更登记结算业务模式；

（四）结算参与人和结算银行资格的取得和丧失等变动情况；

（五）发现重大业务风险和技术风险，发现重大违法违规行为，或涉及重大诉讼；

（六）任免分公司总经理、公司总经理助理、公司部门负责人；

（七）有关经营情况和国家有关规定执行情况的年度工作报告；

（八）经会计师事务所审计的年度财务报告，财务预决算方案和重大开支项目，聘请或更换会计师事务所；

（九）与证券交易所签订的主要业务合作协议，与证券发行人、结算参与人和结算银行签订的各项业务协议的样本格式；

（十）中国证监会要求报告的其他事项和文件。

第十二条 证券登记结算机构应当妥善保存登记、存管和结算的原始凭证及有关文件和资料。其保存期限不得少于20年。

第十三条 证券登记结算机构对其所编制的与证券登记结算业务有关的数据和资料进行专属管理；未经证券登记结算机构同意，任何组织和个人不得将其专属管理的数据和资料用于商业目的。

第十四条 证券登记结算机构及其工作人员依法对与证券登记结算业务有关的数据和资料负有保密义务。

对与证券登记结算业务有关的数据和资料，证券登记结算机构应当拒绝查询，但有下列情形之一的，证券登记结算机构应当依法办理：

（一）证券持有人查询其本人的有关证券资料；

（二）证券发行人查询其证券持有人名册及有关资料；

（三）证券交易所、中国金融期货交易所依法履行职责要求证券登记结算机构提供相关数据和资料；

（四）人民法院、人民检察院、公安机关和中国证监会依照法定的条件和程序进行查询和取证。

证券登记结算机构应当采取有效措施，方便证券持有人查询其本人证券的持有记录。

第十五条　证券登记结算机构应当公开业务规则、与证券登记结算业务有关的主要收费项目和标准。

证券登记结算机构制定或者变更业务规则、调整证券登记结算主要收费项目和标准等，应当征求相关市场参与人的意见。

第十六条　证券登记结算机构工作人员必须忠于职守、依法办事、不得利用职务便利谋取不正当利益，不得泄露所知悉的有关单位和个人的商业秘密。

证券登记结算机构违反《证券法》及本办法规定的，中国证监会依法予以行政处罚；对直接负责的主管人员和其他直接责任人员，依法给予行政处分。

第三章　证券账户的管理

第十七条　投资者通过证券账户持有证券，证券账户用于记录投资者持有证券的余额及其变动情况。

第十八条　证券应当记录在证券持有人本人的证券账户内，但依据法律、行政法规和中国证监会的规定，证券记录在名义持有人证券账户内的，从其规定。

证券登记结算机构为依法履行职责，可以要求名义持有人提供其名下证券权益拥有人的相关资料。

第十九条　投资者开立证券账户应当向证券登记结算机构提出申请。

前款所称投资者包括中国公民、中国法人、中国合伙企业及法律、行政法规、中国证监会规章规定的其他投资者。

投资者申请开立证券账户应当保证其提交的开户资料真实、准确、完整。

第二十条　证券登记结算机构可以直接为投资者开立证券账户，也可以委托证券公司代为办理。

证券登记结算机构为投资者开立证券账户，应当遵循方便投资者和优化配置账户资源的原则。

第二十一条　证券公司代理开立证券账户，应当向证券登记结算机构申请取得开户代理资格。

证券公司代理开立证券账户，应当根据证券登记结算机构的业务规则，对投资者提供的有效身份证明文件原件及其他开户资料的真实性、准确性、完整性进行审核，并应当妥善保管相关开户资料，保管期限不得少于20年。

第二十二条　投资者不得将本人的证券账户提供给他人使用。

第二十三条　证券登记结算机构应当根据业务规则，对开户代理机构开立证券账户的活动进行监督。开户代理机构违反业务规则的，证券登记结算机构可以根据业务规则暂停、取消其开户代理资格，并提请中国证监会按照相关规定采取暂停或撤销其相关证券业务许可；对直接负责的主管人员和其他直接责任人员，单处或并处警告、罚款、撤销任职资格或证券从业资格等处罚措施。

第二十四条　证券公司应当掌握其客户的资料及资信状况，并对其客户证券账户的使用情况进行监督。证券公司发现其客户在证券账户使用过程中存在违规行为的，应当按照证券登记结算机构的业务规则处理，并及时向证券登记结算机构和证券交易所报告。涉及法人以他人名义设立证券账户或者利用他人证券账户买卖证券的，还应当向中国证监会报告，由中国证监会依法予以处罚。

第二十五条　投资者在证券账户开立和使用过程中存在违规行为的，证券登记结算机构应当依法对违规证券账户采取限制使用、注销等处置措施。

第四章　证券的登记

第二十六条　上市证券的发行人，应当委托证券登记结算机构办理其所发行证券的登记业务。

证券登记结算机构应当与委托其办理证券登记业务的证券发行人签订证券登记及服务协议，明确双方的权利与义务。

证券登记结算机构应当制定并公布证券登记及服务协议的范本。

证券登记结算机构可以根据政府债券主管部门的要求办理上市政府债券的登记业务。

第二十七条　证券登记结算机构根据证券账户的记录，确认证券持有人持有证券的事实，办理证券持有人名册的登记。

第二十八条　证券公开发行后，证券发行人应当向证券登记结算机构提交已发行证券的证券持有人名册及其他相关资料。证券登记结算机构据此办理证券持有人名册的初始登记。

证券发行人应当保证其所提交资料的合法、真实、准确、完整。证券登记结算机构不承担由于证券发行人原因导致证券持有人名册及其他相关资料有误而产生的损失和法律后果。

第二十九条　证券在证券交易所上市交易的，证券登记结算机构应当根据证券交易的交收结果办理证券持有人名册的变更登记。

证券以协议转让、继承、捐赠、强制执行、行政划拨等方式转让的，证券登记结算机构根据业务规则变更相关证券账户的余额，并相应办理证券持有人名册的变更登记。

证券因质押、锁定、冻结等原因导致其持有人权利受到限制的，证券登记结算机构应当在证券持有人名册上加以标记。

第三十条　证券登记结算机构应当保证证券持有人名册和登记过户记录真实、准确、完整，不得隐匿、伪造或者毁损。

第三十一条　证券登记结算机构应当按照业务规则和协议定期向证券发行人发送其证券持有人名册及有关资料。

第三十二条　证券发行人申请办理权益分派等代理服务的，应当按照业务规则和协议向证券登记结算机构提交有关资料并支付款项。

证券发行人未及时履行上述义务的，证券登记结算机构有权推迟或不予办理，证券发行人应当及时发布公告说明有关情况。

第三十三条　证券发行人或者其清算组等终止证券登记及相关服务协议的，证券登记结算机构应当依法向其交付证券持有人名册及其他登记资料。

第五章　证券的托管和存管

第三十四条　投资者应当委托证券公司托管其持有的证券，证券公司应当将其自有证券和所托管的客户证券交由证券登记结算机构存管，但法律、行政法规和中国证监会另有规定的除外。

第三十五条　证券登记结算机构为证券公司设立客户证券总账和自有证券总账，用以统计证券公司交存的客户证券和自有证券。

证券公司应当委托证券登记结算机构维护其客户及自有证券账户，但法律、行政法规和中国证监会另有规定的除外。

第三十六条　投资者买卖证券，应当与证券公司签订证券交易、托管与结算协议。

证券登记结算机构应当制定和公布证券交易、托管与结算协议中与证券登记结算业务有关的必备条款。必备条款应当包括但不限于以下内容：

（一）证券公司根据客户的委托，按照证券交易规则提出交易申报，根据成交结果完成其与客户的证券和资金的交收，并承担相应的交收责任；客户应当同意集中交易结束后，由证券公司委托证券登记结算机构办理其证券账户与证券公司证券交收账户之间的证券划付；

（二）实行质押式回购交易的，投资者和证券公司应当按照业务规则的规定向证券登记结算机构提交用于回购的质押券。投资者和证券公司之间债权债务关系不影响证券登记结算机构按照业务规则对证券公司提交的质押券行使质押权；

（三）客户出现资金交收违约时，证券公司可以委托证券登记结算机构将客户净买入证券划付到其证券处置账户内，并要求客户在约定期限内补足资金。客户出现证券交收违约时，证券公司可以将相当于证券交收违约金额的资金暂不划付给该客户。

第三十七条　证券公司应当将其与客户之间建立、变更和终止证券托管关系的事项报送证券登记结算机构。

证券登记结算机构应当对上述事项加以记录。

第三十八条　客户要求证券公司将其持有证券转由其他证券公司托管的，相关证券公司应当依据证券交易所及证券登记结算机构有关业务规则予以办理，不得拒绝，但有关法律、行政法规和中国证监会另有规定的除外。

第三十九条　证券公司应当采取有效措施，保证其托管的证券的安全，禁止挪用、盗卖。

证券登记结算机构应当采取有效措施，保证其存管的证券的安全，禁止挪用、盗卖。

第四十条　证券的质押、锁定、冻结或扣划，由托管证券的证券公司和证券登记结算机构按照证券登记结算机构的相关规定办理。

第六章　证券和资金的清算交收

第四十一条　证券公司参与证券和资金的集中清算交收，应当向证券登记结算机构申请取得结算参与人资格，与证券登记结算机构签订结算协议，明确双方的权利与义务。

没有取得结算参与人资格的证券公司，应当与结算参与人签订委托结算协议，委托结算参与人代其进行证券和资金的集中清算交收。

证券登记结算机构应当制定并公布结算协议和委托结算协议范本。

第四十二条　证券登记结算机构应当选择符合条件的商业银行作为结算银行，办理资金划付业务。

结算银行的条件，由证券登记结算机构制定。

第四十三条　证券和资金结算实行分级结算原则。证券登记结算机构负责办理证券登记结算机构与结算参与人之间的集中清算交收；结算参与人负责办理结算参与人与客户之间的清算交收。

第四十四条　证券登记结算机构应当设立证券集中交收账户和资金集中交收账户，用以办理与结算参与人的证券和资金的集中清算交收。

结算参与人应当根据证券登记结算机构的规定，申请开立证券交收账户和资金交收账户用以办理证券和资金的交收。同时经营证券自营业务和经纪业务的结算参与人，应当申请开立自营证券、资金交收账户和客户证券、资金交收账户分别用以办理自营业务的证券、资金交收和经纪业务的证券、资金交收。

第四十五条　证券登记结算机构采取多边净额结算方式的，应当根据业务规则作为结算参与人的共同对手方，按照货银对付的原则，以结算参与人为结算单位办理清算交收。

第四十六条　证券登记结算机构与参与多边净额结算的结算参与人签订的结算协议应当包括下列内容：

（一）对于结算参与人负责结算的证券交易合同，该合同双方结算参与人向对手方结算参与人收取证券或资金的权利，以及向对手方结算参与人支付资金或证券的义务一并转让给证券登记结算机构；

（二）受让前项权利和义务后，证券登记结算机构享有原合同双方结算参与人对其对手方结算参与人的权利，并应履行原合同双方结算参与人对其对手方结算参与人的义务。

第四十七条 证券登记结算机构进行多边净额清算时，应当将结算参与人的证券和资金轧差计算出应收应付净额，并在清算结束后将清算结果及时通知结算参与人。

证券登记结算机构采取其他结算方式的，应当按照相关业务规则进行清算。

第四十八条 集中交收前，结算参与人应当向客户收取其应付的证券和资金，并在结算参与人证券交收账户、结算参与人资金交收账户留存足额证券和资金。

结算参与人与客户之间的证券划付，应当委托证券登记结算机构代为办理。

第四十九条 集中交收过程中，证券登记结算机构应当在交收时点，向结算参与人收取其应付的资金和证券，同时交付其应收的证券和资金。交收完成后不可撤销。

结算参与人未能足额履行应付证券或资金交收义务的，不能取得相应的资金或证券。

对于同时经营自营业务以及经纪业务或资产管理业务的结算参与人，如果其客户资金交收账户资金不足的，证券登记结算机构可以动用该结算参与人自营资金交收账户内的资金完成交收。

第五十条 集中交收后，结算参与人应当向客户交付其应收的证券和资金。

结算参与人与客户之间的证券划付，应当委托证券登记结算机构代为办理。

第五十一条 证券登记结算机构应当在结算业务规则中对结算参与人与证券登记结算机构之间的证券和资金的集中交收以及结算参与人与客户之间的证券和资金的交收期限分别做出规定。

结算参与人应当在规定的交收期限内完成证券和资金的交收。

第五十二条 因证券登记结算机构的原因导致清算结果有误的，结算参与人在履行交收责任后可以要求证券登记结算机构予以纠正，并承担结算参与人遭受的直接损失。

第七章 风险防范和交收违约处理

第一节 风险防范和控制措施

第五十三条 证券登记结算机构应当采取下列措施，加强证券登记结算业务的风险防范和控制：

（一）制定完善的风险防范制度和内部控制制度；

（二）建立完善的技术系统，制定由结算参与人共同遵守的技术标准和规范；

（三）建立完善的结算参与人和结算银行准入标准和风险评估体系；

（四）对结算数据和技术系统进行备份，制定业务紧急应变程序和操作流程。

第五十四条 证券登记结算机构应当与证券交易所相互配合，建立证券市场系统性风险的防范制度。

证券登记结算机构应当与证券交易所签订业务合作协议，明确双方的权利与义务。

第五十五条 证券登记结算机构应当按照结算风险共担的原则，组织结算参与人建立证券结算互保金，用于在结算参与人交收违约时保障交收的连续进行。

证券结算互保金的筹集、使用、管理和补交办法，由证券登记结算机构在业务规则中规定。

第五十六条 证券登记结算机构可以视结算参与人的风险状况，采取要求结算参与人提供交收担保等风险控制措施。

结算参与人提供交收担保的具体标准，由证券登记结算机构根据结算参与人的风险程度确定和调整。

证券登记结算机构应当将结算参与人提交的交收担保物与其自有资产隔离，严格按结算参与人分户管理，不得挪用。

第五十七条 结算参与人可以在其资金交收账户内，存放证券结算备付金用于完成交收。

证券登记结算机构应当将结算参与人存放的结算备付金与其自有资金隔离，严格按结算参与人分户管理，不得挪用。

第五十八条 证券登记结算机构应当对质押式回购实行质押品保管库制度，将结算参与人提交的用于融资回购担保的质押券转移到质押品保管库。

第五十九条 证券登记结算机构收取的下列资金和证券，只能按业务规则用于已成交的证券交易的清算交收，不得被强制执行：

（一）证券登记结算机构收取的证券结算风险基金、证券结算互保金，以及交收担保物、回购质押券等用于担保交收的资金和证券；

（二）证券登记结算机构根据本办法设立的证券集中交收账户、资金集中交收账户、专用清偿账户内的证券和资金以及根据业务规则设立的其他专用交收账户内的证券和资金；

（三）结算参与人证券交收账户、结算参与人证券处置账户等结算账户内的证券以及结算参与人资金交收账户内根据成交结果确定的应付资金；

（四）根据成交结果确定的投资者进入交收程序的应付证券和资金；

（五）证券登记结算机构在银行开设的结算备付金等专用存款账户、新股发行验资专户内的资金，以及发行人拟向投资者派发的债息、股息和红利等。

第六十条 证券登记结算机构可以根据组织管理证券登记结算业务的需要，按照有关规定申请授信额度，或将专用清偿账户中的证券用于申请质押贷款，以保障证券登记结算活动的持续正常进行。

第二节 集中交收的违约处理

第六十一条 证券登记结算机构应当设立专用清偿账户，用于在结算参与人发生违约时存放暂不交付或扣划的证券和资金。

第六十二条 结算参与人发生资金交收违约时，应当按照以下程序办理：

（一）违约结算参与人应当向证券登记结算机构发送证券交收划付指令，在该结算参与人当日全部应收证券中指定相当于已交付资金等额的证券种类、数量及对应的证券账户，由证券登记结算机构交付结算参与人；并指定相当于不足金额的证券种类和数量，由证券登记结算机构暂不交付给结算参与人。

（二）证券登记结算机构在规定期限内收到有效证券交收划付指令的，应当依据结算业务规则将相应证券交付结算参与人，将暂不交付的证券划入专用清偿账户，并通知该结算参与人在规定的期限内补足资金或提交交收担保。

证券登记结算机构在规定期限内未收到有效证券交收划付指令的，属于结算参与人重大交收违约情形，证券登记结算机构应当将拟交付给结算参与人的全部证券划入专用清偿账户，暂不交付结算参与人，并通知结算参与人在规定的期限内补足资金或提交交收担保。

暂不交付的证券、补充资金或交收担保不足以弥补违约金额的，证券登记结算机构可以扣划该结算参与人的自营证券，并在转入专用清偿账户后通知结算参与人。

第六十三条 结算参与人发生资金交收违约的，证券登记结算机构应当按照下列顺序动用资金，完成与对手方结算参与人的资金交收：

（一）违约结算参与人的担保物中的现金部分；

（二）证券结算互保金中违约结算参与人交纳的部分；

（三）证券结算互保金中其他结算参与人交纳的部分；

（四）证券结算风险基金；

（五）其他资金。

第六十四条 结算参与人发生证券交收违约时，证券登记结算机构有权暂不交付相当于违约金额的应收资金。

证券登记结算机构应当将暂不划付的资金划入专用清偿账户，并通知该结算参与人。结算参与人应当在规定的期限内补足证券，或者提供证券登记结算机构认可的担保。

第六十五条 结算参与人发生证券交收违约的，证券登记结算机构可以动用下列证券，完成与对手方结算参与人的证券交收：

（一）违约结算参与人提交的用以冲抵的相同证券；

（二）委托证券公司以专用清偿账户中的资金买入的相同证券；

（三）其他来源的相同证券。

第六十六条 违约结算参与人未在规定的期间内补足资金、证券的，证券登记结算机构可以处分违约结算参与人所提供的担保物、质押品保管库中的回购质押券、卖出专用清偿账户内的证券。

前款处置所得，用于补足违约结算参与人欠付的资金、证券和支付相关费用；有剩余的，应当归还该相关违约结算参与人；不足偿付的，证券登记结算机构应当向相关违约结算参与人追偿。

在规定期限内无法追偿的证券或资金，证券登记结算机构可以依法动用证券结算互保金和证券结算风险基金予以弥补。依法动用证券结算互保金和证券结算风险基金弥补损失后，证券登记结算机构应当继续向违约结算参与人追偿。

第六十七条 结算参与人发生资金交收违约或证券交收违约的，证券登记结算机构可以按照有关规定收取违约金。证券登记结算机构收取的违约金应当计入证券结算风险基金。

第六十八条 结算参与人发生重大交收违约情形的，证券登记结算机构可以按照以下程序办理：

（一）暂停、终止办理其部分、全部结算业务，以及中止、撤销结算参与人资格，并提请证券交易所采取停止交易措施。

（二）提请中国证监会按照相关规定采取暂停或撤销其相关证券业务许可；对直接负责的主管人员和其他直接责任人员，单处或并处警告、罚款、撤销任职资格或证券从业资格的处罚措施。

证券登记结算机构提请证券交易所采取停止交易措施的具体办法由证券登记结算机构商证券交易所制定，报中国证监会批准。

第六十九条 证券登记结算机构依法动用证券结算互保金和证券结算风险基金，以及对违约结算参与人采取前条规定的处置措施的，应当在证券登记结算机构年度报告中列示。

第三节 结算参与人与客户交收的违约处理

第七十条 结算参与人可以根据证券登记结算机构的规定，向证券登记结算机构申请开立证券处置账户，用以存放暂不交付给客户的证券。

第七十一条 结算参与人可以视客户的风险状况，采取包括要求客户提供交收担保在内的风险控制措施。

客户提供交收担保的具体标准，由结算参与人与客户在证券交易、托管与结算协议中明确。

第七十二条 客户出现资金交收违约时，结算参与人可以发出指令，委托证券登记结算机构将客户净买入证券划付到其证券处置账户内，并要求客户在约定期限内补足资金。

第七十三条 客户出现证券交收违约时，结算参与人可以将相当于证券交收违约金额的资金暂不划付给该客户。

第七十四条 违约客户未在规定的期间内补足资金、证券的，结算参与人可以将证券处置账户内的相应证券卖出，或用暂不交付的资金补购相应证券。

前款处置所得，用于补足违约客户欠付的资金、证券和支付相关费用；有剩余的，应当归还该客户；尚有不足的，结算参与人有权继续向客户追偿。

第七十五条　结算参与人未及时将客户应收资金支付给客户或未及时委托证券登记结算机构将客户应收证券从其证券交收账户划付到客户证券账户的，结算参与人应当对客户承担违约责任，给客户造成损失的，结算参与人应当承担对客户的赔偿责任。

第七十六条　客户对结算参与人交收违约的，结算参与人不能因此拒绝履行对证券登记结算机构的交收义务，也不得影响已经完成和正在进行的证券和资金的集中交收及证券登记结算机构代为办理的证券划付。

第七十七条　没有取得结算参与人资格的证券公司与其客户之间的结算权利与义务关系，参照本办法执行。

第八章　附　则

第七十八条　本办法下列用语的含义是：

登记，是指证券登记结算机构接受证券发行人的委托，通过设立和维护证券持有人名册确认证券持有人持有证券事实的行为。

托管，是指证券公司接受客户委托，代其保管证券并提供代收红利等权益维护服务的行为。

存管，是指证券登记结算机构接受证券公司委托，集中保管证券公司的客户证券和自有证券，并提供代收红利等权益维护服务的行为。

结算，是指清算和交收。

清算，是指按照确定的规则计算证券和资金的应收应付数额的行为。

交收，是指根据确定的清算结果，通过转移证券和资金履行相关债权债务的行为。

名义持有人，是指受他人指定并代表他人持有证券的机构。

结算参与人，是指经证券登记结算机构核准，有资格参与集中清算交收的证券公司或其他机构。

共同对手方，是指在结算过程中，同时作为所有买方和卖方的交收对手并保证交收顺利完成的主体。

货银对付，是指证券登记结算机构与结算参与人在交收过程中，当且仅当资金交付时给付证券、证券交付时给付资金。

多边净额结算，是指证券登记结算机构将每个结算参与人所有达成交易的应收应付证券或资金予以冲抵轧差，计算出相对每个结算参与人的应收应付证券或资金的净额，再按照应收应付证券或资金的净额与每个结算参与人进行交收。

证券集中交收账户，是指证券登记结算机构为办理多边交收业务开立的结算账户，用于办理结算参与人与证券登记结算机构之间的证券划付。

资金集中交收账户，是指证券登记结算机构为办理多边交收业务开立的结算账户，用于办理结算参与人与证券登记结算机构之间的资金划付。

结算参与人证券交收账户，是指结算参与人向证券登记结算机构申请开立的用于证券交收的结算账户。对于同时经营自营业务以及经纪业务或资产管理业务的结算参与人，其证券交收账户包括自营证券交收账户和客户证券交收账户。

结算参与人资金交收账户，是指结算参与人向证券登记结算机构申请开立的用于资金交收的结算账户。对于同时经营自营业务以及经纪业务或资产管理业务的结算参与人，其资金交收账户包括自营资金交收账户和客户资金交收账户。

专用清偿账户，是指证券登记结算机构开立的结算账户，用于存放结算参与人交收违约时证券登记结算机构暂未交付、扣划的证券和资金。

证券处置账户，是指结算参与人向证券登记结算机构申请开立的结算账户，用于存放客户交收违约时证券公司暂不交付给客户的证券。

质押品保管库，是指证券登记结算机构开立的质押品保管专用账户，用于存放结算参与人提交的用于回购的质押券等质押品。

证券结算备付金，是指结算参与人在其资金交收账户内存放的用于完成资金交收的资金。

证券结算互保金，是指全体结算参与人缴纳的用以在发生交收违约时弥补流动性不足以及交收违约损失的资金。

第七十九条　证券公司以外的机构经中国证监会批准，可以接受证券登记结算机构委托为投资者开立证券账户、可以接受投资者委托托管其证券，或者申请成为结算参与人为客户办理证券和资金的清算交收，有关证券登记结算业务处理参照本办法执行。

第八十条　本办法由中国证监会负责解释、修订。

第八十一条　本办法自 2006 年 7 月 1 日起施行。

证券公司开立客户账户规范

（中国证券业协会组织制定了本规范，并于2013年3月14日常务理事会第11次通讯会议审议通过，2013年3月15日发布）

第一章 总 则

第一条 为规范证券公司客户账户开立行为，保护投资者合法权益，根据《中华人民共和国证券法》、《证券公司监督管理条例》及中国证券监督管理委员会（以下简称中国证监会）的有关规定，制定本规范。

第二条 证券公司依照法律法规为客户开立账户适用本规范，但证券公司代理登记结算机构开立账户，应遵循登记结算机构的有关规定。法律、行政法规、中国证监会对证券公司开立客户账户另有规定的，从其规定。

第三条 证券公司为客户办理开户，应当遵循合法、自愿、审慎原则，审核客户身份的真实性，确保客户资料真实、准确和完整。

第四条 证券公司应建立健全客户账户开户管理制度、操作流程和风险识别、评估与控制体系，确保风险可测、可控、可承受。

第五条 证券公司可以在经营场所内为客户现场开立账户，也可以通过见证、网上及中国证监会认可的其他方式为客户开立账户。

本规范所称见证开户，是指证券公司工作人员在经营场所外面见客户、确认客户身份并见证客户签署开户相关协议后，证券公司按规定程序为客户办理开户。

本规范所称网上开户，是指客户凭有效的数字证书登录证券公司网上开户系统、签署开户相关协议后，证券公司按规定程序为客户办理开户。

第二章 业务规则

第一节 一般规定

第六条 证券公司在受理客户开户申请时，应当要求客户出具真实有效的身份证明文件，并采取必要措施对客户身份的真实性进行审核。

证券公司在受理机构客户和自然人客户委托他人代理开户时，应当要求代理人出具真实有效的身份证明文件及授权委托文件，并采取必要措施对代理人身份的真实性及有效性进行审核。自然人客户委托他人代理开户的，应提供经公证的授权委托文件。

第七条 客户账户开立前，证券公司应当指定专人向客户讲解相关业务规则和开户协议等内容，并将风险揭示书交由客户签字，按规定履行投资者教育职责。

客户委托他人代理开户的，证券公司应采取必要措施对客户本人和代理人进行投资者教育。

第八条 客户账户开立前，证券公司应当按照规定了解客户情况，对客户风险承受能力进行评估，履行适当性管理义务，并将评估结果以书面或电子方式记载和保存。

第九条 证券公司应当采取有效措施对客户开户资料的真实性、准确性、完整性进行审核。

证券公司应当校验同一客户不同账户的名称、证件类型、证件号码等关键信息，确保账户实名对应且信息一致。

第十条 证券公司应在验证客户身份、与客户签署开户相关协议、审核客户资料合格后，方可为客户开立资金账户及对应的其他账户，并按规定同时为客户办理客户交易结算资金存管手续。

第十一条 证券公司应当统一组织客户回访工作，对新开户客户应当在账户开通前完成回访，并以适当方式予以留痕。回访内容包括但不限于：

（一）确认客户身份；客户委托他人代理开户的，应向客户确认代理人身份及代理权限；

（二）确认客户已阅读各类风险揭示文件并理解相关条款；

（三）确认客户开户为其真实意愿；

（四）提醒客户自行设置和妥善保管密码；

（五）确认客户开户方式。

第十二条 证券公司应当在开户时与客户明确约定客户名称、证件类型及证件号码等关键信息的变更方式，并在变更时重新核实客户身份的真实性。

第十三条 证券公司应当在开户时与客户明确约定办理账户注销的方式，并按照事先约定方式办理。

第十四条 证券公司应当及时、准确、完整地为每个客户单独建立纸质或者电子档案，妥善保管客户档案和资料，为客户保密。

第十五条 证券公司及其从业人员不得以办理见证开户或网上开户的名义设立非法经营网点。

第二节 特殊规定

第十六条 见证开户及网上开户适用本节规定，本节未作规定的，适用本规范其他规定。

第十七条 证券公司采取见证方式为客户办理开户手续，应当符合以下规定：

（一）证券公司以两名或以上工作人员面见客户的，其中至少一名应为开户见证人员；证券公司以一名工作人员面见客户的，应由开户见证人员以远程实时视频方式共同完成见证；

从事客户账户见证的工作人员应具有证券从业资格；开户见证人员应当为证券公司正式员工，不得为营销人员，经培训合格后方可上岗；

（二）证券公司工作人员面见客户时，应当向客户出示工作证件，告知客户可通过证券公司网站或证券公司客服热线核实身份，并可以通过中国证券业协会网站核实执业资格；

（三）见证地点由证券公司与客户约定；

（四）证券公司应采集并妥善保存能真实反映其见证过程的影像资料；面见客户的工作人员应在客户开户文件上签字留痕。

第十八条 证券公司采取网上方式为客户办理开户手续，应当符合以下规定：

（一）网上开户仅适用于自然人客户本人凭合法有效数字证书的开户申请；

（二）证券公司接受客户通过数字证书办理相关业务，应当符合相关法律法规，并对数字证书记载的个人信息与账户有关个人信息的一致性进行比对；

（三）证券公司应向客户充分揭示网上开户可能面临的风险，并与客户明确约定网上开户方式下双方的权利与义务。

第十九条　采取见证开户的，证券公司应当采取连号控制、作废控制以及领用登记控制等必要措施，加强对重要合同和凭证的管理；证券公司应当建立健全管理、操作流程，确保从事账户见证的工作人员根据客户预约需求向公司逐次登记、领取开户合同，并在客户签署后及时交回归档。

第三章　内部控制

第二十条　证券公司应当对客户账户开户进行集中统一管理，指导、监督分支机构严格执行客户账户开户制度。

第二十一条　证券公司应建立健全人员管理制度，规范客户账户开户相关人员的执业资格、岗位职责、执业行为、职责制衡、培训考核及防范利益冲突等事项，并采取措施确保开户见证人员工作独立性。

第二十二条　证券公司应制定统一的开户流程和服务标准，并建立相应的复核机制。

第二十三条　证券公司应按照安全、可靠、可用的原则，建立完善客户账户开户相关信息系统。

第二十四条　证券公司应当建立健全风险监控机制，对客户账户的重要操作进行监督检查，并按规定完成客户账户关键信息与证券登记结算机构及其他登记主体相关信息的核对。

第二十五条　证券公司发现已开立的客户账户不符合相关规定的，应当按照相关规定或合同约定对客户账户采取限期规范等措施。

第二十六条　证券公司应建立健全客户账户开户内部责任追究机制，对存在违规行为的工作人员，视情节轻重采取内部警告、通报批评、解除劳动合同等处罚措施。

第四章　自律管理

第二十七条　中国证券业协会应组织对证券公司执行本规范的情况进行执业检查。

第二十八条　对违反本规范规定的证券公司，中国证券业协会视情节轻重对其采取谈话提醒、警示、责令整改等自律管理措施并记入其诚信档案；造成严重后果的，视情况对其采取行业内通报批评、公开谴责、暂停或者取消协会授予的业务资格、暂停部分会员权利、取消会员资格等纪律处分并记入其诚信档案。

对违反本规范规定的证券从业人员，中国证券业协会视情节轻重对其采取谈话提醒、警示、责令参加强制培训、责令所在机构给予处理等自律管理措施并记入其诚信档案；造成严重后果的，视情况对其采取行业内通报批评、公开谴责、暂停执业、注销执业证书等纪律处分并记入其诚信档案。

涉嫌违法违规的，移送中国证监会或司法机关处理。

第五章　附　则

第二十九条　本规范由中国证券业协会负责解释。

第三十条　本规范自发布之日起施行。

客户交易结算资金管理办法

（中国证券监督管理委员会于2002年1月1日起施行）

第一章　总　则

第一条　为规范证券交易结算资金的管理，保护投资者利益，根据《中华人民共和国证券法》（以下简称《证券法》），制定本办法。

第二条　客户交易结算资金必须全额存入具有从事证券交易结算资金存管业务资格的商业银行，单独立户管理。严禁挪用客户交易结算资金。

第三条　从事证券交易结算资金存管业务的商业银行、证券登记结算公司（以下简称结算公司）依照本办法对客户交易结算资金、清算备付金的定向划转实行监督。

第四条　中国证券监督管理委员会（以下简称证监会）依照本办法对证券公司、结算公司和商业银行的证券交易结算资金存管业务活动进行监督管理。

第二章　账户管理

第五条　证券公司及其证券营业部必须将客户交易结算资金全额存放于客户交易结算资金专用存款账户和清算备付金账户。

结算公司必须将证券公司存入的清算备付金全额存入清算备付金专用存款账户。

第六条　证券公司根据业务需要可在多家存管银行存放客户交易结算资金，但必须确定一家存管银行为主办存管银行。

第七条　证券公司应当在存管银行开立客户交易结算资金专用存款账户，在主办存管银行开立自有资金专用存款账户。

证券公司下属证券营业部应当在证券公司所确定的存管银行设在当地的分支机构开立客户交易结算资金专用存款账户。

结算公司应当在结算银行开立清算备付金专用存款账户、自有资金专用存款账户、验资专户。

第八条　证券公司在同一家存管银行只能开立一个客户交易结算资金专用存款账户，在主办存管银行只能开立一个自有资金专用存款账户。

一个证券营业部只能在同一家存管银行设在当地的分支机构开立一个客户交易结算资金专用存款账户。

结算公司在同一家结算银行只能开立一个清算备付金专用存款账户和一个自有资金专用存款账户，一个验资专户。

第九条　证券公司及其证券营业部开立的客户交易结算资金专用存款账户，证券公司开立的自有资金专用存款账户，结算公司开立的清算备付金专用存款账户、自有资金专用存款账户、验资专户，应在开立后三个工作日内向证监会报备，在获得账户备案回执之前，不得使用。

第十条　证券公司获得证监会的账户备案回执后，应当通知其存管银行及结算公司。

结算公司在获得证监会账户备案回执后，应当通知结算银行及证券公司。

第十一条　证券公司不再使用的客户交易结算资金专用存款账户，应当在向证监会报备后注销，并同时通知有关存管银行、结算公司。

结算公司不再使用的清算备付金专用存款账户、验资专户，应当在向证监会报备后注销，并同时通知有关证券公司、存管银行。

证券公司、结算公司不再使用的自有资金专用存款账户，应当在向证监会报备后注销。其中证券公司注销自有资金专用存款账户的，应通知结算公司；结算公司注销自有资金专用存款账户的，应通知结算银行。

第十二条　证券公司、证券营业部出现迁址、终止营业等情形，应当及时注销不再使用的客户交易结算资金专用存款账户、自有资金专用存款账户。

第十三条　客户交易结算资金专用存款账户、清算备付金专用存款账户、自有资金专用存款账户发生变更的，视同注销旧户，开设新户。

第三章　资金划拨与监督

第十四条　综合类证券公司必须将客户交易结算资金和其证券自营资金分开办理，其业务人员、财务账户均应分开，不得混合操作。

第十五条　存管银行、结算公司在确认证券公司申请划款的账户已经在证监会备案，自有资金专用存款账户的使用符合本办法要求后，方可将资金划入该账户。

结算银行在确认结算公司申请划款的账户已经在证监会备案、自有资金专用存款账户的使用符合本法规定后，方可将资金划入该账户。

第十六条　客户交易结算资金只能在客户交易结算资金专用存款账户和清算备付金账户之间划转，但客户提款、证券公司将收取客户的费用转入自有资金专用存款账户等业务除外。

第十七条　综合类证券公司向客户收取佣金等费用、以自有资金补充清算备付金，应当集中通过清算备付金账户和自有资金专用存款账户划拨。

经纪类证券公司向客户收取佣金等费用，应当从一个固定的客户交易结算资金专用存款账户集中向证券公司自有资金账户划拨。

结算公司向证券公司收取手续费等费用，应当从清算备付金专用存款账户向结算公司自有资金专用存款账户划拨。

第十八条　通过证券交易所发行有价证券时，验资专户里的申购资金必须通过清算备付金账户进行划拨。

证券公司承销非上市证券从客户处所筹集的资金，应当通过证券公司在主办存管银行的客户交易结算资金专用存款账户划拨给发行人。

第十九条　证券公司自营证券账户应当向证监会和结算公司备案，结算公司应当根据证券公司备案的自营证券账户、经纪证券账户的净交收额及资金存取变动情况，定期计算每个交易日清算备付金账户中每家证券公司自营资金、经纪资金的余额，并保留有关记录。

结算公司如果发现证券公司有大量挪用客户交易结算资金情况，要及时向证监会报告。

第二十条　证券公司应当按月向证监会报告客户交易结算资金账面余额。同时，抄送结算公司。

结算公司应当按月向证监会报告各证券公司清算备付金中的经纪资金、自营资金及所收到证券公司清算备付金以及验资专户申购资金的账面余额。

存管银行应当按月向证监会报告所辖客户交易结算资金专用存款账户余额。

结算银行应当按月向证监会报告所辖清算备付金专用存款账户、验资专户余额。

证监会根据监管需要，可以调整上述报告周期。

第二十一条 证券公司、结算公司、存管银行、结算银行根据证监会要求或遇到客户交易结算资金专用存款账户、清算备付金专用存款账户、验资专户出现重大异常情况时，应当及时向证监会报告。

第二十二条 证券公司应当对客户交易结算资金集中统一管理。

证券公司下属证券营业部收到的客户交易结算资金，除留足日常备付的部分外，应当交由证券公司管理。

第二十三条 客户交易结算资金只能用于客户的证券交易结算和客户提款。

证券公司和结算公司不得以客户交易结算资金、清算备付金为他人提供担保。

第二十四条 存管银行、结算银行、结算公司及其工作人员应当对证券交易结算资金的情况保密。

存管银行、结算银行和结算公司有权拒绝任何单位或个人的查询，但法律、法规另有规定以及证监会、开户证券公司和结算公司根据预定的程序所作的查询除外。

第四章 从事客户交易结算资金存管业务的商业银行

第二十五条 从事客户交易结算资金存管业务的商业银行应当符合下列条件：

（一）经中国人民银行认定具有足够的抗风险能力和良好的经营业绩的商业银行；

（二）具有及时、安全、高效的资金汇划系统，能够保证本行系统内证券交易结算资金汇划在两小时内到账；

（三）有健全的证券交易结算资金存管业务操作办法和规程，有相应的业务部门和人员；

（四）能够按证监会规定的格式和时间报送证券交易结算资金账户的有关资料；

（五）符合证监会认定的其他条件。

第二十六条 符合前款规定的商业银行，可以向证监会申请从事客户交易结算资金存管业务资格，经证监会核准后，领取《从事证券交易结算资金存管业务资格证书》，并报中国人民银行备案。

第二十七条 从事客户交易结算资金存管业务的商业银行，按业务对象分为存管银行和结算银行。

第二十八条 证券公司与其确定的存管银行、主办存管银行，结算公司与其确定的结算银行应当签订有关资金存管及代理结算业务的合同，明确双方的权利和义务，并报证监会备案。

第二十九条 存管银行、结算银行应当为证券交易结算资金清算提供快捷、安全、准确的结算服务。

第五章 罚 则

第三十条 证券公司、证券营业部有下列行为之一的，责令限期改正，给予通报批评、公开批评，单处或者并处警告、三万元以下罚款：

（一）未按本办法制定客户交易结算资金操作办法和规程；

（二）违规开立客户交易结算资金专用存款账户、自有资金专用存款账户；

（三）未在规定时间内向证监会报备存管银行、客户交易结算资金专用存款账户、自有资金专用存款账户；

（四）未及时注销不再使用的客户交易结算资金专用存款账户、自有资金专用存款账户；

（五）未按期向证监会报告客户交易结算资金账面余额；

（六）其他违反本办法的行为。

对有前款规定行为的有关责任人员，给予通报批评、公开批评，单处或者并处警告、三万元以下罚款。

第三十一条　证券公司、证券营业部有下列行为之一的，责令限期改正，给予通报批评、公开批评，单处或者并处警告、三万元以下罚款，情节严重的，按照《证券法》第一百九十三条处罚：

（一）以伪造、变造证监会账户备案回执等欺骗手段，取得存管银行或者结算公司资金划拨许可；

（二）违反本办法，在客户交易结算资金专用存款账户、清算备付金账户之外存放客户交易结算资金；

（三）以客户交易结算资金为他人提供担保；

（四）其他违反本办法的行为。

对有前款规定行为的有关责任人员，给予通报批评、公开批评，单处或者并处警告、三万元以下罚款，情节严重的，按照《证券法》第一百九十三条处罚。

第三十二条　结算公司有下列行为之一的，责令限期改正，给予通报批评、公开批评，单处或者并处警告、三万元以下罚款：

（一）违反本办法，未能对客户交易结算资金划拨进行有效监督；

（二）违规开立清算备付金专用存款账户或者自有资金专用存款账户；

（三）未在规定时间内向证监会报备结算银行、清算备付金专用存款账户、自有资金专用存款账户、验资专户；

（四）未及时注销不再使用的清算专户、自有资金专用存款账户；

（五）未按期向证监会报告有关清算备付金账户及验资专户的账面余额；

（六）其他违反本办法的行为。

对有前款规定行为的有关责任人员，给予通报批评、公开批评，单处或者并处警告、三万元以下罚款。

第三十三条　结算公司有下列行为之一的，责令限期改正，给予通报批评、公开批评，单处或者并处警告、三万元以下罚款，情节严重的，按照《证券法》第一百九十三条处罚：

（一）违反本办法，在清算备付金专用存款账户外存放清算备付金；

（二）以清算备付金为他人提供担保；

（三）违反本办法第十八条第一款的规定；

（四）其他违反本办法的行为。

对有前款规定行为的有关责任人员，给予通报批评、公开批评，单处或者并处警告、三万元以下罚款，情节严重的，按照《证券法》第一百九十三条处罚。

第三十四条　存管银行或其分支机构、结算银行有下列行为之一的，责令限期改正，给予通报批评、公开批评，单处或者并处警告、三万元以下罚款，情节严重的，取消从事证券交易结算资金存管业务资格。

（一）违反本办法，未能对客户交易结算资金划拨进行有效监督；

（二）未按照本办法规定，向证监会报送客户交易结算资金专用存款账户、清算备付金专用存款账户和验资专户的有关资料；

（三）其他违反本办法的行为。

对有前款规定行为的有关责任人员，给予通报批评、公开批评，单处或者并处警告、三万元以下罚款。

第三十五条　证券公司、结算公司、存管银行、结算银行违反本办法第二十一条规定，不向证监会及时报告的，予以通报批评、公开批评，单处或者并处警告、三万元以下罚款。

第三十六条　存管银行、结算公司工作人员泄露证券交易结算资金秘密的，按有关法律、法规、规章进行处罚。

第六章　附　则

第三十七条　释义：

（一）证券交易结算资金，是客户交易结算资金、证券公司自营资金、其他用于证券交易资金的统称。

（二）客户交易结算资金，包括客户为保证足额交收而存入的资金，出售有价证券所得到的所有款项（减去经纪佣金和其他正当费用），持有证券所获得的股息、现金股利、债券利息，上述资金获得的利息，以及证监会认定的其他资金。

（三）从事客户交易结算资金存管业务的商业银行，指符合本办法规定并经证监会批准，办理证券交易结算资金存取、划转并履行监督职能的商业银行。

（四）存管银行，指证券公司在具有证券交易结算资金存管业务资格的商业银行中确定的，存放其客户交易结算资金的商业银行。

（五）主办存管银行，指证券公司在存管银行范围内确定的，通过其办理证券交易法人结算业务的商业银行。

（六）结算银行，指结算公司在具有证券交易结算资金存管业务资格的商业银行中确定的，办理证券交易结算资金结算业务的商业银行。

（七）客户交易结算资金专用存款账户，指证券公司及其证券营业部在存管银行开立的，用于存放客户交易结算资金及办理结算划款的专用账户。

（八）清算备付金专用存款账户，指结算公司在结算银行开立的，用于存放证券公司清算备付金的账户。

（九）证券公司的自有资金专用存款账户，指证券公司开立的，按照本办法规定划拨其自有资金或者接受从客户交易结算资金专用存款账户所收取款项的账户。

（十）结算公司的自有资金专用存款账户，指结算公司开立的，按照本办法规定划拨其自有资金或者接受从清算备付金专用存款账户所收取款项的账户。

（十一）验资专户，指结算公司设立的用于新股发行时申购资金验资的专用存款账户。

第三十八条　证券公司应当按照本办法制定客户交易结算资金操作办法和规程，报证监会备案。

第三十九条　证券公司开展资产管理业务接受客户存入的委托资金，在本办法中视同客户交易结算资金进行管理。

第四十条　信托投资公司证券业务客户交易结算资金的管理参照本办法执行。

第四十一条　境内上市外资股客户交易结算资金管理办法，另行制定。

第四十二条　本办法自 2002 年 1 月 1 日起施行。

证券公司集合资产管理业务实施细则

（2012 年 10 月 18 日证监会公告〔2012〕29 号公布，根据 2013 年 6 月 26 日证监会公告〔2013〕28 号《关于修改〈证券公司集合资产管理业务实施细则〉的决定》修订）

第一章　总　则

第一条　为了规范证券公司集合资产管理业务活动，根据《中华人民共和国证券法》、《中华人民共和国证券投资基金法》、《证券公司监督管理条例》、《证券公司客户资产管理业务管理办法》（证监会令第 93 号，以下简称《管理办法》），制定本细则。

第二条　证券公司在中华人民共和国境内从事集合资产管理业务，适用本细则。

法律、行政法规和中国证券监督管理委员会（以下简称“中国证监会”）对证券公司集合资产管理业务另有规定的，从其规定。

第三条　证券公司从事集合资产管理业务，应当遵守法律、行政法规和中国证监会的规定，遵循公平、公正原则；诚实守信，审慎尽责；坚持公平交易，避免利益冲突，禁止利益输送，保护客户合法权益。

第四条　证券公司从事集合资产管理业务，应当建立健全风险管理与内部控制制度，规范业务活动，防范和控制风险。

第五条　证券公司从事集合资产管理业务，应当为合格投资者提供服务，设立集合资产管理计划（以下简称“集合计划”或“计划”），并担任计划管理人。

集合计划应当符合下列条件：

（一）募集资金规模在 50 亿元人民币以下；

（二）单个客户参与金额不低于 100 万元人民币；

（三）客户人数在 200 人以下。

第六条　集合计划资产独立于证券公司、资产托管机构和份额登记机构的自有资产。证券公司、资产托管机构和份额登记机构不得将集合计划资产归入其自有资产。

证券公司、资产托管机构和份额登记机构破产或者清算时，集合计划资产不属于其破产财产或者清算财产。

第七条　证券公司、推广机构和份额登记机构不得将集合计划销售结算资金归入其自有资产。证券公司、推广机构和份额登记机构破产或者清算时，集合计划销售结算资金不属于其破产财产或者清算财产。任何单位和个人不得以任何形式挪用集合计划销售结算资金。

集合计划销售结算资金是指由证券公司及其推广机构归集的，在客户结算账户、集合计划份额登记机构指定的专用账户和集合计划资产托管账户之间划转的份额参与、退出、现金分红等资金。

第八条 中国证监会依据法律、行政法规、《管理办法》和本细则的规定，监督管理证券公司集合资产管理业务活动。

第九条 证券交易所、证券登记结算机构、中国证券业协会依据法律、行政法规、《管理办法》、本细则及相关规则，对证券公司集合资产管理业务活动进行自律管理和行业指导。

第二章 备案程序

第十条 证券公司发起设立集合资产管理计划后五日内，应当将发起设立情况报中国证券业协会备案，同时抄送证券公司住所地、资产管理分公司所在地中国证监会派出机构，并提交下列材料：

（一）备案报告；

（二）集合资产管理计划说明书、合同文本、风险揭示书；

（三）资产托管协议；

（四）合规总监的合规审查意见；

（五）已有集合计划运作及资产管理人员配备情况的说明；

（六）关于后续投资运作合法合规的承诺；

（七）中国证监会要求提交的其他材料。

计划说明书是集合资产管理合同的组成部分，与集合资产管理合同具有同等法律效力。

第十一条 证券公司从事集合资产管理业务，应当依据法律、行政法规和中国证监会的规定，与客户、资产托管机构签订集合资产管理合同，约定客户、证券公司、资产托管机构的权利与义务。

集合资产管理合同应当包括中国证券业协会制定的合同必备条款。

第十二条 集合资产管理合同应当包括风险揭示条款，详细说明下列风险的含义、特征和可能引起的后果：

（一）市场风险；

（二）管理风险；

（三）流动性风险；

（四）证券公司因停业、解散、撤销、破产，或者被中国证监会撤销相关业务许可等原因不能履行职责的风险；

（五）其他风险。

证券公司应当制作风险揭示书，充分揭示上述风险的含义、特征、可能引起的后果。风险揭示书的内容应当具有针对性，表述应当清晰、明确、易懂，符合中国证券业协会制定的标准格式。证券公司、代理推广机构应当将风险揭示书交客户签字确认。客户签署风险揭示书，即表明已经理解并愿意自行承担参与集合计划的风险。

第十三条 中国证券业协会依照法律、行政法规、《管理办法》、本细则和其他相关规定，对证券公司设立集合计划的备案材料进行审阅；必要时，对集合计划的设立情况进行现场检查。

第三章 业务规则

第十四条 集合计划募集的资金可以投资中国境内依法发行的股票、债券、股指期货、商品期货等证券期货交易所交易的投资品种；央行票据、短期融资券、中期票据、利率远期、利率互换等银行间市场交易的投资品种；证券投资基金、证券公司专项资产管理计划、商业银行理财计划、集合资金信托计划等金融监管部门批准或备案发行的金融产品；以及中国证监会认可的其他投资品种。

集合计划可以参与融资融券交易，也可以将其持有的证券作为融券标的证券出借给证券金融公司。

证券公司可以依法设立集合计划在境内募集资金，投资于中国证监会认可的境外金融产品。

第十五条　证券公司应当指定投资主办人，负责集合计划的投资管理事宜。

投资主办人发生变更的，证券公司应当提前或者在合理时间内按照集合资产管理合同约定的方式披露，并向住所地、资产管理分公司所在地中国证监会派出机构及中国证券业协会报告。

第十六条　证券公司、代理推广机构应当按照有关规则，了解客户身份、财产与收入状况、证券投资经验、风险承受能力和投资偏好等，并以书面和电子方式予以详细记载、妥善保存。代理推广机构应当将其保存的客户信息和资料向证券公司提供。

客户应当如实披露或者提供相关信息和资料，并在集合资产管理合同中承诺信息和资料的真实性。

第十七条　证券公司、代理推广机构应当按照集合资产管理合同和推广代理协议的约定推广集合计划，向客户如实披露证券公司的业务资格，全面、准确地介绍集合计划的产品特点、投资方向、风险收益特征，讲解有关业务规则、计划说明书和集合资产管理合同内容以及客户投资集合计划的操作方法，并充分揭示投资风险。

第十八条　集合计划推广期间，证券公司、代理推广机构应当将计划说明书、集合资产管理合同文本和推广材料置备于营业场所。

计划说明书、集合资产管理合同文本应当与向中国证券业协会备案的文本内容一致。推广材料应当简明、易懂。

第十九条　证券公司、代理推广机构应当根据了解的客户情况，推荐与客户风险承受能力相匹配的集合计划，引导客户审慎作出投资决定。

第二十条　不得向合格投资者之外的单位和个人募集资金，不得通过报刊、电台、电视台、互联网等公众传播媒体或者讲座、报告会、分析会等方式向不特定对象宣传推介。禁止通过签订保本保底补充协议等方式，或者采用虚假宣传、夸大预期收益和商业贿赂等不正当手段推广集合计划。

第二十一条　客户应当以真实身份参与集合计划，委托资金的来源、用途应当符合法律法规的规定，客户应当在集合资产管理合同中对此作出明确承诺。客户未作承诺，或者证券公司、代理推广机构明知客户身份不真实、委托资金来源或者用途不合法的，证券公司、代理推广机构不得接受其参与集合计划。

自然人不得用筹集的他人资金参与集合计划。法人或者依法成立的其他组织用筹集的资金参与集合计划的，应当向证券公司、代理推广机构提供合法筹集资金的证明文件；未提供证明文件的，证券公司、代理推广机构不得接受其参与集合计划。

证券公司、代理推广机构发现客户委托资金涉嫌洗钱的，应当按照《中华人民共和国反洗钱法》和相关规定履行报告义务。

第二十二条　证券公司以自有资金参与集合计划，应当符合法律、行政法规和中国证监会的规定，并按照《公司法》和公司章程的规定，获得公司股东会、董事会或者其他授权程序的批准。

证券公司自有资金参与单个集合计划的份额，不得超过该计划总份额的20%。因集合计划规模变动等客观因素导致自有资金参与集合计划被动超限的，证券公司应当在合同中明确约定处理原则，依法及时调整。

证券公司以自有资金参与集合计划的，在计算净资本时，应当根据承担的责任相应扣减公司投入的资金。扣减后的净资本等各项风险控制指标，应当符合中国证监会的规定。

第二十三条　集合计划存续期间，证券公司自有资金参与集合计划的持有期限不得少于六个月。参与、退出时，应当提前五日告知客户和资产托管机构。

为应对集合计划巨额赎回，解决流动性风险，在不存在利益冲突并遵守合同约定的前提下，证券公司以自有资金参与或退出集合计划可不受前款规定限制，但需事后及时告知客户和资产托管机构，并向住所地、资产管理分公司所在地中国证监会派出机构及中国证券业协会报告。

第二十四条　集合计划推广期间，证券公司、代理推广机构应当在规定期限内，将客户参与资金存入集合计划份额登记机构指定的专门账户。集合计划设立完成、开始投资运营之前，不得动用客户参与资金。

第二十五条　证券公司应当在计划说明书约定期限内，完成集合计划的推广和设立。

第二十六条　集合计划推广结束后，证券公司应当聘请具有证券相关业务资格的会计师事务所，对集合计划募集的资金进行验资，出具验资报告。

第二十七条　集合计划成立应当具备下列条件：

（一）推广过程符合法律、行政法规和中国证监会的规定；

（二）募集金额不低于 3000 万元人民币；

（三）客户不少于两人；

（四）符合集合资产管理合同及计划说明书的约定；

（五）中国证监会规定的其他条件。

第二十八条　证券公司应当将集合计划资产交由取得基金托管业务资格的资产托管机构托管。

资产托管机构应当按照中国证监会的规定和集合资产管理合同的约定，履行安全保管集合计划资产、办理资金收付事项、监督证券公司投资行为等职责。

第二十九条　资产托管机构应当按照规定为每个集合计划开立专门的资金账户，在证券登记结算机构开立专门的证券账户，以及其他相关账户。

资金账户名称应当是“集合资产管理计划名称”，证券账户名称应当是“证券公司名称—资产托管机构名称—集合资产管理计划名称”。

第三十条　证券公司可以自身或者委托证券登记结算机构担任集合计划的份额登记机构，并约定份额登记相关事项。

证券公司、资产托管机构、证券登记结算机构、代理推广机构应当按照相关协议，办理参与、转换、退出集合计划的份额登记、资金结算等事宜。

集合计划份额登记机构已接入基金注册登记数据中央交换平台的，应当每日通过该平台完成数据备份；尚未接入基金注册登记数据中央交换平台的，应当每月通过证券期货行业数据中心规定的方式进行数据备份。

第三十一条　集合计划在证券交易所的证券交易，应当通过专用交易单元进行。集合计划账户、专用交易单元应当报证券交易所、证券登记结算机构以及证券公司住所地、资产管理分公司所在地中国证监会派出机构及中国证券业协会备案。

第三十二条　集合计划资产估值等会计核算业务，应当由证券公司办理，资产托管机构复核。

证券交易所、证券登记结算机构应当每日将集合计划的交易、清算、交收等数据，同时发送证券公司和资产托管机构。

第三十三条　集合计划的规模、投资范围、投资比例，应当符合《管理办法》及本细则的规定，以及集合资产管理合同、计划说明书的约定。

第三十四条　集合计划申购新股，可以不设申购上限，但是申报的金额不得超过集合计划的现金总额，申报的数量不得超过拟发行股票公司本次发行股票的总量。

第三十五条　集合计划参与证券回购应当严格控制风险，单只集合计划参与证券回购融入资金余额不得超过该计划资产净值的40%，中国证监会另有规定的除外。

第三十六条　集合计划应当对流动性作出安排，在开放期保持适当比例的现金、到期日在一年以内的政府债券或者其他高流动性短期金融工具。

第三十七条　集合计划存续期间，证券公司、代理推广机构的客户之间可以通过证券交易所等中国证监会认可的交易平台转让集合计划份额。受让方首次参与集合计划，应先与证券公司、资产托管机构签订集合资产管理合同。

第三十八条　集合计划发生的费用，可以按照集合资产管理合同的约定，在计划资产中列支。集合计划成立前发生的费用，以及存续期间发生的与推广有关的费用，不得在计划资产中列支。

第三十九条　证券公司可以设立存续期间不办理计划份额参与和退出的集合计划。

根据集合计划的类型、特点和客户需求，集合计划需要设立开放期的，集合资产管理合同应当对客户参与、退出集合计划的时间、次数、程序及其限制等事项作出明确约定。

第四十条　证券公司、资产托管机构应当按照集合资产管理合同约定的时间和方式，至少每周披露一次集合计划份额净值。

第四十一条　集合计划存续期间，证券公司应当按照集合资产管理合同约定的时间和方式向客户寄送对账单，说明客户持有计划份额的数量及净值，参与、退出明细，以及收益分配等情况。

第四十二条　证券公司、资产托管机构应当在每季度结束之日起15日内，按照集合资产管理合同约定的方式向客户提供季度资产管理报告、资产托管报告，并报中国证券业协会备案，同时抄送证券公司住所地、资产管理分公司所在地中国证监会派出机构。

证券公司、资产托管机构应当在每年度结束之日起三个月内，按照集合资产管理合同约定的方式向客户提供年度资产管理报告、资产托管报告，并报中国证券业协会备案，同时抄送证券公司住所地、资产管理分公司所在地中国证监会派出机构。

第四十三条　证券公司应当聘请具有证券相关业务资格的会计师事务所，对每个集合计划的运营情况进行年度审计。集合计划审计报告应当在每年度结束之日起三个月内，按照集合资产管理合同约定的方式向客户和资产托管机构提供，并报中国证券业协会备案，同时抄送证券公司住所地、资产管理分公司所在地中国证监会派出机构。

第四十四条　集合资产管理合同需要变更的，证券公司应当按照集合资产管理合同约定的方式取得客户和资产托管机构同意，保障客户选择退出集合计划的权利，对相关后续事项作出合理安排，并报中国证券业协会备案，同时抄送证券公司住所地、资产管理分公司所在地中国证监会派出机构。

第四十五条　集合计划展期应当符合下列条件：

（一）集合计划运营规范，证券公司、资产托管机构未违反集合资产管理合同、计划说明书的约定；

（二）集合计划展期没有损害客户利益的情形；

（三）资产托管机构同意继续托管展期后的集合计划资产；

（四）中国证监会规定的其他条件。

第四十六条　集合计划展期，证券公司应当按照集合资产管理合同约定通知客户。集合资产管理合同应当对通知客户的时间、方式以及客户答复等事项作出明确约定。

客户选择不参与集合计划展期的，证券公司应当对客户的退出事宜作出公平、合理的安排。

第四十七条　集合计划存续期届满，不符合本细则规定的展期条件的，不得展期。

集合计划展期后五日内，证券公司应当将展期情况报中国证券业协会备案，同时抄送住所地、资产管理分公司所在地中国证监会派出机构。

第四十八条　集合资产管理合同应当按照公平、合理、公开的原则，对巨额退出和连续巨额退出的认定标准、退出顺序、退出价格确定、退出款项支付、告知客户方式，以及单个客户大额退出的预约申请等事宜作出明确约定。

第四十九条 有下列情形之一的，集合计划应当终止：

（一）计划存续期间，客户少于两人；

（二）计划存续期满且不展期；

（三）计划说明书约定的终止情形；

（四）法律、行政法规及中国证监会规定的其他终止情形。

第五十条 集合计划终止的，证券公司应当在发生终止情形之日起五日内开始清算集合计划资产。清算后的剩余资产，应当按照客户持有计划份额占计划总份额的比例或者集合资产管理合同的约定，以货币资金的形式全部分配给客户。

证券公司应当在清算结束后15日内，将清算结果报中国证券业协会备案，同时抄送住所地、资产管理分公司所在地中国证监会派出机构。

第五十一条 证券公司、资产托管机构和代理推广机构应当按照有关法律、行政法规的规定，妥善保管集合资产管理合同、客户资料、交易记录、业务档案等文件、资料和数据，任何人不得隐匿、伪造、篡改或者销毁。

第四章 风险管理与内部控制

第五十二条 证券公司从事集合资产管理业务，应当建立健全投资决策、公平交易、会计核算、风险控制、合规管理等制度，制定业务操作流程和岗位手册，覆盖集合资产管理业务的产品设计、推广、研究、投资、交易、清算、会计核算、信息披露、客户服务等环节。

证券公司应当将前款所述管理制度报中国证券业协会备案，同时抄送公司住所地、资产管理分公司所在地中国证监会派出机构。

第五十三条 证券公司应当实现集合资产管理业务与证券自营业务、证券承销业务、证券经纪业务及其他证券业务之间的有效隔离，防范内幕交易，避免利益冲突。

同一高级管理人员不得同时分管资产管理业务和自营业务；同一人不得兼任上述两类业务的部门负责人；同一投资主办人不得同时办理资产管理业务和自营业务。

集合资产管理业务的投资主办人不得兼任其他资产管理业务的投资主办人。

第五十四条 证券公司应当完善投资决策体系，加强对交易执行环节的控制，保证资产管理业务的不同客户在投资研究、投资决策、交易执行等各环节得到公平对待。

证券公司应当对资产管理业务的投资交易行为进行监控、分析、评估和核查，监督投资交易的过程和结果，保证公平交易原则的实现。

第五十五条 证券公司从事集合资产管理业务，应当遵循公平、诚信的原则，禁止任何形式的利益输送。

证券公司的集合资产管理账户与证券自营账户之间或者不同的证券资产管理账户之间不得发生交易，有充分证据证明已依法实现有效隔离的除外。

第五十六条 证券公司应当为集合计划建立独立完整的账户、核算、报告、审计和档案管理制度，设定清晰的清算流程和资金划转路径，公司风控、稽核等部门应当对集合资产管理业务的运营和管理实施监控和核查。

第五十七条 证券公司合规部门应当对集合资产管理业务和制度执行情况进行检查，发现违反法律、行政法规、中国证监会规定或者公司制度行为的，应当及时纠正处理，并向住所地、资产管理分公司所在地中国证监会派出机构及中国证券业协会报告。

第五十八条　证券公司从事集合资产管理业务，不得有下列行为：

（一）向客户作出保证其资产本金不受损失或者保证其取得最低收益的承诺；

（二）挪用集合计划资产；

（三）募集资金不入账或者其他任何形式的账外经营；

（四）募集资金超过计划说明书约定的规模；

（五）接受单一客户参与资金低于中国证监会规定的最低限额；

（六）使用集合计划资产进行不必要的交易；

（七）内幕交易、操纵证券价格、不正当关联交易及其他违反公平交易规定的行为；

（八）法律、行政法规及中国证监会禁止的其他行为。

第五十九条　资产托管机构应当指定专门部门办理集合计划资产托管业务。

资产托管机构应当对集合计划资产独立核算、分账管理，保证集合计划资产与资产托管机构自有资产相互独立，集合计划资产与其他客户资产相互独立，不同集合计划资产相互独立。

第六十条　证券公司、资产托管机构、代理推广机构应当建立必要的信息技术支持系统，为集合资产管理业务的风险管理和内部控制提供技术保障。

第五章　监督管理

第六十一条　集合计划存续期间，发生对集合计划持续运营、客户利益、资产净值产生重大影响的事件，证券公司应当按照集合资产管理合同约定的方式及时向客户披露，并向住所地、资产管理分公司所在地中国证监会派出机构及中国证券业协会报告。

第六十二条　证券公司发现资产托管机构、代理推广机构违反法律、行政法规和中国证监会的规定，或者违反推广代理协议、托管协议的，应当予以制止，并及时报告证券公司住所地、资产管理分公司所在地中国证监会派出机构及中国证券业协会。

第六十三条　资产托管机构、证券交易所、证券登记结算机构、代理推广机构应当认真履行职责，发现证券公司违反法律、行政法规和中国证监会的规定，或者违反有关协议、合同约定的，应当予以制止，并及时报告证券公司住所地、资产管理分公司所在地中国证监会派出机构及中国证券业协会。

第六十四条　中国证监会及其派出机构依法履行对集合资产管理业务的监管职责，加强对包括集合计划适当销售及公平交易制度执行情况等的非现场检查和现场检查。证券公司、资产托管机构和代理推广机构应当予以配合。

第六十五条　证券公司集合资产管理业务制度不健全，净资本或其他风险控制指标不符合规定，或者违规从事集合资产管理业务的，中国证监会及其派出机构应当依法责令其限期改正，并可以采取下列监管措施：

（一）责令增加内部合规检查次数并提交合规检查报告；

（二）对公司高级管理人员、直接负责的主管人员和其他直接责任人员进行监管谈话，记入监管档案；

（三）责令处分或者更换有关责任人员，并报告结果；

（四）责令暂停证券公司集合资产管理业务；

（五）法律、行政法规和中国证监会规定的其他监管措施。

证券公司被中国证监会暂停集合资产管理业务的，暂停期间不得签订新的集合资产管理合同。

第六十六条　证券公司违反法律、行政法规的规定，被中国证监会依法撤销证券资产管理业务许可、责令停业整顿，或者因停业、解散、撤销、破产等原因不能履行职责的，证券公司应当按照有关监管要求妥善处理有关事宜。集合资产管理合同应当对此作出相应约定。

第六十七条　证券公司、资产托管机构、证券登记结算机构、代理推广机构及其相关人员从事集合资产管理业务违反本细则规定的，中国证监会依照法律、行政法规和中国证监会的有关规定作出行政处罚；涉嫌犯罪的，依法移送司法机关，追究其刑事责任。

第六章　附　则

第六十八条　本细则规定的日以工作日计算，不含法定节假日。

第六十九条　本细则自公布之日起施行。2012 年 10 月 18 日中国证监会公布的《证券公司集合资产管理业务实施细则》（证监会公告〔2012〕29 号）同时废止。

境外上市公司非境外上市股份登记存管业务实施细则

（中国证券登记结算有限公司《境外上市公司境外上市股份登记存管业务实施细则》经中国证监会批准，并于2007年4月2日发布并实施）

第一章　总　则

第一条　为规范境外上市公司非境外上市股份的集中登记存管业务，保护投资者的合法权益，根据中国证券监督管理委员会（以下简称“中国证监会”）《证券登记结算管理办法》、《关于境外上市公司非境外上市股份集中登记存管有关事宜的通知》以及中国证券登记结算有限责任公司（以下简称“本公司”）《证券登记规则》等的规定，制定本细则。

第二条　本细则适用于尚未在境内公开发行人民币普通股的境外上市公司（以下简称“上市公司”）的非境外上市股份的集中登记存管业务，本细则没有规定的，适用本公司其他有关业务规定。

第三条　本公司依法受上市公司委托办理非境外上市股份的集中登记及相关服务业务，上市公司应当与本公司签订证券登记及服务协议，明确双方的权利与义务关系。

第四条　非境外上市股份应当存管在本公司，由本公司实行无纸化管理，投资者持有的股份以本公司证券登记簿记系统记录的数据为准。投资者持有实物股票的，应当委托上市公司将实物股票交存本公司。投资者所持实物股票交存本公司后，不得提取。

第五条　本公司根据相关业务申请人的申报办理非境外上市股份集中登记存管相关事宜；本公司对业务申请人提供的申请材料进行形式审核，业务申请人应当确保其提供的申请材料真实、准确和完整。

第二章　初始登记

第六条　上市公司应当按照中国证监会的有关规定及时向本公司申请办理非境外上市股份的初始登记手续。

第七条　上市公司向本公司申请办理非境外上市股份初始登记时，应当提供以下申请材料：

（一）股份登记申请；

（二）中国证监会关于发行境外上市外资股的批准文件；

（三）股份持有明细清单（加盖上市公司公章，多页的需加盖骑缝章）及电子数据，内容包括持有人姓名或全称、沪深A股账户号码、有效身份证明文件号码、持有人类别、通信地址、持有股份数量，质押、司法冻结、限制转让等情况；

（四）涉及国家或国有法人持股的，还需提供国有资产监督管理部门的批准文件；

（五）涉及质押、司法冻结或限制转让等的，还需提供质押登记、协助执法或限制转让等的相关申请材料；

（六）上市公司法人有效营业执照原件及复印件（仅提供复印件的，需加盖上市公司公章）、法定代表人身份证明文件、法定代表人对指定联络人的授权委托书；

（七）经办人有效身份证明文件；

（八）本公司要求提供的其他材料。

第八条　本公司对上市公司提供的股份登记申请材料审核通过后，自受理之日起三个工作日内，根据其申报的股份登记数据，办理股份持有人名册的初始登记，并向上市公司提供股份登记证明文件。

第九条　由于上市公司提供的申请材料有误导致初始登记不实所致的一切法律责任由该上市公司承担，本公司不承担任何责任；上市公司申请对初始登记结果进行更正的，本公司依据生效的司法裁决或本公司认可的其他证明材料办理更正手续。

第三章　存量股份减持

第十条　经中国证监会批准发行境外上市外资股涉及存量非境外上市股份减持的，上市公司应当向本公司申请办理股份转出手续。

第十一条　上市公司申请办理拟减持股份的转出手续时，应当提供以下申请材料：

（一）股份转出申请；

（二）股份转出明细清单（加盖上市公司公章，多页的需加盖骑缝章）及电子数据，内容包括持有人姓名或全称、有效身份证明文件号码、转出股份数量，质押、司法冻结、限制转让等情况；

（三）国有资产监督管理部门和中国证监会关于股份减持事宜的批准文件；

（四）加盖持有人公章的持有人有效营业执照复印件及其对上市公司的授权委托书；

（五）经办人有效身份证明文件；

（六）本公司要求提供的其他材料。

第十二条　本公司对上市公司提供的股份转出申请材料审核通过后，自受理之日起三个工作日内，办理相应持有人名下的非境外上市股份的转出手续，并向上市公司出具股份转出证明文件。

第十三条　拟减持的股份已被司法冻结或已办理质押登记的，应在办理司法冻结、质押登记的解除手续后，方可办理股份转出手续。

第十四条　境外上市外资股发行中行使超额配售选择权涉及的存量股份减持，应当按第十条至第十三条的规定办理股份转出手续。

第四章　股份过户登记

第十五条　股份转让双方向本公司申请办理非境外上市股份协议转让或行政划拨的过户登记手续时，应当提供以下申请材料：

（一）股份过户登记申请；

（二）股份转让协议正本（行政划拨除外）；

（三）股份转让双方的有效身份证明文件；

（四）须经行政审批方可进行的股份转让，还需提供有关主管部门的批准文件；

（五）本公司要求提供的其他材料。

本公司对前款所述申请材料审核通过后，自受理之日起三个工作日内予以办理股份过户登记手续，并向受让方出具过户登记确认书。

第十六条　当事人因继承、捐赠、依法进行财产分割（如离婚、分家析产等情形）或者法人因解散、破产、被依法责令关闭等原因申请办理股份转让的，相关当事人向本公司办理过户登记手续时，应当提供以下申请材料：

（一）股份过户登记申请；

（二）股份归属证明文件：因继承、捐赠、依法进行财产分割引起股份转让的，需提供经公证的继承、捐赠、财产分割文件或者人民法院的生效法律文书；法人因解散、破产、被依法责令关闭等引起股份转让的，有清算组的需提供清算组签署的股份转让协议、清算组成立证明文件、清算组负责人证明文件及清算组负责人授权委托书等，无清算组的需提供经公证的股份归属证明文件（公证内容包括但不限于申请人与原法人的名称、营业执照号码、申请人与原法人的关系、股份变更原因、股份的归属等）或者人民法院的生效法律文书；

（三）须经行政审批方可进行的股份转让，还需提供有关主管部门的批准文件；

（四）有关当事人的有效身份证明文件；

（五）本公司要求提供的其他材料。

本公司对前款所述申请材料审核通过后，自受理之日起三个工作日内予以办理股份过户登记手续，并向受让方出具过户登记确认书。

第十七条　上市公司回购股份，应当向本公司提供以下申请材料：

（一）股份过户登记申请；

（二）关于股份回购的股东大会决议及信息披露公告；

（三）回购对象明细清单（加盖上市公司公章，多页的需加盖骑缝章）及电子数据，包括持有人姓名或全称、有效身份证明文件号码、回购股份数量等内容；

（四）须经行政审批方可进行的股份转让，还需提供有关主管部门的批准文件；

（五）经办人有效身份证明文件；

（六）本公司要求提供的其他材料。

第十八条　本公司对上市公司提供的股份回购登记申请材料审核通过后，自受理之日起三个工作日内，将相应股份过户至上市公司名下，回购股份按规定应予注销的，本公司同时注销相应股份。

第十九条　收购人收购上市公司股份的，应当向本公司提供以下申请材料：

（一）股份过户登记申请；

（二）收购协议或被收购人出具的接受收购人要约的确认文件；

（三）关于收购上市公司的信息披露公告；

（四）被收购人明细清单（加盖收购人公章，多页的需加盖骑缝章）及电子数据，包括被收购人姓名或全称、有效身份证明文件号码、被收购股份数量等内容；

（五）须经行政审批方可进行的股份转让，还需提供有关主管部门的批准文件；

（六）收购双方有效身份证明文件；

（七）本公司要求提供的其他材料。

第二十条　本公司对收购人提供的申请材料审核通过后，自受理之日起三个工作日内，将相应股份由被收购人名下过户至收购人名下。

第五章 质押登记

第二十一条 办理非境外上市股份质押登记，质押双方应当向本公司提供以下申请材料：

（一）股份质押登记申请；

（二）经公证的质押合同原件；

（三）质押双方有效身份证明文件；

（四）拟质押股份为国家或国有法人持股的，出质人应当提供省级以上国有资产监督管理部门出具的备案表；

（五）本公司要求提供的其他材料。

第二十二条 股份质押登记不设具体期限，解除质押登记，需由质权人申请办理。

第二十三条 质权人向本公司申请解除质押登记，应当提供以下申请材料：

（一）解除股份质押登记申请；

（二）本公司出具的股份质押登记证明文件原件；

（三）部分解除质押登记的，还需提供经公证的质押变更协议原件或具有同等法律效力的文件；

（四）质权人有效身份证明文件；

（五）本公司要求提供的其他材料。

第二十四条 本公司对股份质押登记或解除质押登记申请审核通过后，自受理之日起三个工作日内，办理质押登记或解除质押登记手续，并向质权人出具股份质押登记证明或解除股份质押登记通知。

质押登记的生效日以本公司出具的股份质押登记证明文件上载明的质押登记日为准，质押登记解除的生效日以本公司出具的解除股份质押登记通知上载明的质押登记解除日为准。

第二十五条 股份质押登记后，在解除质押登记前不得重复设置质押。已办理司法冻结的股份不得再申请办理质押登记。

第二十六条 股份质押登记期间，派发的股份股利和公积金转增股以及通过本公司代理发放的现金红利等，本公司一并予以质押登记。

第二十七条 股份质押期间发生配股时，配股权仍由出质人行使。配股是否质押，由质押双方约定。

第二十八条 质押当事人因主合同变更需要重新办理质押登记的，应当解除原质押登记后，重新向本公司申请办理质押登记；已做质押登记的股份被司法冻结的，需由原司法机关解除司法冻结后，本公司方可为其办理重新质押登记手续。

第六章 股份持有人名册服务

第二十九条 上市公司可以通过本公司提供的上市公司网络服务系统、邮寄、现场办理等方式获取股份持有人名册。

第三十条 本公司于每月初的五个工作日内向上市公司提供截止到上月最后一个工作日的非境外上市股份持有人名册。除此之外，上市公司需要股份持有人名册的，应当向本公司申请领取。

第三十一条 上市公司向本公司申请以邮寄或现场办理方式领取持有人名册时，应当提供以下申请材料：

（一）领取持有人名册申请；

（二）经办人有效身份证明文件；

（三）本公司要求提供的其他材料。

本公司对上述材料审核通过后，按照上市公司选定的领取方式向其提供持有人名册。

第三十二条　上市公司申请领取持有人名册，应当在申请文件中注明申请领取的理由，并保证所述理由合法、真实、准确、完整。

第三十三条　上市公司通过本公司提供的网络服务系统获取持有人名册，应当事先向本公司办理电子身份认证、数据加密等电子通信安全事宜。

第三十四条　上市公司应当妥善保管持有人名册，并在法律法规许可的范围内使用。因上市公司不当使用持有人名册导致的一切法律责任，由上市公司自行承担，本公司不承担任何责任。

第七章　权益派发服务

第三十五条　上市公司应当委托本公司派发股份股利及公积金转增股本；上市公司可自行派发现金红利，也可委托本公司派发。

第三十六条　上市公司办理权益派发，应当向本公司提供以下申请材料：

（一）委托权益派发申请；

（二）关于权益派发的股东大会决议；

（三）实施权益派发公告；

（四）股份持有人指定银行收款账户号码（适用于上市公司委托本公司派发现金红利的情形）；

（五）经办人有效身份证明文件；

（六）本公司要求提供的其他材料。

第三十七条　本公司对上市公司提供的权益派发申请材料审核通过后，办理相应权益派发手续。

上市公司委托本公司派发现金红利的，应当将相应款项划至本公司指定银行账户，本公司在确认款项足额到账后，将相应款项划付持有人指定银行收款账户。

第三十八条　上市公司委托本公司派发现金红利，不能在本公司规定期限内划入相关款项的，应当及时通知本公司，并在中国证监会指定媒体上公告，说明原因。因上市公司未履行及时通知及公告义务所导致的一切法律责任由上市公司承担，本公司不承担任何责任。

第八章　查询服务

第三十九条　上市公司和股份持有人可以通过本公司提供的电子网络服务系统、现场办理等方式向本公司申请查询股份登记信息。

第四十条　上市公司通过现场办理的方式查询关联人、董事、监事和高级管理人员等知悉内幕信息当事人持有和买卖该上市公司股份情况，应当向本公司提供以下申请材料：

（一）上市公司查询申请；

（二）需查询的关联人、董事、监事和高级管理人员名单；

（三）经办人有效身份证明文件；

（四）本公司要求提供的其他材料。

第四十一条　股份持有人通过现场办理的方式申请查询其本人股份持有及变更登记等信息，应当提供以下申请材料：

（一）股份查询申请；

（二）股份持有人有效身份证明文件；

（三）本公司要求提供的其他材料。

第四十二条　股份持有人亡故，其亲属通过现场办理的方式申请查询时，应当提供以下申请材料：

（一）股份查询申请；

（二）死亡证明书；

（三）股份持有人与申请人的关系证明；

（四）申请人有效身份证明文件；

（五）本公司要求提供的其他材料。

第四十三条　法人因解散、破产、被依法责令关闭等原因丧失法人资格，清算组、债权债务承继人或原股东通过现场办理的方式向本公司申请查询时，应当提供以下申请材料：

（一）股份查询申请；

（二）成立清算组或债权债务承继人的批准文件、清算组或债权债务承继人授权委托书或经公证的原全体股东（出资人）授权委托书；

（三）经办人有效身份证明文件；

（四）本公司要求提供的其他材料。

第四十四条　本公司对查询申请人提供的申请材料审核通过后，根据其申请提供查询结果。

第四十五条　上市公司和股份持有人通过网络查询的，应当向本公司申请开通网络查询功能。

第九章　附　则

第四十六条　本细则要求相关业务申请人提供的有效身份证明文件具体为：境内法人需提供营业执照及复印件、法定代表人证明书、法定代表人身份证复印件、法定代表人授权委托书、经办人有效身份证明文件及复印件；境内自然人需提供中华人民共和国居民身份证及复印件，委托他人代办的还需提供经公证的委托代办书、代办人身份证及复印件；境外法人需提供有效的商业注册登记证明文件或其他与商业注册登记文件具有同等法律效力的文件、董事会或者执行董事授权委托书，授权人有权授权的证明文件，授权人有效身份证明文件复印件，经办人有效身份证明文件及复印件；境外自然人需提供境外所在国家、地区护照或者身份证明，有境外其他国家、地区永久居留签证的中国护照，香港和澳门特区居民身份证，台湾同胞台胞证等，委托他人代办的还需提供经公证的委托代办书、代办人有效身份证明文件及复印件。

第四十七条　非境外上市股份的协助执法业务按照本公司有关规定办理。

第四十八条　相关业务申请人应当按照本公司规定的收费标准缴纳股份登记存管及相关服务费用。股份登记存管及相关服务业务涉及税收的，按国家有关规定执行。

第四十九条　上市公司发行境内人民币普通股后，其股份登记存管事宜按本公司有关证券交易所市场股份登记存管的规定办理。

第五十条　本细则由本公司负责解释，修改时亦同。

第五十一条　本细则自发布之日起实施。

上市公司并购重组财务顾问业务管理办法

（于2007年7月10日中国证券监督管理委员会第211次主席办公会议审议通过，自2008年8月4日起施行）

第一章　总　则

第一条　为了规范证券公司、证券投资咨询机构及其他财务顾问机构从事上市公司并购重组财务顾问业务活动，保护投资者的合法权益，促进上市公司规范运作，维护证券市场秩序，根据《证券法》和其他相关法律、行政法规的规定，制定本办法。

第二条　上市公司并购重组财务顾问业务是指为上市公司的收购、重大资产重组、合并、分立、股份回购等对上市公司股权结构、资产和负债、收入和利润等具有重大影响的并购重组活动提供交易估值、方案设计、出具专业意见等专业服务。

经中国证券监督管理委员会（以下简称“中国证监会”）核准具有上市公司并购重组财务顾问业务资格的证券公司、证券投资咨询机构或者其他符合条件的财务顾问机构（以下简称“财务顾问”），可以依照本办法的规定从事上市公司并购重组财务顾问业务。

未经中国证监会核准，任何单位和个人不得从事上市公司并购重组财务顾问业务。

第三条　财务顾问应当遵守法律、行政法规、中国证监会的规定和行业规范，诚实守信，勤勉尽责，对上市公司并购重组活动进行尽职调查，对委托人的申报文件进行核查，出具专业意见，并保证其所出具的意见真实、准确、完整。

第四条　财务顾问的委托人应当依法承担相应的责任，配合财务顾问履行职责，并向财务顾问提供有关文件及其他必要的信息，不得拒绝、隐匿、谎报。

财务顾问履行职责，不能减轻或者免除委托人、其他专业机构及其签名人员的责任。

第五条　中国证监会依照法律、行政法规和本办法的规定，对财务顾问实行资格许可管理，对财务顾问及其负责并购重组项目的签名人员（以下简称“财务顾问主办人”）的执业情况进行监督管理。

中国证券业协会依法对财务顾问及其财务顾问主办人进行自律管理。

第二章　业务许可

第六条　证券公司从事上市公司并购重组财务顾问业务，应当具备下列条件：

（一）公司净资本符合中国证监会的规定；

（二）具有健全且运行良好的内部控制机制和管理制度，严格执行风险控制和内部隔离制度；

（三）建立健全的尽职调查制度，具备良好的项目风险评估和内核机制；

（四）公司财务会计信息真实、准确、完整；

（五）公司控股股东、实际控制人信誉良好且最近三年无重大违法违规记录；

（六）财务顾问主办人不少于五人；

（七）中国证监会规定的其他条件。

第七条 证券投资咨询机构从事上市公司并购重组财务顾问业务，应当具备下列条件：

（一）已经取得中国证监会核准的证券投资咨询业务资格；

（二）实缴注册资本和净资产不低于人民币 500 万元；

（三）具有健全且运行良好的内部控制机制和管理制度，严格执行风险控制和内部隔离制度；

（四）公司财务会计信息真实、准确、完整；

（五）控股股东、实际控制人在公司申请从事上市公司并购重组财务顾问业务资格前一年未发生变化，信誉良好且最近三年无重大违法违规记录；

（六）具有两年以上从事公司并购重组财务顾问业务活动的执业经历，且最近两年每年财务顾问业务收入不低于 100 万元；

（七）有证券从业资格的人员不少于 20 人，其中，具有从事证券业务经验三年以上的人员不少于十人，财务顾问主办人不少于五人；

（八）中国证监会规定的其他条件。

第八条 其他财务顾问机构从事上市公司并购重组财务顾问业务，除应当符合前条第（二）至（四）项及第（七）项的条件外，还应当具备下列条件：

（一）具有三年以上从事公司并购重组财务顾问业务活动的执业经历，且最近三年每年财务顾问业务收入不低于 100 万元；

（二）董事、高级管理人员应当正直诚实，品行良好，熟悉证券法律、行政法规，具有从事证券市场工作三年以上或者金融工作五年以上的经验，具备履行职责所需的经营管理能力；

（三）控股股东、实际控制人信誉良好且最近三年无重大违法违规记录；

（四）中国证监会规定的其他条件。

资产评估机构、会计师事务所、律师事务所或者相关人员从事上市公司并购重组财务顾问业务，应当另行成立专门机构。

第九条 证券公司、证券投资咨询机构和其他财务顾问机构有下列情形之一的，不得担任财务顾问：

（一）最近 24 个月内存在违反诚信的不良记录；

（二）最近 24 个月内因执业行为违反行业规范而受到行业自律组织的纪律处分；

（三）最近 36 个月内因违法违规经营受到处罚或者因涉嫌违法违规经营正在被调查。

第十条 财务顾问主办人应当具备下列条件：

（一）具有证券从业资格；

（二）具备中国证监会规定的投资银行业务经历；

（三）参加中国证监会认可的财务顾问主办人胜任能力考试且成绩合格；

（四）所任职机构同意推荐其担任本机构的财务顾问主办人；

（五）未负有数额较大到期未清偿的债务；

（六）最近 24 个月无违反诚信的不良记录；

（七）最近 24 个月未因执业行为违反行业规范而受到行业自律组织的纪律处分；

（八）最近 36 个月未因执业行为违法违规受到处罚；

（九）中国证监会规定的其他条件。

第十一条　证券公司、证券投资咨询机构和其他财务顾问机构申请从事上市公司并购重组财务顾问业务资格，应当提交下列文件：

（一）申请报告；

（二）营业执照复印件和公司章程；

（三）董事长、高级管理人员及并购重组业务负责人的简历；

（四）符合本办法规定条件的财务顾问主办人的证明材料；

（五）关于公司控股股东、实际控制人信誉良好和最近三年无重大违法违规记录的说明；

（六）公司治理结构和内控制度的说明，包括公司风险控制、内部隔离制度及内核部门人员名单和最近三年从业经历；

（七）经具有从事证券业务资格的会计师事务所审计的公司最近两年的财务会计报告；

（八）律师出具的法律意见书；

（九）中国证监会规定的其他文件。

第十二条　证券投资咨询机构申请从事上市公司并购重组财务顾问业务资格，除提交本办法第十一条规定的申报材料外，还应当提交下列文件：

（一）中国证监会核准的证券投资咨询业务许可证复印件；

（二）从事公司并购重组财务顾问业务两年以上执业经历的说明，以及最近两年每年财务顾问业务收入不低于100万元的证明文件，包括相关合同和纳税证明；

（三）申请资格前一年控股股东、实际控制人未发生变化的说明。

第十三条　其他财务顾问机构申请从事上市公司并购重组财务顾问业务资格，除提交本办法第十一条规定的申报材料外，还应当提交下列文件：

（一）从事公司并购重组财务顾问业务三年以上执业经历的说明，以及最近三年每年财务顾问业务收入不低于100万元的证明文件，包括相关合同和纳税证明；

（二）董事、高级管理人员符合本办法规定条件的说明；

（三）申请资格前一年控股股东、实际控制人未发生变化的说明。

第十四条　财务顾问申请人应当提交有关财务顾问主办人的下列证明文件：

（一）证券从业资格证书；

（二）中国证监会规定的投资银行业务经历的证明文件；

（三）中国证监会认可的财务顾问主办人胜任能力考试且成绩合格的证书；

（四）财务顾问申请人推荐其担任本机构的财务顾问主办人的推荐函；

（五）不存在数额较大到期未清偿的债务的说明；

（六）最近24个月无违反诚信的不良记录的说明；

（七）最近24个月未受到行业自律组织的纪律处分的说明；

（八）最近36个月未因执业行为违法违规受到处罚的说明；

（九）中国证监会规定的其他文件。

第十五条　财务顾问申请人应当保证申请文件真实、准确、完整。申请期间，文件内容发生重大变化的，财务顾问申请人应当自变化之日起五个工作日内向中国证监会提交更新资料。

第十六条　中国证监会对财务顾问申请人的上市公司并购重组财务顾问业务资格申请进行审查、做出决定。

中国证监会及时公布和更新财务顾问及其财务顾问主办人的名单。

第十七条　证券公司、证券投资咨询机构或者其他财务顾问机构受聘担任上市公司独立财务顾问的，应当保持独立性，不得与上市公司存在利害关系；存在下列情形之一的，不得担任独立财务顾问：

（一）持有或者通过协议、其他安排与他人共同持有上市公司股份达到或者超过5%，或者选派代表担任上市公司董事；

（二）上市公司持有或者通过协议、其他安排与他人共同持有财务顾问的股份达到或者超过5%，或者选派代表担任财务顾问的董事；

（三）最近两年财务顾问与上市公司存在资产委托管理关系、相互提供担保，或者最近一年财务顾问为上市公司提供融资服务；

（四）财务顾问的董事、监事、高级管理人员、财务顾问主办人或者其直系亲属有在上市公司任职等影响公正履行职责的情形；

（五）在并购重组中为上市公司的交易对方提供财务顾问服务；

（六）与上市公司存在利害关系、可能影响财务顾问及其财务顾问主办人独立性的其他情形。

第十八条　上市公司并购重组活动涉及公开发行股票的，应当按照有关规定聘请具有保荐资格的证券公司从事相关业务。

第三章　业务规则

第十九条　财务顾问从事上市公司并购重组财务顾问业务，应当履行以下职责：

（一）接受并购重组当事人的委托，对上市公司并购重组活动进行尽职调查，全面评估相关活动所涉及的风险；

（二）就上市公司并购重组活动向委托人提供专业服务，帮助委托人分析并购重组相关活动所涉及的法律、财务、经营风险，提出对策和建议，设计并购重组方案，并指导委托人按照上市公司并购重组的相关规定制作申报文件；

（三）对委托人进行证券市场规范化运作的辅导，使其熟悉有关法律、行政法规和中国证监会的规定，充分了解其应承担的义务和责任，督促其依法履行报告、公告和其他法定义务；

（四）在对上市公司并购重组活动及申报文件的真实性、准确性、完整性进行充分核查和验证的基础上，依据中国证监会的规定和监管要求，客观、公正地发表专业意见；

（五）接受委托人的委托，向中国证监会报送有关上市公司并购重组的申报材料，并根据中国证监会的审核意见，组织和协调委托人及其他专业机构进行答复；

（六）根据中国证监会的相关规定，持续督导委托人依法履行相关义务；

（七）中国证监会要求的其他事项。

第二十条　财务顾问应当与委托人签订委托协议，明确双方的权利和义务，就委托人配合财务顾问履行其职责的义务、应提供的材料和责任划分、双方的保密责任等事项做出约定。财务顾问接受上市公司并购重组多方当事人委托的，不得存在利益冲突或者潜在的利益冲突。

接受委托的，财务顾问应当指定两名财务顾问主办人负责，同时，可以安排一名项目协办人参与。

第二十一条　财务顾问应当建立尽职调查制度和具体工作规程，对上市公司并购重组活动进行充分、广泛、合理的调查，核查委托人提供的为出具专业意见所需的资料，对委托人披露的内容进行独立判断，并有充分理由确信所作的判断与委托人披露的内容不存在实质性差异。

委托人应当配合财务顾问进行尽职调查，提供相应的文件资料。委托人不能提供必要的材料、不配合进行尽职调查或者限制调查范围的，财务顾问应当终止委托关系或者相应修改其结论性意见。

第二十二条　财务顾问利用其他证券服务机构专业意见的，应当进行必要的审慎核查，对委托人提供的资料和披露的信息进行独立判断。

财务顾问对同一事项所作的判断与其他证券服务机构的专业意见存在重大差异的，应当进一步调查、复核，并可自行聘请相关专业机构提供专业服务。

第二十三条　财务顾问应当采取有效方式对新进入上市公司的董事、监事和高级管理人员、控股股东和实际控制人的主要负责人进行证券市场规范化运作的辅导，包括上述人员应履行的责任和义务、上市公司治理的基本原则、公司决策的法定程序和信息披露的基本要求，并对辅导结果进行验收，将验收结果存档。验收不合格的，财务顾问应当重新进行辅导和验收。

第二十四条　财务顾问对上市公司并购重组活动进行尽职调查应当重点关注以下问题，并在专业意见中对以下问题进行分析和说明：

（一）涉及上市公司收购的，担任收购人的财务顾问，应当关注收购人的收购目的、实力、收购人与其控股股东和实际控制人的控制关系结构、管理经验、资信情况、诚信记录、资金来源、履约能力、后续计划、对上市公司未来发展的影响、收购人的承诺及是否具备履行相关承诺的能力等事项；因国有股行政划转或者变更、在同一实际控制人控制的不同主体之间转让股份、继承取得上市公司股份超过30%的，收购人可免于聘请财务顾问；

（二）涉及对上市公司进行要约收购的，收购人的财务顾问除关注本条第（一）项所列事项外，还应当关注要约收购的目的、收购人的支付方式和支付条件、履约能力、是否将导致公司退市、对收购完成后剩余中小股东的保护机制是否适当等事项；

收购人公告要约收购报告书摘要后15日内未能发出要约的，财务顾问应当督促收购人立即公告未能如期发出要约的原因及中国证监会提出的反馈意见；

（三）涉及上市公司重大资产重组的，财务顾问应当关注重组目的、重组方案、交易定价的公允性、资产权属的清晰性、资产的完整性、重组后上市公司是否具备持续经营能力和持续盈利能力、盈利预测的可实现性、公司经营独立性、重组方是否存在利用资产重组侵害上市公司利益的问题等事项；

（四）涉及上市公司发行股份购买资产的，财务顾问应当关注本次发行的目的、发行方案、拟购买资产的估值分析及定价的公允性、拟购买资产的完整性、独立性、盈利能力、对上市公司影响的量化分析、拟发行股份的定价模式、中小股东合法权益是否受到侵害、上市公司股票交易是否存在异常等事项；涉及导致公司控制权发生变化的，还应当按照本条第（一）项有关收购人的关注要点对本次发行的特定对象进行核查；

（五）涉及上市公司合并的，财务顾问应当关注合并的目的、合并的可行性、合并方案、合并方与被合并方的估值分析、折股比例的确定原则和公允性、对上市公司的业务和财务结构的影响、对上市公司持续盈利能力的影响、合并后的整合安排等事项；

（六）涉及上市公司回购本公司股份的，财务顾问应当关注回购目的的适当性、回购必要性、回购方案、回购价格的定价模式和公允性、对上市公司现金流的影响、是否存在不利于上市公司持续发展的问题等事项；

（七）财务顾问应当关注上市公司并购重组活动中，相关各方是否存在利用并购重组信息进行内幕交易、市场操纵和证券欺诈等事项；

（八）中国证监会要求的其他事项。

第二十五条　财务顾问应当设立由专业人员组成的内部核查机构，内部核查机构应当恪尽职守，保持独立判断，对相关业务活动进行充分论证与复核，并就所出具的财务顾问专业意见提出内部核查意见。

第二十六条　财务顾问应当在充分尽职调查和内部核查的基础上，按照中国证监会的相关规定，对并购重组事项出具财务顾问专业意见，并作出以下承诺：

（一）已按照规定履行尽职调查义务，有充分理由确信所发表的专业意见与委托人披露的文件内容不存在实质性差异；

（二）已对委托人披露的文件进行核查，确信披露文件的内容与格式符合要求；

（三）有充分理由确信委托人委托财务顾问出具意见的并购重组方案符合法律、法规和中国证监会及证券交易所的相关规定，所披露的信息真实、准确、完整，不存在虚假记载、误导性陈述或者重大遗漏；

（四）有关本次并购重组事项的财务顾问专业意见已提交内部核查机构审查，并同意出具此专业意见；

（五）在与委托人接触后到担任财务顾问期间，已采取严格的保密措施，严格执行风险控制和内部隔离制度，不存在内幕交易、操纵市场和证券欺诈问题。

第二十七条 财务顾问的法定代表人或者其授权代表人、部门负责人、内部核查机构负责人、财务顾问主办人和项目协办人应当在财务顾问专业意见上签名，并加盖财务顾问单位公章。

第二十八条 财务顾问代表委托人向中国证监会提交申请文件后，应当配合中国证监会的审核，并承担以下工作：

（一）指定财务顾问主办人与中国证监会进行专业沟通，并按照中国证监会提出的反馈意见作出回复；

（二）按照中国证监会的要求对涉及本次并购重组活动的特定事项进行尽职调查或者核查；

（三）组织委托人及其他专业机构对中国证监会的意见进行答复；

（四）委托人未能在行政许可的期限内公告相关并购重组报告全文的，财务顾问应当督促委托人及时公开披露中国证监会提出的问题及委托人未能如期公告的原因；

（五）自申报至并购重组事项完成前，对于上市公司和其他并购重组当事人发生较大变化对本次并购重组构成较大影响的情况予以高度关注，并及时向中国证监会报告；

（六）申报本次担任并购重组财务顾问的收费情况；

（七）中国证监会要求的其他事项。

第二十九条 财务顾问应当建立健全内部报告制度，财务顾问主办人应当就中国证监会在反馈意见中提出的问题按照内部程序向部门负责人、内部核查机构负责人等相关负责人报告，并对中国证监会提出的问题进行充分的研究、论证，审慎回复。回复意见应当由财务顾问的法定代表人或者其授权代表人、财务顾问主办人和项目协办人签名，并加盖财务顾问单位公章。

第三十条 财务顾问将申报文件报中国证监会审核期间，委托人和财务顾问终止委托协议的，财务顾问和委托人应当自终止之日起五个工作日内向中国证监会报告，申请撤回申报文件，并说明原因。委托人重新聘请财务顾问就同一并购重组事项进行申报的，应当在报送中国证监会的申报文件中予以说明。

第三十一条 根据中国证监会有关并购重组的规定，自上市公司收购、重大资产重组、发行股份购买资产、合并等事项完成后的规定期限内，财务顾问承担持续督导责任。

财务顾问应当通过日常沟通、定期回访等方式，结合上市公司定期报告的披露，做好以下持续督导工作：

（一）督促并购重组当事人按照相关程序规范实施并购重组方案，及时办理产权过户手续，并依法履行报告和信息披露的义务；

（二）督促上市公司按照《上市公司治理准则》的要求规范运作；

（三）督促和检查申报人履行对市场公开作出的相关承诺的情况；

（四）督促和检查申报人落实后续计划及并购重组方案中约定的其他相关义务的情况；

（五）结合上市公司定期报告，核查并购重组是否按计划实施、是否达到预期目标；其实施效果是否与此前公告的专业意见存在较大差异，是否实现相关盈利预测或者管理层预计达到的业绩目标；

（六）中国证监会要求的其他事项。

在持续督导期间，财务顾问应当结合上市公司披露的定期报告出具持续督导意见，并在前述定期报告披露后的15日内向上市公司所在地的中国证监会派出机构报告。

第三十二条 财务顾问应当建立健全内部检查制度，确保财务顾问主办人切实履行持续督导责任，按时向中国证监会派出机构提交持续督导工作的情况报告。

在持续督导期间，财务顾问解除委托协议的，应当及时向中国证监会派出机构作出书面报告，说明无法继续履行持续督导职责的理由，并予以公告。委托人应当在一个月内另行聘请财务顾问对其进行持续督导。

第三十三条 财务顾问应当建立并购重组工作档案和工作底稿制度，为每一项目建立独立的工作档案。

财务顾问的工作档案和工作底稿应当真实、准确、完整，保存期不少于十年。

第三十四条 财务顾问及其财务顾问主办人应当严格履行保密责任，不得利用职务之便买卖相关上市公司的证券或者牟取其他不当利益，并应当督促委托人、委托人的董事、监事和高级管理人员及其他内幕信息知情人严格保密，不得进行内幕交易。

财务顾问应当按照中国证监会的要求，配合提供上市公司并购重组相关内幕信息知情人买卖、持有相关上市公司证券的文件，并向中国证监会报告内幕信息知情人的违法违规行为，配合中国证监会依法进行的调查。

第三十五条 财务顾问从事上市公司并购重组财务顾问业务，应当公平竞争，按照业务复杂程度及所承担的责任和风险与委托人商议财务顾问报酬，不得以明显低于行业水平等不正当竞争手段招揽业务。

第三十六条 中国证券业协会可以根据本办法的规定，制定财务顾问执业规范，组织财务顾问主办人进行持续培训。

财务顾问可以申请加入中国证券业协会。财务顾问主办人应当参加中国证券业协会组织的相关培训，接受后续教育。

第四章 监督管理与法律责任

第三十七条 中国证监会及其派出机构可以根据审慎监管原则，要求财务顾问提供已按照本办法的规定履行尽职调查义务的证明材料、工作档案和工作底稿，并对财务顾问的公司治理、内部控制、经营运作、风险状况、从业活动等方面进行非现场检查或者现场检查。

财务顾问及其有关人员应当配合中国证监会及其派出机构的检查工作，提交的材料应当真实、准确、完整，不得以任何理由拒绝、拖延提供有关材料，或者提供不真实、不准确、不完整的材料。

第三十八条 中国证监会建立监管信息系统，对财务顾问及其财务顾问主办人进行持续动态监管，并将以下事项记入其诚信档案：

（一）财务顾问及其财务顾问主办人被中国证监会采取监管措施的；

（二）在持续督导期间，上市公司或者其他委托人违反公司治理有关规定、相关资产状况及上市公司经营成果等与财务顾问的专业意见出现较大差异的；

（三）中国证监会认定的其他事项。

第三十九条 财务顾问及其财务顾问主办人出现下列情形之一的，中国证监会对其采取监管谈话、出具警示函、责令改正等监管措施：

（一）内部控制机制和管理制度、尽职调查制度以及相关业务规则存在重大缺陷或者未得到有效执行的；

（二）未按照本办法规定发表专业意见的；

（三）在受托报送申报材料过程中，未切实履行组织、协调义务、申报文件制作质量低下的；

（四）未依法履行持续督导义务的；

（五）未按照本办法的规定向中国证监会报告或者公告的；

（六）违反其就上市公司并购重组相关业务活动所作承诺的；

（七）违反保密制度或者未履行保密责任的；

（八）采取不正当竞争手段进行恶性竞争的；

（九）唆使、协助或者伙同委托人干扰中国证监会审核工作的；

（十）中国证监会认定的其他情形。

责令改正的，财务顾问及其财务顾问主办人在改正期间，或者按照要求完成整改并经中国证监会验收合格之前，不得接受新的上市公司并购重组财务顾问业务。

第四十条 上市公司就并购重组事项出具盈利预测报告的，在相关并购重组活动完成后，凡不属于上市公司管理层事前无法获知且事后无法控制的原因，上市公司或者购买资产实现的利润未达到盈利预测报告或者资产评估报告预测金额 80%的，中国证监会责令财务顾问及其财务顾问主办人在股东大会及中国证监会指定报刊上公开说明未实现盈利预测的原因并向股东和社会公众投资者道歉；利润实现数未达到盈利预测 50%的，中国证监会可以同时对财务顾问及其财务顾问主办人采取监管谈话、出具警示函、责令定期报告等监管措施。

第四十一条 财务顾问不再符合本办法规定条件的，应当在五个工作日内向中国证监会报告并依法进行公告，由中国证监会责令改正。责令改正期满后，仍不符合本办法规定条件的，中国证监会撤销其从事上市公司并购重组财务顾问业务资格。

财务顾问主办人发生变化的，财务顾问应当在五个工作日内向中国证监会报告。财务顾问主办人不再符合本办法规定条件的，中国证监会将其从财务顾问主办人名单中去除，财务顾问不得聘请其作为财务顾问主办人从事相关业务。

第四十二条 财务顾问及其财务顾问主办人或者其他责任人员所发表的专业意见存在虚假记载、误导性陈述或者重大遗漏的，中国证监会责令改正并依据《证券法》第二百二十三条的规定予以处罚。

第四十三条 财务顾问及其财务顾问主办人在相关并购重组信息未依法公开前，泄露该信息、买卖或者建议他人买卖该公司证券，利用相关并购重组信息散布虚假信息、操纵证券市场或者进行证券欺诈活动的，中国证监会依据《证券法》第二百零二条、第二百零三条、第二百零七条等相关规定予以处罚；涉嫌犯罪的，依法移送司法机关追究刑事责任。

第四十四条 中国证券业协会对财务顾问及其财务顾问主办人违反自律规范的行为，依法进行调查，给予纪律处分。

第五章 附 则

第四十五条 本办法自 2008 年 8 月 4 日起施行。

上市公司回购社会公众股份管理办法（试行）

（中国证券监督管理委员会制定了《上市公司回购社会公众股份管理办法（试行）》，于 2005 年6 月 16 日发布，自发布之日起施行）

第一章 总 则

第一条 为规范上市公司回购社会公众股份的行为，依据《公司法》、《证券法》、《股票发行与交易管理暂行条例》及其他相关法律、行政法规的规定，制订本办法。

第二条 本办法所称上市公司回购社会公众股份是指上市公司为减少注册资本而购买本公司社会公众股份（以下简称股份）并依法予以注销的行为。

第三条 上市公司回购股份，应当按照本办法的规定向中国证券监督管理委员会（以下简称中国证监会）报送备案材料。

第四条 上市公司回购股份，应当有利于公司的可持续发展，不得损害股东和债权人的合法权益。

上市公司的董事、监事和高级管理人员在回购股份中应当忠诚守信，勤勉尽责。

第五条 上市公司回购股份，应当依据本办法的规定履行信息披露义务。

上市公司及其董事应当保证所披露的信息真实、准确、完整，无虚假记载、误导性陈述或重大遗漏。

第六条 上市公司应当聘请独立财务顾问和律师事务所就股份回购事宜出具专业意见。

上述专业机构应当诚实守信，勤勉尽责，对回购股份相关事宜进行尽职调查，对备案材料进行核查，并保证其出具的文件真实、准确、完整。

第七条 任何人不得利用上市公司回购股份从事内幕交易、操纵证券交易价格和进行证券欺诈活动。

第二章 回购股份的一般规定

第八条 上市公司回购股份应当符合以下条件：

（一）公司股票上市已满一年；

（二）公司最近一年无重大违法行为；

（三）回购股份后，上市公司具备持续经营能力；

（四）回购股份后，上市公司的股权分布原则上应当符合上市条件；公司拟通过回购股份终止其股票上市交易的，应当符合相关规定并取得证券交易所的批准；

（五）中国证监会规定的其他条件。

第九条 上市公司回购股份可以采取以下方式之一进行：

（一）证券交易所集中竞价交易方式；

（二）要约方式；

（三）中国证监会认可的其他方式。

第十条 回购的股份自过户至上市公司回购专用账户之日起即失去其权利。上市公司在计算相关指标时，应当从总股本中扣减已回购的股份数量。

第十一条 上市公司在回购股份期间不得发行新股。

在年度报告和半年度报告披露前五个工作日或者对股价有重大影响的信息公开披露前，上市公司不得通过集中竞价交易方式回购股份。

第十二条 因上市公司回购股份，导致股东持有、控制的股份超过该公司已发行股份的 30%的，该等股东无须履行要约收购义务。

第三章 回购股份的程序和信息披露

第十三条 上市公司董事会应当在做出回购股份决议后的两个工作日内公告董事会决议、回购股份预案，并发布召开股东大会的通知。

回购股份预案至少应当包括以下内容：

（一）回购股份的目的；

（二）回购股份方式；

（三）回购股份的价格或价格区间、定价原则；

（四）拟回购股份的种类、数量及占总股本的比例；

（五）拟用于回购的资金总额及资金来源；

（六）回购股份的期限；

（七）预计回购后公司股权结构的变动情况；

（八）管理层对本次回购股份对公司经营、财务及未来发展影响的分析。

第十四条 上市公司应当在股东大会召开前三日，将董事会公告回购股份决议的前一个交易日及股东大会的股权登记日登记在册的前十名社会公众股股东的名称及持股数量、比例，在证券交易所网站上予以公布。

第十五条 独立财务顾问应当就上市公司回购股份事宜进行尽职调查，出具独立财务顾问报告，并在股东大会召开五日前在中国证监会指定报刊公告。

独立财务顾问报告应当包括以下内容：

（一）公司回购股份是否符合本办法的规定；

（二）结合回购股份的目的、股价表现、公司估值分析等因素，说明回购的必要性；

（三）结合回购股份所需资金及其来源等因素，分析回购股份对公司日常经营、盈利能力和偿债能力的影响，说明回购方案的可行性；

（四）其他应说明的事项。

第十六条 上市公司股东大会应当对下列事项逐项进行表决：

（一）回购股份的方式；

（二）回购股份的价格或价格区间、定价原则；

（三）拟回购股份的种类、数量和比例；

（四）拟用于回购的资金总额；

（五）回购股份的期限；

（六）对董事会实施回购方案的授权；

（七）其他相关事项。

上市公司在公告股东大会决议时，应当载明“本回购方案尚需报中国证监会备案无异议后方可实施”。

第十七条　上市公司股东大会对回购股份做出决议，须经出席会议的股东所持表决权的2/3以上通过。

第十八条　上市公司做出回购股份决议后，应当依法通知债权人。

第十九条　上市公司依法通知债权人后，可以向中国证监会报送回购股份备案材料，同时抄报上市公司所在地的中国证监会派出机构。

第二十条　上市公司回购股份备案材料应当包括以下文件：

（一）回购股份的申请；

（二）董事会决议；

（三）股东大会决议；

（四）上市公司回购报告书；

（五）独立财务顾问报告；

（六）法律意见书；

（七）上市公司最近一期经审计的财务会计报告；

（八）上市公司董事、监事、高级管理人员及参与本次回购的各中介机构关于股东大会作出回购决议前六个月买卖上市公司股份的自查报告；

（九）中国证监会规定的其他文件。

第二十一条　上市公司回购报告书应当包括以下内容：

（一）本办法第十三条回购股份预案所列事项；

（二）上市公司董事、监事、高级管理人员在股东大会回购决议公告前六个月是否存在买卖上市公司股票的行为，是否存在单独或者与他人联合进行内幕交易及市场操纵的说明；

（三）独立财务顾问就本次回购股份出具的结论性意见；

（四）律师事务所就本次回购股份出具的结论性意见；

（五）其他应说明的事项。

以要约方式回购股份的，还应当披露股东预受要约的方式和程序、股东撤回预受要约的方式和程序，以及股东委托办理要约回购中相关股份预受、撤回、结算、过户登记等事宜的证券公司名称及其通讯方式。

第二十二条　律师事务所就上市公司回购股份出具的法律意见书应当包括以下内容：

（一）公司回购股份是否符合本办法规定的条件；

（二）公司回购股份是否已履行法定程序；涉及其他主管部门批准的，是否已得到批准；

（三）公司回购股份是否已按照本办法的规定履行相关的信息披露义务；

（四）公司回购股份的资金来源是否合法合规；

（五）其他应说明的事项。

第二十三条　中国证监会自受理上市公司回购股份备案材料之日起十个工作日内未提出异议的，上市公司可以实施回购方案。

采用集中竞价方式回购股份的，上市公司应当在收到中国证监会无异议函后的五个工作日内公告回购报告书；采用要约方式回购股份的，上市公司应当在收到无异议函后的两个工作日内予以公告，并在实施回购方案前公告回购报告书。

上市公司在回购报告书的同时，应当一并公告法律意见书。

第二十四条　上市公司实施回购方案前，应当在证券登记结算机构开立由证券交易所监控的回购专用账户；该账户仅可用于回购公司股份，已回购的股份应当予以锁定，不得卖出。

第二十五条　上市公司应当在回购的有效期限内实施回购方案。

上市公司距回购期届满三个月时仍未实施回购方案的，董事会应当就未能实施回购的原因予以公告。

第二十六条　回购期届满或者回购方案已实施完毕的，公司应当停止回购行为，撤销回购专用账户，在两个工作日内公告公司股份变动报告，并在十日内依法注销所回购的股份，办理工商变更登记手续。

第四章　以集中竞价交易方式回购股份的特殊规定

第二十七条　上市公司应当按照证券交易所和证券登记结算机构的相关规定，委托具有从事证券经纪业务资格的证券公司负责办理回购股份的相关事宜。

第二十八条　在回购股份期间，上市公司应当在每个月的前三个交易日内，公告截至上月末的回购进展情况，包括已回购股份总额、购买的最高价和最低价、支付的总金额。

上市公司通过集中竞价交易方式回购股份占上市公司总股本的比例每增加1%的，应当自该事实发生之日起两个交易日内予以公告。

第二十九条　回购期届满或者回购方案已实施完毕的，上市公司应当在股份变动报告中披露已回购股份总额、购买的最高价和最低价、支付的总金额。

第五章　以要约方式回购股份的特殊规定

第三十条　上市公司以要约方式回购股份的，要约价格不得低于回购报告书公告前30个交易日该种股票每日加权平均价的算术平均值。

第三十一条　上市公司以要约方式回购股份的，应当在公告回购报告书的同时，将回购所需资金全额存放于证券登记结算机构指定的银行账户。

要约的期限不得少于30日，并不得超过60日。

第三十二条　上市公司以要约方式回购股份，股东预受要约的股份数量超出预定回购的股份数量的，上市公司应当按照相同比例回购股东预受的股份；股东预受要约的股份数量不足预定回购的股份数量的，上市公司应当全部回购股东预受的股份。

第三十三条　上市公司以要约方式回购境内上市外资股的，还应当符合证券交易所和证券登记结算机构业务规则的有关规定。

第六章　监管措施和法律责任

第三十四条　上市公司未按照本办法规定备案的，中国证监会有权要求其暂停或者终止回购股份活动，对公司及其相关责任人依法予以处罚。

第三十五条　上市公司回购股份存在虚假记载、误导性陈述或者重大遗漏的，中国证监会责令其予以纠正，对公司及相关责任人依法予以处罚。

第三十六条　利用上市公司回购股份进行欺诈、操纵市场或者内幕交易的，中国证监会依法予以处罚；构成犯罪的，移交司法机关依法查处。

第三十七条 为上市公司回购股份出具意见的相关专业机构未履行勤勉尽责义务，所发表的专业意见存在虚假记载、误导性陈述或者重大遗漏的，中国证监会对相关专业机构及签字人员采取监管谈话、出具警示函、责令整改等措施；情节严重的，暂停或者吊销其业务资格。

第七章 附 则

第三十八条 本办法自发布之日起施行。

上市公司重大资产重组管理办法

（2008年3月24日中国证券监督管理委员会第224次主席办公会审议通过，根据2011年8月1日中国证券监督管理委员会《关于修改上市公司重大资产重组与配套融资相关规定的决定》修订）

第一章　总　则

第一条　为了规范上市公司重大资产重组行为，保护上市公司和投资者的合法权益，促进上市公司质量不断提高，维护证券市场秩序和社会公共利益，根据《公司法》、《证券法》等法律、行政法规的规定，制定本办法。

第二条　本办法适用于上市公司及其控股或者控制的公司在日常经营活动之外购买、出售资产或者通过其他方式进行资产交易达到规定的比例，导致上市公司的主营业务、资产、收入发生重大变化的资产交易行为（以下简称重大资产重组）。

上市公司发行股份购买资产应当符合本办法的规定。

上市公司按照经中国证券监督管理委员会（以下简称中国证监会）核准的发行证券文件披露的募集资金用途，使用募集资金购买资产、对外投资的行为，不适用本办法。

第三条　任何单位和个人不得利用重大资产重组损害上市公司及其股东的合法权益。

第四条　上市公司实施重大资产重组，有关各方必须及时、公平地披露或者提供信息，保证所披露或者提供信息的真实、准确、完整，不得有虚假记载、误导性陈述或者重大遗漏。

第五条　上市公司的董事、监事和高级管理人员在重大资产重组活动中，应当诚实守信、勤勉尽责，维护公司资产的安全，保护公司和全体股东的合法权益。

第六条　为重大资产重组提供服务的证券服务机构和人员，应当遵守法律、行政法规和中国证监会的有关规定，遵循本行业公认的业务标准和道德规范，严格履行职责，不得谋取不正当利益，并应当对其所制作、出具文件的真实性、准确性和完整性承担责任。

第七条　任何单位和个人对所知悉的重大资产重组信息在依法披露前负有保密义务。

禁止任何单位和个人利用重大资产重组信息从事内幕交易、操纵证券市场等违法活动。

第八条　中国证监会依法对上市公司重大资产重组行为进行监管。

第九条　中国证监会在发行审核委员会中设立上市公司并购重组审核委员会（以下简称并购重组委），以投票方式对提交其审议的重大资产重组申请进行表决，提出审核意见。

第二章　重大资产重组的原则和标准

第十条　上市公司实施重大资产重组，应当符合下列要求：

（一）符合国家产业政策和有关环境保护、土地管理、反垄断等法律和行政法规的规定；

（二）不会导致上市公司不符合股票上市条件；

（三）重大资产重组所涉及的资产定价公允，不存在损害上市公司和股东合法权益的情形；

（四）重大资产重组所涉及的资产权属清晰，资产过户或者转移不存在法律障碍，相关债权债务处理合法；

（五）有利于上市公司增强持续经营能力，不存在可能导致上市公司重组后主要资产为现金或者无具体经营业务的情形；

（六）有利于上市公司在业务、资产、财务、人员、机构等方面与实际控制人及其关联人保持独立，符合中国证监会关于上市公司独立性的相关规定；

（七）有利于上市公司形成或者保持健全有效的法人治理结构。

第十一条　上市公司及其控股或者控制的公司购买、出售资产，达到下列标准之一的，构成重大资产重组：

（一）购买、出售的资产总额占上市公司最近一个会计年度经审计的合并财务会计报告期末资产总额的比例达到50%以上；

（二）购买、出售的资产在最近一个会计年度所产生的营业收入占上市公司同期经审计的合并财务会计报告营业收入的比例达到50%以上；

（三）购买、出售的资产净额占上市公司最近一个会计年度经审计的合并财务会计报告期末净资产额的比例达到50%以上，且超过5000万元人民币。

购买、出售资产未达到前款规定标准，但中国证监会发现存在可能损害上市公司或者投资者合法权益的重大问题的，可以根据审慎监管原则责令上市公司按照本办法的规定补充披露相关信息、暂停交易并报送申请文件。

第十二条　自控制权发生变更之日起，上市公司向收购人购买的资产总额，占上市公司控制权发生变更的前一个会计年度经审计的合并财务会计报告期末资产总额的比例达到100%以上的，除符合本办法第十条、第四十二条规定的要求外，上市公司购买的资产对应的经营实体持续经营时间应当在三年以上，最近两个会计年度净利润均为正数且累计超过人民币2000万元。上市公司购买的资产属于金融、创业投资等特定行业的，由中国证监会另行规定。

前款规定的重大资产重组完成后，上市公司应当符合中国证监会关于上市公司治理与规范运作的相关规定，在业务、资产、财务、人员、机构等方面独立于控股股东、实际控制人及其控制的其他企业，与控股股东、实际控制人及其控制的其他企业间不存在同业竞争或者显失公平的关联交易。

第十三条　计算本办法第十一条、第十二条规定的比例时，应当遵守下列规定：

（一）购买的资产为股权的，其资产总额以被投资企业的资产总额与该项投资所占股权比例的乘积和成交金额二者中的较高者为准，营业收入以被投资企业的营业收入与该项投资所占股权比例的乘积为准，资产净额以被投资企业的净资产额与该项投资所占股权比例的乘积和成交金额二者中的较高者为准；出售的资产为股权的，其资产总额、营业收入以及资产净额分别以被投资企业的资产总额、营业收入以及净资产额与该项投资所占股权比例的乘积为准。

购买股权导致上市公司取得被投资企业控股权的，其资产总额以被投资企业的资产总额和成交金额二者中的较高者为准，营业收入以被投资企业的营业收入为准，资产净额以被投资企业的净资产额和成交金额二者中的较高者为准；出售股权导致上市公司丧失被投资企业控股权的，其资产总额、营业收入以及资产净额分别以被投资企业的资产总额、营业收入以及净资产额为准。

（二）购买的资产为非股权资产的，其资产总额以该资产的账面值和成交金额二者中的较高者为准，资产净额以相关资产与负债的账面值差额和成交金额二者中的较高者为准；出售的资产为非股权资产的，其资产总额、资产净额分别以该资产的账面值、相关资产与负债账面值的差额为准；该非股权资产不涉及负债的，不适用第十一条第一款第（三）项规定的资产净额标准。

（三）上市公司同时购买、出售资产的，应当分别计算购买、出售资产的相关比例，并以二者中比例较高者为准。

（四）上市公司在 12 个月内连续对同一或者相关资产进行购买、出售的，以其累计数分别计算相应数额。已按照本办法的规定报经中国证监会核准的资产交易行为，无须纳入累计计算的范围，但本办法第十二条规定情形除外。

交易标的资产属于同一交易方所有或者控制，或者属于相同或者相近的业务范围，或者中国证监会认定的其他情形下，可以认定为同一或者相关资产。

第十四条 本办法第二条所称通过其他方式进行资产交易，包括：

（一）与他人新设企业、对已设立的企业增资或者减资；

（二）受托经营、租赁其他企业资产或者将经营性资产委托他人经营、租赁；

（三）接受附义务的资产赠与或者对外捐赠资产；

（四）中国证监会根据审慎监管原则认定的其他情形。

上述资产交易实质上构成购买、出售资产，且按照本办法规定的标准计算的相关比例达到 50% 以上的，应当按照本办法的规定履行信息披露等相关义务并报送申请文件。

第三章 重大资产重组的程序

第十五条 上市公司与交易对方就重大资产重组事宜进行初步磋商时，应当立即采取必要且充分的保密措施，制定严格有效的保密制度，限定相关敏感信息的知悉范围。上市公司及交易对方聘请证券服务机构的，应当立即与所聘请的证券服务机构签署保密协议。

上市公司关于重大资产重组的董事会决议公告前，相关信息已在媒体上传播或者公司股票交易出现异常波动的，上市公司应当立即将有关计划、方案或者相关事项的现状以及相关进展情况和风险因素等予以公告，并按照有关信息披露规则办理其他相关事宜。

第十六条 上市公司应当聘请独立财务顾问、律师事务所以及具有相关证券业务资格的会计师事务所等证券服务机构就重大资产重组出具意见。

独立财务顾问和律师事务所应当审慎核查重大资产重组是否构成关联交易，并依据核查确认的相关事实发表明确意见。重大资产重组涉及关联交易的，独立财务顾问应当就本次重组对上市公司非关联股东的影响发表明确意见。

资产交易定价以资产评估结果为依据的，上市公司应当聘请具有相关证券业务资格的资产评估机构出具资产评估报告。

证券服务机构在其出具的意见中采用其他证券服务机构或者人员的专业意见的，仍然应当进行尽职调查，审慎核查其采用的专业意见的内容，并对利用其他证券服务机构或者人员的专业意见所形成的结论负责。

第十七条 上市公司及交易对方与证券服务机构签订聘用合同后，非因正当事由不得更换证券服务机构。确有正当事由需要更换证券服务机构的，应当在申请材料中披露更换的具体原因以及证券服务机构的陈述意见。

第十八条　上市公司购买资产的，应当提供拟购买资产的盈利预测报告。上市公司拟进行本办法第二十八条第一款第（一）至（三）项规定的重大资产重组以及发行股份购买资产的，还应当提供上市公司的盈利预测报告。盈利预测报告应当经具有相关证券业务资格的会计师事务所审核。

上市公司确有充分理由无法提供上述盈利预测报告的，应当说明原因，在上市公司重大资产重组报告书（或者发行股份购买资产报告书，下同）中作出特别风险提示，并在管理层讨论与分析部分就本次重组对上市公司持续经营能力和未来发展前景的影响进行详细分析。

第十九条　重大资产重组中相关资产以资产评估结果作为定价依据的，资产评估机构原则上应当采取两种以上评估方法进行评估。

上市公司董事会应当对评估机构的独立性、评估假设前提的合理性、评估方法与评估目的的相关性以及评估定价的公允性发表明确意见。上市公司独立董事应当对评估机构的独立性、评估假设前提的合理性和评估定价的公允性发表独立意见。

第二十条　上市公司进行重大资产重组，应当由董事会依法作出决议，并提交股东大会批准。

上市公司董事会应当就重大资产重组是否构成关联交易作出明确判断，并作为董事会决议事项予以披露。

上市公司独立董事应当在充分了解相关信息的基础上，就重大资产重组发表独立意见。重大资产重组构成关联交易的，独立董事可以另行聘请独立财务顾问就本次交易对上市公司非关联股东的影响发表意见。上市公司应当积极配合独立董事调阅相关材料，并通过安排实地调查、组织证券服务机构汇报等方式，为独立董事履行职责提供必要的支持和便利。

第二十一条　上市公司应当在董事会作出重大资产重组决议后的次一工作日至少披露下列文件，同时抄报上市公司所在地的中国证监会派出机构（以下简称派出机构）：

（一）董事会决议及独立董事的意见；

（二）上市公司重大资产重组预案。

本次重组的重大资产重组报告书、独立财务顾问报告、法律意见书以及重组涉及的审计报告、资产评估报告和经审核的盈利预测报告至迟应当与召开股东大会的通知同时公告。

本条第一款第（二）项及第二款规定的信息披露文件的内容与格式另行规定。

上市公司应当在至少一种中国证监会指定的报刊公告董事会决议、独立董事的意见和重大资产重组报告书摘要，并应当在证券交易所网站全文披露重大资产重组报告书及相关证券服务机构的报告或者意见。

第二十二条　上市公司股东大会就重大资产重组作出的决议，至少应当包括下列事项：

（一）本次重大资产重组的方式、交易标的和交易对方；

（二）交易价格或者价格区间；

（三）定价方式或者定价依据；

（四）相关资产自定价基准日至交割日期间损益的归属；

（五）相关资产办理权属转移的合同义务和违约责任；

（六）决议的有效期；

（七）对董事会办理本次重大资产重组事宜的具体授权；

（八）其他需要明确的事项。

第二十三条　上市公司股东大会就重大资产重组事项作出决议，必须经出席会议的股东所持表决权的2/3以上通过。

上市公司重大资产重组事宜与本公司股东或者其关联人存在关联关系的，股东大会就重大资产重组事项进行表决时，关联股东应当回避表决。

交易对方已经与上市公司控股股东就受让上市公司股权或者向上市公司推荐董事达成协议或者

默契，可能导致上市公司的实际控制权发生变化的，上市公司控股股东及其关联人应当回避表决。

上市公司就重大资产重组事宜召开股东大会，应当以现场会议形式召开，并应当提供网络投票或者其他合法方式为股东参加股东大会提供便利。

第二十四条　上市公司应当在股东大会作出重大资产重组决议后的次一工作日公告该决议，并按照中国证监会的有关规定编制申请文件，委托独立财务顾问在三个工作日内向中国证监会申报，同时抄报派出机构。

第二十五条　上市公司全体董事、监事、高级管理人员应当出具承诺，保证重大资产重组申请文件不存在虚假记载、误导性陈述或者重大遗漏。

第二十六条　中国证监会依照法定条件和法定程序对重大资产重组申请作出予以核准或者不予核准的决定。

中国证监会在审核期间提出反馈意见要求上市公司作出书面解释、说明的，上市公司应当自收到反馈意见之日起30日内提供书面回复意见，独立财务顾问应当配合上市公司提供书面回复意见。逾期未提供的，上市公司应当在到期日的次日就本次重大资产重组的进展情况及未能及时提供回复意见的具体原因等予以公告。

第二十七条　中国证监会审核期间，上市公司拟对交易对象、交易标的、交易价格等作出变更，构成对重组方案重大调整的，应当在董事会表决通过后重新提交股东大会审议，并按照本办法的规定向中国证监会重新报送重大资产重组申请文件，同时作出公告。

在中国证监会审核期间，上市公司董事会决议终止或者撤回本次重大资产重组申请的，应当说明原因，予以公告，并按照公司章程的规定提交股东大会审议。

第二十八条　上市公司重大资产重组存在下列情形之一的，应当提交并购重组委审核：

（一）符合本办法第十二条的规定；

（二）上市公司出售资产的总额和购买资产的总额占其最近一个会计年度经审计的合并财务会计报告期末资产总额的比例均达到70%以上；

（三）上市公司出售全部经营性资产，同时购买其他资产；

（四）中国证监会在审核中认为需要提交并购重组委审核的其他情形。

重大资产重组不存在前款规定情形，但存在下列情形之一的，上市公司可以向中国证监会申请将本次重组方案提交并购重组委审核：

（一）上市公司购买的资产为符合本办法第五十条规定的完整经营实体且业绩需要模拟计算的；

（二）上市公司对中国证监会有关职能部门提出的反馈意见表示异议的。

第二十九条　上市公司在收到中国证监会关于召开并购重组委工作会议审核其重大资产重组申请的通知后，应当立即予以公告，并申请办理并购重组委工作会议期间直至其表决结果披露前的停牌事宜。

上市公司在收到并购重组委关于其重大资产重组申请的表决结果后，应当在次一工作日公告表决结果并申请复牌。公告应当说明，公司在收到中国证监会作出的予以核准或者不予核准的决定后将再行公告。

第三十条　上市公司收到中国证监会就其重大资产重组申请作出的予以核准或者不予核准的决定后，应当在次一工作日予以公告。

中国证监会予以核准的，上市公司应当在公告核准决定的同时，按照相关信息披露准则的规定补充披露相关文件。

第三十一条　中国证监会核准上市公司重大资产重组申请的，上市公司应当及时实施重组方案，并于实施完毕之日起三个工作日内编制实施情况报告书，向中国证监会及其派出机构、证券交易所提交书面报告，并予以公告。

上市公司聘请的独立财务顾问和律师事务所应当对重大资产重组的实施过程、资产过户事宜和相关后续事项的合规性及风险进行核查，发表明确的结论性意见。独立财务顾问和律师事务所出具的意见应当与实施情况报告书同时报告、公告。

第三十二条 自收到中国证监会核准文件之日起 60 日内，本次重大资产重组未实施完毕的，上市公司应当于期满后次一工作日将实施进展情况报告中国证监会及其派出机构，并予以公告；此后每 30 日应当公告一次，直至实施完毕。超过 12 个月未实施完毕的，核准文件失效。

第三十三条 上市公司在实施重大资产重组的过程中，发生法律、法规要求披露的重大事项的，应当及时向中国证监会及其派出机构报告。该事项导致本次重组发生实质性变动的，须重新报经中国证监会核准。

第三十四条 根据本办法第十八条规定提供盈利预测报告的，上市公司应当在重大资产重组实施完毕后的有关年度报告中单独披露上市公司及相关资产的实际盈利数与利润预测数的差异情况，并由会计师事务所对此出具专项审核意见。

资产评估机构采取收益现值法、假设开发法等基于未来收益预期的估值方法对拟购买资产进行评估并作为定价参考依据的，上市公司应当在重大资产重组实施完毕后三年内的年度报告中单独披露相关资产的实际盈利数与评估报告中利润预测数的差异情况，并由会计师事务所对此出具专项审核意见；交易对方应当与上市公司就相关资产实际盈利数不足利润预测数的情况签订明确可行的补偿协议。

第三十五条 上市公司重大资产重组发生下列情形的，独立财务顾问应当及时出具核查意见，向中国证监会及其派出机构报告，并予以公告：

（一）中国证监会作出核准决定前，上市公司对交易对象、交易标的、交易价格等作出变更，构成对原重组方案重大调整的；

（二）中国证监会作出核准决定后，上市公司在实施重组过程中发生重大事项，导致原重组方案发生实质性变动的。

第三十六条 独立财务顾问应当按照中国证监会的相关规定，对实施重大资产重组的上市公司履行持续督导职责。持续督导的期限自中国证监会核准本次重大资产重组之日起，应当不少于一个会计年度。实施本办法第十二条规定的重大资产重组，持续督导的期限自中国证监会核准本次重大资产重组之日起，应当不少于三个会计年度。

第三十七条 独立财务顾问应当结合上市公司重大资产重组当年和实施完毕后的第一个会计年度的年报，自年报披露之日起 15 日内，对重大资产重组实施的下列事项出具持续督导意见，向派出机构报告，并予以公告：

（一）交易资产的交付或者过户情况；

（二）交易各方当事人承诺的履行情况；

（三）盈利预测的实现情况；

（四）管理层讨论与分析部分提及的各项业务的发展现状；

（五）公司治理结构与运行情况；

（六）与已公布的重组方案存在差异的其他事项。

独立财务顾问还应当结合本办法第十二条规定的重大资产重组实施完毕后的第二、三个会计年度的年报，自年报披露之日起 15 日内，对前款第（二）至（六）项事项出具持续督导意见，向派出机构报告，并予以公告。

第四章 重大资产重组的信息管理

第三十八条 上市公司筹划、实施重大资产重组，相关信息披露义务人应当公平地向所有投资者披露可能对上市公司股票交易价格产生较大影响的相关信息（以下简称股价敏感信息），不得有选择性地向特定对象提前泄露。

第三十九条 上市公司的股东、实际控制人以及参与重大资产重组筹划、论证、决策等环节的其他相关机构和人员，应当及时、准确地向上市公司通报有关信息，并配合上市公司及时、准确、完整地进行披露。上市公司获悉股价敏感信息的，应当及时向证券交易所申请停牌并披露。

第四十条 上市公司及其董事、监事、高级管理人员，重大资产重组的交易对方及其关联方，交易对方及其关联方的董事、监事、高级管理人员或者主要负责人，交易各方聘请的证券服务机构及其从业人员，参与重大资产重组筹划、论证、决策、审批等环节的相关机构和人员，以及因直系亲属关系、提供服务和业务往来等知悉或者可能知悉股价敏感信息的其他相关机构和人员，在重大资产重组的股价敏感信息依法披露前负有保密义务，禁止利用该信息进行内幕交易。

第四十一条 上市公司筹划重大资产重组事项，应当详细记载筹划过程中每一具体环节的进展情况，包括商议相关方案、形成相关意向、签署相关协议或者意向书的具体时间、地点、参与机构和人员、商议和决议内容等，制作书面的交易进程备忘录并予以妥当保存。参与每一具体环节的所有人员应当即时在备忘录上签名确认。

上市公司预计筹划中的重大资产重组事项难以保密或者已经泄露的，应当及时向证券交易所申请停牌，直至真实、准确、完整地披露相关信息。停牌期间，上市公司应当至少每周发布一次事件进展情况公告。

上市公司股票交易价格因重大资产重组的市场传闻发生异常波动时，上市公司应当及时向证券交易所申请停牌，核实有无影响上市公司股票交易价格的重组事项并予以澄清，不得以相关事项存在不确定性为由不履行信息披露义务。

第五章 发行股份购买资产的特别规定

第四十二条 上市公司发行股份购买资产，应当符合下列规定：

（一）有利于提高上市公司资产质量、改善公司财务状况和增强持续盈利能力；有利于上市公司减少关联交易和避免同业竞争，增强独立性；

（二）上市公司最近一年及一期财务会计报告被注册会计师出具无保留意见审计报告；被出具保留意见、否定意见或者无法表示意见的审计报告的，须经注册会计师专项核查确认，该保留意见、否定意见或者无法表示意见所涉及事项的重大影响已经消除或者将通过本次交易予以消除；

（三）上市公司发行股份所购买的资产，应当为权属清晰的经营性资产，并能在约定期限内办理完毕权属转移手续；

（四）中国证监会规定的其他条件。

上市公司为促进行业或者产业整合，增强与现有主营业务的协同效应，在其控制权不发生变更的情况下，可以向控股股东、实际控制人或者其控制的关联人之外的特定对象发行股份购买资产，发行股份数量不低于发行后上市公司总股本的 5%；发行股份数量低于发行后上市公司总股本的 5% 的，主板、中小板上市公司拟购买资产的交易金额不低于一亿元人民币，创业板上市公司拟购买资产的交易金额不低于 5000 万元人民币。

特定对象以现金或者资产认购上市公司非公开发行的股份后，上市公司用同一次非公开发行所募集的资金向该特定对象购买资产的，视同上市公司发行股份购买资产。

第四十三条 上市公司发行股份购买资产的，可以同时募集部分配套资金，其定价方式按照现行相关规定办理。

第四十四条 上市公司发行股份的价格不得低于本次发行股份购买资产的董事会决议公告日前20个交易日公司股票交易均价。

前款所称交易均价的计算公式为：董事会决议公告日前20个交易日公司股票交易均价=决议公告日前20个交易日公司股票交易总额/决议公告日前20个交易日公司股票交易总量。

上市公司破产重整，涉及公司重大资产重组拟发行股份购买资产的，其发行股份价格由相关各方协商确定后，提交股东大会作出决议，决议须经出席会议的股东所持表决权的2/3以上通过，且经出席会议的社会公众股东所持表决权的2/3以上通过。关联股东应当回避表决。

第四十五条 特定对象以资产认购而取得的上市公司股份，自股份发行结束之日起12个月内不得转让；属于下列情形之一的，36个月内不得转让：

（一）特定对象为上市公司控股股东、实际控制人或者其控制的关联人；

（二）特定对象通过认购本次发行的股份取得上市公司的实际控制权；

（三）特定对象取得本次发行的股份时，对其用于认购股份的资产持续拥有权益的时间不足12个月。

第四十六条 上市公司申请发行股份购买资产，应当提交并购重组委审核。

第四十七条 上市公司发行股份购买资产导致特定对象持有或者控制的股份达到法定比例的，应当按照《上市公司收购管理办法》（证监会令第56号）的规定履行相关义务。

特定对象因认购上市公司发行股份导致其持有或者控制的股份比例超过30%或者在30%以上继续增加，且上市公司股东大会同意其免于发出要约的，可以在上市公司向中国证监会报送发行股份申请的同时，提出豁免要约义务的申请。

第四十八条 中国证监会核准上市公司发行股份购买资产的申请后，上市公司应当及时实施。向特定对象购买的相关资产过户至上市公司后，上市公司聘请的独立财务顾问和律师事务所应当对资产过户事宜和相关后续事项的合规性及风险进行核查，并发表明确意见。上市公司应当在相关资产过户完成后三个工作日内就过户情况作出公告，并向中国证监会及其派出机构提交书面报告，公告和报告中应当包括独立财务顾问和律师事务所的结论性意见。

上市公司完成前款规定的公告、报告后，可以到证券交易所、证券登记结算公司为认购股份的特定对象申请办理证券登记手续。

第六章 重大资产重组后申请发行新股或者公司债券

第四十九条 经并购重组委审核后获得核准的重大资产重组实施完毕后，上市公司申请公开发行新股或者公司债券，同时符合下列条件的，本次重大资产重组前的业绩在审核时可以模拟计算：

（一）进入上市公司的资产是完整经营实体；

（二）本次重大资产重组实施完毕后，重组方的承诺事项已经如期履行，上市公司经营稳定、运行良好；

（三）本次重大资产重组实施完毕后，上市公司和相关资产实现的利润达到盈利预测水平。

上市公司在本次重大资产重组前不符合中国证监会规定的公开发行证券条件，或者本次重组导致上市公司实际控制人发生变化的，上市公司申请公开发行新股或者公司债券，距本次重组交易完成的时间应当不少于一个完整会计年度。

第五十条 本办法所称完整经营实体，应当符合下列条件：

（一）经营业务和经营资产独立、完整，且在最近两年未发生重大变化；

（二）在进入上市公司前已在同一实际控制人之下持续经营两年以上；

（三）在进入上市公司之前实行独立核算，或者虽未独立核算，但与其经营业务相关的收入、费用在会计核算上能够清晰划分；

（四）上市公司与该经营实体的主要高级管理人员签订聘用合同或者采取其他方式，就该经营实体在交易完成后的持续经营和管理作出恰当安排。

第七章　监督管理和法律责任

第五十一条　未经核准擅自实施重大资产重组的，责令改正，可以采取监管谈话、出具警示函等监管措施；情节严重的，处以警告、罚款，并可以对有关责任人员采取市场禁入的措施。

第五十二条　上市公司或者其他信息披露义务人未按照本办法规定报送重大资产重组有关报告，或者报送的报告有虚假记载、误导性陈述或者重大遗漏的，责令改正，依照《证券法》第一百九十三条予以处罚；情节严重的，责令停止重组活动，并可以对有关责任人员采取市场禁入的措施。

第五十三条　上市公司或者其他信息披露义务人未按照规定披露重大资产重组信息，或者所披露的信息存在虚假记载、误导性陈述或者重大遗漏的，责令改正，依照《证券法》第一百九十三条规定予以处罚；情节严重的，责令停止重组活动，并可以对有关责任人员采取市场禁入的措施；涉嫌犯罪的，依法移送司法机关追究刑事责任。

第五十四条　上市公司董事、监事和高级管理人员在重大资产重组中，未履行诚实守信、勤勉尽责义务，导致重组方案损害上市公司利益的，责令改正，采取监管谈话、出具警示函等监管措施；情节严重的，处以警告、罚款，并可以采取市场禁入的措施；涉嫌犯罪的，依法移送司法机关追究刑事责任。

第五十五条　为重大资产重组出具财务顾问报告、审计报告、法律意见、资产评估报告及其他专业文件的证券服务机构及其从业人员未履行诚实守信、勤勉尽责义务，违反行业规范、业务规则，或者未依法履行报告和公告义务、持续督导义务的，责令改正，采取监管谈话、出具警示函等监管措施；情节严重的，依照《证券法》第二百二十六条予以处罚。

前款规定的证券服务机构及其从业人员所制作、出具的文件存在虚假记载、误导性陈述或者重大遗漏的，责令改正，依照《证券法》第二百二十三条予以处罚；情节严重的，可以采取市场禁入的措施；涉嫌犯罪的，依法移送司法机关追究刑事责任。

第五十六条　重大资产重组实施完毕后，凡不属于上市公司管理层事前无法获知且事后无法控制的原因，上市公司或者购买资产实现的利润未达到盈利预测报告或者资产评估报告预测金额的80%，或者实际运营情况与重大资产重组报告书中管理层讨论与分析部分存在较大差距的，上市公司的董事长、总经理以及对此承担相应责任的会计师事务所、财务顾问、资产评估机构及其从业人员应当在上市公司披露年度报告的同时，在同一报刊上作出解释，并向投资者公开道歉；实现利润未达到预测金额50%的，可以对上市公司、相关机构及其责任人员采取监管谈话、出具警示函、责令定期报告等监管措施。

第五十七条　任何知悉重大资产重组信息的人员在相关信息依法公开前，泄露该信息、买卖或者建议他人买卖相关上市公司证券、利用重大资产重组散布虚假信息、操纵证券市场或者进行欺诈活动的，依照《证券法》第二百零二条、第二百零三条、第二百零七条予以处罚；涉嫌犯罪的，依法移送司法机关追究刑事责任。

第八章　附　则

第五十八条　本办法自2008年5月18日起施行。中国证监会发布的《关于上市公司重大购买、出售、置换资产若干问题的通知》（证监公司字〔2001〕105号）同时废止。

上市公司股权分置改革管理办法

（中国证券监督管理委员会于2005年9月4日发布并实施）

第一章 总 则

第一条 为规范上市公司股权分置改革工作，促进资本市场改革开放和稳定发展，保护投资者的合法权益，依据《公司法》、《证券法》、《股票发行与交易管理暂行条例》、《国务院关于推进资本市场改革开放和稳定发展的若干意见》以及证监会、国资委、财政部、人民银行、商务部《关于上市公司股权分置改革的指导意见》的有关规定，制定本办法。

第二条 上市公司股权分置改革，是通过非流通股股东和流通股股东之间的利益平衡协商机制，消除A股市场股份转让制度性差异的过程。

第三条 上市公司股权分置改革遵循公开、公平、公正的原则，由A股市场相关股东在平等协商、诚信互谅、自主决策的基础上进行。中国证券监督管理委员会（以下简称中国证监会）依法对股权分置改革各方主体及其相关活动实行监督管理，组织、指导和协调推进股权分置改革工作。

第四条 证券交易所根据中国证监会的授权和本办法的规定，对上市公司股权分置改革工作实施一线监管，协调指导上市公司股权分置改革业务，办理非流通股份可上市交易的相关手续。

证券交易所和证券登记结算公司应当根据本办法制定操作指引，为进行股权分置改革的上市公司（以下简称“公司”）办理相关业务提供服务，对相关当事人履行信息披露义务、兑现改革承诺以及公司原非流通股股东在改革完成后出售股份的行为实施持续监管。

第二章 操作程序

第五条 公司股权分置改革动议，原则上应当由全体非流通股股东一致同意提出；未能达成一致意见的，也可以由单独或者合并持有公司2/3以上非流通股份的股东提出。非流通股股东提出改革动议，应以书面形式委托公司董事会召集A股市场相关股东举行会议（以下简称相关股东会议），审议上市公司股权分置改革方案（以下简称改革方案）。

相关股东会议的召开、表决和信息披露等事宜，参照执行上市公司股东大会的有关规定，并由相关股东对改革方案进行分类表决。

第六条 公司董事会收到非流通股股东的书面委托后，应当聘请保荐机构协助制定改革方案并出具保荐意见书，聘请律师事务所对股权分置改革操作相关事宜的合规性进行验证核查并出具法律意见书。

第七条 公司董事会、非流通股股东、保荐机构及其保荐代表人、律师事务所及其经办律师，应当签订书面协议明确保密义务，约定各方在改革方案公开前不得泄露相关事宜。

第八条　公司董事会应当委托保荐机构就改革方案的技术可行性以及召开相关股东会议的时间安排，征求证券交易所的意见。

证券交易所对股权分置改革进行业务指导，均衡控制改革节奏，协商确定相关股东会议召开时间。

第九条　根据与证券交易所商定的时间安排，公司董事会发出召开相关股东会议的通知，公布改革说明书、独立董事意见函、保荐意见书、法律意见书，同时申请公司股票停牌。

第十条　自相关股东会议通知发布之日起十日内，公司董事会应当协助非流通股股东，通过投资者座谈会、媒体说明会、网上路演、走访机构投资者、发放征求意见函等多种方式，与A股市场流通股股东（以下简称“流通股股东”）进行充分沟通和协商，同时公布热线电话、传真及电子信箱，广泛征求流通股股东的意见，使改革方案的形成具有广泛的股东基础。

第十一条　非流通股股东与流通股股东按照前条要求完成沟通协商程序后，不对改革方案进行调整的，董事会应当做出公告并申请公司股票复牌；对改革方案进行调整的，应当在改革说明书、独立董事意见函、保荐意见书、法律意见书等文件做出相应调整或者补充说明并公告后，申请公司股票复牌。

公司股票复牌后，不得再次调整改革方案。

第十二条　召开相关股东会议，公司董事会应当申请公司股票停牌。停牌期间自本次相关股东会议股权登记日的次日起，至改革规定程序结束之日止。

第十三条　公司董事会在相关股东会议召开前，应当在指定报刊上刊载不少于两次召开相关股东会议的提示公告。

相关股东会议征集投票委托事宜，由公司董事会负责办理。

第十四条　公司董事会应当为参加相关股东会议的股东进行表决提供网络投票技术安排。网络投票时间不得少于三天。

第十五条　非流通股股东执行股权分置改革利益平衡对价安排（以下简称对价安排）需经国有资产监督管理机构批准的，应当在相关股东会议网络投票开始前取得并公告批准文件。

第十六条　相关股东会议投票表决改革方案，须经参加表决的股东所持表决权的2/3以上通过，并经参加表决的流通股股东所持表决权的2/3以上通过。

第十七条　改革方案获得相关股东会议表决通过的，董事会应当在两个工作日内公告相关股东会议的表决结果。

董事会应当按照与证券交易所商定的时间安排，公告改革方案实施及公司股票复牌事宜。

持有外商投资企业批准证书的公司、含有外资股份的银行类公司，改革方案涉及外资管理审批事项的，公司应在公告改革方案实施前取得国务院有关部门的审批文件。

第十八条　改革方案未获相关股东会议表决通过的，董事会应当在两个工作日内公告相关股东会议表决结果，并申请公司股票于公告次日复牌。

改革方案未获相关股东会议表决通过的，非流通股股东可以在三个月后，按照本办法第五条的规定再次委托公司董事会就股权分置改革召集相关股东会议。

第十九条　存在异常情况的上市公司进行股权分置改革，按以下原则进行：

（一）相关当事人涉嫌利用公司股权分置改革信息进行内幕交易正在被立案调查的，在调查结束后方可进行改革；

（二）公司股票交易涉嫌市场操纵正在被立案调查，或者公司股票涉嫌被机构或个人非法集中持有的，在风险消除后可以进行改革；

（三）公司控股股东涉嫌侵占公司利益正在被立案调查，但有可行的解决侵占问题方案的，可以进行改革；

（四）存在其他异常情况的，经中国证监会认可，可以进行改革。

第二十条 发行境外上市外资股、境内上市外资股的A股市场上市公司，由A股市场相关股东协商解决非流通股股东所持股份在A股市场的可上市交易问题。

第二十一条 持有A股市场上市公司非流通股的境外上市公司，其关于对价安排的决策程序应当符合公司章程和境外上市地有关公司资产处置的规定。

持有A股市场上市公司非流通股的境内上市公司，其关于对价安排的决策程序应当符合公司章程和证券交易所业务规则有关公司资产处置的规定。

第三章 改革方案

第二十二条 改革方案应当兼顾全体股东的即期利益和长远利益，有利于公司发展和市场稳定，并可根据公司实际情况，采用控股股东增持股份、上市公司回购股份、预设原非流通股股份实际出售的条件、预设回售价格、认沽权等具有可行性的股价稳定措施。

第二十三条 非流通股股东在改革方案中做出的承诺，应当与证券交易所和证券登记结算公司实施监管的技术条件相适应，或者由承诺方提供履行承诺事项的担保措施。非流通股股东应当以书面形式做出忠实履行承诺的声明。

第二十四条 非流通股股东未完全履行承诺之前不得转让其所持有的股份。但是受让人同意并有能力代其履行承诺的除外。

第二十五条 改革方案应当对表示反对或者未明确表示同意的非流通股股东所持有股份的处理，提出合法可行的解决办法并予以说明。

第二十六条 股权分置改革与公司资产重组结合，重组方通过注入优质资产、承担债务等方式，以实现公司盈利能力或者财务状况改善作为对价安排的，其资产重组程序与股权分置改革程序应当遵循本办法和中国证监会的相关规定。

第四章 改革后公司原非流通股股份的出售

第二十七条 改革后公司原非流通股股份的出售，应当遵守下列规定：

（一）自改革方案实施之日起，在12个月内不得上市交易或者转让；

（二）持有上市公司股份总数5%以上的原非流通股股东，在前项规定期满后，通过证券交易所挂牌交易出售原非流通股股份，出售数量占该公司股份总数的比例在12个月内不得超过5%，在24个月内不得超过10%。

第二十八条 原非流通股股东出售所持股份数额较大的，可以采用向特定投资者配售的方式。

第二十九条 改革方案实施后，外资股东所持股份的管理办法另行规定。

第五章 信息披露

第三十条 股权分置改革信息披露相关义务人，应当及时履行信息披露义务，真实、准确、完整地披露信息，保证所披露的信息不存在虚假记载、误导性陈述或者重大遗漏。

第三十一条 相关股东会议通知应当列明流通股股东参与股权分置改革的权利及行使权利的方式、条件和期间。

第三十二条 股权分置改革说明书应当包括下列内容：

（一）公司设立以来股本结构的形成及历次变动情况；

（二）提出进行股权分置改革动议的非流通股股东，关于其持有公司股份的数量、比例以及有无权属争议、质押、冻结情况的说明；

（三）非流通股股东关于其持有公司股份的数量、比例及相互之间关联关系的说明；

（四）非流通股股东、持有公司股份总数5%以上的非流通股股东的实际控制人，关于在公司董事会公告改革说明书的前两日持有公司流通股股份的情况以及前六个月内买卖公司流通股股份的情况的说明；

（五）股权分置改革方案的具体内容；

（六）非流通股股东关于其为履行承诺义务提供担保措施的说明；

（七）股权分置改革对公司治理可能产生的影响；

（八）股权分置改革可能涉及的风险及相应处理方案；

（九）为股权分置改革提供专业服务的保荐机构、律师事务所的名称和联系方式；

（十）保荐机构、律师事务所关于其在公司董事会公告改革说明书的前两日持有公司流通股股份的情况以及前六个月内买卖公司流通股股份情况的说明；

（十一）其他需要说明的事项。

第三十三条　保荐意见书应当包括下列内容：

（一）上市公司非流通股股份有无权属争议、质押、冻结情况及上述情况对改革方案实施的影响；

（二）实施改革方案对公司流通股股东权益影响的评价；

（三）对股权分置改革相关文件的核查结论；

（四）改革方案中相关承诺的可行性分析；

（五）关于保荐机构有无可能影响其公正履行保荐职责情形的说明；

（六）保荐机构认为应当说明的其他事项；

（七）保荐结论及理由。

第三十四条　独立董事意见函应当包括改革方案对公司治理结构的完善、股东合法权益的保护、公司长远发展的影响等情况及其他重要事项的说明。

第三十五条　相关股东会议通知、相关股东会议表决结果、投票委托征集函、股权分置改革说明书摘要，应当在指定报刊上披露。

股权分置改革说明书、独立董事意见函、保荐意见书、法律意见书、股权分置改革实施方案，应当在公司网站和公司上市地交易所网站全文披露。

证券交易所应当在其网站设置专栏，免费提供上市公司股权分置改革信息披露服务。

第三十六条　实施股权分置改革方案涉及股东减持或者增持股份，导致股东持有、控制的股份总数发生变动的，应当遵守《上市公司收购管理办法》、《上市公司股东持股变动信息披露管理办法》及本办法的规定；因实施改革方案引发要约收购义务的，经申请可免予履行要约收购义务。

第三十七条　公司应当在非流通股可上市交易变更登记完成后两个工作日内，在指定报刊上刊登公司股权分置改革后的股份结构变动报告书。

第三十八条　股权分置改革方案实施后，原非流通股股东持有的股份限售期届满，公司应当提前三个交易日刊登相关提示公告。

第三十九条　持有、控制公司股份5%以上的原非流通股股东，通过证券交易所挂牌交易出售的股份数量，每达到该公司股份总数1%时，应当在该事实发生之日起两个工作日内做出公告，公告期间无须停止出售股份。

第六章 中介机构

第四十条 为股权分置改革提供专业服务的中介机构，应当遵守法律法规，忠实履行职责，诚实守信，勤勉尽责，维护公司和股东的利益，不得利用职业地位为本单位和个人牟取不正当利益。

第四十一条 保荐机构应当履行下列职责：

（一）协助制定改革方案；

（二）对改革方案有关事宜进行尽职调查；

（三）对改革方案有关文件进行核查验证；

（四）对非流通股股东执行对价安排、履行承诺事项的能力发表意见；

（五）出具保荐意见书；

（六）协助实施改革方案；

（七）协助制定和实施稳定股价措施；

（八）对相关当事人履行承诺义务进行持续督导。

第四十二条 保荐机构与公司及其大股东、实际控制人、重要关联方存在下列关联关系的，不得成为该公司股权分置改革的保荐机构：

（一）保荐机构及其大股东、实际控制人、重要关联方持有上市公司的股份合计超过 7%；

（二）上市公司及其大股东、实际控制人、重要关联方持有或者控制保荐机构的股份合计超过7%；

（三）保荐机构的保荐代表人或者董事、监事、经理、其他高级管理人员持有上市公司的股份、在上市公司任职等可能影响其公正履行保荐职责的情形。

第四十三条 保荐机构应当指定一名保荐代表人具体负责一家公司股权分置改革的保荐工作。该保荐代表人在相关股东会议表决程序未完成前，不得同时负责其他上市公司的股权分置改革保荐工作。

第四十四条 保荐机构的法定代表人、保荐代表人应当在保荐意见书上签字，承担相应的法律责任。

第四十五条 律师事务所及在法律意见书上签字的律师应当履行下列职责：

（一）对股权分置改革参与主体的合法性进行核查；

（二）对与改革方案有关的法律事项进行核查；

（三）对与改革方案有关的法律文件进行核查；

（四）对改革方案的内容与实施程序的合法性发表意见；

（五）出具法律意见书。

第四十六条 律师事务所、在法律意见书上签字的律师，不得与其所提供股权分置改革专业服务的上市公司存在可能影响其公正履行职责的关系。

第四十七条 保荐机构及其保荐代表人、律师事务所及在法律意见书上签字的律师，应当保证其所出具的保荐意见书、法律意见书不存在虚假记载、误导性陈述或者重大遗漏。

第七章 监管措施与法律责任

第四十八条 任何单位和个人不得利用上市公司股权分置改革的内幕信息进行证券交易，不得利用上市公司股权分置改革操纵市场，不得编造、传播有关上市公司股权分置改革的虚假信息。有上述行为的，中国证监会依法进行查处；情节严重涉嫌犯罪的，依法移送司法机关追究刑事责任。

第四十九条　证券交易所应当对股权分置改革期间市场交易异常情况实施专项监控，发现涉嫌内幕交易和操纵市场行为的，应当及时制止并报告中国证监会查处。

第五十条　在股权分置改革中做出承诺的股东未能履行承诺的，证券交易所对其进行公开谴责，中国证监会责令其改正并采取相关行政监管措施；给其他股东的合法权益造成损害的，依法承担相关法律责任。

第五十一条　保荐机构及其保荐代表人为股权分置改革提交的相关文件中存在虚假记载、误导性陈述或者重大遗漏的，或者未能履行尽职调查、持续督导义务的，证券交易所对其进行公开谴责，中国证监会责令其改正；情节严重的，将其从保荐机构及保荐代表人名单中去除。

第五十二条　律师事务所及在法律意见书上签字的律师，为股权分置改革出具的法律意见书中存在虚假记载、误导性陈述或者重大遗漏的，或者未履行核查义务的，中国证监会责令其改正；情节严重的，暂停接受其出具的证券相关业务的法律文件。

第五十三条　公司及其非流通股股东、基金管理公司、证券公司、保险公司、资产管理公司，利用不正当手段干扰其他投资者正常决策，操纵相关股东会议表决结果，或者进行不正当利益交换的，中国证监会责令其改正；情节严重的，认定主要责任人员为市场禁入者，一定时期或者永久不得担任上市公司和证券业务机构的高级管理职务。

第八章　附　则

第五十四条　本办法由中国证监会负责解释和修订。

第五十五条　本办法自发布之日起施行。《关于上市公司股权分置改革试点有关问题的通知》（证监发〔2005〕32号）、《关于做好第二批上市公司股权分置改革试点工作有关问题的通知》（证监发〔2005〕42号）同时废止。

第四编　证券交易政策法规

期货交易管理条例

（2007 年 3 月 6 日以中华人民共和国国务院令第 489 号公布，根据 2012 年 10 月 24 日中华人民共和国国务院令第 627 号公布的《国务院关于修改〈期货交易管理条例〉的决定》修订。新《期货交易管理条例》已经 2012 年 9 月 12 日国务院第 216 次常务会议通过，自 2012 年 12 月 1 日起施行）

第一章　总　则

第一条　为了规范期货交易行为，加强对期货交易的监督管理，维护期货市场秩序，防范风险，保护期货交易各方的合法权益和社会公共利益，促进期货市场积极稳妥发展，制定本条例。

第二条　任何单位和个人从事期货交易，包括商品和金融期货合约、期权合约交易及其相关活动，应当遵守本条例。

第三条　从事期货交易活动，应当遵循公开、公平、公正和诚实信用的原则。禁止欺诈、内幕交易和操纵期货交易价格等违法行为。

第四条　期货交易应当在依法设立的期货交易所或者国务院期货监督管理机构批准的其他交易场所进行。

禁止在国务院期货监督管理机构批准的期货交易场所之外进行期货交易，禁止变相期货交易。

第五条　国务院期货监督管理机构对期货市场实行集中统一的监督管理。

国务院期货监督管理机构派出机构依照本条例的有关规定和国务院期货监督管理机构的授权，履行监督管理职责。

第二章　期货交易所

第六条　设立期货交易所，由国务院期货监督管理机构审批。

未经国务院期货监督管理机构批准，任何单位或者个人不得设立期货交易所或者以任何形式组织期货交易及其相关活动。

第七条　期货交易所不以营利为目的，按照其章程的规定实行自律管理。期货交易所以其全部财产承担民事责任。期货交易所的负责人由国务院期货监督管理机构任免。

期货交易所的管理办法由国务院期货监督管理机构制定。

第八条　期货交易所会员应当是在中华人民共和国境内登记注册的企业法人或者其他经济组织。

期货交易所可以实行会员分级结算制度。实行会员分级结算制度的期货交易所会员由结算会员和非结算会员组成。

结算会员的结算业务资格由国务院期货监督管理机构批准。国务院期货监督管理机构应当在受理结算业务资格申请之日起三个月内做出批准或者不批准的决定。

第九条 有《中华人民共和国公司法》第一百四十七条规定的情形或者下列情形之一的，不得担任期货交易所的负责人、财务会计人员：

（一）因违法行为或者违纪行为被解除职务的期货交易所、证券交易所、证券登记结算机构的负责人，或者期货公司、证券公司的董事、监事、高级管理人员，以及国务院期货监督管理机构规定的其他人员，自被解除职务之日起未逾五年；

（二）因违法行为或者违纪行为被撤销资格的律师、注册会计师或者投资咨询机构、财务顾问机构、资信评级机构、资产评估机构、验证机构的专业人员，自被撤销资格之日起未逾五年。

第十条 期货交易所应当依照本条例和国务院期货监督管理机构的规定，建立、健全各项规章制度，加强对交易活动的风险控制和对会员以及交易所工作人员的监督管理。期货交易所履行下列职责：

（一）提供交易的场所、设施和服务；

（二）设计合约，安排合约上市；

（三）组织并监督交易、结算和交割；

（四）保证合约的履行；

（五）按照章程和交易规则对会员进行监督管理；

（六）国务院期货监督管理机构规定的其他职责。

期货交易所不得直接或者间接参与期货交易。未经国务院期货监督管理机构审核并报国务院批准，期货交易所不得从事信托投资、股票投资、非自用不动产投资等与其职责无关的业务。

第十一条 期货交易所应当按照国家有关规定建立、健全下列风险管理制度：

（一）保证金制度；

（二）当日无负债结算制度；

（三）涨跌停板制度；

（四）持仓限额和大户持仓报告制度；

（五）风险准备金制度；

（六）国务院期货监督管理机构规定的其他风险管理制度。

实行会员分级结算制度的期货交易所，还应当建立、健全结算担保金制度。

第十二条 当期货市场出现异常情况时，期货交易所可以按照其章程规定的权限和程序，决定采取下列紧急措施，并应当立即报告国务院期货监督管理机构：

（一）提高保证金；

（二）调整涨跌停板幅度；

（三）限制会员或者客户的最大持仓量；

（四）暂时停止交易；

（五）采取其他紧急措施。

前款所称异常情况，是指在交易中发生操纵期货交易价格的行为或者发生不可抗拒的突发事件以及国务院期货监督管理机构规定的其他情形。

异常情况消失后，期货交易所应当及时取消紧急措施。

第十三条 期货交易所办理下列事项，应当经国务院期货监督管理机构批准：

（一）制定或者修改章程、交易规则；

（二）上市、中止、取消或者恢复交易品种；

（三）上市、修改或者终止合约；

（四）变更住所或者营业场所；

（五）合并、分立或者解散；

（六）国务院期货监督管理机构规定的其他事项。

国务院期货监督管理机构批准期货交易所上市新的交易品种，应当征求国务院有关部门的意见。

第十四条　期货交易所的所得收益按照国家有关规定管理和使用，但应当首先用于保证期货交易场所、设施的运行和改善。

第三章　期货公司

第十五条　期货公司是依照《中华人民共和国公司法》和本条例规定设立的经营期货业务的金融机构。设立期货公司，应当经国务院期货监督管理机构批准，并在公司登记机关登记注册。

未经国务院期货监督管理机构批准，任何单位或者个人不得设立或者变相设立期货公司，经营期货业务。

第十六条　申请设立期货公司，应当符合《中华人民共和国公司法》的规定，并具备下列条件：

（一）注册资本最低限额为人民币3000万元；

（二）董事、监事、高级管理人员具备任职资格，从业人员具有期货从业资格；

（三）有符合法律、行政法规规定的公司章程；

（四）主要股东以及实际控制人具有持续盈利能力，信誉良好，最近三年无重大违法违规记录；

（五）有合格的经营场所和业务设施；

（六）有健全的风险管理和内部控制制度；

（七）国务院期货监督管理机构规定的其他条件。

国务院期货监督管理机构根据审慎监管原则和各项业务的风险程度，可以提高注册资本最低限额。注册资本应当是实缴资本。股东应当以货币或者期货公司经营必需的非货币财产出资，货币出资比例不得低于85%。

国务院期货监督管理机构应当在受理期货公司设立申请之日起六个月内，根据审慎监管原则进行审查，做出批准或者不批准的决定。

未经国务院期货监督管理机构批准，任何单位和个人不得委托或者接受他人委托持有或者管理期货公司的股权。

第十七条　期货公司业务实行许可制度，由国务院期货监督管理机构按照其商品期货、金融期货业务种类颁发许可证。期货公司除申请经营境内期货经纪业务外，还可以申请经营境外期货经纪、期货投资咨询以及国务院期货监督管理机构规定的其他期货业务。

期货公司不得从事与期货业务无关的活动，法律、行政法规或者国务院期货监督管理机构另有规定的除外。

期货公司不得从事或者变相从事期货自营业务。

期货公司不得为其股东、实际控制人或者其他关联人提供融资，不得对外担保。

第十八条　期货公司从事经纪业务，接受客户委托，以自己的名义为客户进行期货交易，交易结果由客户承担。

第十九条　期货公司办理下列事项，应当经国务院期货监督管理机构批准：

（一）合并、分立、停业、解散或者破产；

（二）变更公司形式；

（三）变更业务范围；

（四）变更注册资本；

（五）变更5%以上的股权；

（六）设立、收购、参股或者终止境外期货类经营机构；

（七）国务院期货监督管理机构规定的其他事项。

前款第（四）项、第（七）项所列事项，国务院期货监督管理机构应当自受理申请之日起20日内做出批准或者不批准的决定；前款所列其他事项，国务院期货监督管理机构应当自受理申请之日起两个月内做出批准或者不批准的决定。

第二十条　期货公司办理下列事项，应当经国务院期货监督管理机构派出机构批准：

（一）变更法定代表人；

（二）变更住所或者营业场所；

（三）设立或者终止境内分支机构；

（四）变更境内分支机构的营业场所、负责人或者经营范围；

（五）国务院期货监督管理机构规定的其他事项。

前款第（一）项、第（二）项、第（四）项、第（五）项所列事项，国务院期货监督管理机构派出机构应当自受理申请之日起20日内做出批准或者不批准的决定；前款第（三）项所列事项，国务院期货监督管理机构派出机构应当自受理申请之日起两个月内做出批准或者不批准的决定。

第二十一条　期货公司或者其分支机构有《中华人民共和国行政许可法》第七十条规定的情形或者下列情形之一的，国务院期货监督管理机构应当依法办理期货业务许可证注销手续：

（一）营业执照被公司登记机关依法注销；

（二）成立后无正当理由超过三个月未开始营业，或者开业后无正当理由停业连续三个月以上；

（三）主动提出注销申请；

（四）国务院期货监督管理机构规定的其他情形。

期货公司在注销期货业务许可证前，应当结清相关期货业务，并依法返还客户的保证金和其他资产。期货公司分支机构在注销经营许可证前，应当终止经营活动，妥善处理客户资产。

第二十二条　期货公司应当建立、健全并严格执行业务管理规则、风险管理制度，遵守信息披露制度，保障客户保证金的存管安全，按照期货交易所的规定，向期货交易所报告大户名单、交易情况。

第二十三条　从事期货投资咨询以及为期货公司提供中间介绍等业务的其他期货经营机构，应当取得国务院期货监督管理机构批准的业务资格，具体管理办法由国务院期货监督管理机构制定。

第四章　期货交易基本规则

第二十四条　在期货交易所进行期货交易的，应当是期货交易所会员。

第二十五条　期货公司接受客户委托为其进行期货交易，应当事先向客户出示风险说明书，经客户签字确认后，与客户签订书面合同。期货公司不得未经客户委托或者不按照客户委托内容，擅自进行期货交易。

期货公司不得向客户做获利保证；不得在经纪业务中与客户约定分享利益或者共担风险。

第二十六条　下列单位和个人不得从事期货交易，期货公司不得接受其委托为其进行期货交易：

（一）国家机关和事业单位；

（二）国务院期货监督管理机构、期货交易所、期货保证金安全存管监控机构和期货业协会的工作人员；

（三）证券、期货市场禁止进入者；

（四）未能提供开户证明材料的单位和个人；

（五）国务院期货监督管理机构规定不得从事期货交易的其他单位和个人。

第二十七条 客户可以通过书面、电话、互联网或者国务院期货监督管理机构规定的其他方式，向期货公司下达交易指令。客户的交易指令应当明确、全面。

期货公司不得隐瞒重要事项或者使用其他不正当手段诱骗客户发出交易指令。

第二十八条 期货交易所应当及时公布上市品种合约的成交量、成交价、持仓量、最高价与最低价、开盘价与收盘价和其他应当公布的即时行情，并保证即时行情的真实、准确。期货交易所不得发布价格预测信息。

未经期货交易所许可，任何单位和个人不得发布期货交易即时行情。

第二十九条 期货交易应当严格执行保证金制度。期货交易所向会员、期货公司向客户收取的保证金，不得低于国务院期货监督管理机构、期货交易所规定的标准，并应当与自有资金分开，专户存放。

期货交易所向会员收取的保证金，属于会员所有，除用于会员的交易结算外，严禁挪作他用。

期货公司向客户收取的保证金，属于客户所有，除下列可划转的情形外，严禁挪作他用：

（一）依据客户的要求支付可用资金；

（二）为客户交存保证金，支付手续费、税款；

（三）国务院期货监督管理机构规定的其他情形。

第三十条 期货公司应当为每一个客户单独开立专门账户、设置交易编码，不得混码交易。

第三十一条 期货公司经营期货经纪业务又同时经营其他期货业务的，应当严格执行业务分离和资金分离制度，不得混合操作。

第三十二条 期货交易所会员、客户可以使用标准仓单、国债等价值稳定、流动性强的有价证券充抵保证金进行期货交易。有价证券的种类、价值的计算方法和充抵保证金的比例等，由国务院期货监督管理机构规定。

第三十三条 银行业金融机构从事期货保证金存管、期货结算业务的资格，经国务院银行业监督管理机构审核同意后，由国务院期货监督管理机构批准。

第三十四条 期货交易所、期货公司、非期货公司结算会员应当按照国务院期货监督管理机构、财政部门的规定提取、管理和使用风险准备金，不得挪用。

第三十五条 期货交易的收费项目、收费标准和管理办法由国务院有关主管部门统一制定并公布。

第三十六条 期货交易应当采用公开的集中交易方式或者国务院期货监督管理机构批准的其他方式。

第三十七条 期货交易的结算，由期货交易所统一组织进行。

期货交易所实行当日无负债结算制度。期货交易所应当在当日及时将结算结果通知会员。

期货公司根据期货交易所的结算结果对客户进行结算，并应当将结算结果按照与客户约定的方式及时通知客户。客户应当及时查询并妥善处理自己的交易持仓。

第三十八条 期货交易所会员的保证金不足时，应当及时追加保证金或者自行平仓。会员未在期货交易所规定的时间内追加保证金或者自行平仓的，期货交易所应当将该会员的合约强行平仓，强行平仓的有关费用和发生的损失由该会员承担。

客户保证金不足时，应当及时追加保证金或者自行平仓。客户未在期货公司规定的时间内及时追加保证金或者自行平仓的，期货公司应当将该客户的合约强行平仓，强行平仓的有关费用和发生的损失由该客户承担。

第三十九条 期货交易的交割，由期货交易所统一组织进行。

交割仓库由期货交易所指定。期货交易所不得限制实物交割总量，并应当与交割仓库签订协议，明确双方的权利和义务。交割仓库不得有下列行为：

（一）出具虚假仓单；

（二）违反期货交易所业务规则，限制交割商品的入库、出库；

（三）泄露与期货交易有关的商业秘密；

（四）违反国家有关规定参与期货交易；

（五）国务院期货监督管理机构规定的其他行为。

第四十条　会员在期货交易中违约的，期货交易所先以该会员的保证金承担违约责任；保证金不足的，期货交易所应当以风险准备金和自有资金代为承担违约责任，并由此取得对该会员的相应追偿权。

客户在期货交易中违约的，期货公司先以该客户的保证金承担违约责任；保证金不足的，期货公司应当以风险准备金和自有资金代为承担违约责任，并由此取得对该客户的相应追偿权。

第四十一条　实行会员分级结算制度的期货交易所，应当向结算会员收取结算担保金。期货交易所只对结算会员结算，收取和追收保证金，以结算担保金、风险准备金、自有资金代为承担违约责任，以及采取其他相关措施；对非结算会员的结算、收取和追收保证金、代为承担违约责任，以及采取其他相关措施，由结算会员执行。

第四十二条　期货交易所、期货公司和非期货公司结算会员应当保证期货交易、结算、交割资料的完整和安全。

第四十三条　任何单位或者个人不得编造、传播有关期货交易的虚假信息，不得恶意串通、联手买卖或者以其他方式操纵期货交易价格。

第四十四条　任何单位或者个人不得违规使用信贷资金、财政资金进行期货交易。

银行业金融机构从事期货交易融资或者担保业务的资格，由国务院银行业监督管理机构批准。

第四十五条　国有以及国有控股企业进行境内外期货交易，应当遵循套期保值的原则，严格遵守国务院国有资产监督管理机构以及其他有关部门关于企业以国有资产进入期货市场的有关规定。

第四十六条　国务院商务主管部门对境内单位或者个人从事境外商品期货交易的品种进行核准。

境外期货项下购汇、结汇以及外汇收支，应当符合国家外汇管理有关规定。

境内单位或者个人从事境外期货交易的办法，由国务院期货监督管理机构会同国务院商务主管部门、国有资产监督管理机构、银行业监督管理机构、外汇管理部门等有关部门制订，报国务院批准后施行。

第五章　期货业协会

第四十七条　期货业协会是期货业的自律性组织，是社会团体法人。

期货公司以及其他专门从事期货经营的机构应当加入期货业协会，并缴纳会员费。

第四十八条　期货业协会的权力机构为全体会员组成的会员大会。

期货业协会的章程由会员大会制定，并报国务院期货监督管理机构备案。

期货业协会设理事会。理事会成员按照章程的规定选举产生。

第四十九条　期货业协会履行下列职责：

（一）教育和组织会员遵守期货法律法规和政策；

（二）制定会员应当遵守的行业自律性规则，监督、检查会员行为，对违反协会章程和自律性规则的，按照规定给予纪律处分；

（三）负责期货从业人员资格的认定、管理以及撤销工作；

（四）受理客户与期货业务有关的投诉，对会员之间、会员与客户之间发生的纠纷进行调解；

（五）依法维护会员的合法权益，向国务院期货监督管理机构反映会员的建议和要求；

（六）组织期货从业人员的业务培训，开展会员间的业务交流；

（七）组织会员就期货业的发展、运作以及有关内容进行研究；

（八）期货业协会章程规定的其他职责。

期货业协会的业务活动应当接受国务院期货监督管理机构的指导和监督。

第六章　监督管理

第五十条　国务院期货监督管理机构对期货市场实施监督管理，依法履行下列职责：

（一）制定有关期货市场监督管理的规章、规则，并依法行使审批权；

（二）对品种的上市、交易、结算、交割等期货交易及其相关活动，进行监督管理；

（三）对期货交易所、期货公司及其他期货经营机构、非期货公司结算会员、期货保证金安全存管监控机构、期货保证金存管银行、交割仓库等市场相关参与者的期货业务活动，进行监督管理；

（四）制定期货从业人员的资格标准和管理办法，并监督实施；

（五）监督检查期货交易的信息公开情况；

（六）对期货业协会的活动进行指导和监督；

（七）对违反期货市场监督管理法律、行政法规的行为进行查处；

（八）开展与期货市场监督管理有关的国际交流、合作活动；

（九）法律、行政法规规定的其他职责。

第五十一条　国务院期货监督管理机构依法履行职责，可以采取下列措施：

（一）对期货交易所、期货公司及其他期货经营机构、非期货公司结算会员、期货保证金安全存管监控机构和交割仓库进行现场检查；

（二）进入涉嫌违法行为发生场所调查取证；

（三）询问当事人和与被调查事件有关的单位和个人，要求其对与被调查事件有关的事项做出说明；

（四）查阅、复制与被调查事件有关的财产权登记等资料；

（五）查阅、复制当事人和与被调查事件有关的单位和个人的期货交易记录、财务会计资料以及其他相关文件和资料；对可能被转移、隐匿或者毁损的文件和资料，可以予以封存；

（六）查询与被调查事件有关的单位的保证金账户和银行账户；

（七）在调查操纵期货交易价格、内幕交易等重大期货违法行为时，经国务院期货监督管理机构主要负责人批准，可以限制被调查事件当事人的期货交易，但限制的时间不得超过15个交易日；案情复杂的，可以延长至30个交易日；

（八）法律、行政法规规定的其他措施。

第五十二条　期货交易所、期货公司及其他期货经营机构、期货保证金安全存管监控机构，应当向国务院期货监督管理机构报送财务会计报告、业务资料和其他有关资料。

对期货公司及其他期货经营机构报送的年度报告，国务院期货监督管理机构应当指定专人进行审核，并制作审核报告。审核人员应当在审核报告上签字。审核中发现问题的，国务院期货监督管理机构应当及时采取相应措施。

必要时，国务院期货监督管理机构可以要求非期货公司结算会员、交割仓库，以及期货公司股东、实际控制人或者其他关联人报送相关资料。

第五十三条　国务院期货监督管理机构依法履行职责，进行监督检查或者调查时，被检查、调查的单位和个人应当配合，如实提供有关文件和资料，不得拒绝、阻碍和隐瞒；其他有关部门和单位应当给予支持和配合。

第五十四条 国家根据期货市场发展的需要，设立期货投资者保障基金。

期货投资者保障基金的筹集、管理和使用的具体办法，由国务院期货监督管理机构会同国务院财政部门制定。

第五十五条 国务院期货监督管理机构应当建立、健全保证金安全存管监控制度，设立期货保证金安全存管监控机构。

客户和期货交易所、期货公司及其他期货经营机构、非期货公司结算会员以及期货保证金存管银行，应当遵守国务院期货监督管理机构有关保证金安全存管监控的规定。

第五十六条 期货保证金安全存管监控机构依照有关规定对保证金安全实施监控，进行每日稽核，发现问题应当立即报告国务院期货监督管理机构。国务院期货监督管理机构应当根据不同情况，依照本条例有关规定及时处理。

第五十七条 国务院期货监督管理机构对期货交易所、期货公司及其他期货经营机构和期货保证金安全存管监控机构的董事、监事、高级管理人员以及其他期货从业人员，实行资格管理制度。

第五十八条 国务院期货监督管理机构应当制定期货公司持续性经营规则，对期货公司的净资本与净资产的比例，净资本与境内期货经纪、境外期货经纪等业务规模的比例，流动资产与流动负债的比例等风险监管指标做出规定；对期货公司及其分支机构的经营条件、风险管理、内部控制、保证金存管、关联交易等方面提出要求。

第五十九条 期货公司及其分支机构不符合持续性经营规则或者出现经营风险的，国务院期货监督管理机构可以对期货公司及其董事、监事和高级管理人员采取谈话、提示、记入信用记录等监管措施或者责令期货公司限期整改，并对其整改情况进行检查验收。

期货公司逾期未改正，其行为严重危及期货公司的稳健运行、损害客户合法权益，或者涉嫌严重违法违规正在被国务院期货监督管理机构调查的，国务院期货监督管理机构可以区别情形，对其采取下列措施：

（一）限制或者暂停部分期货业务；

（二）停止批准新增业务或者分支机构；

（三）限制分配红利，限制向董事、监事、高级管理人员支付报酬、提供福利；

（四）限制转让财产或者在财产上设定其他权利；

（五）责令更换董事、监事、高级管理人员或者有关业务部门、分支机构的负责人员，或者限制其权利；

（六）限制期货公司自有资金或者风险准备金的调拨和使用；

（七）责令控股股东转让股权或者限制有关股东行使股东权利。

对经过整改符合有关法律、行政法规规定以及持续性经营规则要求的期货公司，国务院期货监督管理机构应当自验收完毕之日起三日内解除对其采取的有关措施。

对经过整改仍未达到持续性经营规则要求，严重影响正常经营的期货公司，国务院期货监督管理机构有权撤销其部分或者全部期货业务许可、关闭其分支机构。

第六十条 期货公司违法经营或者出现重大风险，严重危害期货市场秩序、损害客户利益的，国务院期货监督管理机构可以对该期货公司采取责令停业整顿、指定其他机构托管或者接管等监管措施。经国务院期货监督管理机构批准，可以对该期货公司直接负责的董事、监事、高级管理人员和其他直接责任人员采取以下措施：

（一）通知出境管理机关依法阻止其出境；

（二）申请司法机关禁止其转移、转让或者以其他方式处分财产，或者在财产上设定其他权利。

第六十一条　期货公司的股东有虚假出资或者抽逃出资行为的，国务院期货监督管理机构应当责令其限期改正，并可责令其转让所持期货公司的股权。

在股东按照前款要求改正违法行为、转让所持期货公司的股权前，国务院期货监督管理机构可以限制其股东权利。

第六十二条　当期货市场出现异常情况时，国务院期货监督管理机构可以采取必要的风险处置措施。

第六十三条　期货公司的交易软件、结算软件，应当满足期货公司审慎经营和风险管理以及国务院期货监督管理机构有关保证金安全存管监控规定的要求。期货公司的交易软件、结算软件不符合要求的，国务院期货监督管理机构有权要求期货公司予以改进或者更换。

国务院期货监督管理机构可以要求期货公司的交易软件、结算软件的供应商提供该软件的相关资料，供应商应当予以配合。国务院期货监督管理机构对供应商提供的相关资料负有保密义务。

第六十四条　期货公司涉及重大诉讼、仲裁，或者股权被冻结或者用于担保，以及发生其他重大事件时，期货公司及其相关股东、实际控制人应当自该事件发生之日起五日内向国务院期货监督管理机构提交书面报告。

第六十五条　会计师事务所、律师事务所、资产评估机构等中介服务机构向期货交易所和期货公司等市场相关参与者提供相关服务时，应当遵守期货法律、行政法规以及国家有关规定，并按照国务院期货监督管理机构的要求提供相关资料。

第六十六条　国务院期货监督管理机构应当与有关部门建立监督管理的信息共享和协调配合机制。

国务院期货监督管理机构可以和其他国家或者地区的期货监督管理机构建立监督管理合作机制，实施跨境监督管理。

第六十七条　国务院期货监督管理机构、期货交易所、期货保证金安全存管监控机构和期货保证金存管银行等相关单位的工作人员，应当忠于职守，依法办事，公正廉洁，保守国家秘密和有关当事人的商业秘密，不得利用职务便利牟取不正当的利益。

第七章　法律责任

第六十八条　期货交易所、非期货公司结算会员有下列行为之一的，责令改正，给予警告，没收违法所得：

（一）违反规定接纳会员的；

（二）违反规定收取手续费的；

（三）违反规定使用、分配收益的；

（四）不按照规定公布即时行情的，或者发布价格预测信息的；

（五）不按照规定向国务院期货监督管理机构履行报告义务的；

（六）不按照规定向国务院期货监督管理机构报送有关文件、资料的；

（七）不按照规定建立、健全结算担保金制度的；

（八）不按照规定提取、管理和使用风险准备金的；

（九）违反国务院期货监督管理机构有关保证金安全存管监控规定的；

（十）限制会员实物交割总量的；

（十一）任用不具备资格的期货从业人员的；

（十二）违反国务院期货监督管理机构规定的其他行为。

有前款所列行为之一的，对直接负责的主管人员和其他直接责任人员给予纪律处分，处一万元以上十万元以下的罚款。

有本条第一款第（二）项所列行为的，应当责令退还多收取的手续费。

期货保证金安全存管监控机构有本条第一款第（五）项、第（六）项、第（九）项、第（十一）项、第（十二）项所列行为的，依照本条第一款、第二款的规定处罚、处分。期货保证金存管银行有本条第一款第（九）项、第（十二）项所列行为的，依照本条第一款、第二款的规定处罚、处分。

第六十九条　期货交易所、非期货公司结算会员有下列行为之一的，责令改正，给予警告，没收违法所得，并处违法所得一倍以上五倍以下的罚款；没有违法所得或者违法所得不满十万元的，并处十万元以上50万元以下的罚款；情节严重的，责令停业整顿：

（一）未经批准，擅自办理本条例第十三条所列事项的；

（二）允许会员在保证金不足的情况下进行期货交易的；

（三）直接或者间接参与期货交易，或者违反规定从事与其职责无关的业务的；

（四）违反规定收取保证金，或者挪用保证金的；

（五）伪造、涂改或者不按照规定保存期货交易、结算、交割资料的；

（六）未建立或者未执行当日无负债结算、涨跌停板、持仓限额和大户持仓报告制度的；

（七）拒绝或者妨碍国务院期货监督管理机构监督检查的；

（八）违反国务院期货监督管理机构规定的其他行为。

有前款所列行为之一的，对直接负责的主管人员和其他直接责任人员给予纪律处分，处一万元以上十万元以下的罚款。

期货保证金安全存管监控机构有本条第一款第（三）项、第（七）项、第（八）项所列行为的，依照本条第一款、第二款的规定处罚、处分。

第七十条　期货公司有下列行为之一的，责令改正，给予警告，没收违法所得，并处违法所得一倍以上三倍以下的罚款；没有违法所得或者违法所得不满十万元的，并处十万元以上30万元以下的罚款；情节严重的，责令停业整顿或者吊销期货业务许可证：

（一）接受不符合规定条件的单位或者个人委托的；

（二）允许客户在保证金不足的情况下进行期货交易的；

（三）未经批准，擅自办理本条例第十九条、第二十条所列事项的；

（四）违反规定从事与期货业务无关的活动的；

（五）从事或者变相从事期货自营业务的；

（六）为其股东、实际控制人或者其他关联人提供融资，或者对外担保的；

（七）违反国务院期货监督管理机构有关保证金安全存管监控规定的；

（八）不按照规定向国务院期货监督管理机构履行报告义务或者报送有关文件、资料的；

（九）交易软件、结算软件不符合期货公司审慎经营和风险管理以及国务院期货监督管理机构有关保证金安全存管监控规定的要求的；

（十）不按照规定提取、管理和使用风险准备金的；

（十一）伪造、涂改或者不按照规定保存期货交易、结算、交割资料的；

（十二）任用不具备资格的期货从业人员的；

（十三）伪造、变造、出租、出借、买卖期货业务许可证或者经营许可证的；

（十四）进行混码交易的；

（十五）拒绝或者妨碍国务院期货监督管理机构监督检查的；

（十六）违反国务院期货监督管理机构规定的其他行为。

期货公司有前款所列行为之一的，对直接负责的主管人员和其他直接责任人员给予警告，并处一万元以上五万元以下的罚款；情节严重的，暂停或者撤销任职资格、期货从业人员资格。

期货公司之外的其他期货经营机构有本条第一款第（八）项、第（十二）项、第（十三）项、第（十五）项、第（十六）项所列行为的，依照本条第一款、第二款的规定处罚。

期货公司的股东、实际控制人或者其他关联人未经批准擅自委托他人或者接受他人委托持有或者管理期货公司股权的，拒不配合国务院期货监督管理机构的检查，拒不按照规定履行报告义务、提供有关信息和资料，或者报送、提供的信息和资料有虚假记载、误导性陈述或者重大遗漏的，依照本条第一款、第二款的规定处罚。

第七十一条　期货公司有下列欺诈客户行为之一的，责令改正，给予警告，没收违法所得，并处违法所得一倍以上五倍以下的罚款；没有违法所得或者违法所得不满十万元的，并处十万元以上50万元以下的罚款；情节严重的，责令停业整顿或者吊销期货业务许可证：

（一）向客户做获利保证或者不按照规定向客户出示风险说明书的；

（二）在经纪业务中与客户约定分享利益、共担风险的；

（三）不按照规定接受客户委托或者不按照客户委托内容擅自进行期货交易的；

（四）隐瞒重要事项或者使用其他不正当手段，诱骗客户发出交易指令的；

（五）向客户提供虚假成交回报的；

（六）未将客户交易指令下达到期货交易所的；

（七）挪用客户保证金的；

（八）不按照规定在期货保证金存管银行开立保证金账户，或者违规划转客户保证金的；

（九）国务院期货监督管理机构规定的其他欺诈客户的行为。

期货公司有前款所列行为之一的，对直接负责的主管人员和其他直接责任人员给予警告，并处一万元以上十万元以下的罚款；情节严重的，暂停或者撤销任职资格、期货从业人员资格。

任何单位或者个人编造并且传播有关期货交易的虚假信息，扰乱期货交易市场的，依照本条第一款、第二款的规定处罚。

第七十二条　期货公司及其他期货经营机构、非期货公司结算会员、期货保证金存管银行提供虚假申请文件或者采取其他欺诈手段隐瞒重要事实骗取期货业务许可的，撤销其期货业务许可，没收违法所得。

第七十三条　期货交易内幕信息的知情人或者非法获取期货交易内幕信息的人，在对期货交易价格有重大影响的信息尚未公开前，利用内幕信息从事期货交易，或者向他人泄露内幕信息，使他人利用内幕信息进行期货交易的，没收违法所得，并处违法所得一倍以上五倍以下的罚款；没有违法所得或者违法所得不满十万元的，处十万元以上50万元以下的罚款。单位从事内幕交易的，还应当对直接负责的主管人员和其他直接责任人员给予警告，并处三万元以上30万元以下的罚款。

国务院期货监督管理机构、期货交易所和期货保证金安全存管监控机构的工作人员进行内幕交易的，从重处罚。

第七十四条　任何单位或者个人有下列行为之一，操纵期货交易价格的，责令改正，没收违法所得，并处违法所得一倍以上五倍以下的罚款；没有违法所得或者违法所得不满20万元的，处20万元以上100万元以下的罚款：

（一）单独或者合谋，集中资金优势、持仓优势或者利用信息优势联合或者连续买卖合约，操纵期货交易价格的；

（二）蓄意串通，按事先约定的时间、价格和方式相互进行期货交易，影响期货交易价格或者期货交易量的；

（三）以自己为交易对象，自买自卖，影响期货交易价格或者期货交易量的；

（四）为影响期货市场行情囤积现货的；

（五）国务院期货监督管理机构规定的其他操纵期货交易价格的行为。

单位有前款所列行为之一的，对直接负责的主管人员和其他直接责任人员给予警告，并处一万元以上十万元以下的罚款。

第七十五条 交割仓库有本条例第三十九条第二款所列行为之一的，责令改正，给予警告，没收违法所得，并处违法所得一倍以上五倍以下的罚款；没有违法所得或者违法所得不满十万元的，并处十万元以上50万元以下的罚款；情节严重的，责令期货交易所暂停或者取消其交割仓库资格。对直接负责的主管人员和其他直接责任人员给予警告，并处一万元以上十万元以下的罚款。

第七十六条 国有以及国有控股企业违反本条例和国务院国有资产监督管理机构以及其他有关部门关于企业以国有资产进入期货市场的有关规定进行期货交易，或者单位、个人违规使用信贷资金、财政资金进行期货交易的，给予警告，没收违法所得，并处违法所得一倍以上五倍以下的罚款；没有违法所得或者违法所得不满十万元的，并处十万元以上50万元以下的罚款。对直接负责的主管人员和其他直接责任人员给予降级直至开除的纪律处分。

第七十七条 境内单位或者个人违反规定从事境外期货交易的，责令改正，给予警告，没收违法所得，并处违法所得一倍以上五倍以下的罚款；没有违法所得或者违法所得不满20万元的，并处20万元以上100万元以下的罚款；情节严重的，暂停其境外期货交易。对直接负责的主管人员和其他直接责任人员给予警告，并处一万元以上十万元以下的罚款。

第七十八条 任何单位或者个人非法设立或者变相设立期货交易所、期货公司及其他期货经营机构，或者擅自从事期货业务，或者组织变相期货交易活动的，予以取缔，没收违法所得，并处违法所得一倍以上五倍以下的罚款；没有违法所得或者违法所得不满20万元的，处20万元以上100万元以下的罚款。对直接负责的主管人员和其他直接责任人员给予警告，并处一万元以上十万元以下的罚款。

第七十九条 期货公司的交易软件、结算软件供应商拒不配合国务院期货监督管理机构调查，或者未按照规定向国务院期货监督管理机构提供相关软件资料，或者提供的软件资料有虚假、重大遗漏的，责令改正，处三万元以上十万元以下的罚款。对直接负责的主管人员和其他直接责任人员给予警告，并处一万元以上五万元以下的罚款。

第八十条 会计师事务所、律师事务所、资产评估机构等中介服务机构未勤勉尽责，所出具的文件有虚假记载、误导性陈述或者重大遗漏的，责令改正，没收业务收入，暂停或者撤销相关业务许可，并处业务收入一倍以上五倍以下的罚款。对直接负责的主管人员和其他直接责任人员给予警告，并处三万元以上十万元以下的罚款。

第八十一条 任何单位或者个人违反本条例规定，情节严重的，由国务院期货监督管理机构宣布该个人、该单位或者该单位的直接责任人员为期货市场禁止进入者。

第八十二条 国务院期货监督管理机构、期货交易所、期货保证金安全存管监控机构和期货保证金存管银行等相关单位的工作人员，泄露知悉的国家秘密或者会员、客户商业秘密，或者徇私舞弊、玩忽职守、滥用职权、收受贿赂的，依法给予行政处分或者纪律处分。

第八十三条 违反本条例规定，构成犯罪的，依法追究刑事责任。

第八十四条 对本条例规定的违法行为的行政处罚，由国务院期货监督管理机构决定；涉及其他有关部门法定职权的，国务院期货监督管理机构应当会同其他有关部门处理；属于其他有关部门法定职权的，国务院期货监督管理机构应当移交其他有关部门处理。

第八章　附　则

第八十五条　本条例下列用语的含义：

（一）期货合约，是指由期货交易所统一制定的、规定在将来某一特定的时间和地点交割一定数量标的物的标准化合约。根据合约标的物的不同，期货合约分为商品期货合约和金融期货合约。商品期货合约的标的物包括农产品、工业品、能源和其他商品及其相关指数产品；金融期货合约的标的物包括有价证券、利率、汇率等金融产品及其相关指数产品。

（二）期权合约，是指由期货交易所统一制定的、规定买方有权在将来某一时间以特定价格买入或者卖出约定标的物（包括期货合约）的标准化合约。

（三）保证金，是指期货交易者按照规定标准交纳的资金，用于结算和保证履约。

（四）结算，是指根据期货交易所公布的结算价格对交易双方的交易盈亏状况进行的资金清算和划转。

（五）交割，是指合约到期时，按照期货交易所的规则和程序，交易双方通过该合约所载标的物所有权的转移，或者按照规定结算价格进行现金差价结算，了结到期未平仓合约的过程。

（六）平仓，是指期货交易者买入或者卖出与其所持合约的品种、数量和交割月份相同但交易方向相反的合约，了结期货交易的行为。

（七）持仓量，是指期货交易者所持有的未平仓合约的数量。

（八）持仓限额，是指期货交易所对期货交易者的持仓量规定的最高数额。

（九）仓单，是指交割仓库开具并经期货交易所认定的标准化提货凭证。

（十）涨跌停板，是指合约在一个交易日中的交易价格不得高于或者低于规定的涨跌幅度，超出该涨跌幅度的报价将被视为无效，不能成交。

（十一）内幕信息，是指可能对期货交易价格产生重大影响的尚未公开的信息，包括：国务院期货监督管理机构以及其他相关部门制定的对期货交易价格可能发生重大影响的政策，期货交易所做出的可能对期货交易价格发生重大影响的决定，期货交易所会员、客户的资金和交易动向以及国务院期货监督管理机构认定的对期货交易价格有显著影响的其他重要信息。

（十二）内幕信息的知情人员，是指由于其管理地位、监督地位或者职业地位，或者作为雇员、专业顾问履行职务，能够接触或者获得内幕信息的人员，包括：期货交易所的管理人员以及其他由于任职可获取内幕信息的从业人员，国务院期货监督管理机构和其他有关部门的工作人员以及国务院期货监督管理机构规定的其他人员。

第八十六条　国务院期货监督管理机构可以批准设立期货专门结算机构，专门履行期货交易所的结算以及相关职责，并承担相应法律责任。

第八十七条　境外机构在境内设立、收购或者参股期货经营机构，以及境外期货经营机构在境内设立分支机构（含代表处）的管理办法，由国务院期货监督管理机构会同国务院商务主管部门、外汇管理部门等有关部门制订，报国务院批准后施行。

第八十八条　在期货交易所之外的国务院期货监督管理机构批准的交易场所进行的期货交易，依照本条例的有关规定执行。

第八十九条　任何机构或者市场，未经国务院期货监督管理机构批准，采用集中交易方式进行标准化合约交易，同时采用以下交易机制或者具备以下交易机制特征之一的，为变相期货交易：

（一）为参与集中交易的所有买方和卖方提供履约担保的；

（二）实行当日无负债结算制度和保证金制度，同时保证金收取比例低于合约（或者合同）标的额 20%的。

本条例施行前采用前款规定的交易机制或者具备前款规定的交易机制特征之一的机构或者市场，应当在国务院商务主管部门规定的期限内进行整改。

第九十条 不属于期货交易的商品或者金融产品的其他交易活动，由国家有关部门监督管理，不适用本条例。

第九十一条 本条例自 2007 年 4 月 15 日起施行。1999 年 6 月 2 日国务院发布的《期货交易管理暂行条例》同时废止。

证券期货业信息安全保障管理办法

（中国证券监督管理委员会第82号令，于2012年8月23日中国证券监督管理委员会第22次主席办公会议审议通过，于2012年9月24日颁布，自2012年11月1日起施行）

第一章 总 则

第一条 为了保障证券期货信息系统安全运行，加强证券期货业信息安全管理工作，促进证券期货市场稳定健康发展，保护投资者合法权益，根据《证券法》、《证券投资基金法》、《期货交易管理条例》及信息安全保障相关的法律、行政法规，制定本办法。

第二条 证券期货业信息安全保障、管理、监督等工作适用本办法。

第三条 证券期货业信息安全保障工作实行"谁运行、谁负责，谁使用、谁负责"、安全优先、保障发展的原则。

第四条 证券期货业信息安全保障的责任主体应当执行国家信息安全相关法律、行政法规和行业相关技术管理规定、技术规则、技术指引和技术标准，开展信息安全工作，保护投资者交易安全和数据安全，并对本机构信息系统安全运行承担责任。

前款所称责任主体，包括承担证券期货市场公共职能的机构、承担证券期货行业信息技术公共基础设施运营的机构等证券期货市场核心机构及其下属机构（以下简称核心机构），证券公司、期货公司、基金管理公司、证券期货服务机构等证券期货经营机构（以下简称经营机构）。

第五条 开展证券客户交易结算资金第三方存管业务，银证、银期、银基转账和结算业务，基金托管和销售业务的机构应当按照有关规定保障相关业务系统的安全运行。

第六条 为证券期货业提供软硬件产品或者技术服务的供应商（以下简称供应商），应当保证所提供的软硬件产品或者技术服务符合国家及证券期货业信息安全相关的技术管理规定、技术规则、技术指引和技术标准。

第七条 中国证监会支持、协助国家信息安全管理部门组织实施信息安全相关法律、行政法规，依法对证券期货业信息安全保障工作实施监督管理。

中国证监会派出机构按照授权履行监督管理职责。

第八条 中国证监会及其派出机构与国家信息安全管理部门、相关行业管理部门建立信息安全协调机制，与国家有关专业安全机构和标准化组织建立信息安全合作机制。

第九条 证券、期货、证券投资基金等行业协会（以下简称证券期货行业协会）依照本办法的规定，对会员的信息安全工作实行自律管理。

第十条 核心机构依照本办法的规定，对市场相关主体关联信息系统的安全保障工作进行督促、指导。

第二章　基本要求

第十一条　核心机构和经营机构应当具有合格的基础设施。机房、电力、空调、消防、通信等基础设施的建设符合行业信息安全管理的有关规定。

第十二条　核心机构和经营机构应当设置合理的网络结构，划分安全区域，各安全区域之间应当进行有效隔离，并具有防范、监控和阻断来自内、外部网络攻击破坏的能力。

第十三条　核心机构和经营机构应当建立符合业务要求的信息系统。信息系统应当具有合理的架构，足够的性能、容量、可靠性、扩展性和安全性，能够支持业务的运行和发展。

第十四条　核心机构应当对交易、行情、开户、结算、风控、通信等重要信息系统具有自主开发能力，拥有执行程序和源代码并安全可靠存放，在重要信息系统上线前对执行程序和源代码进行严格的审查和测试。

第十五条　核心机构和经营机构应当具有防范木马、病毒等恶意代码的能力，防止恶意代码对信息系统造成破坏，防止信息泄露或者被篡改。

第十六条　核心机构和经营机构应当建立完善的信息技术治理架构，明确信息技术决策、管理、执行和内部监督的权责机制。

第十七条　核心机构和经营机构应当建立完善的信息技术管理制度和操作规程，并严格执行。

第十八条　核心机构应当制定本机构与市场相关主体信息系统安全互联的技术规则，并报中国证监会备案。

核心机构依法督促市场相关主体执行技术规则。

第十九条　核心机构应当提供多种互为备份的远程接入方式，保证市场相关主体安全接入，并对市场相关主体的远程接入进行监控与管理。

第三章　持续保障要求

第二十条　核心机构和经营机构应当保障充足、稳定的信息技术经费投入，配备足够的信息技术人员。

第二十一条　核心机构和经营机构应当根据行业规划和本机构发展战略，制定信息化与信息安全发展规划，满足业务发展和信息安全管理的需要。

第二十二条　核心机构和经营机构开展信息系统新建、升级、变更、换代等建设项目，应当进行充分论证和测试。

第二十三条　核心机构交易、行情、开户、结算、通信等重要信息系统上线或者进行重大升级变更时，应当组织市场相关主体进行联网测试，并按规定进行报告。

第二十四条　核心机构和经营机构应当规范开展信息技术基础设施和重要信息系统的运行维护，保障系统安全稳定运行。

第二十五条　核心机构应当指导市场相关主体正确运行维护与本机构互联的系统和通信设施。

第二十六条　核心机构和经营机构应当建立数据备份设施，并按照规定在同城和异地保存备份数据。

第二十七条　核心机构和经营机构应当建立重要信息系统的故障备份设施和灾难备份设施，保证业务活动连续。

第二十八条　核心机构和经营机构应当按照规定向中国证监会指定的证券期货业数据中心报送数据。报送的数据必须真实、完整、准确、及时。

证券期货业数据中心应当按照中国证监会的有关规定开展行业数据的集中保存工作，确保数据的安全、完整、可靠。

第二十九条　核心机构负责建设和运营行业信息技术公共基础设施。

第三十条　核心机构和经营机构应当加强信息安全保密管理，保障投资者信息安全。

第三十一条　核心机构和经营机构应当建立网络与信息安全风险检测、监测、评估和预警机制，发现风险隐患应当及时处置，并按照规定进行报告。

第三十二条　核心机构和经营机构应当建立信息安全应急处置机制，及时处置突发信息安全事件，尽快恢复信息系统的正常运行，并按照规定进行报告，不得迟报、漏报、瞒报。

核心机构和经营机构应当对信息安全事件进行内部调查、责任追究和采取整改措施，并配合中国证监会及其派出机构对事件进行调查处理。

与核心机构和经营机构发生信息安全事件相关的软硬件产品或者技术服务供应商，应当配合相关调查工作。

第三十三条　核心机构应当每年组织市场相关主体进行一次信息安全应急演练，并于实施前15个工作日向中国证监会报告。

第三十四条　核心机构和经营机构应当对信息技术人员进行培训，确保其具有履行岗位职责的能力。

第三十五条　核心机构和经营机构应当建立信息安全内部审计制度，定期开展内部审计，对发现的问题进行整改。

第四章　产品及服务采购要求

第三十六条　核心机构和经营机构应当建立供应商管理制度，定期对供应商的资质、专业经验、产品和服务的质量进行了解和评估。

第三十七条　核心机构和经营机构在采购软硬件产品或者技术服务时，应当与供应商签订合同和保密协议，并在合同和保密协议中明确约定信息安全和保密的权利和义务。

涉及证券期货交易、行情、开户、结算等软件产品或者技术服务的采购合同，应当约定供应商须接受中国证监会及其派出机构的信息安全延伸检查。

第三十八条　核心机构和经营机构采购的软硬件产品或者技术服务应当满足审慎经营和风险管理的要求。软硬件产品或者技术服务不符合要求，影响核心机构和经营机构持续经营的，中国证监会有权要求核心机构和经营机构予以改进或者更换。

第五章　行业自律

第三十九条　证券期货行业协会应当制定信息技术指引，督促、引导会员执行国家和行业信息安全相关规定和技术标准。

第四十条　证券期货行业协会应当引导行业加强信息技术人才队伍建设，定期组织信息技术培训和交流，提高信息技术人员执业素质。

第四十一条　证券期货行业协会应当引导鼓励行业信息技术研究与创新，增强自主可控能力，组织开展科技奖励，促进行业科技进步。

第四十二条　证券期货行业协会应当引导供应商规范参与行业信息化与信息安全工作，促进市场公平竞争，促进供应商与市场相关主体共同发展。

第六章　监督管理

第四十三条　中国证监会建立统一组织、分级负责的信息安全监督管理体制。

中国证监会信息安全管理部门负责证券期货业信息安全工作的组织、协调和指导；相关业务监管部门依照职责范围对核心机构和经营机构的信息安全进行监督、检查；派出机构根据授权对辖区内经营机构的信息安全进行监督、检查。

第四十四条　中国证监会依法组织制定证券期货业信息安全管理规定和技术标准。

第四十五条　中国证监会及其派出机构依照职责范围，对核心机构和经营机构进行信息安全检查或者委托国家、行业有关专业安全机构进行安全检查。核心机构和经营机构应当配合检查。

核心机构和经营机构的信息安全管理不能达到规定要求的，中国证监会及其派出机构责令其限期改正，改正前可以暂停或者限制其部分或者全部证券期货经营业务活动。

第四十六条　中国证监会及其派出机构可以要求核心机构和经营机构提供信息安全相关资料。

核心机构和经营机构应当及时、准确、完整地提供相关资料。

第四十七条　中国证监会组织制定证券期货业信息安全应急预案，督促、指导行业开展信息安全应急工作。

第四十八条　中国证监会有权对核心机构、经营机构的信息安全事件进行调查处理。

对于损害投资者合法权益或者影响证券期货市场安全稳定运行的信息安全事件，中国证监会依法对相关单位采取监督管理措施或者行政处罚。

第四十九条　中国证监会对发现的系统漏洞、安全隐患、产品缺陷进行全行业通报。

第五十条　核心机构和经营机构违反本办法规定，中国证监会可以视情节，依法对其采取责令改正、监管谈话、出具警示函、公开谴责、责令定期报告、责令处分有关人员、撤销任职资格、暂停或者限制证券期货经营业务活动等措施；情节严重的，给予警告、罚款。

第七章　附　则

第五十一条　本办法自 2012 年 11 月 1 日起施行。《证券期货业信息安全保障管理暂行办法》（证监信息字〔2005〕5 号）同时废止。

上市公司收购管理办法（2012 修订版）

（2006 年 5 月 17 日中国证券监督管理委员会第 180 次主席办公会议审议通过，根据 2008 年 8 月 27 日中国证券监督管理委员会《关于修改〈上市公司收购管理办法〉第六十三条的决定》、2012 年 2 月 14 日中国证券监督管理委员会《关于修改〈上市公司收购管理办法〉第六十二条及第六十三条的决定》修订）

第一章　总　则

第一条　为了规范上市公司的收购及相关股份权益变动活动，保护上市公司和投资者的合法权益，维护证券市场秩序和社会公共利益，促进证券市场资源的优化配置，根据《证券法》、《公司法》及其他相关法律、行政法规，制定本办法。

第二条　上市公司的收购及相关股份权益变动活动，必须遵守法律、行政法规及中国证券监督管理委员会（以下简称中国证监会）的规定。当事人应当诚实守信，遵守社会公德、商业道德，自觉维护证券市场秩序，接受政府、社会公众的监督。

第三条　上市公司的收购及相关股份权益变动活动，必须遵循公开、公平、公正的原则。

上市公司的收购及相关股份权益变动活动中的信息披露义务人，应当充分披露其在上市公司中的权益及变动情况，依法严格履行报告、公告和其他法定义务。在相关信息披露前，负有保密义务。

信息披露义务人报告、公告的信息必须真实、准确、完整，不得有虚假记载、误导性陈述或者重大遗漏。

第四条　上市公司的收购及相关股份权益变动活动不得危害国家安全和社会公共利益。

上市公司的收购及相关股份权益变动活动涉及国家产业政策、行业准入、国有股份转让等事项，需要取得国家相关部门批准的，应当在取得批准后进行。

外国投资者进行上市公司的收购及相关股份权益变动活动的，应当取得国家相关部门的批准，适用中国法律，服从中国的司法、仲裁管辖。

第五条　收购人可以通过取得股份的方式成为一个上市公司的控股股东，可以通过投资关系、协议、其他安排的途径成为一个上市公司的实际控制人，也可以同时采取上述方式和途径取得上市公司控制权。

收购人包括投资者及与其一致行动的他人。

第六条　任何人不得利用上市公司的收购损害被收购公司及其股东的合法权益。

有下列情形之一的，不得收购上市公司：

（一）收购人负有数额较大债务，到期未清偿，且处于持续状态；

（二）收购人最近三年有重大违法行为或者涉嫌有重大违法行为；

（三）收购人最近三年有严重的证券市场失信行为；

（四）收购人为自然人的，存在《公司法》第一百四十七条规定情形；

（五）法律、行政法规规定以及中国证监会认定的不得收购上市公司的其他情形。

第七条 被收购公司的控股股东或者实际控制人不得滥用股东权利损害被收购公司或者其他股东的合法权益。

被收购公司的控股股东、实际控制人及其关联方有损害被收购公司及其他股东合法权益的，上述控股股东、实际控制人在转让被收购公司控制权之前，应当主动消除损害；未能消除损害的，应当就其出让相关股份所得收入用于消除全部损害做出安排，对不足以消除损害的部分应当提供充分有效的履约担保或安排，并依照公司章程取得被收购公司股东大会的批准。

第八条 被收购公司的董事、监事、高级管理人员对公司负有忠实义务和勤勉义务，应当公平对待收购本公司的所有收购人。

被收购公司董事会针对收购所做出的决策及采取的措施，应当有利于维护公司及其股东的利益，不得滥用职权对收购设置不适当的障碍，不得利用公司资源向收购人提供任何形式的财务资助，不得损害公司及其股东的合法权益。

第九条 收购人进行上市公司的收购，应当聘请在中国注册的具有从事财务顾问业务资格的专业机构担任财务顾问。收购人未按照本办法规定聘请财务顾问的，不得收购上市公司。

财务顾问应当勤勉尽责，遵守行业规范和职业道德，保持独立性，保证其所制作、出具文件的真实性、准确性和完整性。

财务顾问认为收购人利用上市公司的收购损害被收购公司及其股东合法权益的，应当拒绝为收购人提供财务顾问服务。

第十条 中国证监会依法对上市公司的收购及相关股份权益变动活动进行监督管理。

中国证监会设立由专业人员和有关专家组成的专门委员会。专门委员会可以根据中国证监会职能部门的请求，就是否构成上市公司的收购、是否有不得收购上市公司的情形以及其他相关事宜提供咨询意见。中国证监会依法做出决定。

第十一条 证券交易所依法制定业务规则，为上市公司的收购及相关股份权益变动活动组织交易和提供服务，对相关证券交易活动进行实时监控，监督上市公司的收购及相关股份权益变动活动的信息披露义务人切实履行信息披露义务。

证券登记结算机构依法制定业务规则，为上市公司的收购及相关股份权益变动活动所涉及的证券登记、存管、结算等事宜提供服务。

第二章 权益披露

第十二条 投资者在一个上市公司中拥有的权益，包括登记在其名下的股份和虽未登记在其名下但该投资者可以实际支配表决权的股份。投资者及其一致行动人在一个上市公司中拥有的权益应当合并计算。

第十三条 通过证券交易所的证券交易，投资者及其一致行动人拥有权益的股份达到一个上市公司已发行股份的5%时，应当在该事实发生之日起三日内编制权益变动报告书，向中国证监会、证券交易所提交书面报告，抄报该上市公司所在地的中国证监会派出机构（以下简称派出机构），通知该上市公司，并予公告；在上述期限内，不得再行买卖该上市公司的股票。

前述投资者及其一致行动人拥有权益的股份达到一个上市公司已发行股份的5%后，通过证券交易所的证券交易，其拥有权益的股份占该上市公司已发行股份的比例每增加或者减少5%，应当依照前款规定进行报告和公告。在报告期限内和作出报告、公告后两日内，不得再行买卖该上市公司的股票。

第十四条 通过协议转让方式，投资者及其一致行动人在一个上市公司中拥有权益的股份拟达到或者超过一个上市公司已发行股份的5%时，应当在该事实发生之日起三日内编制权益变动报告书，向中国证监会、证券交易所提交书面报告，抄报派出机构，通知该上市公司，并予公告。

投资者及其一致行动人拥有权益的股份达到一个上市公司已发行股份的5%后，其拥有权益的股份占该上市公司已发行股份的比例每增加或者减少达到或者超过5%的，应当依照前款规定履行报告、公告义务。

前两款规定的投资者及其一致行动人在作出报告、公告前，不得再行买卖该上市公司的股票。相关股份转让及过户登记手续按照本办法第四章及证券交易所、证券登记结算机构的规定办理。

第十五条 投资者及其一致行动人通过行政划转或者变更、执行法院裁定、继承、赠与等方式拥有权益的股份变动达到前条规定比例的，应当按照前条规定履行报告、公告义务，并参照前条规定办理股份过户登记手续。

第十六条 投资者及其一致行动人不是上市公司的第一大股东或者实际控制人，其拥有权益的股份达到或者超过该公司已发行股份的5%但未达到20%的，应当编制包括下列内容的简式权益变动报告书：

（一）投资者及其一致行动人的姓名、住所；投资者及其一致行动人为法人的，其名称、注册地及法定代表人；

（二）持股目的，是否有意在未来12个月内继续增加其在上市公司中拥有的权益；

（三）上市公司的名称、股票的种类、数量、比例；

（四）在上市公司中拥有权益的股份达到或者超过上市公司已发行股份的5%或者拥有权益的股份增减变化达到5%的时间及方式；

（五）权益变动事实发生之日前六个月内通过证券交易所的证券交易买卖该公司股票的简要情况；

（六）中国证监会、证券交易所要求披露的其他内容。

前述投资者及其一致行动人为上市公司第一大股东或者实际控制人，其拥有权益的股份达到或者超过一个上市公司已发行股份的5%，但未达到20%的，还应当披露本办法第十七条第一款规定的内容。

第十七条 投资者及其一致行动人拥有权益的股份达到或者超过一个上市公司已发行股份的20%但未超过30%的，应当编制详式权益变动报告书，除须披露前条规定的信息外，还应当披露以下内容：

（一）投资者及其一致行动人的控股股东、实际控制人及其股权控制关系结构图；

（二）取得相关股份的价格、所需资金额、资金来源，或者其他支付安排；

（三）投资者、一致行动人及其控股股东、实际控制人所从事的业务与上市公司的业务是否存在同业竞争或者潜在的同业竞争，是否存在持续关联交易；存在同业竞争或者持续关联交易的，是否已做出相应的安排，确保投资者、一致行动人及其关联方与上市公司之间避免同业竞争以及保持上市公司的独立性；

（四）未来12个月内对上市公司资产、业务、人员、组织结构、公司章程等进行调整的后续计划；

（五）前24个月内投资者及其一致行动人与上市公司之间的重大交易；

（六）不存在本办法第六条规定的情形；

（七）能够按照本办法第五十条的规定提供相关文件。

前述投资者及其一致行动人为上市公司第一大股东或者实际控制人的，还应当聘请财务顾问对上述权益变动报告书所披露的内容出具核查意见，但国有股行政划转或者变更、股份转让在同一实际控制人控制的不同主体之间进行、因继承取得股份的除外。投资者及其一致行动人承诺至少三年放弃行使相关股份表决权的，可免于聘请财务顾问和提供前款第（七）项规定的文件。

第十八条 已披露权益变动报告书的投资者及其一致行动人在披露之日起六个月内，因拥有权益的股份变动需要再次报告、公告权益变动报告书的，可以仅就与前次报告书不同的部分作出报告、公告；自前次披露之日起超过六个月的，投资者及其一致行动人应当按照本章的规定编制权益变动报告书，履行报告、公告义务。

第十九条 因上市公司减少股本导致投资者及其一致行动人拥有权益的股份变动出现本办法第十四条规定情形的，投资者及其一致行动人免于履行报告和公告义务。上市公司应当自完成减少股本的变更登记之日起两个工作日内，就因此导致的公司股东拥有权益的股份变动情况作出公告；因公司减少股本可能导致投资者及其一致行动人成为公司第一大股东或者实际控制人的，该投资者及其一致行动人应当自公司董事会公告有关减少公司股本决议之日起三个工作日内，按照本办法第十七条第一款的规定履行报告、公告义务。

第二十条 上市公司的收购及相关股份权益变动活动中的信息披露义务人依法披露前，相关信息已在媒体上传播或者公司股票交易出现异常的，上市公司应当立即向当事人进行查询，当事人应当及时予以书面答复，上市公司应当及时作出公告。

第二十一条 上市公司的收购及相关股份权益变动活动中的信息披露义务人应当在至少一家中国证监会指定媒体上依法披露信息；在其他媒体上进行披露的，披露内容应当一致，披露时间不得早于指定媒体的披露时间。

第二十二条 上市公司的收购及相关股份权益变动活动中的信息披露义务人采取一致行动的，可以以书面形式约定由其中一人作为指定代表负责统一编制信息披露文件，并同意授权指定代表在信息披露文件上签字、盖章。

各信息披露义务人应当对信息披露文件中涉及其自身的信息承担责任；对信息披露文件中涉及的与多个信息披露义务人相关的信息，各信息披露义务人对相关部分承担连带责任。

第三章 要约收购

第二十三条 投资者自愿选择以要约方式收购上市公司股份的，可以向被收购公司所有股东发出收购其所持有的全部股份的要约（以下简称全面要约），也可以向被收购公司所有股东发出收购其所持有的部分股份的要约（以下简称部分要约）。

第二十四条 通过证券交易所的证券交易，收购人持有一个上市公司的股份达到该公司已发行股份的 30%时，继续增持股份的，应当采取要约方式进行，发出全面要约或者部分要约。

第二十五条 收购人依照本办法第二十三条、第二十四条、第四十七条、第五十六条的规定，以要约方式收购一个上市公司股份的，其预定收购的股份比例均不得低于该上市公司已发行股份的 5%。

第二十六条 以要约方式进行上市公司收购的，收购人应当公平对待被收购公司的所有股东。持有同一种类股份的股东应当得到同等对待。

第二十七条 收购人为终止上市公司的上市地位而发出全面要约的，或者向中国证监会提出申请但未取得豁免而发出全面要约的，应当以现金支付收购价款；以依法可以转让的证券（以下简称证券）支付收购价款的，应当同时提供现金方式供被收购公司股东选择。

第二十八条 以要约方式收购上市公司股份的，收购人应当编制要约收购报告书，并应当聘请财务顾问向中国证监会、证券交易所提交书面报告，抄报派出机构，通知被收购公司，同时对要约收购报告书摘要作出提示性公告。

收购人依照前款规定报送符合中国证监会规定的要约收购报告书及本办法第五十条规定的相关文件之日起 15 日后，公告其要约收购报告书、财务顾问专业意见和律师出具的法律意见书。在 15 日内，中国证监会对要约收购报告书披露的内容表示无异议的，收购人可以进行公告；中国证监会发现要约收购报告书不符合法律、行政法规及相关规定的，及时告知收购人，收购人不得公告其收购要约。

第二十九条　前条规定的要约收购报告书，应当载明下列事项：

（一）收购人的姓名、住所；收购人为法人的，其名称、注册地及法定代表人，与其控股股东、实际控制人之间的股权控制关系结构图；

（二）收购人关于收购的决定及收购目的，是否拟在未来 12 个月内继续增持；

（三）上市公司的名称、收购股份的种类；

（四）预定收购股份的数量和比例；

（五）收购价格；

（六）收购所需资金额、资金来源及资金保证，或者其他支付安排；

（七）收购要约约定的条件；

（八）收购期限；

（九）报送收购报告书时持有被收购公司的股份数量、比例；

（十）本次收购对上市公司的影响分析，包括收购人及其关联方所从事的业务与上市公司的业务是否存在同业竞争或者潜在的同业竞争，是否存在持续关联交易；存在同业竞争或者持续关联交易的，收购人是否已作出相应的安排，确保收购人及其关联方与上市公司之间避免同业竞争以及保持上市公司的独立性；

（十一）未来 12 个月内对上市公司资产、业务、人员、组织结构、公司章程等进行调整的后续计划；

（十二）前 24 个月内收购人及其关联方与上市公司之间的重大交易；

（十三）前六个月内通过证券交易所的证券交易买卖被收购公司股票的情况；

（十四）中国证监会要求披露的其他内容。

收购人发出全面要约的，应当在要约收购报告书中充分披露终止上市的风险、终止上市后收购行为完成的时间及仍持有上市公司股份的剩余股东出售其股票的其他后续安排；收购人发出以终止公司上市地位为目的的全面要约，无须披露前款第（十）项规定的内容。

第三十条　收购人按照本办法第四十七条拟收购上市公司股份超过 30%，须改以要约方式进行收购的，收购人应当在达成收购协议或者做出类似安排后的三日内对要约收购报告书摘要作出提示性公告，并按照本办法第二十八条、第二十九条的规定履行报告和公告义务，同时免于编制、报告和公告上市公司收购报告书；依法应当取得批准的，应当在公告中特别提示本次要约须取得相关批准方可进行。

未取得批准的，收购人应当在收到通知之日起两个工作日内，向中国证监会提交取消收购计划的报告，同时抄报派出机构，抄送证券交易所，通知被收购公司，并予公告。

第三十一条　收购人向中国证监会报送要约收购报告书后，在公告要约收购报告书之前，拟自行取消收购计划的，应当向中国证监会提出取消收购计划的申请及原因说明，并予公告；自公告之日起 12 个月内，该收购人不得再次对同一上市公司进行收购。

第三十二条　被收购公司董事会应当对收购人的主体资格、资信情况及收购意图进行调查，对要约条件进行分析，对股东是否接受要约提出建议，并聘请独立财务顾问提出专业意见。在收购人公告要约收购报告书后 20 日内，被收购公司董事会应当将被收购公司董事会报告书与独立财务顾问的专业意见报送中国证监会，同时抄报派出机构，抄送证券交易所，并予公告。

收购人对收购要约条件做出重大变更的，被收购公司董事会应当在三个工作日内提交董事会及独立财务顾问就要约条件的变更情况所出具的补充意见，并予以报告、公告。

第三十三条　收购人作出提示性公告后至要约收购完成前，被收购公司除继续从事正常的经营活动或者执行股东大会已经作出的决议外，未经股东大会批准，被收购公司董事会不得通过处置公司资产、对外投资、调整公司主要业务、担保、贷款等方式，对公司的资产、负债、权益或者经营成果造成重大影响。

第三十四条　在要约收购期间，被收购公司董事不得辞职。

第三十五条　收购人按照本办法规定进行要约收购的，对同一种类股票的要约价格，不得低于要约收购提示性公告日前六个月内收购人取得该种股票所支付的最高价格。

要约价格低于提示性公告日前 30 个交易日该种股票的每日加权平均价格的算术平均值的，收购人聘请的财务顾问应当就该种股票前六个月的交易情况进行分析，说明是否存在股价被操纵、收购人是否有未披露的一致行动人、收购人前六个月取得公司股份是否存在其他支付安排、要约价格的合理性等。

第三十六条　收购人可以采用现金、证券、现金与证券相结合等合法方式支付收购上市公司的价款。收购人聘请的财务顾问应当说明收购人具备要约收购的能力。

以现金支付收购价款的，应当在作出要约收购提示性公告的同时，将不少于收购价款总额的 20%作为履约保证金存入证券登记结算机构指定的银行。

收购人以证券支付收购价款的，应当提供该证券的发行人最近三年经审计的财务会计报告、证券估值报告，并配合被收购公司聘请的独立财务顾问的尽职调查工作。

收购人以在证券交易所上市交易的证券支付收购价款的，应当在作出要约收购提示性公告的同时，将用于支付的全部证券交由证券登记结算机构保管，但上市公司发行新股的除外；收购人以在证券交易所上市的债券支付收购价款的，该债券的可上市交易时间应当不少于一个月；收购人以未在证券交易所上市交易的证券支付收购价款的，必须同时提供现金方式供被收购公司的股东选择，并详细披露相关证券的保管、送达被收购公司股东的方式和程序安排。

第三十七条　收购要约约定的收购期限不得少于 30 日，并不得超过 60 日；但是出现竞争要约的除外。

在收购要约约定的承诺期限内，收购人不得撤销其收购要约。

第三十八条　采取要约收购方式的，收购人作出公告后至收购期限届满前，不得卖出被收购公司的股票，也不得采取要约规定以外的形式和超出要约的条件买入被收购公司的股票。

第三十九条　收购要约提出的各项收购条件，适用于被收购公司的所有股东。

收购人需要变更收购要约的，必须事先向中国证监会提出书面报告，同时抄报派出机构，抄送证券交易所和证券登记结算机构，通知被收购公司；经中国证监会批准后，予以公告。

第四十条　收购要约期限届满前 15 日内，收购人不得变更收购要约；但是出现竞争要约的除外。

出现竞争要约时，发出初始要约的收购人变更收购要约距初始要约收购期限届满不足 15 日的，应当延长收购期限，延长后的要约期应当不少于 15 日，不得超过最后一个竞争要约的期满日，并按规定比例追加履约保证金；以证券支付收购价款的，应当追加相应数量的证券，交由证券登记结算机构保管。

发出竞争要约的收购人最迟不得晚于初始要约收购期限届满前 15 日发出要约收购的提示性公告，并应当根据本办法第二十八条和第二十九条的规定履行报告、公告义务。

第四十一条　要约收购报告书所披露的基本事实发生重大变化的，收购人应当在该重大变化发生之日起两个工作日内，向中国证监会作出书面报告，同时抄报派出机构，抄送证券交易所，通知被收购公司，并予公告。

第四十二条 同意接受收购要约的股东（以下简称预受股东），应当委托证券公司办理预受要约的相关手续。收购人应当委托证券公司向证券登记结算机构申请办理预受要约股票的临时保管。证券登记结算机构临时保管的预受要约的股票，在要约收购期间不得转让。

前款所称预受，是指被收购公司股东同意接受要约的初步意思表示，在要约收购期限内不可撤回之前不构成承诺。在要约收购期限届满三个交易日前，预受股东可以委托证券公司办理撤回预受要约的手续，证券登记结算机构根据预受要约股东的撤回申请解除对预受要约股票的临时保管。在要约收购期限届满前三个交易日内，预受股东不得撤回其对要约的接受。在要约收购期限内，收购人应当每日在证券交易所网站上公告已预受收购要约的股份数量。

出现竞争要约时，接受初始要约的预受股东撤回全部或者部分预受的股份，并将撤回的股份售予竞争要约人的，应当委托证券公司办理撤回预受初始要约的手续和预受竞争要约的相关手续。

第四十三条 收购期限届满，发出部分要约的收购人应当按照收购要约约定的条件购买被收购公司股东预受的股份，预受要约股份的数量超过预定收购数量时，收购人应当按照同等比例收购预受要约的股份；以终止被收购公司上市地位为目的的，收购人应当按照收购要约约定的条件购买被收购公司股东预受的全部股份；未取得中国证监会豁免而发出全面要约的收购人应当购买被收购公司股东预受的全部股份。

收购期限届满后三个交易日内，接受委托的证券公司应当向证券登记结算机构申请办理股份转让结算、过户登记手续，解除对超过预定收购比例的股票的临时保管；收购人应当公告本次要约收购的结果。

第四十四条 收购期限届满，被收购公司股权分布不符合上市条件，该上市公司的股票由证券交易所依法终止上市交易。在收购行为完成前，其余仍持有被收购公司股票的股东，有权在收购报告书规定的合理期限内向收购人以收购要约的同等条件出售其股票，收购人应当收购。

第四十五条 收购期限届满后 15 日内，收购人应当向中国证监会报送关于收购情况的书面报告，同时抄报派出机构，抄送证券交易所，通知被收购公司。

第四十六条 除要约方式外，投资者不得在证券交易所外公开求购上市公司的股份。

第四章 协议收购

第四十七条 收购人通过协议方式在一个上市公司中拥有权益的股份达到或者超过该公司已发行股份的 5%但未超过 30%的，按照本办法第二章的规定办理。

收购人拥有权益的股份达到该公司已发行股份的 30%时，继续进行收购的，应当依法向该上市公司的股东发出全面要约或者部分要约。符合本办法第六章规定情形的，收购人可以向中国证监会申请免除发出要约。

收购人拟通过协议方式收购一个上市公司的股份超过 30%的，超过 30%的部分，应当改以要约方式进行；但符合本办法第六章规定情形的，收购人可以向中国证监会申请免除发出要约。收购人在取得中国证监会豁免后，履行其收购协议；未取得中国证监会豁免且拟继续履行其收购协议的，或者不申请豁免的，在履行其收购协议前，应当发出全面要约。

第四十八条 以协议方式收购上市公司股份超过 30%，收购人拟依据本办法第六章的规定申请豁免的，应当在与上市公司股东达成收购协议之日起三日内编制上市公司收购报告书，提交豁免申请及本办法第五十条规定的相关文件，委托财务顾问向中国证监会、证券交易所提交书面报告，同时抄报派出机构，通知被收购公司，并公告上市公司收购报告书摘要。派出机构收到书面报告后通报上市公司所在地省级人民政府。

收购人自取得中国证监会的豁免之日起三日内公告其收购报告书、财务顾问专业意见和律师出具的法律意见书；收购人未取得豁免的，应当自收到中国证监会的决定之日起三日内予以公告，并按照本办法第六十一条第二款的规定办理。

中国证监会发现收购报告书不符合法律、行政法规及相关规定的，应当及时告知收购人，收购人未纠正的，不得公告收购报告书，在公告前不得履行收购协议。

第四十九条 依据前条规定所作的上市公司收购报告书，须披露本办法第二十九条第（一）项至第（六）项和第（九）项至第（十四）项规定的内容及收购协议的生效条件和付款安排。

已披露收购报告书的收购人在披露之日起六个月内，因权益变动需要再次报告、公告的，可以仅就与前次报告书不同的部分作出报告、公告；超过六个月的，应当按照本办法第二章的规定履行报告、公告义务。

第五十条 收购人进行上市公司的收购，应当向中国证监会提交以下文件：

（一）中国公民的身份证明，或者在中国境内登记注册的法人、其他组织的证明文件；

（二）基于收购人的实力和从业经验对上市公司后续发展计划可行性的说明，收购人拟修改公司章程、改选公司董事会、改变或者调整公司主营业务的，还应当补充其具备规范运作上市公司的管理能力的说明；

（三）收购人及其关联方与被收购公司存在同业竞争、关联交易的，应提供避免同业竞争等利益冲突、保持被收购公司经营独立性的说明；

（四）收购人为法人或者其他组织的，其控股股东、实际控制人最近两年未变更的说明；

（五）收购人及其控股股东或实际控制人的核心企业和核心业务、关联企业及主营业务的说明；收购人或其实际控制人为两个或两个以上的上市公司控股股东或实际控制人的，还应当提供其持股5%以上的上市公司以及银行、信托公司、证券公司、保险公司等其他金融机构的情况说明；

（六）财务顾问关于收购人最近三年的诚信记录、收购资金来源合法性、收购人具备履行相关承诺的能力以及相关信息披露内容真实性、准确性、完整性的核查意见；收购人成立未满三年的，财务顾问还应当提供其控股股东或者实际控制人最近三年诚信记录的核查意见。

境外法人或者境外其他组织进行上市公司收购的，除应当提交第一款第（二）项至第（六）项规定的文件外，还应当提交以下文件：

（一）财务顾问出具的收购人符合对上市公司进行战略投资的条件、具有收购上市公司的能力的核查意见；

（二）收购人接受中国司法、仲裁管辖的声明。

第五十一条 上市公司董事、监事、高级管理人员、员工或者其所控制或者委托的法人或者其他组织，拟对本公司进行收购或者通过本办法第五章规定的方式取得本公司控制权（以下简称管理层收购）的，该上市公司应当具备健全且运行良好的组织机构以及有效的内部控制制度，公司董事会成员中独立董事的比例应当达到或者超过 1/2。公司应当聘请具有证券、期货从业资格的资产评估机构提供公司资产评估报告，本次收购应当经董事会非关联董事作出决议，且取得 2/3 以上的独立董事同意后，提交公司股东大会审议，经出席股东大会的非关联股东所持表决权过半数通过。独立董事发表意见前，应当聘请独立财务顾问就本次收购出具专业意见，独立董事及独立财务顾问的意见应当一并予以公告。

上市公司董事、监事、高级管理人员存在《公司法》第一百四十九条规定情形，或者最近三年有证券市场不良诚信记录的，不得收购本公司。

第五十二条 以协议方式进行上市公司收购的，自签订收购协议起至相关股份完成过户的期间为上市公司收购过渡期（以下简称过渡期）。在过渡期内，收购人不得通过控股股东提议改选上市公司董事会，确有充分理由改选董事会的，来自收购人的董事不得超过董事会成员的 1/3；被收购公司不得为收购人及其关联方提供担保；被收购公司不得公开发行股份募集资金，不得进行重大购买、出售资产及重大投资行为或者与收购人及其关联方进行其他关联交易，但收购人为挽救陷入危机或者面临严重财务困难的上市公司的情形除外。

第五十三条　上市公司控股股东向收购人协议转让其所持有的上市公司股份的，应当对收购人的主体资格、诚信情况及收购意图进行调查，并在其权益变动报告书中披露有关调查情况。

控股股东及其关联方未清偿其对公司的负债，未解除公司为其负债提供的担保，或者存在损害公司利益的其他情形的，被收购公司董事会应当对前述情形及时予以披露，并采取有效措施维护公司利益。

第五十四条　协议收购的相关当事人应当向证券登记结算机构申请办理拟转让股份的临时保管手续，并可以将用于支付的现金存放于证券登记结算机构指定的银行。

第五十五条　收购报告书公告后，相关当事人应当按照证券交易所和证券登记结算机构的业务规则，在证券交易所就本次股份转让予以确认后，凭全部转让款项存放于双方认可的银行账户的证明，向证券登记结算机构申请解除拟协议转让股票的临时保管，并办理过户登记手续。

收购人未按规定履行报告、公告义务，或者未按规定提出申请的，证券交易所和证券登记结算机构不予办理股份转让和过户登记手续。

收购人在收购报告书公告后 30 日内仍未完成相关股份过户手续的，应当立即作出公告，说明理由；在未完成相关股份过户期间，应当每隔 30 日公告相关股份过户办理进展情况。

第五章　间接收购

第五十六条　收购人虽不是上市公司的股东，但通过投资关系、协议、其他安排导致其拥有权益的股份达到或者超过一个上市公司已发行股份的 5%未超过 30%的，应当按照本办法第二章的规定办理。

收购人拥有权益的股份超过该公司已发行股份的 30%的，应当向该公司所有股东发出全面要约；收购人预计无法在事实发生之日起 30 日内发出全面要约的，应当在前述 30 日内促使其控制的股东将所持有的上市公司股份减持至 30%或者 30%以下，并自减持之日起两个工作日内予以公告；其后收购人或者其控制的股东拟继续增持的，应当采取要约方式；拟依据本办法第六章的规定申请豁免的，应当按照本办法第四十八条的规定办理。

第五十七条　投资者虽不是上市公司的股东，但通过投资关系取得对上市公司股东的控制权，而受其支配的上市公司股东所持股份达到前条规定比例、且对该股东的资产和利润构成重大影响的，应当按照前条规定履行报告、公告义务。

第五十八条　上市公司实际控制人及受其支配的股东，负有配合上市公司真实、准确、完整披露有关实际控制人发生变化的信息的义务；实际控制人及受其支配的股东拒不履行上述配合义务，导致上市公司无法履行法定信息披露义务而承担民事、行政责任的，上市公司有权对其提起诉讼。实际控制人、控股股东指使上市公司及其有关人员不依法履行信息披露义务的，中国证监会依法进行查处。

第五十九条　上市公司实际控制人及受其支配的股东未履行报告、公告义务的，上市公司应当自知悉之日起立即作出报告和公告。上市公司就实际控制人发生变化的情况予以公告后，实际控制人仍未披露的，上市公司董事会应当向实际控制人和受其支配的股东查询，必要时可以聘请财务顾问进行查询，并将查询情况向中国证监会、派出机构和证券交易所报告；中国证监会依法对拒不履行报告、公告义务的实际控制人进行查处。

上市公司知悉实际控制人发生较大变化而未能将有关实际控制人的变化情况及时予以报告和公告的，中国证监会责令改正，情节严重的，认定上市公司负有责任的董事为不适当人选。

第六十条 上市公司实际控制人及受其支配的股东未履行报告、公告义务，拒不履行第五十八条规定的配合义务，或者实际控制人存在不得收购上市公司情形的，上市公司董事会应当拒绝接受受实际控制人支配的股东向董事会提交的提案或者临时议案，并向中国证监会、派出机构和证券交易所报告。中国证监会责令实际控制人改正，可以认定实际控制人通过受其支配的股东所提名的董事为不适当人选；改正前，受实际控制人支配的股东不得行使其持有股份的表决权。上市公司董事会未拒绝接受实际控制人及受其支配的股东所提出的提案的，中国证监会可以认定负有责任的董事为不适当人选。

第六章 豁免申请

第六十一条 符合本办法第六十二条、第六十三条规定情形的，投资者及其一致行动人可以向中国证监会申请下列豁免事项：

（一）免于以要约收购方式增持股份；

（二）存在主体资格、股份种类限制或者法律、行政法规、中国证监会规定的特殊情形的，可以申请免于向被收购公司的所有股东发出收购要约。

未取得豁免的，投资者及其一致行动人应当在收到中国证监会通知之日起 30 日内将其或者其控制的股东所持有的被收购公司股份减持到 30%或者 30%以下；拟以要约以外的方式继续增持股份的，应当发出全面要约。

第六十二条 有下列情形之一的，收购人可以向中国证监会提出免于以要约方式增持股份的申请：

（一）收购人与出让人能够证明本次转让未导致上市公司的实际控制人发生变化；

（二）上市公司面临严重财务困难，收购人提出的挽救公司的重组方案取得该公司股东大会批准，且收购人承诺三年内不转让其在该公司中所拥有的权益；

（三）经上市公司股东大会非关联股东批准，收购人取得上市公司向其发行的新股，导致其在该公司拥有权益的股份超过该公司已发行股份的 30%，收购人承诺三年内不转让本次向其发行的新股，且公司股东大会同意收购人免于发出要约；

（四）中国证监会为适应证券市场发展变化和保护投资者合法权益的需要而认定的其他情形。

收购人报送的豁免申请文件符合规定，并且已经按照本办法的规定履行报告、公告义务的，中国证监会予以受理；不符合规定或者未履行报告、公告义务的，中国证监会不予受理。中国证监会在受理豁免申请后 20 个工作日内，就收购人所申请的具体事项做出是否予以豁免的决定；取得豁免的，收购人可以完成本次增持行为。收购人有前款第（三）项规定情形，但在其取得上市公司发行的新股前已经拥有该公司控制权的，可以免于按照前款规定提交豁免申请，律师就收购人有关行为发表符合该项规定的专项核查意见并经上市公司信息披露后，收购人凭发行股份的行政许可决定，按照证券登记结算机构的规定办理相关事宜。

第六十三条 有下列情形之一的，当事人可以向中国证监会提出免于发出要约的申请，中国证监会自收到符合规定的申请文件之日起十个工作日内未提出异议的，相关投资者可以向证券交易所和证券登记结算机构申请办理股份转让和过户登记手续；中国证监会不同意其申请的，相关投资者应当按照本办法第六十一条的规定办理：

（一）经政府或者国有资产管理部门批准进行国有资产无偿划转、变更、合并，导致投资者在一个上市公司中拥有权益的股份占该公司已发行股份的比例超过 30%；

（二）因上市公司按照股东大会批准的确定价格向特定股东回购股份而减少股本，导致当事人在该公司中拥有权益的股份超过该公司已发行股份的 30%；

（三）证券公司、银行等金融机构在其经营范围内依法从事承销、贷款等业务导致其持有一个上市公司已发行股份超过 30%，没有实际控制该公司的行为或者意图，并且提出在合理期限内向非关联方转让相关股份的解决方案；

（四）中国证监会为适应证券市场发展变化和保护投资者合法权益的需要而认定的其他情形。

有下列情形之一的，相关投资者可以免于按照前款规定提出豁免申请，直接向证券交易所和证券登记结算机构申请办理股份转让和过户登记手续：

（一）在一个上市公司中拥有权益的股份达到或者超过该公司已发行股份的 30%的，自上述事实发生之日起一年后，每 12 个月内增持不超过该公司已发行的 2%的股份；

（二）在一个上市公司中拥有权益的股份达到或者超过该公司已发行股份的 50%的，继续增加其在该公司拥有的权益不影响该公司的上市地位；

（三）因继承导致在一个上市公司中拥有权益的股份超过该公司已发行股份的 30%。

相关投资者应在前款规定的权益变动行为完成后三日内就股份增持情况做出公告，律师应就相关投资者权益变动行为发表符合规定的专项核查意见并由上市公司予以披露。相关投资者按照前款第（一）项、第（二）项规定采用集中竞价方式增持股份，每累计增持股份比例达到该公司已发行股份的 1%的，应当在事实发生之日通知上市公司，由上市公司在次一交易日发布相关股东增持公司股份的进展公告。相关投资者按照前款第（二）项规定采用集中竞价方式增持股份的，每累计增持股份比例达到上市公司已发行股份的 2%的，在事实发生当日和上市公司发布相关股东增持公司股份进展公告的当日不得再行增持股份。前款第（一）项规定的增持不超过 2%的股份锁定期为增持行为完成之日起六个月。

第六十四条　收购人提出豁免申请的，应当聘请律师事务所等专业机构出具专业意见。

第七章　财务顾问

第六十五条　收购人聘请的财务顾问应当履行以下职责：

（一）对收购人的相关情况进行尽职调查；

（二）应收购人的要求向收购人提供专业化服务，全面评估被收购公司的财务和经营状况，帮助收购人分析收购所涉及的法律、财务、经营风险，就收购方案所涉及的收购价格、收购方式、支付安排等事项提出对策建议，并指导收购人按照规定的内容与格式制作申报文件；

（三）对收购人进行证券市场规范化运作的辅导，使收购人的董事、监事和高级管理人员熟悉有关法律、行政法规和中国证监会的规定，充分了解其应当承担的义务和责任，督促其依法履行报告、公告和其他法定义务；

（四）对收购人是否符合本办法的规定及申报文件内容的真实性、准确性、完整性进行充分核查和验证，对收购事项客观、公正地发表专业意见；

（五）接受收购人委托，向中国证监会报送申报材料，根据中国证监会的审核意见，组织、协调收购人及其他专业机构予以答复；

（六）与收购人签订协议，在收购完成后 12 个月内，持续督导收购人遵守法律、行政法规、中国证监会的规定、证券交易所规则、上市公司章程，依法行使股东权利，切实履行承诺或者相关约定。

第六十六条　收购人聘请的财务顾问就本次收购出具的财务顾问报告，应当对以下事项进行说明和分析，并逐项发表明确意见：

（一）收购人编制的上市公司收购报告书或者要约收购报告书所披露的内容是否真实、准确、完整；

（二）本次收购的目的；

（三）收购人是否提供所有必备证明文件，根据对收购人及其控股股东、实际控制人的实力、从事的主要业务、持续经营状况、财务状况和诚信情况的核查，说明收购人是否具备主体资格，是否具备收购的经济实力，是否具备规范运作上市公司的管理能力，是否需要承担其他附加义务及是否具备履行相关义务的能力，是否存在不良诚信记录；

（四）对收购人进行证券市场规范化运作辅导的情况，其董事、监事和高级管理人员是否已经熟悉有关法律、行政法规和中国证监会的规定，充分了解应承担的义务和责任，督促其依法履行报告、公告和其他法定义务的情况；

（五）收购人的股权控制结构及其控股股东、实际控制人支配收购人的方式；

（六）收购人的收购资金来源及其合法性，是否存在利用本次收购的股份向银行等金融机构质押取得融资的情形；

（七）涉及收购人以证券支付收购价款的，应当说明有关该证券发行人的信息披露是否真实、准确、完整以及该证券交易的便捷性等情况；

（八）收购人是否已经履行了必要的授权和批准程序；

（九）是否已对收购过渡期间保持上市公司稳定经营作出安排，该安排是否符合有关规定；

（十）对收购人提出的后续计划进行分析，收购人所从事的业务与上市公司从事的业务存在同业竞争、关联交易的，对收购人解决与上市公司同业竞争等利益冲突及保持上市公司经营独立性的方案进行分析，说明本次收购对上市公司经营独立性和持续发展可能产生的影响；

（十一）在收购标的上是否设定其他权利，是否在收购价款之外还作出其他补偿安排；

（十二）收购人及其关联方与被收购公司之间是否存在业务往来，收购人与被收购公司的董事、监事、高级管理人员是否就其未来任职安排达成某种协议或者默契；

（十三）上市公司原控股股东、实际控制人及其关联方是否存在未清偿对公司的负债、未解除公司为其负债提供的担保或者损害公司利益的其他情形；存在该等情形的，是否已提出切实可行的解决方案；

（十四）涉及收购人拟提出豁免申请的，应当说明本次收购是否属于可以得到豁免的情形，收购人是否作出承诺及是否具备履行相关承诺的实力。

第六十七条 上市公司董事会或者独立董事聘请的独立财务顾问，不得同时担任收购人的财务顾问或者与收购人的财务顾问存在关联关系。独立财务顾问应当根据委托进行尽职调查，对本次收购的公正性和合法性发表专业意见。独立财务顾问报告应当对以下问题进行说明和分析，发表明确意见：

（一）收购人是否具备主体资格；

（二）收购人的实力及本次收购对被收购公司经营独立性和持续发展可能产生的影响分析；

（三）收购人是否存在利用被收购公司的资产或者由被收购公司为本次收购提供财务资助的情形；

（四）涉及要约收购的，分析被收购公司的财务状况，说明收购价格是否充分反映被收购公司价值，收购要约是否公平、合理，对被收购公司社会公众股股东接受要约提出的建议；

（五）涉及收购人以证券支付收购价款的，还应当根据该证券发行人的资产、业务和盈利预测，对相关证券进行估值分析，就收购条件对被收购公司的社会公众股股东是否公平合理、是否接受收购人提出的收购条件提出专业意见；

（六）涉及管理层收购的，应当对上市公司进行估值分析，就本次收购的定价依据、支付方式、收购资金来源、融资安排、还款计划及其可行性、上市公司内部控制制度的执行情况及其有效性、上述人员及其直系亲属在最近 24 个月内与上市公司业务往来情况以及收购报告书披露的其他内容等进行全面核查，发表明确意见。

第六十八条　财务顾问受托向中国证监会报送申报文件，应当在财务顾问报告中作出以下承诺：

（一）已按照规定履行尽职调查义务，有充分理由确信所发表的专业意见与收购人申报文件的内容不存在实质性差异；

（二）已对收购人申报文件进行核查，确信申报文件的内容与格式符合规定；

（三）有充分理由确信本次收购符合法律、行政法规和中国证监会的规定，有充分理由确信收购人披露的信息真实、准确、完整，不存在虚假记载、误导性陈述和重大遗漏；

（四）就本次收购所出具的专业意见已提交其内核机构审查，并获得通过；

（五）在担任财务顾问期间，已采取严格的保密措施，严格执行内部防火墙制度；

（六）与收购人已订立持续督导协议。

第六十九条　财务顾问在收购过程中和持续督导期间，应当关注被收购公司是否存在为收购人及其关联方提供担保或者借款等损害上市公司利益的情形，发现有违法或者不当行为的，应当及时向中国证监会、派出机构和证券交易所报告。

第七十条　财务顾问为履行职责，可以聘请其他专业机构协助其对收购人进行核查，但应当对收购人提供的资料和披露的信息进行独立判断。

第七十一条　自收购人公告上市公司收购报告书至收购完成后 12 个月内，财务顾问应当通过日常沟通、定期回访等方式，关注上市公司的经营情况，结合被收购公司定期报告和临时公告的披露事宜，对收购人及被收购公司履行持续督导职责：

（一）督促收购人及时办理股权过户手续，并依法履行报告和公告义务；

（二）督促和检查收购人及被收购公司依法规范运作；

（三）督促和检查收购人履行公开承诺的情况；

（四）结合被收购公司定期报告，核查收购人落实后续计划的情况，是否达到预期目标，实施效果是否与此前的披露内容存在较大差异，是否实现相关盈利预测或者管理层预计达到的目标；

（五）涉及管理层收购的，核查被收购公司定期报告中披露的相关还款计划的落实情况与事实是否一致；

（六）督促和检查履行收购中约定的其他义务的情况。

在持续督导期间，财务顾问应当结合上市公司披露的季度报告、半年度报告和年度报告出具持续督导意见，并在前述定期报告披露后的 15 日内向派出机构报告。

在此期间，财务顾问发现收购人在上市公司收购报告书中披露的信息与事实不符的，应当督促收购人如实披露相关信息，并及时向中国证监会、派出机构、证券交易所报告。财务顾问解除委托合同的，应当及时向中国证监会、派出机构作出书面报告，说明无法继续履行持续督导职责的理由，并予公告。

第八章　持续监管

第七十二条　在上市公司收购行为完成后 12 个月内，收购人聘请的财务顾问应当在每季度前三日内就上一季度对上市公司影响较大的投资、购买或者出售资产、关联交易、主营业务调整以及董事、监事、高级管理人员的更换、职工安置、收购人履行承诺等情况向派出机构报告。

收购人注册地与上市公司注册地不同的，还应当将前述情况的报告同时抄报收购人所在地的派出机构。

第七十三条 派出机构根据审慎监管原则，通过与承办上市公司审计业务的会计师事务所谈话、检查财务顾问持续督导责任的落实、定期或者不定期的现场检查等方式，在收购完成后对收购人和上市公司进行监督检查。

派出机构发现实际情况与收购人披露的内容存在重大差异的，对收购人及上市公司予以重点关注，可以责令收购人延长财务顾问的持续督导期，并依法进行查处。

在持续督导期间，财务顾问与收购人解除合同的，收购人应当另行聘请其他财务顾问机构履行持续督导职责。

第七十四条 在上市公司收购中，收购人持有的被收购公司的股份，在收购完成后 12 个月内不得转让。

收购人在被收购公司中拥有权益的股份在同一实际控制人控制的不同主体之间进行转让不受前述 12 个月的限制，但应当遵守本办法第六章的规定。

第九章　监管措施与法律责任

第七十五条 上市公司的收购及相关股份权益变动活动中的信息披露义务人，未按照本办法的规定履行报告、公告以及其他相关义务的，中国证监会责令改正，采取监管谈话、出具警示函、责令暂停或者停止收购等监管措施。在改正前，相关信息披露义务人不得对其持有或者实际支配的股份行使表决权。

第七十六条 上市公司的收购及相关股份权益变动活动中的信息披露义务人在报告、公告等文件中有虚假记载、误导性陈述或者重大遗漏的，中国证监会责令改正，采取监管谈话、出具警示函、责令暂停或者停止收购等监管措施。在改正前，收购人对其持有或者实际支配的股份不得行使表决权。

第七十七条 投资者及其一致行动人取得上市公司控制权而未按照本办法的规定聘请财务顾问，规避法定程序和义务，变相进行上市公司的收购，或者外国投资者规避管辖的，中国证监会责令改正，采取出具警示函、责令暂停或者停止收购等监管措施。在改正前，收购人不得对其持有或者实际支配的股份行使表决权。

第七十八条 发出收购要约的收购人在收购要约期限届满，不按照约定支付收购价款或者购买预受股份的，自该事实发生之日起 3 年内不得收购上市公司，中国证监会不受理收购人及其关联方提交的申报文件；涉嫌虚假信息披露、操纵证券市场的，中国证监会对收购人进行立案稽查，依法追究其法律责任。

前款规定的收购人聘请的财务顾问没有充分证据表明其勤勉尽责的，中国证监会依法追究法律责任。

第七十九条 上市公司控股股东和实际控制人在转让其对公司的控制权时，未清偿其对公司的负债，未解除公司为其提供的担保，或者未对其损害公司利益的其他情形作出纠正的，中国证监会责令改正、责令暂停或者停止收购活动。

被收购公司董事会未能依法采取有效措施促使公司控股股东、实际控制人予以纠正，或者在收购完成后未能促使收购人履行承诺、安排或者保证的，中国证监会可以认定相关董事为不适当人选。

第八十条 上市公司董事未履行忠实义务和勤勉义务，利用收购谋取不当利益的，中国证监会采取监管谈话、出具警示函等监管措施，可以认定为不适当人选。

上市公司章程中涉及公司控制权的条款违反法律、行政法规和本办法规定的，中国证监会责令改正。

第八十一条 为上市公司收购出具资产评估报告、审计报告、法律意见书和财务顾问报告的证券服务机构或者证券公司及其专业人员，未依法履行职责的，中国证监会责令改正，采取监管谈话、出具警示函等监管措施。

第八十二条 中国证监会将上市公司的收购及相关股份权益变动活动中的当事人的违法行为和整改情况记入诚信档案。

违反本办法的规定构成证券违法行为的，依法追究法律责任。

第十章 附 则

第八十三条 本办法所称一致行动，是指投资者通过协议、其他安排，与其他投资者共同扩大其所能够支配的一个上市公司股份表决权数量的行为或者事实。

在上市公司的收购及相关股份权益变动活动中有一致行动情形的投资者，互为一致行动人。如无相反证据，投资者有下列情形之一的，为一致行动人：

（一）投资者之间有股权控制关系；

（二）投资者受同一主体控制；

（三）投资者的董事、监事或者高级管理人员中的主要成员，同时在另一个投资者担任董事、监事或者高级管理人员；

（四）投资者参股另一投资者，可以对参股公司的重大决策产生重大影响；

（五）银行以外的其他法人、其他组织和自然人为投资者取得相关股份提供融资安排；

（六）投资者之间存在合伙、合作、联营等其他经济利益关系；

（七）持有投资者 30%以上股份的自然人，与投资者持有同一上市公司股份；

（八）在投资者任职的董事、监事及高级管理人员，与投资者持有同一上市公司股份；

（九）持有投资者 30%以上股份的自然人和在投资者任职的董事、监事及高级管理人员，其父母、配偶、子女及其配偶、配偶的父母、兄弟姐妹及其配偶、配偶的兄弟姐妹及其配偶等亲属，与投资者持有同一上市公司股份；

（十）在上市公司任职的董事、监事、高级管理人员及其前项所述亲属同时持有本公司股份的，或者与其自己或者其前项所述亲属直接或者间接控制的企业同时持有本公司股份；

（十一）上市公司董事、监事、高级管理人员和员工与其所控制或者委托的法人或者其他组织持有本公司股份；

（十二）投资者之间具有其他关联关系。

一致行动人应当合并计算其所持有的股份。投资者计算其所持有的股份，应当包括登记在其名下的股份，也包括登记在其一致行动人名下的股份。

投资者认为其与他人不应被视为一致行动人的，可以向中国证监会提供相反证据。

第八十四条 有下列情形之一的，为拥有上市公司控制权：

（一）投资者为上市公司持股 50%以上的控股股东；

（二）投资者可以实际支配上市公司股份表决权超过 30%；

（三）投资者通过实际支配上市公司股份表决权能够决定公司董事会半数以上成员选任；

（四）投资者依其可实际支配的上市公司股份表决权足以对公司股东大会的决议产生重大影响；

（五）中国证监会认定的其他情形。

第八十五条 信息披露义务人涉及计算其持股比例的，应当将其所持有的上市公司已发行的可转换为公司股票的证券中有权转换部分与其所持有的同一上市公司的股份合并计算，并将其持股比例与合并计算非股权类证券转为股份后的比例相比，以两者中的较高者为准；行权期限届满未行权的，或者行权条件不再具备的，无须合并计算。

前款所述两者中的较高者，应当按下列公式计算：

（一）投资者持有的股份数量/上市公司已发行股份总数

（二）（投资者持有的股份数量+投资者持有的可转换为公司股票的非股权类证券所对应的股份数量）/（上市公司已发行股份总数+上市公司发行的可转换为公司股票的非股权类证券所对应的股份总数）

第八十六条 投资者因行政划转、执行法院裁决、继承、赠与等方式取得上市公司控制权的，应当按照本办法第四章的规定履行报告、公告义务。

第八十七条 权益变动报告书、收购报告书、要约收购报告书、被收购公司董事会报告书、要约收购豁免申请文件等文件的内容与格式，由中国证监会另行制定。

第八十八条 被收购公司在境内、境外同时上市的，收购人除应当遵守本办法及中国证监会的相关规定外，还应当遵守境外上市地的相关规定。

第八十九条 外国投资者收购上市公司及在上市公司中拥有的权益发生变动的，除应当遵守本办法的规定外，还应当遵守外国投资者投资上市公司的相关规定。

第九十条 本办法自 2006 年 9 月 1 日起施行。中国证监会发布的《上市公司收购管理办法》（证监会令第 10 号）、《上市公司股东持股变动信息披露管理办法》（证监会令第 11 号）、《关于要约收购涉及的被收购公司股票上市交易条件有关问题的通知》（证监公司字〔2003〕16 号）和《关于规范上市公司实际控制权转移行为有关问题的通知》（证监公司字〔2004〕1 号）同时废止。

期货公司资产管理业务试点办法

（中国证券监督管理委员会于 2012 年 7 月 31 日颁布并于 2012 年 9 月 1 日开始实施）

第一章　总　则

第一条　为有序开展期货公司资产管理业务（以下简称资产管理业务）试点工作，规范试点期间资产管理业务活动，保护投资者合法权益，根据《期货交易管理条例》相关规定，制定本办法。

第二条　资产管理业务是指期货公司接受单一客户或者特定多个客户的书面委托，根据本办法规定和合同约定，运用客户委托资产进行投资，并按照合同约定收取费用或者报酬的业务活动。

第三条　期货公司从事资产管理业务，应当遵循公平、公正、诚信、规范的原则，恪守职责、谨慎勤勉，保护客户合法权益，公平对待所有客户，防范利益冲突，禁止各种形式的利益输送，维护期货市场的正常秩序。

客户应当独立承担投资风险，不得损害国家利益、社会公共利益和他人合法权益。

第四条　中国证监会及其派出机构依法对资产管理业务实施监督管理。

第五条　中国期货业协会（以下简称中期协）根据自身职责依法对资产管理业务及有关高级管理人员、业务人员实施自律管理。

期货交易所根据自身职责依法对资产管理业务实施自律管理。

中国期货保证金监控中心公司（以下简称监控中心）依法对资产管理业务实施监测监控。

第二章　业务试点资格

第六条　期货公司具备下列条件的，可以申请资产管理业务试点资格：

（一）净资本不低于人民币五亿元；

（二）申请日前六个月的风险监管指标持续符合监管要求；

（三）最近两次期货公司分类监管评级均不低于 B 类 B 级；

（四）近三年未因违法违规经营受到行政、刑事处罚，且不存在因涉嫌违法违规经营正在被有权机关调查的情形；

（五）近一年不存在被监管机构采取《期货交易管理条例》第五十九条第二款、第六十条规定的监管措施的情形；

（六）具有可行的资产管理业务实施方案；

（七）具有五年以上期货、证券或者基金从业经历，并取得期货投资咨询业务从业资格或者证券投资咨询、证券投资基金等证券从业资格的高级管理人员不少于一人；具有三年以上期货从业经历或者三年以上证券、基金等投资管理经历，并取得期货投资咨询业务从业资格的业务人员不得少于五人；前述高级管理人员和业务人员最近三年无不良诚信记录，未受到行政、刑事处罚，且不存在因涉嫌违法违规正在被有权机关调查的情形；

（八）具有独立的经营场地和满足业务发展需要的设施；

（九）具有完备的资产管理业务管理制度；

（十）中国证监会根据审慎监管原则规定的其他条件。

第七条　期货公司申请资产管理业务试点资格，应当提交以下材料：

（一）资产管理业务试点申请书；

（二）资产管理业务实施方案，其内容应当包括目标市场和目标客户的定位、主要投资策略、业务发展规划、防范利益冲突的制度安排等；

（三）股东会关于期货公司申请从事资产管理业务试点资格的决议文件；

（四）加盖公司公章的《企业法人营业执照》复印件、《经营期货业务许可证》复印件；

（五）申请日前六个月的期货公司风险监管报表；

（六）最近三年的期货公司合规经营情况说明；

（七）资产管理业务管理制度文本，其内容应当包括业务管理、人员管理、业务操作、风险控制、交易监控、防范利益冲突、合规检查等；

（八）拟从事资产管理业务的高级管理人员和业务人员的名单、简历、相关任职资格和从业资格证明，以及公司出具的诚信合规证明材料；

（九）有关经营场地和设施的情况说明；

（十）经具有证券、期货相关业务资格的会计师事务所审计的前一年度财务报告；申请日在下半年的，还应当提供经审计的半年度财务报告；

（十一）律师事务所就期货公司是否符合本办法第六条第（四）项、第（七）项规定的条件，以及股东会决议是否合法所出具的法律意见书；

（十二）中国证监会规定的其他材料。

第八条　中国证监会自受理期货公司资产管理业务试点资格申请之日起两个月内，作出批准或者不予批准的决定。

未取得资产管理业务试点资格的期货公司，不得从事资产管理业务。

第三章　业务规范

第九条　资产管理业务的客户应当具有较强资金实力和风险承受能力。单一客户的起始委托资产不得低于 100 万元人民币。期货公司可以提高起始委托资产要求。

第十条　期货公司董事、监事、高级管理人员、从业人员及其配偶不得作为本公司资产管理业务的客户。

期货公司股东、实际控制人及其关联人以及期货公司董事、监事、高级管理人员、从业人员的父母、子女成为本公司资产管理业务客户的，应当自签订资产管理合同之日起五个工作日内，向住所地中国证监会派出机构备案，并在本公司网站上披露其关联关系或者亲属关系。

第十一条　期货公司应当与客户签订书面资产管理合同，按照合同约定对客户提供资产管理服务，承担资产管理受托责任。

期货公司应当勤勉、专业、合规地为客户制定和执行资产管理投资策略，按照合同约定管理委托资产，控制投资风险。

第十二条 资产管理业务的投资范围包括：

（一）期货、期权及其他金融衍生品；

（二）股票、债券、证券投资基金、集合资产管理计划、央行票据、短期融资券、资产支持证券等；

（三）中国证监会认可的其他投资品种。

资产管理业务的投资范围应当遵守合同约定，不得超出前款规定的范围，且应当与客户的风险认知与承受能力相匹配。

第十三条 期货公司应当保持客户委托资产与期货公司自有资产相互独立，对不同客户的委托资产独立建账、独立核算、分账管理。

资产管理业务投资期货类品种的，期货公司与客户应当按照期货保证金安全存管有关规定管理和存取委托资产。

期货公司与第三方发生债务纠纷、期货公司破产或者清算时，客户委托资产不得用于清偿期货公司债务，且不属于其破产财产或者清算财产。

第十四条 期货公司不得通过电视、报刊、广播等公开媒体向公众推广、宣传资产管理业务或者招揽客户。

期货公司不得公开宣传资产管理业务的预期收益，不得以夸大资产管理业绩等方式欺诈客户。

第十五条 客户应当以真实身份委托期货公司进行资产管理，委托资产的来源及用途应当符合法律法规规定，不得违反规定向公众集资。

客户应当对委托资产来源及用途的合法性进行书面承诺。

第十六条 期货公司应当向客户充分揭示资产管理业务的风险，说明和解释有关资产管理投资策略和合同条款，并将风险揭示书交客户当面签字或者盖章确认。

第十七条 客户应当对市场及产品风险具有适当的认识，主动了解资产管理投资策略的风险收益特征，结合自身风险承受能力进行自我评估。

期货公司应当对客户适当性进行审慎评估。

第十八条 资产管理合同应当明确约定，由客户自行独立承担投资风险。

期货公司不得向客户承诺或者担保委托资产的最低收益或者分担损失。

期货公司使用的客户承诺书、风险揭示书、资产管理合同文本应当包括中期协制定的合同必备条款，并及时报住所地中国证监会派出机构备案。

第十九条 资产管理业务投资期货类品种的，期货公司应当按照期货市场开户管理规定为客户开立或者撤销所管理的账户（以下简称期货资产管理账户），申请或者注销交易编码，对期货资产管理账户及其交易编码进行单独标识、单独管理。

资产管理业务投资非期货类品种的，期货公司应当遵守相关市场的开户规定，开立或者撤销用于资产管理的联名账户及其他账户。期货公司应当自开立账户之日起五个工作日内向监控中心备案。

开户备案前，期货公司不得开展资产管理交易活动。

第二十条 期货公司应当在资产管理合同中与客户明确约定委托期限、追加或者提取委托资产的方式和时间等。

第二十一条 期货公司应当每日向监控中心投资者查询系统提供客户委托资产的盈亏、净值信息。

期货公司和监控中心应当保障客户能够及时查询委托资产的盈亏、净值信息。

第二十二条 期货公司可以与客户约定收取一定比例的管理费，并可以约定基于资产管理业绩收取相应的报酬。

第二十三条　期货公司应当与客户明确约定风险提示机制，期货公司要根据委托资产的亏损情况及时向客户提示风险。

期货公司应当与客户明确约定，委托期间委托资产亏损达到起始委托资产一定比例时，期货公司应当按照合同约定的方式和时间及时告知客户，客户有权提前终止资产管理委托。

第二十四条　期货公司从事资产管理业务，发生变更投资经理等可能影响客户权益的重大事项时，期货公司应当按照合同约定的方式和时间及时告知客户，客户有权提前终止资产管理委托。

第二十五条　当客户委托资产发生权属变更等重大情形，可能影响资产管理业务正常进行的，期货公司有权按照合同约定提前终止资产管理委托。

第二十六条　期货公司应当与客户在资产管理合同中明确约定资产管理委托终止的具体事由、后续事宜处理、责任承担等相关事项。

资产管理委托终止的，期货公司应当按照合同约定办理下列手续：

（一）及时结清相关费用，将剩余委托资产返还给客户；

（二）及时撤销期货资产管理账户；

（三）及时撤销非期货类投资账户。

第四章　业务管理和风险控制制度

第二十七条　期货公司应当建立健全并有效执行资产管理业务管理制度，加强对资产管理业务的交易监控，防范业务风险，确保公平交易。

第二十八条　期货公司应当对资产管理业务进行集中管理，其人员、业务、场地应当与其他业务部门相互独立，并建立业务隔离墙制度。

第二十九条　期货公司应当有效执行资产管理业务人员管理和业务操作制度，采取有效措施强化内部监督制约和奖惩机制，强化投资经理及相关资产管理人员的职业操守，防范利益冲突和道德风险。

第三十条　资产管理业务投资经理、交易执行、风险控制等岗位必须相互独立，并配备专职业务人员，不得相互兼任。

期货公司应当将资产管理业务投资经理、交易执行和风险控制等岗位的业务人员及其变动情况，自人员到岗或者变动之日起五个工作日内向住所地中国证监会派出机构备案。

第三十一条　期货公司应当有效执行资产管理业务风险控制制度，对期货资产管理账户日常交易情况和非期货类投资账户进行风险识别、监测，及时执行风险控制措施。

第三十二条　期货公司应当有效执行资产管理业务交易监控制度，对期货资产管理账户之间、期货资产管理账户与期货经纪业务客户账户之间、非期货类投资账户之间进行的可疑交易或者不公平交易行为进行监控，对资产管理投资策略及其执行情况、持仓头寸及其比例进行监控，并于月度结束后五个工作日内向住所地中国证监会派出机构及监控中心报告。

第三十三条　期货公司及其资产管理人员不得以获取佣金、转移收益或者亏损等为目的，在同一或者不同账户之间进行不公平交易，损害客户合法权益。

第三十四条　期货公司应当对不同期货资产管理账户之间、期货资产管理账户与期货经纪业务客户账户之间、非期货类投资账户之间同日同向交易、临近交易日的同向交易和反向交易的交易时机和交易价差进行监控和分析，防止不公平交易和利益输送行为。

期货公司应当严格禁止不同期货资产管理账户之间、期货资产管理账户与期货经纪业务客户账户之间、非期货类投资账户之间可能导致不公平交易和利益输送的同日反向交易。

第三十五条　发生以下情形之一的，期货公司资产管理部门应当立即向公司总经理和首席风险官报告：

（一）资产管理业务被交易所调查或者采取风险控制措施，或者被有权机关调查；

（二）客户提前终止资产管理委托；

（三）其他可能影响资产管理业务开展和客户权益的情形。

第三十六条　期货公司首席风险官负责监督资产管理业务有关制度的制定和执行，对资产管理业务的合规性定期检查，并依法履行督促整改和报告义务。

期货公司首席风险官向住所地中国证监会派出机构报送的季度报告、年度报告中应当包括本公司资产管理业务的合规及其检查情况。

第三十七条　期货公司应当按照本办法和期货公司信息公示有关要求，在中期协网站上对资产管理业务试点资格、从业人员、主要投资策略、投资方向及其风险特征等基本情况进行公示。

第五章　账户监测监控

第三十八条　期货公司应当按照期货保证金安全存管规定向监控中心报送期货资产管理账户的数据信息。

期货公司应当每日向监控中心报送非期货类投资账户的盈亏、净值等数据信息。

第三十九条　期货公司期货资产管理账户应当遵守期货交易所风险控制管理规定等相关要求。

第四十条　期货交易所应当对期货公司的期货资产管理账户及其交易编码进行重点监控，发现期货资产管理账户违法违规交易的，应当按照职责及时处置并报告中国证监会。

第四十一条　监控中心应当对期货公司的期货资产管理账户及其交易编码进行重点监测监控，发现期货资产管理账户重大异常情况的，应当按照职责及时报告中国证监会及其派出机构。

第四十二条　中国证监会派出机构发现资产管理业务存在违法违规或者重大异常情况的，应当对期货公司进行核查或者采取相应监管措施，有关核查结果和监管措施应当及时报告中国证监会。

第六章　监督管理和法律责任

第四十三条　期货公司从事资产管理业务，其净资本应当持续符合中国证监会有关期货公司风险监管指标的规定和要求。

第四十四条　期货公司应当按照规定的内容与格式要求，于月度结束后七个工作日内向中国证监会及其派出机构报送资产管理业务月度报告。

期货公司应当于年度结束后三个月内向中国证监会及其派出机构提交上一年度资产管理业务年度报告。

本条第一款、第二款规定的定期报告应当由期货公司的资产管理业务负责人、首席风险官和总经理签字。

第四十五条　期货公司应当按照《期货公司管理办法》规定的年限和要求，妥善保存有关资产管理业务的实施方案、投资策略、客户承诺书、风险揭示书、合同、财务、交易记录、监控记录等业务材料和信息。

第四十六条　资产管理业务提前终止、被交易所调查或者采取风险控制措施，或者被有权机关调查的，期货公司应当立即报告中国证监会及其派出机构。

第四十七条　中国证监会及其派出机构可以对期货公司资产管理业务进行定期或者不定期检查。

第四十八条　期货公司及其业务人员开展资产管理业务不符合本办法规定，涉嫌违法违规或者存在风险隐患的，中国证监会及其派出机构应当依法责令其限期整改，同时可以采取监管谈话、责令更换有关责任人员等监管措施并记入诚信档案。

第四十九条　期货公司限期未能完成整改或者发生下列情形之一的，中国证监会可以暂停其开展新的资产管理业务：

（一）风险监管指标不符合规定；

（二）高级管理人员和业务人员不符合规定要求；

（三）超出本办法规定或者合同约定的投资范围从事资产管理业务；

（四）其他影响资产管理业务正常开展的情形。

前款规定情形消除并经检查验收后，期货公司可以继续开展新的资产管理业务。

第五十条　期货公司或者其业务人员开展资产管理业务有下列情形之一，情节严重的，中国证监会可以撤销其资产管理业务试点资格，并依照《期货交易管理条例》第七十条、第七十一条等有关规定作出行政处罚；涉嫌犯罪的，依法移送司法机关：

（一）在公开媒体上向公众推广、宣传资产管理业务或者招揽客户；

（二）以夸大资产管理业绩等方式欺诈客户；

（三）接受单一客户的起始委托资产低于本办法规定的最低限额；

（四）明知客户资金来自违规集资，仍接受其委托开展资产管理业务；

（五）接受未对资产来源及用途的合法性进行书面承诺的客户的委托开展资产管理业务；

（六）向客户承诺或者担保委托资产的最低收益或者分担损失；

（七）以获取佣金、转移收益或者亏损等为目的，在同一或者不同账户之间进行不公平交易；

（八）占用、挪用客户委托资产；

（九）以自有资产或者假借他人名义违规参与期货公司资产管理业务；

（十）报送或者提供虚假账户信息；

（十一）其他违反本办法规定的行为。

第七章　附　则

第五十一条　本办法第二条所称期货公司接受特定多个客户的委托从事资产管理业务的具体规定，由中国证监会另行制定。

第五十二条　期货公司开展资产管理业务，投资于本办法第十二条第一款第（二）项规定的非期货类品种的，应当遵守相应法律法规规定及有关监管要求。

第五十三条　本办法自 2012 年 9 月 1 日起施行。

证券期货市场统计管理办法

（中国证券监督管理委员会于2009年1月8日颁布，
并于2009年3月1日开始实施）

第一章　总　则

第一条　为了规范证券期货市场统计行为，发挥统计在反映证券期货市场基础信息和动态状况、加强证券期货市场监管中的作用，根据《中华人民共和国统计法》、《中华人民共和国证券法》、《中华人民共和国证券投资基金法》、《期货交易管理条例》、《证券公司监督管理条例》和《中华人民共和国统计法实施细则》等法律、行政法规，制定本办法。

第二条　证券期货市场统计的基本任务是对证券期货市场发展情况进行统计调查、统计分析，提供证券期货市场统计资料和统计咨询意见，实行统计监督。

第三条　证券期货市场统计调查对象（以下简称统计调查对象）应当如实提供证券期货统计资料，不得虚报、瞒报、拒报、迟报，不得伪造、篡改。

本办法所称的统计调查对象，包括证券公司、证券投资基金管理公司、期货公司及其分支机构，基金托管银行、基金销售机构、合格境外机构投资者托管银行，从事证券期货服务业务的投资咨询机构、财务顾问机构、资信评级机构、资产评估机构、会计师事务所、律师事务所，上市公司、非上市公众公司，证券期货交易所、证券登记结算机构、证券业协会、期货业协会、证券投资者保护基金公司、期货保证金监控中心等市场主体。

第四条　中国证券监督管理委员会（以下简称中国证监会）建立集中统一领导，分业务、分级负责的统计管理体制。

中国证监会负责全国证券期货市场（以下简称证券期货市场）的统计工作，中国证监会派出机构负责辖区内的证券期货统计工作。

第五条　中国证监会制定证券期货市场统计标准，发布证券期货市场统计资料或者可能影响证券期货市场稳定运行的其他统计资料。

第六条　统计资料的管理、使用和公布，应当遵守国家档案管理制度、保密制度和证券期货监督管理信息公开制度、证券期货市场诚信档案管理制度，保守统计调查对象的商业秘密，维护证券期货市场公开、公平、公正的原则。

第二章　统计机构和统计人员

第七条　中国证监会统计部门履行以下职责：

（一）组织证券期货市场统计调查工作，搜集、整理证券期货统计资料，管理、公布、汇编、对外提供证券期货市场统计资料；

（二）对证券期货市场运行、发展、风险等情况进行统计分析，编制证券期货市场统计报表，出具统计报告，提出有关的政策建议；

（三）建立健全证券期货统计制度，制定证券期货市场统计标准，完善证券期货统计指标体系，对统计法律、行政法规、本办法及中国证监会制定的统计制度的执行情况进行指导和检查监督，对中国证监会派出机构、统计调查对象的统计工作进行考核评估；

（四）建设并管理证券期货统计信息自动化系统和统计数据库体系；

（五）负责办理与会外单位之间的统计协调工作；

（六）办理中国证监会派出机构统计调查项目和证券期货市场统计调查项目补充内容的备案；

（七）组织开展证券期货市场统计人员的业务培训。

第八条　中国证监会履行监管职责的其他部门（以下简称中国证监会其他部门）对其职责范围内的统计调查对象进行统计调查，搜集、整理证券期货统计资料。

中国证监会其他部门应当配合中国证监会统计部门的工作。

第九条　中国证监会统计部门建立证券期货市场统计工作联席会议机制，其成员单位包括中国证监会统计部门、中国证监会其他部门、证券期货交易所、证券登记结算机构等。

除中国证监会统计部门之外的其他成员单位按照约定的格式与内容，定期或者不定期地向中国证监会统计部门报送本单位搜集、整理、管理的证券期货统计资料。证券期货市场统计工作联席会议机制确保成员之间实现信息互联共享，并承担以下职能：

（一）分析评价证券期货统计标准，提出补充、修改的建议；

（二）研究统计工作中遇到的新问题、新情况，加强各单位间的协调、配合；

（三）讨论其他与证券期货统计工作有关的重大事项。

第十条　中国证监会派出机构应当指定或者设立专门处室履行统计职责，其统计职责包括：

（一）配合中国证监会统计部门完成证券期货市场统计调查任务，搜集、整理、提供辖区内证券期货统计资料；

（二）组织辖区内的证券期货统计调查工作，搜集、整理、管理、公布、对外提供证券期货统计资料；

（三）对辖区内证券期货发展情况进行统计分析，出具统计报告，提出有关政策建议；

（四）对辖区内统计调查对象执行统计法律、行政法规、本办法及中国证监会制定统计制度的情况进行检查监督。

第十一条　统计调查对象应当设立统计部门或者指定部门、人员负责统计工作。

第十二条　中国证监会其他部门、派出机构配置专职的统计人员。统计调查对象应当配备专职或者兼职的统计人员。

统计人员应当具备良好的职业道德，具备必要的证券期货市场基础知识、统计专业基础知识和必备的计算机操作技能。

第十三条　统计人员应当依法如实搜集、报送统计资料。

统计人员应当对其负责搜集、审核、录入的统计资料和调查对象报送的统计资料的真实性负责，不得伪造、篡改统计资料，不得以任何方式要求统计调查对象提供不真实的统计资料。

第十四条　统计人员依法履行统计职责，不受任何单位和个人非法干预。

第十五条　中国证监会统计部门组织对统计人员的专业培训，加强职业道德教育，提高统计工作水平。

第三章　统计调查和统计分析

第十六条　中国证监会统计部门负责制定证券期货市场统计调查项目。中国证监会派出机构在执行前述统计调查项目时，可以根据本辖区的实际情况和监管工作需要，对统计调查内容作出补充，并报中国证监会统计部门备案。

中国证监会派出机构负责制定辖区内证券期货统计调查项目，并报中国证监会统计部门备案。

第十七条　中国证监会统计部门制定证券期货市场统计标准，以保障统计调查中采用的指标含义、计算方法、分类目录、调查表式等方面的标准化。

中国证监会其他部门、中国证监会派出机构开展统计调查的，应当适用中国证监会统计部门制定的统计标准。

第十八条　中国证监会及其派出机构在组织统计调查时，应当对统计调查内容、调查对象、统计资料的报送时间、格式及方式等内容作出明确规定。

中国证监会及其派出机构可以采用公文、传真、电话、电子邮件以及网络等统计调查方式。涉及保密内容的统计调查，应当遵循保密管理的相关规定。

第十九条　统计调查对象应当在规定时限内，按照规定的统计调查内容与格式，向中国证监会及其派出机构报送统计资料。统计资料还应当符合中国证监会统计部门制定的统计标准。

第二十条　统计调查对象应当做好基层统计报表的收集、审核和汇总工作，保证统计资料的真实、准确和完整。

统计调查对象应当向中国证监会及其派出机构报送经单位负责人审核、签署的统计数据，并在填报说明中，对基层数据的上报情况及本期数据的异常变动等情况作出说明。

第二十一条　统计调查对象发现报送的统计资料有误的，应当立即报告中国证监会及其派出机构，组织本单位的统计部门或者人员予以核实订正后，及时向中国证监会及其派出机构作出书面更正与说明。必要时，还应当依法及时公开披露。

第二十二条　统计调查应当以定期调查为基础，以抽样调查为补充，综合运用全面调查、重点调查、行政业务记录等方法，搜集、整理证券期货基本统计资料。

第二十三条　中国证监会统计部门应当定期分析、研究证券期货市场和宏观经济发展情况，并就其对证券期货业发展的影响等情况进行调查研究。

中国证监会统计部门可以根据证券期货监管工作的需要，对一些市场高度关注、关系证券期货市场发展大局的情况进行分析、研究。

第二十四条　地方各级人民政府或者国务院其他部门派出机构组织证券期货统计调查的，统计调查对象应当及时向中国证监会派出机构报告。

中国证监会派出机构应当及时了解统计调查内容及其进展情况；必要时，应当及时就统计资料的一致性等问题，与地方各级人民政府或者国务院其他部门派出机构协商。

统计调查属于证券期货市场统计调查一部分的，中国证监会派出机构应当及时报告中国证监会统计部门。中国证监会统计部门应当及时就统计资料的一致性等问题，与国务院其他部门协商。

第四章　统计资料管理和公布

第二十五条　中国证监会统计部门统一管理证券期货市场统计资料。

中国证监会其他部门、派出机构负责本部门或者单位统计资料的管理工作。

统计调查对象应当按照法律、行政法规的要求，加强统计资料的管理工作。

统计资料档案的保管、调用和移交，应当遵守国家有关档案管理的规定。

第二十六条 中国证监会及其派出机构应当建立健全统计资料的审核、整理、交接和存档等管理制度。

中国证监会统计部门应当建设统一的证券期货统计信息自动化系统，实现与中国证监会其他部门、中国证监会派出机构、证券期货交易所、证券登记结算机构等单位统计资料电子化管理系统、证券期货市场诚信档案系统的对接。

第二十七条 中国证监会及其派出机构应当建立健全统计资料提供和公布制度。

证券期货市场统计资料或者可能影响证券期货市场稳定运行的统计资料应当由中国证监会统计部门对外提供或者公布。

中国证监会派出机构可以对外提供或者公布本辖区证券期货统计资料。

第二十八条 统计调查对象或者其他单位公布统计资料应当遵守法律、行政法规和中国证监会的规定，不得编造、伪造统计资料，扰乱证券期货市场秩序。

第五章 监督管理与法律责任

第二十九条 中国证监会统计部门、中国证监会派出机构可以对统计调查对象的以下情况，实施定期或者不定期检查：

（一）统计部门或者指定负责统计工作的部门、人员的配置情况；

（二）统计工作的独立性；

（三）基层统计报表的收集、审核和汇总工作及其真实、准确、完整程度；

（四）有关统计法律、行政法规、中国证监会规定的其他要求的执行情况。

第三十条 检查分为现场检查与非现场检查。

现场检查时，检查人员不得少于两人，并应当出示合法证件和检查通知书。检查人员有权采取下列措施：

（一）询问统计调查对象的有关人员，要求其对检查事项作出说明；

（二）查阅、复制统计调查对象与检查事项有关的文件、资料、凭证等；

（三）要求统计调查对象及其有关人员提交与检查事项有关的自查报告。

非现场检查时，中国证监会统计部门、中国证监会派出机构可以要求统计调查对象提供备查资料及其说明或者自查报告。

第三十一条 统计调查对象应当配合中国证监会统计部门、中国证监会派出机构的检查工作。任何单位、个人不得干扰和妨碍检查工作。

第三十二条 对于违反本办法规定的统计调查对象，中国证监会可以对其采取以下监督管理措施：

（一）责令改正；

（二）监管谈话；

（三）出具警示函；

（四）责令参加培训。

第三十三条 统计调查对象有下列行为之一的，中国证监会可以给予警告，单处或者并处罚款：

（一）虚报、瞒报、漏报统计资料；

（二）伪造、篡改统计资料；

（三）拒报或者无故迟报统计资料；

（四）拒绝或者妨碍统计检查。

对前款行为负有直接责任的管理人员和其他直接责任人员，中国证监会可以给予警告，单处或者并处罚款。

第三十四条 统计调查对象或者其他单位违反本办法第二十八条规定，作出虚假陈述或者信息误导，扰乱证券期货市场的，中国证监会按照《证券法》第二百零七条、《期货交易管理条例》第七十一条的规定予以处罚。

第三十五条 统计调查对象报送的监管信息包含统计资料，其报送或者信息披露行为违反法律、行政法规、中国证监会规定的，按照相关规定处理。

第三十六条 中国证监会统计部门、中国证监会其他部门和中国证监会派出机构的工作人员违反国家有关保密规定，擅自公开证券期货统计资料的，中国证监会依照有关规定给予行政处分。

第六章 附 则

第三十七条 证券期货交易所、证券期货业协会、证券登记结算机构等自律组织组织统计调查的，应当适用中国证监会统计部门规定的统一的统计标准。

前款所称的自律组织可以制定本单位统计工作制度，并报中国证监会统计部门备案。

第三十八条 本办法自 2009 年 3 月 1 日起施行。

中国证券监督管理委员会限制证券买卖实施办法

（于2007年4月30日中国证券监督管理委员会第204次主席办公会议审议通过，自公布之日起施行）

第一条 为维护证券市场正常秩序，保护投资者合法权益，有效打击证券违法行为，依据《中华人民共和国证券法》第一百八十条第七项，制订本办法。

第二条 限制证券买卖是指中国证券监督管理委员会（以下简称中国证监会）在调查操纵证券市场、内幕交易等重大证券违法行为时，对被调查事件当事人受限账户的证券买卖行为采取的限制措施。

限制证券买卖措施由中国证监会调查部门（以下简称调查部门）具体实施。

第三条 受限账户包括被调查事件当事人及其实际控制的资金账户、证券账户和与当事人有关的其他账户。

与当事人有关的其他账户包括：

（一）有资金往来的；

（二）资金存取人为相同人员或机构的；

（三）交易代理人为相同人员或机构的；

（四）有转托管或交叉指定关系的；

（五）有抵押关系的；

（六）受同一监管协议控制的；

（七）下挂同一个或多个股东账户的；

（八）属同一控制人控制的；

（九）调查部门通过调查认定的其他情况。

第四条 限制证券买卖措施包括：

（一）不得买入指定交易品种，但允许卖出；

（二）不得卖出指定交易品种，但允许买入；

（三）不得买入和卖出指定交易品种；

（四）不得办理转托管或撤销指定交易；

（五）调查部门认为应采取的其他限制措施。

第五条 调查部门限制证券买卖的时间不得超过15个交易日。案情复杂的，经批准可延长15个交易日。

第六条 调查部门实施本措施，应当制作《限制/解除限制证券买卖申请书》，经法律部门审核，报中国证监会主要负责人批准。

第七条　《限制/解除限制证券买卖申请书》应当载明以下事项：

（一）案由；

（二）受限账户的基本情况；

（三）采取限制/解除限制措施的原因；

（四）采取限制/解除限制措施的法律依据；

（五）限制措施的主要内容，包括受限账户名称、代码、限制品种、限制方式和限制期限。

同时，应当附带下列材料：

（一）证明调查部门正在对被调查事件当事人的证券违法行为进行调查的材料；

（二）证明受限账户基本情况的材料；

（三）证明受限账户符合本办法第三条规定的材料；

（四）调查部门认为受限账户符合采取限制/解除限制措施的原因的证据。

《限制/解除限制证券买卖申请书》应当经调查部门主要负责人签字批准、加盖公章。

第八条　实施限制证券买卖措施，调查部门应当向证券交易所、证券登记结算公司、证券经营机构等协助实施限制证券买卖的机构发出《限制/解除限制证券买卖通知书》。

第九条　《限制/解除限制证券买卖通知书》应当载明以下事项：

（一）实施依据；

（二）受限账户；

（三）限制方式；

（四）限制品种；

（五）限制期限；

（六）协助执行单位。

第十条　协助实施限制证券买卖的机构应当按要求及时、有效地执行限制措施。限制期满，应及时解除。

第十一条　调查部门应将实施限制证券买卖措施的情况通知当事人或托管受限账户的证券经营机构。

当事人有权申请复议。复议期间，限制证券买卖措施不停止执行。

第十二条　限制期限届满前，需解除限制证券买卖措施的，经中国证监会主要负责人批准，可予以解除。

第十三条　根据需要，有关部门可对限制证券买卖情况予以公告。

第十四条　协助实施限制证券买卖的机构未按要求及时、有效地执行限制措施，依有关法规追究责任。

第十五条　调查部门未按规定程序实施限制证券买卖措施的，将依法追究责任。

第十六条　本办法自公布之日起施行。

证券公司柜台交易业务规范

（中国证券业协会于2012年12月21日发布并实施）

第一条 为规范证券公司柜台交易行为，保护投资者合法权益，防范证券公司风险，根据《证券法》、《证券公司监督管理条例》，制定本规范。

第二条 本规范所称柜台交易，是指证券公司与特定交易对手方在集中交易场所之外进行的交易或为投资者在集中交易场所之外进行交易提供服务的行为。

证券公司进行柜台交易，应当遵守本规范，但按照其他市场规则进行柜台交易的除外。

第三条 证券公司柜台交易的产品包括经国家有关部门或其授权机构批准、备案或认可的在集中交易场所之外发行或销售的基础金融产品和金融衍生产品。

第四条 证券公司进行柜台交易，应当具备中国证券监督管理委员会（以下简称证监会）批准的与所开展业务相适应的资格条件。

证券公司与特定交易对手方进行柜台交易的，应经证监会批准可从事证券自营业务；证券公司为投资者交易提供服务的，应经证监会批准可从事证券经纪业务。

第五条 证券公司进行柜台交易，应当遵守有关法律法规，遵循诚实信用、公平自愿的原则，不得欺诈、误导投资者，不得利用非公开信息谋取不正当利益。

第六条 证券公司进行柜台交易，应当建立柜台交易管理制度，对交易产品和投资者的选择、交易的决策与执行、与交易有关的登记结算、交易的记录与信息披露等事项作出明确规定。

证券公司应当健全合规管理制度，对柜台交易实施有效的合规管理，保障柜台交易依法合规进行，切实防范不当利用非公开信息进行交易的行为以及柜台交易与公司其他业务之间的利益冲突。

证券公司应当健全风险管理制度，持续评估因柜台交易而持有的各类金融产品的市场风险和投资者的信用状况，采取有效的风险管理措施，将持有的风险敞口控制在可承受范围内。

第七条 参与柜台交易的投资者应当是合格投资者。证券公司应当建立投资者适当性管理制度，并符合中国证券业协会（以下简称协会）投资者适当性管理的相关规定。证券公司在进行柜台交易前，应当采取有效措施了解投资者的身份、财产与收入状况、信用状况、金融知识、投资经验、风险承受能力等情况。

第八条 证券公司进行基础金融产品柜台交易，应当遵守销售、交易基础金融产品的有关规定。

证券公司进行金融衍生产品柜台交易，应当向非金融机构投资者客观、全面地介绍该项交易的性质、风险收益特征及相关基础金融资产的状况，充分披露其与基础金融资产发行人等相关当事人之间是否存在关联关系等可能影响投资者决策的信息。

第九条 证券公司进行柜台交易，应当与特定交易对手方或投资者以书面或电子方式签订柜台交易合同，约定双方的权利义务。

金融衍生产品的柜台交易合同应符合协会对金融衍生产品主协议及配套文件的相关规定。

第十条 证券公司与投资者约定抵押、质押等财产担保的，应当依法办理担保设定手续；向投资者收取履约保证金的，应当在双方约定的金融机构开立专门账户存放，不得违约动用。

第十一条　证券公司应当按照柜台交易合同约定的方式，为投资者办理交易结算。按照约定通过证券公司自有资金账户和客户交易结算资金专用存款账户办理柜台交易资金结算的，相关资金划转应当符合客户交易结算资金存管的规定。

第十二条　证券公司进行柜台交易的，应当记录投资者柜台交易产品的持有及变动状况。证券公司应当及时、准确、完整地记载与柜台交易有关的信息，并按照《证券法》的规定予以妥善保存。

证券公司应当采取有效措施，确保投资者可以在营业时间内查询其与证券公司签订的柜台交易合同的内容、持有基础金融产品和金融衍生产品的状况。

第十三条　协会按照本规范对证券公司柜台交易活动进行自律管理和日常监控。

证券公司进行柜台交易，应当将以下材料报协会备案：

（一）柜台交易业务实施方案；

（二）公司关于开展柜台交易的决议；

（三）关于投资者适当性管理制度、内部控制制度和风险防范机制的说明；

（四）有关柜台交易业务规则；

（五）协会要求的其他文件。

第十四条　证券公司进行柜台交易，其柜台交易管理制度和实施方案应当通过协会组织的专业评价。

自受理证券公司提交的备案材料之日起一个月内，协会组织专家对证券公司柜台交易业务方案进行评估。专家评估通过的，协会在五个工作日内出具确认备案的书面意见；专家评估未通过的，协会不予备案，并书面通知未通过的原因。

第十五条　证券公司应向协会报备其进行柜台交易的相关业务信息。

证券公司应于每月结束后五个工作日内按要求向协会报送柜台交易月度报表，每年结束后一个月内向协会报送柜台交易年度报告。

发生可能影响柜台交易顺利进行、投资者利益或可能诱发证券公司风险的重大事件时，证券公司应当及时报告协会，并说明重大事件的起因、处理措施和影响等。

第十六条　证券公司进行柜台交易应遵守协会制定的自律规则。协会对证券公司进行柜台交易的情况进行检查，证券公司应当配合。

第十七条　证券公司及其相关业务人员违反本规范规定，协会将视情节轻重采取相关自律惩戒措施，并记入诚信信息管理系统；存在违反法律、法规行为的，将移交证监会或其他有权机关依法查处。

第十八条　本规范由协会负责解释，自发布之日起施行。

证券公司参与区域性股权交易市场业务规范

（中国证券业协会于2013年2月7日发布）

第一章 总 则

第一条 为规范证券公司参与区域性股权交易市场（以下简称“区域性市场”），根据《关于规范证券公司参与区域性股权交易市场的指导意见（试行）》（以下简称《指导意见（试行）》）制定本规范。

第二条 证券公司投资入股区域性市场，或在区域性市场提供推荐公司挂牌、股权或私募债券转让、定向股权融资、私募债券融资、投资咨询、登记结算及其他有关服务适用本规范。

第三条 证券公司参与区域性市场应具备中国证券监督管理委员会（以下简称证监会）批准的与所开展业务相适应的资格条件。

证券公司推荐公司挂牌的，应经证监会批准可从事证券承销与保荐业务；代理客户买卖区域性市场挂牌产品的，应经证监会批准可从事证券经纪业务；开展其他业务的，应符合证监会相关规定。

第四条 证券公司参与区域性市场，应合理确定参与的数量和地域，制定开展区域性市场业务方案，建立健全的业务规则、内部控制制度和风险防范机制。

证券公司参与区域性市场，应守法合规，遵守区域性市场相关管理规定和业务制度，遵循平等、自愿、诚实信用原则，并做好风险控制工作。

证券公司及其业务人员应勤勉尽责，严格遵守执业规范和执业道德，按规定和约定履行义务。

证券公司应建立与区域性市场相适应的投资者适当性制度，向投资者充分揭示风险，不得侵害投资者合法权益。

第五条 中国证券业协会（以下简称协会）依据本规范对证券公司参与区域性市场实施自律管理。

第二章 参与程序

第六条 证券公司参与区域性市场，应遵守《指导意见（试行）》的有关规定，对拟参与区域性市场是否符合《指导意见（试行）》第二条的规定进行评估并出具评估报告。

第七条 证券公司拟入股区域性市场或成为区域性市场会员的，应将下列材料报协会备案：

（一）对区域性市场的评估报告并附区域性市场的相关业务规则和管理制度；

（二）关于参与区域性市场的方式及业务范围的说明并附拟开展业务所需的业务资格证明文件；

（三）证券公司开展区域性市场业务的管理制度；

（四）公司股东（大）会或董事会关于参与区域性市场的相关决议；

（五）与区域性市场签订的入股协议或会员协议（如有）；

（六）协会要求的其他文件。

第八条 协会在收到证券公司备案材料后五个工作日内决定是否受理备案，如不受理，书面通知具体原因。受理后，协会在 15 个工作日内进行审查，审查无异议的予以确认备案；需补充材料的，协会审查结束后一次性要求证券公司补充，审查工作日自补充材料受理之日起重新计算。

备案完成前，证券公司不得在区域性市场开展相关业务。

第九条 证券公司参与区域性市场后，参股比例或业务范围发生变化的，应在完成变更手续后五个工作日内向协会报备相关公司决议、内部制度和资格证明资料等文件。

第十条 证券公司开展区域性市场业务后，被证监会暂停或取消相关业务资格的，应暂停或终止与该业务资格相对应的业务，直至恢复或重新取得相关业务资格。

第十一条 证券公司决定终止区域性市场业务的，应在终止相关业务后五个工作日内将下列材料报协会备案：

（一）终止区域性市场业务的报告；

（二）公司股东（大）会或董事会关于终止区域性市场业务的决议；

（三）与区域性市场签订的业务终止协议（如有）；

（四）协会要求的其他文件。

第三章 业务服务

第十二条 证券公司推荐非上市公司股权在区域性市场挂牌，应勤勉尽责地开展尽职调查工作，出具尽职调查报告，并履行内核程序。尽职调查时，证券公司应核实申请挂牌公司是否符合区域性市场的挂牌条件，并对其设立情况、业务独立性、治理结构、运作情况、公司关于挂牌的决议及履行信息披露义务的承诺等予以重点关注。

第十三条 证券公司应与其推荐的挂牌公司签订后续服务协议。在约定的服务期内，证券公司应督促挂牌公司规范履行信息披露义务。服务协议终止时，证券公司应发布公告提示区域性市场的投资者。

第十四条 证券公司为挂牌公司提供定向股权融资服务的，应指导挂牌公司制定定向股权融资方案，明确融资数量、价格或价格区间、认购人范围、融资使用计划等主要内容。认购人应符合投资者适当性管理相关要求。

第十五条 证券公司为此前未由本公司开展过尽职调查的挂牌公司提供定向股权融资服务的，应对该挂牌公司开展尽职调查，出具尽职调查报告，并履行内核程序。尽职调查报告内容包括但不限于：挂牌公司设立情况、治理结构、运作情况、信息披露义务履行情况、历次定向股权融资情况、拟进行的定向股权融资情况、融资对挂牌公司股权结构的影响。

证券公司为其他证券公司推荐的挂牌公司提供定向股权融资服务的，可适当简化尽职调查程序。

第十六条 证券公司可以推荐自己承销的私募债券在区域性市场进行转让。

证券公司应遵守协会对私募债券承销业务的相关规定，对债券发行人开展尽职调查，并督促其履行信息披露义务。

第十七条 证券公司可接受本公司客户的委托，为客户买卖挂牌股权和私募债券提供服务。

证券公司应对其客户委托进行核查，确认客户委托是否符合证监会和区域性市场的相关规定。

第十八条 证券公司提供登记、托管、结算服务的，应保证权益持有人名册和登记过户记录真实、准确、完整，不得隐匿、伪造、篡改或毁损，不得利用提供登记、托管、结算服务获取的信息为自己或他人谋取利益。

第四章 投资者适当性管理

第十九条 证券公司应做好投资者适当性管理工作，向投资者充分揭示风险，指导投资者阅读风险揭示书及业务协议，并要求投资者在开立账户时签署风险认知书，承诺具备合格投资者资格，知悉区域性市场风险，将依据发行人信息披露文件进行独立的投资判断，自行承担投资风险。

第二十条 通过证券公司代理参与区域性市场交易的合格投资者，应通过证券公司的风险承受能力测评。证券公司开展投资者风险承受能力测评，应充分考虑投资者在证券公司开立账户的年限、证券投资知识和经验、财务状况和需求等因素，并符合区域性市场相关规定。

第二十一条 投资者为挂牌公司股东、董事、监事或高级管理人员的，仅参与本公司股权、私募债交易或融资的可不受上述合格投资者资格条件限制。挂牌公司开展员工持股计划的，相关员工不受上述合格投资者资格条件限制。

第五章 风险控制与合规管理

第二十二条 证券公司以股权方式参与区域性市场的，应按规定扣减净资本；开展相关业务的，应按规定计算风险资本准备。

第二十三条 证券公司应建立健全区域性市场业务的风险管理制度，加强业务开展过程中的风险识别、评价和管理；建立相应的风险控制指标体系和动态监控机制；建立风险报告和预警制度，制定针对不同业务、产品的风险应急处理预案。

第二十四条 证券公司应建立健全区域性市场业务的合规管理制度，明确内部职责分工，建立健全必要的隔离制度，防范开展区域性市场业务过程中可能存在的内幕交易，管理利益冲突。

证券公司入股区域性市场的，应采取必要措施与区域性市场保持业务独立，不得利用股东身份谋取不正当利益。

第六章 自律管理

第二十五条 证券公司应向协会报备其参与区域性市场的相关业务信息。证券公司应于每月结束后五个工作日内按要求向协会报送区域性市场业务月度报表，每年四月三十日前向协会报送上一年度区域性市场业务开展及合规情况报告。

第二十六条 证券公司参与区域性市场应遵守协会制定的自律规则。协会将依据《指导意见（试行）》和本规范对证券公司报备的材料进行审查，并对证券公司开展区域性市场业务进行检查，证券公司应当配合。

第二十七条 证券公司及其相关业务人员违反本规范规定，协会将视情节轻重采取相关自律惩戒措施，并记入诚信信息管理系统；存在违反法律、法规行为的，将移交证监会或其他有权机关依法查处。

第七章 附 则

第二十八条 本规范由协会负责解释，自发布之日起施行。

关于加强证券期货经营机构客户交易终端信息等客户信息管理的规定

（中国证监会于2013年7月18日发布并实施）

第一条 为进一步规范证券期货经营机构客户信息电子化管理，保护投资者合法权益，促进资本市场健康发展，依据《中华人民共和国证券法》、《中华人民共和国证券投资基金法》、《期货交易管理条例》等法律法规，制定本规定。

第二条 本规定所称证券期货经营机构，是指在中华人民共和国境内依法设立的证券公司、基金管理公司及基金销售机构、期货公司。

第三条 客户交易终端信息是指客户通过证券期货经营机构下达交易指令的交易终端特征代码。

客户交易终端信息是客户委托记录、交易记录的重要组成部分，包括但不限于以下内容：电话号码、互联网通讯协议地址（IP地址）、媒介访问控制地址（MAC地址）以及其他能识别客户交易终端的特征代码。

第四条 证券期货经营机构应当按照技术规范确定的交易终端设备的类型，采集相应的客户交易终端信息。

第五条 证券期货经营机构应当按照内部控制适时性和及时性原则，积极跟踪信息技术发展，按照相关法律法规的要求，确保信息系统能够真实、准确、完整地采集到客户交易终端信息。

第六条 证券期货经营机构向客户提供的交易终端软件，应当采取适当的技术，确保软件能够采集到客户交易终端信息。

由第三方提供交易终端软件的，证券期货经营机构应当建立软件认证许可制度，要求第三方采取适当的技术，确保软件能够采集到客户交易终端信息。

客户交易终端软件应当具备先提醒升级、再自动升级为最新版本的功能。

第七条 证券期货经营机构的网上交易、语音交易、自助交易等外围信息系统应当逐笔记录交易委托、银证转账、银期转账、密码修改、账户登录等操作的客户交易终端信息。

证券期货经营机构的集中交易系统还应当同时逐笔存储交易委托、银证转账、银期转账等操作的客户交易终端信息。

第八条 证券期货经营机构应当确保存储在集中交易系统和记录在外围信息系统的客户交易终端信息的真实性、准确性、完整性、一致性、可读性。

第九条 证券期货经营机构应当为证券、期货交易所或登记结算机构采集客户交易终端信息提供相应的数据接口，并在相关技术规范发布之日起12个月内，完成信息系统的改造升级，改造后的信息系统应符合国家信息安全标准。

第十条 证券期货经营机构应当按照本规定的要求建设、改造和维护相关信息系统，以妥善管理客户交易终端信息，并提供符合技术规范的查询接口。

证券期货经营机构应当采取必要的技术手段，满足交易时段客户信息查询的需要。

第十一条 证券公司、期货公司应当按照技术规范对客户的主要开户资料进行电子化，并妥善保存在信息系统中。

证券公司、期货公司应当按照技术规范在 18 个月内对新增账户实施开户资料电子化，存量的正常交易类账户应在 36 个月内完成开户资料电子化。

第十二条 证券期货经营机构应妥善保存客户交易终端信息和开户资料电子化信息，保存期限不得少于 20 年。

证券期货经营机构应妥善保存交易时段客户交易区的监控录像资料，保存期限不得少于六个月。

第十三条 证券期货经营机构应采取可靠的措施，采集、记录、存储、报送与客户身份识别有关的信息，不得以任何理由拒绝承担相应职责。

证券期货经营机构及其工作人员应当对客户交易终端信息予以保密，不得泄露。

第十四条 证券期货经营机构应当严格限制对客户交易终端信息的人工操作权限，明确查询权限和操作流程，建立日志文档并指定专人妥善保管。

禁止任何人对客户交易终端信息进行隐匿、伪造、篡改或毁损。

第十五条 发生影响采集、记录、存储、报送客户交易终端信息安全的重大事件时，证券期货经营机构应当及时向公司住所地和事件发生地证监局报告，不得隐瞒。

第十六条 证券期货经营机构违反本规定的，中国证监会将按照《中华人民共和国证券法》、《中华人民共和国证券投资基金法》、《期货交易管理条例》等法律法规进行处罚；涉嫌犯罪的，依法移送司法机关，追究刑事责任。

第十七条 本规定自公布之日起施行。

关于进一步规范期货营业部设立有关问题的规定

（中国证券监督管理委员会于2013年2月20日发布并实施）

第一条 为适应期货市场发展需要，进一步规范期货营业部设立行为，提高期货公司服务能力，促进市场公平竞争，根据《期货交易管理条例》、《期货公司管理办法》（证监会令第43号）等有关规定，制定本规定。

第二条 期货公司申请设立营业部，应当具备下列条件：

（一）未因涉嫌违法违规经营正在被有权机关调查，或者正在被中国证监会及其派出机构限期整改或采取《期货交易管理条例》第五十六条第二款所规定的监管措施，最近一年未因违法违规经营受到行政处罚或者刑事处罚；

（二）申请日前三个月及申请审核期间风险监管指标持续符合规定的标准，模拟计算新设营业部后的风险监管指标符合规定的标准；

（三）符合有关客户资产保护和期货保证金安全存管监控的规定，申请日前三个月及申请审核期间，期货公司未因自身原因发生期货保证金安全存管的重大预警或者其他严重影响期货保证金安全的情形；

（四）最近一次期货公司分类监管评级不低于C类C级；

（五）公司治理和内部控制制度符合有关规定并有效执行；

（六）拟任营业部负责人具备任职资格条件，拟任用业务岗位工作人员具备期货从业人员资格；

（七）拟设营业部的业务岗位职责明确、分工合理，与营业部的经营计划相适应；

（八）拟设营业部的营业场所和设施符合期货业务需要；

（九）符合反洗钱相关规定；

（十）中国证监会根据审慎监管原则规定的其他条件。

第三条 期货公司申请设立营业部，应当向拟设立营业部所在地中国证监会派出机构提交下列申请材料：

（一）设立营业部申请书；

（二）拟设立营业部的决议文件；

（三）营业部的设立方案，包括拟任营业部负责人、拟任用业务岗位工作人员、拟设营业部的业务岗位和营业场所、设施等符合监管要求的情况说明；

（四）营业部的管理制度文本；

（五）最近一个会计年度经审计的财务报告；

（六）申请日前连续三个月月末的风险监管报表及模拟计算新设营业部后的风险监管报表；

（七）期货公司首席风险官出具的合规意见书；

（八）中国证监会规定的其他材料。

第四条　拟设营业部所在地中国证监会派出机构应当自受理期货公司申请材料之日起两个月内做出核准或者不予核准的决定。在做出决定前，拟设营业部所在地中国证监会派出机构应当就期货公司是否符合营业部设立条件向期货公司住所地中国证监会派出机构书面征求意见。

第五条　期货公司在获准设立营业部后，应当在六个月内完成开业准备，并依法办理工商登记手续。期货公司不能在规定的期限内完成开业准备和工商登记手续的，可以向拟设营业部所在地中国证监会派出机构申请延期一次，但延长期限不得超过三个月。期限届满未完成开业准备或者工商登记手续的，营业部设立批复文件自动失效。

第六条　期货公司应当自领取营业部《营业执照》之日起十个工作日内持《营业执照》和设立批复文件向中国证监会申请领取《期货公司营业部经营许可证》。在未取得《营业执照》和《期货公司营业部经营许可证》前，营业部不得对外开展任何经营活动。

第七条　期货公司应当自领取《期货公司营业部经营许可证》之日起五个工作日内向营业部所在地中国证监会派出机构备案，并提交下列备案材料：

（一）营业部开业准备情况的报告；

（二）营业部负责人任职资格证明；

（三）营业部业务岗位及人员配备符合《期货营业部管理规定（试行）》（证监会公告〔2011〕33号）第十一条、第十二条规定的证明材料；

（四）营业部营业场所和设施符合《期货营业部管理规定（试行）》第三条、第四条规定的证明材料；

（五）营业部《营业执照》和《期货公司营业部经营许可证》复印件；

（六）中国证监会规定的其他材料。

第八条　本规定自公布之日起施行。中国证监会公布的《关于期货公司设立营业部与分类评价结果衔接工作有关问题的规定》（证监会公告〔2009〕31 号）同时废止。

基金管理公司开展投资、研究活动防控内幕交易指导意见

（中国证券监督管理委员会公告〔2012〕38号公布，自2012年12月15日起施行）

第一条 为规范基金管理公司开展投资、研究活动，防控内幕交易，保护基金份额持有人的合法权益，维护证券市场秩序，根据证券投资基金法律法规，制定本指导意见。

第二条 本指导意见所称投资、研究活动，是指基金管理公司为受托管理的投资组合进行投资分析、决策、交易或者向客户提供投资咨询建议的活动，包括参与上市公司调研、路演和研究分析外部研究报告、撰写内部研究报告、召开投研交流会议等活动。

第三条 中国证监会及其派出机构依法对基金管理公司投资、研究活动防控内幕交易情况实施监督管理，检查相关制度制定及实施情况，查处违法违规行为。

中国证券投资基金业协会依据有关法律法规和本指导意见制定相应的自律规则，对基金管理公司投资、研究活动防控内幕交易情况实行自律管理。

第四条 基金管理公司应当遵循守法诚信、审慎自律、责任明晰的原则，针对公司投资、研究活动建立全面的防控内幕交易机制，重点防范公司利用内幕信息进行投资决策和交易等。

第五条 基金管理公司应当将防控内幕交易机制纳入公司内部控制体系，结合基金行业特点和公司实际情况，制定专门的防控内幕交易制度，规范公司投资、研究活动流程，对公司投资、研究活动中可能接触到的内幕信息进行识别、报告、处理和检查，对违法违规行为进行责任追究。

基金管理公司应当定期评价防控内幕交易机制的有效性，并根据法律法规的变化和管理内幕信息的需要及时调整、完善。

第六条 基金管理公司应当明确董事会、经理层、督察长、监察稽核部门和从事投资、研究活动的部门及相关人员在防控内幕交易机制建立、实施方面的职责：

（一）董事会对建立防控内幕交易机制和维持其有效性承担最终责任，经理层对防控内幕交易机制的有效实施承担责任；

（二）从事投资、研究活动的部门承担本部门防控内幕交易机制执行落实的直接责任，从事投资、研究活动的人员（以下简称投研人员）承担对内幕信息的识别、报告等职责，发挥事前甄别与防控作用；

（三）督察长、监察稽核部门协助董事会、经理层建立、实施防控内幕交易机制，并承担防控内幕交易机制的培训、咨询、检查、监督等职责。

第七条 基金管理公司应当根据《证券法》等法律法规、司法解释和中国证监会相关规定，建立内幕信息、知情人的识别标准。对实际工作接触到的未明确信息类型，应当结合内幕信息具有的价格敏感性、未公开性特征，遵循实质重于形式的原则进行识别。

第八条 基金管理公司应当建立内幕信息报告、知情人登记和保密制度。

投研人员对因履行工作职责知悉的内幕信息必须立即向基金管理公司报告，并进行内幕信息知

情人登记，在内幕信息公开前承担保密义务，防止内幕信息进一步不当传播和使用。

第九条 基金管理公司应当加强对投资、研究活动的规范，保证信息来源合法合规，研究方法专业严谨，分析结论客观合理，投资决策独立审慎。

禁止投研人员主动打探内幕信息，利用内幕信息从事证券交易，或者泄露该信息，或者明示、暗示他人从事内幕交易活动。

第十条 基金管理公司应当与所合作研究机构作出协议约定，要求其提供的研究报告必须合法合规，不得涉及内幕信息。

第十一条 基金管理公司应当建立对投资、研究活动的合规审查机制，防止内幕信息通过外部、内部研究报告或者投研交流会议等方式进入公司投资决策或者投资咨询流程。

第十二条 基金管理公司应当对投研人员加强合规教育和业务培训，营造合规经营的制度文化环境。

投研人员应当加强合规学习，准确理解法律法规和中国证监会规定的内幕信息、知情人的范围和内幕交易的含义、特征、危害、法律责任等，牢固树立遵规守法意识，审慎开展投资、研究活动。

第十三条 基金管理公司应当结合岗位职责，将防控内幕交易情况纳入相关人员的绩效考核范围，并建立违反防控内幕交易机制的责任追究制度。

对涉嫌构成内幕交易的，基金管理公司应当立即制止并及时向监管机构等有关部门如实报告。

第十四条 基金管理公司应当建立完善投资、研究活动的记录和档案管理制度，对内幕信息的识别、报告、处理、检查、责任追究和合规审查、培训、考核等防控内幕交易制度的实施情况，以及投资决策依据完整留痕。相关资料应当妥善保存，保存期限不得少于 20 年。

基金管理公司年度监察稽核报告应当载明公司防控内幕交易机制的建立及实施情况。

第十五条 基金管理公司违反有关法律法规和本指导意见，未能有效建立、实施防控内幕交易机制的，中国证监会责令其限期整改，整改期间可以暂停受理及审核其基金产品募集申请或者其他业务申请，对负有责任的人员可以采取监管谈话、出具警示函、暂停履行职务等行政监管措施。

基金管理公司及其相关人员进行内幕交易的，中国证监会依照有关规定进行行政处罚；涉嫌犯罪的，依法移送司法机关追究刑事责任。

第十六条 本指导意见自 2012 年 12 月 15 日起施行。

证券公司定向资产管理业务实施细则

（2012年10月18日，中国证券监督管理委员会公告〔2012〕30号公布，自公布之日起施行。2008年5月31日中国证监会公布的《证券公司定向资产管理业务实施细则（试行）》（证监会公告〔2008〕25号）予以废止）

第一章　总　则

第一条　为了规范证券公司定向资产管理业务活动，根据《中华人民共和国证券法》、《证券公司监督管理条例》、《证券公司客户资产管理业务管理办法》（证监会令第87号，以下简称《管理办法》），制定本细则。

第二条　证券公司接受单一客户委托，与客户签订合同，根据合同约定的方式、条件、要求及限制，通过专门账户管理客户委托资产的活动，适用本细则。

第三条　证券公司从事定向资产管理业务，应当具有证券资产管理业务资格，遵守法律、行政法规和中国证券监督管理委员会（以下简称中国证监会）的规定。

第四条　证券公司从事定向资产管理业务，应当遵循公平、公正原则；诚实守信，审慎尽责；坚持公平交易，避免利益冲突，禁止利益输送，保护客户合法权益。

第五条　证券公司从事定向资产管理业务，应当建立健全风险管理与内部控制制度，规范业务活动，防范和控制风险。

第六条　定向资产管理业务的投资风险由客户自行承担，证券公司不得以任何方式对客户资产本金不受损失或者取得最低收益作出承诺。

第七条　中国证监会依据法律、行政法规、《管理办法》和本细则的规定，监督管理证券公司定向资产管理业务活动。

第八条　证券交易所、证券登记结算机构、中国证券业协会依据法律、行政法规、《管理办法》、本细则及相关规则，对证券公司定向资产管理业务活动进行自律管理和行业指导。

第二章　业务规则

第九条　定向资产管理业务客户应当是符合法律、行政法规和中国证监会规定的自然人、法人或者依法成立的其他组织。

证券公司董事、监事、从业人员及其配偶不得作为本公司定向资产管理业务的客户。

第十条　证券公司从事定向资产管理业务，接受单一客户委托资产净值的最低限额，应当符合中国证监会的规定。证券公司可以在规定的最低限额的基础上，提高本公司客户委托资产净值的最低限额。

第十一条　证券公司从事定向资产管理业务，应当依据法律、行政法规和中国证监会的规定，与客户、资产托管机构签订定向资产管理合同，约定客户、证券公司、资产托管机构的权利义务。

定向资产管理合同应当包括中国证券业协会制定的合同必备条款。

第十二条　证券公司应当按照有关规则，了解客户身份、财产与收入状况、证券投资经验、风险认知与承受能力和投资偏好等，并以书面和电子方式予以详细记载、妥善保存。

客户应当如实披露或者提供相关信息和资料，并在定向资产管理合同中承诺信息和资料的真实性。

第十三条　证券公司应当向客户如实披露其业务资格，讲解有关业务规则和定向资产管理合同的内容。

证券公司应当制作风险揭示书，充分揭示客户参与定向资产管理业务的市场风险、管理风险、流动性风险及其他风险，以及上述风险的含义、特征、可能引起的后果。风险揭示书的内容应当具有针对性，表述应当清晰、明确、易懂，符合中国证券业协会制定的标准格式。证券公司应当将风险揭示书交客户签字确认。客户签署风险揭示书，即表明已经理解并愿意自行承担参与定向资产管理业务的风险。

第十四条　客户委托资产应当是客户合法持有的现金、股票、债券、证券投资基金份额、集合资产管理计划份额、央行票据、短期融资券、资产支持证券、金融衍生品或者中国证监会允许的其他金融资产。

第十五条　客户应当以真实身份参与定向资产管理业务，委托资产的来源、用途应当符合法律法规的规定，客户应当在定向资产管理合同中对此作出明确承诺。客户未作承诺，或者证券公司明知客户身份不真实、委托资产来源或者用途不合法，证券公司不得为其办理定向资产管理业务。

自然人不得用筹集的他人资金参与定向资产管理业务。法人或者依法成立的其他组织用筹集的资金参与定向资产管理业务的，应当向证券公司提供合法筹集资金证明文件；未提供证明文件的，证券公司不得为其办理定向资产管理业务。

证券公司发现客户委托资产涉嫌洗钱的，应当按照《中华人民共和国反洗钱法》和相关规定履行报告义务。

第十六条　客户委托资产应当交由负责客户交易结算资金存管的指定商业银行、中国证券登记结算有限责任公司或者中国证监会认可的证券公司等其他资产托管机构托管。

资产托管机构应当按照中国证监会的规定和定向资产管理合同的约定，履行安全保管客户委托资产、办理资金收付事项、监督证券公司投资行为等职责。

第十七条　资产托管机构发现证券公司违反法律、行政法规和其他有关规定，或者违反定向资产管理合同的，应当立即要求证券公司改正；未能改正或者造成客户委托资产损失的，资产托管机构应当及时通知客户，并报告证券公司住所地、资产管理分公司所在地中国证监会派出机构及中国证券业协会。

第十八条　证券公司、资产托管机构应当保证客户委托资产与证券公司、资产托管机构自有资产相互独立，不同客户的委托资产相互独立，对不同客户的委托资产独立建账、独立核算、分账管理。

证券公司、资产托管机构破产或者清算时，客户委托资产不属于其破产财产或者清算财产。

第十九条　证券公司从事定向资产管理业务，买卖证券交易所的交易品种，应当使用客户的定向资产管理专用证券账户（以下简称专用证券账户）；买卖证券交易所以外的交易品种，应当按照有关规定开立相应账户。专用证券账户和相应账户内的资产归客户所有。

专用证券账户名称为“客户名称”。证券登记结算机构应当对专用证券账户进行标识，表明该账户为客户委托证券公司办理定向资产管理业务的专用证券账户。

第二十条　专用证券账户应当以客户名义开立，客户也可以申请将其普通证券账户转换为专用证券账户。

客户开立专用证券账户，或者将客户普通证券账户转换为专用证券账户的，应当委托证券公司向证券登记结算机构申请办理。证券公司代理客户办理专用证券账户，应当提交资产管理业务许可证明、与客户签订的定向资产管理合同以及证券登记结算机构规定的其他文件。

证券公司应当自专用证券账户办理之日起三个交易日内，将专用证券账户报证券交易所备案。备案前，不得使用该账户进行交易。

第二十一条　专用证券账户仅供定向资产管理业务使用，并且只能由代理办理专用证券账户的证券公司使用，不得转托管或者转指定，中国证监会另有规定的除外。

证券公司、客户不得将专用证券账户以出租、出借、转让或者其他方式提供给他人使用。

第二十二条　定向资产管理合同无效、被撤销、解除或者终止后15日内，证券公司应当代理客户向证券登记结算机构申请注销专用证券账户；或者根据客户要求，代理客户向证券登记结算机构申请将专用证券账户转换为客户普通证券账户。

客户已经开立普通证券账户的，专用证券账户不得转换为客户普通证券账户，专用证券账户应当注销。

专用证券账户注销或者转换为客户普通证券账户后，证券公司应当在三个交易日内报证券交易所备案。

第二十三条　客户将证券在其普通证券账户与该客户专用证券账户之间划转的，应当由证券公司根据定向资产管理合同的约定，代理客户向证券登记结算机构申请办理。

前款所称的证券划转行为不属于所有权转移的过户行为。

第二十四条　定向资产管理合同应当对客户授权证券公司开立、使用、注销、转换专用证券账户以及客户提供必要协助等事宜作出明确约定。

第二十五条　定向资产管理业务的投资范围由证券公司与客户通过合同约定，不得违反法律、行政法规和中国证监会的禁止规定，并且应当与客户的风险认知与承受能力，以及证券公司的投资经验、管理能力和风险控制水平相匹配。

定向资产管理业务可以参与融资融券交易，也可以将其持有的证券作为融券标的证券出借给证券金融公司。

第二十六条　证券公司将客户委托资产投资于本公司以及与本公司有关联方关系的公司发行的证券，应当事先将相关信息以书面形式通知客户和资产托管机构，并要求客户按照定向资产管理合同约定在指定期限内答复。客户未同意的，证券公司不得进行此项投资。客户同意的，证券公司应当及时将交易结果告知客户和资产托管机构，并向证券交易所报告。

定向资产管理合同应当对前款所述投资的通知和答复程序作出明确约定。

第二十七条　定向资产管理合同应当对管理费、业绩报酬等费用的支付标准、计算方法、支付方式和支付时间等作出明确约定。

第二十八条　证券公司从事定向资产管理业务，应当由客户自行行使其所持证券的权利，履行相应的义务，客户书面委托证券公司行使权利的除外。

第二十九条　证券公司、资产托管机构应当保证客户能够按照定向资产管理合同约定的时间和方式，查询客户定向资产管理账户内资产的配置状况、净值变动、交易记录等相关信息。

证券公司应当按照合同约定的时间和方式，向客户提供对账单，说明报告期内客户委托资产的配置状况、净值变动、交易记录等情况。

第三十条　客户通过专用证券账户持有上市公司股份，或者通过专用证券账户和其他证券账户合并持有上市公司股份，发生应当履行公告、报告、要约收购等法律、行政法规和中国证监会规定义务情形的，应当由客户履行相应的义务，证券公司、资产托管机构应当予以配合。

客户拒不履行或者怠于履行义务的，证券公司、资产托管机构应当及时向证券交易所、证券公司住所地、资产管理分公司所在地中国证监会派出机构及中国证券业协会报告。

第三十一条 证券登记结算机构应当对定向资产管理业务客户持有上市公司股份情况进行监控，保障客户可以查询其专用证券账户和其他证券账户合并持有的上市公司股份数额。客户可以授权证券公司或者资产托管机构查询。

客户通过专用证券账户和其他证券账户合并持有上市公司股份发生本细则第三十条第一款规定的情形，客户授权证券公司或者资产托管机构查询的，证券公司或者资产托管机构应当及时通知客户；未授权证券公司或者资产托管机构查询的，客户应当及时通知证券公司和资产托管机构。

证券公司管理的专用证券账户内单家上市公司股份不得超过该公司股份总数的 5%，但客户明确授权的除外；在客户授权范围内发生本细则第三十条第一款规定情形的，证券公司、资产托管机构应当及时通知客户，并督促客户履行相关义务。

第三十二条 客户持有上市公司股份达到 5%以后，证券公司通过专用证券账户为客户再行买卖该上市公司股票的，应当在每次买卖前取得客户同意；客户未同意的，证券公司不得买卖该上市公司股票。

第三十三条 证券公司从事定向资产管理业务，发生变更投资主办人等可能影响客户利益的重大事项的，证券公司应当提前或者在合理时间内告知客户。

第三十四条 定向资产管理合同终止的，证券公司应当按照合同约定将客户资产交还客户。

第三十五条 证券公司应当按照有关法律、行政法规的规定，妥善保管定向资产管理合同、客户资料、交易记录等文件、资料和数据，任何人不得隐匿、伪造、篡改或者销毁。

第三章 风险管理与内部控制

第三十六条 证券公司从事定向资产管理业务，应当建立健全投资决策、公平交易、会计核算、风险控制、合规管理等制度，规范业务运作，控制业务风险，保护客户合法权益。

证券公司应当将前款所述管理制度报中国证券业协会备案，同时抄送证券公司住所地、资产管理分公司所在地中国证监会派出机构。

第三十七条 证券公司应当实现定向资产管理业务与证券自营业务、证券承销业务、证券经纪业务及其他证券业务之间的有效隔离，防范内幕交易，避免利益冲突。

同一高级管理人员不得同时分管资产管理业务和自营业务；同一人不得兼任上述两类业务的部门负责人；同一投资主办人不得同时办理资产管理业务和自营业务。

定向资产管理业务的投资主办人不得兼任其他资产管理业务的投资主办人。

第三十八条 证券公司应当完善投资决策体系，加强对交易执行环节的控制，保证资产管理业务的不同客户在投资研究、投资决策、交易执行等各环节得到公平对待。

证券公司应当对资产管理业务的投资交易行为进行监控、分析、评估和核查，监督投资交易的过程和结果，保证公平交易原则的实现。

第三十九条 证券公司从事定向资产管理业务，应当遵循公平、诚信的原则，禁止任何形式的利益输送。

证券公司的定向资产管理账户与证券自营账户之间或者不同的证券资产管理账户之间不得发生交易，有充分证据证明已依法实现有效隔离的除外。

第四十条 证券公司应当依据中国证监会有关证券公司风险控制指标管理的规定，根据自身管理能力及风险控制水平，合理控制定向资产管理业务规模。

第四十一条 证券公司应当为每个客户建立业务台账，按照企业会计准则的相关规定进行会计核算，与资产托管机构定期对账。

第四十二条 证券公司应当对定向资产管理业务和制度执行情况进行合规检查，发现违反法律、行政法规、中国证监会规定或者公司制度行为的，应当及时纠正处理，并向证券公司住所地、资产管理分公司所在地中国证监会派出机构及中国证券业协会报告。

第四十三条 证券公司接受本公司股东，以及其他与本公司具有关联方关系的自然人、法人或者组织为定向资产管理业务客户的，证券公司应当按照公司有关制度规定，对上述专门账户进行监控，并对客户身份、合同编号、专用证券账户、委托资产净值、委托期限、累计收益率等信息进行集中保管。

定向资产管理业务专项审计意见应当对上述专门账户的资料完整性、交易公允性作出说明。

上市证券公司接受持有本公司5%以下股份的股东为定向资产管理业务客户的，不受本条第一款、第二款的限制。

第四十四条 证券公司从事定向资产管理业务，不得有下列行为：

（一）挪用客户资产；

（二）以欺诈、商业贿赂、不正当竞争行为等方式误导、诱导客户；

（三）通过电视、报刊、广播及其他公共媒体公开推介具体的定向资产管理业务方案；

（四）接受单一客户委托资产净值低于中国证监会规定的最低限额；

（五）以自有资金参与本公司的定向资产管理业务；

（六）以签订补充协议等方式，掩盖非法目的或者规避监管要求；

（七）使用客户委托资产进行不必要的证券交易；

（八）内幕交易、操纵证券价格、不正当关联交易及其他违反公平交易规定的行为；

（九）法律、行政法规和中国证监会禁止的其他行为。

第四章 监督管理

第四十五条 证券公司应当在五日内将签订的定向资产管理合同报中国证券业协会备案，同时抄送证券公司住所地、资产管理分公司所在地中国证监会派出机构。

定向资产管理合同发生重要变更或者补充的，证券公司应当在五日内报中国证券业协会备案，同时抄送证券公司住所地、资产管理分公司所在地中国证监会派出机构。

第四十六条 证券公司应当在每年度结束之日起三个月内，完成定向资产管理业务年度报告，并报中国证券业协会备案，同时抄送证券公司住所地、资产管理分公司所在地中国证监会派出机构。

第四十七条 会计师事务所对证券公司进行年度审计时，应当对定向资产管理业务出具专项审计意见。证券公司应当将审计结果报中国证券业协会备案，同时抄送证券公司住所地、资产管理分公司所在地中国证监会派出机构。

第四十八条 中国证监会及其派出机构依法履行对定向资产管理业务的监管职责，证券公司和资产托管机构应当予以配合。

第四十九条 证券公司定向资产管理业务制度不健全，净资本或其他风险控制指标不符合规定，或者违规从事定向资产管理业务的，中国证监会及其派出机构应当依法责令其限期改正，并可以采取下列监管措施：

（一）责令增加内部合规检查次数并提交合规检查报告；

（二）对公司高级管理人员、直接负责的主管人员和其他直接责任人员进行监管谈话，记入监管档案；

（三）责令处分或者更换有关责任人员，并报告结果；

（四）责令暂停证券公司定向资产管理业务；

（五）法律、行政法规和中国证监会规定的其他监管措施。

证券公司被中国证监会暂停定向资产管理业务的，暂停期间不得签订新的定向资产管理合同。

第五十条 证券公司违反法律、行政法规的规定，被中国证监会依法撤销证券资产管理业务许可、责令停业整顿，或者因停业、解散、撤销、破产等原因不能履行职责的，证券公司应当按照有关监管要求妥善处理有关事宜。定向资产管理合同应当对此作出相应约定。

第五十一条 证券交易所应当实时监控专用证券账户的交易行为，发现异常情况的，应当及时处理，并报告中国证监会和中国证券业协会。

第五十二条 证券公司、资产托管机构、证券登记结算机构及其相关人员从事定向资产管理业务违反本细则规定的，中国证监会依据法律、行政法规和中国证监会的有关规定作出行政处罚；涉嫌犯罪的，依法移送司法机关，追究其刑事责任。

第五章 附 则

第五十三条 本细则规定的日以工作日计算，不含法定节假日。

第五十四条 本细则自公布之日起施行。2008 年 5 月 31 日中国证监会公布的《证券公司定向资产管理业务实施细则（试行）》（证监会公告〔2008〕25 号）同时废止。

第五编　证券信息披露政策法规

关于上市公司建立内幕信息知情人登记管理制度的规定

（于 2011 年 10 月 25 日由中国证券监督管理委员会公告〔2011〕30 号发布，自 2011 年 11 月 25 日起施行）

第一条 为完善上市公司内幕信息管理制度，做好内幕信息保密工作，有效防范和打击内幕交易等证券违法违规行为，根据《证券法》、《上市公司信息披露管理办法》等法律法规和规章，制定本规定。

第二条 本规定所称内幕信息知情人，是指《证券法》第七十四条规定的有关人员。

第三条 本规定所称内幕信息，是指根据《证券法》第七十五条规定，涉及上市公司的经营、财务或者对公司证券及其衍生品种交易价格有重大影响的尚未公开的信息。

第四条 内幕信息知情人在内幕信息公开前负有保密义务。

第五条 上市公司应当根据本规定，建立内幕信息知情人登记管理制度，对内幕信息的保密管理及在内幕信息依法公开披露前的内幕信息知情人的登记管理作出规定。

第六条 在内幕信息依法公开披露前，上市公司应当按照本规定填写上市公司内幕信息知情人档案（必备项目见附件），及时记录商议筹划、论证咨询、合同订立等阶段及报告、传递、编制、决议、披露等环节的内幕信息知情人名单，及其知悉内幕信息的时间、地点、依据、方式、内容等信息。

第七条 上市公司董事会应当保证内幕信息知情人档案真实、准确和完整，董事长为主要责任人。董事会秘书负责办理上市公司内幕信息知情人的登记入档事宜。

上市公司监事会应当对内幕信息知情人登记管理制度实施情况进行监督。

第八条 上市公司的股东、实际控制人及其关联方研究、发起涉及上市公司的重大事项，以及发生对上市公司股价有重大影响的其他事项时，应当填写本单位内幕信息知情人的档案。

证券公司、证券服务机构、律师事务所等中介机构接受委托从事证券服务业务，该受托事项对上市公司股价有重大影响的，应当填写本机构内幕信息知情人的档案。

收购人、重大资产重组交易对方以及涉及上市公司并对上市公司股价有重大影响事项的其他发起方，应当填写本单位内幕信息知情人的档案。

上述主体应当根据事项进程将内幕信息知情人档案分阶段送达相关上市公司，但完整的内幕信息知情人档案的送达时间不得晚于内幕信息公开披露的时间。内幕信息知情人档案应当按照本规定第六条的要求进行填写。

上市公司应当做好其所知悉的内幕信息流转环节的内幕信息知情人的登记，并做好第一款至第三款涉及各方内幕信息知情人档案的汇总。

第九条　行政管理部门人员接触到上市公司内幕信息的，应当按照相关行政部门的要求做好登记工作。

上市公司在披露前按照相关法律法规政策要求需经常性向相关行政管理部门报送信息的，在报送部门、内容等未发生重大变化的情况下，可将其视为同一内幕信息事项，在同一张表格中登记行政管理部门的名称，并持续登记报送信息的时间。除上述情况外，内幕信息流转涉及行政管理部门时，上市公司应当按照一事一记的方式在知情人档案中登记行政管理部门的名称、接触内幕信息的原因以及知悉内幕信息的时间。

第十条　上市公司进行收购、重大资产重组、发行证券、合并、分立、回购股份等重大事项，除按照本规定第六条填写上市公司内幕信息知情人档案外，还应当制作重大事项进程备忘录，内容包括但不限于筹划决策过程中各个关键时点的时间、参与筹划决策人员名单、筹划决策方式等。上市公司应当督促备忘录涉及的相关人员在备忘录上签名确认。

第十一条　上市公司内幕信息知情人登记管理制度中应当包括对公司下属各部门、分公司、控股子公司及上市公司能够对其实施重大影响的参股公司的内幕信息管理的内容，明确上述主体的内部报告义务、报告程序和有关人员的信息披露职责。

上市公司内幕信息知情人登记管理制度中应当明确内幕信息知情人的保密义务、违反保密规定责任和通过签订保密协议、禁止内幕交易告知书等必要方式将上述事项告知有关人员等内容。

第十二条　上市公司根据中国证监会的规定，对内幕信息知情人买卖本公司股票及其衍生品种的情况进行自查。发现内幕信息知情人进行内幕交易、泄露内幕信息或者建议他人利用内幕信息进行交易的，上市公司应当进行核实并依据其内幕信息知情人登记管理制度对相关人员进行责任追究，并在两个工作日内将有关情况及处理结果报送公司注册地中国证监会派出机构。

第十三条　上市公司应当及时补充完善内幕信息知情人档案信息。内幕信息知情人档案自记录（含补充完善）之日起至少保存十年。中国证监会及其派出机构、证券交易所可查询内幕信息知情人档案。

上市公司进行本规定第十条所列重大事项的，应当在内幕信息依法公开披露后及时将内幕信息知情人档案及重大事项进程备忘录报送证券交易所。证券交易所可视情况要求上市公司披露重大事项进程备忘录中的相关内容。

第十四条　中国证监会及其派出机构可以根据《上市公司现场检查办法》的规定，对上市公司内幕信息知情人登记管理制度的建立、执行和上市公司内幕信息知情人档案保管情况进行现场检查。

第十五条　有下列情形之一的，中国证监会可以对上市公司及相关主体采取责令改正、监管谈话、出具警示函等监督管理措施；情节严重的，可以认定相关人员为不适当人选，或者对其采取市场禁入措施：

（一）未按照本规定的要求建立内幕信息知情人登记管理制度；

（二）未按照本规定的要求报送内幕信息知情人档案、重大事项进程备忘录；

（三）内幕信息知情人档案、重大事项进程备忘录有虚假、重大遗漏和重大错误；

（四）拒不配合上市公司进行内幕信息知情人登记。

中国证监会依照前款规定采取监督管理措施，涉及国有控股上市公司或其控股股东的，通报有关国有资产监督管理机构。

发现内幕信息、知情人泄露内幕信息、进行内幕交易或者建议他人利用内幕信息进行交易等情形的，中国证监会将对有关单位和个人进行立案稽查，涉嫌犯罪的，依法移送司法机关追究刑事责任。

第十六条　本规定自 2011 年 11 月 25 日起施行。

证券公司年度报告内容与格式准则（2013年修订）

（中国证监会于2013年11月20日发布，并于2014年1月1日起施行）

第一章 总 则

第一条 为规范证券公司年度报告的编制及信息披露行为，保护公司股东和债权人的合法权益，提高证券公司财务信息质量，根据《公司法》、《证券法》、《证券公司监督管理条例》、《企业会计准则》等法律、法规及中国证券监督管理委员会（以下简称"中国证监会"）的有关规定，制定本准则。

第二条 凡根据《公司法》、《证券法》规定经批准设立的证券公司（以下简称"公司"）应按照本准则的要求编制年度报告，并在每个会计年度结束之日起四个月内向中国证监会报送。

已公开发行证券的公司除执行本准则外，还应按照公开发行证券的公司信息披露有关规定编制与披露年度报告。未公开发行证券的公司还应按照本准则第四章要求编制并向社会公开披露信息。

第三条 公司董事会、监事会及董事、监事、高级管理人员应保证年度报告内容的真实、准确、完整，不存在虚假记载、误导性陈述或重大遗漏，并就其承担个别和连带的法律责任。

第四条 本准则是对公司年度报告编制和披露的最低要求。对年度报告使用者有重大影响的信息，公司均应披露。

在不影响披露内容完整性和妨碍阅读的前提下，公司可采用相互引证的方法，对各相关部分的内容进行适当的处理，以避免不必要的重复。

第五条 公司年度报告中的财务报表应经具有证券期货相关业务资格的会计师事务所审计，有关审计报告应由该所盖章，并由两名注册会计师签名盖章。

编制合并财务报表的公司，纳入合并范围的企业和特殊目的主体的年度财务报表，以及对公司财务报表有重大影响的联营企业、合营企业的年度财务报表，也应由具有证券期货相关业务资格的会计师事务所审计。

中国证监会要求的其他专项报告也应由具有证券期货相关业务资格的会计师事务所审计。

第六条 公司必须在年度报告中全文转载注册会计师的审计意见，不得随意修改或删节会计师事务所和注册会计师已签发意见的财务报表。

第七条 公司在编制年度报告时还应遵循如下一般要求：

（一）年度报告中引用的数字应采用阿拉伯数字，有关货币金额除特别说明外，指人民币金额，并以元、千元、万元、百万元或亿元为单位。

（二）公司可根据有关规定或其他要求，编制年度报告外文译本，同时应保证中外文文本的一致性，并在外文文本上注明："本报告分别以中、英（或其他语种）文编制，在对中外文文本的理解上发生歧义时，以中文文本为准。"

（三）年度报告封面应载明公司名称、"年度报告"的字样、报告期年份，也可载有公司的外文名称、徽章、图案等。年度报告的目录应编排在显著位置。年度报告目录应标明各章、节的标题及其对应的页码。

（四）公司编制年度报告时可以图文并茂，采用柱状图、饼状图等统计图表，以及必要的产品、服务和业务活动图片进行辅助说明，提高报告的可读性。

第八条 编制合并财务报表的公司，年度报告正文中披露的数据应以合并报表数据为基础。按照监管要求需用母公司数据计算和编制的内容除外。

第二章 年度报告

第一节 重要提示、目录和释义

第九条 公司应在年度报告显要位置作出如下（但不限于）重要提示：

"本公司董事会、监事会及董事、监事、高级管理人员保证年度报告内容的真实、准确、完整，不存在虚假记载、误导性陈述或重大遗漏，并就其承担个别和连带的法律责任。"

如有董事、监事、高级管理人员对年度报告内容存在异议或无法保证其真实、准确、完整的，应当声明："×××无法保证本报告内容的真实、准确、完整"，并说明理由。同时，单独列示未出席董事会审议年度报告的董事姓名及原因。

公司负责人、主管会计工作的负责人及会计机构负责人（会计主管人员）应声明并保证年度报告中财务报表的真实、准确、完整。

如果执行审计的会计师事务所对公司财务报表出具了非标准审计意见，重要提示中应增加以下陈述：

"××会计师事务所为本公司出具了带强调事项段的无保留意见（或保留意见、无法表示意见、否定意见）的审计报告，本公司董事会、监事会对相关事项已有详细说明，请注意阅读"。

第十条 公司应对可能造成报告使用者理解障碍以及特定含义的术语做出通俗易懂的解释，年度报告的释义应在目录次页排印。

第二节 公司概况

第十一条 公司应披露如下简介：

（一）公司的法定中、外文名称及缩写；

（二）法定代表人、总经理；

（三）注册资本、净资本和各单项业务资格；

（四）公司注册地址，公司办公地址及邮政编码，公司国际互联网网址、电子信箱；

（五）公司董事会秘书的姓名、联系地址、电话、传真、电子信箱。

第十二条 公司应简要介绍其历史沿革，主要包括以前年度经历的改制重组、增资扩股等情况。

第十三条 公司应采用图表或其他有效形式，简要介绍其组织机构，包括公司总部的主要职能部门、境内外分公司、境内外子公司等。还应披露境内外重要分公司、子公司的地址、设立时间、注册资本（或营运资金）、负责人、联系电话等。

第十四条 公司应披露其证券营业部的数量和分布情况等。

第三节 财务和业务数据摘要

第十五条 公司应采用数据列表方式，披露合并财务报表和母公司财务报表主要项目的期末数（本年数）、期初数（上年数）和增减百分比。

主要财务数据和指标的排列应从左到右，左起为报告期的数据。

第十六条 公司应披露的主要财务数据包括但不限于：资产总额、负债总额、所有者权益总额、营业收入、净利润（归属于母公司所有者的净利润）、其他综合（行情 专区）收益，以及与期初或上期数据相比变动超过30%的重要项目。公司应披露的主要财务指标包括但不限于：净资产收益率、每股收益等。

第十七条 公司应按照监管部门的有关要求计算净资本、风险资本准备及相关风险控制指标，并列示期初数和期末数。若监管部门在报告期内修订相关计算标准，期初数应按照新标准重新计算列示。

第四节 管理层报告

第十八条 公司管理层报告中应对财务报表的数据和其他必要的统计数据，以及报告期内发生和未来发生的重大事项进行讨论、分析，可以采用逐年比较、数据列表或其他方式对相关事项进行列示，便于报告使用者了解其财务状况、经营成果及未来变化情况。公司披露管理层报告应当遵守以下原则：

（一）披露内容应当可靠，引用数据、资料应当依据充分。如引用第三方的数据、资料，应当关注其权威性，并注明来源；

（二）披露内容应当具有充分的决策相关性，在全面分析公司各项主要业务的基础上，着重关注公司业务创新、重大投融资等在报告期内的执行情况和未来计划，有利于报告使用者充分了解公司未来变化趋势；

（三）披露内容应当具有充分关联性，结合公司的外部环境（如宏观环境、行业政策、行业地位或区域市场地位等）和内部条件（如业务规模、经营区域、技术、人员等）对公司的经营成果和财务状况进行针对性的讨论、分析，保持内在逻辑的一致性；

（四）鼓励公司披露对业绩敏感度较高的关键业绩指标，分析指标的假定条件、计算方法、选取依据，以及变化原因和趋势；

（五）讨论、分析不应简单重复财务报表的内容，而应当侧重分析重要的经营指标和财务指标，重点披露实质性内容、已知的重要趋势和不确定性；

（六）语言表述平实，清晰易懂，力戒空洞、模板化。

第十九条 公司应分析披露报告期内主要业务的经营概况、业内竞争状况、所处的市场地位和核心竞争力等，以及公司为应对报告期内经济环境和市场状况的变化，对主要业务做出的重大调整。

公司可按照业务条线、区域等原则披露分部报告信息，包括分部的营业收入、成本、营业利润的构成、相对于上一报告期的变化情况及其变动原因。

第二十条 公司应披露报告期内破产重整，兼并或分立情况；子公司、分公司、营业部和特殊目的主体等设立和处置情况；重大的资产处置、收购、置换、剥离情况；重组其他公司情况等，以及这些活动对公司业绩的影响。

第二十一条 公司应披露在报告期内业务创新情况，分析其对公司经营业绩和未来发展的影响，以及如何进行风险控制。

第二十二条 公司应披露其主要的融资渠道、长短期负债结构以及为维持流动性水平所采取的措施和相关的管理政策，同时分析其融资能力、或有事项及其对财务状况的影响。

第二十三条 公司应分析报告期内现金流转情况，包括经营活动、投资活动和筹资活动产生的现金流量及其主要影响因素。

第二十四条 公司应针对自身特点，遵循关联性和重要性原则，分析影响其业务经营活动的各项重大风险因素，如政策性风险、业务模式风险、信用风险、流动性风险、市场风险等，以及这些风险因素对本报告期及未来业绩的影响，并说明已经或计划采取的应对措施。

第二十五条 公司应说明动态的风险控制指标监控和补足机制建立情况，报告期内风险控制指标触及预警标准、不符合规定标准的情况及采取的整改措施、整改效果。

第二十六条 公司财务报表被会计师事务所出具非标准审计意见的，公司应就所涉事项作出说明，独立董事、监事会对此说明有不同意见的，还应披露其不同意见。

公司作出会计政策、会计估计变更或重大会计差错更正的，应披露变更、更正的原因及影响，涉及追溯调整的，应当披露对当年和上年度经营成果的影响和财务状况的累计影响。

第二十七条 公司应披露报告期内利润分配政策的制定、执行或调整情况，说明利润分配政策是否符合行业有关规定、公司章程及审议程序的要求。

第二十八条 鼓励公司主动披露积极履行社会责任的工作情况，包括公司在保护债权人、职工、客户等利益相关者合法权益方面所承担的社会责任，以及公司在社会公益事业方面所采取的措施。

公司已披露社会责任报告全文的，仅需提供相关的查询索引。

第五节 其他重要事项

第二十九条 公司应披露本年度被处罚或公开谴责的情况，包括公司及其董事、监事和高级管理人员被证券期货监管机构、相关自律组织采取行政处罚或公开谴责，以及被财税、外汇和审计等部门作出处罚的记录等。

第三十条 公司应按如下要求披露报告期内诉讼和仲裁事项：

（一）对以前年度和本报告期内发生但尚未结案的重大诉讼、仲裁事项，应逐项披露其进展情况、涉及金额、是否形成预计负债及对公司未来的影响。对已经结案的重大诉讼、仲裁事项，公司应披露其具体内容、审理结果和执行等情况；

（二）如报告期内无重大诉讼和仲裁事项，公司应明确陈述“本年度公司无重大诉讼和仲裁事项”。

第三十一条 公司应披露其关联方情况，以及按照日常交易、投资、债权债务等业务类别，简要披露报告期内关联交易相关金额、余额等情况。

第三十二条 公司应披露报告期内各单项业务资格的变化情况。

第三十三条 公司应披露可能影响其财务状况和经营成果的主要表外项目（如担保、抵押、质押、融资合约、重要的承销合同等）的总金额及有关情况。

第三十四条 公司应披露报告期内聘任、变更会计师事务所情况。若有变更会计师事务所的，应说明变更的原因。

公司应分项披露归属于报告期和报告期内实际支付的年报相关审计费用情况，以及目前的审计机构和签字会计师已为公司提供年度财务报表审计服务的连续年限。

第三十五条 公司应披露如下重大资产负债表日后事项：

（一）公司股东、董事、监事及高级管理人员变动情况；

（二）年度分配预案或决议；

（三）重大投融资行为；

（四）重大诉讼、仲裁事项等；

（五）企业合并或处置子公司；

（六）其他可能对公司的财务状况、经营成果和现金流量发生重大影响的情况。

第三十六条 以合并口径计算，公司的子公司发生的本节所列重要事项，应当视同公司的重要事项予以披露。

第六节 股本（资本）变动及股东情况

第三十七条 公司应详细披露其股本（或实收资本）在报告期内的变动情况，包括增资扩股、重组合并、股权转让等，应披露相应的批准文号、投资者投入或重组置换资产的概要描述等。

第三十八条 公司应披露如下股东情况：

（一）报告期末股东总数；

（二）报告期末持有本公司5%以上（含5%）股份（股权）的股东名称、年度内股份（股权）增减变动情况、年末持股数量（出资金额）及百分比、所持股份（股权）的质押或冻结情况。若持股5%（含5%）以上的股东少于十名，则应列出至少前十名股东的持股情况。如前十名股东之间存在关联关系，应予以说明；

（三）对报告期末持股10%（含10%）以上的前五名法人股东，应详细介绍股东单位的法定代表人、总经理、主营业务、注册资本。若股东为自然人的，应介绍其姓名、国籍、是否取得其他国家或地区居留权、最近五年内的职业及职务等。

第七节 董事、监事、高级管理人员和员工情况

第三十九条 公司应披露现任及报告期内离任董事、监事和高级管理人员的姓名、性别、年龄、任期起止日期、期初和期末持有本公司股份、股票期权、被授予限制性股票数量、年度内股份增减变动量及增减变动原因。独立董事应单独注明。

第四十条 公司应披露现任董事、监事和高级管理人员的简要工作经历。董事、监事和高级管理人员在股东单位及除股东单位外的其他单位任职或兼职情况，包括其职务及任职期间。

第四十一条 公司应披露报告期内离任的董事、监事和高级管理人员的姓名和离任原因。

第四十二条 高级管理人员包括总经理、副总经理、财务负责人、合规负责人、董事会秘书及实际履行上述职务的人员。

第四十三条 公司董事会下设各类专门委员会的，应披露委员会的人员构成情况。

第四十四条 公司应披露董事、监事和高级管理人员薪酬管理的基本制度、决策程序以及薪酬情况，包括报告期末每位现任及报告期内离任董事、监事和高级管理人员在报告期内计提的薪酬金额、实际获得的薪酬金额、薪酬延期支付和非现金薪酬情况。

第四十五条 公司应简要介绍母公司和主要子公司的员工情况，主要包括：员工人数、人员分布（例如研究人员、投行人员、经纪业务人员、资产管理业务人员、证券投资业务人员、财务人员、信息技术人员等）和教育程度等。

第四十六条 公司应披露委托经纪人从事客户招揽、客户服务相关情况，包括管理模式、经纪人人数等。

第八节 公司治理

第四十七条 公司应简要披露报告期内股东会或股东大会、董事会会议、监事会会议情况及决议内容。

第四十八条 公司应披露董事、监事的履职情况，包括报告期内董事、监事参加董事会、监事

会会议的次数、投票表决等情况。

公司应简要披露报告期内每位独立董事履行职责的情况，如独立董事出席董事会、股东会或股东大会情况、独立董事曾提出异议的有关事项及异议的内容、独立董事对公司有关建议是否被采纳的说明。

第四十九条　公司应披露董事会下设各类专门委员会在报告期内履行职责时所提出的重要意见和建议。

第五十条　公司应披露公司合规管理体系建设情况，合规、稽核部门报告期内完成的检查稽核情况。

第九节　内部控制

第五十一条　公司应披露董事会关于内部控制责任的声明，并披露建立财务报告内部控制的依据以及内部控制制度建设情况。

第五十二条　公司应披露经董事会审议通过的内部控制自我评价报告，披露报告期内发现的内部控制重大缺陷的具体情况，包括缺陷发生的时间、对缺陷的具体描述、缺陷对财务报告的潜在影响，已实施或拟实施的整改措施、时间及整改效果。

第五十三条　公司应披露会计师事务所对公司内部控制的意见，若与公司自我评价报告意见不一致的，公司应当解释原因。

第三章　财务报表

第五十四条　财务报表至少应当包括资产负债表、利润表、现金流量表、所有者权益（或股东权益）变动表和附注。

第五十五条　公司财务报表的编制应遵守《企业会计准则》、《企业会计准则——应用指南》和本准则所附的《证券公司财务报表附注编制的特别规定》等有关规定。

第五十六条　编制合并财务报表的公司，除提供合并财务报表外，还应提供母公司财务报表。

第五十七条　公司提供的财务报表中会计数据的排列应自左至右，最左侧为最近一期数据。表内各主要报表项目应标有附注编号，并与财务报表附注编号相一致。财务报表的金额单位应为人民币元。

第五十八条　公司提供的财务报表应加盖公司公章，由公司负责人、主管会计工作的负责人及公司会计机构负责人（会计主管人员）签名并盖章。

第四章　年度报告公开披露信息

第五十九条　未公开发行证券的公司应向社会披露按照本章要求编写的年度报告公开信息、审计报告正文以及经审计的财务报表（不含附注）。

第六十条　公司应披露如下简介：

（一）公司的法定中、外文名称及缩写；

（二）法定代表人、总经理；

（三）注册资本和各单项业务资格；

（四）公司注册地址，公司办公地址及其邮政编码，公司国际互联网网址、电子信箱。

第六十一条　公司应披露如下股东情况：

（一）报告期末股东总数；

（二）期末持股前 5 名的股东名称、持股比例。

第六十二条　公司应简要介绍其历史沿革。

第六十三条　公司应简要介绍其组织结构，包括公司总部的主要职能部门、境内外分公司、境内外专业子公司等。

第六十四条　公司应概要披露其证券营业部数量和分布情况等。

第六十五条　公司应简要介绍母公司和主要子公司员工的有关情况，主要包括员工人数、人员分布和教育程度等。

第六十六条　公司应对其资产质量、流动性情况、负债状况以及重要的投融资活动进行简要分析。

第六十七条　公司应概要披露报告期内各项业务的经营概况和公司所处的市场地位等。

第六十八条　财务报表被会计师事务所出具非标准审计意见的，公司应就所涉事项作出说明。

第六十九条　公司应披露内部控制自我评价报告结论和注册会计师对内部控制的意见。

第七十条　公司应披露董事、监事、高级管理人员薪酬管理信息，至少包括：

（一）薪酬管理的基本制度及决策程序；

（二）年度薪酬总额和在董事、监事、高级管理人员之间的分布情况（独立董事需单独列示）；

（三）薪酬延期支付和非现金薪酬情况。

第七十一条　鼓励公司主动披露积极履行社会责任的工作情况，包括公司在保护债权人、职工、客户等利益相关者合法权益方面所承担的社会责任，以及公司在社会公益事业方面所采取的措施。

公司已披露社会责任报告全文的，仅需提供相关的查询索引。

第五章　附　则

第七十二条　本准则自 2014 年 1 月 1 日起施行。原《证券公司年度报告内容与格式准则》（证监会公告〔2008〕1 号）、《公开发行证券的公司信息披露编报规则第 6 号——证券公司财务报表附注特别规定》（证监发〔2000〕76 号）、《公开发行证券的公司信息披露编报规则第 8 号——证券公司年度报告内容与格式特别规定》（证监发〔2000〕80 号）同时废止。

附件：

证券公司财务报表附注编制的特别规定

第一条　证券公司应按照企业会计准则及其应用指南和本特别规定编制财务报表附注。对于其他未作明确规定或创新的业务，公司应按照实质重于形式和重要性原则，通过对主要风险和收益的判断，严格把握相关业务或产品实质，确保信息披露真实、准确、完整。

第二条　编制合并财务报表的公司，应按照本规定分别对合并财务报表和母公司财务报表的主要项目进行注释。

附注项目金额异常或年度间变动异常的报表项目，如占公司报告期末资产总额 5%（含 5%）以上、报告期营业收入或营业支出总额 10%（含 10%）以上，且两个期间的数据变动幅度达 30%（含 30%）以上的，应具体说明原因。

第三条　对附注中的资产负债表项目注释期末期初比较数据，一般最左侧为期末数；对附注中的利润表项目注释本期与上期比较数据，一般最左侧为本期数。

第四条　公司对报表重要项目的说明，应当按照资产负债表、利润表、现金流量表、所有者权益（或股东权益）变动表及其项目列示的顺序，采用文字和数字描述相结合的方式进行披露。报表重要项目的明细金额合计，应当与报表项目金额相互勾稽。

第五条　公司财务报表附注应至少包括以下内容：

（一）公司概况；

（二）财务报表的编制基础；

（三）遵循《企业会计准则》的声明；

（四）公司采用的主要会计政策、会计估计；

（五）会计政策和会计估计变更及差错更正的说明；

（六）公司应披露主要税种、税率及所享受的税收优惠等情况，如果各分、子公司异地独立纳税，其中执行不同税率的，应予说明；

（七）报表重要项目的说明；

（八）或有事项和承诺事项、资产负债表日后非调整事项、关联方关系及其交易等事项；

（九）其他需要说明的重要事项。

第六条　公司应制定与其业务特点相适应的具体会计政策，不得以会计准则的原则性表述代替。

第七条　公司应披露公允价值确定、金融资产分类原则。采用估值技术确定公允价值的，应披露相关估值假设及主要参数选取原则。

第八条　公司应制定并在财务报表附注中披露可供出售金融资产减值准备计提政策，明确说明可供出售金融资产中的权益工具投资的公允价值发生“严重”与“非暂时性”下跌的量化标准，该判断标准应当在各报告期间保持一致。

第九条　公司应披露其所控制的境内外重要企业和特殊目的主体以及对公司财务报表有重大影响的合营企业、联营企业的全称、注册资本、经营范围以及公司对其投资额和所占权益比例等。未纳入合并财务报表范围的子公司和特殊目的主体，应明确说明原因及对财务状况的影响。合并报表范围如发生变更，应当披露变更内容、原因。公司报告期内若发生购买股权或以其他方式增加控股企业和特殊目的主体的情况，应说明每个新增企业和特殊目的主体的购买日及其确定方法。

第十条　货币资金应按自有资金和客户资金分别披露，同时在上述两项下披露融资融券业务的相关数据，包括自有信用资金存款和客户信用资金存款。

自有信用资金存款反映公司存放在银行（行情　专区）或其他金融机构的用于融资融券业务的自有信用资金款项。客户信用资金存款反映客户用于融资融券的交易或担保的资金款项。

项目	期末			年初		
	外币金额	折算率	折人民币金额	外币金额	折算率	折人民币金额
现金：						
人民币						
货币选项						
银行存款：						
其中：自有资金						
人民币						
货币选项						
客户资金						
人民币						
货币选项						
其他货币资金：						
人民币						
货币选项						
合计						

其中，融资融券业务：

项目	期末			年初		
	外币金额	折算率	折人民币金额	外币金额	折算率	折人民币金额
自有信用资金						
人民币						
货币选项						
客户信用资金						
人民币						
货币选项						

在货币选项下可根据业务实际添加行。如有因抵押、质押或冻结等对使用有限制、有潜在回收风险的款项应单独说明。

第十一条　结算备付金应按自有备付金和客户备付金分别披露，同时还应披露融资融券业务的信用备付金。

信用备付金反映公司为融资融券业务的资金清算与交收而存入证券登记结算公司的款项。

项目	期末			年初		
	外币金额	折算率	折人民币金额	外币金额	折算率	折人民币金额
自有备付金：						
人民币						
货币选项						
客户备付金：						
人民币						
货币选项						
信用备付金：						
人民币						
货币选项						
合计						

第十二条　融出资金反映公司开展融资融券业务向客户提供融资的款项，应根据重要性原则，按下表进行披露。

项目	期末账面余额	年初账面余额
个人		
机构		
合计		

公司应按照担保物类别（资金、债券、股票等），披露客户因融资融券业务向公司提供的担保物公允价值情况。

担保物类别	期末公允价值	年初公允价值
资金		
债券		
股票		
合计		

第十三条 交易性金融资产应按下表填列。对于指定为以公允价值计量且其变动计入当期损益的金融资产，公司应参照该表格式单独予以披露，并简要披露相关业务情况。

项目名称	期末账面余额	期末初始成本	年初账面余额	年初初始成本
债券				
基金				
股票				
……				
其他				
合计				

第十四条 可供出售金融资产应按下表填列，同时还应按照项目类别分别列示减值准备及净值。

项目名称	期末				年初			
	初始成本	公允价值变动	减值准备	账面价值	初始成本	公允价值变动	减值准备	账面价值
债券								
基金								
股票								
证券公司理财产品								
银行理财产品								
信托计划								
……								
其他								
合计								

第十五条 公司应按下表披露融券业务情况，可根据业务实际添加项目，同时应披露融券业务违约概率情况。

项目	期末公允价值	年初公允价值
融出证券		
—可供出售金融资产		
—转融通融入证券		
转融通融入证券总额		

第十六条 衍生金融工具应按下表分别披露衍生金融资产和负债的年初、期末名义金额和公允价值。

类别	期末						年初					
	套期工具			非套期工具			套期工具			非套期工具		
	名义金额	公允价值		名义金额	公允价值		名义金额	公允价值		名义金额	公允价值	
		资产	负债		资产	负债		资产	负债		资产	负债
利率衍生工具（按类别列示）												
货币衍生工具（按类别列示）												
权益衍生工具（按类别列示）												

续表

<table>
<tr><th rowspan="3">类别</th><th colspan="6">期末</th><th colspan="6">年初</th></tr>
<tr><th colspan="3">套期工具</th><th colspan="3">非套期工具</th><th colspan="3">套期工具</th><th colspan="3">非套期工具</th></tr>
<tr><th>名义金额</th><th>公允价值 资产</th><th>公允价值 负债</th><th>名义金额</th><th>公允价值 资产</th><th>公允价值 负债</th><th>名义金额</th><th>公允价值 资产</th><th>公允价值 负债</th><th>名义金额</th><th>公允价值 资产</th><th>公允价值 负债</th></tr>
<tr><td>信用衍生工具（按类别列示）</td><td></td><td></td><td></td><td></td><td></td><td></td><td></td><td></td><td></td><td></td><td></td><td></td></tr>
<tr><td>其他衍生工具（按类别列示）</td><td></td><td></td><td></td><td></td><td></td><td></td><td></td><td></td><td></td><td></td><td></td><td></td></tr>
<tr><td>合　计</td><td></td><td></td><td></td><td></td><td></td><td></td><td></td><td></td><td></td><td></td><td></td><td></td></tr>
</table>

第十七条　买入返售金融资产应按下表披露，同时应披露收取的担保物情况。

项目	期末账面余额	年初账面余额
股票		
债券		
其他		
减：减值准备		
账面价值		

约定购回、质押回购融出资金按剩余期限分类披露。

期限	期末账面余额	年初账面余额
一个月内		
一个月至三个月内		
三个月至一年内		
一年以上		
合计		

第十八条　应收利息应按下表填列，可根据业务实际添加项目。

项目	期末账面余额	年初账面余额
债券投资		
存放金融同业		
资金拆借		
融资融券		
买入返售		
其他		
合计		

第十九条　存出保证金（行情 股吧 买卖点）应按下表填列，可根据业务实际添加项目；如涉及外币，应参照此表单独披露相关本、外币期初期末金额。

项目	期末账面余额	年初账面余额
交易保证金		
信用保证金		
履约保证金		
合计		

第二十条 持有至到期投资应按下表填列。

项目	期末账面余额	年初账面余额	期末公允价值
债券			
其中（按类别列示）：			
其他			
持有至到期投资合计			
减：持有至到期投资减值准备			
持有至到期投资账面价值			

第二十一条 公司应在其他资产项目下披露应收股利、其他应收款、抵债资产、代理兑付债券、长期待摊费用和待摊费用等项目。

第二十二条 公司应编制资产减值准备变动表，分项披露各项减值准备的变动情况。

项目	年初余额	本期增加	本期减少		期末余额
			转回	转销	
买入返售金融资产减值准备					
坏账准备					
可供出售金融资产减值准备					
持有至到期投资减值准备					
长期股权投资减值准备					
投资性房地产（行情　专区）减值准备					
固定资产减值准备					
在建工程减值准备					
无形资产减值准备					
商誉减值准备					
……					
合计					

第二十三条 短期借款应按下表列示。

项目	期末账面余额	年初账面余额
借款		
其中：信用借款		
质押借款		
……		
其他		
合计		

第二十四条 公司应在拆入资金项下披露转融通融入资金规模、剩余期限、利率（或区间）情况。

第二十五条 卖出回购金融资产款应按下表披露，同时还应披露报价回购业务融入资金剩余期限、对应期末余额、利率等信息。

项目	期末账面余额	年初账面余额
股票		
债券		
其他		
合计		

报价回购融入资金按剩余期限分类。

期限	期末账面余额	利率区间	年初账面余额	利率区间
一个月内				
一个月至三个月内				
三个月至一年内				
一年以上				
合计				

第二十六条 代理买卖证券款应按下表列示。

项目	期末账面余额	年初账面余额
个人		
机构		
合计		

第二十七条 信用交易代理买卖证券款应按下表列示，反映公司接受融资融券业务客户委托，代理买卖股票、债券和基金等有价证券而收到的款项。

项目	期末账面余额	年初账面余额
个人		
机构		
合计		

第二十八条 应付利息应按下表列示。

项目	期末账面余额	年初账面余额
客户资金		
短期借款		
拆入资金		
其中：转融通融入资金		
应付债券		
卖出回购		
次级债券		
……		
合计		

第二十九条 应付债券应按下表列示。

债券名称	面值	发行日期	债券期限	发行金额	票面利率	期末余额	年初余额
债券 A							
债券 B							
……							

第三十条 公司应在其他负债项目下披露应付股利、其他应付款、代理兑付债券款和预提费用等项目。

第三十一条 公司应在次级债券下逐项披露次级债信息。如项目过多，可按期限合并披露相关规模及利率区间等信息。

第三十二条　手续费及佣金净收入应按下表列示。

项目	本期发生额	上期发生额
手续费及佣金收入		
证券经纪业务		
其中：代理买卖证券业务		
交易单元席位租赁		
代销金融产品业务		
期货经纪业务		
投资银行业务		
其中：证券承销业务		
证券保荐业务		
财务顾问业务		
资产管理业务		
基金管理业务		
投资咨询业务		
其他		
手续费及佣金支出		
证券经纪业务		
其中：代理买卖证券业务		
交易单元席位租赁		
代销金融产品业务		
期货经纪业务		
投资银行业务		
其中：证券承销业务		
证券保荐业务		
财务顾问业务		
资产管理业务		
基金管理业务		
投资咨询业务		
其他		
手续费及佣金净收入		
其中：财务顾问业务净收入		
—并购重组财务顾问业务净收入——境内上市公司		
—并购重组财务顾问业务净收入——其他		
—其他财务顾问业务净收入		

其中，公司应分类披露代理销售金融产品的年度销售总金额及代理销售总收入等情况。

代销金融产品业务	本期		上期	
	销售总金额	销售总收入	销售总金额	销售总收入
基金				
银行理财产品				
信托				
……				
合计				

证券公司资产管理业务开展情况及收入应按下表列示。其中，集合资产管理计划年初、期末受托资金应填列实际收取的申购和认购金额。

项目	集合资产管理业务	定向资产管理业务	专项资产管理业务
期末产品数量			
期末客户数量			
其中：个人客户			
机构客户			
年初受托资金			
其中：自有资金投入			
个人客户			
机构客户			
期末受托资金			
其中：自有资金投入			
个人客户			
机构客户			
期末主要受托资产初始成本			
其中：股票			
国债			
其他债券			
基金			
……			
当期资产管理业务净收入			

第三十三条 利息净收入应按下表列示。

项目	本期发生额	上期发生额
利息收入		
存放金融同业利息收入		
其中：自有资金存款利息收入		
客户资金存款利息收入		
融资融券利息收入		
买入返售金融资产利息收入		
其中：约定购回利息收入		
股权质押回购利息收入		
拆出资金利息收入		
其他		
利息支出		
客户资金存款利息支出		
卖出回购金融资产利息支出		
其中：报价回购利息支出		
短期借款利息支出		
拆入资金利息支出		
其中：转融通利息支出		
长期借款利息支出		
应付债券利息支出		
次级债券利息支出		
其他		
利息净收入		

第三十四条 投资收益应按下表列示，可根据业务实际添加项目。

项目	本期发生额	上期发生额
成本法核算的长期股权投资收益		
权益法核算的长期股权投资收益		
处置长期股权投资产生的投资收益		
金融工具投资收益		
其中：持有期间取得的收益		
—交易性金融资产		
—持有至到期投资		
—可供出售金融资产		
—衍生金融工具		
处置金融工具取得的收益		
—交易性金融资产		
—持有至到期投资		
—可供出售金融资产		
—衍生金融工具		
其他		
合计		

第三十五条 公允价值变动收益应按下表列示。

项目	本期发生额	上期发生额
交易性金融资产		
交易性金融负债		
衍生金融工具		
合计		

第三十六条 其他业务收入应按项目分别披露。

第三十七条 公司应按重要性原则披露营业税金及附加、业务及管理费、营业外收支的明细及比较数据。

第三十八条 其他综合收益应按下表列示。

项目	本期发生额	上期发生额
1. 可供出售金融资产产生的利得（或损失）金额		
减：可供出售金融资产产生的所得税影响		
前期计入其他综合收益当期转入损益的净额		
小计		
2. 按照权益法核算的在被投资单位其他综合收益中所享有的份额		
减：按照权益法核算的在被投资单位其他综合收益中所享有的份额产生的所得税影响		
前期计入其他综合收益当期转入损益的净额		
小计		
3. 现金流量套期工具产生的利得（或损失）金额		
减：现金流量套期工具产生的所得税影响		
前期计入其他综合收益当期转入损益的净额		

续表

项目	本期发生额	上期发生额
转为被套期项目初始确认金额的调整额		
小计		
4. 外币财务报表折算差额		
减：处置境外经营当期转入损益的净额		
小计		
5. 其他		
减：由其他计入其他综合收益产生的所得税影响		
前期其他计入其他综合收益当期转入损益的净额		
小计		
合计		

信息披露违法行为行政责任认定规则

（中国证券监督管理委员会公告〔2011〕11号）

第一章 总 则

第一条 为规范信息披露违法行政责任认定工作，引导、督促发行人、上市公司及其控股股东、实际控制人、收购人等信息披露义务人（以下统称“信息披露义务人”）及其有关责任人员依法履行信息披露义务，保护投资者合法权益，根据《中华人民共和国证券法》（以下简称《证券法》）、《中华人民共和国行政处罚法》（以下简称《行政处罚法》）和其他相关法律、行政法规等，结合证券监管实践，制定本规则。

第二条 《证券法》规定的信息披露违法行为行政责任认定适用本规则。

第三条 信息披露义务人应当按照有关信息披露法律、行政法规、规章和规范性文件，以及证券交易所业务规则等规定，真实、准确、完整、及时、公平披露信息。

发行人、上市公司的董事、监事、高级管理人员应当为公司和全体股东的利益服务，诚实守信，忠实、勤勉地履行职责，独立作出适当判断，保护投资者的合法权益，保证信息披露真实、准确、完整、及时、公平。

第四条 认定信息披露违法行为行政责任，应当根据有关信息披露法律、行政法规、规章和规范性文件，以及证券交易所业务规则等规定，遵循专业标准和职业道德，运用逻辑判断和监管工作经验，审查运用证据，全面、客观、公正地认定事实，依法处理。

第五条 信息披露违法行为情节严重，涉嫌犯罪的，证监会依法移送司法机关追究刑事责任。

依法给予行政处罚或者采取市场禁入措施的，按照规定记入证券期货诚信档案。

依法不予处罚或者市场禁入的，可以根据情节采取相应的行政监管措施并记入证券期货诚信档案。

第六条 在信息披露中保荐人、证券服务机构及其人员未勤勉尽责，或者制作、出具的文件有虚假记载、误导性陈述或者重大遗漏的，证监会依法认定其责任和予以行政处罚。

第二章 信息披露违法行为认定

第七条 信息披露义务人未按照法律、行政法规、规章和规范性文件，以及证券交易所业务规则规定的信息披露（包括报告，下同）期限、方式等要求及时、公平披露信息，应当认定构成未按照规定披露信息的信息披露违法行为。

第八条 信息披露义务人在信息披露文件中对所披露内容进行不真实记载，包括发生业务不入账、虚构业务入账、不按照相关规定进行会计核算和编制财务会计报告，以及其他在信息披露中记载的事实与真实情况不符的，应当认定构成所披露的信息有虚假记载的信息披露违法行为。

第九条 信息披露义务人在信息披露文件中或者通过其他信息发布渠道、载体，作出不完整、不准确陈述，致使或者可能致使投资者对其投资行为发生错误判断的，应当认定构成所披露的信息有误导性陈述的信息披露违法行为。

第十条 信息披露义务人在信息披露文件中未按照法律、行政法规、规章和规范性文件以及证券交易所业务规则关于重大事件或者重要事项信息披露要求披露信息，遗漏重大事项的，应当认定构成所披露的信息有重大遗漏的信息披露违法行为。

第三章 信息披露义务人信息披露违法的责任认定

第十一条 信息披露义务人行为构成信息披露违法的，应当根据其违法行为的客观方面和主观方面等综合审查认定其责任。

第十二条 认定信息披露违法行为的客观方面通常要考虑以下情形：

（一）违法披露信息包括重大差错更正信息中虚增或者虚减资产、营业收入及净利润的数额及其占当期所披露数的比重，是否因此资不抵债，是否因此发生盈亏变化，是否因此满足证券发行、股权激励计划实施、利润承诺条件，是否因此避免被特别处理，是否因此满足取消特别处理要求，是否因此满足恢复上市交易条件等；

（二）未按照规定披露的重大担保、诉讼、仲裁、关联交易以及其他重大事项所涉及的数额及其占公司最近一期经审计总资产、净资产、营业收入的比重，未按照规定及时披露信息时间长短等；

（三）信息披露违法所涉及事项对投资者投资判断的影响大小；

（四）信息披露违法后果，包括是否导致欺诈发行、欺诈上市、骗取重大资产重组许可、收购要约豁免、暂停上市、终止上市，给上市公司、股东、债权人或者其他人造成直接损失数额大小，以及未按照规定披露信息造成该公司证券交易的异动程度等；

（五）信息披露违法的次数，是否多次提供虚假或者隐瞒重要事实的财务会计报告，或者多次对依法应当披露的其他重要信息不按照规定披露；

（六）社会影响的恶劣程度；

（七）其他需要考虑的情形。

第十三条 认定信息披露义务人信息披露违法主观方面通常要考虑以下情形：

（一）信息披露义务人为单位的，在单位内部是否存在违法共谋，信息披露违法所涉及的具体事项是否是经董事会、公司办公会等会议研究决定或者由负责人员决定实施的，是否只是单位内部个人行为造成的；

（二）信息披露义务人的主观状态，信息披露违法是否是故意的欺诈行为，是否是不够谨慎、疏忽大意的过失行为；

（三）信息披露违法行为发生后的态度，公司董事、监事、高级管理人员知道信息披露违法后是否继续掩饰，是否采取适当措施进行补救；

（四）与证券监管机构的配合程度，当发现信息披露违法后，公司董事、监事、高级管理人员是否向证监会报告，是否在调查中积极配合，是否对调查机关欺诈、隐瞒，是否有干扰、阻碍调查情况；

（五）其他需要考虑的情形。

第十四条 其他违法行为引起信息披露义务人信息披露违法的，通常综合考虑以下情形认定责任：

（一）信息披露义务人是否存在过错，有无实施信息披露违法行为的故意，是否存在信息披露违法的过失；

（二）信息披露义务人是否因违法行为直接获益或者以其他方式获取利益，是否因违法行为止损或者避损，公司投资者是否因该项违法行为遭受重大损失；

（三）信息披露违法责任是否能被其他违法行为责任所吸收，认定其他违法行为行政责任、刑事责任是否能更好体现对违法行为的惩处；

（四）其他需要考虑的情形。

前款所称其他违法行为，包括上市公司的董事、监事、高级管理人员违背对公司的忠实义务，利用职务便利，操纵上市公司从事损害公司利益行为；上市公司的控股股东或者实际控制人，指使上市公司董事、监事、高级管理人员从事损害公司利益行为；上市公司董事、监事、高级管理人员和持股5%以上股东违法买卖公司股票行为；公司工作人员挪用资金、职务侵占等行为；配合证券市场内幕交易、操纵市场以及其他可能致使信息披露义务人信息披露违法的行为。

第四章　信息披露违法行为责任人员及其责任认定

第十五条　发生信息披露违法行为的，依照法律、行政法规、规章规定，对负有保证信息披露真实、准确、完整、及时和公平义务的董事、监事、高级管理人员，应当视情形认定其为直接负责的主管人员或者其他直接责任人员承担行政责任，但其能够证明已尽忠实、勤勉义务，没有过错的除外。

第十六条　信息披露违法行为的责任人员可以提交公司章程，载明职责分工和职责履行情况的材料，相关会议纪要或者会议记录以及其他证据来证明自身没有过错。

第十七条　董事、监事、高级管理人员之外的其他人员，确有证据证明其行为与信息披露违法行为具有直接因果关系，包括实际承担或者履行董事、监事或者高级管理人员的职责，组织、参与、实施了公司信息披露违法行为或者直接导致信息披露违法的，应当视情形认定其为直接负责的主管人员或者其他直接责任人员。

第十八条　有证据证明因信息披露义务人受控股股东、实际控制人指使，未按照规定披露信息，或者所披露的信息有虚假记载、误导性陈述或者重大遗漏的，在认定信息披露义务人责任的同时，应当认定信息披露义务人控股股东、实际控制人的信息披露违法责任。信息披露义务人的控股股东、实际控制人是法人的，其负责人应当认定为直接负责的主管人员。

控股股东、实际控制人直接授意、指挥从事信息披露违法行为，或者隐瞒应当披露信息、不告知应当披露信息的，应当认定控股股东、实际控制人指使从事信息披露违法行为。

第十九条　信息披露违法责任人员的责任大小，可以从以下方面考虑责任人员与案件中认定的信息披露违法的事实、性质、情节、社会危害后果的关系，综合分析认定：

（一）在信息披露违法行为发生过程中所起的作用。对于认定的信息披露违法事项是起主要作用还是次要作用，是否组织、策划、参与、实施信息披露违法行为，是积极参加还是被动参加。

（二）知情程度和态度。对于信息披露违法所涉事项及其内容是否知情，是否反映、报告，是否采取措施有效避免或者减少损害后果，是否放任违法行为发生。

（三）职务、具体职责及履行职责情况。认定的信息披露违法事项是否与责任人员的职务、具体职责存在直接关系，责任人员是否忠实、勤勉履行职责，有无懈怠、放弃履行职责，是否履行职责预防、发现和阻止信息披露违法行为发生。

（四）专业背景。是否存在责任人员有专业背景，对于信息披露中与其专业背景有关违法事项应当发现而未予指出的情况，如专业会计人士对于会计问题、专业技术人员对于技术问题等未予指出。

（五）其他影响责任认定的情况。

第二十条　认定从轻或者减轻处罚的考虑情形：

（一）未直接参与信息披露违法行为；

（二）在信息披露违法行为被发现前，及时主动要求公司采取纠正措施或者向证券监管机构报告；

（三）在获悉公司信息披露违法后，向公司有关主管人员或者公司上级主管提出质疑并采取了适当措施；

（四）配合证券监管机构调查且有立功表现；

（五）受他人胁迫参与信息披露违法行为；

（六）其他需要考虑的情形。

第二十一条　认定为不予行政处罚的考虑情形：

（一）当事人对认定的信息披露违法事项提出具体异议记载于董事会、监事会、公司办公会会议记录等，并在上述会议中投反对票的；

（二）当事人在信息披露违法事实所涉及期间，由于不可抗力、失去人身自由等无法正常履行职责的；

（三）对公司信息披露违法行为不负有主要责任的人员在公司信息披露违法行为发生后及时向公司和证券交易所、证券监管机构报告的；

（四）其他需要考虑的情形。

第二十二条　任何下列情形，不得单独作为不予处罚情形认定：

（一）不直接从事经营管理；

（二）能力不足、无相关职业背景；

（三）任职时间短、不了解情况；

（四）相信专业机构或者专业人员出具的意见和报告；

（五）受到股东、实际控制人控制或者其他外部干预。

第二十三条　下列情形认定为应当从重处罚情形：

（一）不配合证券监管机构监管，或者拒绝、阻碍证券监管机构及其工作人员执法，甚至以暴力、威胁及其他手段干扰执法；

（二）在信息披露违法案件中变造、隐瞒、毁灭证据，或者提供伪证，妨碍调查；

（三）两次以上违反信息披露规定并受到行政处罚或者证券交易所纪律处分；

（四）在信息披露上有不良诚信记录并记入证券期货诚信档案；

（五）证监会认定的其他情形。

第五章　附　则

第二十四条　本规则自公布之日起施行。本规则施行前尚未做出处理决定的案件适用本规则。

创业板上市公司半年度报告的内容与格式（2013 年修订）

（中国证监会于 2013 年 11 月 20 日发布，并于 2014 年 1 月 1 日起实施）

第一章 总 则

第一条 为规范创业板上市公司半年度报告的编制及信息披露行为，保护投资者的合法权益，依据《公司法》、《证券法》等法律、法规及中国证券监督管理委员会（以下简称“中国证监会”）的有关规定，制定本准则。

第二条 凡根据《公司法》、《证券法》在中华人民共和国境内公开发行股票并在深圳证券交易所创业板市场上市的股份有限公司（以下简称“公司”）应当按照本准则的要求编制和披露半年度报告。

第三条 本准则的规定是对半年度报告信息披露的最低要求。凡对投资者投资决策有重大影响的信息，不论本准则是否有明确规定，公司均应当披露。

第四条 本准则的某些具体要求对公司确实不适用的，经证券交易所批准后，公司可以根据实际情况在不影响披露内容完整性的前提下做出适当修改。

第五条 由于商业秘密等特殊原因，导致本准则规定的某些信息确实不便披露的，公司可以向证券交易所申请豁免，经证券交易所批准后，公司可不予披露。公司应当在相关章节说明未按本准则要求进行披露的原因。商业秘密的确定应保持境内外内容一致。

第六条 在不影响信息披露完整性和不致引起阅读不便的前提下，公司可以采用相互引证的方法，对各相关部分的内容进行适当的技术处理，以避免不必要的重复，保持文字简洁。

第七条 公司半年度报告的全文应当按本准则第二章的要求编制，摘要的编制应遵循本准则第三章的要求，并按照附件的格式进行披露。

半年度报告的报告期是指年初至半年度期末。

第八条 同时在境内、境外证券交易所上市的公司，如果境外证券监管部门对半年度报告的编制和披露要求与本准则不一致，应遵循报告披露内容从多不从少、报告要求从严不从宽的原则办理，并应在同一时间公布半年度报告。

第九条 半年度报告中的财务报告可以不经审计，但中国证监会和证券交易所另有规定的除外。

第十条 公司在编制半年度报告时应当遵循如下一般要求：

（一）半年度报告中引用的数字应当采用阿拉伯数字，货币金额除特别说明外，通常指人民币金额，并以元、千元、万元、百万元或亿元为单位。

（二）公司可以根据有关规定或其他需求，编制半年度报告外文译本，但应努力保证中外文文本的一致性，并在外文文本上注明：“本报告分别以中、英（或日、法等）文编制，在对中外文文本的理解发生歧义时，以中文文本为准。”

（三）半年度报告封面应当载明公司的中文名称、“半年度报告”字样、报告期间，也可以载明公司的外文名称、徽章、图案等。

（四）公司可以在半年度报告正文前刊载宣传本公司的照片、图表或致投资者信，但不得刊登任何祝贺性、恭维性或推荐性的词句、题字或照片，不得含有夸大、欺诈、误导或内容不准确、不客观的词句。

（五）半年度报告中若涉及行业分类，必须遵循中国证监会有关上市公司行业分类的规定；公司可以在此基础上，增加披露使用其他行业分类的数据、资料作为参考。

第十一条 在半年度报告披露前，任何当事人不得泄露与其有关的信息，或利用这些信息谋取不正当利益。

第十二条 公司应当在每个会计年度上半年结束之日起两个月内将半年度报告及摘要刊登在中国证监会指定的网站和公司网站上；同时在至少一种中国证监会指定的报纸上刊登“本公司××××年半年度报告及摘要已于×年×月×日在中国证监会指定的创业板信息披露网站上披露，请投资者注意查阅”的提示性公告。公司可以将半年度报告刊登在其他网站和其他报刊上，但不得早于在中国证监会指定的网站披露的时间。

第十三条 公司应当在半年度报告披露后及时将半年度报告原件或有法律效力的复印件备置于公司办公地点，以供股东和投资者查阅。

第十四条 公司董事会、监事会及董事、监事、高级管理人员应当保证半年度报告内容的真实性、准确性、完整性，承诺其中不存在虚假记载、误导性陈述或重大遗漏，并就该保证承担个别和连带责任。

如有董事、监事、高级管理人员对半年度报告内容的真实性、准确性、完整性无法做出保证或存在异议的，应当单独陈述理由和发表意见。未参会董事应当单独列示其姓名、职务以及未出席原因。

第十五条 特殊行业公司，除执行本准则规定外，还应执行中国证监会就该行业信息披露制定的特别规定。

第二章 半年度报告正文

第一节 重要提示、释义

第十六条 公司应当在半年度报告全文的显要位置刊登如下重要提示：“本公司董事会、监事会及董事、监事、高级管理人员保证本报告所载资料不存在任何虚假记载、误导性陈述或者重大遗漏，并对其内容的真实性、准确性、完整性承担个别及连带责任。”

如有董事、监事、高级管理人员对半年度报告内容的真实性、准确性、完整性无法做出保证或存在异议的，公司应披露如下声明：“××董事、监事、高级管理人员无法保证本报告内容的真实性、准确性、完整性，理由是：……请投资者特别关注。”

公司还应单独披露未出席董事会会议董事的姓名、职务以及未出席原因。

公司负责人、主管会计工作负责人及会计机构负责人（会计主管人员）应当声明：保证半年度报告中财务报告的真实、完整。

公司应当提示经董事会审议的报告期内的半年度利润分配预案或公积金转增股本预案。

第十七条 财务报告已经会计师事务所审计并被出具标准审计报告的，公司应当明确表述：“公司半年度财务报告已经××会计师事务所审计并出具标准审计报告。”

财务报告已经会计师事务所审计并被出具带强调事项段或其他事项段的无保留意见、保留意见、否定意见或无法表示意见的审计报告（以下简称“非标准审计报告”），公司应说明审计意见涉及事项的披露位置，并作以下提示："公司半年度财务报告已经××会计师事务所审计并出具带强调事项段或其他事项段的无保留意见、保留意见、否定意见或无法表示意见的审计报告，本公司董事会、监事会对相关事项已作详细说明，请投资者注意阅读。"

第十八条　公司应当对半年度报告中投资者难以理解及有特定含义的术语做出解释。

第二节　公司基本情况简介

第十九条　公司应当披露如下事项：

（一）法定中、英文名称及缩写；

（二）法定代表人；

（三）董事会秘书及董事会证券事务代表的姓名、联系地址、电话、传真及电子信箱；

（四）公司注册地址，办公地址及其邮政编码，互联网网址，电子信箱；

（五）公司选定的信息披露报刊名称，登载半年度报告的中国证监会指定网站的网址，半年度报告备置地点；

（六）公司股票简称和股票代码。

第二十条　公司应采用数据列表方式，提供截至报告期末和上年末（或报告期和上年同期）公司主要会计数据和财务指标，包括以下各项：营业总收入、净利润、扣除非经常性损益后的净利润、基本每股收益和稀释每股收益、净资产收益率、扣除非经常损益后的净资产收益率，总资产、所有者权益、每股净资产、经营活动产生的现金流量净额、每股经营活动产生的现金流量净额。同时说明扣除的非经常性损益项目及其金额和所得税影响额。

上述会计数据及财务指标应按照《公开发行证券的公司信息披露内容与格式准则第30号——创业板上市公司年度报告的内容与格式》（2012年修订）（以下简称《年度报告准则》）以及中国证监会颁布的其他有关信息披露规章或规范性文件计算填列，涉及股东权益的数据及指标，应采用归属于公司普通股股东的股东权益；涉及利润的数据及指标，应采用归属于公司普通股股东的净利润。

同时按国际会计准则编制财务报告的公司，还应披露分别按国内、国际会计准则编制的财务报告中的报告期的净利润、报告期末的净资产并说明其差异。

第二十一条　公司应在主要会计数据和财务指标摘要之后刊登重大风险提示。公司对风险因素的描述应当围绕公司的经营情况，遵循重要性原则，着重披露报告期新增的、可能对公司下一报告期经营产生不利影响的重大风险，并根据实际情况，披露已经或将要采取的措施。

第三节　董事会报告

第二十二条　公司董事会报告中应当对财务报告的数据和其他必要的统计数据，以及报告期内发生和未来可能发生的重大事项进行讨论、分析，以便于投资者了解其财务状况、经营成果及未来变化情况。公司披露董事会报告应当遵守创业板《年度报告准则》第二十三条所列原则。

第二十三条　董事会报告应当重点分析公司在报告期内的财务状况和经营成果。内容至少包括：

（一）概述公司报告期内总体经营情况，营业收入、费用、营业利润、净利润及经营活动现金流等项目的同比变动情况，说明引起变动的主要影响因素以及对报告期利润产生重大影响的其他经济业务活动。

（二）公司应分析说明驱动业务收入变化的具体因素，例如产销量、订单或劳务的结算比例等因素。

公司应披露报告期重大的已签订单情况，以及前期订单在本报告期的进展和本报告期新增订单的完成比例。临时报告已经披露过的情况，公司可只提供相关披露索引。

（三）主营业务的范围及经营状况，对占报告期营业收入10%（含10%）以上的产品或服务，应分别列示其营业收入、营业成本、毛利率。

（四）若报告期内利润构成、主营业务或其结构、主营业务盈利能力发生重大变化的，应予以说明；报告期内产品或服务发生重大变化或调整的，公司应介绍已推出或宣布将推出的新产品及服务，并说明可能对公司未来经营及业绩的影响。

（五）报告期内前五大供应商或客户发生变化的，公司应说明变化的具体情况并分析对公司未来经营的影响。

（六）如来源于单个参股公司的投资收益对公司净利润影响达到10%（含10%）以上，应介绍该公司业务性质、主要产品或服务和净利润等情况。

（七）公司应披露重要研发项目在本报告期的进展情况并预计对公司未来发展的影响。

（八）报告期内如果发生因设备或技术升级换代、核心技术人员辞职、特许经营权丧失、重要无形资产发生不利变化等导致公司核心竞争能力受到严重影响的，应详细说明具体情况及公司拟采取的措施。

（九）公司应结合公司业务发展规模、经营区域、产品、竞争对手等情况，介绍与公司业务相关的宏观经济层面或外部经营环境的发展现状和变化趋势，以及公司的行业地位或区域市场地位的变动趋势。

（十）公司应披露年度经营计划在报告期内的执行情况，年度经营计划发生重大变更的，应说明变更的具体原因、变更的内容及对公司年度经营业绩可能产生的影响。

（十一）公司应当遵循重要性原则披露可能对公司未来发展战略和经营目标的实现产生不利影响的所有风险因素，公司应当针对自身特点进行风险揭示，披露的内容应当充分、准确、具体，应尽量采取定量的方式分析各风险因素对公司当期及未来经营业绩的影响。同时公司可以根据实际情况，介绍已（或拟）采取的措施，对策和措施应当具体并具备可操作性。

第二十四条　董事会应当说明报告期的投资情况，包括但不限于以下方面：

（一）在报告期内募集资金或报告期之前募集资金的使用延续到报告期内的，公司应披露有关投资项目的实际进度及收益情况，投资项目运营中可能出现的风险和重大不利变化；未达到计划进度和收益的，应解释原因；尚未使用募集资金的用途；募集资金用途发生变更的，应说明变更原因、是否已履行变更程序、新的用途、实际进度与收益情况。

（二）重大非募集资金投资项目的实际进度和收益情况。

（三）对外股权投资的情况。公司应当对持有其他上市公司股权，持有商业银行、证券公司、保险公司、信托公司和期货公司等金融企业股权的情况进行重点披露，包括最初投资成本、期初持股比例、期末持股比例、期末账面值等。

（四）非金融类公司委托理财及衍生品投资的情况。公司应当披露资金来源、合作方、投资份额、投资期限、产品类型、预计收益、投资盈亏、是否涉诉等。如公司有委托贷款事项，应当披露委托贷款借款人、借款用途、抵押物或担保人，以及展期、逾期或诉讼事项及风险应对措施。

第二十五条　董事会应当将报告期实际经营成果与招股说明书、募集说明书、资产重组报告书或定期报告披露的盈利预测、有关计划或展望进行比较，说明完成预测或计划的进度情况。

第二十六条　董事会如果预测本期至下一报告期期末的净利润可能为亏损、实现扭亏为盈或者与上年同期相比发生大幅度变动，应当予以警示。

第二十七条　财务报告已经会计师事务所审计，并被出具非标准审计报告的，董事会应就所涉及的事项予以说明。

上年年度报告中的财务报告被注册会计师出具非标准审计报告的，董事会应就所涉及事项的变化及处理情况予以说明。

第二十八条　公司应当披露以前期间拟定、在报告期实施的利润分配方案、公积金转增股本方案的执行情况，以及现金分红政策的执行情况。

如董事会在审议半年度报告时制定利润分配预案、公积金转增股本预案的，公司应当充分说明上述预案是否符合公司章程及审议程序的规定，是否充分保护中小投资者的合法权益，独立董事是否发表意见。

第四节　重要事项

第二十九条　公司应披露重大诉讼、仲裁事项。包括在报告期内发生及以前期间发生但持续到报告期的重大诉讼、仲裁事项，包括进展情况或审理结果，及对经营成果与财务状况的影响（包括由此产生的损益占报告期净利润的比例等，本节下同）。对已经结案的重大诉讼、仲裁事项，还应说明其执行情况。如果以上诉讼、仲裁事项已在临时报告披露且无后续进展的，则可只披露事项概述，并提供临时报告披露网站的相关查询索引。

如报告期内公司无重大诉讼、仲裁事项，应明确陈述“本报告期公司无重大诉讼、仲裁事项”。

第三十条　公司应当披露在报告期内发生及以前期间发生但持续到报告期的重大资产收购、出售及企业合并事项的简要情况及进程，说明上述事项对公司业务连续性、管理层稳定性的影响、对报告期经营成果与财务状况的影响，说明所涉及的金额及其占资产总额和利润总额的比例。

如公司收购、出售资产和企业合并事项已在临时报告披露且后续实施无变化的，仅需披露该事项概述，并提供临时报告披露网站的相关查询索引。

第三十一条　报告期内涉及股权激励方案的公司，应当披露股权激励方案的执行情况，包括实施股权激励方案所履行的相关程序及总体情况、股权激励基金提取及分配情况、股权激励股份来源情况、对激励对象的考核情况、对激励对象范围的调整情况、股权激励股份授予数量、股票期权授予及行权情况、股票期权行权价格及行权比例等的调整情况等，实施股权激励方案对公司报告期及未来财务状况和经营成果的影响。

如相关股权激励事项已在临时报告披露且后续实施无进展或变化的，仅需披露该事项概述，并提供临时报告披露网站的相关查询索引。

第三十二条　公司应当遵循如下规定，分类披露在报告期内发生的重大关联交易事项。若对于某一关联方，报告期内累计关联交易总额高于1000万元且占公司最近一期经审计净资产绝对值5%以上的，须披露关联交易方、交易内容、交易时间及披露时间等情况。如已在临时报告披露且后续实施无进展或变化的，仅需披露该事项概述，并提供临时报告披露网站的相关查询索引。

（一）与日常经营相关的关联交易，至少应披露以下内容：关联交易方、交易内容、定价原则、交易价格、交易金额、占同类交易金额的比例、结算方式及关联交易事项对公司利润的影响。可以获得同类交易市场价格的，应披露市场参考价格，实际交易价格与市场参考价格差异较大的，应说明原因；关联方之间存在大额销货退回的，应予说明。

公司按类别对本公司当年度将发生的日常关联交易进行总金额预计的，应披露日常关联交易事项在报告期内的实际履行情况。

（二）资产收购、出售发生的关联交易，至少应披露以下内容：关联交易方、交易内容、定价原则、资产的账面价值、评估价值（若有）、市场公允价值（若有）、交易价格、结算方式、交易对公司经营成果与财务状况的影响情况。交易价格与账面价值、评估价值或市场公允价值差异较大的，应说明原因。

（三）公司与关联方存在非经营性债权债务往来、担保等事项的，应披露形成的原因及对公司的影响。

（四）其他重大关联交易。

第三十三条　公司应当披露重大合同及其履行情况。包括（但不限于）：

（一）在报告期内发生或以前期间发生但延续到报告期的重大交易、托管、承包、租赁其他公司资产或其他公司托管、承包、租赁公司资产事项的信息，包括交易金额、期限以及对经营成果与财务状况的影响。

（二）在报告期内发生或以前期间发生但延续到报告期的重大担保合同信息，包括担保金额、担保期限、担保对象、担保类型（一般担保或连带责任担保）、担保的决策程序等。对于未到期担保合同，如有明显迹象表明可能承担连带清偿责任的担保事项，公司应予明确说明。

（三）在报告期内发生或以前期间发生但延续到报告期的重大委托他人进行现金资产管理的信息，包括受托人名称、委托金额、委托期限、报酬确定方式、实际收益、期末余额以及该项行为是否履行了必要的程序。

上述事项如已在临时报告披露且后续实施无进展或变化的，仅需披露该事项概述，并提供临时报告披露网站的相关查询索引。

第三十四条 公司或持有公司股份5%以上的股东、实际控制人、董事、监事、高级管理人员有在报告期内发生或以前期间发生但持续到报告期的承诺事项的，公司应当披露该承诺在报告期内的履行情况。

第三十五条 财务报告已经会计师事务所审计的，公司应当披露会计师事务所的名称、注册会计师的姓名以及审计费用。

更换会计师事务所的，公司应披露解聘原会计师事务所的原因，以及是否履行了必要的程序。

第三十六条 公司还应披露其他在报告期内发生的《证券法》第六十七条、《上市公司信息披露管理办法》第三十条所列的重大事件，以及公司董事会判断为重大事件的事项。

如前款所涉及重要事项已作为临时报告在指定网站披露，只需说明信息披露网站及披露日期。

第五节 股本变动和股东情况

第三十七条 对于报告期内的股份变动情况，公司应当按照中国证监会对公司股份变动报告规定的内容与格式进行编制。

对报告期内因送股、转增股本、配股、增发新股、非公开发行股票、权证行权、实施股权激励计划、企业合并、可转换公司债券转股、减资、内部职工股上市、债券发行或其他原因引起公司股份总数及股东结构变动、公司资产和负债结构变动的，应当予以说明。

第三十八条 公司股东数量及持股情况，应当按照中国证监会对公司股份变动报告规定的格式进行编制，披露以下内容：

（一）截至报告期末的股东总数。

（二）截至报告期末持有本公司5%以上股份的股东名称、报告期内股份增减变动的情况、报告期末持股数量、所持股份类别及所持股份质押或冻结的情况。如持股5%以上的股东少于十人，则应当列出至少前十名股东的持股情况。公司股票为融资融券标的证券的，股东持股数量应当按照其通过普通证券账户、信用证券账户持有的股票及其权益数量合并计算。

如前十名股东所持股份中包括无限售流通股股份、限售流通股股份，应分别披露其数额；如前十名股东之间存在关联关系或属于《上市公司收购管理办法》规定的一致行动人的，应予以说明。

如果有战略投资者或一般法人因配售新股成为前十名股东的，应予以说明，并披露约定持股期间的起止日期。

以上列出的前十名股东中应注明代表国家持股的单位或外资股东。

第三十九条 公司控股股东或实际控制人报告期内发生变化的，应当列明披露相关信息的指定媒体及日期。

第六节　董事、监事、高级管理人员情况

第四十条　公司应当披露报告期内董事、监事、高级管理人员持有本公司股份、股票期权、被授予的限售流通股股票数量的变动情况。

第四十一条　公司应当披露报告期内董事、监事、高级管理人员新聘或解聘的情况及原因。

第七节　财务报告

第四十二条　公司应当在半年度报告中披露比较式资产负债表、利润表、现金流量表、所有者权益变动表和财务报表附注。编制合并财务报表的公司，除提供合并财务报表外，还应提供母公司财务报表。

第四十三条　财务报告未经会计师事务所审计的，公司应当注明“未经审计”字样。财务报告经过审计的，若注册会计师出具标准审计报告，公司应明确说明注册会计师已出具标准审计报告；若注册会计师出具非标准审计报告，公司应披露审计报告正文。

第八节　备查文件目录

第四十四条　公司应当披露备查文件的目录，包括：

（一）载有法定代表人签名的半年度报告文本；

（二）载有单位负责人、主管会计工作负责人、会计机构负责人签名并盖章（如设置总会计师，还须由总会计师签名并盖章）的财务报告文本；

（三）载有会计师事务所盖章、注册会计师签名并盖章的审计报告文本（如有）；

（四）在其他证券市场披露的半年度报告文本（如有）；

（五）其他有关资料。

公司应当在办公场所备置上述文件的原件。当中国证监会、证券交易所要求提供或股东依据法规或公司章程要求查阅时，公司应及时提供。

第三章　半年度报告摘要

第一节　重要提示

第四十五条　公司应当在半年度报告摘要的显要位置刊登如下重要提示：“本公司董事会、监事会及董事、监事、高级管理人员保证本报告摘要所载资料不存在任何虚假记载、误导性陈述或者重大遗漏，并对其内容的真实性、准确性、完整性承担个别及连带责任。”

“本半年度报告摘要摘自半年度报告全文，报告全文同时刊载于……投资者欲了解详细内容，应当仔细阅读半年度报告全文。”

其他重要提示内容应按照本准则第十六、十七条的规定披露。

第四十六条　公司应当以简易图表形式披露如下内容：

（一）股票简称、股票代码。如报告期末至半年度报告披露日期间公司股票简称发生变更，应当同时披露变更后的股票简称。

（二）公司董事会秘书和证券事务代表的姓名、电话、传真、电子信箱。

第二节　主要财务会计数据及股东变化

第四十七条　公司应采用数据列表方式，提供截至报告期末和上年末（或报告期和上年同期）

公司主要会计数据和财务指标，包括以下各项：营业总收入、净利润、扣除非经常性损益后的净利润、基本每股收益和稀释每股收益、净资产收益率、扣除非经常损益后的净资产收益率、总资产、所有者权益、每股净资产、经营活动产生的现金流量净额、每股经营活动产生的现金流量净额。同时说明扣除的非经常性损益项目及其金额和所得税影响额。

第四十八条　公司应当列表披露截至报告期末的股东总数、报告期末前十名股东持股情况。公司控股股东或实际控制人报告期内发生变化的，应当列明披露相关信息的指定网站查询索引。

第三节　管理层讨论与分析

第四十九条　公司管理层应当简要介绍报告期的经营情况，主要围绕财务状况和经营成果，尽量选择当期重大变化的情况进行讨论，分析公司报告期内经营活动的总体状况，至少包括：

（一）提示主营业务的经营是否存在重大变化。对占公司主营业务收入或主营业务利润10%以上的产品，分别列示其销售收入、销售成本、毛利率，并提示是否存在变化。

（二）提示是否存在需要特别关注的季节性或周期性经营特征。

（三）若报告期内公司的营业收入、营业成本、归属于上市公司普通股股东的净利润总额或者构成较前一报告期发生重大变化的，应予以说明。

第四节　涉及财务报告的相关事项

第五十条　如与上一年度报告相比，公司会计政策、会计估计以及财务报表合并范围发生变化，或因报告期内重大会计差错更正而追溯重述的，公司应当予以披露，并分析其原因及影响。

第五十一条　如半年度财务报告已经审计，应当披露审计意见类型，若被出具带有强调事项段或其他事项段的无保留意见、保留意见、否定意见或无法表示意见的审计报告，公司董事会和监事会应当就所涉及事项作出说明。

第四章　附　则

第五十二条　本准则所称“控股股东”、“实际控制人”、“关联方”、“关联交易”、“高级管理人员”等的界定按照《公司法》、《证券法》等法律法规以及《上市公司信息披露管理办法》等相关规定执行。

第五十三条　本准则自公布之日起施行。《公开发行证券的公司信息披露内容与格式准则第31号——创业板上市公司半年度报告的内容与格式（证监会公告〔2010〕19号）同时废止。

附件：半年度报告摘要披露格式

附件：

半年度报告摘要披露格式

××××股份有限公司半年度报告摘要

1　重要提示

1.1　本公司董事会、监事会及董事、监事、高级管理人员保证本报告摘要所载资料不存在任何虚假记载、误导性陈述或者重大遗漏，并对其内容的真实性、准确性、完整性承担个别及连带责任。

本半年度报告摘要摘自半年度报告全文，报告全文同时刊载于……投资者欲了解详细内容，应当仔细阅读半年度报告全文。

1.2 如个别董事、监事、高级管理人员对半年度报告内容的真实性、准确性、完整性无法保证或存在异议的，应当声明：

××董事、监事、高级管理人员无法保证本报告内容的真实性、准确性、完整性，理由是：……请投资者特别关注。

1.3 如有董事未出席董事会，应当单独列示其姓名、职务以及未出席的原因。

1.4 财务报告已经会计师事务所审计并被出具标准审计报告的，公司应当明确表述“公司半年度财务报告已经××会计师事务所审计并出具标准审计报告”。

如执行审计的会计师事务所出具了带强调事项段或其他事项段的无保留意见、保留意见、否定意见或无法表示意见的审计报告（以下简称“非标准审计报告”），应当特别提示：

公司半年度财务报告已经××会计师事务所审计并被出具了带强调事项段或其他事项段的无保留意见（或保留意见、否定意见、无法表示意见）的审计报告，本公司董事会、监事会对相关事项已作详细说明，请投资者注意阅读。

1.5 公司简介

股票简称		股票代码	
联系人和联系方式	董事会秘书		证券事务代表
姓名			
电话			
传真			
电子信箱			

2 主要财务会计数据和股东变化

2.1 主要财务会计数据

项目	报告期	年初至报告期期末	本报告期比上年同期增减（%）
营业总收入			
归属于公司普通股股东的净利润			
扣除非经常损益的归属于公司普通股股东的净利润			
基本每股收益			
稀释每股收益			
净资产收益率			
扣除非经常性损益后的净资产收益率			
项目	本报告期末	上年度期末	本报告期末比上年度期末增减（%）
总资产			
归属于公司普通股股东的所有者权益（或股东权益）			
归属于公司普通股股东的每股净资产			
项目	报告期	年初至报告期期末	本报告期比上年同期增减（%）
经营活动产生的现金流量净额			
每股经营活动产生的现金流量净额			
非经常性损益项目	年初至报告期期末金额		
……			
非经常性损益对所得税的影响合计			
合计			

注：1. 在报告期内公司因派发股票股利、公积金转增股本、拆股而增加或因并股而减少公司总股本，但不影响股东权益金额的，应当根据相关会计准则的规定按最新股本调整并列报基本每股收益和稀释每股收益。

2. 如果报告期末至半年度报告披露日，公司股本因送红股、资本公积金转增股本的原因发生变化且不影响股东权益金额的，应当根据相关会计准则的规定按最新股本调整并列报基本每股收益和稀释每股收益。

3. 本报告期对上年度财务数据进行了追溯调整或重述的，上年度末和上年同期应当同时列示追溯调整或重述前后的数据。

2.2　前十名股东持股情况表

报告期末股东总数					
前十名股东持股情况					
股东名称	股东性质	持股比例（%）	持股数量	持有有限售条件的股份数量（持有非流通的股份数量）	质押或冻结的股份数量
上述股东关联关系或一致行动的说明					

注：股东性质包括国家、国有法人、境内非国有法人、境内自然人、境外法人、境外自然人等。

2.3　控股股东或实际控制人变更情况

□适用　　□不适用

新控股股东名称	
新实际控制人名称	
变更日期	
指定网站查询索引	

3　管理层讨论与分析

管理层可以图表结合文字形式，简明、扼要地分析公司在报告期内的财务状况及经营成果。

4　涉及财务报告的相关事项

4.1　与上年度财务报告相比，会计政策、会计估计和核算方法发生变化的，公司应当说明情况、原因及其影响。

4.2　报告期内发生重大会计差错更正需追溯重述的，公司应当说明情况、更正金额、原因及其影响。

4.3　与上年度财务报告相比，财务报表合并范围发生变化的，公司应当作出具体说明。

4.4　半年度财务报告已经审计，并被出具非标准审计报告的，董事会、监事会应当对涉及事项作出说明。

上市公司信息披露管理办法

（中国证券监督管理委员会令第40号令，于2006年12月13日中国证券监督管理委员会第196次主席办公会议审议通过，自发布之日起施行）

第一章 总 则

第一条 为了规范发行人、上市公司及其他信息披露义务人的信息披露行为，加强信息披露事务管理，保护投资者合法权益，根据《公司法》、《证券法》等法律、行政法规，制定本办法。

第二条 信息披露义务人应当真实、准确、完整、及时地披露信息，不得有虚假记载、误导性陈述或者重大遗漏。

信息披露义务人应当同时向所有投资者公开披露信息。

在境内、外市场发行证券及其衍生品种并上市的公司在境外市场披露的信息，应当同时在境内市场披露。

第三条 发行人、上市公司的董事、监事、高级管理人员应当忠实、勤勉地履行职责，保证披露信息的真实、准确、完整、及时、公平。

第四条 在内幕信息依法披露前，任何知情人不得公开或者泄露该信息，不得利用该信息进行内幕交易。

第五条 信息披露文件主要包括招股说明书、募集说明书、上市公告书、定期报告和临时报告等。

第六条 上市公司及其他信息披露义务人依法披露信息，应当将公告文稿和相关备查文件报送证券交易所登记，并在中国证券监督管理委员会（以下简称“中国证监会”）指定的媒体发布。

信息披露义务人在公司网站及其他媒体发布信息的时间不得先于指定媒体，不得以新闻发布或者答记者问等任何形式代替应当履行的报告、公告义务，不得以定期报告形式代替应当履行的临时报告义务。

第七条 信息披露义务人应当将信息披露公告文稿和相关备查文件报送上市公司注册地证监局，并置备于公司住所供社会公众查阅。

第八条 信息披露文件应当采用中文文本。同时采用外文文本的，信息披露义务人应当保证两种文本的内容一致。两种文本发生歧义时，以中文文本为准。

第九条 中国证监会依法对信息披露文件及公告的情况、信息披露事务管理活动进行监督，对上市公司控股股东、实际控制人和信息披露义务人的行为进行监督。

证券交易所应当对上市公司及其他信息披露义务人披露信息进行监督，督促其依法及时、准确地披露信息，对证券及其衍生品种交易实行实时监控。证券交易所制定的上市规则和其他信息披露规则应当报中国证监会批准。

第十条　中国证监会可以对金融、房地产等特殊行业上市公司的信息披露作出特别规定。

第二章　招股说明书、募集说明书与上市公告书

第十一条　发行人编制招股说明书应当符合中国证监会的相关规定。凡是对投资者作出投资决策有重大影响的信息，均应当在招股说明书中披露。

公开发行证券的申请经中国证监会核准后，发行人应当在证券发行前公告招股说明书。

第十二条　发行人的董事、监事、高级管理人员，应当对招股说明书签署书面确认意见，保证所披露的信息真实、准确、完整。

招股说明书应当加盖发行人公章。

第十三条　发行人申请首次公开发行股票的，中国证监会受理申请文件后，发行审核委员会审核前，发行人应当将招股说明书申报稿在中国证监会网站预先披露。

预先披露的招股说明书申报稿不是发行人发行股票的正式文件，不能含有价格信息，发行人不得据此发行股票。

第十四条　证券发行申请经中国证监会核准后至发行结束前，发生重要事项的，发行人应当向中国证监会书面说明，并经中国证监会同意后，修改招股说明书或者作相应的补充公告。

第十五条　申请证券上市交易，应当按照证券交易所的规定编制上市公告书，并经证券交易所审核同意后公告。

发行人的董事、监事、高级管理人员，应当对上市公告书签署书面确认意见，保证所披露的信息真实、准确、完整。

上市公告书应当加盖发行人公章。

第十六条　招股说明书、上市公告书引用保荐人、证券服务机构的专业意见或者报告的，相关内容应当与保荐人、证券服务机构出具的文件内容一致，确保引用保荐人、证券服务机构的意见不会产生误导。

第十七条　本办法第十一条至第十六条有关招股说明书的规定，适用于公司债券募集说明书。

第十八条　上市公司在非公开发行新股后，应当依法披露发行情况报告书。

第三章　定期报告

第十九条　上市公司应当披露的定期报告包括年度报告、中期报告和季度报告。凡是对投资者作出投资决策有重大影响的信息，均应当披露。

年度报告中的财务会计报告应当经具有证券、期货相关业务资格的会计师事务所审计。

第二十条　年度报告应当在每个会计年度结束之日起四个月内，中期报告应当在每个会计年度的上半年结束之日起两个月内，季度报告应当在每个会计年度第三个月、第九个月结束后的一个月内编制完成并披露。

腰三角形力码；中国香港交易所进行了座谈，了解其第一季度季度报告的披露时间不得早于上一年度年度报告的披露时间。

第二十一条　年度报告应当记载以下内容：

（一）公司基本情况；

（二）主要会计数据和财务指标；

（三）公司股票、债券发行及变动情况，报告期末股票、债券总额、股东总数，公司前十大股

东持股情况；

（四）持股5%以上股东、控股股东及实际控制人情况；

（五）董事、监事、高级管理人员的任职情况、持股变动情况、年度报酬情况；

（六）董事会报告；

（七）管理层讨论与分析；

（八）报告期内重大事件及对公司的影响；

（九）财务会计报告和审计报告全文；

（十）中国证监会规定的其他事项。

第二十二条 中期报告应当记载以下内容：

（一）公司基本情况；

（二）主要会计数据和财务指标；

（三）公司股票、债券发行及变动情况、股东总数、公司前十大股东持股情况，控股股东及实际控制人发生变化的情况；

（四）管理层讨论与分析；

（五）报告期内重大诉讼、仲裁等重大事件及对公司的影响；

（六）财务会计报告；

（七）中国证监会规定的其他事项。

第二十三条 季度报告应当记载以下内容：

（一）公司基本情况；

（二）主要会计数据和财务指标；

（三）中国证监会规定的其他事项。

第二十四条 公司董事、高级管理人员应当对定期报告签署书面确认意见，监事会应当提出书面审核意见，说明董事会的编制和审核程序是否符合法律、行政法规和中国证监会的规定，报告的内容是否能够真实、准确、完整地反映上市公司的实际情况。

董事、监事、高级管理人员对定期报告内容的真实性、准确性、完整性无法保证或者存在异议的，应当陈述理由和发表意见，并予以披露。

第二十五条 上市公司预计经营业绩发生亏损或者发生大幅变动的，应当及时进行业绩预告。

第二十六条 定期报告披露前出现业绩泄露，或者出现业绩传闻且公司证券及其衍生品种交易出现异常波动的，上市公司应当及时披露本报告期相关财务数据。

第二十七条 定期报告中财务会计报告被出具非标准审计报告的，上市公司董事会应当针对该审计意见涉及事项作出专项说明。

定期报告中财务会计报告被出具非标准审计意见，证券交易所认为涉嫌违法的，应当提请中国证监会立案调查。

第二十八条 上市公司未在规定期限内披露年度报告和中期报告的，中国证监会应当立即立案稽查，证券交易所应当按照股票上市规则予以处理。

第二十九条 年度报告、中期报告和季度报告的格式及编制规则，由中国证监会另行制定。

第四章 临时报告

第三十条 发生可能对上市公司证券及其衍生品种交易价格产生较大影响的重大事件，投资者尚未得知时，上市公司应当立即披露，说明事件的起因、目前的状态和可能产生的影响。

前款所称重大事件包括：

（一）公司的经营方针和经营范围的重大变化；

（二）公司的重大投资行为和重大的购置财产的决定；

（三）公司订立重要合同，可能对公司的资产、负债、权益和经营成果产生重要影响；

（四）公司发生重大债务和未能清偿到期重大债务的违约情况，或者发生大额赔偿责任；

（五）公司发生重大亏损或者重大损失；

（六）公司生产经营的外部条件发生的重大变化；

（七）公司的董事、1/3 以上监事或者经理发生变动；董事长或者经理无法履行职责；

（八）持有公司 5%以上股份的股东或者实际控制人，其持有股份或者控制公司的情况发生较大变化；

（九）公司减资、合并、分立、解散及申请破产的决定；或者依法进入破产程序、被责令关闭；

（十）涉及公司的重大诉讼、仲裁，股东大会、董事会决议被依法撤销或者宣告无效；

（十一）公司涉嫌违法违规被有权机关调查，或者受到刑事处罚、重大行政处罚；公司董事、监事、高级管理人员涉嫌违法违纪被有权机关调查或者采取强制措施；

（十二）新公布的法律、法规、规章、行业政策可能对公司产生重大影响；

（十三）董事会就发行新股或者其他再融资方案、股权激励方案形成相关决议；

（十四）法院裁决禁止控股股东转让其所持股份；任一股东所持公司 5%以上股份被质押、冻结、司法拍卖、托管、设定信托或者被依法限制表决权；

（十五）主要资产被查封、扣押、冻结或者被抵押、质押；

（十六）主要或者全部业务陷入停顿；

（十七）对外提供重大担保；

（十八）获得大额政府补贴等可能对公司资产、负债、权益或者经营成果产生重大影响的额外收益；

（十九）变更会计政策、会计估计；

（二十）因前期已披露的信息存在差错、未按规定披露或者虚假记载，被有关机关责令改正或者经董事会决定进行更正；

（二十一）中国证监会规定的其他情形。

第三十一条 上市公司应当在最先发生的以下任一时点，及时履行重大事件的信息披露义务：

（一）董事会或者监事会就该重大事件形成决议时；

（二）有关各方就该重大事件签署意向书或者协议时；

（三）董事、监事或者高级管理人员知悉该重大事件发生并报告时。

在前款规定的时点之前出现下列情形之一的，上市公司应当及时披露相关事项的现状、可能影响事件进展的风险因素：

（一）该重大事件难以保密；

（二）该重大事件已经泄露或者市场出现传闻；

（三）公司证券及其衍生品种出现异常交易情况。

第三十二条 上市公司披露重大事件后，已披露的重大事件出现可能对上市公司证券及其衍生品种交易价格产生较大影响的进展或者变化的，应当及时披露进展或者变化情况、可能产生的影响。

第三十三条 上市公司控股子公司发生本办法第三十条规定的重大事件，可能对上市公司证券及其衍生品种交易价格产生较大影响的，上市公司应当履行信息披露义务。

上市公司参股公司发生可能对上市公司证券及其衍生品种交易价格产生较大影响的事件的，上市公司应当履行信息披露义务。

第三十四条 涉及上市公司的收购、合并、分立、发行股份、回购股份等行为导致上市公司股本总额、股东、实际控制人等发生重大变化的，信息披露义务人应当依法履行报告、公告义务，披露权益变动情况。

第三十五条 上市公司应当关注本公司证券及其衍生品种的异常交易情况及媒体关于本公司的报道。

证券及其衍生品种发生异常交易或者在媒体中出现的消息可能对公司证券及其衍生品种的交易产生重大影响时，上市公司应当及时向相关各方了解真实情况，必要时应当以书面方式问询。

上市公司控股股东、实际控制人及其一致行动人应当及时、准确地告知上市公司是否存在拟发生的股权转让、资产重组或者其他重大事件，并配合上市公司做好信息披露工作。

第三十六条 公司证券及其衍生品种交易被中国证监会或者证券交易所认定为异常交易的，上市公司应当及时了解造成证券及其衍生品种交易异常波动的影响因素，并及时披露。

第五章 信息披露事务管理

第三十七条 上市公司应当制定信息披露事务管理制度。信息披露事务管理制度应当包括：

（一）明确上市公司应当披露的信息，确定披露标准；

（二）未公开信息的传递、审核、披露流程；

（三）信息披露事务管理部门及其负责人在信息披露中的职责；

（四）董事和董事会、监事和监事会、高级管理人员等的报告、审议和披露的职责；

（五）董事、监事、高级管理人员履行职责的记录和保管制度；

（六）未公开信息的保密措施，内幕信息知情人的范围和保密责任；

（七）财务管理和会计核算的内部控制及监督机制；

（八）对外发布信息的申请、审核、发布流程，与投资者、证券服务机构、媒体等的信息沟通与制度；

（九）信息披露相关文件、资料的档案管理；

（十）涉及子公司的信息披露事务管理和报告制度；

（十一）未按规定披露信息的责任追究机制，对违反规定人员的处理措施。

上市公司信息披露事务管理制度应当经公司董事会审议通过，报注册地证监局和证券交易所备案。

第三十八条 上市公司董事、监事、高级管理人员应当勤勉尽责，关注信息披露文件的编制情况，保证定期报告、临时报告在规定期限内披露，配合上市公司及其他信息披露义务人履行信息披露义务。

第三十九条 上市公司应当制定定期报告的编制、审议、披露程序。经理、财务负责人、董事会秘书等高级管理人员应当及时编制定期报告草案，提请董事会审议；董事会秘书负责送达董事审阅；董事长负责召集和主持董事会会议审议定期报告；监事会负责审核董事会编制的定期报告；董事会秘书负责组织定期报告的披露工作。

第四十条 上市公司应当制定重大事件的报告、传递、审核、披露程序。董事、监事、高级管理人员知悉重大事件发生时，应当按照公司规定立即履行报告义务；董事长在接到报告后，应当立即向董事会报告，并敦促董事会秘书组织临时报告的披露工作。

第四十一条 上市公司通过业绩说明会、分析师会议、路演、接受投资者调研等形式就公司的经营情况、财务状况及其他事件与任何机构和个人进行沟通的，不得提供内幕信息。

第四十二条 董事应当了解并持续关注公司生产经营情况、财务状况和公司已经发生的或者可能发生的重大事件及其影响，主动调查、获取决策所需要的资料。

第四十三条　监事应当对公司董事、高级管理人员履行信息披露职责的行为进行监督；关注公司信息披露情况，发现信息披露存在违法违规问题的，应当进行调查并提出处理建议。

监事会对定期报告出具的书面审核意见，应当说明编制和审核的程序是否符合法律、行政法规、中国证监会的规定，报告的内容是否能够真实、准确、完整地反映上市公司的实际情况。

第四十四条　高级管理人员应当及时向董事会报告有关公司经营或者财务方面出现的重大事件、已披露的事件的进展或者变化情况及其他相关信息。

第四十五条　董事会秘书负责组织和协调公司信息披露事务，汇集上市公司应予披露的信息并报告董事会，持续关注媒体对公司的报道并主动求证报道的真实情况。董事会秘书有权参加股东大会、董事会会议、监事会会议和高级管理人员相关会议，有权了解公司的财务和经营情况，查阅涉及信息披露事宜的所有文件。

董事会秘书负责办理上市公司信息对外公布等相关事宜。除监事会公告外，上市公司披露的信息应当以董事会公告的形式发布。董事、监事、高级管理人员非经董事会书面授权，不得对外发布上市公司未披露信息。

上市公司应当为董事会秘书履行职责提供便利条件，财务负责人应当配合董事会秘书在财务信息披露方面的相关工作。

第四十六条　上市公司的股东、实际控制人发生以下事件时，应当主动告知上市公司董事会，并配合上市公司履行信息披露义务。

（一）持有公司5%以上股份的股东或者实际控制人，其持有股份或者控制公司的情况发生较大变化；

（二）法院裁决禁止控股股东转让其所持股份，任一股东所持公司5%以上股份被质押、冻结、司法拍卖、托管、设定信托或者被依法限制表决权；

（三）拟对上市公司进行重大资产或者业务重组；

（四）中国证监会规定的其他情形。

应当披露的信息依法披露前，相关信息已在媒体上传播或者公司证券及其衍生品种出现交易异常情况的，股东或者实际控制人应当及时、准确地向上市公司作出书面报告，并配合上市公司及时、准确地公告。

上市公司的股东、实际控制人不得滥用其股东权利、支配地位，不得要求上市公司向其提供内幕信息。

第四十七条　上市公司非公开发行股票时，其控股股东、实际控制人和发行对象应当及时向上市公司提供相关信息，配合上市公司履行信息披露义务。

第四十八条　上市公司董事、监事、高级管理人员、持股5%以上的股东及其一致行动人、实际控制人应当及时向上市公司董事会报送上市公司关联人名单及关联关系的说明。上市公司应当履行关联交易的审议程序，并严格执行关联交易回避表决制度。交易各方不得通过隐瞒关联关系或者采取其他手段，规避上市公司的关联交易审议程序和信息披露义务。

第四十九条　通过接受委托或者信托等方式持有上市公司5%以上股份的股东或者实际控制人，应当及时将委托人情况告知上市公司，配合上市公司履行信息披露义务。

第五十条　信息披露义务人应当向其聘用的保荐人、证券服务机构提供与执业相关的所有资料，并确保资料的真实、准确、完整，不得拒绝、隐匿、谎报。

保荐人、证券服务机构在为信息披露出具专项文件时，发现上市公司及其他信息披露义务人提供的材料有虚假记载、误导性陈述、重大遗漏或者其他重大违法行为的，应当要求其补充、纠正。信息披露义务人不予补充、纠正的，保荐人、证券服务机构应当及时向公司注册地证监局和证券交易所报告。

第五十一条 上市公司解聘会计师事务所的，应当在董事会决议后及时通知会计师事务所，公司股东大会就解聘会计师事务所进行表决时，应当允许会计师事务所陈述意见。股东大会作出解聘、更换会计师事务所决议的，上市公司应当在披露时说明更换的具体原因和会计师事务所的陈述意见。

第五十二条 为信息披露义务人履行信息披露义务出具专项文件的保荐人、证券服务机构，应当勤勉尽责、诚实守信，按照依法制定的业务规则、行业执业规范和道德准则发表专业意见，保证所出具文件的真实性、准确性和完整性。

第五十三条 注册会计师应当秉承风险导向审计理念，严格执行注册会计师执业准则及相关规定，完善鉴证程序，科学选用鉴证方法和技术，充分了解被鉴证单位及其环境，审慎关注重大错报风险，获取充分、适当的证据，合理发表鉴证结论。

第五十四条 资产评估机构应当恪守职业道德，严格遵守评估准则或者其他评估规范，恰当选择评估方法，评估中提出的假设条件应当符合实际情况，对评估对象所涉及交易、收入、支出、投资等业务的合法性、未来预测的可靠性取得充分证据，充分考虑未来各种可能性发生的概率及其影响，形成合理的评估结论。

第五十五条 任何机构和个人不得非法获取、提供、传播上市公司的内幕信息，不得利用所获取的内幕信息买卖或者建议他人买卖公司证券及其衍生品种，不得在投资价值分析报告、研究报告等文件中使用内幕信息。

第五十六条 媒体应当客观、真实地报道涉及上市公司的情况，发挥舆论监督作用。

任何机构和个人不得提供、传播虚假或者误导投资者的上市公司信息。

违反前两款规定，给投资者造成损失的，依法承担赔偿责任。

第六章 监督管理与法律责任

第五十七条 中国证监会可以要求上市公司及其他信息披露义务人或者其董事、监事、高级管理人员对有关信息披露问题作出解释、说明或者提供相关资料，并要求上市公司提供保荐人或者证券服务机构的专业意见。

中国证监会对保荐人和证券服务机构出具的文件的真实性、准确性、完整性有疑义的，可以要求相关机构作出解释、补充，并调阅其工作底稿。

上市公司及其他信息披露义务人、保荐人和证券服务机构应当及时作出回复，并配合中国证监会的检查、调查。

第五十八条 上市公司董事、监事、高级管理人员应当对公司信息披露的真实性、准确性、完整性、及时性、公平性负责，但有充分证据表明其已经履行勤勉尽责义务的除外。

上市公司董事长、经理、董事会秘书，应当对公司临时报告信息披露的真实性、准确性、完整性、及时性、公平性承担主要责任。

上市公司董事长、经理、财务负责人应对公司财务报告的真实性、准确性、完整性、及时性、公平性承担主要责任。

第五十九条 信息披露义务人及其董事、监事、高级管理人员，上市公司的股东、实际控制人、收购人及其董事、监事、高级管理人员违反本办法的，中国证监会可以采取以下监管措施：

（一）责令改正；

（二）监管谈话；

（三）出具警示函；

（四）将其违法违规、不履行公开承诺等情况记入诚信档案并公布；

（五）认定为不适当人选；

（六）依法可以采取的其他监管措施。

第六十条　上市公司未按本办法规定制定上市公司信息披露事务管理制度的，中国证监会责令改正。拒不改正的，中国证监会给予警告、罚款。

第六十一条　信息披露义务人未在规定期限内履行信息披露义务，或者所披露的信息有虚假记载、误导性陈述或者重大遗漏的，中国证监会按照《证券法》第一百九十三条处罚。

第六十二条　信息披露义务人未在规定期限内报送有关报告，或者报送的报告有虚假记载、误导性陈述或者重大遗漏的，中国证监会按照《证券法》第一百九十三条处罚。

第六十三条　上市公司通过隐瞒关联关系或者采取其他手段，规避信息披露、报告义务的，中国证监会按照《证券法》第一百九十三条处罚。

第六十四条　上市公司股东、实际控制人未依法配合上市公司履行信息披露义务的，或者非法要求上市公司提供内幕信息的，中国证监会责令改正，给予警告、罚款。

第六十五条　为信息披露义务人履行信息披露义务出具专项文件的保荐人、证券服务机构及其人员，违反《证券法》、行政法规和中国证监会的规定，由中国证监会依法采取责令改正、监管谈话、出具警示函、记入诚信档案等监管措施；应当给予行政处罚的，中国证监会依法处罚。

第六十六条　任何机构和个人泄露上市公司内幕信息，或者利用内幕信息买卖证券及其衍生品种，中国证监会按照《证券法》第二百零一条、第二百零二条处罚。

第六十七条　任何机构和个人编制、传播虚假信息扰乱证券市场；媒体传播上市公司信息不真实、不客观的，中国证监会按照《证券法》第二百零六条处罚。

在证券及其衍生品种交易活动中作出虚假陈述或者信息误导的，中国证监会按照《证券法》第二百零七条处罚。

第六十八条　涉嫌利用新闻报道以及其他传播方式对上市公司进行敲诈勒索的，中国证监会责令改正，向有关部门发出监管建议函，由有关部门依法追究法律责任。

第六十九条　上市公司及其他信息披露义务人违反本办法的规定，情节严重的，中国证监会可以对有关责任人员采取证券市场禁入的措施。

第七十条　违反本办法，涉嫌犯罪的，依法移送司法机关，追究刑事责任。

第七章　附　则

第七十一条　本办法下列用语的含义：

（一）为信息披露义务人履行信息披露义务出具专项文件的保荐人、证券服务机构，是指为证券发行、上市、交易等证券业务活动制作、出具保荐书、审计报告、资产评估报告、法律意见书、财务顾问报告、资信评级报告等文件的保荐人、会计师事务所、资产评估机构、律师事务所、财务顾问机构、资信评级机构。

（二）及时，是指自起算日起或者触及披露时点的两个交易日内。

（三）上市公司的关联交易，是指上市公司或者其控股子公司与上市公司关联人之间发生的转移资源或者义务的事项。

关联人包括关联法人和关联自然人。

具有以下情形之一的法人，为上市公司的关联法人：

1. 直接或者间接地控制上市公司的法人；

2. 由前项所述法人直接或者间接控制的除上市公司及其控股子公司以外的法人；

3. 关联自然人直接或者间接控制的或者担任董事、高级管理人员的，除上市公司及其控股子公司以外的法人；

4. 持有上市公司 5%以上股份的法人或者一致行动人；

5. 在过去 12 个月内或者根据相关协议安排在未来 12 个月内，存在上述情形之一的；

6. 中国证监会、证券交易所或者上市公司根据实质重于形式的原则认定的其他与上市公司有特殊关系，可能或者已经造成上市公司对其利益倾斜的法人。

具有以下情形之一的自然人，为上市公司的关联自然人：

1. 直接或者间接持有上市公司 5%以上股份的自然人；

2. 上市公司董事、监事及高级管理人员；

3. 直接或者间接地控制上市公司的法人的董事、监事及高级管理人员；

4. 上述第 1、2 项所述人士的关系密切的家庭成员，包括配偶、父母、年满 18 周岁的子女及其配偶、兄弟姐妹及其配偶，配偶的父母、兄弟姐妹，子女配偶的父母；

5. 在过去 12 个月内或者根据相关协议安排在未来 12 个月内，存在上述情形之一的；

6. 中国证监会、证券交易所或者上市公司根据实质重于形式的原则认定的其他与上市公司有特殊关系，可能或者已经造成上市公司对其利益倾斜的自然人。

（四）指定媒体，是指中国证监会指定的报刊和网站。

第七十二条　本办法自公布之日起施行。《公开发行股票公司信息披露实施细则》（试行）（证监上字〔1993〕43 号）、《关于股票公开发行与上市公司信息披露有关事项的通知》（证监研字〔1993〕19 号）、《关于加强对上市公司临时报告审查的通知》（证监上字〔1996〕26 号）、《关于上市公司发布澄清公告若干问题的通知》（证监上字〔1996〕28 号）、《上市公司披露信息电子存档事宜的通知》（证监信字〔1998〕50 号）、《关于进一步加强 ST、PT 公司信息披露监管工作的通知》（证监公司字〔2000〕63 号）、《关于拟发行新股的上市公司中期报告有关问题的通知》（证监公司字〔2001〕69 号）、《关于上市公司临时公告及相关附件报送中国证监会派出机构备案的通知》（证监公司字〔2003〕7 号）同时废止。

半年度报告的内容与格式

（公开发行证券的公司信息披露内容与格式准则第 3 号，2013 年修订）

第一章　总　则

第一条　为规范上市公司半年度报告的编制及信息披露行为，保护投资者合法权益，根据《公司法》、《证券法》等法律、法规及中国证券监督管理委员会（以下简称中国证监会）的有关规定，制定本准则。

第二条　半年度报告是中期报告的一种类型。根据《公司法》、《证券法》在中华人民共和国境内公开发行股票并在证券交易所主板（含中小企业板）上市的股份有限公司（以下简称公司）应当按照本准则的要求编制和披露半年度报告。

第三条　本准则的规定是对公司半年度报告信息披露的最低要求；对投资者投资决策有重大影响的信息，公司均应当披露。

第四条　在不影响信息披露完整性和妨碍阅读的前提下，公司可以采用相互引证的方法，对半年度报告相关部分进行合理的技术处理，以避免不必要的重复和保持文字简洁。

第五条　公司半年度报告的全文应当遵循本准则第二章的要求进行编制和披露。公司半年度报告摘要应当遵循本准则第三章的要求，按照附件的格式进行编制和披露。

半年度报告的报告期是指年初至半年度期末的期间。

第六条　同时在境内和境外证券市场上市的公司，如果境外证券市场对半年度报告的编制和披露要求与本准则不同，应当遵循报告内容从多不从少、报告要求从严不从宽的原则，并在同一日公布半年度报告。

发行境内上市外资股及其衍生证券并在证券交易所上市的公司，应当同时编制半年度报告的外文译本。

第七条　公司半年度报告中的财务报告可以不经审计，但中国证监会和证券交易所另有规定的除外。

第八条　公司在编制半年度报告时应当遵循如下一般要求：

（一）半年度报告中引用的数字应当采用阿拉伯数字，货币金额除特别说明外，通常指人民币金额，并以元、千元、万元、百万元或亿元为单位。

（二）公司可以根据有关规定或其他需求，编制半年度报告外文译本，同时应当保证中外文文本的一致性，并在外文文本上注明：“本报告分别以中、英（或日、法、俄）文编制，在对中外文文本的理解发生歧义时，以中文文本为准。”

（三）半年度报告封面应当载明公司的中文名称、“半年度报告”字样、报告期间，也可以载明公司的外文名称、徽章、图案等。半年度报告的目录应当编排在显著位置。

（四）公司编制半年度报告时可以图文并茂，采用柱状图、饼状图等统计图表以及必要的产品、服务和业务活动图片进行辅助说明，提高报告的可读性。公司在半年度报告目录之前刊载宣传照片和图表时，不得刊登带有祝贺、恭维、推荐性的措辞，不得含有欺诈、误导性内容的词句。

（五）公司编制半年度报告应当遵循中国证监会上市公司行业分类的有关规定，公司可以增加披露所使用的其他的行业分类数据、资料作为参考。

第九条 公司应当在每个会计年度上半年度结束之日起两个月内将半年度报告全文刊登在中国证监会指定网站上；同时将半年度报告摘要刊登在至少一种中国证监会指定报纸上，刊登篇幅原则上不超过报纸的 1/4 版面，也可以刊登在中国证监会指定网站上。

公司可以将半年度报告刊登在其他媒体上，但不得早于在中国证监会指定媒体披露的时间。

第十条 公司应当在半年度报告披露后，将半年度报告原件备置于公司住所，以供股东及社会公众查阅。

第十一条 公司董事会、监事会及董事、监事、高级管理人员应当保证半年度报告内容的真实、准确、完整，不存在虚假记载、误导性陈述或重大遗漏，并承担个别和连带的法律责任。

如有董事、监事、高级管理人员对半年度报告内容存在异议或无法保证其真实、准确、完整的，应当单独陈述理由。

第十二条 中国证监会对特殊行业公司信息披露另有规定的，公司应当遵循其规定。

行业主管部门对公司另有规定的，公司在编制和披露半年度报告时应当遵循其规定。

第二章 半年度报告正文

第一节 重要提示、目录和释义

第十三条 公司应当在半年度报告文本扉页刊登如下重要提示：公司董事会、监事会及董事、监事、高级管理人员保证半年度报告内容的真实、准确、完整，不存在虚假记载、误导性陈述或重大遗漏，并承担个别和连带的法律责任。

如有董事、监事、高级管理人员对半年度报告内容存在异议或无法保证其真实、准确、完整的，公司应当在半年度报告文本扉页声明×××无法保证本报告内容的真实、准确、完整，并说明理由，请投资者特别关注。同时，单独列示未出席董事会审议半年度报告的董事姓名及原因。

公司应当提示经董事会审议的报告期内的半年度利润分配预案或公积金转增股本预案。

公司负责人、主管会计工作负责人及会计机构负责人（会计主管人员）应当声明并保证半年度报告中财务报告的真实、准确、完整。

第十四条 如半年度财务报告已经审计并被出具非标准审计报告，重要提示中应当声明×××会计师事务所为本公司出具了带强调事项段或其他事项段的无保留意见、保留意见、否定意见或无法表示意见的审计报告，本公司董事会、监事会对相关事项已有详细说明，请投资者注意阅读。

如半年度报告涉及未来计划等前瞻性陈述，同时附有相应的警示性陈述，则应当声明该计划不构成公司对投资者的实质承诺，请投资者注意投资风险。

第十五条 公司应当对可能造成投资者理解障碍以及具有特定含义的术语作出通俗易懂的解释，半年度报告的释义应当在目录次页排印。

半年度报告目录应当标明各章、节的标题及其对应的页码。

第二节 公司简介

第十六条 公司应当披露如下内容：

（一）公司的中文名称及简称，外文名称及缩写（如有）。

（二）公司的法定代表人。

（三）公司董事会秘书及其证券事务代表的姓名、联系地址、电话、传真、电子信箱。

（四）公司股票上市交易所、股票简称和股票代码。

以下事项在报告期内发生变更并已在临时报告披露的，公司应当列明披露相关信息的指定网站查询索引及日期：

（一）公司注册地址，公司办公地址及其邮政编码，公司网址、电子信箱。

（二）公司选定的信息披露报纸的名称，登载半年度报告的中国证监会指定网站的网址，公司半年度报告备置地。

（三）公司报告期内的注册情况，包括但不限于：注册登记日期和地点、企业法人营业执照注册号、税务登记号码、组织机构代码。

（四）其他有关资料。

第三节 会计数据和财务指标摘要

第十七条 公司应当采用数据列表方式，提供报告期末和上年末（或报告期和上年相同期间）主要会计数据和财务指标及变动比率，包括但不限于：总资产、营业收入、归属于上市公司股东的净利润、归属于上市公司股东的扣除非经常性损益的净利润、归属于上市公司股东的净资产、经营活动产生的现金流量净额、净资产收益率、每股收益。

公司在披露“归属于上市公司股东的扣除非经常性损益后的净利润”时，应当同时说明报告期内非经常性损益的项目及金额。

同时发行人民币普通股及境内上市外资股或（和）境外上市外资股的公司，若按不同会计准则计算的净利润和归属于上市公司股东的净资产存在重大差异的，应当列表披露差异情况并说明主要原因。

上述会计数据和财务指标应当按照《公开发行证券的公司信息披露内容与格式准则第2号——年度报告的内容与格式（2012年修订）》（以下简称《年度报告准则》）以及中国证监会颁布的其他有关信息披露规范的相关规定计算和披露。

第四节 董事会报告

第十八条 公司董事会报告中应当对财务报告的数据和其他必要的统计数据，以及报告期内发生和未来可能发生的重大事项进行讨论、分析，以便于投资者了解其财务状况、经营成果及未来变化情况。公司披露董事会报告应当遵守《年度报告准则》第二十条所列原则。

第十九条 董事会报告应当重点分析公司在报告期内的财务状况和经营成果。如本条规定披露的部分内容与财务报表附注相同的，公司可以建立相关查询索引，避免重复。

公司应当披露已对报告期产生重要影响以及未对报告期产生影响但对未来具有重要影响的事项，内容包括：

（一）主营业务分析。列示公司营业收入、成本、费用、研发投入、现金流等项目的同比变动情况及原因。若公司利润构成或利润来源发生重大变动，公司应当详细说明情况。

公司招股说明书、募集说明书和资产重组报告书等公开披露文件中披露的未来发展与规划延续至报告期内的，公司应当对规划目标的实施进度进行分析；实施进度与规划不符的，应当详细说明原因。

公司应当回顾总结前期披露的经营计划在报告期内的进展，并对未达到计划目标的情况进行解释。

（二）按照行业、产品或地区经营情况分析。对于占公司营业收入总额或营业利润总额 10%以上的业务经营活动及其所属行业、主要产品或地区，应当分项列示其营业收入、营业成本、毛利率，并分析其变动情况。

（三）核心竞争力分析。公司应当披露报告期内核心竞争力的重要变化及对公司所产生的影响。如发生因设备或技术升级换代、特许经营权丧失等导致公司核心竞争力受到严重影响的，公司应当详细分析，并说明拟采取的相应措施。

（四）投资状况分析。公司应当分析报告期内投资情况，包括：

1. 对外股权投资的情况。公司应当对持有其他上市公司股权，持有商业银行、证券公司、保险公司、信托公司和期货公司等金融企业股权进行重点披露，包括最初投资成本、期初持股比例、期末持股比例、期末账面值等情况。

2. 非金融类公司委托理财及衍生品投资的情况。公司应当披露资金来源、合作方、投资份额、投资期限、产品类型、预计收益、投资盈亏，是否涉诉等。如公司有委托贷款事项，应当披露委托贷款借款人、借款用途、抵押物或担保人，以及展期、逾期或诉讼事项及风险应对措施。

3. 募集资金的使用情况。报告期内募集资金或报告期之前募集资金的使用延续到报告期内的，公司应当披露有关投资项目的实际进度及收益情况；对于未达到计划进度和收益的，应当说明原因；对于尚未使用的募集资金，应当说明未来资金用途；对于实际投资项目发生变更的，应当披露项目变更原因、变更程序及其披露情况，项目资金的投入情况，项目的进度及收益情况。

如本条规定披露的内容已在《公司募集资金存放与实际使用情况的专项报告》中披露的，公司可以提供指定披露网站的相关查询索引，避免重复。

4. 主要子公司、参股公司情况。如来源于单个子公司的净利润或单个参股公司的投资收益对公司净利润影响达到 10%以上，应当披露该子公司或参股公司业务性质、主要产品或服务和净利润等情况。

5. 重大非募集资金投资情况。公司应当列表披露项目投资总额超过公司上年度末经审计净资产 10%的非募集资金投资的重大项目投资总额、本报告期和累计实际投入金额、项目进度及收益情况。

第二十条 公司如果预测年初至下一报告期期末的累计净利润可能为亏损或者与上年同期相比发生重大变动，应当予以警示并说明原因。

第二十一条 公司半年度财务报告已经审计，并被出具非标准审计报告的，公司应当就所涉及事项作出说明。

上年年度报告中的财务报告被注册会计师出具非标准审计报告的，公司应当就所涉及事项的变化及处理情况作出说明。

第二十二条 公司应当披露报告期内实施的利润分配方案特别是现金分红方案、资本公积金转增股本方案的执行或调整情况。

如公司董事会在审议半年度报告时拟定利润分配预案、资本公积金转增股本预案的，公司应当说明上述预案是否符合公司章程及审议程序的规定，是否充分保护中小投资者的合法权益，是否由独立董事发表意见。

第五节 重要事项

第二十三条 公司治理实际情况与《公司法》和中国证监会相关规定的要求存在差异的，公司应当披露差异的内容及报告期内已采取的整改措施及整改情况。

第二十四条 公司应当披露报告期内重大诉讼、仲裁和媒体普遍质疑的事项。已在上一年度报告中披露，但尚未结案的重大诉讼、仲裁事项，公司应当披露案件进展情况，涉及金额，是否形成预计负债，以及对公司未来的影响。对已经结案的重大诉讼、仲裁事项，公司应当披露案件执行情况。对媒体普遍质疑的事项，公司应当披露有关澄清的内容、应对措施，以及对公司未来的影响。

如以上诉讼、仲裁或媒体普遍质疑事项已在临时报告披露且无后续进展的，仅需披露该事项概述，并提供临时报告披露网站的查询索引。如报告期内公司无重大诉讼、仲裁和媒体质疑事项，应当明确说明“本报告期内无重大诉讼、仲裁和媒体质疑事项”。

第二十五条　公司应当披露报告期内发生的破产重整相关事项，包括向法院申请重整、和解或破产清算，法院受理重整、和解或破产清算，以及公司重整期间发生的法院裁定结果及其他重大事项。执行重整计划的公司应当说明计划的具体内容及执行情况。

如相关破产事项已在临时报告披露且后续实施无变化的，仅需披露该事项概述，并提供临时报告披露网站的相关查询索引。

第二十六条　公司应当披露报告期内发生及以前期间发生但持续到报告期的收购及出售重大资产、企业合并事项的简要情况及进展，分析上述事项对公司业务连续性、管理层稳定性的影响、对报告期财务状况和经营成果的影响，说明所涉及的金额及其占利润总额的比例。

如公司收购、出售资产和企业合并事项已在临时报告披露且后续实施无变化的，仅需披露该事项概述，并提供临时报告披露网站的相关查询索引。

第二十七条　公司应当披露股权激励计划在本报告期的具体实施情况，包括但不限于：实施股权激励计划履行的相关程序及总体情况，激励股份来源情况，激励对象考核情况，激励对象范围的调整情况及履行的程序，激励股份授予数量及解除锁定情况，股票期权授予及行权情况，股票期权行权价格及期权数量的调整情况及履行的程序，实施股权激励计划对公司报告期内及未来财务状况和经营成果的影响。

如相关股权激励事项已在临时报告披露且后续实施无进展或变化的，仅需披露该事项概述，并提供临时报告披露网站的相关查询索引。

第二十八条　公司应当按照以下关联交易的不同类型分别披露。如已在临时报告披露且后续实施无进展或变化的，仅需披露该事项概述，并提供临时报告披露网站的相关查询索引。

（一）与日常经营相关的关联交易，至少应当披露以下内容：关联交易方、交易内容、定价原则、交易价格、交易金额、占同类交易金额的比例、结算方式；可获得的同类交易市价，如实际交易价与市价存在较大差异，应当说明原因。大额销货退回需披露详细情况。

公司按类别对本年度将发生的日常关联交易进行总额预计的，应当披露日常关联交易事项在报告期内的实际履行情况。

（二）资产收购、出售发生的关联交易，至少应当披露以下内容：关联交易方、交易内容、定价原则、资产的账面价值、评估价值（若有）、市场公允价值（若有）、交易价格、结算方式及交易对公司经营成果和财务状况的影响情况。交易价格与账面价值或评估价值、市场公允价值差异较大的，应当说明原因。

（三）公司与关联方共同对外投资发生关联交易的，应当至少披露以下内容：共同投资方、被投资企业的名称、主营业务、注册资本、总资产、净资产、净利润、重大在建项目的进展情况。

（四）公司与关联方存在非经营性债权债务往来等事项的，应当披露形成原因及其对公司的影响。

第二十九条　公司应当披露重大合同及其履行情况。包括但不限于：

（一）在报告期内发生或以前期间发生但延续到报告期的重大交易、托管、承包、租赁其他公司资产或其他公司托管、承包、租赁公司资产的事项，包括但不限于：涉及金额、期限以及对财务状况和经营成果的影响。

（二）重大担保。报告期内履行的及尚未履行完毕的担保合同，包括担保金额、担保期限、担保对象、担保类型（一般担保或连带责任担保）、担保的决策程序等。对于未到期担保合同，如有证据表明有可能承担连带清偿责任的，应当明确说明。

（三）其他重大合同。列表披露合同订立双方的名称、签订日期、合同标的所涉及资产的账面价值、评估价值、相关评估机构名称、评估基准日、定价原则以及最终交易价格等，并披露截至报告期末合同的执行情况。

第三十条 公司以及持股 5%以上的股东如在报告期内发生或存在以前期间发生但延续到报告期的承诺事项，公司应当说明该承诺事项在报告期内的履行情况。如承诺未能及时履行的，应当说明未完成履行的原因及下一步的工作计划。

第三十一条 半年度财务报告已经审计的，公司应当披露聘任审计半年度财务报告的会计师事务所的情况及报告期内支付给会计师事务所的报酬情况。更换会计师事务所的，公司应当披露解聘原会计师事务所的原因，以及是否履行了必要的程序。

第三十二条 公司及其董事、监事、高级管理人员、持有 5%以上股份的股东、实际控制人、收购人在报告期内如存在被有权机关调查、被司法机关或纪检部门采取强制措施、被移送司法机关或追究刑事责任、被中国证监会立案调查或行政处罚、被采取市场禁入、被认定为不适当人选、被其他行政管理部门处罚，以及被证券交易所公开谴责的情形，应当说明原因及结论。

报告期内被中国证监会及其派出机构采取行政监管措施并提出限期整改要求的，公司应当披露整改责任人、整改期限、整改措施，以及披露整改报告书的指定网站查询索引及日期。

第三十三条 对上述第二十三条至第三十二条规定之外，且已在前一定期报告或临时报告中披露过的在报告期内发生以及在以前期间发生但持续到报告期的其他重要事项信息，公司应当列明披露相关信息的指定网站查询索引及日期。

第六节 股份变动及股东情况

第三十四条 报告期内的股份变动情况，公司应当按照中国证监会对公司股份变动报告规定的内容与格式进行编制。

对报告期内因送股、转增股本、配股、增发新股、非公开发行股票、权证行权、实施股权激励计划、企业合并、可转换公司债券转股、减资、内部职工股上市、债券发行或其他原因引起公司股份总数及股东结构变动、公司资产和负债结构变动的，应当予以说明。

第三十五条 公司股东数量及持股情况，应当按照中国证监会对公司股份变动报告规定的格式进行编制，披露以下内容：

（一）截至报告期末的股东总数。

（二）截至报告期末持有本公司 5%以上股份的股东的名称、报告期内股份增减变动的情况、报告期末持股数量、所持股份类别及所持股份质押或冻结的情况。如持股 5%以上的股东少于十人，则应当列出至少前十名股东的持股情况。公司股票为融资融券标的证券的，股东持股数量应当按照其通过普通证券账户、信用证券账户持有的股票及其权益数量合并计算。

如所持股份中包括无限售条件股份（或已上市流通股份）、有限售条件股份（或未上市流通股份），应当分别披露其数量。如前十名股东之间存在关联关系或属于《上市公司收购管理办法》规定的一致行动人的，应当予以说明。

如有战略投资者或一般法人因配售新股成为前十名股东的，应当予以注明，并披露约定持股期间的起止日期。

以上列出的股东情况中应当注明代表国家持有股份的单位和外资股东。

第三十六条 公司控股股东或实际控制人报告期内发生变化的，应当列明披露相关信息的指定网站查询索引及日期。

第七节　董事、监事、高级管理人员情况

第三十七条　公司应当披露现任及报告期内离任董事、监事、高级管理人员在报告期内持有本公司股份、股票期权、被授予的限制性股票数量的变动情况。

第三十八条　公司应当披露报告期内被选举或离任的董事和监事、聘任或解聘的高级管理人员姓名，及董事、监事离任和高级管理人员解聘的原因。

第八节　财务报告

第三十九条　公司应当在半年度报告中披露比较式资产负债表、比较式利润表和比较式现金流量表，以及比较式所有者权益（股东权益）变动表和财务报表附注。

第四十条　半年度财务报告未经审计的，公司应当注明“未经审计”字样。半年度财务报告已经审计的，公司应当披露审计意见类型；若被注册会计师出具非标准审计报告，公司还应当披露审计报告正文。

第九节　备查文件目录

第四十一条　公司应当披露备查文件的目录，包括：

（一）载有公司负责人、主管会计工作负责人、会计机构负责人（会计主管人员）签名并盖章的财务报表。

（二）载有会计师事务所盖章、注册会计师签名并盖章的审计报告原件（如有）。

（三）报告期内在中国证监会指定网站上公开披露过的所有公司文件的正本及公告的原稿。

（四）在其他证券市场公布的半年度报告。

公司应当在办公场所备置上述文件的原件。中国证监会及其派出机构、证券交易所要求提供时，或股东依据法律、法规或公司章程要求查阅时，公司应当及时提供。

第三章　半年度报告摘要

第一节　重要提示

第四十二条　公司应当在半年度报告摘要显著位置刊登如下重要提示：

本半年度报告摘要来自半年度报告全文，投资者欲了解详细内容，应当仔细阅读同时刊载于上海证券交易所网站或深圳证券交易所网站等中国证监会指定网站上的半年度报告全文。

第四十三条　公司应当以简易图表形式披露如下内容：

（一）股票简称、股票代码、股票上市交易所。如报告期末至半年度报告披露日期间公司股票简称发生变更，应当同时披露变更后的股票简称。

（二）公司董事会秘书和证券事务代表的姓名、电话、传真、电子信箱。

第二节　主要财务数据及股东变化

第四十四条　公司应当以列表方式披露报告期末和上年末（或报告期和上年相同期间）主要会计数据和财务指标及变动比率，包括但不限于：总资产、营业收入、归属于上市公司股东的净利润、归属于上市公司股东的扣除非经常性损益的净利润、归属于上市公司股东的净资产、经营活动产生的现金流量净额、净资产收益率、每股收益。

第四十五条　公司应当列表披露截至报告期末的股东总数、报告期末前十名股东持股情况。

公司控股股东或实际控制人报告期内发生变化的，应当列明披露相关信息的指定网站查询索引及日期。

第三节　管理层讨论与分析

第四十六条　公司董事会应当以图表与文字相结合的形式简明、扼要分析报告期内的财务状况、经营成果及重要事项。

第四节　涉及财务报告的相关事项

第四十七条　如与上一年度报告相比，公司会计政策、会计估计以及财务报表合并范围发生变化，或因报告期内重大会计差错更正而追溯重述的，公司应当予以披露，并分析其原因及影响。

第四十八条　如半年度财务报告已经审计，应当披露审计意见类型，若被出具带有强调事项段或其他事项段的无保留意见、保留意见、否定意见或无法表示意见的审计报告，公司董事会和监事会应当就所涉及事项作出说明。

第四章　附　则

第四十九条　本准则所称“控股股东”、“实际控制人”、“关联方”、“关联交易”、“高级管理人员”等的界定按照《公司法》、《证券法》等法律法规以及《上市公司信息披露管理办法》等相关规定执行。

第五十条　本准则所称“以上”包含本数，“超过”、“少于”不含本数。

第五十一条　本准则自公布之日起施行。《公开发行证券的公司信息披露内容与格式准则第3号——半年度报告的内容与格式（2007年修订）》（证监公司字〔2007〕100号）同时废止。

附件：

×××股份有限公司半年度报告摘要格式

1　重要提示

1.1　本半年度报告摘要来自半年度报告全文，投资者欲了解详细内容，应当仔细阅读同时刊载于上海证券交易所网站或深圳证券交易所网站等中国证监会指定网站上的半年度报告全文。

1.2　公司简介

股票简称		股票代码	
股票上市交易所			
联系人和联系方式	董事会秘书		证券事务代表
姓名			
电话			
传真			
电子信箱			

2　主要财务数据和股东变化

2.1　主要财务数据

	本报告期末	上年度末	本报告期末比上年度末增减（%）
总资产			
归属于上市公司股东的净资产			

续表

	本报告期	上年同期	本报告期比上年同期增减（%）
经营活动产生的现金流量净额			
营业收入			
归属于上市公司股东的净利润			
归属于上市公司股东的扣除非经常性损益的净利润			
加权平均净资产收益率			
基本每股收益（元/股）			
稀释每股收益（元/股）			

注：1. 在报告期内公司因派发股票股利、公积金转增股本、拆股而增加或因并股而减少公司总股本，但不影响股东权益金额的，应当根据相关会计准则的规定按最新股本调整并列报基本每股收益和稀释每股收益。

2. 如果报告期末至半年度报告披露日，公司股本因送红股、资本公积金转增股本的原因发生变化且不影响股东权益金额的，应当根据相关会计准则的规定按最新股本调整并列报基本每股收益和稀释每股收益。

3. 本报告期对上年度财务数据进行了追溯调整或重述的，上年度末和上年同期应当同时列示追溯调整或重述前后的数据。

2.2　前十名股东持股情况表

报告期末股东总数					
前十名股东持股情况					
股东名称	股东性质	持股比例（%）	持股数量	持有有限售条件的股份数量（持有非流通的股份数量）	质押或冻结的股份数量
上述股东关联关系或一致行动的说明					

注：1. 完成股权分置改革的公司按照“持有有限售条件的股份数量”列示，未完成股权分置改革的公司按照“持有非流通的股份数量”列示。

2. 股东性质包括国家、国有法人、境内非国有法人、境内自然人、境外法人、境外自然人等。

3. 股份种类包括人民币普通股、境内上市外资股、境外上市外资股和其他。

2.3　控股股东或实际控制人变更情况

□适用　　□不适用

新控股股东名称	
新实际控制人名称	
变更日期	
指定网站查询索引及日期	

3　**管理层讨论与分析**

管理层可以图表结合文字形式，简明、扼要分析公司在报告期内的财务状况、经营成果及重大事项。

4　**涉及财务报告的相关事项**

4.1　与上年度财务报告相比，会计政策、会计估计和核算方法发生变化的，公司应当说明情况、原因及其影响。

4.2　报告期内发生重大会计差错更正需追溯重述的，公司应当说明情况、更正金额、原因及其影响。

4.3　与上年度财务报告相比，对财务报表合并范围发生变化的，公司应当作出具体说明。

4.4　半年度财务报告已经审计，并被出具非标准审计报告的，董事会、监事会应当对涉及事项作出说明。

注：本半年度报告摘要在中国证监会指定报纸刊登的篇幅原则上不超过报纸的1/4版面。公司可以根据版面作适当调整，以符合正常的阅读习惯。

季度报告内容与格式特别规定

（公开发行证券的公司信息披露编报规则第 13 号，2013 年修订）

第一章　总　则

第一条　为规范上市公司季度报告的编制及信息披露行为，保护投资者合法权益，根据《公司法》、《证券法》等法律、法规及中国证券监督管理委员会（以下简称中国证监会）的有关规定，制定本规则。

第二条　根据《公司法》、《证券法》在中华人民共和国境内公开发行股票并在证券交易所主板（含中小企业板）上市的股份有限公司（以下简称公司）应当按照本规则的要求编制和披露季度报告。

第三条　公司应当在会计年度前三个月、九个月结束后的一个月内将季度报告正文刊登于至少一种中国证监会指定的报纸上，并将季度报告全文（包括正文及附录）刊登于中国证监会指定网站上。季度报告正文应当按照本规则第二章要求编制，并按照附件的格式披露。

季度报告的报告期是指季度初至季度末三个月期间。

第一季度季度报告的披露时间不得早于上一年度年度报告。

第四条　公司季度报告中的财务报表可以不经审计，但中国证监会和证券交易所另有规定的除外。

第二章　季度报告正文

第一节　重要提示

第五条　公司应当在季度报告正文的显要位置刊登如下重要提示：公司董事会、监事会及董事、监事、高级管理人员保证季度报告内容的真实、准确、完整，不存在虚假记载、误导性陈述或者重大遗漏，并承担个别和连带的法律责任。

如有董事、监事、高级管理人员对季度报告内容存在异议或无法保证其真实、准确、完整的，公司应当在季度报告中声明×××无法保证本报告内容的真实、准确、完整，并说明理由，请投资者特别关注。同时，单独列示未出席董事会审议季度报告的董事姓名及原因。

公司负责人、主管会计工作负责人及会计机构负责人（会计主管人员）应当声明并保证季度报告中财务报表的真实、准确、完整。

第六条　如季度报告中的财务报表已经审计并被出具非标准审计报告，重要提示中应当声明×××会计师事务所为本公司出具了带强调事项段或其他事项段的无保留意见、保留意见、否定意见或无法表示意见的审计报告，本公司董事会、监事会对相关事项已有详细说明，请投资者注意阅读。

第二节　主要财务数据及股东变化

第七条　公司应当采用数据列表方式，提供报告期末和上年末（或年初至报告期末和上年相同期间）公司主要会计数据和财务指标及变动比率，包括但不限于：总资产、营业收入、归属于上市公司股东的净利润、归属于上市公司股东的扣除非经常性损益的净利润、归属于上市公司股东的净资产、经营活动产生的现金流量净额、净资产收益率、每股收益。

公司在披露“归属于上市公司股东的扣除非经常性损益后的净利润”时，应当同时说明报告期内非经常性损益的项目及金额。

上述会计数据和财务指标应当按照《公开发行证券的公司信息披露内容与格式准则第 2 号——年度报告的内容与格式（2012 年修订）》以及中国证监会颁布的其他有关信息披露规范的相关规定计算和披露。

第八条　公司应当按照中国证监会对公司股份变动报告规定的格式披露截至报告期末的股东总数、前十名股东、前十名无限售条件股东的持股情况。

第三节　重要事项

第九条　报告期主要会计报表项目、财务指标发生重大变动的，应当说明情况及主要原因。

第十条　报告期内发生或将要发生或以前期间发生但延续到报告期的重要事项，若对本报告期或以后期间的公司财务状况和经营成果产生重大影响，对投资者投资决策产生重大影响，应当披露该重要事项进展情况，并说明其影响和解决方案。公司已在临时报告披露且无后续进展的，仅需披露该事项概述，并提供临时报告披露网站的查询索引。

第十一条　公司以及持股 5%以上的股东如在报告期内发生或存在以前期间发生但持续到报告期的承诺事项，公司应当说明该承诺事项在报告期内的履行情况。

第十二条　公司如果预测年初至下一报告期期末的累计净利润可能为亏损或者与上年同期相比发生重大变动，应当予以警示并说明原因。

第三章　附　录

第十三条　公司应当编制季度报告的附录部分。公司应当在该部分按照《企业会计准则》以及中国证监会颁布的有关信息披露规范要求披露截至报告期末的比较式合并资产负债表以及年初至报告期末的比较式合并利润表和比较式现金流量表，并注明是否已经审计。

季度报告中的财务报表已经审计的，公司应当披露审计意见类型；若被注册会计师出具非标准审计报告，公司还应当披露审计报告正文。

第四章　附　则

第十四条　本规则自公布之日起施行。《公开发行证券的公司信息披露编报规则第 13 号——季度报告内容与格式特别规定（2007 年修订）》（证监公司字〔2007〕46 号）同时废止。

商业银行信息披露特别规定

（中国证监会于2008年7月25日发布，2008年9月1日开始实施）

第一条 为了规范公开发行证券并上市的商业银行（以下简称商业银行）的信息披露行为，保护投资者的合法权益，依据《中华人民共和国公司法》、《中华人民共和国证券法》、《中华人民共和国商业银行法》、《上市公司信息披露管理办法》等法律法规，制定本规定。

第二条 商业银行除应遵循中国证监会有关定期报告和临时报告等信息披露的一般规定外，还应遵循本规定的要求。

第三条 商业银行应在定期报告中披露截至报告期末前三年的主要会计数据，包括资产总额及结构、负债总额及结构、存款总额及结构、贷款总额及结构、同业拆入、资本净额及结构（包括核心资本和附属资本）、加权风险资产净额、贷款损失准备。

第四条 商业银行应在定期报告中披露截至报告期末前三年的主要财务指标，包括资产利润率、资本利润率、资本充足率、核心资本充足率、不良贷款率、存贷比、流动性比例、单一最大客户贷款比率、最大十家客户贷款比率、正常类贷款迁徙率、关注类贷款迁徙率、次级类贷款迁徙率、可疑类贷款迁徙率、拨备覆盖率、成本收入比。

其中，拨备覆盖率=贷款损失准备金余额/不良贷款余额。

第五条 商业银行应在定期报告中披露分级管理情况及各层级分支机构数量和地区分布，包括名称、地址、职员数、资产规模等。

第六条 商业银行应在定期报告中披露报告期贷款资产质量情况，包括按五级分类中的正常类贷款、关注类贷款、次级类贷款、可疑类贷款和损失类贷款的数额和占比，以及与上年同期相比的增减变动情况。还应披露本报告期公司重组贷款、逾期贷款的期初、期末余额以及占比情况。商业银行应对上述增减变动情况进行分析。

第七条 商业银行应在定期报告中披露报告期内贷款减值准备金的计提和核销情况，包括贷款减值准备金的计提方法、贷款减值准备金的期初余额、本期计提、本期转出、本期核销、期末余额、回收以前年度已核销贷款减值准备金的数额。

第八条 商业银行应在定期报告中披露报告期应收利息的增减变动情况，包括期初余额、本期增加数额、本期收回数额和期末余额。应收利息坏账准备的提取情况，坏账核销程序与政策。商业银行应对应收利息和坏账准备的增减变动情况进行分析。

第九条 商业银行应在定期报告中披露报告期营业收入中贷款利息收入、拆放同业利息收入、存放中央银行款项利息收入、存放同业利息收入、债券投资利息收入、手续费收入及其他项目的数额、占比及同比变动情况并予以分析。

第十条 商业银行应在定期报告中披露贷款投放的前十个行业和主要地区分布情况、贷款担保方式分布情况、金额及占比，前十大贷款客户的贷款余额以及占贷款总额的比例。

第十一条 商业银行应在定期报告中披露截至报告期末抵债资产情况，包括抵债资产金额，计提减值准备情况等。

第十二条　商业银行应在定期报告中披露存款结构平均余额和平均利率，贷款平均余额和平均利率，包括企业活期存款、企业定期存款、储蓄活期存款、储蓄定期存款的平均余额和利率以及合计数；一年以内短期贷款利率和中长期贷款利率以及合计数。

第十三条　商业银行应在定期报告中披露持有的金融债券的类别和金额，重大金融债券的面值、年利率及到期日，计提减值准备情况。

第十四条　商业银行应在定期报告中披露报告期委托理财、资产证券化、各项代理、托管等业务的开展和损益情况。

第十五条　商业银行应在定期报告中披露对财务状况和经营成果造成重大影响的表外项目余额。包括信贷承诺（不可撤销的贷款承诺、银行承兑汇票、开出保函、开出信用证）、租赁承诺、资本性支出承诺、衍生金融工具等项目的具体情况。

第十六条　商业银行应在定期报告中披露下列各类风险和风险管理情况：

（一）信用风险状况。商业银行应披露信用风险管理、信用风险暴露、信贷资产质量和收益的情况，包括产生信用风险的业务活动、信用风险管理和控制政策、信用风险管理的组织结构和职责划分、资产风险分类的程序和方法、信用风险分布情况、信用风险集中程度、不良贷款分析、贷款重组、不良贷款的地区分布和行业分布等情况。

（二）流动性风险状况。商业银行应披露能反映其流动性状况的有关指标，分析资产与负债在期限、结构上的匹配情况，分析影响流动性的因素，说明本行流动性管理策略。

（三）市场风险状况。商业银行应披露其市场风险状况的定量和定性信息，包括所承担市场风险的类别、总体市场风险水平及不同类别市场风险的风险头寸和风险水平；所承担各类市场风险的识别、计量和控制方法；有关市场价格的敏感性分析，包括利率、汇率、股票及其他价格变动对商业银行经济价值或财务状况和盈利能力的影响；市场风险管理的政策和程序；市场风险资本状况等。

（四）操作风险状况。商业银行应披露由于内部程序、人员、系统的不完善或失误，或外部事件造成损失的风险。

（五）其他风险状况。其他可能对本行造成严重不利影响的风险因素。

第十七条　商业银行董事会应在定期报告中对内部控制制度的完整性、合理性与有效性和内部控制制度的执行情况作出说明。监事会应就董事会所作的说明明确表示意见，并分别予以披露。

第十八条　商业银行董事会应当每年向股东大会就关联交易管理制度的执行情况，关联交易控制委员会的运作情况，以及当年发生关联交易情况作出专项报告并披露。

第十九条　商业银行的对外担保事项，单笔担保金额超过经审计的上一年度净资产金额5%或单笔担保金额超过20亿元的，公司应及时公告。

第二十条　商业银行涉及的诉讼事项，单笔金额超过经审计的上一年度净资产金额1%的，公司应及时公告。

第二十一条　商业银行发生的投资、收购和出售资产等事项，单笔金额超过经审计的上一年度净资产金额5%或单笔金额超过20亿元的，公司应及时公告。

商业银行发生的资产和设备采购事项，单笔金额超过经审计的上一年度净资产金额1%的，公司应及时公告。

第二十二条　商业银行发生重大突发事件（包括但不限于银行挤兑、重大诈骗、分支机构和个人的重大违规事件），涉及金额达到最近一期经审计净利润1%以上的，公司应按要求及时进行公告。

第二十三条　商业银行的关联交易包括与关联方之间发生的贷款、贷款承诺、承兑、贴现、证券回购、贸易融资、保理、信用证、保函、透支、拆借、担保等表内、外业务，资产转移和向商业银行提供服务等交易。

商业银行与关联自然人发生的交易金额在 30 万元以上，与关联法人发生的交易金额占商业银行最近一期经审计净资产的 0.5%以上的关联交易，应当及时披露。如果交易金额在 3000 万元以上且占最近一期经审计净资产 1%以上的关联交易，除应当及时披露外，还应当提交董事会审议。如果交易金额占商业银行最近一期经审计净资产 5%以上的关联交易，除应当及时披露外，还应当将该交易提交股东大会审议。商业银行的独立董事应当对关联交易的公允性以及内部审批程序履行情况发表书面意见。

第二十四条 商业银行的信用风险状况、流动性风险状况、市场风险状况、操作风险状况和其他风险状况发生变动，对公司的经营或盈利能力造成重大影响的，商业银行应及时进行公告。

第二十五条 商业银行进行业务创新，推出新的业务品种或开展衍生金融业务的，从得到有关部门批准之日起，应在两个工作日内按要求进行公告。

第二十六条 利率、汇率、税率发生变化以及新的政策、法规对商业银行经营业务和盈利能力构成重大影响的，商业银行应按要求及时公告政策、法规的变化对商业银行业务和盈利能力所造成的影响。

第二十七条 商业银行信息披露违反本规定的，依照《证券法》第一百九十三条、《上市公司信息披露管理办法》第六章的有关规定，依法追究法律责任。

第二十八条 本规定自 2008 年 9 月 1 日起施行，中国证监会 2003 年 3 月 19 日发布的《公开发行证券的公司信息披露内容与格式准则第 18 号——商业银行信息披露特别规定》（证监会计字［2003］3 号）同时废止。

非标准无保留审计意见及其涉及事项的处理

（中国证监会于2013年11月20日发布，于2014年1月1日起实施）

第一条 为进一步提高上市公司信息披露质量，规范同上市公司非标准无保留审计意见及涉及事项有关的信息披露行为，保护投资者合法权益，根据《中华人民共和国公司法》、《中华人民共和国证券法》，制定本规定。

第二条 本规定所称非标准无保留审计意见是指注册会计师出具的除标准无保留审计意见外的其他类型审计意见，包括带解释性说明的无保留意见、保留意见（含带解释性说明的保留意见）、无法表示意见和否定意见。

第三条 具有执行证券、期货相关业务资格的会计师事务所应当建立健全完善的内部质量控制机制，以保证注册会计师出具恰当的审计意见。

第四条 具有执行证券、期货相关业务资格的注册会计师应当恪守专业标准，保持必要的执业谨慎，结合审计业务的具体情况，出具恰当的审计意见。

第五条 注册会计师不得以解释性说明代替保留意见，或者以保留意见代替否定意见。凡注册会计师对上市公司的财务报告出具非标准无保留审计意见的，应当根据中国注册会计师独立审计准则的要求，在其审计报告中清楚地说明出具该意见的原因及依据，并对该意见涉及事项对上市公司财务报告的影响做出估计，无法估计的应当说明原因。

第六条 上市公司应当严格执行会计准则、制度及相关信息披露规范性的规定。凡上市公司的财务报告因明显违反上述规定，将导致注册会计师出具非标准无保留审计意见的，注册会计师应当指出并要求公司就相关事项做出必要的调整。

第七条 如上市公司拒绝就明显违反会计准则、制度及相关信息披露规范规定的事项做出调整，或者调整后注册会计师认为其仍然明显违反会计准则、制度及相关信息披露规范规定，进而出具了非标准无保留审计意见的，证券交易所应当在上市公司定期报告披露后，立即对其股票实行停牌处理，并要求上市公司限期纠正。

第八条 由于本规定第七条的原因导致上市公司股票停牌的，停牌期间中国证券监督管理委员会将对有关事项进行调查，并依法做出处理。股票停牌期间上市公司应当继续履行法定的信息披露义务。

第九条 如上市公司的财务报告被注册会计师出具非标准无保留审计意见，其涉及事项不属于明显违反会计准则、制度及相关信息披露规范规定的，上市公司董事会应当在相应的定期报告中针对该审计意见涉及的事项做出详细说明，包括（但不限于）：

（一）非标准无保留审计意见涉及事项的基本情况；

（二）注册会计师对该事项的基本意见；

（三）公司董事会、监事会和管理层等对该事项的意见；

（四）该事项对上市公司的影响程度；

（五）消除该事项及其影响的可能性；

（六）消除该事项及其影响的具体措施。

第十条 如保留意见或否定意见涉及事项对上市公司利润产生影响，注册会计师估计了该事项对利润影响数的，上市公司应当在制定利润分配方案时扣除上述审计意见的影响数，待该审计意见涉及事项及其对利润的影响消除后再行分配；如果注册会计师出具了无法表示意见的审计报告，上市公司当年不得进行利润分配。

第十一条 本规定自发布之日起施行。

净资产收益率和每股收益的计算及披露（2010年修订）

第一条 为规范公开发行证券的公司（以下简称“公司”）的信息披露行为，真实反映公司的盈利能力，提高净资产收益率和每股收益指标计算的合理性和可比性，特制订本规则。

第二条 公司招股说明书、年度财务报告、中期财务报告等公开披露信息中的净资产收益率和每股收益应按本规则进行计算或披露。

第三条 公司编制以上报告时，应以如下表格形式列示按加权平均法计算的净资产收益率，以及基本每股收益和稀释每股收益。

报告期利润	加权平均净资产收益率	每股收益	
		基本每股收益	稀释每股收益
归属于公司普通股股东的净利润			
扣除非经常性损益后归属于公司普通股股东的净利润			

公司编制和披露合并财务报表的，“扣除非经常性损益后归属于公司普通股股东的净利润”以扣除少数股东损益后的合并净利润为基础，扣除母公司非经常性损益（应考虑所得税影响）、各子公司非经常性损益（应考虑所得税影响）中母公司普通股股东所占份额；“归属于公司普通股股东的期末净资产”不包括少数股东权益金额。

第四条 加权平均净资产收益率的计算公式如下：

加权平均净资产收益率$=P_0/(E_0+NP\div2+E_i\times M_i\div M_0-E_j\times M_j\div M_0\pm E_k\times M_k\div M_0)$

其中，P_0分别对应于归属于公司普通股股东的净利润、扣除非经常性损益后归属于公司普通股股东的净利润；NP为归属于公司普通股股东的净利润；E_0为归属于公司普通股股东的期初净资产；E_i为报告期发行新股或债转股等新增的、归属于公司普通股股东的净资产；E_j为报告期回购或现金分红等减少的、归属于公司普通股股东的净资产；M_0为报告期月份数；M_i为新增净资产次月起至报告期期末的累计月数；M_j为减少净资产次月起至报告期期末的累计月数；E_k为因其他交易或事项引起的、归属于公司普通股股东的净资产增减变动；M_k为发生其他净资产增减变动次月起至报告期期末的累计月数。

报告期发生同一控制下企业合并的，计算加权平均净资产收益率时，被合并方的净资产从报告期期初起进行加权；计算扣除非经常性损益后的加权平均净资产收益率时，被合并方的净资产从合并日的次月起进行加权。计算比较期间的加权平均净资产收益率时，被合并方的净利润、净资产均从比较期间期初起进行加权；计算比较期间扣除非经常性损益后的加权平均净资产收益率时，被合并方的净资产不予加权计算（权重为零）。

第五条　基本每股收益可参照如下公式计算：

基本每股收益 = $P_0 \div S$

$S = S_0 + S_1 + S_i \times M_i \div M_0 - S_j \times M_j \div M_0 - S_k$

其中，P_0 为归属于公司普通股股东的净利润或扣除非经常性损益后归属于普通股股东的净利润；S 为发行在外的普通股加权平均数；S_0 为期初股份总数；S_1 为报告期因公积金转增股本或股票股利分配等增加股份数；S_i 为报告期因发行新股或债转股等增加股份数；S_j 为报告期因回购等减少股份数；S_k 为报告期缩股数；M_0 为报告期月份数；M_i 为增加股份次月起至报告期期末的累计月数；M_j 为减少股份次月起至报告期期末的累计月数。

第六条　公司存在稀释性潜在普通股的，应当分别调整归属于普通股股东的报告期净利润和发行在外普通股加权平均数，并据以计算稀释每股收益。

在发行可转换债券、股份期权、认股权证等稀释性潜在普通股情况下，稀释每股收益可参照如下公式计算：

稀释每股收益 = $P_1/(S_0 + S_1 + S_i \times M_i \div M_0 - S_j \times M_j \div M_0 - S_k$ + 认股权证、股份期权、可转换债券等增加的普通股加权平均数)

其中，P_1 为归属于公司普通股股东的净利润或扣除非经常性损益后归属于公司普通股股东的净利润，并考虑稀释性潜在普通股对其影响，按《企业会计准则》及有关规定进行调整。公司在计算稀释每股收益时，应考虑所有稀释性潜在普通股对归属于公司普通股股东的净利润或扣除非经常性损益后归属于公司普通股股东的净利润和加权平均股数的影响，按照其稀释程度从大到小的顺序计入稀释每股收益，直至稀释每股收益达到最小值。

第七条　在资产负债表日至财务报告批准报出日之间发生派发股票股利、公积金转增股本、拆股或并股，影响发行在外普通股或潜在普通股数量，但不影响所有者权益金额的，应当按调整后的股数重新计算各比较期间的每股收益。

第八条　报告期内发生同一控制下企业合并，合并方在合并日发行新股份并作为对价的，计算报告期末的基本每股收益时，应把该股份视同在合并期初即已发行在外的普通股处理（按权重为 1 进行加权平均）。计算比较期间的基本每股收益时，应把该股份视同在比较期间期初即已发行在外的普通股处理。计算报告期末扣除非经常性损益后的每股收益时，合并方在合并日发行的新股份从合并日起次月进行加权。计算比较期间扣除非经常性损益后的每股收益时，合并方在合并日发行的新股份不予加权计算（权重为零）。

报告期发生同一控制下企业合并，合并方在合并日发行新股份并作为对价的，计算报告期和比较期间的稀释每股收益时，比照计算基本每股收益的原则处理。

第九条　报告期公司以发行股份购买资产等方式实现非上市公司间接上市且构成反向购买的，计算报告期的每股收益时：

报告期的普通股加权平均股数 = 报告期期初至购买日所处当月的加权平均股数 + 购买日起次月至报告期期末的加权平均股数

报告期期初至购买日所处当月的加权平均股数 = 购买方（法律上子公司）加权平均股数 × 收购协议中的换股比例 × 期初至购买日所处当月的累计月数 ÷ 报告期月份数

购买日起次月至报告期期末的加权平均股数 = 被购买方（法律上母公司）加权平均股数 × 购买日起次月到报告期期末的累计月数 ÷ 报告期月份数

报告期公司以发行股份购买资产等方式实现非上市公司间接上市的，计算比较期间的每股收益时：

比较期间的普通股加权平均股数 = 购买方（法律上子公司）加权平均股数 × 收购协议中的换股比例

第十条　公司在编制比较财务数据时，上期净资产收益率和每股收益应按本规则进行计算。公司招股说明书、年度财务报告、中期财务报告等公开披露文件正文应包括这些指标的计算过程，摘要可省略计算过程。

第十一条　公司公开列示的净资产收益率或每股收益指标若引自经审计或审核 (若规定需要) 的财务报告，注册会计师应检查这些指标计算的准确性。

第十二条　本规则自公布之日起施行。

上市公司重大资产重组申请文件

（中国证券监督管理委员会公告〔2008〕13号，自2008年4月16日开始施行）

第一条 为规范上市公司重大资产重组的信息披露行为，根据《证券法》、《上市公司重大资产重组管理办法》（证监会令第53号，以下简称《重组办法》）及其他相关法律、法规及部门规章的规定，制定本准则。

第二条 申请文件是拟进行重大资产重组的上市公司（以下简称申请人）向中国证券监督管理委员会（以下简称中国证监会）报送的必备文件。申请人未按照本准则的要求制作、报送申请文件的，中国证监会可不予受理或者要求其重新制作、报送。

第三条 本准则规定的申请文件目录是上市公司重大资产重组申请文件的最低要求。不论本准则是否有明确规定，凡对投资者做出投资决策有重大影响的信息，上市公司均应当提供并披露。目录中的文件对本次重大资产重组确实不适用的，上市公司可以根据实际情况调整，但应当在申请时向中国证监会作出书面说明。

中国证监会可以根据审核实际需要，要求上市公司提供其他有关的补充文件。

第四条 由于涉及国家机密、商业秘密（如核心技术的保密资料、商业合同的具体内容等）等特殊原因，本准则规定的某些文件确实不便提供或披露的，上市公司可向中国证监会书面申请免于提供或披露。

第五条 上市公司在申请文件中披露的所有信息应当真实、准确、完整，所描述的事实应当有充分、客观、公正的依据，所引用的数据应当注明资料来源，并应当按要求提供原件或具有法律效力的复印件作为有关信息的备查文件。

第六条 上市公司披露的重大资产重组报告书（以下简称重组报告书）中引用的经审计的最近一期财务资料在财务报告截止日后六个月内有效；特别情况下可申请适当延长，但延长时间至多不超过一个月。

交易标的资产的财务资料虽处于前款所述有效期内，但截至重组报告书披露之日，该等资产的财务状况和经营成果发生重大变动的，应当补充披露最近一期的相关财务资料（包括该等资产的财务报告、备考财务资料等）。

第七条 上市公司就重大资产重组首次召开董事会前，相关资产尚未完成审计或评估、相关盈利预测数据尚未经注册会计师审核的，首次董事会决议公告的同时应当披露重大资产重组预案（以下简称重组预案）。

上市公司应当在至少一种中国证监会指定的报刊公告董事会决议、独立董事的意见与重组预案，并应当在证券交易所网站披露。

第八条 上市公司编制的重组预案应当至少包括以下内容：

（一）上市公司基本情况，包括公司设立情况及曾用名称，最近三年的控股权变动情况、主营业务发展情况和主要财务指标（包括总资产、净资产、主营业务收入、利润总额、净利润等，下同），以及控股股东、实际控制人概况。

（二）交易对方基本情况。交易对方为法人的，应当披露其名称、注册地、法定代表人，与其控股股东、实际控制人之间的产权控制关系结构图，最近三年主要业务发展状况和主要财务指标，按产业类别划分的下属企业名目等；交易对方为自然人的，应当按照本准则第十条第（五）项的相关规定披露。

（三）本次交易的背景和目的。

（四）本次交易的具体方案。

（五）交易标的基本情况，包括主要历史财务指标、估值及拟定价、未来盈利能力等；相关证券服务机构未完成审计、评估、盈利预测审核的，上市公司全体董事应当声明保证相关数据的真实性和合理性，并作出“相关资产经审计的历史财务数据、资产评估结果以及经审核的盈利预测数据将在重大资产重组报告书中予以披露”的特别提示。

交易标的为企业股权的，应当披露该企业是否存在出资不实或影响其合法存续的情况；上市公司在交易完成后将成为持股型公司的，应当披露作为主要交易标的的企业股权是否为控股权；交易标的为有限责任公司股权的，应当披露是否已取得该公司其他股东的同意或者符合公司章程规定的转让前置条件。

交易标的为土地使用权、矿业权等资源类权利的，应当披露是否已取得相应的权属证书、是否已具备相应的开发或开采条件。

交易标的涉及立项、环保、行业准入、用地、规划、施工建设等有关报批事项的，应当披露是否已取得相应的许可证书或相关主管部门的批复文件。

（六）上市公司发行股份购买资产的，应当披露发行股份的定价及依据。

（七）本次交易对上市公司的影响，包括但不限于主营业务、盈利能力、关联交易和同业竞争的预计变化情况。

（八）本次交易行为涉及有关报批事项的，应当详细说明已向有关主管部门报批的进展情况和尚需呈报批准的程序，并对可能无法获得批准的风险作出特别提示；本次交易存在其他重大不确定性因素的，应当对相关风险作出充分说明和特别提示。

（九）保护投资者合法权益的相关安排。

（十）相关证券服务机构的意见。

第九条 上市公司应当在相关审计、评估、盈利预测审核完成后再次召开董事会，编制并披露重组报告书及其摘要。

上市公司应当在至少一种中国证监会指定的报刊公告董事会决议、独立董事的意见和重组报告书摘要，并应当在证券交易所网站全文披露重组报告书、独立财务顾问报告、法律意见书以及重组涉及的审计报告、资产评估报告和经审核的盈利预测报告。

第十条 上市公司编制的重组报告书应当至少包括以下内容：

（一）封面、目录、释义。

1. 封面：

上市公司应当在重组报告书全文文本封面列明重组报告书的标题。重组报告书标题根据具体交易形式分别为：××股份有限公司重大资产购买报告书、××股份有限公司重大资产出售报告书、××股份有限公司重大资产置换报告书或××股份有限公司发行股份购买资产报告书。

资产重组采取其他交易形式的，应当在标题中予以明确；资产重组采取两种以上交易形式组合的，应当在标题中列明，如“××股份有限公司重大资产置换及发行股份购买资产报告书”；资产重组构成关联交易的，还应当在标题中标明“暨关联交易”的字样，如“××股份有限公司重大资产购买暨关联交易报告书”。

同时，封面中应当载明以下内容：

（1）上市公司的名称、股票上市地点、股票简称、股票代码；

（2）交易对方的名称或姓名、住所、通信地址；

（3）重组报告书签署日期。

2. 目录：

重组报告书的目录应当标明各章、节的标题及相应的页码，内容编排应当符合通行的中文惯例。

3. 释义：

上市公司应当在重组报告书中对可能造成投资者理解障碍及有特定含义的术语作出释义，释义应当在目录次页排印。

（二）重大事项提示。上市公司应当在重组报告书扉页中就本次重组存在的重大不确定性因素以及可能对重组后上市公司的生产经营状况、财务状况和持续盈利能力产生不利影响的有关风险因素以及其他需要提醒投资者重点关注的事项，进行“重大事项提示”。

（三）交易概述。简要介绍本次重组的基本情况，包括交易双方实施本次交易的背景和目的、决策过程、交易对方名称、交易标的名称、交易价格及溢价情况、是否构成关联交易、按《重组办法》规定计算的相关指标、董事会、股东大会表决情况等。

（四）上市公司基本情况，包括公司设立情况及曾用名称，最近三年的控股权变动及重大资产重组情况、主营业务发展情况和主要财务指标，以及控股股东、实际控制人概况。

（五）交易对方情况：

1. 交易对方为法人的，应当披露其名称、企业性质、注册地、主要办公地点、法定代表人、注册资本、税务登记证号码、历史沿革、经营范围，最近三年注册资本变化情况、主要业务发展状况和主要财务指标，最近一年简要财务报表并注明是否已经审计。

以方框图或者其他有效形式，全面披露交易对方相关的产权及控制关系，包括交易对方的主要股东或权益持有人、股权或权益的间接控制人及各层之间的产权关系结构图，直至披露到出现自然人、国有资产管理部门或者股东之间达成某种协议或安排的其他机构；以文字简要介绍交易对方的主要股东及其他关联人的基本情况；列示交易对方按产业类别划分的下属企业名目。

交易对方成立不足一个完整会计年度、没有具体经营业务或者是专为本次交易而设立的，则应当按照上述要求披露交易对方的实际控制人或者控股公司的相关资料。

2. 交易对方为自然人的，应当披露其姓名（包括曾用名）、性别、国籍、身份证号码、住所、通讯地址、通讯方式、是否取得其他国家或者地区的居留权、最近三年的职业和职务，并注明每份职业的起止日期和任职单位，是否与任职单位存在产权关系，以及其控制的核心企业和关联企业的基本情况。

3. 交易对方与上市公司之间是否存在关联关系及其情况说明，交易对方向上市公司推荐董事或者高级管理人员的情况。

4. 交易对方及其主要管理人员最近五年内受过行政处罚（与证券市场明显无关的除外）、刑事处罚或者涉及与经济纠纷有关的重大民事诉讼或者仲裁的，应当披露处罚机关或者受理机构的名称、处罚种类、诉讼或者仲裁结果，以及日期、原因和执行情况。

（六）交易标的：

1. 交易标的为完整经营性资产的（包括股权或其他构成可独立核算会计主体的经营性资产），应当披露：

（1）该经营性资产的名称、企业性质、注册地、主要办公地点、法定代表人、注册资本、成立日期、税务登记证号码、历史沿革。

（2）该经营性资产的产权或控制关系，包括其主要股东或权益持有人及持有股权或权益的比例、公司章程中可能对本次交易产生影响的主要内容或相关投资协议、原高管人员的安排、是否存在影响该资产独立性的协议或其他安排（如让渡经营管理权、收益权等）。

（3）主要资产的权属状况、对外担保情况及主要负债情况。

（4）最近三年主营业务发展情况和最近两年经审计的主要财务指标。

（5）交易标的为有限责任公司股权的，应当披露是否已取得该公司其他股东的同意或者符合公司章程规定的股权转让前置条件。

（6）该经营性资产的权益最近三年曾进行资产评估、交易、增资或改制的，应当披露相关的评估价值、交易价格、交易对方和增资改制的情况。

2. 交易标的不构成完整经营性资产的，应当披露：

（1）相关资产的名称、类别。

（2）相关资产的权属状况，包括产权是否清晰，是否存在抵押、质押等权利限制，是否涉及诉讼、仲裁、司法强制执行等重大争议或者存在妨碍权属转移的其他情况。

（3）相关资产最近三年的运营情况和最近两年经审计的财务数据，包括但不限于资产总额、资产净额、可准确核算的收入或费用额。

（4）相关资产在最近三年曾进行资产评估或者交易的，应当披露评估价值、交易价格、交易对方等情况。

3. 资产交易根据资产评估结果定价的，应当披露资产评估方法和资产评估结果（包括各类资产的评估值、增减值额及增减值率，以及主要的增减值原因等）；采取收益法、假设开发法等基于未来收益预期的估值方法进行评估的，还应当披露预期未来收入增长率、折现率等重要评估参数的取值情况。

4. 资产交易涉及重大资产购买的，上市公司应当根据重要性原则披露拟购买资产主营业务的具体情况，包括：

（1）主要产品或服务的用途。

（2）主要产品的工艺流程图或服务的流程图。

（3）主要经营模式，包括采购模式、生产模式和销售模式。

（4）列表披露报告期内各期主要产品（或服务）的产能、产量、销量、销售收入，产品或服务的主要消费群体、销售价格的变动情况；报告期内各期向前五名客户合计的销售额占当期销售总额的百分比，向单个客户的销售比例超过总额的50%或严重依赖于少数客户的，应当披露其名称及销售比例。如该客户为交易对方及其关联方，则应当披露产品最终实现销售的情况。受同一实际控制人控制的销售客户，应当合并计算销售额。

（5）报告期内主要产品的原材料和能源及其供应情况，主要原材料和能源的价格变动趋势、主要原材料和能源占成本的比重；报告期内各期向前五名供应商合计的采购额占当期采购总额的百分比，向单个供应商的采购比例超过总额的50%或严重依赖于少数供应商的，应当披露其名称及采购比例。受同一实际控制人控制的供应商，应当合并计算采购额。

（6）存在高危险、重污染情况的，应当披露安全生产及污染治理情况、因安全生产及环境保护原因受到处罚的情况、最近三年相关费用成本支出及未来支出的情况，说明是否符合国家关于安全生产和环境保护的要求。

（7）主要产品和服务的质量控制情况，包括质量控制标准、质量控制措施、出现的质量纠纷等。

（8）主要产品生产技术所处的阶段，如处于基础研究、试生产、小批量生产或大批量生产阶段。

同时，上市公司还应当列表披露与拟购买资产业务相关的主要固定资产、无形资产及特许经营权的具体情况，包括：

（1）生产经营所使用的主要生产设备、房屋建筑物及其取得和使用情况、成新率或尚可使用年限。

（2）商标、专利、非专利技术、土地使用权、水面养殖权、探矿权、采矿权等主要无形资产的数量、取得方式和时间、使用情况、使用期限或保护期、最近一期期末账面价值，以及上述资产对拟购买资产生产经营的重要程度。

（3）拥有的特许经营权的情况，主要包括特许经营权的取得情况，特许经营权的期限、费用标准，以及对拟购买资产持续生产经营的影响。

5. 交易标的涉及许可他人使用自己所有的资产，或者作为被许可方使用他人资产的，应当简要披露许可合同的主要内容，包括许可人、被许可人、许可使用的具体资产内容、许可方式、许可年限、许可使用费等，以及合同履行情况。若交易标的涉及的资产存在纠纷或潜在纠纷的，应当明确说明。

6. 资产交易涉及债权债务转移的，应当披露该等债权债务的基本情况、已取得债权人书面同意的情况，说明未获得同意部分的债务金额、债务形成原因、到期日，并对该部分债务的处理做出妥善安排，说明交易完成后上市公司是否存在偿债风险和其他或有风险。

7. 交易标的的重大会计政策或会计估计与上市公司存在较大差异，或者按规定将要进行变更的，应当分析重大会计政策或会计估计的差异或变更对交易标的利润产生的影响。

（七）本次交易合同的主要内容，包括：

1. 合同主体、签订时间；

2. 交易价格及定价依据；

3. 支付方式（一次或分次支付的安排或特别条款、股份发行条款等）；

4. 资产交付或过户的时间安排；

5. 交易标的自定价基准日至交割日期间损益的归属；

6. 与资产相关的人员安排；

7. 合同的生效条件和生效时间；

8. 合同附带的任何形式的保留条款、补充协议和前置条件；

9. 违约责任条款。

（八）交易的合规性分析。对照《重组办法》第十条，逐项说明本次交易是否符合《重组办法》的规定。

（九）上市公司董事会对本次交易定价的依据及公平合理性的分析，包括：

1. 结合资产的盈利能力、财务状况等对交易价格的公允性进行分析。

2. 董事会对评估机构的独立性、评估假设前提的合理性、评估方法与评估目的的相关性以及评估定价的公允性发表意见。

独立董事对评估机构的独立性、评估假设前提的合理性和评估定价的公允性发表意见。

（十）上市公司董事会就本次交易对上市公司的影响进行的讨论与分析。该讨论与分析的内容应当着重于董事会已知的、从一般性财务报告分析难以取得且对上市公司未来经营具有影响的重大事项，主要包括：

1. 本次交易前上市公司财务状况和经营成果的讨论与分析；上市公司主要资产或利润构成在本次交易前一年发生重大变动的，应当详细说明具体变动情况及原因。

2. 对交易标的的行业特点和经营情况的讨论与分析：

（1）行业特点：影响行业发展的有利和不利因素，如产业政策、技术替代、行业发展瓶颈、国际市场冲击等；进入该行业的主要障碍；行业技术水平及技术特点、经营模式、周期性、区域性或季节性特征等；拟购买资产的出口业务比例较大的，还应当披露产品进口国的有关进口政策、贸易摩擦对出口业务的影响等情况。

(2) 交易标的的核心竞争力及行业地位：技术及管理水平、产品市场占有率最近三年的变化情况及未来变化趋势、行业内主要竞争对手的市场份额等简要情况。

3. 对上市公司完成交易后的财务状况、盈利能力及未来趋势进行分析：

(1) 结合上市公司资产、负债的主要构成及行业特点分析说明公司资产负债率是否处于合理水平；同时结合公司的现金流量状况、可利用的融资渠道及授信额度及或有负债（如担保、诉讼、承诺）等情况，分析说明公司的财务安全性。

(2) 结合上市公司利润构成及资产周转能力等说明公司盈利能力的驱动要素及其可持续性；主要产品的销售价格或主要原辅材料价格频繁变动且影响较大的，应当针对价格变动对公司利润的影响作敏感性分析，并说明可能采取的应对措施。

(3) 结合上市公司交易后将从事的新业务的市场情况、风险因素等，分析说明公司未来经营中的优势和劣势。

4. 结合备考和预测财务数据、可以反映上市公司未来持续经营能力的其他重要经济指标（如每股储量、每股产能或每股客房数等）在交易前后的变化情况，以及公司在人员调整、资产及业务整合、完善公司治理等方面已采取和拟采取的措施，分析说明本次交易对公司的影响。

（十一）财务会计信息：

1. 交易标的为完整经营性资产的，最近两年的简要财务报表。

2. 根据本准则的要求依据交易完成后的资产、业务架构编制的上市公司最近一年的简要备考利润表、最近一年年末的简要备考资产负债表。

3. 根据本准则的要求出具的上市公司或相关资产盈利预测的主要数据（包括主营业务收入、利润总额、净利润等）。

（十二）本次交易完成后，上市公司与实际控制人及其关联企业之间是否存在同业竞争或关联交易、同业竞争或关联交易的具体内容和拟采取的具体解决或规范措施。

（十三）本次交易完成后，上市公司是否存在资金、资产被实际控制人或其他关联人占用的情形；上市公司是否存在为实际控制人及其关联人提供担保的情形。

（十四）上市公司负债结构是否合理，是否存在因本次交易大量增加负债（包括或有负债）的情况。

（十五）上市公司在最近 12 个月内曾发生资产交易的，应当说明与本次交易的关系。

（十六）本次交易对上市公司治理机制的影响。

（十七）其他能够影响股东及其他投资者做出合理判断的、有关本次交易的所有信息。

（十八）独立财务顾问和律师事务所对本次交易出具的结论性意见。

（十九）本次交易所聘请的独立财务顾问、律师事务所、会计师事务所、资产评估机构(如有)等专业机构名称、法定代表人、住所、联系电话、传真，以及有关经办人员的姓名。

（二十）中国证监会要求披露的其他信息。

上市公司应当在重组报告书的显著位置载明：

“本公司及董事会全体成员保证本报告书内容的真实、准确、完整，对报告书的虚假记载、误导性陈述或重大遗漏负连带责任”。

上市公司重大资产重组导致上市公司主营业务和经营性资产发生实质变更的，还应当按照《公开发行证券的公司信息披露内容与格式准则第 1 号——招股说明书》（证监发行字［2006］5 号）相关章节的要求，对重组报告书的相关内容加以补充。

第十一条 上市公司拟发行股份购买资产的，重组报告书中除包括前条规定的内容外，还应当包括以下内容：

（一）在前条规定的“交易标的”部分后，加入第（七）部分“发行股份情况”，其以下各部分依次顺延。在“发行股份情况”部分应当披露以下内容：

1. 上市公司发行股份的价格及定价原则，以及按照《重组办法》第四十二条计算的董事会就发行股份购买资产作出决议公告日前 20 个交易日公司股票交易均价。

2. 上市公司拟发行股份的种类、每股面值。

3. 上市公司拟发行股份的数量、占发行后总股本的比例。

4. 特定对象所持股份的转让或交易限制，股东关于自愿锁定所持股份的相关承诺。

5. 上市公司发行股份前后主要财务数据（如每股收益、每股净资产等）和其他重要经济指标的对照表。

6. 本次发行股份前后上市公司的股权结构，说明本次发行股份是否导致上市公司控制权发生变化。

（二）在前条规定的“交易的合规性分析”部分，逐项说明是否符合《重组办法》第五章第四十一条的规定。

（三）在前条规定的“上市公司董事会对交易定价的依据及公平合理性的分析”部分，披露董事会结合股份发行价对应的市盈率、市净率水平以及本次发行对上市公司盈利能力、持续发展能力的影响等对股份发行定价合理性所作的分析。

第十二条 编制重组报告书摘要的目的是为向公众提供有关本次重组的简要情况，摘要内容必须忠实于重组报告书全文，不得出现与全文相矛盾之处。上市公司编制的重组报告书摘要应当至少包括以下内容：

（一）本准则第十条第（一）至（六）、（十一）部分的内容。涉及发行股份购买资产的，还应当包括本准则第十一条第（一）部分的内容。

（二）上市公司应当在重组报告书摘要的显著位置载明：

“本重大资产重组报告书摘要的目的仅为向公众提供有关本次重组的简要情况，并不包括重大资产重组报告书全文的各部分内容。重大资产重组报告书全文同时刊载于 × × × 网站；备查文件的查阅方式为：× × ×。”

“本公司及董事会全体成员保证重大资产重组报告书及其摘要内容的真实、准确、完整，对报告书及其摘要的虚假记载、误导性陈述或重大遗漏负连带责任”。

第十三条 上市公司应当提供由证券经营机构按照本准则及有关业务准则的规定出具的独立财务顾问报告。独立财务顾问应当至少就以下事项发表明确的结论性意见：

（一）结合对本准则第十条规定的内容进行核查的实际情况，逐项说明本次重组是否符合《重组办法》第十条的规定；拟发行股份购买资产的，还应当结合对本准则第十一条规定的内容进行核查的实际情况，逐项说明是否符合《重组办法》第四十一条的规定。

（二）对本次交易所涉及的资产定价和股份定价（如涉及）进行全面分析，说明定价是否合理。

（三）本次交易根据资产评估结果定价，采取收益现值法、假设开发法等基于未来预期收益的估值方法进行评估的，还应当对所选取的评估方法的适当性、评估假设前提的合理性、预期未来收入增长率、折现率等重要评估参数取值的合理性、预期收益的可实现性发表明确意见。

（四）结合上市公司盈利预测以及董事会讨论与分析，分析说明本次交易完成后上市公司的盈利能力和财务状况、本次交易是否有利于上市公司的持续发展、是否存在损害股东合法权益的问题。

（五）对交易完成后上市公司的市场地位、经营业绩、持续发展能力、公司治理机制进行全面分析。

（六）对交易合同约定的资产交付安排是否可能导致上市公司交付现金或其他资产后不能及时

获得对价的风险、相关的违约责任是否切实有效，发表明确意见。

（七）对本次重组是否构成关联交易进行核查，并依据核查确认的相关事实发表明确意见。涉及关联交易的，还应当充分分析本次交易的必要性及本次交易是否损害上市公司及非关联股东的利益。

（八）交易对方与上市公司根据《重组办法》第三十三条的规定，就相关资产实际盈利数不足利润预测数的情况签订补偿协议的，独立财务顾问应当对补偿安排的可行性、合理性发表意见。

第十四条　上市公司应当提供由律师事务所按照本准则及有关业务准则的规定出具的法律意见书。律师事务所应当对照中国证监会的各项规定，在充分核查验证的基础上，至少就上市公司本次重组涉及的以下法律问题和事项发表明确的结论性意见：

（一）上市公司和交易对方是否具备相应的主体资格、是否依法有效存续。

（二）本次交易是否已履行必要的批准或授权程序，相关的批准和授权是否合法有效；本次交易是否构成关联交易；构成关联交易的，是否已依法履行必要的信息披露义务和审议批准程序；本次交易涉及的须呈报有关主管部门批准的事项是否已获得有效批准；本次交易的相关合同和协议是否合法有效。

（三）标的资产（包括标的股权所涉及企业的主要资产）的权属状况是否清晰，权属证书是否完备有效；尚未取得完备权属证书的，应说明取得权属证书是否存在法律障碍；标的资产是否存在产权纠纷或潜在纠纷，如有，应说明对本次交易的影响；标的资产是否存在抵押、担保或其他权利受到限制的情况，如有，应说明对本次交易的影响。

（四）本次交易所涉及的债权债务的处理及其他相关权利、义务的处理是否合法有效，其实施或履行是否存在法律障碍和风险。

（五）上市公司、交易对方和其他相关各方是否已履行法定的披露和报告义务，是否存在应当披露而未披露的合同、协议、安排或其他事项。

（六）本次交易是否符合《重组办法》和相关规范性文件规定的原则和实质性条件。

（七）参与上市公司本次交易活动的证券服务机构是否具备必要的资格。

（八）本次交易是否符合相关法律、法规、规章和规范性文件的规定，是否存在法律障碍，是否存在其他可能对本次交易构成影响的法律问题和风险。

第十五条　根据《重组办法》第十七条规定提供盈利预测报告的，如上市公司上半年报送申请文件，应当提供交易当年的盈利预测报告；如下半年报送，应当提供交易当年及次年的盈利预测报告。

上市公司确实无法提供上述文件的，应当说明原因，作出特别风险提示，并在董事会讨论与分析部分就本次交易对上市公司持续发展能力的影响进行详细分析。

第十六条　上市公司应当提供本次交易所涉及的相关资产最近两年的财务报告和审计报告；存在本准则第六条规定情况的，还应当提供最近一期的财务报告和审计报告。

有关财务报告和审计报告应当按照与上市公司相同的会计制度和会计政策编制。如不能提供完整财务报告，应当解释原因，并出具对相关资产财务状况和/或经营成果的说明及审计报告。

上市公司拟进行《重组办法》第二十七条第一款第（一）、（二）项规定的重大资产重组的，还应当提供依据重组完成后的资产架构编制的上市公司最近一年的备考财务报告和审计报告；存在本准则第六条规定情况的，还应当提供最近一期的备考财务报告和审计报告。

第十七条　上市公司重大资产重组以评估值为交易标的定价依据的，应当提供相关资产的资产评估报告。

评估机构主要采用收益现值法、收益还原法、假设开发法等基于未来收益预期的估值方法评估相关资产价值的，上市公司应当在重组报告书中以特别提示的方式披露评估机构采用该方法评估该类资产的理由和评估机构对于评估假设前提合理性以及预期未来收入增长率、折现率等重要评估参数取值合理性的说明。

第十八条 上市公司应当提供董事会就本次重组首次作出决议前六个月至重组报告书公布之日止，上市公司及其董事、监事、高级管理人员，交易对方及其董事、监事、高级管理人员（或主要负责人），相关专业机构及其他知悉本次重大资产交易内幕信息的法人和自然人，以及上述相关人员的直系亲属买卖该上市公司股票及其他相关证券情况的自查报告。

法人的自查报告中应当列明法人的名称、股票账户、有无买卖股票行为并盖章确认；自然人的自查报告应当列明自然人的姓名、职务、身份证号码、股票账户、有无买卖股票行为，并经本人签字确认。

前述法人及自然人在本条第一款规定的期限内存在买卖上市公司股票行为的，当事人应当书面说明其买卖股票行为是否利用了相关内幕信息；上市公司及相关方应当书面说明相关申请事项的动议时间，买卖股票人员是否参与决策，买卖行为与本次申请事项是否存在关联关系；律师事务所应当对相关当事人及其买卖行为进行核查，对该行为是否涉嫌内幕交易、是否对本次交易构成法律障碍发表明确意见。上市公司应当就上述说明和核查情况在重组报告书中进行披露。

第十九条 上市公司及负责出具专业意见的独立财务顾问、律师事务所、会计师事务所、资产评估机构与其他证券服务机构及相关人员应当审慎对待所申报的材料及所出具的意见。

上市公司全体董事（或者主要负责人）及相关证券服务机构应当按要求在所提供的有关文件上发表声明，确保申请文件的真实性、准确性和完整性。上述文件均应当由单位负责人签字，并加盖单位公章。

第二十条 向中国证监会报送申请文件及按照中国证监会要求提交补充材料的，应当同时提交书面文件和电子文件；书面文件一式三份，其中一份按规定报送原件，如不能提供原件，应当由上市公司聘请的律师事务所提供鉴证意见，或由出文单位盖章，以保证与原件一致。如原出文单位不再存续，可由承继其职权的单位或做出撤销决定的单位出文证明文件的真实性。

第二十一条 上市公司重大资产重组申请获得中国证监会核准的，上市公司及相关证券服务机构应当根据中国证监会的审核情况重新修订重组报告书及相关证券服务机构的报告或意见，并作出补充披露。上市公司及相关证券服务机构应当在修订的重组报告书及相关证券服务机构报告或意见的首页就补充或修改的内容作出特别提示。

上市公司应当就重组报告书、相关证券服务机构的报告或意见的补充或修改内容在至少一种中国证监会指定的报刊公告，并应当在证券交易所网站全文披露修订后的重组报告书及相关证券服务机构的报告或意见。

第二十二条 上市公司编制的重大资产重组实施情况报告书应当至少披露以下内容：

（一）本次重组的实施过程，相关资产过户或交付、相关债权债务处理以及证券发行登记等事宜的办理状况。

（二）相关实际情况与此前披露的信息是否存在差异（包括相关资产的权属情况及历史财务数据是否如实披露、相关盈利预测或者管理层预计达到的目标是否实现等）。

（三）董事、监事、高级管理人员的更换情况及其他相关人员的调整情况。

（四）重组实施过程中，是否发生上市公司资金、资产被实际控制人或其他关联人占用的情形，或上市公司为实际控制人及其关联人提供担保的情形。

（五）相关协议及承诺的履行情况。

（六）相关后续事项的合规性及风险。

（七）其他需要披露的事项。

独立财务顾问应当对前款所述内容逐项进行核查，并发表明确意见。律师事务所应当对前款所述内容涉及的法律问题逐项进行核查，并发表明确意见。

第二十三条　申请文件的纸张应当采用幅面为 209×295 毫米规格的纸张（相当于标准 A4 纸张规格）。

第二十四条　申请文件的封面应当标有“×××股份有限公司重大资产重组申请文件”字样及重大资产重组报告书标题，侧面应当标注“×××股份有限公司重大资产重组申请文件原件（或复印件）”字样。申请文件的扉页应当附有上市公司董事会秘书、联系人、独立财务顾问及其他专业机构的联系人姓名、电话、传真及其他方便的联系方式。

第二十五条　申请文件章与章之间、章与节之间应当有明显的分隔标识。

第二十六条　申请文件中的页码应当与目录中的页码相符。例如，第四章 4–1 的页码标注为 4–1–1，4–1–2，4–1–3……4–1–n。

第二十七条　本准则由中国证监会负责解释。

第二十八条　本准则自 2008 年 5 月 18 日起施行。

附件：

上市公司重大资产重组申请文件目录

第一部分　上市公司重大资产重组报告书及相关文件

1–1　重大资产重组报告书

1–2　重大资产重组的董事会决议和股东大会决议

1–3　上市公司独立董事意见

1–4　公告的其他相关信息披露文件

第二部分　独立财务顾问和律师事务所出具的文件

2–1　独立财务顾问报告

2–2　法律意见书

第三部分　本次重大资产重组涉及的财务信息相关文件

3–1　本次重大资产重组涉及的拟购买资产的财务报告和审计报告（确实无法提供的，应当说明原因及相关资产的财务状况和经营成果）

3–2　本次重大资产重组涉及的拟购买资产的评估报告及评估说明（如有）

3–3　本次重大资产重组涉及的拟出售资产的财务报告和审计报告（确实无法提供的，应当说明原因及相关资产的财务状况和经营成果）

3–4　本次重大资产重组涉及的拟出售资产的评估报告及评估说明（如有）

3–5　根据本次重大资产重组完成后的架构编制的上市公司备考财务报告及其审计报告(如需)

3–6　盈利预测报告和审核报告

3–7　上市公司董事会、注册会计师关于上市公司最近一年及一期的非标准保留意见审计报告的补充意见（如需）

3–8　交易对方最近一年的财务报告和审计报告（如有）

第四部分　本次重大资产重组涉及的有关协议、合同和决议

4–1　重大资产重组的协议或合同

4–2　涉及本次重大资产重组的其他重要协议或合同

4–3　交易对方与上市公司就相关资产实际盈利数不足利润预测数的情况签订的补偿协议（涉及《重组办法》第三十三条第二款规定情形的）

4–4　交易对方内部权力机关批准本次交易事项的相关决议

第五部分　本次重大资产重组的其他文件

5-1 有关部门对重大资产重组的审批、核准或备案文件

5-2 债权人同意函（涉及债务转移的）

5-3 关于同意职工安置方案的职工代表大会决议或相关文件（涉及职工安置问题的）

5-4 关于股份锁定期的承诺（涉及拟发行股份购买资产的）

5-5 交易对方的营业执照复印件

5-6 拟购买资产的权属证明文件

5-7 与拟购买资产生产经营有关的资质证明或批准文件

5-8 上市公司全体董事和独立财务顾问、律师事务所、会计师事务所、资产评估机构等证券服务机构及其签字人员对重大资产重组申请文件真实性、准确性和完整性的承诺书

5-9 独立财务顾问、律师事务所、会计师事务所以及资产评估机构等证券服务机构对上市公司重大资产重组报告书援引其出具的结论性意见的同意书

5-10 独立财务顾问、律师事务所、会计师事务所以及资产评估机构等证券服务机构及其签字人员的资格证书或有法律效力的复印件

5-11 上市公司与交易对方就重大资产重组事宜采取的保密措施及保密制度的说明，并提供与所聘请的证券服务机构签署的保密协议及交易进程备忘录

5-12 上市公司、交易对方和相关证券服务机构以及其他知悉本次重大资产重组内幕信息的单位和自然人在董事会就本次重组方案第一次决议前 6 个月至重大资产重组报告书之日止买卖该上市公司股票及其他相关证券情况的自查报告，并提供证券登记结算机构就前述单位及自然人二级市场交易情况出具的证明文件

5-13 本次重大资产重组前 12 个月内上市公司购买、出售资产的说明及专业机构意见（如有）

5-14 资产评估结果备案或核准文件（如有）

5-15 中国证监会要求提供的其他文件

保险公司信息披露特别规定

（中国证监会于2007年8月28日发布并实施）

第一条 为了规范公开发行证券并上市的保险公司的信息披露行为，保护投资者的合法权益，根据《中华人民共和国证券法》、《中华人民共和国公司法》、《中华人民共和国保险法》和《上市公司信息披露管理办法》，制定本规定。

第二条 公开发行证券并上市的保险公司（以下简称“保险公司”）除应遵循中国证监会有关定期报告和临时公告等信息披露的一般规定外，还应遵循本规定的要求。

上市公司的控股子公司是保险公司的，上市公司保险业务的信息披露也应当遵循本规定的要求。

第三条 保险公司在定期报告中披露会计数据、财务指标时，应当包括以下内容：已赚保费、投资资产、未决赔款准备金（非寿险）、未到期责任准备金（非寿险）、赔付支出；已赚保费增长率、投资收益率、综合成本率（非寿险）、综合赔付率（非寿险）及退保率（寿险）。

第四条 保险公司（涉及人寿保险、健康保险、养老保险业务的）应当按照《公开发行证券的公司信息披露编报规则第3号——保险公司招股说明书内容与格式特别规定》第13条的规定，在年度报告中披露有关内含价值信息。

第五条 保险公司在披露董事、监事及高级管理人员的信息时，应当同时披露总精算师的信息。

总精算师应当对公司定期报告签署书面确认意见，保证上市公司所披露的信息真实、准确、完整。

第六条 保险公司在按照有关定期报告的内容与格式准则及编报规则的要求对相关经营情况进行回顾时，应当包括以下内容：

（一）经营状况与成果分析。包括但不限于以下内容：

区分寿险业务与非寿险业务，并按主要险种类别分析其经营状况与成果，其中寿险业务应区分个人与团体业务。

（二）赔付支出、手续费及佣金支出情况。按主要险种类别披露赔付支出、手续费及佣金支出的构成，并分析其增减变动情况及原因。

（三）准备金计提情况。按主要险种类别披露各项准备金余额，分析其变动情况及原因，并披露准备金充足性测试情况。

（四）投资资产情况。披露公司投资政策、投资资产构成，并分析其变动情况及原因。投资资产应按投资对象和持有目的进行分类，根据投资对象分类时，应分为现金及现金等价物、定期存款、债券、基金、股票、基础设施投资、贷款及其他资金运用方式；根据持有目的分类时，应分为以公允价值计量且其变动计入当期损益的金融资产、持有至到期投资、可供出售金融资产、长期股权投资、贷款及其他。

（五）再保业务情况。按主要险种类别披露分出保费、分入保费及分保准备金等增减变动情况及原因；再保险业务的相关政策及主要业务伙伴、主要分保类型；尚处有效期的重大分保事项的有关情况。

再保险公司应按主要险种类别披露分保费收入、转分保分出保费等。

财产保险公司应披露报告期末承担重大保险责任的保单情况及其分保安排。

（六）偿付能力状况。分析本期末偿付能力情况，包括但不限于实际偿付能力额度、最低偿付能力额度及偿付能力充足率。实际偿付能力额度低于最低偿付能力额度时，应予相应说明并提出解决措施。

第七条 保险公司应在年度报告正文中披露内部控制制度的建立健全及其执行情况，包括但不限于以下控制环节：

1. 销售、核保、核赔、再保险等业务控制；

2. 预算、费用管理、财务报告等财务控制；

3. 资金调度、投资决策、投资风险管理等资金控制；

4. 信息技术、信息安全管理等信息技术控制。

第八条 保险公司应当在年度报告正文中从定性和定量的角度披露风险管理状况，包括风险管理组织框架与工作模式、风险类别（如承保风险、资产负债不匹配风险、市场风险、利率风险、信用风险及经营风险等）、风险管理流程与手段、风险管理效果评估与说明。

第九条 保险公司在定期报告中披露会计政策和会计估计时，应当包括以下内容：

（一）主要保险业务类别保费收入（含分保费收入）确认和计量的具体方法；

（二）提取各项准备金及进行准备金充足性测试的主要精算假设和方法。

再保险公司应重点披露各项分保准备金的核算方法。

第十条 保险公司应当按主要险种类别及账龄披露报告期末应收保费构成。应收保费中如有持有保险公司5%及以上股份的股东单位欠款，应予以说明。

第十一条 保险公司应当按主要分保公司及账龄披露报告期末应收、应付分保账款金额。应收分保账款中如有持保险公司5%及以上股份的股东单位欠款，应予以说明。

第十二条 保险公司应当披露报告期内应付手续费及佣金、保单质押贷款及抵债物资的变化情况，并对增减变动原因予以说明。

第十三条 保险公司应当披露存出资本保证金、保险保障基金的计提依据及金额。

第十四条 保险公司应当聘请拥有专业精算人员的审计机构对年度报告进行审计。

第十五条 保险公司发生特定项目或股权投资时，如间接投资基础设施项目、商业银行等，应当及时进行信息披露。

第十六条 保险公司发生与保险经营相关的重大财产保险合同、重大人寿保险合同、重大分保合同、重大赔付事项、重大退保事项等重大合同或事项时，应当按照有关规定及时进行信息披露。

第十七条 保险公司与关联方发生委托资金运用、保险、赔付、分保等关联交易时，应当按照有关规定履行关联方回避表决等决策程序并及时进行信息披露。

第十八条 保险公司出现下列情形之一的，应当及时进行信息披露：

（一）总精算师发生变动；

（二）偿付能力不足；

（三）设立、撤销、合并省级或计划单列市一级的分支机构，设立、撤销、合并国外分支机构；

（四）险种费率发生重大变化；

（五）中国保监会对保险公司出具有关监管处罚意见；

（六）国家、政府主管部门颁布有关保险行业的重要政策、法律、法规，可能对保险公司的市场环境、财务状况、经营成果产生影响的，包括但不限于利率、汇率、资金运用限额、市场准入等政策；

（七）中国证监会认为可能会对保险公司财务状况、经营成果产生重大影响的其他事项。

第十九条　保险公司信息披露违反本规定的，依照《证券法》第一百九十三条、《上市公司信息披露管理办法》第六章的有关规定，依法追究法律责任。

第六编　证券监管政策法规

证券公司监督管理条例

（中华人民共和国国务院第522号令，于2008年4月23日国务院第6次常务会议通过，自2008年6月1日起施行）

第一章　总　则

第一条　为了加强对证券公司的监督管理，规范证券公司的行为，防范证券公司的风险，保护客户的合法权益和社会公共利益，促进证券业健康发展，根据《中华人民共和国公司法》（以下简称《公司法》）、《中华人民共和国证券法》（以下简称《证券法》），制定本条例。

第二条　证券公司应当遵守法律、行政法规和国务院证券监督管理机构的规定，审慎经营，履行对客户的诚信义务。

第三条　证券公司的股东和实际控制人不得滥用权力，占用证券公司或者客户的资产，损害证券公司或者客户的合法权益。

第四条　国家鼓励证券公司在有效控制风险的前提下，依法开展经营方式创新、业务或者产品创新、组织创新和激励约束机制创新。

国务院证券监督管理机构、国务院有关部门应当采取有效措施，促进证券公司的创新活动规范、有序进行。

第五条　证券公司按照国家规定，可以发行、交易、销售证券类金融产品。

第六条　国务院证券监督管理机构依法履行对证券公司的监督管理职责。国务院证券监督管理机构的派出机构在国务院证券监督管理机构的授权范围内，履行对证券公司的监督管理职责。

第七条　国务院证券监督管理机构、中国人民银行、国务院其他金融监督管理机构应当建立证券公司监督管理的信息共享机制。

国务院证券监督管理机构和地方人民政府应当建立证券公司的有关情况通报机制。

第二章　设立与变更

第八条　设立证券公司，应当具备《公司法》、《证券法》和本条例规定的条件，并经国务院证券监督管理机构批准。

第九条　证券公司的股东应当用货币或者证券公司经营必需的非货币财产出资。证券公司股东的非货币财产出资总额不得超过证券公司注册资本的30%。

证券公司股东的出资，应当经具有证券、期货相关业务资格的会计师事务所验资并出具证明；出资中的非货币财产，应当经具有证券相关业务资格的资产评估机构评估。

在证券公司经营过程中，证券公司的债权人将其债权转为证券公司股权的，不受本条第一款规定的限制。

第十条 有下列情形之一的单位或者个人，不得成为持有证券公司5%以上股权的股东、实际控制人：

（一）因故意犯罪被判处刑罚，刑罚执行完毕未逾三年；

（二）净资产低于实收资本的50%或者或有负债达到净资产的50%；

（三）不能清偿到期债务；

（四）国务院证券监督管理机构认定的其他情形。

证券公司的其他股东应当符合国务院证券监督管理机构的相关要求。

第十一条 证券公司应当有三名以上在证券业担任高级管理人员满两年的高级管理人员。

第十二条 证券公司设立时，其业务范围应当与其财务状况、内部控制制度、合规制度和人力资源状况相适应；证券公司在经营过程中，经其申请，国务院证券监督管理机构可以根据其财务状况、内部控制水平、合规程度、高级管理人员业务管理能力、专业人员数量，对其业务范围进行调整。

第十三条 证券公司变更注册资本、业务范围、公司形式或者公司章程中的重要条款，合并、分立，设立、收购或者撤销境内分支机构，变更境内分支机构的营业场所，在境外设立、收购、参股证券经营机构，应当经国务院证券监督管理机构批准。

前款所称公司章程中的重要条款，是指规定下列事项的条款：

（一）证券公司的名称、住所；

（二）证券公司的组织机构及其产生办法、职权、议事规则；

（三）证券公司对外投资、对外提供担保的类型、金额和内部审批程序；

（四）证券公司的解散事由与清算办法；

（五）国务院证券监督管理机构要求证券公司章程规定的其他事项。

本条第一款所称证券公司分支机构，是指从事业务经营活动的分公司、证券营业部等证券公司下属的非法人单位。

第十四条 任何单位或者个人有下列情形之一的，应当事先告知证券公司，由证券公司报国务院证券监督管理机构批准：

（一）认购或者受让证券公司的股权后，其持股比例达到证券公司注册资本的5%；

（二）以持有证券公司股东的股权或者其他方式，实际控制证券公司5%以上的股权。

未经国务院证券监督管理机构批准，任何单位或者个人不得委托他人或者接受他人委托持有或者管理证券公司的股权。证券公司的股东不得违反国家规定，约定不按照出资比例行使表决权。

第十五条 证券公司合并、分立的，涉及客户权益的重大资产转让应当经具有证券相关业务资格的资产评估机构评估。

证券公司停业、解散或者破产的，应当经国务院证券监督管理机构批准，并按照有关规定安置客户、处理未了结的业务。

第十六条 国务院证券监督管理机构应当对下列申请进行审查，并在下列期限内，做出批准或者不予批准的书面决定：

（一）对在境内设立证券公司或者在境外设立、收购或者参股证券经营机构的申请，自受理之日起六个月；

（二）对变更注册资本、合并、分立或者要求审查股东、实际控制人资格的申请，自受理之日起三个月；

（三）对变更业务范围、公司形式、公司章程中的重要条款或者要求审查高级管理人员任职资格的申请，自受理之日起 45 个工作日；

（四）对设立、收购、撤销境内分支机构，变更境内分支机构的营业场所，或者停业、解散、破产的申请，自受理之日起 30 个工作日；

（五）对要求审查董事、监事、境内分支机构负责人任职资格的申请，自受理之日起 20 个工作日。

国务院证券监督管理机构审批证券公司及其分支机构的设立申请，应当考虑证券市场发展和公平竞争的需要。

第十七条　公司登记机关应当依照法律、行政法规的规定，凭国务院证券监督管理机构的批准文件，办理证券公司及其境内分支机构的设立、变更、注销登记。

证券公司在取得公司登记机关颁发或者换发的证券公司或者境内分支机构的营业执照后，应当向国务院证券监督管理机构申请颁发或者换发经营证券业务许可证。经营证券业务许可证应当载明证券公司或者境内分支机构的证券业务范围。

未取得经营证券业务许可证，证券公司及其境内分支机构不得经营证券业务。

证券公司停止全部证券业务，解散、破产或者撤销境内分支机构的，应当在国务院证券监督管理机构指定的报刊上公告，并按照规定将经营证券业务许可证交国务院证券监督管理机构注销。

第三章　组织机构

第十八条　证券公司应当依照《公司法》、《证券法》和本条例的规定，建立健全组织机构，明确决策、执行、监督机构的职权。

第十九条　证券公司可以设独立董事。证券公司的独立董事，不得在本证券公司担任董事会外的职务，不得与本证券公司存在可能妨碍其做出独立、客观判断的关系。

第二十条　证券公司经营证券经纪业务、证券资产管理业务、融资融券业务和证券承销与保荐业务中两种以上业务的，其董事会应当设薪酬与提名委员会、审计委员会和风险控制委员会，行使公司章程规定的职权。

证券公司董事会设薪酬与提名委员会、审计委员会的，委员会负责人由独立董事担任。

第二十一条　证券公司设董事会秘书，负责股东会和董事会会议的筹备、文件的保管以及股东资料的管理，按照规定或者根据国务院证券监督管理机构、股东等有关单位或者个人的要求，依法提供有关资料，办理信息报送或者信息披露事项。董事会秘书为证券公司高级管理人员。

第二十二条　证券公司设立行使证券公司经营管理职权的机构，应当在公司章程中明确其名称、组成、职责和议事规则，该机构的成员为证券公司高级管理人员。

第二十三条　证券公司设合规负责人，对证券公司经营管理行为的合法合规性进行审查、监督或者检查。合规负责人为证券公司高级管理人员，由董事会决定聘任，并应当经国务院证券监督管理机构认可。合规负责人不得在证券公司兼任负责经营管理的职务。

合规负责人发现违法违规行为，应当向公司章程规定的机构报告，同时按照规定向国务院证券监督管理机构或者有关自律组织报告。

证券公司解聘合规负责人，应当有正当理由，并自解聘之日起三个工作日内将解聘的事实和理由书面报告国务院证券监督管理机构。

第二十四条　证券公司的董事、监事、高级管理人员和境内分支机构负责人应当在任职前取得经国务院证券监督管理机构核准的任职资格。

证券公司不得聘任、选任未取得任职资格的人员担任前款规定的职务；已经聘任、选任的，有关聘任、选任的决议、决定无效。

第二十五条 证券公司的法定代表人或者高级管理人员离任的，证券公司应当对其进行审计，并自其离任之日起两个月内将审计报告报送国务院证券监督管理机构；证券公司的法定代表人或者经营管理的主要负责人离任的，应当聘请具有证券、期货相关业务资格的会计师事务所对其进行审计。

前款规定的审计报告未报送国务院证券监督管理机构的，离任人员不得在其他证券公司任职。

第四章 业务规则与风险控制

第一节 一般规定

第二十六条 证券公司及其境内分支机构从事《证券法》第一百二十五条规定的证券业务，应当遵守《证券法》和本条例的规定。

证券公司及其境内分支机构经营的业务应当经国务院证券监督管理机构批准，不得经营未经批准的业务。

两个以上的证券公司受同一单位、个人控制或者相互之间存在控制关系的，不得经营相同的证券业务，但国务院证券监督管理机构另有规定的除外。

第二十七条 证券公司应当按照审慎经营的原则，建立健全风险管理与内部控制制度，防范和控制风险。

证券公司应当对分支机构实行集中统一管理，不得与他人合资、合作经营管理分支机构，也不得将分支机构承包、租赁或者委托给他人经营管理。

第二十八条 证券公司受证券登记结算机构委托，为客户开立证券账户，应当按照证券账户管理规则，对客户申报的姓名或者名称、身份的真实性进行审查。同一客户开立的资金账户和证券账户的姓名或者名称应当一致。

证券公司为证券资产管理客户开立的证券账户，应当自开户之日起三个交易日内报证券交易所备案。

证券公司不得将客户的资金账户、证券账户提供给他人使用。

第二十九条 证券公司从事证券资产管理业务、融资融券业务，销售证券类金融产品，应当按照规定程序，了解客户的身份、财产与收入状况、证券投资经验和风险偏好，并以书面和电子方式予以记载、保存。证券公司应当根据所了解的客户情况推荐适当的产品或者服务。具体规则由中国证券业协会制定。

第三十条 证券公司与客户签订证券交易委托、证券资产管理、融资融券等业务合同，应当事先指定专人向客户讲解有关业务规则和合同内容，并将风险揭示书交由客户签字确认。业务合同的必备条款和风险揭示书的标准格式，由中国证券业协会制定，并报国务院证券监督管理机构备案。

第三十一条 证券公司从事证券资产管理业务、融资融券业务，应当按照规定编制对账单，按月寄送客户。证券公司与客户对对账单送交时间或者方式另有约定的，从其约定。

第三十二条 证券公司应当建立信息查询制度，保证客户在证券公司营业时间内能够随时查询其委托记录、交易记录、证券和资金余额，以及证券公司业务经办人员和证券经纪人的姓名、执业证书、证券经纪人证书编号等信息。

客户认为有关信息记录与实际情况不符的，可以向证券公司或者国务院证券监督管理机构投诉。证券公司应当指定专门部门负责处理客户投诉。国务院证券监督管理机构应当根据客户的投诉，采取相应措施。

第三十三条 证券公司不得违反规定委托其他单位或者个人进行客户招揽、客户服务、产品销售活动。

第三十四条　证券公司向客户提供投资建议，不得对证券价格的涨跌或者市场走势做出确定性的判断。

证券公司及其从业人员不得利用向客户提供投资建议而谋取不正当利益。

第三十五条　证券公司应当建立并实施有效的管理制度，防范其从业人员直接或者以化名、他人名义持有、买卖股票，收受他人赠送的股票。

第三十六条　证券公司应当按照规定提取一般风险准备金，用于弥补经营亏损。

第二节　证券经纪业务

第三十七条　证券公司从事证券经纪业务，应当对客户账户内的资金、证券是否充足进行审查。客户资金账户内资金不足的，不得接受其买入委托；客户证券账户内证券不足的，不得接受其卖出委托。

第三十八条　证券公司从事证券经纪业务，可以委托证券公司以外的人员作为证券经纪人，代理其进行客户招揽、客户服务等活动。证券经纪人应当具有证券从业资格。

证券公司应当与接受委托的证券经纪人签订委托合同，颁发证券经纪人证书，明确对证券经纪人的授权范围，并对证券经纪人的执业行为进行监督。

证券经纪人应当在证券公司的授权范围内从事业务，并应当向客户出示证券经纪人证书。

第三十九条　证券经纪人应当遵守证券公司从业人员的管理规定，其在证券公司授权范围内的行为，由证券公司依法承担相应的法律责任；超出授权范围的行为，证券经纪人应当依法承担相应的法律责任。

证券经纪人只能接受一家证券公司的委托，进行客户招揽、客户服务等活动。

证券经纪人不得为客户办理证券认购、交易等事项。

第四十条　证券公司向客户收取证券交易费用，应当符合国家有关规定，并将收费项目、收费标准在营业场所的显著位置予以公示。

第三节　证券自营业务

第四十一条　证券公司从事证券自营业务，限于买卖依法公开发行的股票、债券、权证、证券投资基金或者国务院证券监督管理机构认可的其他证券。

第四十二条　证券公司从事证券自营业务，应当使用实名证券自营账户。

证券公司的证券自营账户，应当自开户之日起三个交易日内报证券交易所备案。

第四十三条　证券公司从事证券自营业务，不得有下列行为：

（一）违反规定购买本证券公司控股股东或者与本证券公司有其他重大利害关系的发行人发行的证券；

（二）违反规定委托他人代为买卖证券；

（三）利用内幕信息买卖证券或者操纵证券市场；

（四）法律、行政法规或者国务院证券监督管理机构禁止的其他行为。

第四十四条　证券公司从事证券自营业务，自营证券总值与公司净资本的比例、持有一种证券的价值与公司净资本的比例、持有一种证券的数量与该证券发行总量的比例等风险控制指标，应当符合国务院证券监督管理机构的规定。

第四节　证券资产管理业务

第四十五条　证券公司可以依照《证券法》和本条例的规定，从事接受客户的委托、使用客户资产进行投资的证券资产管理业务。投资所产生的收益由客户享有，损失由客户承担，证券公司可以按照约定收取管理费用。

证券公司从事证券资产管理业务，应当与客户签订证券资产管理合同，约定投资范围、投资比例、管理期限及管理费用等事项。

第四十六条 证券公司从事证券资产管理业务，不得有下列行为：

（一）向客户做出保证其资产本金不受损失或者保证其取得最低收益的承诺；

（二）接受一个客户的单笔委托资产价值低于国务院证券监督管理机构规定的最低限额；

（三）使用客户资产进行不必要的证券交易；

（四）在证券自营账户与证券资产管理账户之间或者不同的证券资产管理账户之间进行交易，且无充分证据证明已依法实现有效隔离；

（五）法律、行政法规或者国务院证券监督管理机构禁止的其他行为。

第四十七条 证券公司使用多个客户的资产进行集合投资或者使用客户资产专项投资于特定目标产品的，应当符合国务院证券监督管理机构的有关规定，并报国务院证券监督管理机构批准。

国务院证券监督管理机构应当自受理申请之日起两个月内，对前款规定的事项做出批准或者不予批准的书面决定。

第五节 融资融券业务

第四十八条 本条例所称融资融券业务，是指在证券交易所或者国务院批准的其他证券交易场所进行的证券交易中，证券公司向客户出借资金供其买入证券或者出借证券供其卖出，并由客户交存相应担保物的经营活动。

第四十九条 证券公司经营融资融券业务，应当具备下列条件：

（一）证券公司治理结构健全，内部控制有效；

（二）风险控制指标符合规定，财务状况、合规状况良好；

（三）有经营融资融券业务所需的专业人员、技术条件、资金和证券；

（四）有完善的融资融券业务管理制度和实施方案；

（五）国务院证券监督管理机构规定的其他条件。

第五十条 证券公司从事融资融券业务，应当与客户签订融资融券合同，并按照国务院证券监督管理机构的规定，以证券公司的名义在证券登记结算机构开立客户证券担保账户，在指定商业银行开立客户资金担保账户。客户资金担保账户内的资金应当参照本条例第五十七条的规定进行管理。

在以证券公司名义开立的客户证券担保账户和客户资金担保账户内，应当为每一客户单独开立授信账户。

第五十一条 证券公司向客户融资，应当使用自有资金或者依法筹集的资金；向客户融券，应当使用自有证券或者依法取得处分权的证券。

第五十二条 证券公司向客户融资融券时，客户应当交存一定比例的保证金。保证金可以用证券充抵。

客户交存的保证金以及通过融资融券交易买入的全部证券和卖出证券所得的全部资金，均为对证券公司的担保物，应当存入证券公司客户证券担保账户或者客户资金担保账户，并记入该客户授信账户。

第五十三条 客户证券担保账户内的证券和客户资金担保账户内的资金为信托财产。证券公司不得违背受托义务侵占客户担保账户内的证券或者资金。除本条例第五十四条规定的情形或者证券公司和客户依法另有约定的情形外，证券公司不得动用客户担保账户内的证券或者资金。

第五十四条　证券公司应当逐日计算客户担保物价值与其债务的比例。当该比例低于规定的最低维持担保比例时，证券公司应当通知客户在一定的期限内补交差额。客户未能按期交足差额或者到期未偿还融资融券债务的，证券公司应当立即按照约定处分其担保物。

第五十五条　客户依照本条例第五十二条第一款规定交存保证金的比例，由国务院证券监督管理机构授权的单位规定。

证券公司可以向客户融出的证券和融出资金可以买入证券的种类，可充抵保证金的有价证券的种类和折算率，融资融券的期限，最低维持担保比例和补交差额的期限，由证券交易所规定。

本条第一款、第二款规定由被授权单位或者证券交易所做出的相关规定，应当向国务院证券监督管理机构备案，且不得违反国家货币政策。

第五十六条　证券公司从事融资融券业务，自有资金或者证券不足的，可以向证券金融公司借入。证券金融公司的设立和解散由国务院决定。

第五章　客户资产的保护

第五十七条　证券公司从事证券经纪业务，其客户的交易结算资金应当存放在指定商业银行，以每个客户的名义单独立户管理。

指定商业银行应当与证券公司及其客户签订客户的交易结算资金存管合同，约定客户的交易结算资金存取、划转、查询等事项，并按照证券交易净额结算、货银对付的要求，为证券公司开立客户的交易结算资金汇总账户。

客户的交易结算资金的存取，应当通过指定商业银行办理。指定商业银行应当保证客户能够随时查询客户的交易结算资金的余额及变动情况。

指定商业银行的名单，由国务院证券监督管理机构会同国务院银行业监督管理机构确定并公告。

第五十八条　证券公司从事证券资产管理业务，应当将客户的委托资产交由本条例第五十七条第四款规定的指定商业银行或者国务院证券监督管理机构认可的其他资产托管机构托管。

资产托管机构应当按照国务院证券监督管理机构的规定和证券资产管理合同的约定，履行安全保管客户的委托资产、办理资金收付事项、监督证券公司投资行为等职责。

第五十九条　客户的交易结算资金、证券资产管理客户的委托资产属于客户，应当与证券公司、指定商业银行、资产托管机构的自有资产相互独立、分别管理。非因客户本身的债务或者法律规定的其他情形，任何单位或者个人不得对客户的交易结算资金、委托资产申请查封、冻结或者强制执行。

第六十条　除下列情形外，不得动用客户的交易结算资金或者委托资金：

（一）客户进行证券的申购、证券交易的结算或者客户提款；

（二）客户支付与证券交易有关的佣金、费用或者税款；

（三）法律规定的其他情形。

第六十一条　证券公司不得以证券经纪客户或者证券资产管理客户的资产向他人提供融资或者担保。任何单位或者个人不得强令、指使、协助、接受证券公司以其证券经纪客户或者证券资产管理客户的资产提供融资或者担保。

第六十二条　指定商业银行、资产托管机构和证券登记结算机构应当对存放在本机构的客户的交易结算资金、委托资金和客户担保账户内的资金、证券的动用情况进行监督，并按照规定定期向国务院证券监督管理机构报送客户的交易结算资金、委托资金和客户担保账户内的资金、证券的存管或者动用情况的有关数据。

指定商业银行、资产托管机构和证券登记结算机构对超出本条例第五十三条、第五十四条、第六十条规定的范围，动用客户的交易结算资金、委托资金和客户担保账户内的资金、证券的申请、指令，应当拒绝；发现客户的交易结算资金、委托资金和客户担保账户内的资金、证券被违法动用或者有其他异常情况的，应当立即向国务院证券监督管理机构报告，并抄报有关监督管理机构。

第六章　监督管理措施

第六十三条　证券公司应当自每一会计年度结束之日起四个月内，向国务院证券监督管理机构报送年度报告；自每月结束之日起七个工作日内，报送月度报告。

发生影响或者可能影响证券公司经营管理、财务状况、风险控制指标或者客户资产安全的重大事件的，证券公司应当立即向国务院证券监督管理机构报送临时报告，说明事件的起因、目前的状态、可能产生的后果和拟采取的相应措施。

第六十四条　证券公司年度报告中的财务会计报告、风险控制指标报告以及国务院证券监督管理机构规定的其他专项报告，应当经具有证券、期货相关业务资格的会计师事务所审计。证券公司年度报告应当附有该会计师事务所出具的内部控制评审报告。

证券公司的董事、高级管理人员应当对证券公司年度报告签署确认意见；经营管理的主要负责人和财务负责人应当对月度报告签署确认意见。在证券公司年度报告、月度报告上签字的人员，应当保证报告的内容真实、准确、完整；对报告内容持有异议的，应当注明自己的意见和理由。

第六十五条　对证券公司报送的年度报告、月度报告，国务院证券监督管理机构应当指定专人进行审核，并制作审核报告。审核人员应当在审核报告上签字。审核中发现问题的，国务院证券监督管理机构应当及时采取相应措施。

国务院证券监督管理机构应当对有关机构报送的客户的交易结算资金、委托资金和客户担保账户内的资金、证券的有关数据进行比对、核查，及时发现资金或者证券被违法动用的情况。

第六十六条　证券公司应当依法向社会公开披露其基本情况、参股及控股情况、负债及或有负债情况、经营管理状况、财务收支状况、高级管理人员薪酬和其他有关信息。具体办法由国务院证券监督管理机构制定。

第六十七条　国务院证券监督管理机构可以要求下列单位或者个人，在指定的期限内提供与证券公司经营管理和财务状况有关的资料、信息：

（一）证券公司及其董事、监事、工作人员；

（二）证券公司的股东、实际控制人；

（三）证券公司控股或者实际控制的企业；

（四）证券公司的开户银行、指定商业银行、资产托管机构、证券交易所、证券登记结算机构；

（五）为证券公司提供服务的证券服务机构。

第六十八条　国务院证券监督管理机构有权采取下列措施，对证券公司的业务活动、财务状况、经营管理情况进行检查：

（一）询问证券公司的董事、监事、工作人员，要求其对有关检查事项做出说明；

（二）进入证券公司的办公场所或者营业场所进行检查；

（三）查阅、复制与检查事项有关的文件、资料，对可能被转移、隐匿或者毁损的文件、资料、电子设备予以封存；

（四）检查证券公司的计算机信息管理系统，复制有关数据资料。

国务院证券监督管理机构为查清证券公司的业务情况、财务状况，经国务院证券监督管理机构负责人批准，可以查询证券公司及与证券公司有控股或者实际控制关系企业的银行账户。

第六十九条　证券公司以及有关单位和个人披露、报送或者提供的资料、信息应当真实、准确、完整，不得有虚假记载、误导性陈述或者重大遗漏。

第七十条　国务院证券监督管理机构对治理结构不健全、内部控制不完善、经营管理混乱、设立账外账或者进行账外经营、拒不执行监督管理决定、违法违规的证券公司，应当责令其限期改正，并可以采取下列措施：

（一）责令增加内部合规检查的次数并提交合规检查报告；

（二）对证券公司及其有关董事、监事、高级管理人员、境内分支机构负责人给予谴责；

（三）责令处分有关责任人员，并报告结果；

（四）责令更换董事、监事、高级管理人员或者限制其权力；

（五）对证券公司进行临时接管，并进行全面核查；

（六）责令暂停证券公司或者其境内分支机构的部分或者全部业务、限期撤销境内分支机构。

证券公司被暂停业务、限期撤销境内分支机构的，应当按照有关规定安置客户、处理未了结的业务。

对证券公司的违法违规行为，合规负责人已经依法履行制止和报告职责的，免除责任。

第七十一条　任何单位或者个人未经批准，持有或者实际控制证券公司5%以上股权的，国务院证券监督管理机构应当责令其限期改正；改正前，相应股权不具有表决权。

第七十二条　任何人未取得任职资格，实际行使证券公司董事、监事、高级管理人员或者境内分支机构负责人职权的，国务院证券监督管理机构应当责令其停止行使职权，予以公告，并可以按照规定对其采取证券市场禁入的措施。

第七十三条　证券公司董事、监事、高级管理人员或者境内分支机构负责人不再具备任职资格条件的，证券公司应当解除其职务并向国务院证券监督管理机构报告；证券公司未解除其职务的，国务院证券监督管理机构应当责令其解除。

第七十四条　证券公司聘请或者解聘会计师事务所的，应当自做出决定之日起三个工作日内报国务院证券监督管理机构备案；解聘会计师事务所的，应当说明理由。

第七十五条　会计师事务所对证券公司或者其有关人员进行审计，可以查阅、复制与审计事项有关的客户信息或者证券公司的其他有关文件、资料，并可以调取证券公司计算机信息管理系统内的有关数据资料。

会计师事务所应当对所知悉的信息保密。法律、行政法规另有规定的除外。

第七十六条　证券交易所应当对证券公司证券自营账户和证券资产管理账户的交易行为进行实时监控；发现异常情况的，应当及时按照交易规则和会员管理规则处理，并向国务院证券监督管理机构报告。

第七章　法律责任

第七十七条　证券公司有下列情形之一的，依照《证券法》第一百九十八条的规定处罚：

（一）聘任不具有任职资格的人员担任境内分支机构的负责人；

（二）未按照国务院证券监督管理机构依法做出的决定，解除不再具备任职资格条件的董事、监事、高级管理人员、境内分支机构负责人的职务。

第七十八条　证券公司从事证券经纪业务，客户资金不足而接受其买入委托或者客户证券不足而接受其卖出委托的，依照《证券法》第二百零五条的规定处罚。

第七十九条　证券公司将客户的资金账户、证券账户提供给他人使用的，依照《证券法》第二百零八条的规定处罚。

第八十条　证券公司诱使客户进行不必要的证券交易，或者从事证券资产管理业务时，使用客户资产进行不必要的证券交易的，依照《证券法》第二百一十条的规定处罚。

第八十一条　证券公司有下列情形之一的，依照《证券法》第二百一十九条的规定处罚：

（一）证券公司或者其境内分支机构超出国务院证券监督管理机构批准的范围经营业务；

（二）未经批准，用多个客户的资产进行集合投资，或者将客户资产专项投资于特定目标产品。

第八十二条　证券公司在证券自营账户与证券资产管理账户之间或者不同的证券资产管理账户之间进行交易，且无充分证据证明已依法实现有效隔离的，依照《证券法》第二百二十条的规定处罚。

第八十三条　证券公司违反本条例的规定，有下列情形之一的，责令改正，给予警告，没收违法所得，并处以违法所得一倍以上五倍以下的罚款；没有违法所得或者违法所得不足十万元的，处以十万元以上 30 万元以下的罚款；情节严重的，暂停或者撤销其相关证券业务许可。对直接负责的主管人员和其他直接责任人员，给予警告，并处以三万元以上十万元以下的罚款；情节严重的，撤销任职资格或者证券从业资格：

（一）违反规定委托其他单位或者个人进行客户招揽、客户服务或者产品销售活动；

（二）向客户提供投资建议，对证券价格的涨跌或者市场走势做出确定性的判断；

（三）违反规定委托他人代为买卖证券；

（四）从事证券自营业务、证券资产管理业务，投资范围或者投资比例违反规定；

（五）从事证券资产管理业务，接受一个客户的单笔委托资产价值低于规定的最低限额。

第八十四条　证券公司违反本条例的规定，有下列情形之一的，责令改正，给予警告，没收违法所得，并处以违法所得一倍以上五倍以下的罚款；没有违法所得或者违法所得不足三万元的，处以三万元以上 30 万元以下的罚款。对直接负责的主管人员和其他直接责任人员单处或者并处警告、三万元以上十万元以下的罚款；情节严重的，撤销任职资格或者证券从业资格：

（一）未按照规定对离任的法定代表人或者高级管理人员进行审计，并报送审计报告；

（二）与他人合资、合作经营管理分支机构，或者将分支机构承包、租赁，或者委托给他人经营管理；

（三）未按照规定将证券自营账户或者证券资产管理客户的证券账户报证券交易所备案；

（四）未按照规定程序了解客户的身份、财产与收入状况、证券投资经验和风险偏好；

（五）推荐的产品或者服务与所了解的客户情况不相适应；

（六）未按照规定指定专人向客户讲解有关业务规则和合同内容，并以书面方式向其揭示投资风险；

（七）未按照规定与客户签订业务合同，或者未在与客户签订的业务合同中载入规定的必备条款；

（八）未按照规定编制并向客户送交对账单，或者未按照规定建立并有效执行信息查询制度；

（九）未按照规定指定专门部门处理客户投诉；

（十）未按照规定提取一般风险准备金；

（十一）未按照规定存放、管理客户的交易结算资金、委托资金和客户担保账户内的资金、证券；

（十二）聘请、解聘会计师事务所，未按照规定向国务院证券监督管理机构备案，解聘会计师事务所未说明理由。

第八十五条　证券公司未按照规定为客户开立账户的，责令改正；情节严重的，处以 20 万元以上 50 万元以下的罚款，并对直接负责的董事、高级管理人员和其他直接责任人员，处以一万元以上五万元以下的罚款。

第八十六条　违反本条例的规定，有下列情形之一的，责令改正，给予警告，没收违法所得，并处以违法所得一倍以上五倍以下的罚款；没有违法所得或者违法所得不足十万元的，处以十万元以上60万元以下的罚款；情节严重的，撤销相关业务许可。对直接负责的主管人员和其他直接责任人员给予警告，撤销任职资格或者证券从业资格，并处以三万元以上30万元以下的罚款：

（一）未经批准，委托他人或者接受他人委托持有或者管理证券公司的股权，或者认购、受让，或者实际控制证券公司的股权；

（二）证券公司股东、实际控制人强令、指使、协助、接受证券公司以证券经纪客户或者证券资产管理客户的资产提供融资或者担保；

（三）证券公司、资产托管机构、证券登记结算机构违反规定动用客户的交易结算资金、委托资金和客户担保账户内的资金、证券；

（四）资产托管机构、证券登记结算机构对违反规定动用委托资金和客户担保账户内的资金、证券的申请、指令予以同意、执行；

（五）资产托管机构、证券登记结算机构发现委托资金和客户担保账户内的资金、证券被违法动用而未向国务院证券监督管理机构报告。

第八十七条　指定商业银行有下列情形之一的，由国务院证券监督管理机构责令改正，给予警告，没收违法所得，并处以违法所得一倍以上五倍以下的罚款；没有违法所得或者违法所得不足十万元的，处以十万元以上60万元以下的罚款。对直接负责的主管人员和其他直接责任人员给予警告，并处以三万元以上30万元以下的罚款：

（一）违反规定动用客户的交易结算资金；

（二）对违反规定动用客户的交易结算资金的申请、指令予以同意或者执行；

（三）发现客户的交易结算资金被违法动用而未向国务院证券监督管理机构报告。

指定商业银行有前款规定的行为，情节严重的，由国务院证券监督管理机构会同国务院银行业监督管理机构责令其暂停或者终止客户的交易结算资金存管业务；对直接负责的主管人员和其他直接责任人员，国务院证券监督管理机构可以建议国务院银行业监督管理机构依法处罚。

第八十八条　违反本条例的规定，有下列情形之一的，责令改正，给予警告，并处以三万元以上20万元以下的罚款；对直接负责的主管人员和其他直接责任人员，给予警告，可以处以三万元以下的罚款：

（一）证券公司未按照本条例第六十六条的规定公开披露信息，或者公开披露的信息中有虚假记载、误导性陈述或者重大遗漏；

（二）证券公司控股或者实际控制的企业、资产托管机构、证券服务机构未按照规定向国务院证券监督管理机构报送、提供有关信息、资料，或者报送、提供的信息、资料中有虚假记载、误导性陈述或者重大遗漏。

第八十九条　违反本条例的规定，有下列情形之一的，责令改正，给予警告，没收违法所得，并处以违法所得等值罚款；没有违法所得或者违法所得不足三万元的，处以三万元以下的罚款；情节严重的，撤销任职资格或者证券从业资格：

（一）合规负责人未按照规定向国务院证券监督管理机构或者有关自律组织报告违法违规行为；

（二）证券经纪人从事业务未向客户出示证券经纪人证书；

（三）证券经纪人同时接受多家证券公司的委托，进行客户招揽、客户服务等活动；

（四）证券经纪人接受客户的委托，为客户办理证券认购、交易等事项。

第九十条　证券公司违反规定收取费用的，由有关主管部门依法给予处罚。

第八章　附　则

第九十一条　证券公司经营证券业务不符合本条例第二十六条第三款规定的，应当在国务院证券监督管理机构规定的期限内达到规定要求。

第九十二条 证券公司客户的交易结算资金存管方式不符合本条例第五十七条规定的，国务院证券监督管理机构应当责令其限期调整。

证券公司客户的交易结算资金存管方式，应当自本条例实施之日起一年内达到规定要求。

第九十三条 经国务院证券监督管理机构批准，证券公司可以向股东或者其他单位借入偿还顺序在普通债务之后的债，具体管理办法由国务院证券监督管理机构制定。

第九十四条 外商投资证券公司的业务范围、境外股东的资格条件和出资比例，由国务院证券监督管理机构规定，报国务院批准。

第九十五条 境外证券经营机构在境内经营证券业务或者设立代表机构，应当经国务院证券监督管理机构批准。具体办法由国务院证券监督管理机构制定，报国务院批准。

第九十六条 本条例所称证券登记结算机构，是指《证券法》第一百五十五条规定的证券登记结算机构。

第九十七条 本条例自 2008 年 6 月 1 日起施行。

证券经纪人管理暂行规定

（中国证券监督管理委员会公告〔2009〕2号，自2009年4月13日起施行）

第一条 为了加强对证券经纪人的监管，规范证券经纪人的执业行为，保护客户的合法权益，根据《证券法》和《证券公司监督管理条例》（以下简称《条例》），制定本规定。

第二条 证券公司可以通过公司员工或者委托公司以外的人员从事客户招揽和客户服务等活动。委托公司以外的人员的，应当按照《条例》规定的证券经纪人形式进行，不得采取其他形式。

前款所称证券经纪人，是指接受证券公司的委托，代理其从事客户招揽和客户服务等活动的证券公司以外的自然人。

第三条 证券公司应当建立健全证券经纪人管理制度，采取有效措施，对证券经纪人及其执业行为实施集中统一管理，保障证券经纪人具备基本的职业道德和业务素质，防止证券经纪人在执业过程中从事违法违规或者超越代理权限、损害客户合法权益的行为。

第四条 证券经纪人为证券从业人员，应当通过证券从业人员资格考试，并具备规定的证券从业人员执业条件。

证券经纪人只能接受一家证券公司的委托，并应当专门代理证券公司从事客户招揽和客户服务等活动。

第五条 证券公司应当在与证券经纪人签订委托合同前，对其资格条件进行严格审查。对不具备规定条件的人员，证券公司不得与其签订委托合同。

第六条 证券公司与证券经纪人签订委托合同，应当遵循平等、自愿、诚实信用的原则，公平地确定双方的权利和义务。

委托合同应当载明下列事项：

（一）证券公司的名称和证券经纪人的姓名；

（二）证券经纪人的代理权限；

（三）证券经纪人的代理期间；

（四）证券经纪人服务的证券营业部；

（五）证券经纪人的执业地域范围；

（六）证券经纪人的基本行为规范；

（七）证券经纪人的报酬计算与支付方式；

（八）双方的权利与义务；

（九）违约责任。

证券经纪人的执业地域范围，应当与其服务的证券公司的管理能力及证券营业部的客户管理水平和客户服务的合理区域相适应。

第七条 证券公司应当对证券经纪人进行不少于60个小时的执业前培训，其中法律法规和职业道德的培训时间不少于 20 个小时。证券公司应当对证券经纪人执业前培训的效果进行测试。

第八条 证券公司应当在与证券经纪人签订委托合同、对其进行执业前培训并经测试合格后，为其向中国证券业协会（以下简称“协会”）进行执业注册登记。执业注册登记事项包括证券经纪人的姓名、身份证号码、代理权限、代理期间、服务的证券营业部、执业地域范围和公司查询与投诉电话等。

证券公司应当在为证券经纪人进行执业注册登记后，按照协会的规定打印证券经纪人证书，并加盖公司公章，颁发给证券经纪人。证券经纪人证书由协会统一印制、编号。

第九条 证券经纪人证书载明事项发生变动的，证券公司应当将该证书收回，向协会变更该人员的执业注册登记，并按照本规定第八条第二款办理新证书的打印和颁发事宜。

证券公司终止与证券经纪人的委托关系的，应当收回其证券经纪人证书，并自委托关系终止之日起五个工作日内向协会注销该人员的执业注册登记。证券公司因故未能收回证券经纪人证书的，应当自委托关系终止之日起十个工作日内，通过证监会指定报纸和公司网站等媒体公告该证书作废。

第十条 取得证券经纪人证书后，证券经纪人方可执业。证券经纪人应当在执业过程中向客户出示证券经纪人证书，明示其与证券公司的委托代理关系，并在委托合同约定的代理权限、代理期间、执业地域范围内从事客户招揽和客户服务等活动。

第十一条 证券经纪人在执业过程中，可以根据证券公司的授权，从事下列部分或者全部活动：

（一）向客户介绍证券公司和证券市场的基本情况；

（二）向客户介绍证券投资的基本知识及开户、交易、资金存取等业务流程；

（三）向客户介绍与证券交易有关的法律、行政法规、证监会规定、自律规则和证券公司的有关规定；

（四）向客户传递由证券公司统一提供的研究报告及与证券投资有关的信息；

（五）向客户传递由证券公司统一提供的证券类金融产品宣传推介材料及有关信息；

（六）法律、行政法规和证监会规定证券经纪人可以从事的其他活动。

第十二条 证券经纪人从事客户招揽和客户服务等活动，应当遵守法律、行政法规、监管机构和行政管理部门的规定、自律规则以及职业道德，自觉接受所服务的证券公司的管理，履行委托合同约定的义务，向客户充分提示证券投资的风险。

第十三条 证券经纪人应当在本规定第十一条规定和证券公司授权的范围内执业，不得有下列行为：

（一）替客户办理账户开立、注销、转移，证券认购、交易或者资金存取、划转、查询等事宜；

（二）提供、传播虚假或者误导客户的信息，或者诱使客户进行不必要的证券买卖；

（三）与客户约定分享投资收益，对客户证券买卖的收益或者赔偿证券买卖的损失作出承诺；

（四）采取贬低竞争对手、进入竞争对手营业场所劝导客户等不正当手段招揽客户；

（五）泄露客户的商业秘密或者个人隐私；

（六）为客户之间的融资提供中介、担保或者其他便利；

（七）为客户提供非法的服务场所或者交易设施，或者通过互联网络、新闻媒体从事客户招揽和客户服务等活动；

（八）委托他人代理其从事客户招揽和客户服务等活动；

（九）损害客户合法权益或者扰乱市场秩序的其他行为。

第十四条 证券公司应当按照协会的规定，组织对证券经纪人的后续职业培训。

第十五条 证券公司应当建立健全证券经纪人执业支持系统，向证券经纪人提供其执业所需的有关资料和信息。

第十六条 证券公司应当建立健全信息查询制度，保证客户能够通过现场、电话或者互联网络的方式随时查询证券经纪人的姓名、代理权限、代理期间、服务的证券营业部、执业地域范围及证券经纪人证书编号等信息，能够通过现场或者互联网络的方式查看证券经纪人的照片。

证券公司应当按月或者按季将证券经纪人所招揽和服务客户账户的交易情况及资产余额等信息，以信函、电子邮件、手机短信或者其他适当方式提供给客户。证券公司与客户另有约定的，从其约定。

第十七条 证券公司应当建立健全客户回访制度，指定人员定期通过面谈、电话、信函或者其他方式对证券经纪人招揽和服务的客户进行回访，了解证券经纪人的执业情况，并作出完整记录。负责客户回访的人员不得从事客户招揽和客户服务活动。

第十八条 证券公司应当建立健全异常交易和操作监控制度，采取技术手段，对证券经纪人所招揽和服务客户的账户进行有效监控，发现异常情况的，立即查明原因并按照规定处理。

第十九条 证券公司应当建立健全客户投诉和纠纷处理机制，明确处理流程，妥善处理客户投诉和与客户之间的纠纷，持续做好客户投诉和纠纷处理工作。证券公司应当保证在营业时间内有专门人员受理客户投诉、接待客户来访。证券公司的客户投诉渠道和纠纷处理流程，应当在公司网站和证券营业部的营业场所公示。

证券经纪人被投诉情况以及证券公司对客户投诉、纠纷和不稳定事件的防范和处理效果，作为衡量证券公司内部管理能力和客户服务水平的重要指标，纳入其分类评价范围。

第二十条 证券公司应当将证券经纪人的执业行为纳入公司合规管理范围，并建立科学合理的证券经纪人绩效考核制度，将证券经纪人执业行为的合规性纳入其绩效考核范围。

证券公司应当将证券营业部对证券经纪人管理的有效性纳入其绩效考核范围。

第二十一条 证券经纪人在执业过程中发生违反证券公司内部管理制度、自律规则或者法律、行政法规、监管机构和行政管理部门规定行为的，证券公司应当按照有关规定和委托合同的约定，追究其责任，并及时向公司住所地和该证券经纪人服务的证券营业部所在地证监会派出机构报告。证券经纪人不再具备规定的执业条件的，证券公司应当解除委托合同。

证券经纪人的行为涉嫌违反法律、行政法规、监管机构和行政管理部门规定的，证券公司应当及时报告有关监管机构或者行政管理部门；涉嫌刑事犯罪的，证券公司应当及时向有关司法机关举报。

第二十二条 证券公司应当建立健全证券经纪人档案，实现证券经纪人执业过程留痕。证券经纪人档案应当记载证券经纪人的个人基本信息、证券从业资格状态、代理权限、代理期间、服务的证券营业部、执业地域范围、执业前及后续职业培训情况、执业活动情况、客户投诉及处理情况、违法违规及超越代理权限行为的处理情况和绩效考核情况等信息。

第二十三条 证券公司应当在每年1月31日之前，向住所地证监会派出机构报送证券经纪人管理年度报告。年度报告应当至少包括下列内容：

（一）本年度与证券经纪人有关的管理制度、内控机制和技术系统的运行和改进情况；

（二）本年度证券经纪人数量的变动情况，报告期末证券经纪人的数量及在证券营业部的分布情况；

（三）本年度证券经纪人委托合同执行情况、证券经纪人报酬支付和合法权益保障情况；

（四）本年度证券经纪人执业前培训和后续职业培训的内容、方式、时间和接受培训的人数以及下一年度的培训计划；

（五）本年度与证券经纪人有关的客户投诉和纠纷及其处理情况，当前可能出现集中投诉的事项、形成原因及拟采取的化解措施。

第二十四条 协会负责制定有关自律规则，组织或者办理证券经纪人的资格考试、注册登记、证书印制与后续职业培训，并可以对证券公司委托、管理证券经纪人的情况和证券经纪人的执业行为进行监督检查，对违反自律规则的证券公司和证券经纪人予以纪律处分。

协会建立证券经纪人数据库，向社会公众提供证券经纪人执业注册登记信息的查询服务。

第二十五条 证监会及其派出机构依法对证券经纪人进行监督管理。对违法违规的证券经纪人，依法采取监管措施或者予以行政处罚。对违反规定或者因管理不善导致证券经纪人违法违规、客户大量投诉、出现重大纠纷、不稳定事件的证券公司，可以要求其提高经纪业务风险资本准备计算比例和有关证券营业部的分支机构风险资本准备计算金额，并依法采取限制其证券经纪人规模等监管措施或者予以行政处罚。

证券公司和证券经纪人的失信行为信息，记入证券期货市场诚信信息数据库系统。

第二十六条 证券公司应当将与证券经纪人有关的管理制度、证券经纪人制度启动实施方案报公司住所地证监会派出机构备案。经住所地证监会派出机构现场核查，确认其相关管理制度、内控机制和技术系统已经建立并能有效运行，证券经纪人制度启动实施方案合理可行，证券经纪业务已经满足合规要求后，证券公司方可委托证券经纪人从事客户招揽和客户服务等活动。

证券营业部在启动实施证券经纪人制度前，应当将证券公司与证券经纪人有关的管理制度和证券经纪人制度启动实施方案报所在地证监会派出机构备案，并接受所在地证监会派出机构的监管。

与证券经纪人有关的管理制度，应当至少包括证券经纪人的资格管理、委托合同管理、执业前和后续职业培训、证书管理、行为规范、报酬计算与支付方式以及本规定第十五条至第二十二条规定的事项等内容；证券经纪人制度启动实施方案，应当至少包括实施该制度的证券营业部的选择标准和确定程序、实施该制度的基本步骤等内容。

第二十七条 证券公司的员工从事证券经纪业务营销活动，参照本规定执行。

证券公司的证券经纪业务营销人员数量应当与公司的管理能力相适应。

第二十八条 本规定自2009年4月13日起施行。

《证券经纪人管理暂行规定》(以下简称《暂行规定》) 自4月13日起正式施行，证券经纪人取得证券经纪人证书方可执业，投资者要增强自我保护意识，主动查验证书载明的相关信息。

根据《暂行规定》及有关自律规则的要求，证券经纪人应当通过所服务的证券公司向中国证券业协会办理执业注册登记，并领取由所服务的证券公司颁发的证券经纪人证书，之后方可执业。证券经纪人要在执业过程中主动向客户出示证书。其执业活动不得超出证书载明的代理权限范围，不得有下列行为：①替客户办理账户开立、注销、转移，证券认购、交易或者资金存取、划转、查询等事宜；②提供、传播虚假或者误导客户的信息，或者诱使客户进行不必要的证券买卖；③与客户约定分享投资收益，对客户证券买卖的收益或者赔偿证券买卖的损失作出承诺；④采取贬低竞争对手、进入竞争对手营业场所劝导客户等不正当手段招揽客户；⑤泄露客户的商业秘密或者个人隐私；⑥为客户之间的融资提供中介、担保或者其他便利；⑦为客户提供非法的服务场所或者交易设施，或者通过互联网络、新闻媒体从事客户招揽和客户服务等活动；⑧委托他人代理其从事客户招揽和客户服务等活动；⑨损害客户合法权益或者扰乱市场秩序的其他行为。

证券经纪人的执业行为直接关系到广大投资者的切身利益。投资者要增强自我保护意识，在接受证券经纪人的宣传、推介和服务时，主动查验证券经纪人证书，仔细阅读证书载明的信息，了解证券经纪人身份、服务的证券公司及其证券营业部、代理权限、代理期间、执业地域范围及禁止行为，发现证券经纪人涉嫌违规执业等问题的，应拒绝接受其宣传、推介和服务，并可向中国证监会及其派出机构、中国证券业协会举报。

对证券经纪人证书及其载明信息的真实性，投资者可通过中国证券业协会网站查询、核实，也可通过现场、电话、网络等方式向该证书载明的证券公司查询、核实。

为配合《暂行规定》的实施，中国证券业协会已发布了《中国证券业协会证券经纪人执业规范（试行）》、《中国证券业协会证券经纪人执业注册登记暂行办法》等自律规则。目前，与证券经纪人管理有关的监管和自律规则基本出齐，经中国证监会派出机构核查认可、具备规定条件的证券公司，可依法委托证券经纪人从事客户招揽和客户服务等活动。

期货公司风险监管指标管理办法

（2007年4月18日证监发〔2007〕55号公布，根据2013年2月21日证监会公告〔2013〕12号《关于修改〈期货公司风险监管指标管理试行办法〉的决定》修订）

第一章　总　则

第一条　为了加强对期货公司的监督管理，促进期货公司加强内部控制、防范风险、稳健发展，根据《期货交易管理条例》，制定本办法。

第二条　期货公司应当按照本办法的规定编制、报送风险监管报表。

第三条　期货公司应当建立与风险监管指标相适应的内部控制制度，应当建立动态的风险监控和资本补足机制，确保净资本等风险监管指标持续符合标准。

第四条　期货公司扩大业务规模或者做出向股东分配利润等可能对净资本产生重大影响的决定前，应当对相应的风险监管指标进行敏感性测试。

期货公司应当及时根据监管要求、市场变化情况等对公司风险监管指标进行压力测试。

第五条　期货公司应当聘请具备证券、期货相关业务资格的会计师事务所对期货公司年度风险监管报表进行审计。

会计师事务所及其注册会计师应当勤勉尽责，对出具报告所依据的文件资料内容的真实性、准确性和完整性进行核查和验证，并对出具审计报告的合法性和真实性负责。

第二章　风险监管指标的计算

第六条　期货公司风险监管指标包括期货公司净资本、净资本与公司风险资本准备的比例、净资本与净资产的比例、流动资产与流动负债的比例、负债与净资产的比例、规定的最低限额的结算准备金要求等衡量期货公司财务安全的监管指标。

期货公司开展各项业务、设立分支机构等存在可能导致净资本损失的风险，应当按一定标准计算风险资本准备，并建立风险资本准备与净资本的对应关系，确保各项风险资本准备有对应的净资本支撑。

第七条　本办法所称净资本是在期货公司净资产的基础上，按照变现能力对资产负债项目及其他项目进行风险调整后得出的综合性风险监管指标。

净资本的计算公式为：净资本=净资产-资产调整值+负债调整值-客户未足额追加的保证金-/+其他调整项。

第八条　期货公司应当按照分类、流动性、账龄和可回收性等不同情况采取不同比例对资产进行风险调整。

第九条　期货公司持有的金融资产，按照分类和流动性情况采取不同比例进行风险调整，分类中同时符合两个或者两个以上标准的，应当采用最高的比例进行风险调整。

第十条　期货公司应当按照账龄及其核算的具体内容，采取不同比例对应收项目进行风险调整，分类中同时符合两个或者两个以上标准的，应当采用最高的比例进行风险调整。

第十一条　期货公司计算净资本时，应当按照企业会计准则的规定对相关项目充分计提资产减值准备。

中国证监会派出机构可以要求期货公司对资产减值准备计提的充足性和合理性进行专项说明；有证据表明期货公司未能充分计提资产减值准备的，中国证监会派出机构应当要求期货公司相应核减净资本金额。

第十二条　期货公司计算净资本时，可以将“期货风险准备金”等有助于增强抗风险能力的负债项目加回。

除“期货风险准备金”外，期货公司认为某项负债需要在计算净资本时予以调整的，应当增加附注，详细说明该项负债反映的具体内容；中国证监会及其派出机构可以根据审慎监管原则决定是否同意对该项负债进行调整。

第十三条　期货公司应当按照企业会计准则的规定确认预计负债。

中国证监会派出机构可以要求期货公司对预计负债进行专项说明；有证据表明期货公司未能准确确认预计负债的，中国证监会派出机构应当要求期货公司相应核减净资本金额。

第十四条　客户保证金未足额追加的，期货公司应当相应调减净资本。客户保证金在报表报送日之前已足额追加的，期货公司可以在报表附注中说明。

未足额追加的客户保证金应当按期货交易所规定的保证金标准计算，不包括已经记入“应收风险损失款”科目的客户因穿仓形成的对期货公司的债务。

第十五条　期货公司应当在净资本计算表的附注中，充分披露期末未决诉讼、未决仲裁等或有负债的性质、涉及金额、形成原因、进展情况、可能发生的损失和预计损失的会计处理情况，并在计算净资本时按照一定比例扣减。

中国证监会及其派出机构可以根据审慎监管原则要求期货公司调整扣减比例。

第十六条　期货公司借入次级债务的，可以将所借入的次级债务按照中国证监会规定的比例计入净资本。

期货公司向股东或者其关联企业借入的具有次级债务性质的长期借款，可以在计算净资本时将所借入的长期借款按照中国证监会规定的比例计入净资本。

第十七条　客户保证金未足额追加的，期货公司在计算符合规定的最低限额的结算准备金时，应当相应扣除。客户保证金在报表报送日之前已足额追加的，期货公司可以在报表附注中说明。

未足额追加的客户保证金应当按期货交易所规定的保证金标准计算，不包括已经记入“应收风险损失款”科目的客户因穿仓形成的对期货公司的债务。

第三章　风险监管指标标准

第十八条　期货公司应当持续符合以下风险监管指标标准：

（一）净资本不得低于人民币 1500 万元；

（二）净资本与公司的风险资本准备的比例不得低于 100%；

（三）净资本与净资产的比例不得低于 40%；

（四）流动资产与流动负债的比例不得低于 100%；

（五）负债与净资产的比例不得高于 150%；

（六）规定的最低限额的结算准备金要求。

第十九条　期货公司应当按照中国证监会规定的标准计算各项业务的风险资本准备和公司的风险资本准备。

各项业务风险资本准备由各项业务规模乘以一定比例（即风险系数）或按一定标准进行计算，加总各项风险资本准备得到期货公司风险资本准备。

不同类别期货公司应当按照最近一期分类评价结果对应的分类计算系数乘以基准比例计算风险资本准备。

第二十条　中国证监会根据审慎监管原则，结合市场发展形势及期货公司风险管理能力，可以在征求行业意见基础上对期货公司净资本计算标准及最低要求、风险监管指标标准、风险资本准备计算标准等内容进行调整。

第二十一条　中国证监会对第十八条规定的风险监管指标设置预警标准。规定“不得低于”一定标准的风险监管指标，其预警标准是规定标准的120%，规定“不得高于”一定标准的风险监管指标，其预警标准是规定标准的80%。

第四章　编制和披露

第二十二条　期货公司应当报送月度和年度风险监管报表。期货公司应当于月度终了后的七个工作日内向公司住所地中国证监会派出机构报送月度风险监管报表，在年度终了后的四个月内报送经具备证券、期货相关业务资格的会计师事务所审计的年度风险监管报表。

中国证监会派出机构可以根据审慎监管原则，要求期货公司不定期编制并报送风险监管报表。

第二十三条　期货公司应当指定专人负责风险监管报表的编制和报送工作。

第二十四条　期货公司法定代表人、经营管理主要负责人、首席风险官、财务负责人、结算负责人、制表人应当在风险监管报表上签字确认，并应当保证其真实、准确、完整。上述人员对风险监管报表内容持有异议的，应当书面说明意见和理由，向公司住所地中国证监会派出机构报送。

第二十五条　期货公司应当按照中国证监会规定的方式报送风险监管报表。期货公司应当保留书面风险监管报表，相应责任人员应当在书面报表上签字，并加盖公司印章。该报表的保存期限应当不少于五年。

第二十六条　期货公司应当每半年向公司董事会提交书面报告，说明净资本等各项风险监管指标的具体情况，该书面报告应当经期货公司法定代表人签字确认。该报告经董事会审议通过后，应当向公司全体股东提交或进行信息披露。

第二十七条　净资本与风险资本准备的比例与上月相比变动超过20%的，期货公司应当向公司住所地中国证监会派出机构提交书面报告，说明原因，并在五个工作日内向全体董事提交书面报告。

第二十八条　期货公司风险监管指标达到预警标准的，期货公司应当于当日向公司住所地中国证监会派出机构提交书面报告，详细说明原因、对公司的影响、解决问题的具体措施和期限，还应当向公司全体董事提交书面报告。

期货公司风险监管指标不符合规定标准的，期货公司除履行上述程序外，还应当于当日向全体股东报告或进行信息披露。

第五章　监督管理

第二十九条　期货公司未按期报送风险监管报表或者报送的风险监管报表存在虚假记载、误导性陈述或者重大遗漏的，中国证监会派出机构应当要求期货公司限期报送或者补充更正。

期货公司未在限期内报送或者补充更正的，公司住所地中国证监会派出机构应当对公司进行现场检查，发现期货公司违反企业会计准则和本办法有关规定的，可以认定风险监管指标不符合规定标准。

第三十条　期货公司风险监管指标达到预警标准的，进入风险预警期。

中国证监会派出机构应当在五个工作日内对公司风险监管指标触及预警标准的情况和原因进行核实，对公司的影响程度进行评估，并视情况采取下列措施：

（一）向公司出具关注函，并抄送其主要股东；

（二）对公司高级管理人员进行监管谈话，要求其优化公司风险监管指标水平；

（三）要求公司进行重大业务决策时，应当至少提前五个工作日向公司住所地中国证监会派出机构报送临时报告，说明有关业务对公司财务状况和风险监管指标的影响；

（四）责令公司增加内部合规检查的频率，并提交合规检查报告。

第三十一条　期货公司风险监管指标优于预警标准并连续保持三个月的，风险预警期结束。

第三十二条　期货公司风险监管指标不符合规定标准的，中国证监会派出机构应当在两个工作日内对公司进行现场检查，对不符合规定标准的情况和原因进行核实，并责令期货公司限期整改，整改期限不得超过 20 个工作日。

第三十三条　经过整改，风险监管指标符合规定标准的，期货公司应当向公司住所地中国证监会派出机构报告，中国证监会派出机构应当进行验收。

期货公司风险监管指标符合规定标准的，中国证监会派出机构应当自验收合格之日起三个工作日内解除对期货公司采取的有关措施。

第三十四条　期货公司逾期未改正或者经过整改风险监管指标仍不符合规定标准的，中国证监会及其派出机构可以依据《期货交易管理条例》第五十六条采取监管措施。

第六章　附　则

第三十五条　本办法下列用语的含义：

（一）风险监管报表，包括期货公司风险监管指标汇总表、净资本计算表、资产调整值计算表、风险资本准备计算表、客户分离资产报表、客户权益变动表、经营业务报表和客户管理报表等。

（二）资产、流动资产，是指期货公司的自身资产，不含客户保证金。

（三）负债、流动负债，是指期货公司的对外负债，不含客户权益。

（四）重大业务，是指可能导致期货公司净资本等风险监管指标发生 10%以上变化的业务。

第三十六条　本办法自 2013 年 7 月 1 日起施行。

非上市公众公司监督管理办法

（中国证券监督管理委员会令第85号，于2012年5月11日中国证券监督管理委员会第17次主席办公会议审议通过，自2013年1月1日起施行）

第一章 总 则

第一条 为了规范非上市公众公司股票转让和发行行为，保护投资者合法权益，维护社会公共利益，根据《证券法》、《公司法》及相关法律法规的规定，制定本办法。

第二条 本办法所称非上市公众公司（以下简称“公众公司”）是指有下列情形之一且其股票未在证券交易所上市交易的股份有限公司：

（一）股票向特定对象发行或者转让导致股东累计超过200人；

（二）股票以公开方式向社会公众公开转让。

第三条 公众公司应当按照法律、行政法规、本办法和公司章程的规定，做到股权明晰，合法规范经营，公司治理机制健全，履行信息披露义务。

第四条 公众公司股票应当在中国证券登记结算公司集中登记存管，公开转让应当在依法设立的证券交易场所进行。

第五条 为公司出具专项文件的证券公司、律师事务所、会计师事务所及其他证券服务机构，应当勤勉尽责、诚实守信，认真履行审慎核查义务，按照依法制定的业务规则、行业执业规范和职业道德准则发表专业意见，保证所出具文件的真实性、准确性和完整性，并接受中国证券监督管理委员会（以下简称“中国证监会”）的监管。

第二章 公司治理

第六条 公众公司应当依法制定公司章程。

中国证监会依法对公众公司章程必备条款作出具体规定，规范公司章程的制定和修改。

第七条 公众公司应当建立兼顾公司特点和公司治理机制基本要求的股东大会、董事会、监事会制度，明晰职责和议事规则。

第八条 公众公司的治理结构应当确保所有股东，特别是中小股东充分行使法律、行政法规和公司章程规定的合法权利。

股东对法律、行政法规和公司章程规定的公司重大事项，享有知情权和参与权。

公众公司应当建立健全投资者关系管理，保护投资者的合法权益。

第九条 公众公司股东大会、董事会、监事会的召集、提案审议、通知时间、召开程序、授权委托、表决和决议等应当符合法律、行政法规和公司章程的规定；会议记录应当完整并安全保存。

股东大会的提案审议应当符合程序，保障股东的知情权、参与权、质询权和表决权；董事会应当在职权范围和股东大会授权范围内对审议事项作出决议，不得代替股东大会对超出董事会职权范围和授权范围的事项进行决议。

第十条　公众公司董事会应当对公司的治理机制是否给所有的股东提供合适的保护和平等权利等情况进行充分讨论、评估。

第十一条　公众公司应当强化内部管理，按照相关规定建立会计核算体系、财务管理和风险控制等制度，确保公司财务报告真实可靠及行为合法合规。

第十二条　公众公司进行关联交易应当遵循平等、自愿、等价、有偿的原则，保证交易公平、公允，维护公司的合法权益，根据法律、行政法规、中国证监会的规定和公司章程，履行相应的审议程序。

第十三条　公众公司应当采取有效措施防止股东及其关联方以各种形式占用或者转移公司的资金、资产及其他资源。

第十四条　公众公司实施并购重组行为，应当按照法律、行政法规、中国证监会的规定和公司章程，履行相应的决策程序并聘请证券公司和相关证券服务机构出具专业意见。

任何单位和个人不得利用并购重组损害公众公司及其股东的合法权益。

第十五条　进行公众公司收购，收购人或者其实际控制人应当具有健全的公司治理机制和良好的诚信记录。收购人不得以任何形式从被收购公司获得财务资助，不得利用收购活动损害被收购公司及其股东的合法权益。

在公众公司收购中，收购人持有的被收购公司的股份，在收购完成后 12 个月内不得转让。

第十六条　公众公司实施重大资产重组，重组的相关资产应当权属清晰、定价公允，重组后的公众公司治理机制健全，不得损害公众公司和股东的合法权益。

第十七条　公众公司应当按照法律的规定，同时结合公司的实际情况在章程中约定建立表决权回避制度。

第十八条　公众公司应当在章程中约定纠纷解决机制。股东有权按照法律、行政法规和公司章程的规定，通过仲裁、民事诉讼或者其他法律手段保护其合法权益。

第三章　信息披露

第十九条　公司及其他信息披露义务人应当按照法律、行政法规和中国证监会的规定，真实、准确、完整、及时地披露信息，不得有虚假记载、误导性陈述或者重大遗漏。公司及其他信息披露义务人应当向所有投资者同时公开披露信息。

公司的董事、监事、高级管理人员应当忠实、勤勉地履行职责，保证公司披露信息的真实、准确、完整、及时。

第二十条　信息披露文件主要包括公开转让说明书、定向转让说明书、定向发行说明书、发行情况报告书、定期报告和临时报告等。具体的内容与格式、编制规则及披露要求，由中国证监会另行制定。

第二十一条　公开转让与定向发行的公众公司应当在每一会计年度的上半年结束之日起两个月内披露记载中国证监会规定内容的半年度报告，在每一会计年度结束之日起四个月内披露记载中国证监会规定内容的年度报告。年度报告中的财务会计报告应当经具有证券期货相关业务资格的会计师事务所审计。

股票向特定对象转让导致股东累计超过 200 人的公众公司，应当在每一会计年度结束之日起四个月内披露记载中国证监会规定内容的年度报告。年度报告中的财务会计报告应当经会计师事务所审计。

第二十二条 公众公司董事、高级管理人员应当对定期报告签署书面确认意见；对报告内容有异议的，应当单独陈述理由，并与定期报告同时披露。公众公司不得以董事、高级管理人员对定期报告内容有异议为由不按时披露定期报告。

公众公司监事会应当对董事会编制的定期报告进行审核并提出书面审核意见，说明董事会对定期报告的编制和审核程序是否符合法律、行政法规、中国证监会的规定和公司章程，报告的内容是否能够真实、准确、完整地反映公司实际情况。

第二十三条 证券公司、律师事务所、会计师事务所及其他证券服务机构出具的文件和其他有关的重要文件应当作为备查文件，予以披露。

第二十四条 发生可能对股票价格产生较大影响的重大事件，投资者尚未得知时，公众公司应当立即将有关该重大事件的情况报送临时报告，并予以公告，说明事件的起因、目前的状态和可能产生的后果。

第二十五条 公众公司实施并购重组的，相关信息披露义务人应当依法严格履行公告义务，并及时准确地向公众公司通报有关信息，配合公众公司及时、准确、完整地进行披露。

参与并购重组的相关单位和人员，在并购重组的信息依法披露前负有保密义务，禁止利用该信息进行内幕交易。

第二十六条 公众公司应当制定信息披露事务管理制度并指定具有相关专业知识的人员负责信息披露事务。

第二十七条 除监事会公告外，公众公司披露的信息应当以董事会公告的形式发布。董事、监事、高级管理人员非经董事会书面授权，不得对外发布未披露的信息。

第二十八条 公司及其他信息披露义务人依法披露的信息，应当在中国证监会指定的信息披露平台公布。公司及其他信息披露义务人可在公司网站或者其他公众媒体上刊登依本办法必须披露的信息，但披露的内容应当完全一致，且不得早于在中国证监会指定的信息披露平台披露的时间。

股票向特定对象转让导致股东累计超过 200 人的公众公司可以在公司章程中约定其他信息披露方式；在中国证监会指定的信息披露平台披露相关信息的，应当符合本条第一款的要求。

第二十九条 公司及其他信息披露义务人应当将信息披露公告文稿和相关备查文件置备于公司住所供社会公众查阅。

第三十条 公司应当配合为其提供服务的证券公司及律师事务所、会计师事务所等证券服务机构的工作，按要求提供所需资料，不得要求证券公司、证券服务机构出具与客观事实不符的文件或者阻碍其工作。

第四章 股票转让

第三十一条 股票向特定对象转让导致股东累计超过 200 人的股份有限公司，应当自上述行为发生之日起三个月内，按照中国证监会有关规定制作申请文件，申请文件应当包括但不限于：定向转让说明书、律师事务所出具的法律意见书、会计师事务所出具的审计报告。股份有限公司持申请文件向中国证监会申请核准。在提交申请文件前，股份有限公司应当将相关情况通知所有股东。

在三个月内股东人数降至 200 人以内的，可以不提出申请。

股票向特定对象转让应当以非公开方式协议转让。申请股票向社会公众公开转让的，按照本办法第三十二条、第三十三条的规定办理。

第三十二条 公司申请其股票向社会公众公开转让的，董事会应当依法就股票公开转让的具体方案作出决议，并提请股东大会批准，股东大会决议必须经出席会议的股东所持表决权的2/3以上通过。

董事会和股东大会决议中还应当包括以下内容：

（一）按照中国证监会的相关规定修改公司章程；

（二）按照法律、行政法规和公司章程的规定建立健全公司治理机制；

（三）履行信息披露义务，按照相关规定披露公开转让说明书、年度报告、半年度报告及其他信息披露内容。

第三十三条　申请其股票向社会公众公开转让的公司，应当按照中国证监会有关规定制作公开转让的申请文件，申请文件应当包括但不限于：公开转让说明书、律师事务所出具的法律意见书、具有证券期货相关业务资格的会计师事务所出具的审计报告、证券公司出具的推荐文件、证券交易场所的审查意见。公司持申请文件向中国证监会申请核准。

公开转让说明书应当在公开转让前披露。

第三十四条　中国证监会受理申请文件后，依法对公司治理和信息披露进行审核，作出是否核准的决定，并出具相关文件。

第三十五条　公司及其董事、监事、高级管理人员，应当对公开转让说明书、定向转让说明书签署书面确认意见，保证所披露的信息真实、准确、完整。

第五章　定向发行

第三十六条　本办法所称定向发行包括向特定对象发行股票导致股东累计超过200人，以及股东人数超过200人的公众公司向特定对象发行股票两种情形。

前款所称特定对象的范围包括下列机构或者自然人：

（一）公司股东；

（二）公司的董事、监事、高级管理人员、核心员工；

（三）符合投资者适当性管理规定的自然人投资者、法人投资者及其他经济组织。

公司确定发行对象时，符合本条第二款第（二）项、第（三）项规定的投资者合计不得超过35名。

核心员工的认定，应当由公司董事会提名，并向全体员工公示和征求意见，由监事会发表明确意见后，经股东大会审议批准。

投资者适当性管理规定由中国证监会另行制定。

第三十七条　公司应当对发行对象的身份进行确认，有充分理由确信发行对象符合本办法和公司的相关规定。

公司应当与发行对象签订包含风险揭示条款的认购协议。

第三十八条　公司董事会应当依法就本次股票发行的具体方案作出决议，并提请股东大会批准，股东大会决议必须经出席会议的股东所持表决权的2/3以上通过。

申请向特定对象发行股票导致股东累计超过200人的股份有限公司，董事会和股东大会决议中还应当包括以下内容：

（一）按照中国证监会的相关规定修改公司章程；

（二）按照法律、行政法规和公司章程的规定建立健全公司治理机制；

（三）履行信息披露义务，按照相关规定披露定向发行说明书、发行情况报告书、年度报告、半年度报告及其他信息披露内容。

第三十九条　公司应当按照中国证监会有关规定制作定向发行的申请文件，申请文件应当包括但不限于：定向发行说明书、律师事务所出具的法律意见书、具有证券期货相关业务资格的会计师事务所出具的审计报告、证券公司出具的推荐文件。公司持申请文件向中国证监会申请核准。

第四十条　中国证监会受理申请文件后，依法对公司治理和信息披露以及发行对象情况进行审核，作出是否核准的决定，并出具相关文件。

第四十一条　公司申请定向发行股票，可申请一次核准，分期发行。自中国证监会予以核准之日起，公司应当在三个月内首期发行，剩余数量应当在 12 个月内发行完毕。超过核准文件限定的有效期未发行的，须重新经中国证监会核准后方可发行。首期发行数量应当不少于总发行数量的 50%，剩余各期发行的数量由公司自行确定，每期发行后五个工作日内将发行情况报中国证监会备案。

第四十二条　公众公司向特定对象发行股票后股东累计不超过 200 人的，或者公众公司在 12 个月内发行股票累计融资额低于公司净资产的 20%的，豁免向中国证监会申请核准，但发行对象应当符合本办法第三十六条的规定，并在每次发行后五个工作日内将发行情况报中国证监会备案。

第四十三条　股票发行结束后，公众公司应当按照中国证监会的有关要求编制并披露发行情况报告书。申请分期发行的公众公司应在每期发行后按照中国证监会的有关要求进行披露，并在全部发行结束或者超过核准文件有效期后按照中国证监会的有关要求编制并披露发行情况报告书。

豁免向中国证监会申请核准定向发行的公众公司，应当在发行结束后按照中国证监会的有关要求编制并披露发行情况报告书。

第四十四条　公司及其董事、监事、高级管理人员，应当对定向发行说明书、发行情况报告书签署书面确认意见，保证所披露的信息真实、准确、完整。

第四十五条　公众公司定向发行股份购买资产的，按照本章有关规定办理。

第六章　监督管理

第四十六条　中国证监会会同国务院有关部门、地方人民政府，依照法律法规和国务院有关规定，各司其职，分工协作，对公众公司进行持续监管，防范风险，维护证券市场秩序。

第四十七条　中国证监会依法履行对公司股票转让、定向发行、信息披露的监管职责，有权对公司、证券公司、证券服务机构采取《证券法》第一百八十条规定的措施。

第四十八条　中国证券业协会应当发挥自律管理作用，对从事公司股票转让和定向发行业务的证券公司进行监督，督促其勤勉尽责地履行尽职调查和督导职责。发现证券公司有违反法律、行政法规和中国证监会相关规定的行为，应当向中国证监会报告，并采取自律管理措施。

第四十九条　中国证监会可以要求公司及其他信息披露义务人或者其董事、监事、高级管理人员对有关信息披露问题作出解释、说明或者提供相关资料，并要求公司提供证券公司或者证券服务机构的专业意见。

中国证监会对证券公司和证券服务机构出具文件的真实性、准确性、完整性有疑义的，可以要求相关机构作出解释、补充，并调阅其工作底稿。

第五十条　证券公司在从事股票转让、定向发行等业务活动中，应当按照中国证监会的有关规定勤勉尽责地进行尽职调查，规范履行内核程序，认真编制相关文件，并持续督导所推荐公司及时履行信息披露义务、完善公司治理。

第五十一条　证券服务机构为公司的股票转让、定向发行等活动出具审计报告、资产评估报告或者法律意见书等文件的，应当严格履行法定职责，遵循勤勉尽责和诚实信用原则，对公司的主体资格、股本情况、规范运作、财务状况、公司治理、信息披露等内容的真实性、准确性、完整性进行充分的核查和验证，并保证其出具的文件不存在虚假记载、误导性陈述或者重大遗漏。

第五十二条　中国证监会依法对公司进行监督检查或者调查，公司有义务提供相关文件资料。对于发现问题的公司，中国证监会可以采取责令改正、监管谈话、责令公开说明、出具警示函等监管措施，并记入诚信档案；涉嫌违法、犯罪的，应当立案调查或者移送司法机关。

第七章　法律责任

第五十三条　公司以欺骗手段骗取核准的，公司报送的报告有虚假记载、误导性陈述或者重大遗漏的，除依照《证券法》有关规定进行处罚外，中国证监会可以采取终止审查并自确认之日起在36个月内不受理公司的股票转让和定向发行申请的监管措施。

第五十四条　公司未按照本办法第三十一条、第三十三条、第三十九条规定，擅自转让或者发行股票的，按照《证券法》第一百八十八条的规定进行处罚。

第五十五条　证券公司、证券服务机构出具的文件有虚假记载、误导性陈述或者重大遗漏的，除依照《证券法》及相关法律法规的规定处罚外，中国证监会可视情节轻重，自确认之日起采取三个月至12个月内不接受该机构出具的相关专项文件，36个月内不接受相关签字人员出具的专项文件的监管措施。

第五十六条　公司及其他信息披露义务人未按照规定披露信息，或者所披露的信息有虚假记载、误导性陈述或者重大遗漏的，依照《证券法》第一百九十三条的规定进行处罚。

第五十七条　公司向不符合本办法规定条件的投资者发行股票的，中国证监会可以责令改正，并可以自确认之日起在36个月内不受理其申请。

第五十八条　信息披露义务人及其董事、监事、高级管理人员，公司控股股东、实际控制人，为信息披露义务人出具专项文件的证券公司、证券服务机构及其工作人员，违反《证券法》、行政法规和中国证监会相关规定的，中国证监会可以采取责令改正、监管谈话、出具警示函、认定为不适当人选等监管措施，并记入诚信档案；情节严重的，中国证监会可以对有关责任人员采取证券市场禁入的措施。

第五十九条　公众公司内幕信息知情人或非法获取内幕信息的人，在对公众公司股票价格有重大影响的信息公开前，泄露该信息、买卖或者建议他人买卖该股票的，依照《证券法》第二百零二条的规定进行处罚。

第八章　附　则

第六十条　公众公司向不特定对象公开发行股票的，应当遵守《证券法》和中国证监会的相关规定。

公众公司申请在证券交易所上市的，应当遵守中国证监会和证券交易所的相关规定。

第六十一条　本办法施行前股东人数超过200人的股份有限公司，依照有关法律法规进行规范，并经中国证监会确认后，可以按照本办法的相关规定申请核准。

第六十二条　本办法所称股份有限公司是指首次申请股票转让或定向发行的股份有限公司；所称公司包括非上市公众公司和首次申请股票转让或定向发行的股份有限公司。

第六十三条　本办法自2013年1月1日起施行。

证券期货市场诚信监督管理暂行办法

（2012年7月25日，中国证券监督管理委员会令第80号公布，
自2012年9月1日起施行）

第一章　总　则

第一条　为了加强证券期货市场诚信建设，保护投资者合法权益，维护证券期货市场秩序，促进证券期货市场健康稳定发展，根据有关法律、行政法规，制定本办法。

第二条　中国证券监督管理委员会（以下简称“中国证监会”）建立全国统一的证券期货市场诚信档案数据库（以下简称“诚信档案”），记录证券期货市场的诚信信息。

第三条　记入诚信档案的诚信信息的界定、采集与管理，诚信信息的公开、查询，诚信约束、激励与引导等，适用本办法。

第四条　公民（自然人）、法人或其他组织从事证券期货市场活动，应当诚实信用，遵守法律、行政法规、规章和依法制定的自律规则，禁止欺诈、内幕交易、操纵市场以及其他损害投资者合法权益的不诚实信用行为。

第五条　中国证监会鼓励、支持诚实信用的公民、法人或其他组织从事证券期货市场活动，实施诚信约束、激励与引导。

第六条　中国证监会可以和国务院其他部门、地方政府、司法机关、行业组织建立诚信监督合作机制，实施诚信信息共享，推动健全社会信用体系。

第二章　诚信信息的采集

第七条　下列从事证券期货市场活动的公民、法人或其他组织的诚信信息，记入诚信档案：

（一）证券业从业人员和期货从业人员；

（二）发行人、上市公司及其董事、监事、高级管理人员、主要股东和实际控制人；

（三）证券公司、基金管理公司、期货公司及其董事、监事、高级管理人员、主要股东和实际控制人；

（四）会计师事务所、律师事务所、保荐机构、财务顾问机构、资产评估机构、投资咨询机构、信用评级机构等证券期货服务机构及其从业人员；

（五）独立基金销售机构、基金评价机构及其相关业务人员，非公开募集基金管理人、合格境外机构投资者、合格境内机构投资者及其主要投资管理人员，境外证券类机构驻华代表机构及其首席代表；

（六）为证券期货业提供信息技术服务或者软硬件产品的供应商；

（七）为发行人、上市公司提供投资者关系管理及其他公关服务的服务机构及其人员；

（八）其他有与证券期货市场活动相关的违法失信行为的公民、法人或其他组织。

第八条　本办法所称诚信信息包括：

（一）公民的姓名、性别、国籍、身份证件号码，法人或其他组织的名称、住所、组织机构代码等基本信息；

（二）中国证监会、国务院其他主管部门等其他省部级及以上单位和证券期货交易所、证券期货市场行业协会、证券登记结算机构等全国性证券期货市场行业组织（以下简称“证券期货市场行业组织”）作出的表彰、奖励、评比，以及信用评级机构作出的信用评级；

（三）中国证监会及其派出机构作出的行政许可决定；

（四）发行人、上市公司及其主要股东、实际控制人，董事、监事和高级管理人员，重大资产重组交易各方，及收购人所作的公开承诺的未履行或未如期履行、正在履行、已如期履行等情况；

（五）中国证监会及其派出机构作出的行政处罚、市场禁入决定和采取的监督管理措施；

（六）证券期货市场行业组织实施的纪律处分措施和法律、行政法规、规章规定的管理措施；

（七）因涉嫌证券期货违法被中国证监会及其派出机构调查及采取强制措施；

（八）因涉嫌证券期货犯罪被中国证监会及其派出机构移送公安机关、人民检察院处理；

（九）因证券期货犯罪或其他犯罪被人民法院判处刑罚；

（十）因证券期货侵权、违约行为被人民法院判决承担较大民事赔偿责任；

（十一）因违法开展经营活动被银行、保险、财政、税收、环保、工商、海关等相关主管部门予以行政处罚；

（十二）违背诚实信用原则的其他行为信息。

第九条　本办法第七条所列公民、法人或其他组织所受表彰、奖励、评比和信用评级信息，由其自行向中国证监会及其派出机构申报，记入诚信档案。

第十条　本办法第八条第（一）项、第（三）项至第（八）项诚信信息，由中国证监会及其派出机构、证券期货市场行业组织依其职责采集并记入诚信档案。

第十一条　本办法第八条第（九）项至第（十一）项诚信信息，由中国证监会及其派出机构通过政府信息公开、信用信息共享等途径采集并记入诚信档案。

第十二条　记入诚信档案的诚信信息所对应的决定或者行为经法定程序撤销、变更的，中国证监会及其派出机构将相应删除、修改该诚信信息。

第十三条　本办法第八条规定的违法失信信息，在诚信档案中的效力期限为五年，但因证券期货违法行为被行政处罚、市场禁入、刑事处罚的违法信息，其效力期限为十年。

前款所规定的期限，自对违法失信行为的处理决定作出之日起算，被行政处罚、市场禁入、刑事处罚的，自处罚执行完毕或禁入期满之日起算。

第三章　诚信信息的公开与查询

第十四条　本办法第八条第（二）、（三）、（四）、（六）项信息和第（五）项的行政处罚、市场禁入信息依法向社会公开。

第十五条　除本办法第十四条规定之外的诚信信息，公民、法人或其他组织可以根据本办法规定向中国证监会及其派出机构申请查询。

第十六条　公民、法人或其他组织提出诚信信息查询申请，符合以下条件之一的，中国证监会及其派出机构应当予以办理：

（一）公民、法人或其他组织申请查询自己的诚信信息的；

（二）发行人、上市公司申请查询拟任董事、监事、高级管理人员的诚信信息的；

（三）发行人、上市公司申请查询拟参与本公司并购、重组的公民、法人或其他组织的诚信信息的；

（四）发行人、上市公司申请查询拟委托的证券公司、证券服务机构及其相关从业人员的诚信信息的；

（五）证券公司、证券服务机构申请查询其所提供专业服务的发行人、上市公司及其董事、监事、高级管理人员、控股股东和实际控制人的诚信信息的；

（六）证券公司、基金管理公司、期货公司、证券期货服务机构申请查询已聘任或拟聘任的董事、监事、高级管理人员或其他从业人员的诚信信息的；

（七）中国证监会规定的其他条件。

第十七条　公民、法人或其他组织提出诚信信息查询申请，应当提供如下材料：

（一）查询申请书；

（二）身份证明文件；

（三）办理本办法第十六条第（二）项至第（六）项查询申请的，查询申请书应经查询对象签字或盖章同意，或有查询对象的其他书面同意文件。

第十八条　公民、法人或其他组织提出的查询申请，符合条件，材料齐备的，中国证监会及其派出机构应当自收到查询申请之日起五个工作日内反馈。

第十九条　公民、法人或其他组织申请查询的诚信信息属于国家秘密，其他公民、法人或其他组织的商业秘密及个人隐私的，中国证监会及其派出机构不予查询，但应当在答复中说明。

第二十条　记入诚信档案的公民、法人或其他组织，认为其诚信信息具有本办法第十二条规定的应予删除、修改情形的，或者具有其他重大、明显错误的，可以向中国证监会及其派出机构申请更正。

中国证监会及其派出机构收到公民、法人或其他组织的信息更正申请后，应当在15个工作日内进行处理，并将处理结果告知申请人。确有本办法第十二条规定的应予删除、修改情形的，或者其他重大、明显错误情形的，应予更正。

第二十一条　公民、法人或其他组织通过查询获取诚信信息的，不得泄露或提供他人使用，不得进行以营利为目的的使用、加工或处理，不得用于其他非法目的。

第四章　诚信约束、激励与引导

第二十二条　中国证监会及其派出机构审核行政许可申请，应当查阅申请人以及申请事项所涉及的有关当事人的诚信档案。

第二十三条　中国证监会及其派出机构审核行政许可申请，发现申请人以及有关当事人有本办法第八条第（四）项中的未履行或未如期履行承诺信息，或者第（五）项至第（十一）项规定的违法失信信息的，可以要求申请人或受申请人委托为行政许可申请提供证券期货服务的有关机构，进行口头或书面说明、解释。

第二十四条　根据本办法第二十三条规定进行书面说明、解释的，申请人或有关证券期货服务机构应当在规定期限内提交书面回复意见。

书面回复意见应就如下事项进行说明：

（一）诚信信息所涉及相关事实的基本情况；

（二）有关部门对申请人所作决定的执行及其他后续情况，并提供证明材料；

（三）有关证券期货服务机构关于诚信信息对行政许可事项是否构成影响的分析。

第二十五条 申请人或有关证券期货服务机构的书面回复意见不明确，有关分析、说明不充分的，中国证监会及其派出机构可以直接或者委托有关机构对有关事项进行核查。

第二十六条 根据本办法第二十三条、第二十四条、第二十五条进行书面说明、解释或核查的时间，不计入行政许可审核法定期限。

第二十七条 行政许可申请人以及申请事项所涉及的有关当事人有本办法第八条第（四）项中的未履行或未如期履行承诺信息，或者第（五）项至第（十一）项规定的违法失信信息之一，属于法定不予许可条件范围的，中国证监会及其派出机构应当依法作出不予许可的决定。

申请人以及申请事项所涉及的有关当事人的诚信信息虽不属于法定不予许可条件范围，但有关法律、行政法规和规章对行政许可法定条件提出诚实信用要求、作出原则性规定或设定授权性条款的，中国证监会及其派出机构可以综合考虑诚信状况等相关因素，审慎审核申请人提出的行政许可申请事项。

第二十八条 非行政许可事项、业务创新试点申请人有本办法第八条第（四）项中的未履行或未如期履行承诺信息，或者第（五）项至第（十一）项规定的违法失信信息之一的，中国证监会及其派出机构可以暂缓或不予审批、安排，但申请人能证明该违法失信信息与非行政许可事项或业务创新明显无关的除外。

第二十九条 中国证监会及其派出机构在非行政许可审批、业务创新试点安排中，可以在法律、行政法规规定的范围内，对于同等条件下诚信状况较好的申请人予以优先审批、安排。

第三十条 中国证监会及其派出机构在对公民、法人或其他组织进行行政处罚、实施市场禁入和采取监督管理措施中，可以查阅诚信档案，在综合考虑当事人违法行为的性质、情节以及损害投资者合法权益的程度的基础上，将当事人的诚信状况作为确定处罚幅度、禁入期间和监督管理措施类别的酌定因素。

第三十一条 中国证监会及其派出机构在开展监督检查等日常监管工作中，可以综合考虑被监管的机构及其人员的诚信状况，有针对性地进行现场检查和非现场检查，或者适当调整、安排现场检查的对象、频率和内容。

第三十二条 公民、法人或其他组织公开发布证券期货市场评论信息，所述事实内容与实际情况不相符合的，或者存在其他显著误导公众情形的，中国证监会及其派出机构可以对其出具诚信关注函，记入诚信档案，并可将有关情况向其所在工作单位、所属主管部门或行业自律组织通报。

证券期货投资咨询机构及其人员公开发布证券期货市场评论信息违反规定的，依照有关规定处理、处罚。

公民、法人或其他组织利用公开发布证券期货市场评论信息进行内幕交易、操纵市场等违法行为的，依法予以处罚；构成犯罪的，由司法机关依法追究刑事责任。

第三十三条 证券期货市场行业组织应当教育和鼓励其成员以及从业人员遵守法律，诚实信用。对遵守法律、诚实信用的成员以及从业人员，可以给予表彰、奖励。

中国证监会鼓励证券期货市场行业组织等建立证券期货市场诚信评估制度，组织开展对有关行业和市场主体的诚信状况评估，并将评估结果予以公示。

第三十四条 上市公司、证券公司、基金管理公司、期货公司和证券期货服务机构等应当不断完善内部诚信监督、约束制度机制，提高诚信水平。

中国证监会及其派出机构对前款规定机构的内部诚信监督、约束制度机制建设情况进行检查、指导，并可将检查情况在行业和辖区内进行通报。

第三十五条 对有本办法第八条第（四）项中的未履行或未如期履行承诺信息，或者第（五）项至第（十一）项规定的违法失信信息的公民，中国证监会及其派出机构、证券期货市场行业组织可以不聘任其担任下列职务：

（一）中国证监会主板、创业板发行审核委员会委员；

（二）中国证监会上市公司并购重组审核委员会委员；

（三）中国证监会及其派出机构、证券期货市场行业组织成立的负有审核、监督、核查、咨询职责的其他组织的成员。

第五章 监督与管理

第三十六条 中国证监会诚信监督管理机构履行下列职责：

（一）界定、组织采集证券期货市场诚信信息；

（二）建立、管理诚信档案，组织、督促诚信信息的记入；

（三）组织办理诚信信息的公开、查询和共享；

（四）建立、协调实施诚信监督、约束与激励机制；

（五）中国证监会规定的其他诚信监督管理与服务职责。

第三十七条 中国证监会各派出机构负责接收、办理住所地在本辖区的公民、法人或其他组织根据本办法规定提出的诚信信息记入申报、诚信信息查询申请、诚信信息更正申请等事项。

第三十八条 中国证监会及其派出机构、证券期货市场行业组织，未按照本办法规定及时、真实、准确、完整地记入诚信信息，造成不良后果的，按照有关规定对相关责任人员进行行政处分；情节严重的，依法追究法律责任。

第三十九条 公民、法人或其他组织对自己申报和依法报告、公告的诚信信息的真实性、准确性、完整性负责。

公民、法人或其他组织申报、报告和公告的诚信信息，有虚假内容的，中国证监会及其派出机构可以采取责令改正、监管谈话、出具警示函、责令公开说明等监督管理措施；情节严重的，依法追究法律责任。

第四十条 公民、法人或其他组织违反本办法规定获取、使用、泄露诚信信息的，中国证监会及其派出机构可以采取责令改正、监管谈话、出具警示函等监督管理措施；情节严重的，依法追究法律责任。

第六章 附 则

第四十一条 中国证监会及其派出机构办理诚信信息查询，除可以收取打印、复制、装订、邮寄成本费用外，不得收取其他费用。

第四十二条 证券期货市场行业组织在履行自律管理职责中，查询诚信档案，实施诚信约束、激励的，参照本办法有关规定执行。

第四十三条 本办法自 2012 年 9 月 1 日起施行。

证券公司客户资产管理业务管理办法

（2012年8月1日中国证券监督管理委员会第21次主席办公会议审议通过，根据2013年6月26日中国证券监督管理委员会《关于修改〈证券公司客户资产管理业务管理办法〉的决定》修订）

第一章 总 则

第一条 为规范证券公司客户资产管理活动，保护投资者的合法权益，维护证券市场秩序，根据《中华人民共和国证券法》、《中华人民共和国证券投资基金法》、《证券公司监督管理条例》和其他相关法律、行政法规，制定本办法。

第二条 证券公司在中华人民共和国境内从事客户资产管理业务，适用本办法。

法律、行政法规和中国证券监督管理委员会（以下简称“中国证监会”）对证券公司客户资产管理业务另有规定的，从其规定。

第三条 证券公司从事客户资产管理业务，应当遵守法律、行政法规和中国证监会的规定，遵循公平、公正的原则，维护客户的合法权益，诚实守信，勤勉尽责，避免利益冲突。

证券公司从事客户资产管理业务，应当充分了解客户，对客户进行分类，遵循风险匹配原则，向客户推荐适当的产品或服务，禁止误导客户购买与其风险承受能力不相符合的产品或服务。

客户应当独立承担投资风险，不得损害国家利益、社会公共利益和他人合法权益。

第四条 证券公司从事客户资产管理业务，应当依照本办法的规定向中国证监会申请客户资产管理业务资格。未取得客户资产管理业务资格的证券公司，不得从事客户资产管理业务。

第五条 证券公司从事客户资产管理业务，应当依照本办法的规定与客户签订资产管理合同，根据资产管理合同约定的方式、条件、要求及限制，对客户资产进行经营运作，为客户提供证券及其他金融产品的投资管理服务。

第六条 证券公司从事客户资产管理业务，应当实行集中运营管理，对外统一签订资产管理合同。

第七条 证券公司从事客户资产管理业务，应当建立健全风险控制制度和合规管理制度，采取有效措施，将客户资产管理业务与公司的其他业务分开管理，控制敏感信息的不当流动和使用，防范内幕交易和利益冲突。

第八条 证券交易所、证券登记结算机构、中国证券业协会依据法律、行政法规和中国证监会的规定，对证券公司客户资产管理业务实行规范有序的自律管理和行业指导。

第九条 中国证监会及其派出机构依据法律、行政法规和本办法的规定，对证券公司客户资产管理活动进行监督管理。

第十条 鼓励证券公司在有效控制风险的前提下，依法开展资产管理业务创新。

中国证监会及其派出机构依照审慎监管原则，采取有效措施，促进证券公司资产管理的创新活动规范、有序进行。

第二章 业务范围

第十一条 证券公司可以依法从事下列客户资产管理业务：

（一）为单一客户办理定向资产管理业务；

（二）为多个客户办理集合资产管理业务；

（三）为客户办理特定目的的专项资产管理业务。

第十二条 证券公司为单一客户办理定向资产管理业务，应当与客户签订定向资产管理合同，通过专门账户为客户提供资产管理服务。

第十三条 证券公司为多个客户办理集合资产管理业务，应当设立集合资产管理计划，与客户签订集合资产管理合同，将客户资产交由取得基金托管业务资格的资产托管机构托管，通过专门账户为客户提供资产管理服务。

第十四条 证券公司为客户办理特定目的的专项资产管理业务，应当签订专项资产管理合同，针对客户的特殊要求和基础资产的具体情况，设定特定投资目标，通过专门账户为客户提供资产管理服务。

证券公司应当充分了解并向客户披露基础资产所有人或融资主体的诚信合规状况、基础资产的权属情况、有无担保安排及具体情况、投资目标的风险收益特征等相关重大事项。

证券公司可以通过设立综合性的集合资产管理计划办理专项资产管理业务。

第十五条 取得客户资产管理业务资格的证券公司，可以办理定向资产管理业务；办理专项资产管理业务的，还须按照本办法的规定，向中国证监会提出逐项申请。

第十六条 证券公司开展资产管理业务，投资主办人不得少于五人。投资主办人须具有三年以上证券投资、研究、投资顾问或类似从业经历，具备良好的诚信记录和职业操守，通过中国证券业协会的注册登记。

第十七条 证券公司发起设立集合资产管理计划后五个工作日内，应当将集合资产管理计划的发起设立情况报中国证券业协会备案，同时抄送证券公司住所地、资产管理分公司所在地中国证监会派出机构。

第十八条 证券公司备案发起设立的集合资产管理计划，应当提交下列材料：

（一）备案报告；

（二）集合资产管理计划说明书、合同文本、风险揭示书；

（三）资产托管协议；

（四）合规总监的合规审查意见；

（五）中国证监会要求提交的其他材料。

第三章 基本业务规范

第十九条 证券公司开展客户资产管理业务，应当依据法律、行政法规和本办法的规定，与客户签订书面资产管理合同，就双方的权利、义务和相关事宜做出明确约定。资产管理合同应当包括《中华人民共和国证券投资基金法》第九十三条、第九十四条规定的必备内容。

第二十条 证券公司应当根据有关法律法规，制定健全、有效的估值政策和程序，并定期对其执行效果进行评估，保证集合资产管理计划估值的公平、合理。估值的具体规定，由中国证券业协会另行制定。

第二十一条　证券公司办理定向资产管理业务，接受单个客户的资产净值不得低于人民币 100 万元。

第二十二条　证券公司办理集合资产管理业务，只能接受货币资金形式的资产。

第二十三条　证券公司应当将集合资产管理计划设定为均等份额，并可以根据风险收益特征划分为不同种类。同一种类的集合资产管理计划份额，享有同等权益，承担同等风险，但本办法第二十五条规定另有约定的除外。

第二十四条　证券公司设立集合资产管理计划，可以对计划存续期间做出规定，也可以不做规定。

集合资产管理合同应当对客户参与和退出集合资产管理计划的时间、方式、价格、程序等事项做出明确约定。

参与集合资产管理计划的客户不得转让其所拥有的份额；但是法律、行政法规和中国证监会另有规定的除外。

第二十五条　证券公司可以自有资金参与本公司设立的集合资产管理计划。募集推广期投入且按照合同约定承担责任的自有资金，在约定责任解除前不得退出；存续期间自有资金参与、退出的，应当符合相关规定。

证券公司、资产托管机构和客户应当在资产管理合同中明确约定自有资金参与、退出的条件、程序、风险揭示和信息披露等事项，合同约定承担责任的自有资金，还应当对金额做出约定。证券公司应当采取措施，有效防范利益冲突，保护客户利益。

证券公司投入的资金，根据其所承担的责任，在计算公司的净资本额时予以相应的扣减。

第二十六条　证券公司可以自行推广集合资产管理计划，也可以委托其他证券公司、商业银行或者中国证监会认可的其他机构代为推广。

集合资产管理计划应当面向合格投资者推广，合格投资者累计不得超过 200 人。合格投资者是指具备相应风险识别能力和承担所投资集合资产管理计划风险能力且符合下列条件之一的单位和个人：

（一）　个人或者家庭金融资产合计不低于 100 万元人民币；

（二）　公司、企业等机构净资产不低于 1000 万元人民币。

依法设立并受监管的各类集合投资产品视为单一合格投资者。

第二十七条　集合资产管理计划设立完成前，客户的参与资金只能存入集合资产管理计划份额登记机构指定的专门账户，不得动用。

第二十八条　证券公司进行集合资产管理业务投资运作，在证券期货等交易所进行交易的，应当遵守交易所的相关规定。在证券交易所进行证券交易的，还应当通过专用交易单元进行。

在交易所以外进行交易的，应当遵守相关管理规定。

第二十九条　证券公司将其管理的客户资产投资于本公司及与本公司有关联方关系的公司发行的证券或承销期内承销的证券，或者从事其他重大关联交易的，应当遵循客户利益优先原则，事先取得客户的同意，事后告知资产托管机构和客户，同时向证券交易所报告，并采取切实有效措施，防范利益冲突，保护客户合法权益。

第三十条　因证券市场波动、证券发行人合并、资产管理计划规模变动等证券公司之外的因素致使资产管理计划投资不符合资产管理合同约定的投资比例的，证券公司应当在合同中明确约定相应处理原则，依法及时调整，并向证券公司住所地、资产管理分公司所在地中国证监会派出机构及中国证券业协会报告。

第三十一条 证券公司办理定向资产管理业务，由客户自行行使其所持有证券的权利，履行相应的义务。

证券公司将定向资产管理业务的客户资产投资于上市公司的股票，发生客户应当履行公告、报告、要约收购等法律、行政法规和中国证监会规定义务的情形时，证券公司应当立即通知有关客户，并督促其履行相应义务；客户拒不履行的，证券公司应当向证券交易所报告。

第三十二条 证券公司代表客户行使集合资产管理计划所拥有证券的权利，履行相应的义务。

第三十三条 证券公司从事客户资产管理业务，不得有下列行为：

（一）挪用客户资产；

（二）向客户做出保证其资产本金不受损失或者取得最低收益的承诺；

（三）以欺诈手段或者其他不当方式误导、诱导客户；

（四）将资产管理业务与其他业务混合操作；

（五）以转移资产管理账户收益或者亏损为目的，在自营账户与资产管理账户之间或者不同的资产管理账户之间进行买卖，损害客户的利益；

（六）利用所管理的客户资产为第三方谋取不正当利益，进行利益输送；

（七）自营业务抢先于资产管理业务进行交易，损害客户的利益；

（八）以获取佣金或者其他利益为目的，用客户资产进行不必要的证券交易；

（九）内幕交易、操纵市场；

（十）法律、行政法规和中国证监会规定禁止的其他行为。

第三十四条 证券公司办理集合资产管理业务，除应遵守前条规定外，还应当遵守下列规定：

（一）不得违规将集合资产管理计划资产用于资金拆借、贷款、抵押融资或者对外担保等用途；

（二）不得将集合资产管理计划资产用于可能承担无限责任的投资。

第四章 风险控制和客户资产托管

第三十五条 证券公司开展客户资产管理业务，应当在资产管理合同中明确规定，由客户自行承担投资风险。

第三十六条 证券公司应当向客户如实披露其客户资产管理业务资质、管理能力和业绩等情况，并应当充分揭示市场风险，证券公司因丧失客户资产管理业务资格给客户带来的法律风险，以及其他投资风险。

证券公司向客户介绍投资收益预期，必须恪守诚信原则，提供充分合理的依据，并以书面方式特别声明，所述预期仅供客户参考，不构成证券公司对客户的承诺。

第三十七条 在签订资产管理合同之前，证券公司、推广机构应当了解客户的资产与收入状况、风险承受能力以及投资偏好等基本情况，客户应当如实提供相关信息。证券公司、推广机构应当根据所了解的客户情况推荐适当的资产管理计划。

证券公司设立集合资产管理计划，应当对客户的条件和集合资产管理计划的推广范围进行明确界定，参与集合资产管理计划的客户应当具备相应的金融投资经验和风险承受能力。

第三十八条 客户应当对其资产来源及用途的合法性做出承诺。客户未做承诺或者证券公司明知客户资产来源或者用途不合法的，不得签订资产管理合同。

任何人不得非法汇集他人资金参与集合资产管理计划。

第三十九条 证券公司及其他推广机构应当采取有效措施，并通过证券公司、中国证券业协会、中国证监会电子化信息披露平台或者中国证监会认可的其他信息披露平台，客观准确披露资产管理计划批准或者备案信息、风险收益特征、投诉电话等，使客户详尽了解资产管理计划的特性、风险等情况及客户的权利、义务，但不得通过广播、电视、报刊、互联网及其他公共媒体推广资产管理计划。

第四十条　证券公司应当至少每季度向客户提供一次准确、完整的资产管理报告，对报告期内客户资产的配置状况、价值变动等情况做出详细说明。

证券公司应当保证客户能够按照资产管理合同约定的时间和方式查询客户资产配置状况等信息。发生资产管理合同约定的、可能影响客户利益的重大事项时，证券公司应当及时告知客户。

第四十一条　证券公司办理定向资产管理业务，应当保证客户资产与其自有资产、不同客户的资产相互独立，对不同客户的资产分别设置账户、独立核算、分账管理。

第四十二条　证券公司办理集合资产管理业务，应当保证集合资产管理计划资产与其自有资产、集合资产管理计划资产与其他客户的资产、不同集合资产管理计划的资产相互独立，单独设置账户、独立核算、分账管理。

第四十三条　证券公司办理定向资产管理业务，应当将客户的委托资产交由负责客户交易结算资金存管的指定商业银行、中国证券登记结算有限责任公司或者中国证监会认可的证券公司等其他资产托管机构托管。

第四十四条　证券公司办理集合资产管理业务，应当将集合资产管理计划资产交由取得基金托管业务资格的资产托管机构托管。

证券公司、资产托管机构应当为集合资产管理计划单独开立证券账户、资金账户等相关账户。证券账户名称应当注明证券公司、集合资产管理计划名称等内容。

第四十五条　证券公司应当建立公平交易制度及异常交易日常监控机制，公平对待所管理的不同资产，对不同投资组合之间发生的同向交易和反向交易进行监控，并定期向证券公司住所地、资产管理分公司所在地中国证监会派出机构及中国证券业协会报告。

第四十六条　资产托管机构应当由专门部门负责资产管理业务的资产托管，并将托管的资产管理业务资产与其自有资产及其管理的其他资产严格分开。

第四十七条　资产托管机构办理资产管理的资产托管业务，应当履行下列职责：

（一）安全保管资产管理业务资产；

（二）执行证券公司的投资或者清算指令，并负责办理资产管理业务资产运营中的资金往来；

（三）监督证券公司资产管理业务的经营运作，发现证券公司的投资或清算指令违反法律、行政法规、中国证监会的规定或者资产管理合同约定的，应当要求改正；未能改正的，应当拒绝执行，并向证券公司住所地、资产管理分公司所在地中国证监会派出机构及中国证券业协会报告；

（四）出具资产托管报告；

（五）资产管理合同约定的其他事项。

第四十八条　资产托管机构有权随时查询资产管理业务的经营运作情况，并应当定期核对资产管理业务资产的情况，防止出现挪用或者遗失。

第四十九条　定向资产管理合同约定的投资管理期限届满或者发生合同约定的其他事由，应当终止资产管理合同的，证券公司在扣除合同约定的各项费用后，必须将客户账户内的全部资产交还客户自行管理。

集合资产管理合同约定的投资管理期限届满或者发生合同约定的其他事由，应当终止集合资产管理计划运营的，证券公司和资产托管机构在扣除合同规定的各项费用后，必须将集合资产管理计划资产，按照客户拥有份额的比例或者集合资产管理合同的约定，以货币资金的形式全部分派给客户，并注销证券账户和资金账户等相关账户。

第五章　监管措施和法律责任

第五十条　证券公司存在下列情形的，中国证监会暂不受理专项资产管理计划设立申请；已经受理的，暂缓进行审核。责令证券公司暂停签订新的集合及定向资产管理合同：

（一）因涉嫌违法违规被中国证监会调查，但证券公司能够证明立案调查与资产管理业务明显无关的除外；

（二）因发生重大风险事件、适当性管理失效和重大信息安全事件等表明公司内部控制存在重大缺陷的事项，处在整改期间；

（三）中国证监会规定的其他情形。

第五十一条　证券公司应当就客户资产管理业务的运营制定内部检查制度，定期进行自查。

证券公司应当按季编制资产管理业务的报告，报中国证券业协会备案，同时抄送证券公司住所地、资产管理分公司所在地中国证监会派出机构。

第五十二条　证券公司推广集合资产管理计划，应当将集合资产管理合同、集合资产管理计划说明书等正式推广文件，置备于证券公司及其他推广机构推广集合资产管理计划的营业场所。

第五十三条　证券公司进行年度审计，应当同时对客户资产管理业务的运营情况进行审计，并要求会计师事务所就各集合资产管理计划出具单项审计意见。

证券公司应当将审计结果报中国证券业协会备案，同时抄送证券公司住所地、资产管理分公司所在地中国证监会派出机构，并将各集合资产管理计划的单项审计意见提供给客户和资产托管机构。

第五十四条　证券公司和资产托管机构应当按照有关法律、行政法规的规定保存资产管理业务的会计账册，并妥善保存有关的合同、协议、交易记录等文件、资料。

第五十五条　中国证监会及其派出机构对证券公司、资产托管机构从事客户资产管理业务的情况，进行定期或者不定期的检查，证券公司和资产托管机构应当予以配合。

第五十六条　证券公司、资产托管机构、推广机构的高级管理人员、直接负责的主管人员和其他直接责任人员违反本办法规定的，中国证监会及其派出机构根据不同情况，对其采取监管谈话、责令停止职权、认定为不适当人选等行政监管措施。

证券公司、资产托管机构、推广机构及其高级管理人员、直接负责的主管人员和其他直接责任人员从事客户资产管理业务，损害客户合法权益的，应当依法承担民事责任。

第五十七条　证券公司、资产托管机构、推广机构违反本办法规定的，根据不同情况，依法采取责令改正、责令增加内部合规检查的次数、责令处分有关人员、暂停业务等行政监管措施。

第五十八条　证券公司、资产托管机构、推广机构及其高级管理人员、直接负责的主管人员和其他直接责任人员违反法律、法规规定的，按照《中华人民共和国证券法》、《中华人民共和国证券投资基金法》、《证券公司监督管理条例》的有关规定，进行行政处罚。

第五十九条　证券公司、资产托管机构、推广机构及其高级管理人员、直接负责的主管人员和其他直接责任人员涉嫌犯罪的，依法移送司法机关，追究刑事责任。

第六十条　证券公司因违法违规经营或者有关财务指标不符合中国证监会的规定，被中国证监会暂停客户资产管理业务的，暂停期间不得签订新的资产管理合同；被中国证监会依法取消客户资产管理业务资格的，应当停止资产管理活动，按照本办法第四十九条的规定处理合同终止事宜。

第六章　附　则

第六十一条　本办法所指关联方关系的含义与财政部《企业会计准则第36号——关联方披露》中的关联方关系的含义相同。

第六十二条　经中国证监会批准从事客户资产管理业务的其他机构，遵照执行本办法。

第六十三条　本办法自公布之日起施行。2012年10月18日中国证监会公布的《证券公司客户资产管理业务管理办法》（证监会令第87号）同时废止。

证券公司合规管理试行规定

（中国证券监督管理委员会公告〔2008〕30号）

第一条 为了促进证券公司加强内部合规管理，增强自我约束能力，实现持续规范发展，根据《证券法》和《证券公司监督管理条例》，制定本规定。

第二条 在中华人民共和国境内设立的证券公司应当按照本规定实施合规管理。

本规定所称合规管理，是指证券公司制定和执行合规管理制度，建立合规管理机制，培育合规文化，防范合规风险的行为。

本规定所称合规，是指证券公司及其工作人员的经营管理和执业行为符合法律、法规、规章及其他规范性文件、行业规范和自律规则、公司内部规章制度，以及行业公认并普遍遵守的职业道德和行为准则（以下统称“法律、法规和准则”）。

本规定所称合规风险，是指因证券公司或其工作人员的经营管理或执业行为违反法律、法规或准则而使证券公司受到法律制裁、被采取监管措施、遭受财产损失或声誉损失的风险。

第三条 证券公司的合规管理应当覆盖公司所有业务、各个部门和分支机构、全体工作人员，贯穿决策、执行、监督、反馈等各个环节。

第四条 证券公司应当树立合规经营、全员合规、合规从高层做起的理念，倡导和推进合规文化建设，培育全体工作人员的合规意识。

第五条 证券公司应当制定合规管理的基本制度，经董事会审议通过后实施。合规管理的基本制度应当包括合规管理的目标、基本原则、机构设置及其职责，以及违规事项的报告、处理和责任追究办法等内容。

第六条 证券公司董事会、监事会和高级管理人员依照法律、法规和公司章程的规定，履行与合规管理有关的职责，对公司合规管理的有效性承担责任。

证券公司各部门和分支机构负责人应当加强对本部门和分支机构工作人员执业行为合规性的监督管理，对本部门和分支机构合规管理的有效性承担责任。

证券公司的全体工作人员都应当熟知与其执业行为有关的法律、法规和准则，主动识别、控制其执业行为的合规风险，并对其执业行为的合规性承担责任。

第七条 证券公司应当根据需要，组织内部有关机构和部门或者委托外部专业机构对公司合规管理的有效性进行评估，及时解决合规管理中存在的问题。对公司合规管理有效性的全面评估，每年不得少于一次。

第八条 证券公司设合规总监。合规总监是公司的合规负责人，对公司及其工作人员的经营管理和执业行为的合规性进行审查、监督和检查。合规总监不得兼任与合规管理职责相冲突的职务，不得分管与合规管理职责相冲突的部门。

证券公司的章程应当对合规总监的地位、职责、任免条件和程序等作出规定。

第九条 合规总监应当具备下列任职条件：

（一）取得证券公司高级管理人员任职资格；

（二）熟悉证券业务，通晓证券法律、法规和准则，具有胜任合规管理工作需要的专业知识和技能；

（三）从事证券工作五年以上，并且通过有关专业考试或具有八年以上法律工作经历；或在证券监管机构的专业监管岗位任职八年以上。

前款第（三）项所称专业考试，是指中国证券业协会组织的证券公司合规管理人员胜任能力考试、国家司法考试或律师资格考试。

第十条 证券公司聘任合规总监，应当向公司住所地证监局报送拟任人简历及有关证明材料。经公司住所地证监局认可后，合规总监方可任职。

证券公司解聘合规总监，应当有正当理由，并自解聘之日起三个工作日内，将解聘的事实和理由书面报告公司住所地证监局。

第十一条 合规总监不能履行职责或缺位时，证券公司应当指定一名高级管理人员代行其职责，并自指定之日起三个工作日内向公司住所地证监局作出书面报告。

代行合规总监职责的人员不得分管与合规管理职责相冲突的部门，代行职责的时间不得超过六个月。

合规总监缺位的，公司应当在六个月内聘请符合本规定第九条规定的人员担任合规总监。

第十二条 合规总监应当对公司内部管理制度、重大决策、新产品和新业务方案等进行合规审查，并出具书面的合规审查意见。

证券监管机构要求对公司报送的申请材料或报告进行合规审查的，合规总监应当审查，并在该申请材料或报告上签署明确意见。

第十三条 合规总监应当采取有效措施，对公司及其工作人员的经营管理和执业行为的合规性进行监督，并按照证券监管机构的要求和公司规定进行定期、不定期的检查。

合规总监应当组织实施公司反洗钱和信息隔离墙制度，按照公司规定为高级管理人员、各部门和分支机构提供合规咨询、组织合规培训，处理涉及公司和工作人员违法违规行为的投诉和举报。

第十四条 合规总监发现公司存在违法违规行为或合规风险隐患的，应当及时向公司章程规定的内部机构报告，同时向公司住所地证监局报告；有关行为违反行业规范和自律规则的，还应当向有关自律组织报告。

对违法违规行为和合规风险隐患，合规总监应当及时向公司有关机构或部门提出制止和处理意见，并督促整改。公司应当将整改结果报告住所地证监局；必要时，抄报有关自律组织。

第十五条 法律、法规和准则发生变动，合规总监应当及时建议公司董事会或高级管理人员并督导公司有关部门，评估其对公司合规管理的影响，修改、完善有关管理制度和业务流程。

第十六条 合规总监应当保持与证券监管机构和自律组织的联系沟通，主动配合证券监管机构和自律组织的工作。

合规总监应当及时处理证券监管机构和自律组织要求调查的事项，配合证券监管机构和自律组织对公司的检查和调查，跟踪和评估监管意见和监管要求的落实情况。

合规总监认为法律、法规和准则的规定不明确，难以对公司及其工作人员的经营管理和执业行为的合规性作出判断的，可以向证券监管机构或者自律组织咨询。接受咨询的证券监管机构和自律组织应当及时作出答复。

第十七条 合规总监应当将出具的合规审查意见、提供的合规咨询意见、签署的公司文件、合规检查工作底稿等与履行职责有关的文件、资料存档备查，并对履行职责的情况作出记录。

第十八条 证券公司应当保障合规总监的独立性，保障合规总监能够充分行使履行职责所必需的知情权和调查权。

合规总监有权参加或列席与其履行职责有关的会议，调阅有关文件、资料，要求公司有关人员对有关事项作出说明。

证券公司的股东、董事和高级管理人员不得违反规定的职责和程序，直接向合规总监下达指令或者干涉其工作；证券公司的董事、监事、高级管理人员和各部门、分支机构应当支持和配合合规总监的工作，不得以任何理由限制、阻挠合规总监履行职责。

第十九条 证券公司应当为合规总监履行职责提供必要的人力、物力、财力和技术支持。

证券公司应当根据本公司的经营范围、业务规模、组织结构等情况，设立合规部门或指定有关部门（以下统称“合规部门”）协助合规总监工作，并为合规部门配备足够的、具备与履行合规管理职责相适应的专业知识和技能的合规管理人员。

合规总监认为必要时，可以公司名义聘请外部专业机构或人员协助其工作。

第二十条 合规部门对合规总监负责，按照公司规定和合规总监的安排履行合规管理职责。合规部门承担的其他职责不得与合规管理职责相冲突。

证券公司应当明确合规部门与其他内部控制部门之间的职责分工，建立各内部控制部门协调互动的工作机制。

第二十一条 证券公司应当建立违规举报制度，保障每一位工作人员都能够正常行使举报违法违规行为的权利。

公司各部门、分支机构及其工作人员发现违法违规行为或合规风险隐患时，应当主动、及时地向合规总监报告。

第二十二条 证券公司应当将合规管理的有效性和执业行为的合规性，纳入高级管理人员、各部门和分支机构及其工作人员的绩效考核范围。

证券公司应当对合规总监和合规管理人员的履职情况进行考核，并根据考核结果决定其薪酬待遇。合规总监和合规管理人员工作称职的，其薪酬待遇应当不低于公司同级别管理人员的平均水平。

第二十三条 证券公司应当于每年 8 月 31 日前向住所地证监局报送中期合规报告；每年 4 月 30 日前报送上一年的年度合规报告。合规报告应当由公司董事会通过，包括以下内容：

（一）公司合规管理的基本情况；

（二）合规总监履行职责情况；

（三）公司违法违规行为、合规风险的发现及整改情况；

（四）公司合规管理有效性的评估及整改情况；

（五）证券监管机构要求或公司认为需要报告的其他内容。

证券公司的董事、高级管理人员应当对前款规定的合规报告签署确认意见，保证报告的内容真实、准确、完整；对报告内容持有异议的，应当注明自己的意见和理由。

第二十四条 中国证监会对证券公司合规管理的有效性进行评价，评价结果作为对证券公司实施分类监管的重要依据。

第二十五条 证券公司通过有效的合规管理，主动发现违法违规行为，积极妥善处理，落实责任追究，完善内部控制制度和业务流程并及时向住所地证监局报告的，依法免于追究责任或从轻、减轻处理。

对于证券公司的违法违规行为，合规总监已经按照规定履行制止和报告职责的，免除责任。

第二十六条 证券公司未能有效实施合规管理，内部控制不完善或出现违法违规行为的，依法对该公司及负有责任的董事、高级管理人员和其他人员采取监管措施或者追究法律责任。

合规总监支持、纵容公司的违法违规行为，或者无合理理由未能按照规定履行制止、报告职责的，依法对其采取监管措施或者追究法律责任。

第二十七条 本规定自 2008 年 8 月 1 日起施行。

基金管理公司特定客户资产管理业务试点办法

（2011年8月25日　证监会令第74号）

第一章　总　则

第一条　为了规范基金管理公司特定客户资产管理业务（以下简称特定资产管理业务），保护当事人的合法权益，根据《中华人民共和国证券投资基金法》（以下简称《证券投资基金法》）及相关法律法规，制定本办法。

第二条　基金管理公司向特定客户募集资金或者接受特定客户财产委托担任资产管理人，由商业银行担任资产托管人，为资产委托人的利益，运用委托财产进行证券投资的活动，适用本办法。

第三条　从事特定资产管理业务，应当遵循自愿、公平、诚信、规范的原则，维护证券市场的正常秩序，保护各方当事人的合法权益，禁止各种形式的利益输送。

资产管理人、资产托管人应当恪守职责、履行诚实信用、谨慎勤勉的义务，公平对待所有投资人。

资产委托人应当确保资金来源合法，不得损害国家、社会公共利益和他人的合法权益。

第四条　基金管理公司从事特定资产管理业务，委托财产独立于资产管理人和资产托管人的固有财产，并独立于资产管理人管理的和资产托管人托管的其他财产。资产管理人、资产托管人不得将委托财产归入其固有财产。

资产管理人、资产托管人因委托财产的管理、运用或者其他情形而取得的财产和收益，归入委托财产。

资产管理人、资产托管人因依法解散、被依法撤销或者被依法宣告破产等原因进行清算的，委托财产不属于其清算财产。

第五条　中国证券监督管理委员会（以下简称中国证监会）依照法律、行政法规和本办法的规定，对特定资产管理业务实施监督管理。

第六条　证券、期货交易所依照法律、行政法规和本办法的规定，对特定资产管理业务的证券、期货交易行为实施监督。

第二章　业务规范

第七条　基金管理公司从事特定资产管理业务，可以采取以下形式：

（一）为单一客户办理特定资产管理业务；

（二）为特定的多个客户办理特定资产管理业务。

第八条　符合下列条件的基金管理公司经中国证监会批准，可以开展特定资产管理业务：

（一）经营行为规范且最近一年内没有因违法违规行为受到行政处罚或被监管机构责令整改，没有因违法违规行为正在被监管机构调查；

（二）已经配备了适当的专业人员从事特定资产管理业务；

（三）已经就防范利益输送、违规承诺收益或者承担损失、不正当竞争等行为制定了有效的业务规则和措施；

（四）已经建立公平交易管理制度，明确了公平交易的原则、内容以及实现公平交易的具体措施；

（五）已经建立有效的投资监控制度和报告制度，能够及时发现异常交易行为；

（六）中国证监会根据审慎监管原则确定的其他条件。

第九条　为单一客户办理特定资产管理业务的，客户委托的初始资产不得低于3000万元人民币，中国证监会另有规定的除外。

第十条　为多个客户办理特定资产管理业务的，基金管理公司应当向符合条件的特定客户销售特定多个客户资产管理计划（以下简称资产管理计划）。

前款所称符合条件的特定客户，是指委托投资单个资产管理计划初始金额不低于100万元人民币，且能够识别、判断和承担相应投资风险的自然人、法人、依法成立的组织或中国证监会认可的其他特定客户。

第十一条　基金管理公司为多个客户办理特定资产管理业务的，单个资产管理计划的委托人人数不得超过200人，客户委托的初始资产合计不得低于3000万元人民币，中国证监会另有规定的除外。

资产管理计划应当设定为均等份额。除资产管理合同另有约定外，每份计划份额具有同等的合法权益。

第十二条　基金管理公司从事特定资产管理业务，应当将委托财产交由具有基金托管资格的商业银行托管。

第十三条　从事特定资产管理业务，资产委托人、资产管理人、资产托管人应当订立书面的资产管理合同，明确约定各自的权利、义务和相关事宜。

资产管理合同的内容与格式由中国证监会另行规定。

第十四条　基金管理公司向特定客户销售资产管理计划，应当编制投资说明书。投资说明书应当真实、准确、完整，不得有任何虚假记载、误导性陈述或者重大遗漏。

投资说明书应当包括以下内容：

（一）资产管理计划概况；

（二）资产管理合同的主要内容；

（三）资产管理人与资产托管人概况；

（四）投资风险揭示；

（五）初始销售期间；

（六）中国证监会规定的其他事项。

第十五条　为多个客户办理特定资产管理业务的，基金管理公司在签订资产管理合同前，应当保证有充足时间供资产委托人审阅合同内容，并对资产委托人资金能力、金融投资经验和投资目的进行充分了解，制作客户资料表和相关证明材料留存备查，并应指派专人就资产管理计划向资产委托人作出详细说明。

第十六条　资产管理人、资产托管人应当在资产管理合同中充分揭示管理、运用委托财产进行投资可能面临的风险，使资产委托人充分理解相关权利及义务，愿意承担相应的投资风险。

第十七条　基金管理公司可以自行销售资产管理计划，或者委托有基金销售资格的机构销售资产管理计划。

第十八条　为多个客户办理特定资产管理业务的，基金管理公司应当在投资说明书约定的期限内销售资产管理计划。初始销售期限届满，满足本办法第十一条规定的条件的，基金管理公司应当自初始销售期限届满之日起十日内聘请法定验资机构验资，并自收到验资报告之日起十日内，向中国证监会提交验资报告及客户资料表，办理相关备案手续。

第十九条　为多个客户办理特定资产管理业务的，资产管理人、销售机构应当在具有基金托管资格的商业银行开立与资产管理计划销售有关的账户，并由该银行对账户内的资金进行监督。

资产管理人应当将资产管理计划初始销售期间客户的资金存入专门账户，在资产管理计划初始销售行为结束前，任何人不得动用。

第二十条　资产管理计划初始销售期限届满，不能满足本办法第十一条规定的条件的，基金管理公司应当承担下列责任：

（一）以其固有财产承担因初始销售行为而产生的债务和费用；

（二）在初始销售期限届满后 30 日内返还客户已缴纳的款项，并加计银行同期活期存款利息。

第二十一条　委托财产应当用于下列投资：

（一）股票、债券、证券投资基金、央行票据、短期融资券、资产支持证券、金融衍生品、商品期货；

（二）中国证监会规定的其他投资品种。

第二十二条　基金管理公司从事特定资产管理业务，委托财产的投资组合应当满足法律法规和中国证监会的有关规定；参与股票发行申购时，单个投资组合所申报的金额不得超过该投资组合的总资产，单个投资组合所申报的股票数量不得超过拟发行股票公司本次发行股票的总量。

单个资产管理计划持有一家上市公司的股票，其市值不得超过该计划资产净值的 20%；同一资产管理人管理的全部特定客户委托财产（包括单一客户和多客户特定资产管理业务）投资于一家公司发行的证券，不得超过该证券的 10%。

完全按照有关指数的构成比例进行证券投资的资产管理计划可以不受前款规定的比例限制。

第二十三条　因证券市场波动、上市公司合并、资产管理计划规模变动等资产管理人之外的因素致使资产管理计划投资不符合本办法第二十二条规定的比例或者资产管理合同约定的投资比例的，资产管理人应当在十个交易日内调整完毕。

第二十四条　资产管理合同存续期间，资产管理人可以根据合同的约定，办理特定客户参与和退出资产管理计划的手续，由此发生的合理费用可以由资产委托人承担。

资产管理计划每季度至多开放一次计划份额的参与和退出，但中国证监会另有规定的除外。

第二十五条　资产管理计划份额的登记，由资产管理人负责办理；资产管理人可以委托其他机构代为办理。

第二十六条　从事特定资产管理业务，资产管理人、资产托管人和资产委托人应当依照法律法规和中国证监会的规定，履行与特定资产管理业务有关的信息报告与信息披露义务。

第二十七条　特定资产管理业务的管理费率、托管费率不得低于同类型或相似类型投资目标和投资策略的证券投资基金管理费率、托管费率的 60%。

资产管理人可以与资产委托人约定，根据委托财产的管理情况提取适当的业绩报酬。在一个委托投资期间内，业绩报酬的提取比例不得高于所管理资产在该期间净收益的 20%。固定管理费用和业绩报酬可以并行收取。

第二十八条　资产委托人在订立资产管理合同之前，应当充分向资产管理人告知其投资目的、投资偏好、投资限制和风险承受能力等基本情况，并就资金和证券资产来源的合法性做特别说明和书面承诺。

资产委托人从事资产委托，应当主动了解所投资品种的风险收益特征，并符合其业务决策程序的要求。

第二十九条 资产委托人应当遵守法律法规及本办法的有关规定，审慎、认真地签署资产管理合同，并忠实履行资产管理合同约定的各项义务。在财产委托期间，不得有下列行为：

（一）隐瞒真相、提供虚假资料；

（二）委托来源不当的资产从事洗钱活动；

（三）向资产管理人提供或索要商业贿赂；

（四）要求资产管理人违规承诺收益；

（五）要求资产管理人减免或返还管理费；

（六）要求资产管理人利用所管理的其他资产为资产委托人谋取不当利益；

（七）要求资产管理人在证券承销、证券投资等业务活动中为其提供配合；

（八）违反资产管理合同干涉资产管理人的投资行为；

（九）从事任何有损资产管理人管理的其他资产、资产托管人托管的其他资产合法权益的活动；

（十）法律法规和中国证监会禁止的其他行为。

第三十条 资产管理人应当了解客户的风险偏好、风险认知能力和承受能力，评估客户的财务状况，向客户说明有关法律法规和相关投资工具的运作市场及方式，充分揭示相关风险。

第三十一条 资产管理人和资产托管人应当按照中国证监会的相关规定，为委托财产开立专门用于投资管理的证券账户、期货账户和资金账户，以办理相关业务的登记、结算事宜。

基金管理公司应当公平地对待所管理的不同资产，建立有效的异常交易日常监控制度，对不同投资组合之间发生的同向交易和反向交易（包括交易时间、交易价格、交易数量、交易理由等）进行监控，并定期向中国证监会报告。

严格禁止同一投资组合在同一交易日内进行反向交易及其他可能导致不公平交易和利益输送的交易行为。

第三十二条 基金管理公司应当主动避免可能的利益冲突，对于资产管理合同、交易行为中存在的或可能存在利益冲突的关联交易应当进行说明，并向中国证监会报告。

第三十三条 基金管理公司从事特定资产管理业务，应当设立专门的业务部门，投资经理与证券投资基金的基金经理不得相互兼任。

办理特定资产管理业务的投资经理应当报中国证监会备案。

第三十四条 基金管理公司从事特定资产管理业务，不得有以下行为：

（一）利用所管理的其他资产为特定的资产委托人谋取不正当利益、进行利益输送；

（二）利用所管理的特定客户资产为该委托人之外的任何第三方谋取不正当利益、进行利益输送；

（三）采用任何方式向资产委托人返还管理费；

（四）违规向客户承诺收益或承担损失；

（五）将其固有财产或者他人财产混同于委托财产从事证券投资；

（六）违反资产管理合同的约定，超越权限管理、从事证券投资；

（七）通过报刊、电视、广播、互联网网站（基金管理公司、销售机构网站除外）和其他公共媒体公开推介具体的特定资产管理业务方案和资产管理计划；

（八）索取或收受特定资产管理业务报酬之外的不当利益；

（九）从事内幕交易、操纵证券交易价格及其他不正当的证券交易活动；

（十）法律法规和中国证监会禁止的其他行为。

第三十五条 资产托管人发现资产管理人的投资指令违反法律、行政法规和其他有关规定，或者违反资产管理合同约定的，应当拒绝执行，立即通知资产管理人和资产委托人并及时报告中国证监会。

资产托管人发现资产管理人依据交易程序已经生效的投资指令违反法律、行政法规和其他有关规定，或者违反资产管理合同约定的，应当立即通知资产管理人和资产委托人并及时报告中国证监会。

第三章 监督管理

第三十六条 为单一客户办理特定资产管理业务的，资产管理人应当在五个工作日内将签订的资产管理合同报中国证监会备案。对资产管理合同任何形式的变更、补充，资产管理人应当在变更或补充发生之日起五个工作日内报中国证监会备案。

第三十七条 为多个客户办理特定资产管理业务的，资产管理人应当在销售某一资产管理计划前将资产管理合同草案、投资说明书草案、销售计划及中国证监会要求的其他材料报中国证监会备案。中国证监会自收到完整的备案材料之日起十个工作日内予以备案登记。备案登记完毕，基金管理公司可以开始销售该资产管理计划。

资产管理合同草案、投资说明书草案、销售计划等材料的内容不符合法律法规有关规定的，基金管理公司应当根据中国证监会的要求作出修改，并重新办理备案登记手续。

第三十八条 资产管理人应当按照资产管理合同的约定，编制并向资产委托人报送委托财产的投资报告，对报告期内委托财产的投资运作等情况做出说明。该报告应当由资产托管人进行复核并出具书面意见。

第三十九条 资产管理人、资产托管人应当保证资产委托人能够按照资产管理合同约定的时间和方式查询委托财产的投资运作、托管等情况。发生资产管理合同约定的、可能影响客户利益的重大事项时，资产管理人应当及时告知资产委托人。

第四十条 基金管理公司应当分析所管理的证券投资基金和委托财产投资组合的业绩表现。在一个委托投资期间内，若投资目标和投资策略类似的证券投资基金和委托财产投资组合之间的业绩表现有明显差距，则应出具书面分析报告，由投资经理、督察长、总经理分别签署后报中国证监会备案。

第四十一条 基金管理公司应当在每季度结束之日起的 15 个工作日内，完成特定资产管理业务季度报告，并报中国证监会备案。特定资产管理业务季度报告应当就公平交易制度执行情况和特定资产管理业务与证券投资基金之间的业绩比较、异常交易行为做专项说明，并由投资经理、督察长、总经理分别签署。

资产管理人、资产托管人应当在每年结束之日起三个月内，完成特定资产管理业务管理年度报告和托管年度报告，并报中国证监会备案。

第四十二条 资产管理人、资产托管人应当按照法律、行政法规以及中国证监会的有关规定，保存特定资产管理业务的全部会计资料，并妥善保存有关的合同、协议、交易记录等文件、资料。

第四十三条 证券、期货交易所应当对同一基金管理公司管理的证券投资基金与委托财产投资组合之间发生的异常交易行为进行严格监控，并及时向中国证监会报告。

第四章 法律责任

第四十四条 资产管理人、资产托管人违反法律、行政法规及本办法规定的，中国证监会及其派出机构对其采取责令改正、暂停办理相关业务等行政监管措施；对直接负责的主管人员和其他直接责任人员，采取监管谈话、出具警示函、暂停履行职务、认定为不适宜担任相关职务者等行政监管措施。

第四十五条 资产管理人、资产托管人及其直接负责的主管人员和其他直接责任人员违反本办法规定从事特定资产管理业务的，中国证监会依照本办法进行行政处罚；法律、行政法规另有规定的，按照有关规定进行行政处罚；涉嫌犯罪的，依法移送司法机关，追究其刑事责任。

第四十六条 资产管理人、资产托管人违反本办法第二十七条的规定提取管理费和托管费的，责令改正，单处或者并处警告、罚款；情节严重的，责令暂停办理相关业务；对直接负责的主管人员和其他直接责任人员，单处或者并处警告、罚款；情节严重的，按照有关规定，采取证券市场禁入措施。

第四十七条 资产管理人、资产托管人违反本办法第三十四条第（一）项的规定，利用其所管理、托管的证券投资基金为特定的资产委托人谋取不正当利益、进行利益输送的，依照《证券投资基金法》第八十九条的规定处罚；资产管理人、资产托管人违反本办法第三十四条第（一）项的规定，利用其所管理、托管的证券投资基金之外的资产为特定的资产委托人谋取不正当利益、进行利益输送的，责令改正，单处或者并处警告、罚款；情节严重的，责令暂停办理相关业务；对直接负责的主管人员和其他直接责任人员，单处或者并处警告、罚款；情节严重的，按照有关规定，采取证券市场禁入措施。

第四十八条 资产管理人、资产托管人有下列情形之一的，责令改正，单处或者并处警告、罚款；情节严重的，责令暂停办理相关业务；对直接负责的主管人员和其他直接责任人员，单处或者并处警告、罚款；情节严重的，按照有关规定，采取证券市场禁入措施：

（一）违反本办法第八条的规定，未经中国证监会批准变更经营范围，擅自从事特定资产管理、托管业务；

（二）未按照本办法第十条的规定向符合条件的特定客户销售资产管理计划；

（三）未按照本办法第十二条的规定将委托财产交给资产托管人托管；

（四）未按照本办法第十四条的规定编制投资说明书；

（五）违反本办法第二十一条、第二十二条的规定，超越投资范围及投资限制；

（六）未按照本办法第二十三条的规定调整投资比例；

（七）未按照本办法第三十一条的规定公平对待所管理的各类资产；

（八）违反本办法第三十三条的规定，投资经理与证券投资基金的基金经理相互兼任；

（九）违反本办法第三十四条第（二）项至第（十）项规定的；

（十）未按照本办法第十八条、第三十六条、第三十七条的规定办理备案手续。

第四十九条 资产委托人违反本办法第二十八条、第二十九条规定的，责令改正，单处或者并处警告、罚款；对直接负责的主管人员和其他直接责任人员，单处或者并处警告、罚款。

第五十条 为特定资产管理业务出具审计报告、法律意见书等文件的专业机构未勤勉尽责，所制作、出具的文件有虚假记载、误导性陈述或重大遗漏的，责令改正，单处或并处警告、罚款；对直接负责的主管人员和其他直接责任人员，单处或者并处警告、罚款；情节严重的，按照有关规定，采取证券市场禁入措施。

第五章 附 则

第五十一条 本办法自2011年10月1日起施行。《基金管理公司特定客户资产管理业务试点办法》（证监会令第51号）、《关于实施〈基金管理公司特定客户资产管理业务试点办法〉有关问题的通知》（证监基金字〔2007〕326号）、《关于基金管理公司开展特定多个客户资产管理业务有关问题的规定》（证监会公告〔2009〕10号）同时废止。

转融通业务监督管理试行办法

（2011年10月26日 证监会令第75号）

第一章　总　则

第一条　为了健全融资融券交易机制，拓宽证券公司融资融券业务资金和证券来源，规范转融通业务及相关活动，防范转融通业务风险，根据《证券法》、《证券公司监督管理条例》，制定本办法。

第二条　本办法所称转融通业务，是指证券金融公司将自有或者依法筹集的资金和证券出借给证券公司，以供其办理融资融券业务的经营活动。

第三条　从事转融通业务及相关活动，应当遵循平等、自愿、公平和诚实信用原则，不得损害社会公共利益。

第四条　证券金融公司应当遵守法律、行政法规和本办法的规定，严格防范和控制风险，稳健开展转融通业务。

第五条　中国证券监督管理委员会（以下简称证监会）依法对证券金融公司及其相关业务活动进行监督管理。

第二章　证券金融公司

第六条　证券金融公司根据国务院的决定设立。证监会根据国务院的决定，履行审批程序。

第七条　证券金融公司的组织形式为股份有限公司，注册资本不少于人民币60亿元。

证券金融公司的注册资本应当为实收资本，其股东应当用货币出资。

第八条　证券金融公司应当依照《公司法》和本办法的规定，制定公司章程，设立股东大会、董事会、监事会等组织机构，规范运作。

第九条　证券金融公司董事、监事和高级管理人员的选任，应当经证监会批准。

第十条　证券金融公司不以营利为目的，履行下列职责：

（一）为证券公司融资融券业务提供资金和证券的转融通服务；

（二）对证券公司融资融券业务运行情况进行监控；

（三）监测分析全市场融资融券交易情况，运用市场化手段防控风险；

（四）证监会确定的其他职责。

第十一条　证券金融公司变更名称、注册资本、股东、住所、职责范围，制定或者修改公司章程，设立或者撤销分支机构，应当经证监会批准。

第三章 业务规则

第十二条 证券金融公司开展转融通业务，应当以自己的名义，在证券登记结算机构分别开立转融通专用证券账户、转融通担保证券账户和转融通证券交收账户。

转融通专用证券账户用于记录证券金融公司持有的拟向证券公司融出的证券和证券公司归还的证券；转融通担保证券账户用于记录证券公司委托证券金融公司持有、担保证券金融公司因向证券公司转融通所生债权的证券；转融通证券交收账户用于办理证券金融公司与转融通业务有关的证券结算。

第十三条 证券金融公司开展转融通业务，应当以自己的名义，在商业银行开立转融通专用资金账户，在证券登记结算机构分别开立转融通担保资金账户和转融通资金交收账户。

转融通专用资金账户用于存放证券金融公司拟向证券公司融出的资金及证券公司归还的资金；转融通担保资金账户用于记录证券公司交存的、担保证券金融公司因向证券公司转融通所生债权的资金；转融通资金交收账户用于办理证券金融公司与转融通业务有关的资金结算。

第十四条 证券金融公司开展转融通业务，应当了解证券公司的基本情况、业务范围、财务状况、违约记录、风险控制能力等，并以书面和电子的方式予以记录和保存。

第十五条 证券金融公司应当建立客户信用评估机制，对证券公司的信用状况进行评估，并根据评估结果确定和调整对证券公司的授信额度。

第十六条 证券金融公司开展转融通业务，应当与证券公司签订转融通业务合同，约定转融通的资金数额、标的证券的种类和数量、期限、费率、保证金的比例、证券权益处理办法、违约责任等事项。

证券金融公司应当制定转融通业务合同标准格式，报证监会备案。

第十七条 除本条第二款规定的情形外，证券金融公司向证券公司转融通的期限不得超过六个月。转融通的期限，自资金或者证券实际交付之日起算。

证券金融公司可以与证券公司对转融通标的证券暂停交易、终止交易和其他特殊情形下转融通期限的顺延或者缩短作出约定。

第十八条 证券金融公司应当按照国家宏观政策，根据市场状况和风险控制需要，确定和调整转融通费率和保证金的比例。

第十九条 证券金融公司与证券公司签订转融通业务合同后，应当根据证券公司的申请，以证券公司的名义，为其开立转融通担保证券明细账户和转融通担保资金明细账户。

转融通担保证券明细账户是转融通担保证券账户的二级账户，用于记载证券公司委托证券金融公司持有的担保证券的明细数据。转融通担保资金明细账户是转融通担保资金账户的二级账户，用于记载证券公司交存的担保资金的明细数据。

证券金融公司可以委托证券登记结算机构根据清算、交收结果等，对证券公司转融通担保证券明细账户和转融通担保资金明细账户内的数据进行变更。

第二十条 证券金融公司开展转融通业务，应当向证券公司收取一定比例的保证金。保证金可以证券充抵，但货币资金占应收取保证金的比例不得低于 15%。

证券金融公司应当确定并公布可充抵保证金证券的种类和折算率。

证券金融公司可以与证券登记结算机构签订合同，委托证券登记结算机构代为管理保证金。

第二十一条 证券公司向证券金融公司交存保证金，采取设立信托的方式。保证金中的证券应当记入转融通担保证券账户，保证金中的资金应当记入转融通担保资金账户。

证券金融公司与证券公司应当约定，转融通担保证券账户内的证券和转融通担保资金账户内的资金，均为担保证券金融公司因向证券公司转融通所生债权的信托财产，因本办法第二十二条第三款规定情形所形成的信托财产对证券金融公司的债权，也归入信托财产。

第二十二条　证券金融公司应当逐日计算证券公司交存的保证金价值与其所欠债务的比例。当该比例低于约定的维持保证金比例时，应当通知证券公司在一定的期限内补交差额，直至达到约定的初始保证金比例。但是，对因本条第三款规定情形导致的差额，证券公司无须补交。

证券公司违约的，证券金融公司可以按照约定处分保证金，以实现对证券公司的债权；处分保证金不足以完全实现对证券公司的债权的，证券金融公司应当依法向证券公司追偿。

经证券公司书面同意，证券金融公司可以有偿使用证券公司交存的保证金。证券金融公司使用保证金的用途、期限、对价等具体事项，由双方通过转融通业务合同约定。

第二十三条　证券金融公司可以根据化解证券公司违约风险的需要，建立转融通互保基金。转融通互保基金的管理办法，由证券金融公司制定，经证监会批准后实施。

第二十四条　市场交易活动出现异常，已经或者可能危及市场稳定，有必要暂停转融通业务的，证券金融公司可以按照业务规则和合同约定，暂停全部或者部分转融通业务并公告。

第二十五条　证券登记结算机构根据证券账户和资金账户持有人发出或者认可的指令，办理转融通业务涉及的证券和资金的划转。

第二十六条　司法机关依法对证券公司转融通担保证券明细账户或者转融通担保资金明细账户记载的权益采取财产保全或者强制执行措施的，证券金融公司应当处分保证金，在实现因向证券公司转融通所生债权后，协助司法机关执行。

第四章　资金和证券的来源

第二十七条　证券金融公司开展转融通业务，可以使用下列资金和证券：

（一）自有资金和证券；

（二）通过证券交易所的业务平台融入的资金和证券；

（三）通过证券金融公司的业务平台融入的资金；

（四）依法筹集的其他资金和证券。

第二十八条　证券金融公司可以依照《公司法》、《证券法》等有关规定，发行公司债券。

第二十九条　证券金融公司可以向股东或者其他特定投资者借入次级债。证券金融公司借入次级债，应当事先向证监会报告。

证券金融公司借入的次级债，参照证监会对证券公司借入次级债的有关规定，计入净资本。

第三十条　证券金融公司通过证券交易所的业务平台融入资金和证券，按照证券交易所的业务规则办理。证券登记结算机构按照证券交易所业务平台的成交结果，办理有关登记结算。

第三十一条　证券金融公司为履行本办法规定的职责，可以通过其在证券登记结算机构开立的普通证券账户买卖证券。

第五章　权益处理

第三十二条　证券登记结算机构根据转融通担保证券账户内的记录，确认证券金融公司受托持有证券的事实，并以证券金融公司为名义持有人，登记于证券持有人名册。

第三十三条　对转融通担保证券账户内记录的证券，由证券金融公司以自己的名义，行使对证券发行人的权利。证券金融公司行使对证券发行人的权利，应当事先征求委托其持有该证券的证券公司意见，并按照其意见办理。

前款所称对证券发行人的权利，是指请求召开证券持有人会议、参加证券持有人会议、提案、表决、配售股份的认购、请求分配投资收益等因持有证券而产生的权利。

第三十四条 证券登记结算机构受证券发行人委托以证券或者现金形式分派投资收益的，应当分别将分派的证券或者现金记录在转融通担保证券账户或者转融通担保资金账户内，并相应变更证券公司转融通担保证券明细账户或者转融通担保资金明细账户的数据。

第三十五条 证券金融公司根据本办法规定融入证券后、归还证券前，或者证券公司向证券金融公司融入证券后、归还证券前，证券发行人分配投资收益、向证券持有人配售或者无偿派发证券、发行证券持有人有优先认购权的证券的，证券金融公司或者证券公司应当按照约定向融出方支付与所融入证券可得利益相等的证券或者资金。

第三十六条 证券金融公司通过转融通担保证券账户持有的证券不计入其自有证券，证券金融公司无须因该账户内证券数量的变动而履行信息报告、披露或者要约收购义务。

证券公司通过其自营证券账户、融券专用证券账户和转融通担保证券明细账户合计持有一家上市公司股票及其权益的数量或者其增减变动达到规定的比例时，应当依法履行信息报告、披露或者要约收购义务。有一致行动人的，一致行动人与证券公司持有的股票及其权益的数量合并计算。

第六章 监督管理

第三十七条 证券金融公司应当依照本办法的规定制定转融通业务规则，明确账户管理、授信管理、标的证券管理、保证金管理、费率管理、信息披露等事项，经证监会批准后实施。

第三十八条 证券金融公司应当在每个交易日公布以下转融通信息：

（一）转融资余额；

（二）转融券余额；

（三）转融通成交数据；

（四）转融通费率。

第三十九条 证券金融公司应当建立合规管理机制，保证公司的经营管理及工作人员的执业行为合法合规。

第四十条 证券金融公司应当建立风险控制机制，有效识别、评估、控制公司经营管理中的各类风险。

第四十一条 证券金融公司应当遵守以下风险控制指标规定：

（一）净资本与各项风险资本准备之和的比例不得低于 100%；

（二）对单一证券公司转融通的余额，不得超过证券金融公司净资本的 50%；

（三）融出的每种证券余额不得超过该证券上市可流通市值的 10%；

（四）充抵保证金的每种证券余额不得超过该证券总市值的 15%。

证券金融公司净资本、风险资本准备的计算，参照证监会对证券公司的有关规定执行。证监会另有规定的除外。

第四十二条 证券金融公司不得为他人的债务提供担保。

第四十三条 证券金融公司应当每年按照税后利润的 10%提取风险准备金。证监会可以根据防范证券金融公司风险的需要，对提取比例进行调整。

第四十四条 证券金融公司的资金，除用于履行本办法规定职责和维持公司正常运转外，只能用于以下用途：

（一）银行存款；

（二）购买国债、证券投资基金份额等经证监会认可的高流动性金融产品；

（三）购置自用不动产；

（四）证监会认可的其他用途。

第四十五条　证券金融公司应当建立信息系统安全管理机制，保障公司信息系统安全、稳定运行。

第四十六条　证券金融公司应当自每一会计年度结束之日起四个月内，向证监会报送年度报告。年度报告应当包含按照规定编制并经具有证券相关业务资格的会计师事务所审计的财务会计报告。

证券金融公司应当自每月结束之日起七个工作日内，向证监会报送月度报告。月度报告应当包含本办法第四十一条所列各项风险控制指标和转融通业务专项报表，以及证监会要求报送的其他信息。

第四十七条　发生影响或者可能影响公司经营管理的重大事件的，证券金融公司应当立即向证监会报送临时报告，说明事件的起因、目前的状态、可能产生的后果和应对措施。

第四十八条　证券金融公司为履行监控证券公司融资融券业务运行情况的职责，可以制定证券公司融资融券业务监控规则，经证监会批准后实施。

证券公司应当按照规定向证券金融公司报送融资融券的相关数据。证券公司报送的数据应当真实、准确、完整。

证券交易所、证券登记结算机构、证券金融公司应当建立融资融券信息共享机制。

第四十九条　证券金融公司及其工作人员应当对因履行职责而获悉的信息保密。法律、行政法规和本办法另有规定的除外。

第五十条　证券金融公司应当妥善保存履行本办法规定职责所形成的各类文件、资料，保存期限不少于20年。

第五十一条　证监会为履行监督管理职责，可以要求证券金融公司及其工作人员提供有关信息、资料，并对公司进行现场检查。

第五十二条　证券金融公司或者证券公司违反本办法规定的，由证监会视具体情形，采取责令改正、出具警示函、责令公开说明、责令定期报告等监管措施；应当给予行政处罚的，由证监会对公司及其有关责任人员单处或者并处警告、罚款。

第七章　附　则

第五十三条　证券交易所和证券登记结算机构根据本办法制定配套的交易、结算规则，按照规定报经证监会批准或者备案后实施。

第五十四条　本办法自公布之日起施行。

证券公司风险控制指标管理办法

(2006年7月5日中国证券监督管理委员会第185次主席办公会议审议通过，根据2008年6月24日中国证券监督管理委员会《关于修改〈证券公司风险控制指标管理办法〉的决定》修订)

第一章　总　则

第一条　为了建立以净资本为核心的风险控制指标体系，加强证券公司风险监管，督促证券公司加强内部控制、防范风险，根据《证券法》等有关法律、行政法规，制定本办法。

第二条　证券公司应当按照本办法的规定计算净资本和风险资本准备，编制净资本计算表、风险资本准备计算表和风险控制指标监管报表。

第三条　中国证券监督管理委员会（以下简称中国证监会）可以根据市场发展情况和审慎监管原则，对净资本计算标准、风险资本准备计算标准、各项业务规模的计算口径进行调整；调整之前，应当公开征求行业意见，并为调整事项的实施作出过渡性安排。

对于未规定风险调整比例或者风险资本准备计算比例的新产品、新业务，证券公司在投资该产品或者开展该业务前，应当按照规定事先向中国证监会、公司注册地的中国证监会派出机构（以下简称派出机构）报告或者报批。中国证监会根据证券公司新产品、新业务的特点和风险状况，在征求行业意见基础上确定相应的风险调整比例和风险资本准备计算比例。

第四条　中国证监会可以按照分类监管原则，根据证券公司的治理结构、内控水平和风险控制情况，对不同类别公司的风险控制指标标准和某项业务的风险资本准备计算比例进行适当调整。

第五条　中国证监会及其派出机构应当对证券公司净资本等各项风险控制指标数据的生成过程及计算结果的真实性、准确性、完整性进行定期或者不定期检查。

中国证监会及其派出机构可以根据监管需要，要求证券公司聘请具有证券相关业务资格的会计师事务所对其月度净资本计算表、风险资本准备计算表和风险控制指标监管报表进行审计。

第六条　证券公司应当根据自身资产负债状况和业务发展情况，建立动态的风险控制指标监控和补足机制，确保净资本等各项风险控制指标在任一时点都符合规定标准。

证券公司应当在开展各项业务及分配利润前对风险控制指标进行敏感性分析，合理确定有关业务及分配利润的最大规模。

证券公司应当建立健全压力测试机制，及时根据市场变化情况对公司风险控制指标进行压力测试。

第七条　证券公司应当聘请具有证券相关业务资格的会计师事务所对其年度净资本计算表、风险资本准备计算表和风险控制指标监管报表进行审计。

第八条 会计师事务所及其注册会计师应当勤勉尽责，对证券公司净资本计算表、风险资本准备计算表和风险控制指标监管报表的真实性、准确性、完整性进行审计，并对审计报告的真实性、合法性负责。

第二章 净资本及其计算

第九条 净资本是指根据证券公司的业务范围和公司资产负债的流动性特点，在净资产的基础上对资产负债等项目和有关业务进行风险调整后得出的综合性风险控制指标。

净资本基本计算公式为：净资本 = 净资产 – 金融资产的风险调整 – 其他资产的风险调整 – 或有负债的风险调整 –/+ 中国证监会认定或核准的其他调整项目。

第十条 证券公司应当按照中国证监会规定的证券公司净资本计算标准计算净资本。

第十一条 证券公司计算净资本时，应当按照规定对有关项目充分计提资产减值准备。

中国证监会及其派出机构可以要求公司专项说明资产减值准备提取的充足性和合理性。有证据表明公司未充分计提资产减值准备的，中国证监会及其派出机构可以要求公司补充提取资产减值准备并相应核减净资本金额。

第十二条 证券公司计算净资本时，应当将不同科目中核算的同类金融资产合并计算，按照金融资产的属性统一进行风险调整。

第十三条 证券公司的金融资产投资，按照金融资产的分类和流动性采取不同比例进行风险调整。金融资产的分类中同时符合两个或者两个以上标准的，应当采用最高的比例进行风险调整。

对于证券公司违反规定超比例持有的金融资产，中国证监会及其派出机构可以要求证券公司在计算净资本时提高风险调整比例。

第十四条 证券公司以自有资金参与本公司设立的集合资产管理计划的，应当在集合资产管理合同中对投入资金的数额、期限和承担责任等进行约定，并在计算净资本时根据承担的责任相应扣减公司投入的资金。

第十五条 应收款项按照账龄的长短和可收回情况采取不同比例进行风险调整，账龄应当从业务发生时点起算。应收款项的分类中同时符合两个或者两个以上标准的，应当采用最高的比例进行风险调整。有证据表明难以收回的存出保证金项目以及逾期的拆出资金和买入返售金融资产等项目，应当并入应收款项项目并按照应收款项的扣减原则进行风险调整。

第十六条 证券公司应当在净资本计算表的附注中，充分披露公司期末或有事项的性质（如未决诉讼、未决仲裁、对外提供担保等）、涉及金额、形成原因和进展情况、可能发生的损失和预计损失的会计处理情况。对于很可能导致经济利益流出公司的或有事项，应当确认预计负债；对于不是很可能导致经济利益流出公司的或有事项，在计算净资本时，应当按照一定比例扣减或有负债。

第十七条 证券公司对控股证券业务子公司出具承诺书提供担保承诺的，应当按照担保承诺金额的一定比例扣减净资本。从事证券承销与保荐、证券资产管理业务等中国证监会认可的子公司可以将母公司提供的担保承诺按照一定比例计入净资本。

第十八条 证券公司借入次级债务的，可以在计算净资本时将所借入的次级债务按照一定比例计入净资本。

证券公司向股东或其关联企业借入的期限在 5 年以上并具有次级债务性质的长期借款，可以在计算净资本时将所借入的长期借款按照一定比例计入净资本。

计入净资本的具体比例由中国证监会根据债务的到期期限和公司财务状况确定。

第三章　风险控制指标标准

第十九条　证券公司经营证券经纪业务的，其净资本不得低于人民币2000万元。

证券公司经营证券承销与保荐、证券自营、证券资产管理、其他证券业务等业务之一的，其净资本不得低于人民币5000万元。

证券公司经营证券经纪业务，同时经营证券承销与保荐、证券自营、证券资产管理、其他证券业务等业务之一的，其净资本不得低于人民币一亿元。

证券公司经营证券承销与保荐、证券自营、证券资产管理、其他证券业务中两项及两项以上的，其净资本不得低于人民币两亿元。

第二十条　证券公司必须持续符合下列风险控制指标标准：

（一）净资本与各项风险资本准备之和的比例不得低于100%；

（二）净资本与净资产的比例不得低于40%；

（三）净资本与负债的比例不得低于8%；

（四）净资产与负债的比例不得低于20%。

第二十一条　证券公司应当按照中国证监会规定的证券公司风险资本准备计算标准计算各项风险资本准备。

证券公司经营证券经纪业务的，应当按照托管的客户交易结算资金总额计算经纪业务风险资本准备；经营证券自营、证券承销、证券资产管理、融资融券业务的，应当按照有关业务规模计算各项业务风险资本准备；设立分公司、证券营业部等分支机构的，应当计算分支机构风险资本准备；应当按照上一年营业费用总额计算营运风险资本准备。证券公司还应当按照中国证监会规定的其他项目和比例计算相应的风险资本准备。

第二十二条　证券公司经营证券自营业务的，必须符合下列规定：

（一）自营权益类证券及证券衍生品的合计额不得超过净资本的100%；

（二）自营固定收益类证券的合计额不得超过净资本的500%；

（三）持有一种权益类证券的成本不得超过净资本的30%；

（四）持有一种权益类证券的市值与其总市值的比例不得超过5%，但因包销导致的情形和中国证监会另有规定的除外。

计算自营规模时，证券公司应当根据自营投资的类别按成本价与公允价值孰高原则计算。

第二十三条　证券公司为客户买卖证券提供融资融券服务的，必须符合下列规定：

（一）对单一客户融资业务规模不得超过净资本的5%；

（二）对单一客户融券业务规模不得超过净资本的5%；

（三）接受单只担保股票的市值不得超过该股票总市值的20%。

前款所称融资业务规模，是指对客户融出资金的本金合计；融券业务规模，是指对客户融出证券在融出日的市值合计。

第二十四条　证券公司可以结合自身实际情况，在不低于中国证监会规定标准的基础上，确定相应的风险控制指标标准。

第二十五条　中国证监会对各项风险控制指标设置预警标准，对于规定“不得低于”一定标准的风险控制指标，其预警标准是规定标准的120%；对于规定“不得超过”一定标准的风险控制指标，其预警标准是规定标准的80%。

第四章　编制和披露

第二十六条　设有子公司的证券公司应当以母公司数据为基础，编制净资本计算表、风险资本准备计算表和风险控制指标监管报表。

中国证监会及其派出机构可以根据监管需要，要求证券公司以合并数据为基础编制净资本计算表、风险资本准备计算表和风险控制指标监管报表。

第二十七条　证券公司的董事、高级管理人员应当对公司半年度、年度净资本计算表、风险资本准备计算表和风险控制指标监管报表签署确认意见。

证券公司经营管理的主要负责人、财务负责人应当对公司月度净资本计算表、风险资本准备计算表和风险控制指标监管报表签署确认意见。

在证券公司净资本计算表、风险资本准备计算表和风险控制指标监管报表上签字的人员，应当保证净资本计算表、风险资本准备计算表和风险控制指标监管报表真实、准确、完整，不存在虚假记载、误导性陈述和重大遗漏；对净资本计算表、风险资本准备计算表和风险控制指标监管报表内容持有异议的，应当在报表上注明自己的意见和理由。

第二十八条　证券公司应当至少每半年经主要负责人签署确认后，向公司全体董事书面报告一次公司净资本等风险控制指标的具体情况和达标情况；证券公司应当至少每半年经董事会签署确认，向公司全体股东书面报告一次公司净资本等风险控制指标的具体情况和达标情况，并至少获得主要股东的签收确认证明文件。

净资本指标与上月相比发生30%以上变化或不符合规定标准时，证券公司应当在五个工作日内向公司全体董事书面报告，十个工作日内向公司全体股东书面报告。

第二十九条　证券公司应当在每月结束之日起七个工作日内，向中国证监会及其派出机构报送月度净资本计算表、风险资本准备计算表和风险控制指标监管报表。

派出机构可以根据监管需要，要求辖区内单个、部分或者全部证券公司在一定阶段内按周或者按日编制并报送净资本计算表、风险资本准备计算表和风险控制指标监管报表。

第三十条　证券公司的净资本等风险控制指标与上月相比变化超过20%的，应当在该情形发生之日起三个工作日内，向中国证监会及其派出机构书面报告，说明基本情况和变化原因。

第三十一条　证券公司的净资本等风险控制指标达到预警标准或者不符合规定标准的，应当分别在该情形发生之日起三个、一个工作日内，向中国证监会及其派出机构书面报告，说明基本情况、问题成因以及解决问题的具体措施和期限。

第五章　监管措施

第三十二条　证券公司的财务会计报告、净资本计算表、风险资本准备计算表、风险控制指标监管报表被注册会计师出具了保留意见或者带有说明段无保留意见的，证券公司应当就涉及事项进行专项说明。

涉及事项不属于明显违反会计准则、证券公司净资本计算规则等有关规定的，中国证监会及其派出机构可以要求证券公司说明该事项对公司净资本等风险控制指标的影响。

涉及事项属于明显违反会计准则、证券公司净资本计算规则等有关规定的，中国证监会及其派出机构可以要求证券公司限期纠正、重新编制净资本计算表、风险资本准备计算表和风险控制指标监管报表；证券公司未限期纠正的，中国证监会及其派出机构可以认定其净资本等风险控制指标低于规定标准。

第三十三条 证券公司的财务会计报告、净资本计算表、风险资本准备计算表、风险控制指标监管报表被注册会计师出具了无法表示意见或者否定意见的，中国证监会及其派出机构可以认定其净资本等风险控制指标低于规定标准。

第三十四条 证券公司净资本或者其他风险控制指标达到预警标准的，派出机构应当区别情形，对其采取下列措施：

（一）向其出具监管关注函并抄送公司主要股东，要求公司说明潜在风险和控制措施；

（二）要求公司采取措施调整业务规模和资产负债结构，提高净资本水平；

（三）要求公司进行重大业务决策时，至少提前五个工作日报送专门报告，说明有关业务对公司财务状况和净资本等风险控制指标的影响；

（四）要求公司合规部门增加对风险控制指标的检查频率，并提交有关风险控制指标水平的报告。

第三十五条 证券公司净资本或者其他风险控制指标不符合规定标准的，派出机构应当责令公司限期改正，在五个工作日内制定并报送整改计划，整改期限最长不超过 20 个工作日；证券公司未按时报送整改计划的，派出机构应当立即限制其业务活动。

整改期内，中国证监会及其派出机构应当区别情形，对证券公司采取下列措施：

（一）停止批准新业务；

（二）停止批准增设、收购营业性分支机构；

（三）限制分配红利；

（四）限制转让财产或在财产上设定其他权利。

第三十六条 证券公司整改后，经派出机构验收符合有关风险控制指标的，中国证监会及其派出机构应当自验收完毕之日起三个工作日内解除对其采取的有关措施。

第三十七条 证券公司未按期完成整改的，自整改期限到期的次日起，派出机构应当区别情形，对其采取下列措施：

（一）限制业务活动；

（二）责令暂停部分业务；

（三）限制向董事、监事、高级管理人员支付报酬、提供福利；

（四）责令更换董事、监事、高级管理人员或者限制其权利；

（五）责令控股股东转让股权或者限制有关股东行使股东权利；

（六）认定董事、监事、高级管理人员为不适当人选。

第三十八条 证券公司未按期完成整改、风险控制指标情况继续恶化，严重危及该证券公司稳健运行的，中国证监会可以撤销其有关业务许可。

第三十九条 证券公司风险控制指标无法达标，严重危害证券市场秩序、损害投资者利益的，中国证监会可以区别情形，对其采取下列措施：

（一）责令停业整顿；

（二）指定其他机构托管、接管；

（三）撤销经营证券业务许可；

（四）撤销。

第六章　附　则

第四十条 本办法下列用语的含义：

（一）风险资本准备：证券公司开展各项业务、设立分支机构等存在可能导致净资本损失的风险，应当按一定标准计算风险资本准备并与净资本建立对应关系，确保各项风险资本准备有对应的净资本支撑。

（二）敏感性分析：指在保持其他条件不变的前提下，研究单个或者多个因素的变化对净资本等风险控制指标可能产生的影响，并判断是否会导致净资本等风险控制指标不符合预警标准或规定标准。

（三）负债：指对外负债，不含代理买卖证券款。

（四）资产：指自有资产，不含客户资产。

（五）或有负债：指过去的交易或者事项形成的潜在义务，其存在须通过未来不确定事项的发生或者不发生予以证实；或过去的交易或者事项形成的现时义务，履行该义务不是很可能导致经济利益流出企业或该义务的金额不能可靠计量。

（六）权益类证券：指股票和主要以股票为投资对象的证券类金融产品，包括股票、股票基金以及中国证监会规定的其他证券。

（七）固定收益类证券：指债券和主要以债券为投资对象的证券类金融产品，包括债券、债券基金以及中国证监会规定的其他证券。

（八）存出保证金：指证券公司因办理业务需要存出或交纳的各种保证金款项。

（九）重大业务：指经过测算，可能导致净资本或其他风险控制指标发生 10%以上变化的业务。

第四十一条　本办法自 2006 年 11 月 1 日起施行。

证券公司资产证券化业务管理规定

（中国证券监督管理委员会公告〔2013〕16号）

第一章　总　则

第一条　为了规范证券公司资产证券化业务活动，保障投资者的合法权益，根据《证券法》、《证券公司监督管理条例》和其他相关法律、行政法规，制定本规定。

第二条　本规定所称资产证券化业务，是指以特定基础资产或资产组合所产生的现金流为偿付支持，通过结构化方式进行信用增级，在此基础上发行资产支持证券的业务活动。

证券公司通过设立特殊目的载体开展资产证券化业务适用本规定。

前款所称特殊目的载体，是指证券公司为开展资产证券化业务专门设立的专项资产管理计划（以下简称“专项计划”）或者中国证监会认可的其他特殊目的载体。

第三条　因专项计划资产的管理、运用、处分或者其他情形而取得的财产，归入专项计划资产。因处理专项计划事务所支出的费用、对第三人所负债务，以专项计划资产承担。

专项计划资产独立于原始权益人、管理人、托管人及其他业务参与人的固有财产。

原始权益人、管理人、托管人及其他业务参与机构因依法解散、被依法撤销或者宣告破产等原因进行清算的，专项计划资产不属于其清算财产。

第四条　管理人管理、运用和处分专项计划资产所产生的债权，不得与原始权益人、管理人、托管人、资产支持证券投资者及其他业务参与机构的固有财产产生的债务相抵销。管理人管理、运用和处分不同专项计划资产所产生的债权债务，不得相互抵销。

第五条　专项计划资产应当由具有相关业务资格的商业银行、中国证券登记结算有限责任公司、具有托管业务资格的证券公司或者中国证监会认可的其他资产托管机构托管。

第六条　资产支持证券可以按照规定在证券交易所、中国证券业协会机构间报价与转让系统、证券公司柜台市场以及中国证监会认可的其他交易场所进行转让。

第七条　证券公司通过设立专项计划发行资产支持证券，应当向中国证监会提出申请并获得批准。

中国证监会应当自受理申请之日起2个月内，对上述申请作出批准或不予批准的书面决定。

第二章　专项计划

第八条　本规定所称基础资产，是指符合法律法规，权属明确，可以产生独立、可预测的现金流的可特定化的财产权利或者财产。基础资产可以是单项财产权利或者财产，也可以是多项财产权利或者财产构成的资产组合。

前款规定的财产权利或者财产，可以是企业应收款、信贷资产、信托受益权、基础设施收益权等财产权利，商业物业等不动产财产，以及中国证监会认可的其他财产或财产权利。

第九条　法律法规规定基础资产转让应当办理批准、登记手续的，应当依法办理。法律法规没有要求办理登记或者暂时不具备办理登记条件的，管理人应当采取有效措施，维护基础资产安全。

基础资产为债权的，应当按照有关法律规定将债权转让事项通知债务人。

第十条　基础资产不得附带抵押、质押等担保负担或者其他权利限制。能够通过专项计划相关安排，解除基础资产相关担保负担和其他权利限制的除外。

第十一条　以基础资产产生现金流循环购买新的同类基础资产方式组成专项计划资产的，专项计划的法律文件应当明确说明基础资产的购买条件、购买规模、流动性风险以及风险控制措施。基础资产的规模、存续期限应当与资产支持证券的规模、存续期限相匹配。

第十二条　专项计划的货币收支活动均应当通过专项计划账户进行。

第十三条　资产支持证券是投资者享有专项计划权益的证明，可以依法继承、交易或转让。资产支持证券投资者不得主张分割专项计划资产，不得要求专项计划回购资产支持证券。

资产支持证券投资者享有下列权利：

（一）分享专项计划收益；

（二）按照认购协议及计划说明书的约定参与分配清算后的专项计划剩余资产；

（三）获得资产管理报告等专项计划信息披露文件，查阅或者复制专项计划相关信息资料；

（四）依法以交易、转让或质押等方式处置资产支持证券；

（五）根据交易场所相关规则，通过回购进行融资；

（六）认购协议或者计划说明书约定的其他权利。

第十四条　专项计划可以通过内部或者外部信用增级方式提升资产支持证券信用等级。

同一专项计划发行的资产支持证券可以划分为不同种类。同一种类的资产支持证券享有同等权益，承担同等风险。

第十五条　资产支持证券可以由取得中国证监会核准的证券市场资信评级业务资格的资信评级机构（以下简称资信评级机构）进行初始评级和跟踪评级。

第十六条　专项计划的管理人以及资产支持证券的销售机构应当采取下列措施，保障投资者的投资决定是在充分知悉资产支持证券风险收益特点的情形下作出的审慎决定：

（一）了解投资者的财产与收入状况、风险承受能力和投资偏好等，推荐与其风险承受能力相匹配的资产支持证券；

（二）向投资者充分披露专项计划的基础资产情况、现金流预测情况以及对专项计划的影响、交易合同主要内容及资产支持证券的风险收益特点，告知投资资产支持证券的权利义务；

（三）制作风险揭示书充分揭示投资风险，在接受投资者认购资金前应当确保投资者已经知悉风险揭示书内容并在风险揭示书上签字。

第十七条　专项计划应当开立资产支持证券募集专用账户，用于资产支持证券认购资金的接收、验资与划转。管理人应当在专项计划设立后五个工作日内，将专项计划的设立情况向住所地中国证监会派出机构报告。

第十八条　发行期结束时，资产支持证券发行规模未达到计划说明书约定的最低发行规模，或者专项计划未满足计划说明书约定的其他设立条件，专项计划设立失败。管理人应当自发行期结束之日起十个工作日内，向投资者退还认购资金及利息。

第十九条　资产支持证券的登记、托管、转让、结算、代为兑付等事项应当遵守有关交易场所及相应登记结算机构的规定。证券公司可以为资产支持证券提供双边报价服务。

第三章 管理人及托管人

第二十条 管理人应当履行下列职责：

（一）对相关交易主体和基础资产进行全面的尽职调查；

（二）在专项计划存续期间，督促可能对专项计划以及资产支持证券投资者的利益产生重大影响的原始权益人（以下简称特定原始权益人）以及为专项计划提供服务的有关机构，履行法律规定或合同约定的义务；

（三）办理资产支持证券发行事宜；

（四）按照约定及时将募集资金支付给原始权益人；

（五）为资产支持证券投资者的利益管理专项计划资产；

（六）建立相对封闭、独立的基础资产现金流归集机制，切实防范专项计划资产被混同、挪用等风险；

（七）监督、检查特定原始权益人持续经营情况和基础资产现金流状况，出现重大异常情况的，管理人应当采取必要措施，维护专项计划资产安全；

（八）按照约定向资产支持证券投资者分配收益；

（九）履行信息披露义务；

（十）负责专项计划的终止清算；

（十一）法律、行政法规和中国证监会规定以及计划说明书约定的其他职责。

第二十一条 管理人不得有下列行为：

（一）募集资金不入账或者进行其他任何形式的账外经营；

（二）超过计划说明书约定的规模募集资金；

（三）挪用专项计划资产；

（四）以专项计划资产设定担保或者形成其他或有负债；

（五）违反计划说明书的约定以专项计划资产对外投资；

（六）法律、行政法规和中国证监会禁止的其他行为。

第二十二条 管理人应当为专项计划单独记账、独立核算，不同的专项计划在账户设置、资金划拨、账簿记录等方面应当相互独立。

第二十三条 管理人应当针对专项计划存续期内可能出现的重大风险，制订切实可行的风险控制措施和风险处置预案。在风险发生时，管理人应当勤勉尽责地执行风险处置预案，最大程度地保护资产支持证券投资者的利益。

第二十四条 有下列情形之一的，管理人应当在计划说明书中充分披露有关事项，并对可能存在的风险以及采取的风险防范措施予以说明：

（一）管理人持有原始权益人5%以上的股份或出资份额；

（二）原始权益人持有管理人5%以上的股份或出资份额；

（三）管理人与原始权益人之间近三年存在承销保荐、财务顾问等业务关系；

（四）管理人与原始权益人之间存在其他重大利益关系。

第二十五条 管理人与原始权益人存在第二十四条所列情形，或者管理人以自有资金或者其管理的集合资产管理计划、其他客户资产、证券投资基金认购资产支持证券的，应当采取有效措施，防范可能产生的利益冲突。

管理人以自有资金或其管理的集合资产管理计划、其他客户资产、证券投资基金认购资产支持证券的比例上限，由其按照有关规定和合同约定确定。

第二十六条　专项计划终止的，管理人应当按照计划说明书的约定成立清算组，负责专项计划资产的保管、清理、估价、变现和分配。

管理人应当自专项计划清算完毕之日起十个工作日内，向托管人、资产支持证券投资者出具清算报告，并将清算结果报住所地中国证监会派出机构备案。

管理人应当聘请具有证券相关业务资格的会计师事务所对清算报告出具审计意见。

第二十七条　未经中国证监会同意，专项计划不得变更管理人。

管理人出现被取消资产管理业务资格、解散、被撤销或宣告破产以及其他不能继续履行职责情形的，在依据计划说明书或者其他相关法律文件的约定选任符合本规定要求的新的管理人之前，由中国证监会指定临时管理人。计划说明书应当对此作出相应约定。

第二十八条　管理人职责终止的，应当及时办理档案和职责移交手续。管理人完成移交手续前，应当妥善保管专项计划文件和资料，维护资产支持证券投资者的合法权益。

管理人应当自完成移交手续之日起五个工作日内，向住所地中国证监会派出机构报告。

第二十九条　托管人办理专项计划的托管业务，应当履行下列职责：

（一）安全保管专项计划资产；

（二）监督管理人专项计划的运作，发现管理人的管理指令违反计划说明书或者托管协议约定的，应当要求改正；未能改正的，应当拒绝执行并及时报告管理人住所地中国证监会派出机构；

（三）出具资产托管报告；

（四）计划说明书以及相关法律文件约定的其他事项。

第四章　原始权益人

第三十条　原始权益人不得侵占、损害专项计划资产，并应当履行下列职责：

（一）依照法律、行政法规、公司章程和相关协议的规定或者约定移交基础资产；

（二）配合并支持管理人、托管人以及其他为资产证券化业务提供服务的机构履行职责；

（三）专项计划法律文件约定的其他职责。

第三十一条　原始权益人向管理人等有关业务参与人所提交的文件应当真实、准确、完整，不存在虚假记载、误导性陈述或者重大遗漏；原始权益人应当确保基础资产真实、合法、有效，不存在任何影响专项计划设立的情形。

第三十二条　特定原始权益人还应当符合下列条件：

（一）生产经营符合法律、行政法规、特定原始权益人公司章程或者企业、事业单位的内部规章文件的规定；

（二）内部控制制度健全；

（三）具有持续经营能力，无重大经营风险、财务风险和法律风险；

（四）最近三年未发生重大违约、虚假信息披露或者其他重大违法违规行为；

（五）法律、行政法规和中国证监会规定的其他条件。

上述特定原始权益人，在专项计划存续期间，应当维持正常的生产经营活动或者提供合理的支持，为基础资产产生预期现金流提供必要的保障。发生重大事项可能损害资产支持证券投资者利益的，应当及时书面告知管理人。

第五章　设立申请

第三十三条　证券公司申请设立专项计划、发行资产支持证券，应当具备以下条件：

（一）具备证券资产管理业务资格；

（二）最近一年未因重大违法违规行为受到行政处罚；

（三）具有完善的合规、风控制度以及风险处置应对措施，能有效控制业务风险。

证券公司申请设立专项计划、发行资产支持证券，应当按照本规定附件向中国证监会提交申请文件。

第三十四条 资产支持证券的投资者应当为合格投资者，合格投资者合计不得超过 200 人。

合格投资者的具体标准，由中国证券业协会另行规定。

第三十五条 资产支持证券在本规定第六条所列交易场所转让的，转让后资产支持证券的投资者应当为合格投资者，且合计不得超过 200 人。

第六章 信息披露

第三十六条 管理人、托管人应当自每个会计年度结束之日起三个月内，向资产支持证券投资者披露年度资产管理报告、年度托管报告。每次收益分配前，管理人应当向资产支持证券投资者进行信息披露。

年度资产管理报告、年度托管报告应当由管理人报住所地中国证监会派出机构备案。

第三十七条 年度资产管理报告应当至少包括下列内容：

（一）基础资产运行情况；

（二）特定原始权益人、管理人、托管人等业务参与人的履约情况；

（三）专项计划账户资金收支情况；

（四）需要对资产支持证券投资者报告的其他事项；

（五）会计师事务所对专项计划年度运行情况的审计意见。

第三十八条 年度托管报告应当至少包括下列内容：

（一）专项计划资产托管情况；

（二）对管理人的监督情况；

（三）需要对资产支持证券投资者报告的其他事项。

第三十九条 专项计划存续期间发生下列情形的，管理人应当及时向资产支持证券投资者披露，并向住所地中国证监会派出机构报告：

（一）未按计划说明书约定分配收益；

（二）资产支持证券信用等级发生不利调整；

（三）基础资产发生超过资产支持证券未偿本金余额 10%以上的损失；

（四）基础资产的运行情况或产生现金流的能力发生重大变化；

（五）特定原始权益人、管理人、托管人或者基础资产涉及法律纠纷，可能影响按时分配收益；

（六）预计基础资产现金流相比预期减少 20%以上；

（七）特定原始权益人、管理人、托管人等相关机构违反合同约定，对资产支持证券投资者利益产生不利影响；

（八）特定原始权益人、管理人、托管人等相关机构的经营情况发生重大变化，或者作出减资、合并、分立、解散、申请破产等决定，可能影响资产支持证券投资者利益；

（九）管理人、托管人、资信评级机构等相关机构发生变更；

（十）特定原始权益人、管理人、托管人等相关机构信用等级发生调整，影响资产支持证券投资者利益；

（十一）可能对资产支持证券投资者利益产生重大影响的其他情形。

第七章　监督管理

第四十条　证券公司开展资产证券化业务，应当根据中国证监会及其派出机构的要求，及时报送有关业务信息。在资产证券化业务运作过程中发生重大事件的，证券公司应当立即向住所地中国证监会派出机构报告。

第四十一条　中国证监会派出机构应当对资产证券化业务中管理人、托管人职责履行情况进行监督，并根据监管需要对资产证券化业务开展情况进行检查。对于违反本规定的，中国证监会派出机构应当依法责令其限期改正，并视情节轻重，依法采取相应的监管措施。

第四十二条　为专项计划出具现金流预测报告、评级报告、法律意见书等文件的相关机构未勤勉尽责，所制作、出具的文件有虚假记载、误导性陈述或重大遗漏的，中国证监会依照《证券法》等有关法律、行政法规进行处罚；涉嫌犯罪的，依法移送司法机关，追究其刑事责任。

第四十三条　证券交易场所、证券登记结算机构以及其他自律组织可以制定规则，对资产支持证券的发行、交易、转让、登记结算以及信息披露等事项进行规范。

第八章　附　则

第四十四条　证券公司通过其他特殊目的载体开展的资产证券化业务，参照本规定执行。中国证监会另有规定的，从其规定。

第四十五条　证券投资基金管理公司、期货公司、证券金融公司和中国证监会负责监管的其他公司，以及商业银行、保险公司、信托公司等金融机构，在本规定第六条所列交易场所发行和转让资产支持证券，参照适用本规定。

第四十六条　本规定自公布之日起施行。

证券公司借入次级债务规定

（2010年9月1日，中国证券监督管理委员会公告〔2010〕23号公布，自公布之日起施行。2012年12月27日，中国证券监督管理委员会公告〔2012〕51号公布《证券公司次级债管理规定》。该《规定》第23条决定，废止《证券公司借入次级债务规定》（证监会公告〔2010〕23号））

第一条 为规范证券公司借入次级债务行为，根据《证券法》、《证券公司监督管理条例》、《证券公司风险控制指标管理办法》等法律、行政法规的规定，制定本规定。

第二条 本规定所称次级债务，是指证券公司经批准向股东或其他符合条件的机构投资者定向借入的清偿顺序在普通债务之后，先于证券公司股权资本的债务。

前款所称符合条件的机构投资者，是指依法设立的、经审计的净资产在2000万元以上（含2000万元）的法人或投资组织。

第三条 次级债务分为长期次级债务和短期次级债务。

第四条 证券公司借入期限在两年以上（含两年）的次级债务为长期次级债务。长期次级债务应当为定期债务。

长期次级债务可以按一定比例计入净资本，到期期限在五年、四年、三年、两年、一年以上的，原则上分别按100%、90%、70%、50%、20%的比例计入净资本。

第五条 证券公司为满足承销股票、债券等特定业务的流动性资金需要，借入期限在三个月以上（含三个月）、两年以下（不含两年）的次级债务为短期次级债务。

短期次级债务不计入净资本，仅可在公司开展有关特定业务时按规定和要求扣减风险资本准备。

第六条 证券公司为满足承销股票、债券业务的流动性资金需要借入的短期次级债务，可以按照以下标准扣减风险资本准备：

（一）在承销期内，按债务资金与承销业务风险资本准备的孰低值扣减风险资本准备。

（二）承销结束，发生包销情形的，按照债务资金与因包销形成的自营业务风险资本准备的孰低值扣减风险资本准备。

承销结束，未发生包销情况的，借入的短期次级债务不得扣减风险资本准备。

第七条 证券公司借入次级债务应当由董事会制定方案，股东（大）会对下列事项做出专项决议：

（一）次级债务的规模、期限、利率；

（二）借入资金的用途；

（三）决议有效期；

（四）与借入次级债务相关的其他重要事项。

第八条 证券公司借入次级债务应当与债权人签订次级债务合同。合同应当约定下列事项：

（一）清偿顺序在普通债务之后；

（二）次级债务的金额、期限、利率；

（三）次级债务本息的偿付安排；

（四）借入资金用途；

（五）证券公司应向债权人披露的信息内容和披露方式；

（六）次级债务的借入、偿还应当符合本规定；

（七）违约责任。

第九条 证券公司借入次级债务应当符合以下条件：

（一）借入资金有合理用途。

（二）次级债务应当以现金或中国证监会认可的其他形式借入。

（三）借入次级债务数额应当符合以下规定：

1. 长期次级债务计入净资本的数额不得超过净资本（不含长期次级债务累计计入净资本的数额）的 50%；

2. 净资本与负债的比例、净资产与负债的比例等各项风险控制指标不触及预警标准。

（四）次级债务合同条款符合证券公司监管规定。

第十条 证券公司申请借入的次级债务展期，应当由公司董事会对展期期限、利率调整等事项提出议案，经股东（大）会通过后，与次级债权人变更债务合同。

第十一条 证券公司借入次级债务、次级债务展期以及偿还次级债务的，应当事先向证券公司住所地证监局提交申请，经住所地证监局批准后实施。

第十二条 证券公司申请借入次级债务，应当提交以下申请文件：

（一）申请书；

（二）相关股东（大）会决议；

（三）借入次级债务合同；

（四）债务资金的用途说明；

（五）合同当事人之间的关联关系说明；

（六）证券公司目前的风险控制指标情况及相关测算报告；

（七）债权人净资产情况的说明材料；

（八）证监会要求提交的其他文件。

第十三条 证券公司申请次级债务展期，应当提交以下申请文件：

（一）申请书；

（二）相关股东（大）会决议；

（三）借入次级债务合同；

（四）债务资金的用途说明；

（五）证券公司目前的风险控制指标情况及相关测算报告；

（六）证监会要求提交的其他文件。

第十四条 证券公司申请偿还次级债务，应当在债务到期前至少十个工作日向住所地证监局提交以下申请文件：

（一）申请书；

（二）借入次级债务合同；

（三）证券公司目前的风险控制指标情况及相关测算报告；

（四）证监会要求提交的其他文件。

证券公司偿还短期次级债务的，还应提交债务资金使用情况的说明。

证券公司提前偿还次级债务的，还应提交股东（大）会决议。

第十五条 证券公司住所地证监局应当对证券公司申请次级债务借入、展期、偿还等事项作出核准或者不予核准的书面决定。

（一）对证券公司借入短期次级债务、偿还次级债务的申请，自受理之日起五个工作日内作出决定；

（二）对证券公司借入长期次级债务、次级债务展期的申请，自受理之日起十个工作日内作出决定。

第十六条 证券公司获批借入的长期次级债务，可自债务资金到账之日起按规定比例计入净资本。债务资金于获批日之前到账的，证券公司应自获得住所地证监局批复之日起按规定比例将长期次级债务计入净资本。

证券公司借入的短期次级债务转为长期次级债务或将长期次级债务展期的，应自获得住所地证监局批复之日起按规定比例将长期次级债务计入净资本。

第十七条 证券公司提前偿还长期次级债务后一年之内再次借入新的长期次级债务的，新借入的次级债务应先按照提前偿还的长期次级债务剩余到期期限对应的比例计入净资本；在提前偿还的次级债务合同期限届满后，再按规定比例计入净资本。

新借入的长期次级债务数额超出提前偿还的长期次级债务数额的，超出部分的次级债务可按规定比例计入净资本。

第十八条 证券公司向其他证券公司借入长期次级债务的，作为债权人的证券公司在计算自身净资本时应当将借出资金全额扣除。

证券公司不得向其实际控制的子公司借入次级债务。

第十九条 证券公司应自借入次级债务获批之日起三个工作日内在公司网站公开披露借入次级债务事项。

第二十条 证券公司借入的短期次级债务应当实施专户管理，严格按照债务合同及申请文件列明的资金用途使用债务资金。

第二十一条 证券公司借入次级债等事项获批后，未经批准不得变更次级债务合同。

第二十二条 证券公司风险控制指标不符合规定标准或者偿还次级债务后将导致风险控制指标不符合规定标准的，不得偿还到期次级债务本息。次级债务合同应当明确约定前述事项。

第二十三条 除下列情形外，证券公司不得提前偿还次级债务：

（一）证券公司偿还全部或部分次级债务后，各项风险控制指标符合规定标准且未触及预警指标，净资本数额不低于借入长期次级债务时的净资本数额（包括长期次级债务计入净资本的数额）。

（二）债权人将次级债权转为股权，且次级债权转为股权符合相关法律法规规定并经批准。

（三）中国证监会认可的其他情形。

第二十四条 证券公司偿还次级债务，应当在到期日前至少三个工作日在公司网站公开披露，并在实际偿还次级债务后三个工作日内公开披露有关偿还情况。

第二十五条 上市证券公司借入和偿还次级债务的，除应当遵守本规定要求外，还应按照上市公司信息披露管理的规定，履行信息披露义务。

第二十六条 证券公司住所地证监局应当加强对证券公司次级债务存续期间的日常监管，对违反本规定及相关监管要求的，责令其及时改正，并依法采取监管措施。

第二十七条 本规定所称次级债务展期，包括将短期次级债务转为长期次级债务。

第二十八条 从事证券相关业务的证券类机构借入、偿还次级债务等事项，经中国证监会同意，可参照本规定执行。

第二十九条 本规定自公布之日起施行。《关于证券公司借入次级债务有关问题的通知》（证监机构字〔2005〕146 号）同时废止。

证券公司代销金融产品管理规定

（2012年11月12日，中国证券监督管理委员会公告〔2012〕34号公布，
自公布之日起施行）

第一条 为了规范证券公司代销金融产品行为，保护客户的合法权益，根据《证券法》、《证券公司监督管理条例》，制定本规定。

第二条 证券公司代销金融产品，应当遵守本规定。法律、行政法规和中国证券监督管理委员会（以下简称证监会）另有规定的，从其规定。

本规定所称代销金融产品，是指接受金融产品发行人的委托，为其销售金融产品或者介绍金融产品购买人的行为。

第三条 证券公司代销金融产品，应当按照《证券公司监督管理条例》和证监会的规定，取得代销金融产品业务资格。

证券公司住所地证监会派出机构按照证券公司增加常规业务种类的条件和程序，对证券公司代销金融产品业务资格申请进行审批。

第四条 证券公司可以代销在境内发行，并经国家有关部门或者其授权机构批准或者备案的各类金融产品。法律、行政法规和国家有关部门禁止代销的除外。

第五条 证券公司代销金融产品，应当遵守法律、行政法规和证监会的规定，遵循平等、自愿、公平、诚实信用和适当性原则，避免利益冲突，不得损害客户合法权益。

第六条 证券公司代销金融产品，应当建立委托人资格审查、金融产品尽职调查与风险评估、销售适当性管理等制度。

证券公司应当对代销金融产品业务实行集中统一管理，明确内设部门和分支机构在代销金融产品业务中的职责。禁止证券公司分支机构擅自代销金融产品。

第七条 接受代销金融产品的委托前，证券公司应当对委托人进行资格审查。经审查，确认委托人依法设立并可以发行金融产品后，方可接受其委托。

第八条 证券公司应当审慎选择代销的金融产品，充分了解金融产品的发行依据、基本性质、投资安排、风险收益特征、管理费用等信息。证券公司确认金融产品依法发行、有明确的投资安排和风险管控措施、风险收益特征清晰且可以对其风险状况做出合理判断的，方可代销。

第九条 证券公司应当与委托人签订书面代销合同。代销合同应当约定双方的权利与义务，并明确约定以下事项：

（一）向客户进行信息披露、风险揭示以及后续服务的相关安排；

（二）受理客户咨询、查询、投诉的相关安排和后续处理机制；

（三）出现委托人对客户违约情况下的处置预案和应急安排；

（四）因金融产品设计、运营和委托人提供的信息不真实、不准确、不完整而产生的责任由委

托人承担，证券公司不承担任何担保责任。

第十条 证券公司应当在代销合同签署后五个工作日内，向证券公司住所地证监会派出机构报备金融产品说明书、宣传推介材料和拟向客户提供的其他文件、资料。

第十一条 证券公司应当对所代销金融产品的风险状况进行评估，并划分风险等级，确定适合购买的客户类别和范围。

第十二条 证券公司向客户推介金融产品，应当了解客户的身份、财产和收入状况、金融知识和投资经验、投资目标、风险偏好等基本情况，评估其购买金融产品的适当性。

证券公司认为客户购买金融产品不适当或者无法判断适当性的，不得向其推介；客户主动要求购买的，证券公司应当将判断结论书面告知客户，提示其审慎决策，并由客户签字确认。

委托人明确约定购买人范围的，证券公司不得超出委托人确定的购买人范围销售金融产品。

第十三条 证券公司应当采取适当方式，向客户披露委托人提供的金融产品合同当事人情况介绍、金融产品说明书等材料，全面、公正、准确地介绍金融产品的有关信息，充分说明金融产品的信用风险、市场风险、流动性风险等主要风险特征，并披露其与金融合同当事人之间是否存在关联关系。

代销的金融产品流动性较低、透明度较低、损失可能超过购买支出或者不易理解的，证券公司应当以简明、易懂的文字，向客户作出有针对性的书面说明，同时详细披露金融产品的风险特征与客户风险承受能力的匹配情况，并要求客户签字确认。

证券公司应当向客户说明，因金融产品设计、运营和委托人提供的信息不真实、不准确、不完整而产生的责任由委托人承担，证券公司不承担任何担保责任。

第十四条 证券公司代销金融产品，不得有下列行为：

（一）采取夸大宣传、虚假宣传等方式误导客户购买金融产品；

（二）采取抽奖、回扣、赠送实物等方式诱导客户购买金融产品；

（三）与客户分享投资收益、分担投资损失；

（四）使用除证券公司客户交易结算资金专用存款账户外的其他账户，代委托人接收客户购买金融产品的资金；

（五）其他可能损害客户合法权益的行为。

证券公司从事代销金融产品活动的人员不得接受委托人给予的财物或其他利益。

第十五条 金融产品存续期间，客户要求了解金融产品相关信息的，证券公司应当向客户告知委托人提供的金融产品相关信息，或者协助客户向委托人查询相关信息。

第十六条 证券公司应当如实记载向客户推介、销售金融产品的有关情况，依法妥善保管与代销金融产品活动有关的各种文件、资料。

第十七条 证券公司从事代销金融产品活动的人员，应当具有证券从业资格，并遵守证券从业人员的管理规定。

证券公司应当对金融产品营销人员进行必要的培训，保证其充分了解所负责推介金融产品的信息及与代销活动有关的公司内部管理规定和监管要求。

第十八条 证券公司应当健全客户回访制度，明确代销金融产品的回访要求，及时发现并妥善处理不当销售金融产品及其他违法违规问题。

第十九条 证券公司应当妥善处理与代销金融产品活动有关的客户投诉和突发事件。涉及证券公司自身责任的，应当直接处理；涉及委托人责任的，应当协助客户联系委托人处理。

第二十条 证券公司及其从业人员违反本规定的，证监会及其派出机构依法采取监管措施或者给予行政处罚。

第二十一条 证券公司销售本公司金融产品的，参照适用本规定。

第二十二条 本规定自公布之日起施行。

证券公司金融衍生品柜台交易风险管理指引

(2013年3月14日常务理事会第11次通讯会议审议通过，2013年3月15日发布)

第一章　总　则

第一条　为加强证券公司金融衍生品柜台交易（以下简称衍生品交易）业务的风险管理，在风险可测、可控、可承受的前提下开展衍生品交易业务，根据《中华人民共和国证券法》、《证券公司监督管理条例》、《证券公司柜台交易业务规范》等相关规范，制定本指引。

第二条　衍生品交易风险管理是指对衍生品交易所含各类风险进行识别、计量、监测和控制的过程，包括市场风险、信用风险、流动性风险、操作风险及其他风险。

证券公司开展衍生品交易业务应符合《证券公司金融衍生品柜台交易业务规范》的要求。

第三条　衍生品交易风险管理的基本原则：

（一）全面性原则：建立包括不同风险类别识别、测量、监控、报告、管理和检查在内的一整套程序。

（二）定性与定量原则：合理运用恰当的定性和定量方法，对不同风险类别进行识别、计量、监测和控制。

（三）透明性原则：保证业务部门清晰、透明地传达衍生品交易要素、策略等相关信息，中后台部门及时、准确地完成交易簿记、估值和风险监控。

（四）独立性原则：在前台业务部门和中后台部门间建立有效的隔离机制，风险管理部门独立地评估和监控衍生品交易的风险。

第四条　证券公司应建立与所从事的衍生品交易的业务性质、规模和复杂程度相适应的风险管理体系和制度。

第五条　中国证券业协会、中证资本市场发展监测中心有限责任公司负责对证券公司金融衍生品柜台交易风险管理状况进行检查，证券公司应当配合。

第二章　组织架构

第六条　证券公司董事会或其授权的机构应当定期对现行的衍生品交易业务情况、风险管理政策和程序进行评价，保证其与公司的资本实力、管理水平相一致。

第七条　证券公司高级管理人员应当了解所从事的衍生品交易的风险；审核评估和批准衍生品交易业务经营及风险管理的原则、程序、组织、权限的综合管理框架；并能通过有关风险管理的部门或组织及时了解和把握衍生品交易的交易风险状况。

第八条　证券公司应设立有关风险管理部门或组织，负责对衍生品交易的风险进行识别、计量、监测和报告，并及时向高级管理层提供风险报告。

第九条 证券公司应根据制定参与衍生品交易业务的具体要求，适当配备合格交易员、分析员、销售人员，以及风险管理、内部控制和后台业务处理等各岗位人员的任职标准（包括教育背景、从业经验等），并开展相关业务培训，保证上述人员具备必要的专业技能。

第三章 信用风险管理

第十条 信用风险是指在衍生品交易和结算过程中，因交易对手不能或不愿履行合同承诺而导致损失的可能性。

第十一条 证券公司应由有关风险管理的部门或组织制定完善的交易对手信用风险管理制度并进行统一的授信管理。公司通过适当的方法或模型对交易对手信用风险进行评估，并建立履约保障机制和交易对手授信管理机制。

第十二条 证券公司应对履约保障品和交易对手授信建立事前审批机制，以保证履约保障品和交易对手符合业务授权。

第十三条 有关风险管理的部门或组织应持续跟踪和评估交易对手信用风险的变动情况及风险敞口，根据衍生品交易对手的信用状况确定各交易对手的授信额度，定期对风险进行压力测试。交易对手授信管理制度应包括交易对手的信用风险评估方法及授信额度确定方法等。相关风险管理部门或组织应对授信额度使用情况进行检测。

第十四条 证券公司应建立履约保障品的评估和管理制度，监控履约保障品估值变动情况，及时对履约保障品的折算率进行调整，并按照协议约定存放或使用履约保障品。

第十五条 证券公司应与交易对手在协议中明确违约的处理方式，并建立违约处理的机制和流程。在衍生品交易发生违约时，证券公司应根据协议约定及内部流程确定违约的性质和影响，并采取措施，避免损失的进一步扩大。对于通过仲裁或者诉讼处理违约的情形，证券公司应建立相关后续处理制度和流程。

第四章 市场风险管理

第十六条 市场风险是指衍生品交易因市场价格（如利率、汇率、商品价格和股票价格等）的变动导致损失的可能性。

第十七条 证券公司从事衍生品交易和对冲的部门应建立适当的风险对冲策略，应考虑由于不能及时以合理价格对冲风险而面临损失的可能。

第十八条 证券公司应建立评估衍生品交易市场风险的模型，对风险因素进行识别和量化，形成一整套的风险指标体系，设立市场风险限额并进行持续评估和监控。证券公司应根据具体情况设置风险限额，如敞口限额、集中度限额、敏感性限额、风险价值（VaR）限额、风险预警限额和止损限额等方法，并明确限额处理流程，严格监督相关限额制度的执行情况。

第十九条 风险管理相关部门或组织对风险限额、市值损益及限额执行情况等进行监测和报告，并将突破限额的情况及时向高级管理层报告。

第五章 流动性风险管理

第二十条 流动性风险指衍生品交易合同的持有者不能以合理的价格及时对冲合约或将合约平仓而导致损失的可能性。

第二十一条　证券公司应根据所从事的衍生品交易的类型与规模，建立完善的流动性风险监控与预警机制，并提前进行适当的流动性安排，以保证在市场流动性紧张的状态下，公司具备足够的履约能力。

第二十二条　证券公司对所开展的衍生品交易进行风险对冲时，应充分考虑流动性风险状况对风险对冲效果和业务持续运行的影响程度。

第六章　操作风险管理

第二十三条　操作风险指在与衍生品交易相关业务环节中，由于人员、流程或系统不完善或外部事件而导致损失的可能性。

第二十四条　证券公司应制定衍生品交易的内部规章制度，包含业务开展的指导原则、业务操作规程、风险管理制度、内部审计制度、交易员和交易管理人员岗位责任制度和问责制度等，并对业务授权、交易文件的生成和录入、交易确认、交易复核和簿记、市值重估、异常报告、会计处理及风险控制等重要环节进行明确规定。

第二十五条　证券公司应对衍生品交易规模建立分级授权制度，对从事衍生品交易的部门和人员进行授权管理，保证交易人员在授权范围内进行交易。

第二十六条　证券公司应设立专门的岗位从事衍生品交易，相关岗位设置应实行严格的前中后台职责分离制度，交易、风险监控、清算等岗位应相互独立。

第二十七条　证券公司应建立衍生品交易及风险管理信息系统并不断完善系统功能，加强对风险计量模型的开发建设和对风险的量化管理，加强对交易数据的管理，保证信息完整、有效，并予以妥善保存和备份。

第七章　法律合规管理

第二十八条　法律合规风险指证券公司在衍生品交易过程中，因未能遵循法律法规、监管要求、规则、自律性组织制定的有关准则以及适用于证券公司自身业务活动的行为准则，而可能遭受法律制裁或监管处罚、重大财务损失（包括但不限于交易损失、罚金、合同违约金、赔偿金等）或声誉损失的可能性。

第二十九条　证券公司应建立控制法律风险的机制和制度，审查交易对手的法律地位和交易资格，防范签订合同过程中的法律风险。

第三十条　证券公司应尽可能采用标准的协议范本签订衍生品交易合同，并建立对衍生品交易合同定期评估和管理机制。定期根据交易对手的情况，对涉及到的衍生品交易合同文本的效力、效果进行评估，加深理解和掌握，有效防范法律风险。

第三十一条　证券公司应建立健全的合规管理制度，对衍生品交易实施有效的合规管理，防范利用内幕信息设计产品或交易获取不当利益的情况发生。

第八章　模型估值与会计核算处理

第三十二条　证券公司应建立适当的衍生品交易估值模型并定期对估值模型进行验证，对模型出现偏差等情形建立相关处理机制。模型假设、方法和参数应由独立于业务部门的专门部门或岗位进行验证。

第三十三条　估值模型必须经过公司内部审批流程批准通过后，才可以将估值结果用于会计核算和风险监控。

估值模型（含假设前提、参数和数据源等）如有改动，必须重新提交审批，审批通过后方可生效。

第三十四条　证券公司应按照相关会计准则，结合管理需要，制定适用于本公司的衍生品交易会计核算办法。

第三十五条　证券公司应按照相关会计制度的要求，在衍生品交易的存续期间按照适当频率，根据估值结果的变动情况采取相应的会计核算处理。

第九章　风险报告与应急处理

第三十六条　证券公司应当建立衍生品交易的风险报告制度。

第三十七条　证券公司应针对衍生品交易建立应急处理机制，明确风险重大事项的报告和应急处理预案，以应对可能出现的重大突发风险事件。

第十章　附　则

第三十八条　本指引由协会负责解释，自发布之日起实施。

关于加强与上市公司重大资产重组相关股票异常交易监管的暂行规定

（2012 年 11 月 6 日，中国证券监督管理委员会公告〔2012〕33 号公布，自 2012 年 12 月 17 日起施行）

第一条 为加强与上市公司重大资产重组相关股票异常交易监管，防控和打击内幕交易，维护证券市场秩序，保护投资者合法权益，根据《中华人民共和国证券法》、《中华人民共和国行政许可法》、《国务院办公厅转发证监会等部门关于依法打击和防控资本市场内幕交易意见的通知》、《上市公司信息披露管理办法》、《上市公司重大资产重组管理办法》，制定本规定。

第二条 上市公司和交易对方，以及其控股股东、实际控制人，为本次重大资产重组提供服务的证券公司、证券服务机构等重大资产重组相关主体，应当严格按照法律、行政法规、规章的规定，做好重大资产重组信息的管理和内幕信息知情人登记工作，增强保密意识。

第三条 上市公司及其控股股东、实际控制人等相关方研究、筹划、决策涉及上市公司重大资产重组事项的，原则上应当在相关股票停牌后或者非交易时间进行，并应当简化决策流程、提高决策效率、缩短决策时限，尽可能缩小内幕信息知情人范围。如需要向有关部门进行政策咨询、方案论证的，应当在相关股票停牌后进行。

上市公司控股股东、实际控制人等相关方，应当及时主动向上市公司通报有关信息，并配合上市公司做好股票停牌和信息披露工作。

第四条 上市公司应当在重大资产重组交易各方初步达成实质性意向或者虽未达成实质性意向但预计该信息难以保密时，及时向证券交易所申请股票停牌，真实、准确、完整、及时、公平地进行分阶段信息披露，充分揭示风险。

第五条 上市公司因重大资产重组事项停牌后，证券交易所立即启动二级市场股票交易核查程序，并在后续各阶段对二级市场股票交易情况进行持续监管。

第六条 上市公司向中国证监会提出重大资产重组行政许可申请，如该重大资产重组事项涉嫌内幕交易被中国证监会立案调查或者被司法机关立案侦查，尚未受理的，中国证监会不予受理；已经受理的，中国证监会暂停审核。

第七条 按照本规定第六条不予受理或暂停审核的行政许可申请，如符合以下条件，未受理的，中国证监会恢复受理程序，暂停审核的恢复审核：

（一）中国证监会或者司法机关经调查核实未发现上市公司、占本次重组总交易金额比例在20%以上的交易对方（如涉及多个交易对方违规的，交易金额合并计算），及上述主体的控股股东、实际控制人及其控制的机构存在内幕交易的；

（二）中国证监会或者司法机关经调查核实未发现上市公司董事、监事、高级管理人员，上市公司控股股东、实际控制人的董事、监事、高级管理人员，交易对方的董事、监事、高级管理人员，占本次重组总交易金额比例在20%以下的交易对方及其控股股东、实际控制人及上述主体控制的机构，为本次重大资产重组提供服务的证券公司、证券服务机构及其经办人员，参与本次重大资产重组的其他主体等存在内幕交易的；或者上述主体虽涉嫌内幕交易，但已被撤换或者退出本次重大资产重组交易的；

（三）被立案调查或者立案侦查的事项未涉及本款第（一）项、第（二）项所列主体的。

依据前款第（二）项规定撤换财务顾问的，上市公司应当撤回原重大资产重组行政许可申请，重新向中国证监会提出申请。上市公司对交易对象、交易标的等作出变更导致重大资产重组方案重大调整的，还应当重新履行相应的决策程序。

第八条 中国证监会根据履行职责掌握的情况，确认不予受理或暂停审核的上市公司重大资产重组行政许可申请符合本规定第七条规定条件的，及时恢复受理或者审核。

上市公司有证据证明其重大资产重组行政许可申请符合本规定第七条规定条件的，经聘请的财务顾问和律师事务所对本次重大资产重组有关的主体进行尽职调查，并出具确认意见，可以向中国证监会提出恢复受理或者审核的申请。中国证监会根据履行职责掌握的情况，决定是否恢复受理或者审核。

第九条 因本次重大资产重组事项存在重大市场质疑或者有明确线索的举报，上市公司及涉及的相关机构和人员应当就市场质疑及时作出说明或澄清；中国证监会应当对该项举报进行核查。如果该涉嫌内幕交易的重大市场质疑或者举报涉及事项已被中国证监会立案调查或者被司法机关立案侦查，按照本规定第六条至第八条的规定执行。

第十条 中国证监会受理行政许可申请后，本规定第七条第一款第（一）项所列主体因本次重大资产重组相关的内幕交易被中国证监会行政处罚或者被司法机关依法追究刑事责任的，中国证监会终止审核，并将行政许可申请材料退还申请人或者其聘请的财务顾问。

第十一条 重大资产重组行政许可申请被中国证监会不予受理、恢复受理程序、暂停审核、恢复审核或者终止审核的，上市公司应当及时公告并作出风险提示。

第十二条 上市公司披露重大资产重组预案或者草案后主动终止重大资产重组进程的，上市公司应当同时承诺自公告之日起至少三个月内不再筹划重大资产重组，并予以披露。

重大资产重组行政许可申请因上市公司控股股东及其实际控制人存在内幕交易被中国证监会依照本规定第十条的规定终止审核的，上市公司应当同时承诺自公告之日起至少12个月内不再筹划重大资产重组，并予以披露。

第十三条 本规定第七条所列主体因涉嫌本次重大资产重组相关的内幕交易被立案调查或者立案侦查的，自立案之日起至责任认定前不得参与任何上市公司的重大资产重组。中国证监会作出行政处罚或者司法机关依法追究刑事责任的，上述主体自中国证监会作出行政处罚决定或者司法机关作出相关裁判生效之日起至少36个月内不得参与任何上市公司的重大资产重组。

第十四条 上市公司及其控股股东、实际控制人和交易相关方、证券公司及证券服务机构、其他信息披露义务人，应当配合中国证监会的监管执法工作。拒不配合的，中国证监会将依法采取监管措施，并将实施监管措施的情况对外公布。

第十五条 关于上市公司吸收合并、分立的行政许可事项，参照本规定执行。

第十六条 本规定自2012年12月17日起施行。

第七编　部分地区政策法规

深圳证券交易所中小企业私募债券业务试点办法

（为规范中小企业私募债券业务，拓宽中小微型企业融资渠道，服务实体经济发展，保护投资者合法权益，本所制定了《深圳证券交易所中小企业私募债券业务试点办法》，于2012年5月23日予以发布，请遵照执行）

第一章　总　则

第一条　为了规范中小企业私募债券业务，拓宽中小微型企业融资渠道，服务实体经济发展，保护投资者合法权益，根据《公司法》、《证券法》等法律、行政法规以及深圳证券交易所（以下简称"本所"）相关业务规则，制定本办法。

第二条　本办法所称中小企业私募债券（以下简称"私募债券"），是指中小微型企业在中国境内以非公开方式发行和转让，约定在一定期限还本付息的公司债券。

第三条　发行人应当以非公开方式向具备相应风险识别和承担能力的合格投资者发行私募债券，不得采用广告、公开劝诱和变相公开方式。

每期私募债券的投资者合计不得超过200人。

第四条　发行人应向投资者充分揭示风险，并制定偿债保障等投资者保护措施，加强投资者权益保护。

发行人应当保证发行文件及信息披露内容真实、准确、完整，不得有虚假记载、误导性陈述或重大遗漏。

第五条　私募债券应由证券公司承销。证券公司和相关中介机构为私募债券相关业务提供服务，应当遵循平等、自愿、诚实守信的原则，严格遵守执业规范和职业道德，按规定和约定履行义务。

第六条　私募债券在本所进行转让的，在发行前应当向本所备案。本所接受备案并不表明对发行人的经营风险、偿债风险、诉讼风险以及私募债券的投资风险或收益等作出判断或保证。私募债券的投资风险由投资者自行承担。

第七条　本所为私募债券的信息披露和转让提供服务，并实施自律管理。

第八条　私募债券的登记和结算，由中国证券登记结算有限责任公司按其业务规则办理。

第二章　备案及发行

第九条　在本所备案的私募债券，应当符合下列条件：

（一）发行人是中国境内注册的有限责任公司或股份有限公司；

（二）发行利率不得超过同期银行贷款基准利率的三倍；

（三）期限在一年（含）以上；

（四）本所规定的其他条件。

第十条 证券公司开展承销业务，应当符合法律、行政法规、中国证监会有关监管规定和中国证券业协会的相关规定。

第十一条 私募债券发行前，承销商应将私募债券发行材料报送本所备案。备案材料包含以下内容：

（一）备案登记表；

（二）发行人公司章程及营业执照（副本）复印件；

（三）发行人内设有权机构关于本期私募债券发行事项的决议；

（四）私募债券承销协议；

（五）私募债券募集说明书；

（六）承销商的尽职调查报告；

（七）私募债券受托管理协议及私募债券持有人会议规则；

（八）发行人经具有从事证券、期货相关业务资格的会计师事务所审计的最近两个完整会计年度的财务报告；

（九）律师事务所出具的关于本期私募债券发行的法律意见书；

（十）发行人全体董事、监事和高级管理人员对发行申请文件真实性、准确性和完整性的承诺书；

（十一）本所规定的其他文件。

第十二条 私募债券募集说明书应至少包括以下内容：

（一）发行人基本情况；

（二）发行人财务状况；

（三）本期私募债券发行基本情况及发行条款，包括私募债券名称、本期发行总额、期限、票面金额、发行价格或利率确定方式、还本付息的期限和方式等；

（四）承销机构及承销安排；

（五）募集资金用途及私募债券存续期间变更资金用途程序；

（六）私募债券转让范围及约束条件；

（七）信息披露的具体内容和方式；

（八）偿债保障机制、股息分配政策、私募债券受托管理及私募债券持有人会议等投资者保护机制安排；

（九）私募债券担保情况（若有）；

（十）私募债券信用评级和跟踪评级的具体安排（若有）；

（十一）本期私募债券风险因素及免责提示；

（十二）仲裁或其他争议解决机制；

（十三）发行人对本期私募债券募集资金用途合法合规、发行程序合规性的声明；

（十四）发行人全体董事、监事和高级管理人员对发行文件真实性、准确性和完整性的承诺；

（十五）其他重要事项。

第十三条 本所对备案材料进行完备性核对。备案材料完备的，本所自接受材料之日起十个工作日内出具《接受备案通知书》。

发行人取得《接受备案通知书》后，应在六个月内完成发行。逾期未发行的，应当重新备案。

第十四条 两个或两个以上的发行人可以采取集合方式发行私募债券。

第十五条　发行人可为私募债券设置附认股权或可转股条款，但应符合法律法规以及中国证监会有关非上市公众公司管理的规定。

第十六条　合格投资者认购私募债券应签署认购协议。认购协议应包括本期债券认购价格、认购数量、认购人的权利义务及其他声明或承诺等内容。

第十七条　私募债券发行后，发行人应在中国证券登记结算有限责任公司办理登记。

第三章　投资者适当性管理

第十八条　参与私募债券认购和转让的合格投资者，应符合下列条件：

（一）经有关金融监管部门批准设立的金融机构，包括商业银行、证券公司、基金管理公司、信托公司和保险公司等；

（二）上述金融机构面向投资者发行的理财产品，包括但不限于银行理财产品、信托产品、投连险产品、基金产品、证券公司资产管理产品等；

（三）注册资本不低于人民币1000万元的企业法人；

（四）合伙人认缴出资总额不低于人民币5000万元，实缴出资总额不低于人民币1000万元的合伙企业；

（五）经本所认可的其他合格投资者。

有关法律法规或监管部门对上述投资主体投资私募债券有限制性规定的，遵照其规定。

第十九条　发行人的董事、监事、高级管理人员及持股比例超过5%的股东，可参与本公司发行私募债券的认购与转让。

承销商可参与其承销私募债券的发行认购与转让。

第二十条　证券公司应当建立完备的投资者适当性制度，确认参与私募债券认购和转让的投资者为具备风险识别与承担能力的合格投资者。证券公司应当了解和评估投资者对私募债券的风险识别和承担能力，充分揭示风险。

证券公司应要求合格投资者在首次认购或受让私募债券前，签署风险认知书，承诺具备合格投资者资格，知悉私募债券风险，将依据发行人信息披露文件进行独立的投资判断，并自行承担投资风险。

第四章　转让服务

第二十一条　私募债券以现货及本所认可的其他方式转让。采取其他方式转让的，须报经中国证监会批准。

第二十二条　发行人申请私募债券在本所转让的，应当提交以下材料，并在转让前与本所签订《私募债券转让服务协议》：

（一）转让服务申请书；

（二）私募债券登记证明文件；

（三）本所要求的其他材料。

第二十三条　合格投资者可通过本所综合协议交易平台或通过证券公司进行私募债券转让。

通过综合协议交易平台进行转让的，参照本所现有规则办理；通过证券公司转让的，转让达成后，证券公司须向本所申报，并经本所确认后生效。证券公司应当建立健全风险控制制度，遵循诚实信用原则，不得进行虚假申报、不得误导投资者。

第二十四条　本所按照申报时间先后顺序对私募债券转让进行确认，对导致私募债券投资者超过 200 人的转让不予确认。

第二十五条 中国证券登记结算有限责任公司根据本所发送的私募债券转让数据进行清算交收。

第二十六条 私募债券转让信息在综合协议交易平台或本所网站专区进行披露。

第五章 信息披露

第二十七条 发行人、承销商及其他信息披露义务人，应当按照本办法及募集说明书的约定履行信息披露义务。发行人应当指定专人负责信息披露事务。承销商应当指定专人辅导、督促和检查发行人的信息披露义务。

信息披露应在本所网站专区或以本所认可的其他方式向合格投资者披露。

第二十八条 发行人应在完成私募债券登记后三个工作日内，披露当期私募债券的实际发行规模、利率、期限以及募集说明书等文件。

第二十九条 发行人应及时披露其在私募债券存续期内可能发生的影响其偿债能力的重大事项。

前款所称重大事项包括但不限于：

（一）发行人发生未能清偿到期债务的违约情况；

（二）发行人新增借款或对外提供担保超过上年末净资产 20%；

（三）发行人放弃债权或财产超过上年末净资产 10%；

（四）发行人发生超过上年末净资产 10%的重大损失；

（五）发行人做出减资、合并、分立、解散及申请破产的决定；

（六）发行人涉及重大诉讼、仲裁事项或受到重大行政处罚；

（七）发行人高级管理人员涉及重大民事或刑事诉讼，或已就重大经济事件接受有关部门调查。

第三十条 在私募债券存续期内，发行人应按照本所规定披露本金兑付、付息事项。

第三十一条 发行人的董事、监事、高级管理人员及持股比例超过 5%的股东转让私募债券的，应当及时通报发行人，并通过发行人在转让达成后三个工作日内进行披露。

第六章 投资者权益保护

第三十二条 发行人应当为私募债券持有人聘请私募债券受托管理人。私募债券受托管理人可由本次发行的承销商或其他机构担任。

为私募债券发行提供担保的机构不得担任该私募债券的受托管理人。

第三十三条 在私募债券存续期限内，由私募债券受托管理人依照约定维护私募债券持有人的利益。私募债券受托管理人应当为私募债券持有人的最大利益行事，不得与私募债券持有人存在利益冲突。

第三十四条 私募债券受托管理人应当履行下列职责：

（一）持续关注发行人和保证人的资信状况，出现可能影响私募债券持有人重大权益的事项时，召集私募债券持有人会议；

（二）发行人为私募债券设定抵押或质押担保的，私募债券受托管理人应在私募债券发行前取得担保的权利证明或其他有关文件，并在担保期间妥善保管；

（三）在私募债券存续期内勤勉处理私募债券持有人与发行人之间的谈判或者诉讼事务；

（四）监督发行人对募集说明书约定的应履行义务（包括募集资金用途、提取偿债保障金）的执行情况，并出具受托管理人事务报告；

（五）预计发行人不能偿还债务时，要求发行人追加担保，或者依法申请法定机关采取财产保全措施；

（六）发行人不能偿还债务时，受托参与整顿、和解、重组或者破产的法律程序；

（七）私募债券受托管理协议约定的其他重要义务。

第三十五条　发行人应当与私募债券受托管理人制定私募债券持有人会议规则，约定私募债券持有人通过私募债券持有人会议行使权利的范围、程序和其他重要事项。

存在下列情形之一的，应当召开私募债券持有人会议：

（一）拟变更私募债券募集说明书的约定；

（二）拟变更私募债券受托管理人；

（三）发行人不能按期支付本息；

（四）发行人减资、合并、分立、解散或者申请破产；

（五）保证人或者担保物发生重大变化；

（六）发生对私募债券持有人权益有重大影响的其他事项。

第三十六条　发行人应当设立偿债保障金专户，用于兑息、兑付资金的归集和管理。

发行人应在募集说明书中承诺，在私募债券付息日的十个工作日前，将应付利息全额存入偿债保障金专户；在本金到期日30个自然日前累计提取的偿债保障金余额不低于私募债券余额的20%。

第三十七条　发行人应在募集说明书中约定采取限制股息分配措施，以保障私募债券本息按时兑付，并承诺若未能足额提取偿债保障金，不以现金方式进行利润分配。

第三十八条　发行人可采取其他内外部增信措施，提高偿债能力，控制私募债券风险。增信措施包括但不限于下列方式：

（一）限制发行人将资产抵押给其他债权人；

（二）第三方担保和资产抵押、质押；

（三）商业保险。

第七章　自律监管和纪律处分措施

第三十九条　发行人及其董事、监事和高级管理人员，违反本办法、募集说明书约定、本所其他相关规定或者其所作出的承诺的，本所可采取约见谈话、通报批评、公开谴责、暂停或终止为其债券提供转让服务等措施。

第四十条　证券公司、中介机构及相关人员违反本办法规定，未履行信息披露义务或所出具的文件含有虚假记载、误导性陈述、重大遗漏的，本所可采取约见谈话、通报批评、公开谴责等措施；情节严重的，可上报相关主管机关查处。

第四十一条　证券公司未按照投资者适当性管理的要求遴选确定具有风险识别和风险承受能力的合格投资者的，本所可责令其改正，并视情节轻重采取相应的自律监管或纪律处分等措施。

第四十二条　私募债券转让双方转让行为违反本办法、本所其他相关规定的，本所可责令其改正，并视情节轻重采取相应的监管措施或者纪律处分措施。

第四十三条　前述主体被本所采取纪律处分措施的，本所将其记入诚信档案。

第八章　附　则

第四十四条　本办法经中国证监会批准后生效，修改时亦同。

第四十五条　本办法由本所负责解释。

第四十六条　本办法自发布之日起施行。

上海证券交易所复核制度暂行规定

（经中国证监会批准，本所制定了此规定，于 2007 年 11 月 19 日发布并施行）

第一章　总　则

第一条　为完善上海证券交易所（以下简称本所）自律管理，保护相关主体的合法权益，根据《中华人民共和国证券法》、《上海证券交易所章程》及本所相关业务规则，制定本规定。

第二条　有下列情形之一的，可以向本所提出复核申请：

（一）股票、企业债券、公司债券及其他证券发行人不服本所不予上市、暂停上市、终止上市决定；

（二）本所会员不服本所公开谴责、罚款、暂停或限制交易、取消交易资格、取消会员资格处分；

（三）本所会员的董事、监事、高级管理人员不服本所公开谴责决定；

（四）本所业务规则规定的其他可以申请复核的事项。

第三条　本所理事会设立复核委员会，对前条规定的复核申请进行审议。本所根据复核委员会的意见，作出复核决定。

本所作出的复核决定为终局裁决。

第四条　复核委员会通过召开复核会议的形式审议复核事项。

第五条　复核委员会委员以个人名义独立履行职责，不受任何单位和个人的干涉。

第二章　复核委员会

第六条　本所从符合条件的会计、法律及相关领域的专家、其他组织的专业人士中聘任复核委员会委员，并对外公布。

第七条　复核委员会委员每届任期两年。委员任期届满，可以连任。

第八条　复核委员会委员应当符合下列条件：

（一）熟悉有关证券法律、行政法规和国家政策；

（二）熟悉证券相关业务和本所业务规则；

（三）在所从事领域内有良好声誉，没有受到刑事、行政处罚和相关自律组织的纪律处分；

（四）坚持原则、公正廉洁、严格守法；

（五）本所规定的其他条件。

第九条　复核委员会委员履行职责时，应当遵守下列规定：

（一）勤勉尽责，以审慎的态度，全面审阅相关复核申请材料；

（二）按要求出席复核会议，根据法律、行政法规和本所规则要求，独立发表意见，行使表决权；

（三）不得接受与复核事项有关的单位或人员的馈赠，不得私下与上述单位或人员接触；

（四）保守在履行职责时接触的国家机密和有关单位的商业秘密，不得对外透露有关会议的情况；

（五）不得利用在履行职责时获取的非公开信息，为本人或他人谋取利益；

（六）本所规定的其他要求。

第十条 复核委员会委员有下列情形之一的，本所予以解聘：

（一）不符合本办法第八条规定的条件的；

（二）违反本办法第九条规定，情节严重的；

（三）任期内两次以上无故缺席复核会议的；

（四）本人申请辞去委员职务的；

（五）本所规定的其他情形。

第十一条 每次参加复核会议的委员为五名，由本所在复核委员会委员中选定。

第十二条 经本所选定参加复核会议的委员，如与申请人或复核事项存在直接或间接利害关系，可能影响其公正履行职责的，应当及时申请回避。

第十三条 复核委员会工作小组（以下简称工作小组）设于本所法律部，负责办理下列具体事务：

（一）接收申请人复核申请材料，提出初步处理意见；

（二）确认选定的委员能否参加复核会议；

（三）向委员送交审核材料；

（四）参加复核会议，制作会议记录；

（五）制作复核决定书，并送达申请人；

（六）复核委员会要求办理的其他事务。

第三章 复核程序

第十四条 申请人申请复核的，应向本所复核工作小组提交复核申请书，说明提请复核的事实、理由和要求。

第十五条 本所收到复核申请材料后，在五个交易日内进行审查，作出是否受理的决定，并书面通知申请人。申请人未按规定提交复核申请材料的，本所不受理其复核申请。

第十六条 申请人认为本所对外公布的复核委员会委员中，有与复核事项存在直接利害关系，不适宜参加审核会议的，应在提出复核申请的同时提交书面回避申请，并说明理由。

相关委员是否回避，由本所审核决定。

第十七条 本所受理复核后，从复核委员会委员中选定五名委员参加复核会议，确定会议召开时间。

复核工作小组应在复核会议召开前五个交易日内，将复核申请相关材料送交参加复核会议的委员审阅。

第十八条 被选定参加复核会议的委员如发现存在应当回避的情形，或者因特殊原因不能出席会议的，应当在会议召开前三个交易日内通知工作小组，并提交书面申请及理由。本所经核实后对参会委员作相应调整，并将相关复核申请材料在开会前送交调整后参加复核会议的委员审阅。

第十九条 复核会议对申请人的复核申请进行书面审查。复核会议由本所从参会委员中指定的会议召集人主持。

第二十条 复核会议按照下列议程进行：

（一）出席会议委员达到规定人数后，委员填写是否存在与申请人事先接触或是否存在回避事项的有关说明，交由工作小组核对后，召集人宣布会议开始并主持会议。

（二）召集人组织委员对复核事项逐一发表个人审核意见。

（三）召集人总结委员的主要审核意见，形成复核会议对申请人复核申请的审核意见。

（四）委员对复核会议记录、审核意见记录确认并签名。

（五）委员进行投票表决。

（六）工作小组负责监票及统计投票结果。

（七）召集人宣布表决结果。

（八）委员在复核会议表决结果上签名。

第二十一条 参加复核会议的委员认为有必要的，可以要求本所通知申请人到会接受询问，或者要求本所聘请相关专业机构或者专家发表专业意见。

第二十二条 复核会议对复核申请事项只进行一次审核。如发现存在尚待核实的重大事项或其他严重影响委员正确判断情形，经参加复核会议三名委员同意的，可对该复核事项暂缓表决一次。

第二十三条 复核事项的表决采取记名投票方式，参加会议的委员每人享有一票表决权。复核会议决议须由参加复核的 2/3 以上委员表决通过方为有效。

第二十四条 本所自受理复核申请后 30 个交易日内，根据复核会议决议，对申请人复核申请作出决定。申请人根据要求补充申请材料的时间、因委员回避而调整会议日期的时间、本所聘请相关专业机构或者专家发表专业意见的时间，不计入本所作出有关决定的期限内。

第二十五条 申请人或相关中介机构及其代表人在提交复核申请材料中或接受询问时，存在虚假、误导性陈述或隐瞒重要事实的，本所将根据有关规定，视情节轻重，予以通报批评或公开谴责。

第四章 附 则

第二十六条 本规定由本所理事会审议通过并经中国证监会批准后生效，修改时亦同。

第二十七条 本规定自发布之日起施行。

中国证监会北京监管局行政许可实施程序规定（试行）

第一条 为了规范中国证券监督管理委员会北京监管局（以下简称北京证监局）实施行政许可行为，完善行政许可实施程序制度，保护申请人合法权益，根据《中华人民共和国行政许可法》和《中国证券监督管理委员会行政许可实施程序规定（试行）》，制定本规定。

第二条 本规定所指行政许可包括中国证券监督管理委员会（以下简称证监会）授权北京证监局独立审核作出决定的行政许可和证监会授权由北京证监局进行初步审核，由证监会进行复审并作出决定的行政许可。

第三条 申请人向北京证监局申请行政许可，申请人依法取得行政许可后申请变更行政许可以及延长行政许可有效期，北京证监局实施行政许可，其程序适用本规定。

第四条 为方便申请人查阅，北京证监局实施行政许可的事项、依据、条件、数量和需要申请人提交的全部申请材料目录、示范文本和本规定应当公示。公示可采取办公场所张贴，互联网站公布等方式。

第五条 北京证监局实施行政许可实行统一受理，统一送达，一次告知补正，公示等制度。

第六条 申请人向北京证监局提交申请材料需一式二份，应出示单位介绍信、身份证等身份证明文件。申请人委托他人提交申请材料的，受托人还应提交申请人的授权委托书，出示受托人的身份证明文件。北京证监局受理处室应核对并留存申请人或受托人身份证明文件的复印件。申请人通过信函方式提交申请材料的，应当附上详细、准确的联系方式并确定送达方式。

第七条 受理处室当场发现申请事项依法不需要取得行政许可，或者不属于北京证监局职权范围内的，应当即时告知申请人不予受理，可出具不予受理通知书。申请事项依法不属于北京证监局职权范围的，应当告知申请人向有关行政机关申请。

第八条 受理处室接收申请材料时应指导申请人或其受托人办理登记手续，填写《申请材料登记表》。登记完毕后，应为申请人开具申请材料接收凭证。申请材料接收凭证应注明北京证监局将于五个工作日内告知申请人是否受理或者需要补正有关申请材料的情况。

第九条 受理处室应于开具申请材料接受凭证当日将申请材料、《申请材料情况登记表》和行政许可工作单转交审查处室进行形式审查。

第十条 审查处室对申请材料进行形式审查后认为申请人需要补正申请材料的，应一次性提出全部补正要求，及时转交受理处室，并由受理处室在收到申请材料之日起五日内书面通知申请人。

第十一条 申请人应当自补正通知发出之日起30个工作日内提交全部补正申请材料。受理处室负责接收、登记申请人提交的补正申请材料，出具补正申请材料接收凭证，并及时将补正材料转送审查处室。

第十二条 在作出受理申请决定之前申请人要求撤回申请材料的，受理处室应检查并留存申请人或者其受托人的身份证明文件（或复印件）或者授权委托书、撤回申请材料申请书，收回申请材料接收凭据，经登记后将申请材料退回申请人。

第十三条 审查处室认为申请事项属于北京证监局职权范围，申请材料齐全，符合法定形式的，应作出受理决定，并及时转交受理处室，由受理处室在收到申请材料之日起五日内通知申请人。

第十四条 申请人30个工作日内提交的补正材料仍然不齐全或不符合法定形式，或者申请人在30个工作日内未能提交全部补正申请材料的，由审查处室作出不予受理决定，受理处室应在规定的期限内将不予受理决定通知申请人。

第十五条 北京证监局应自出具申请材料接收凭证之日起五个工作日内，或者自出具补正申请材料接收凭证之日起两个工作日内作出受理或者不予受理申请决定。北京证监局作出受理决定的日期以通知书落款日期为准。逾期不作出受理决定或者不告知申请人补正申请材料的，自出具申请材料接收凭证或补正申请材料接收凭证之日起即为受理。

第十六条 审查部门作出受理申请决定后，应当立即安排审查工作人员对申请人提交的申请材料进行审查。审查中可采取以下措施：

（一）发出书面反馈意见通知书，要求申请人在发出通知书之日起30个工作日内提交书面回复意见，对相关问题进行说明、解释；

（二）对申请材料的有关内容进行实地核查或者对有关举报材料进行核查；

（三）就相关专业问题或情况向证监会内有关部门或本局内有关处室征询意见；

（四）依法需要专家评审的，组织专家评审会议。

第十七条 审查处室原则上应当一次将问题汇总成书面反馈意见，并交由受理处室告知、送达申请人。确有需要的，审查处室可提出第二次书面反馈意见。经北京证监局负责人批准，可增加书面反馈的次数。

第十八条 申请人应在书面反馈意见通知书发出之日起30个工作日内提交书面回复意见。书面回复意见由受理处室负责接收、登记并转送审查处室。

第十九条 需要申请人当面就其提交的书面回复意见作出说明、解释的，审查处室应当在办公场所与申请人、申请人聘请的中介机构或者申请人的受托人进行会谈，涉及重大问题的，审查处室应当做好会谈记录。

第二十条 审查申请材料过程中，申请人死亡、丧失行为能力或依法终止，申请人主动要求撤回申请材料，或者申请人未能在规定期限内根据书面反馈函提交书面回复意见的，应当作出终止审查决定。申请人主动要求撤回申请材料的参照本规定第十二条规定办理。

第二十一条 依本规定作出终止审查决定的，审查处室应提出终止审查建议，经北京证监局负责人批准后，由受理处室书面通知申请人。

第二十二条 审查处室对行政许可申请进行审查时，发现申请事项直接关系他人重大利益的，应当告知利害关系人，并听取申请人、利害关系人的意见。

第二十三条 北京证监局进行初步审查，证监会复审并作出决定的行政许可，应当自受理行政许可申请之日起20个工作日内审查完毕并向证监会报送行政许可工作单、初步审查意见和全部申请材料。上报情况应及时告知申请人。

第二十四条 北京证监局独立实施的行政许可，应当自受理申请之日起20个工作日内作出行政许可决定。20个工作日内不能作出行政许可决定的，经北京证监局负责人批准，可以延长十个工作日，并由受理处室将延长期限及其理由书面通知申请人。

第二十五条 北京证监局实施行政许可的期间适用《中国证券监督管理委员会行政许可实施程序规定（试行）》的相关规定。

第二十六条 审查处室应当在行政许可期限届满前五个工作日，根据申请人的申请是否符合法定条件、标准，提出准予或者不予行政许可的建议，制作相应的文件，报请北京证监局负责人签发准予或者不予行政许可决定。北京证监局负责人签署决定的日期为北京证监局作出行政许可决定的日期。作出不予行政许可决定的，应当说明理由，并告知申请人享有依法申请行政复议或者提起行政诉讼的权利。

第二十七条 作出准予行政许可的决定，需要颁发行政许可证件的，应当向申请人颁发下列行政许可证件：

（一）北京证监局的批准文件；

（二）法律、行政法规规定的其他行政许可证件。

第二十八条 受理处室应当自作出行政许可决定之日起十个工作日内向申请人送达本规定第二十七条规定的行政许可证件或者不予行政许可的书面决定。

第二十九条 补正通知、受理通知、不予受理通知、书面反馈意见函、终止审查通知、行政许可证件、不予行政许可书面决定等行政许可文件，由受理处室按照申请人选定的联系方式和送达方式告知、送达申请人。

第三十条 行政许可文件可以通过邮寄、申请人自行领取、申请人委托他人领取、公告等方式送达申请人。

第三十一条 申请人要求邮寄送达行政许可文件的，受理处室应当采用挂号信或者特快专递的方式送达，并应当附送达回证，在挂号信或者是特快专递的封面写明行政许可文件的名称。受理处室应当及时向邮政部门索取证明申请人签收的邮政部门回执。

第三十二条 申请人自行领取行政许可文件的，受理处室应当要求申请人出示单位介绍信、身份证等身份证明文件并予以签收。申请人委托他人领取的，受理处室应当要求受托人出示申请人的授权委托书、受托人的身份证明文件并予以签收。受理处室应当留存申请人、受托人的身份证明文件的原件或者复印件。

第三十三条 申请人在接到领取通知五个工作日内不领取行政许可文件且受理处室无法通过邮寄等方式送达的，可以公告送达。自公告之日起，经过60日，即视为送达。

第三十四条 为落实责任，明确职责，应根据本规定制定北京证监局行政许可工作规程，制定和完善各处室与行政许可相关的工作细则和业务流程，在有条件的情况下建立行政许可信息电子网络共享机制，逐步实施行政许可电子化管理，提高办事效率。

第三十五条 北京证监局相关处室在实施行政许可活动中违反本规定的，依照《中国证监会行政许可执法监督暂行规定》（证监发〔2004〕45号）和《中国证监会北京证监局行政许可执法监督实施意见》进行处理。

第三十六条 北京证监局依法对被许可人从事行政许可事项的活动进行监督检查，其工作规程另行制定。

第三十七条 本规定自2004年11月8日起实施。

上海证券交易所上市公司募集资金管理办法（2013年修订）

（上海证券交易所于2013年3月29日对本办法进行了修订、发布并实施）

第一章　总　则

第一条　为了规范本所上市公司募集资金的使用与管理，提高募集资金使用效益，保护投资者的合法权益，根据《公司法》、《证券法》、《首次公开发行股票并上市管理办法》、《上市公司证券发行管理办法》、《关于前次募集资金使用情况报告的规定》、《上市公司监管指引第2号——上市公司募集资金管理和使用的监管要求》及《上海证券交易所股票上市规则》，制定本办法。

第二条　本办法所称募集资金系指上市公司通过公开发行证券（包括首次公开发行股票、配股、增发、发行可转换公司债券、发行分离交易的可转换公司债券等）以及非公开发行证券向投资者募集的资金，但不包括上市公司实施股权激励计划募集的资金。

第三条　上市公司董事会应建立募集资金存储、使用和管理的内部控制制度，对募集资金存储、使用、变更、监督和责任追究等内容进行明确规定。

上市公司应当将募集资金存储、使用和管理的内部控制制度及时报本所备案并在本所网站上披露。

第四条　上市公司的董事、监事和高级管理人员应当勤勉尽责，督促上市公司规范使用募集资金，自觉维护上市公司募集资金安全，不得参与、协助或纵容上市公司擅自或变相改变募集资金用途。

第五条　上市公司控股股东、实际控制人不得直接或者间接占用或者挪用上市公司募集资金，不得利用上市公司募集资金及募集资金投资项目（以下简称“募投项目”）获取不正当利益。

第六条　保荐机构应当按照《证券发行上市保荐业务管理办法》及本办法对上市公司募集资金的管理和使用履行保荐职责，进行持续督导工作。

第二章　募集资金存储

第七条　上市公司募集资金应当存放于经董事会批准设立的专项账户（以下简称“募集资金专户”）集中管理。

募集资金专户不得存放非募集资金或用作其他用途。

第八条　上市公司应当在募集资金到账后一个月内与保荐机构、存放募集资金的商业银行（以下简称“商业银行”）签订募集资金专户存储三方监管协议。该协议至少应当包括以下内容：

(一) 上市公司应当将募集资金集中存放于募集资金专户;

(二) 商业银行应当每月向上市公司提供募集资金专户银行对账单,并抄送保荐机构;

(三) 上市公司一次或12个月以内累计从募集资金专户支取的金额超过5000万元且达到发行募集资金总额扣除发行费用后的净额(以下简称"募集资金净额")的20%的,上市公司应当及时通知保荐机构;

(四) 保荐机构可以随时到商业银行查询募集资金专户资料;

(五) 上市公司、商业银行、保荐机构的违约责任。

上市公司应当在上述协议签订后两个交易日内报告本所备案并公告。

上述协议在有效期届满前因保荐机构或商业银行变更等原因提前终止的,上市公司应当自协议终止之日起两周内与相关当事人签订新的协议,并在新的协议签订后两个交易日内报告本所备案并公告。

第九条 保荐机构发现上市公司、商业银行未按约定履行募集资金专户存储三方监管协议的,应当在知悉有关事实后及时向本所书面报告。

第三章 募集资金使用

第十条 上市公司使用募集资金应当遵循如下要求:

(一) 上市公司应当对募集资金使用的申请、分级审批权限、决策程序、风险控制措施及信息披露程序做出明确规定;

(二) 上市公司应当按照发行申请文件中承诺的募集资金使用计划使用募集资金;

(三) 出现严重影响募集资金使用计划正常进行的情形时,上市公司应当及时报告本所并公告;

(四) 募投项目出现以下情形的,上市公司应当对该募投项目的可行性、预计收益等重新进行论证,决定是否继续实施该项目,并在最近一期定期报告中披露项目的进展情况、出现异常的原因以及调整后的募投项目(如有):

1. 募投项目涉及的市场环境发生重大变化;

2. 募投项目搁置时间超过一年;

3. 超过募集资金投资计划的完成期限且募集资金投入金额未达到相关计划金额50%;

4. 募投项目出现其他异常情形。

第十一条 上市公司募集资金原则上应当用于主营业务。上市公司使用募集资金不得有如下行为:

(一) 除金融类企业外,募投项目为持有交易性金融资产和可供出售的金融资产、借予他人、委托理财等财务性投资,直接或者间接投资于以买卖有价证券为主要业务的公司;

(二) 通过质押、委托贷款或其他方式变相改变募集资金用途;

(三) 将募集资金直接或者间接提供给控股股东、实际控制人等关联人使用,为关联人利用募投项目获取不正当利益提供便利;

(四) 违反募集资金管理规定的其他行为。

第十二条 上市公司以自筹资金预先投入募投项目的,可以在募集资金到账后六个月内,以募集资金置换自筹资金。

置换事项应当经上市公司董事会审议通过,会计师事务所出具鉴证报告,并由独立董事、监事会、保荐机构发表明确同意意见。上市公司应当在董事会会议后两个交易日内报告本所并公告。

第十三条 暂时闲置的募集资金可进行现金管理,其投资的产品须符合以下条件:

(一) 安全性高,满足保本要求,产品发行主体能够提供保本承诺;

（二）流动性好，不得影响募集资金投资计划正常进行。

投资产品不得质押，产品专用结算账户（如适用）不得存放非募集资金或者用作其他用途，开立或者注销产品专用结算账户的，上市公司应当在两个交易日内报本所备案并公告。

第十四条　使用闲置募集资金投资产品的，应当经上市公司董事会审议通过，独立董事、监事会、保荐机构发表明确同意意见。上市公司应当在董事会会议后两个交易日内公告下列内容：

（一）本次募集资金的基本情况，包括募集时间、募集资金金额、募集资金净额及投资计划等；

（二）募集资金使用情况；

（三）闲置募集资金投资产品的额度及期限，是否存在变相改变募集资金用途的行为和保证不影响募集资金项目正常进行的措施；

（四）投资产品的收益分配方式、投资范围及安全性；

（五）独立董事、监事会、保荐机构出具的意见。

第十五条　上市公司以闲置募集资金暂时用于补充流动资金的，应当符合如下要求：

（一）不得变相改变募集资金用途，不得影响募集资金投资计划的正常进行；

（二）仅限于与主营业务相关的生产经营使用，不得通过直接或者间接安排用于新股配售、申购，或者用于股票及其衍生品种、可转换公司债券等的交易；

（三）单次补充流动资金时间不得超过 12 个月；

（四）已归还已到期的前次用于暂时补充流动资金的募集资金（如适用）。

上市公司以闲置募集资金暂时用于补充流动资金的，应当经上市公司董事会审议通过，独立董事、监事会、保荐机构发表明确同意意见。上市公司应当在董事会会议后两个交易日内报告本所并公告。

补充流动资金到期日之前，上市公司应将该部分资金归还至募集资金专户，并在资金全部归还后两个交易日内报告本所并公告。

第十六条　上市公司实际募集资金净额超过计划募集资金金额的部分（以下简称“超募资金”），可用于永久补充流动资金或者归还银行贷款，但每 12 个月内累计使用金额不得超过超募资金总额的 30%，且应当承诺在补充流动资金后的 12 个月内不进行高风险投资以及为他人提供财务资助。

第十七条　超募资金用于永久补充流动资金或者归还银行贷款的，应当经上市公司董事会、股东大会审议通过，并为股东提供网络投票表决方式，独立董事、监事会、保荐机构发表明确同意意见。上市公司应当在董事会会议后两个交易日内报告本所并公告下列内容：

（一）本次募集资金的基本情况，包括募集时间、募集资金金额、募集资金净额、超募金额及投资计划等；

（二）募集资金使用情况；

（三）使用超募资金永久补充流动资金或者归还银行贷款的必要性和详细计划；

（四）在补充流动资金后的 12 个月内不进行高风险投资以及为他人提供财务资助的承诺；

（五）使用超募资金永久补充流动资金或者归还银行贷款对公司的影响；

（六）独立董事、监事会、保荐机构出具的意见。

第十八条　上市公司将超募资金用于在建项目及新项目（包括收购资产等）的，应当投资于主营业务，并比照适用本办法第二十一条至第二十四条的相关规定，科学、审慎地进行投资项目的可行性分析，及时履行信息披露义务。

第十九条　单个募投项目完成后，上市公司将该项目节余募集资金（包括利息收入）用于其他募投项目的，应当经董事会审议通过，且经独立董事、保荐机构、监事会发表明确同意意见后方可使用。上市公司应在董事会会议后两个交易日内报告本所并公告。

节余募集资金（包括利息收入）低于100万元或者低于该项目募集资金承诺投资额5%的，可以免于履行前款程序，其使用情况应在年度报告中披露。

上市公司单个募投项目节余募集资金（包括利息收入）用于非募投项目（包括补充流动资金）的，应当参照变更募投项目履行相应程序及披露义务。

第二十条　募投项目全部完成后，节余募集资金（包括利息收入）在募集资金净额10%以上的，上市公司应当经董事会和股东大会审议通过，且经独立董事、保荐机构、监事会发表明确同意意见后方可使用节余募集资金。上市公司应在董事会会议后两个交易日内报告本所并公告。

节余募集资金（包括利息收入）低于募集资金净额10%的，应当经董事会审议通过，且独立董事、保荐机构、监事会发表明确同意意见后方可使用。上市公司应在董事会会议后两个交易日内报告本所并公告。

节余募集资金（包括利息收入）低于500万元或者低于募集资金净额5%的，可以免于履行前款程序，其使用情况应在最近一期定期报告中披露。

第四章　募集资金投向变更

第二十一条　上市公司募集资金应当按照招股说明书或者募集说明书所列用途使用。上市公司募投项目发生变更的，必须经董事会、股东大会审议通过，且经独立董事、保荐机构、监事会发表明确同意意见后方可变更。

上市公司仅变更募投项目实施地点的，可以免于履行前款程序，但应当经上市公司董事会审议通过，并在两个交易日内报告本所并公告改变原因及保荐机构的意见。

第二十二条　变更后的募投项目应投资于主营业务。

上市公司应当科学、审慎地进行新募投项目的可行性分析，确信投资项目具有较好的市场前景和盈利能力，有效防范投资风险，提高募集资金使用效益。

第二十三条　上市公司拟变更募投项目的，应当在提交董事会审议后两个交易日内报告本所并公告以下内容：

（一）原募投项目基本情况及变更的具体原因；

（二）新募投项目的基本情况、可行性分析和风险提示；

（三）新募投项目的投资计划；

（四）新募投项目已经取得或者尚待有关部门审批的说明（如适用）；

（五）独立董事、监事会、保荐机构对变更募投项目的意见；

（六）变更募投项目尚需提交股东大会审议的说明；

（七）本所要求的其他内容。

新募投项目涉及关联交易、购买资产、对外投资的，还应当参照相关规则的规定进行披露。

第二十四条　上市公司变更募投项目用于收购控股股东或者实际控制人资产（包括权益）的，应当确保在收购后能够有效避免同业竞争及减少关联交易。

第二十五条　上市公司拟将募投项目对外转让或者置换的（募投项目在上市公司实施重大资产重组中已全部对外转让或者置换的除外），应当在提交董事会审议后两个交易日内报告本所并公告以下内容：

（一）对外转让或者置换募投项目的具体原因；

（二）已使用募集资金投资该项目的金额；

（三）该项目完工程度和实现效益；

（四）换入项目的基本情况、可行性分析和风险提示（如适用）；

（五）转让或者置换的定价依据及相关收益；

（六）独立董事、监事会、保荐机构对转让或者置换募投项目的意见；

（七）转让或者置换募投项目尚需提交股东大会审议的说明；

（八）本所要求的其他内容。

上市公司应充分关注转让价款收取和使用情况、换入资产的权属变更情况及换入资产的持续运行情况，并履行必要的信息披露义务。

第五章　募集资金使用管理与监督

第二十六条　上市公司应当真实、准确、完整地披露募集资金的实际使用情况。

第二十七条　上市公司董事会应当每半年度全面核查募投项目的进展情况，对募集资金的存放与使用情况出具《公司募集资金存放与实际使用情况的专项报告》（以下简称“《募集资金专项报告》”）。

募投项目实际投资进度与投资计划存在差异的，上市公司应当在《募集资金专项报告》中解释具体原因。当期存在使用闲置募集资金投资产品情况的，上市公司应当在《募集资金专项报告》中披露本报告期的收益情况以及期末的投资份额、签约方、产品名称、期限等信息。

《募集资金专项报告》应经董事会和监事会审议通过，并应当在提交董事会审议后两个交易日内报告本所并公告。年度审计时，上市公司应当聘请会计师事务所对募集资金存放与使用情况出具鉴证报告，并于披露年度报告时向本所提交，同时在本所网站披露。

第二十八条　独立董事、董事会审计委员会及监事会应当持续关注募集资金实际管理与使用情况。1/2以上的独立董事、董事会审计委员会或者监事会可以聘请会计师事务所对募集资金存放与使用情况出具鉴证报告。上市公司应当予以积极配合，并承担必要的费用。

董事会应当在收到前款规定的鉴证报告后两个交易日内向本所报告并公告。如鉴证报告认为上市公司募集资金的管理和使用存在违规情形的，董事会还应当公告募集资金存放与使用情况存在的违规情形、已经或者可能导致的后果及已经或者拟采取的措施。

第二十九条　保荐机构应当至少每半年度对上市公司募集资金的存放与使用情况进行一次现场调查。

每个会计年度结束后，保荐机构应当对上市公司年度募集资金存放与使用情况出具专项核查报告，并于上市公司披露年度报告时向本所提交，同时在本所网站披露。核查报告应当包括以下内容：

（一）募集资金的存放、使用及专户余额情况；

（二）募集资金项目的进展情况，包括与募集资金投资计划进度的差异；

（三）用募集资金置换预先已投入募集资金投资项目的自筹资金情况（如适用）；

（四）闲置募集资金补充流动资金的情况和效果（如适用）；

（五）超募资金的使用情况（如适用）；

（六）募集资金投向变更的情况（如适用）；

（七）上市公司募集资金存放与使用情况是否合规的结论性意见；

（八）本所要求的其他内容。

每个会计年度结束后，上市公司董事会应在《募集资金专项报告》中披露保荐机构专项核查报告和会计师事务所鉴证报告的结论性意见。

第六章 附 则

第三十条 募投项目通过上市公司的子公司或者上市公司控制的其他企业实施的，适用本办法。

第三十一条 上市公司及其控股股东和实际控制人、董事、监事、高级管理人员、保荐机构、会计师事务所违反本办法的，本所依据《上海证券交易所股票上市规则》的相关规定，视情节轻重给予惩戒。情节严重的，本所将报中国证监会查处。

第三十二条 本办法所称"以上"含本数，"低于"不含本数。

第三十三条 本办法由本所负责解释。

第三十四条 本办法自发布之日起施行。本所《上市公司日常信息披露工作备忘录第七号——上市公司超募资金的使用与管理》同时废止。

上海证券交易所上市公司以集中竞价交易方式回购股份业务指引（2013年修订）

第一条 为引导和规范上市公司以集中竞价交易方式回购股份行为，维护证券市场秩序，保护投资者和上市公司合法权益，根据中国证监会《上市公司以集中竞价交易方式回购股份的补充规定》（以下简称"《补充规定》"），制定本指引。

第二条 在上海证券交易所（以下简称"本所"）上市的公司，不以终止上市为目的，通过集中竞价交易方式在连续竞价阶段回购本公司股份（以下简称"回购股份"）减少注册资本的行为，适用本指引。

第三条 上市公司拟回购股份的，应当符合《上市公司回购社会公众股份管理办法（试行）》（以下简称"《回购办法》"）规定的条件。

第四条 上市公司符合下列情形之一且回购股份不影响其持续经营能力的，本所鼓励其回购股份：

（一）股价持续低于每股净资产的；

（二）经营活动产生的现金流量持续为正，或有大量闲置资金的；

（三）资产负债率大幅低于行业平均水平的；

（四）因实施重大资产重组后存在未弥补亏损，而长期无法向股东进行现金分红的；

（五）具有分红能力但现金分红水平较低的；

（六）发行的A股、B股或H股股票市场定价存在较大差异，其中某类股票股价偏低，未能合理反映公司价值的；

（七）为适应证券市场发展变化和保护投资者合法权益的需要而认定的其他情形。

第五条 上市公司董事会在审议通过回购股份决议后，应当及时向本所提交下列材料并公告，发出股东大会通知：

（一）董事会审议通过回购股份方案的决议；

（二）回购股份预案；

（三）独立董事意见；

（四）股东大会通知；

（五）本所要求的其他材料。

第六条 回购股份预案的内容应当包括：

（一）回购股份的价格区间；

（二）拟回购股份的种类、预计回购数量的上限及占总股本的比例；

（三）拟用于回购的资金总额上限及资金来源；

（四）回购股份的实施期限（自股东大会审议通过回购股份方案原则上不超过六个月）；

（五）预计回购后公司股权结构的变动情况；

（六）管理层关于本次回购股份对公司经营、财务及未来发展影响和维持上市地位等情况的分析；

（七）上市公司董事、监事、高级管理人员、控股股东及其一致行动人、实际控制人在董事会作出回购股份决议前六个月是否存在买卖本公司股份的行为，是否存在单独或者与他人联合进行内幕交易及市场操纵的说明；

（八）本所要求披露的其他内容。

第七条　独立董事意见应当包括以下内容：

（一）公司回购股份是否符合《回购办法》、《补充规定》的规定；

（二）结合回购股份的目的、股价表现、公司价值分析等因素，说明回购的必要性；

（三）结合回购股份所需资金及其来源等因素，说明回购股份方案的可行性；

（四）其他应说明的事项。

第八条　上市公司回购股份应当符合下列要求：

（一）回购股份的价格区间上限高于董事会通过回购股份决议前十个交易日或者前30个交易日（按照孰高原则）该股票平均收盘价的150%的，应当在回购股份预案中说明理由；

（二）每日回购股份的数量不得超过其拟回购总数量的1/3，但每日回购股份数量不超过20万股的除外；

（三）不得向特定对象回购股份。

第九条　上市公司应当按照《上市公司日常信息披露工作备忘录第三号——内幕信息知情人档案的填报》的要求及时向本所报送本次回购股份内幕信息知情人相关信息。

第十条　上市公司应当在股东大会召开前三日，将董事会公告回购股份决议的前一个交易日及股东大会的股权登记日登记在册的前十名无限售条件股东的名称及持股数量、比例，在本所网站予以公布。

第十一条　上市公司股东大会对回购股份作出决议，须经出席会议的股东所持表决权的2/3以上通过。上市公司股东大会就回购股份作出的决议，应当包括下列事项：

（一）回购股份的价格区间；

（二）拟回购股份的种类、预计回购数量的上限和比例；

（三）拟用于回购的资金总额上限以及资金来源；

（四）回购股份的实施期限（自股东大会审议通过回购股份方案原则上不超过六个月）；

（五）决议的有效期；

（六）对董事会办理本次回购股份事宜的具体授权；

（七）其他相关事项。

上市公司召开股东大会审议回购股份方案，应当向股东提供网络投票服务平台。

第十二条　上市公司应当在股东大会作出回购股份决议后的次一交易日公告该决议，依法通知债权人，并按照有关规定将相关材料报送中国证监会和本所备案。

上市公司已发行公司债券的，还应当按照债券募集说明书履行相应程序和义务。

第十三条　上市公司应当在股东大会审议通过回购股份方案后开立股份回购专用账户。回购专用账户仅可用于回购公司股份，已回购的股份不得卖出。

第十四条　上市公司应当在股东大会审议通过回购股份方案后及时向本所提交下列材料，并及时公告回购报告书：

（一）回购报告书；

（二）股份回购专用账户相关资料；

（三）本所要求的其他材料。

第十五条　回购期间，上市公司应当在以下时间及时发布回购进展情况公告，并应当在各定期报告中公布回购进展情况：

（一）首次回购股份事实发生之日；

（二）每个月的前三个交易日内；

（三）回购股份占上市公司总股本的比例每增加 1%的事实发生之日。

前款规定的公告内容，至少应当包括公告前已回购股份数量、购买的最高价和最低价、支付的总金额。

公告期间无须停止回购行为。

第十六条 计算上市公司已回购股份占公司总股本的比例时，总股本以公司最近一次公告的总股本为准，不扣减已回购的股份。计算上市公司回购股份占总股本比例每增加 1%的指标时，以公司最近一次公告披露的回购比例为基准累计计算。

第十七条 回购期间，上市公司发布定期报告的，其中披露的发行在外的总股本应当扣减已回购的股份数，相关指标（如基本每股收益等）以扣减后的股本数计算，并在附注中予以注明。

第十八条 上市公司距回购期届满前三个月仍未实施回购方案的，董事会应当公告未能实施回购的原因。

第十九条 回购期届满或者回购方案已实施完毕的，上市公司应当停止回购行为，在两个交易日内发布回购结果暨股份变动公告。

上市公司应当在回购结果暨股份变动公告中，将实际回购股份数量、比例、使用资金总额与股东大会审议通过的回购股份方案相应内容进行对照，就回购股份方案执行情况与方案的差异作出解释，并就股份回购方案的实施对公司的影响作出说明。

第二十条 上市公司董事、监事、高级管理人员、控股股东及其一致行动人、实际控制人在上市公司披露回购股份预案之日至发布回购结果暨股份变动公告前一日卖出所持有的该公司股票的，应当及时向公司报告，由公司在回购结果暨股份变动公告中披露，并在公告中说明卖出该公司股票的理由。

第二十一条 上市公司向本所提交回购结果暨股份变动公告时，应当同时提交回购股份注销申请，以及中国证券登记结算有限责任公司（以下简称“中国结算”）上海分公司出具的回购专用账户持股数量查询证明。

上市公司应当按照股份变动公告确定的回购股份注销日期，及时办理回购股份注销事宜。

股份注销完成后，上市公司应当撤销回购专用账户，并至工商登记部门办理工商变更登记手续。

第二十二条 上市公司回购的股份自过户至上市公司回购专用账户之日起即失去其权利，不享受利润分配、公积金转增股本、增发新股和配股、质押、股东大会表决权等相关权利。

第二十三条 上市公司回购股份的交易申报，应当符合下列要求：

（一）申报价格不得为公司股票当日交易涨幅限制的价格；

（二）不得在开盘集合竞价、收盘前半小时内及股票价格无涨跌幅限制的交易日内进行股份回购的申报；

（三）本所规定的其他要求。

第二十四条 上市公司在下列期间不得回购股份：

（一）上市公司定期报告或业绩快报公告前十个交易日内；

（二）自可能对本公司股票交易价格产生重大影响的重大事项发生之日或者在决策过程中，至依法披露后两个交易日内；

（三）中国证监会、本所规定的其他情形。

第二十五条 上市公司回购股份，应当建立规范有效的内部控制制度，制定具体的操作方案，合理发出回购股份的申报指令，防范发生内幕交易及其他不公平交易行为，不得利用回购股份向特定对象进行利益输送。

第二十六条　本所将对上市公司通过回购股份专用账户进行回购股份的交易行为，以及其他内幕信息知情人买卖该公司股票的交易行为进行实时监察。

上市公司及其他内幕信息知情人存在异常交易行为的，本所可以根据《上海证券交易所交易规则》及其他业务规则的规定采取限制证券账户交易等措施。

第二十七条　上市公司回购股份期间不得发行股份募集资金。

第二十八条　上市公司当年实施股份回购所支付的现金视同现金红利，与该年度利润分配中的现金红利合并计算。

上市公司符合本指引第四条规定的鼓励回购股份情形，合理制定并实施回购股份方案，同时按照前款规定合并计算的当年现金红利总额与年度归属于上市公司股东的净利润之比不低于50%，且与当年归属于上市公司股东的净资产之比不低于同期中国人民银行公布的一年期定期存款基准利率的，本所将采取以下激励措施：

（一）公司进行再融资、并购重组等事项的，本所将在相关规则和本所职责范围内给予支持，再融资规模未超过前次股份回购所支付的现金的，可以简化相关程序；

（二）在评奖、考核等事项中酌情给予加分。

第二十九条　上市公司办理与股份回购相关的登记申请、申领股东名册、开立专用账户、划转回购资金、查询相关人员和中介机构买卖股票情况、注销回购专用账户和回购股份等手续按照中国结算上海分公司的有关业务规则办理。

第三十条　上市公司回购股份违反本指引规定的，本所将视情节轻重对上市公司及相关当事人采取监管措施或者给予纪律处分。情节严重的，本所将上报中国证监会查处。

第三十一条　本指引由本所负责解释。

第三十二条　本指引自发布之日起施行。本所2008年10月10日发布的《上海证券交易所上市公司以集中竞价交易方式回购股份业务指引》同时废止。

深圳证券交易所货币市场基金实时申购赎回业务指引

（为规范货币市场基金实时申购、赎回业务，深圳证券交易所制定了本指引，于2013年3月22日发布并实施）

第一条　为规范货币市场基金（以下简称“货币基金”）在深圳证券交易所（以下简称“本所”）的实时申购、赎回业务，根据有关法律、法规、规章及本所业务规则的规定，制定本指引。

第二条　通过本所交易系统办理货币基金实时申购、赎回业务，应当遵守本指引的规定。

第三条　货币基金的登记、存管和结算由本所指定的证券登记结算机构办理。

第四条　基金管理人通过本所办理货币基金实时申购、赎回业务的，应当向本所提交申请并获得本所同意。

第五条　基金管理人应当从具有基金销售业务资格的本所会员中选择代办货币基金实时申购、赎回业务的证券公司（以下简称“代办证券公司”），并报经本所同意。

基金管理人应与选定的代办证券公司签订代办委托协议，明确双方权利义务。

第六条　货币基金实时申购、赎回的申报时间为本所开盘集合竞价时间、连续竞价时间和收盘集合竞价时间。

第七条　货币基金实时申购、赎回，按基金合同和招募说明书规定的最小申购、赎回单位或其整数倍进行申报。

第八条　货币基金实时申购、赎回的申报指令一经确认不可更改或撤销。申报指令应当包括证券账号、基金代码、业务类别、买卖方向（申购为买，赎回为卖）、数量等内容，并按本所规定的格式传送。

第九条　投资者通过本所实时申购、赎回货币基金，应当委托代办证券公司申报，但本所另有规定除外。代办证券公司接受投资者申购、赎回委托时，应核实投资者拥有足额的现金或基金份额。

第十条　投资者当日申购的货币基金份额，次一交易日起可以赎回。

第十一条　基金管理人每日开市前应向本所提供货币基金的申购、赎回基本要素清单（以下简称“申购赎回清单”），并通过本所指定的信息发布渠道予以公告。申购赎回清单应当包括下列内容：

（一）最小申购、赎回单位对应的现金金额；

（二）前一交易日的基金份额净值；

（三）申购份额上限和赎回份额上限；

（四）单个账户申购份额上限和赎回份额上限；

（五）本所要求提供的其他信息。

第十二条　本所根据基金合同和招募说明书的规定，按照基金管理人提供的申购赎回清单，对符合要求的申购、赎回申报予以实时确认；对不符合要求的申购、赎回申报作无效申报处理。

经本所确认的申购、赎回结果，相关结算参与机构应当履行清算交收义务。对不履行清算交收义务的，由证券登记结算机构按其业务规定处理。

第十三条　基金管理人应当根据基金招募说明书的相关规定计算基金份额净值，并可委托本所于交易日通过行情发布系统揭示，基金管理人应对基金份额净值的准确性承担责任。

第十四条　出现下列情形之一的，本所可以暂停接受基金份额的申购、赎回申报：

（一）因异常情况导致申购、赎回无法正常进行；

（二）基金管理人开市前未公布申购赎回清单或申购赎回清单内容出现重大错误；

（三）证券登记结算机构提请本所暂停基金份额的申购、赎回；

（四）基金管理人根据基金合同和招募说明书的约定申请暂停申购、赎回；

（五）本所认定的其他情形。

第十五条　出现下列情形之一的，本所可以终止办理基金份额的申购、赎回：

（一）基金管理人严重违反本所业务规则；

（二）证券登记结算机构提请本所终止办理基金份额的申购、赎回；

（三）基金管理人根据基金合同和招募说明书的约定或基金份额持有人大会决定终止办理基金份额的申购、赎回；

（四）本所认定的其他情形。

第十六条　本所为基金管理人提供货币基金实时申购、赎回的技术服务，因不可抗力、意外事件或本所不能控制的其他原因造成的问题，本所不承担责任。

第十七条　本指引由本所负责修订和解释。

第十八条　本指引自发布之日起施行。

郑州商品交易所套期保值管理办法

（郑州商品交易所第五届理事会：2011 年 10 月 17 日审议通过，自 2011 年 10 月 28 日起施行；2013 年 6 月 14 日修订，自 2013 年 9 月 16 日起施行）

第一章　总　则

第一条　为充分发挥期货市场的套期保值功能，促进期货市场的规范发展，根据《郑州商品交易所交易规则》等有关规定，制定本办法。

第二条　套期保值持仓额度分为一般月份（本办法指合约挂牌至交割月前一个月第一个交易日之前）套期保值持仓额度和临近交割月份（本办法指交割月前一个月和交割月份）套期保值持仓额度。

第三条　期货公司会员和非期货公司会员可以电子方式或纸质方式向郑州商品交易所（以下简称交易所）提交套期保值申请及相关材料。

以电子方式提交套期保值申请的，期货公司会员应根据客户申报的材料，通过会员服务系统向交易所提交相关申请信息，非期货公司会员直接通过会员服务系统向交易所提交相关申请信息。客户和非期货公司会员的纸质套期保值申请材料应由会员保存完整，以备交易所抽查审核。

第四条　申请套期保值交易的客户和非期货公司会员必须具备与套期保值交易品种相关的生产经营资格。

第五条　套期保值持仓额度由交易所套期保值审核委员会审批。套期保值审核委员会由交易所领导及市场监察、交割、结算、法律事务、市场等业务部门负责人组成。

第六条　会员和客户在交易所从事套期保值业务，应当遵守本办法。

第二章　一般月份套期保值持仓额度的申请与审批

第七条　一般月份套期保值持仓额度实行审批制。一般月份套期保值持仓额度分为一般月份买入套期保值持仓额度和一般月份卖出套期保值持仓额度。

第八条　需进行一般月份套期保值交易的客户应向其开户的期货公司会员申报，由期货公司会员进行审核后，按本办法向交易所办理申报手续；非期货公司会员直接向交易所办理申报手续。

第九条　申请一般月份套期保值持仓额度的会员或客户，应当填写《郑州商品交易所一般月份套期保值持仓额度申请（审批）表》，并向交易所提交下列证明材料：

（一）企业营业执照副本（复印件）；

（二）企业近两年的现货经营业绩；

（三）企业套期保值交易方案（主要内容包括风险来源分析、保值目标、预期交割或平仓的数量）；

（四）交易所要求的其他证明材料。

第十条 一般月份套期保值持仓额度的申请应当在套期保值合约交割月前两个月的第 20 个日历日之前的交易日提出，逾期交易所不再受理该合约套期保值持仓额度的申请。会员和客户可以一次申请多个合约的一般月份套期保值持仓额度。

第十一条 交易所对一般月份套期保值持仓额度的申请，按主体资格是否符合，套期保值品种、交易部位、买卖数量、套期保值时间与其生产经营规模、历史经营状况、资金等情况是否相适应进行审核，确定其一般月份套期保值持仓额度。一般月份套期保值持仓额度不超过其所提供的一般月份套期保值证明材料中所申报的数量。

第十二条 交易所自收到一般月份套期保值持仓额度申请之日起五个交易日内进行审核，并按下列情况分别处理：

（一）对符合套期保值条件的，通知其准予办理；

（二）对不符合套期保值条件的，通知其不予办理；

（三）对相关证明材料不足的，通知申请人补充相关证明材料。

第三章 临近交割月份套期保值持仓额度的申请与审批

第十三条 临近交割月份套期保值持仓额度实行审批制。临近交割月份套期保值持仓额度分为临近交割月份买入套期保值持仓额度和临近交割月份卖出套期保值持仓额度。

第十四条 需进行临近交割月份套期保值交易的客户应当向其开户的期货公司会员申报，由期货公司会员进行审核后，按本办法向交易所办理申报手续；非期货公司会员直接向交易所办理申报手续。

第十五条 申请临近交割月份套期保值持仓额度的会员或客户，应当填写《郑州商品交易所临近交割月份套期保值持仓额度申请（审批）表》，并根据企业性质向交易所提交相关证明材料。

生产企业应提交的证明材料：

（一）上一年度生产计划书；

（二）卖出套保需提供本次保值额度所对应的现货仓单或拥有实物的其他凭证（购销合同或发票）；

加工企业应提交的证明材料：

（一）上一年度生产计划书、本次保值额度所对应的加工订单；

（二）卖出套保需提供本次保值额度所对应的现货仓单或拥有实物的其他凭证（购销合同或发票）；

（三）买入套保需提供本次保值额度所对应的购销计划（合同）。

贸易及其他企业应提交的证明材料：

（一）卖出套保需提供本次保值额度所对应的现货仓单或拥有实物的其他凭证（购销合同或发票）；

（二）买入套保需提供本次保值额度所对应的购销计划（合同）。

除上述证明材料外，交易所认为有必要的还可以要求会员或客户提供其他证明材料。

第十六条 临近交割月份套期保值持仓额度的申请应当在套期保值合约交割月前二个月的第一至第 20 个日历日之间的交易日提出，逾期交易所不再受理该合约套期保值持仓额度的申请。

交易所套期保值审核委员会在申请截止日后的五个交易日内集中审批，并按下列情况分别处理：

（一）对符合套期保值条件的，通知其准予办理；

（二）对不符合套期保值条件的，通知其不予办理；

（三）对相关证明材料不足的，通知申请人补充相关证明材料。

第十七条　对临近交割月份套期保值持仓额度的申请，交易所将按照会员或客户的交易部位和数量、现货经营状况、对应期货合约整体持仓情况、可供交割商品在交易所指定交割仓库库存数量以及期现价格是否背离等，确定其临近交割月份套期保值持仓额度。临近交割月份套期保值持仓额度不超过其所提供的相关套期保值证明材料中所申报的数量。

全年各合约月份临近交割月份套期保值持仓额度累计不超过其当年生产能力、当年生产计划或上一年度该商品经营数量。

第十八条　未申请或未获批临近交割月份套期保值持仓额度的会员或客户，其一般月份套期保值持仓额度在合约交割月前一个月和交割月份，按照一般月份套期保值持仓额度与该合约同期限仓量取小的原则，转化为临近交割月份套期保值持仓额度。一般月份套期保值持仓超出临近交割月份同期限仓量部分，自动转化为投机持仓。

申请并获批临近交割月份套期保值持仓额度的会员或客户，在进入合约交割月前一个月和交割月时，其一般月份套期保值持仓额度按照批准的临近交割月份套期保值持仓额度执行，转化为临近交割月份套期保值持仓额度。

第四章　套期保值交易

第十九条　获批套期保值持仓额度的会员和客户，可通过交易指令直接建立套期保值持仓，也可通过对历史投机持仓确认的方式建立套期保值持仓。

第二十条　获批套期保值持仓额度的会员或客户，应当在套期保值合约交割月前一个月的最后一个交易日收市前，按获批的交易部位和额度建仓。规定期限内未建仓的，视为自动放弃套期保值持仓额度。

第二十一条　套期保值持仓额度自交割月第一个交易日起（含该日）不得重复使用。

第二十二条　交易所可以对套期保值的保证金、手续费采取优惠措施。

第五章　套期保值监督与管理

第二十三条　交易所对会员或客户获批套期保值持仓额度的使用情况进行监督管理。

第二十四条　交易所对会员及客户提供的有关生产经营状况、资信情况及期货、现货市场交易行为可随时进行监督和调查，会员及相关客户应予协助和配合。

交易所有权要求获批套期保值持仓额度的会员或客户报告现货、期货交易情况。

第二十五条　会员或客户在获批套期保值持仓额度期间，企业情况发生重大变化时，应及时向交易所报告。交易所有权根据市场情况和套期保值企业的生产经营状况对会员或客户套期保值持仓额度进行调整。

第二十六条　会员或客户需要调整套期保值持仓额度时，应当及时向交易所提出书面变更申请。

第二十七条　获批套期保值持仓额度的会员或客户利用套期保值额度，频繁进行开平仓交易、影响或者企图影响市场价格的，交易所有权对其采取谈话提醒、书面警示、调整或者取消其套期保值持仓额度、限制开仓、限期平仓、强行平仓等措施。

第二十八条　交易所强制减仓的，按先投机后套期保值的顺序进行减仓。

第二十九条　会员及客户在进行套期保值申请和交易时，存在欺诈或者违反交易所规定行为的，交易所有权不受理其套期保值申请、调整或者取消其套期保值持仓额度，并按照《郑州商品交易所违规处理办法》的有关规定处理。

第六章　附　则

第三十条　本办法解释权属于郑州商品交易所。

第三十一条　本办法自 2013 年 9 月 16 日起施行。

郑州商品交易所期货结算细则

（郑州商品交易所第五届理事会：2008年1月7日审议通过，自2008年1月15日起施行；2009年3月28日修订，自2009年4月20日起施行；2012年8月14日修订，自2012年9月3日起施行；2013年6月14日修订，自2013年9月16日起施行）

第一章 总 则

第一条 为规范郑州商品交易所（以下简称交易所）期货交易的结算行为，保护期货交易当事人的合法权益和社会公众利益，防范和化解期货市场风险，根据《郑州商品交易所交易规则》，制定本细则。

第二条 结算是指根据交易结果和交易所有关规定对会员保证金、盈亏、手续费、交割货款及其他有关款项进行计算、划拨的业务活动。

第三条 交易所的期货业务结算实行保证金制度、当日无负债结算制度和风险准备金制度等。

第四条 交易所实行分级结算制度。交易所对会员进行结算，期货公司会员对客户进行结算。

第五条 交易所的期货结算业务按本细则进行。交易所、会员、客户和期货保证金存管银行（以下简称存管银行）必须遵守本细则。

第二章 结算机构

第六条 结算机构包括交易所和会员的结算部门。

第七条 交易所结算部门负责期货交易、交割的统一结算，保证金管理，风险准备金管理以及结算风险的防范。

所有在交易所交易系统中成交的合约必须通过结算部门进行统一结算。

交易所依据有关规章制度有权检查会员的结算资料、财务报表及相关的凭证和账册。

第八条 会员须设立结算部门。期货公司会员结算部门负责会员与交易所、会员与客户之间的结算工作；非期货公司会员结算部门负责会员与交易所之间的结算工作。

会员结算部门应当妥善保管结算资料、财务报表及相关凭证、账册，以备查询和核实。

第三章 存管银行

第九条 存管银行由交易所指定，协助交易所办理期货交易结算业务。经交易所同意成为存管银行后，存管银行须与交易所签订相应协议，明确双方的权利和义务，以规范相关业务行为。

交易所有权对存管银行的期货结算业务进行监督。

第十条　存管银行的权利：

（一）开设交易所专用结算账户和会员专用资金账户；

（二）吸收交易所和会员的存款；

（三）了解会员在交易所的资信情况。

第十一条　存管银行的义务：

（一）向交易所提供会员专用资金账户的资金情况，根据交易所要求对会员保证金实施必要的监管措施；

（二）根据交易所提供的票据优先划转会员的资金；

（三）协助交易所核查会员资金的来源和去向；

（四）向交易所及时通报会员标准仓单的质押情况；

（五）向交易所及时通报会员在资金结算方面的不良行为和风险；

（六）交易所出现重大风险时，必须协助交易所化解风险；

（七）保守交易所和会员的商业秘密；

（八）接受交易所对其期货业务的监督。

第十二条　结算机构及其工作人员应当保守交易所和会员的商业秘密。

第四章　保证金

第一节　保证金账户开立与管理

第十三条　交易所在存管银行开设专用结算账户，用于存放会员的保证金及相关款项。

第十四条　会员须在存管银行开设专用资金账户，用于存放保证金及相关款项。

第十五条　交易所与会员之间期货业务资金的往来通过交易所专用结算账户、会员保证金账户和会员专用资金账户办理。

第十六条　交易所对会员存入交易所专用结算账户的保证金实行分账管理，为每一会员设立明细账户，按日序时登记核算每一会员出入金、盈亏、保证金、手续费等。

第十七条　期货公司会员对客户存入会员保证金账户和专用资金账户的保证金实行分账管理，为每一客户设立明细账户，按日序时登记核算每一客户出入金、盈亏、保证金、手续费等。

第十八条　会员开设专用资金账户时，须经交易所审核同意，并提交《印鉴授权书》等相关资料；会员使用资金管理电子化系统，须与交易所签订《郑州商品交易所资金管理电子化会员服务协议》。

交易所有权在不通知会员的情况下，通过存管银行从会员的专用资金账户中收取各项应收款项，并且有权随时查询该账户的资金情况。

第十九条　《印鉴授权书》中被授权的公章、财务章、法定代表人章或者被授权人章及《郑州商品交易所资金管理电子化会员服务协议》确定的电子签章均为会员的有效印鉴，会员应当对使用以上印鉴所产生的一切后果承担责任。

第二十条　会员更换专用资金账户的，须经交易所批准。

第二十一条　会员更名或者资格转让，须重新向交易所提交《印鉴授权书》，并办理相关专用资金账户的变更手续。

第二节　保证金管理

第二十二条　交易所实行保证金制度。保证金分为结算准备金和交易保证金。

第二十三条　结算准备金是指会员为了交易结算在交易所专用结算账户中预先准备的资金，是未被合约占用的保证金。

结算准备金的最低余额由交易所规定并公告，会员须以自有资金足额缴纳。

第二十四条　交易所根据会员当日结算准备金中的货币资金部分，以不低于中国人民银行公布的同期银行活期存款利率计算利息，并在每年 3 月、6 月、9 月、12 月存管银行支付利息后的下一个交易日内，将利息转入会员结算准备金。

第二十五条　交易保证金是指会员在交易所专用结算账户中确保合约履行的资金，是已被合约占用的保证金。买卖双方成交后，交易所按持仓合约价值和规定的比例收取交易保证金。

持有标准仓单的卖方会员向交易所提交折抵头寸申请并征得同意后，与其标准仓单所示数量相同的卖持仓（不含按照本细则规定已经取得交易保证金优惠的持仓）交易保证金在结算时不再收取。会员向交易所提交申请之前须取得客户授权。最后交易日交割配对时，客户需要配对交割的仓单处于折抵状态的，交易所根据交割配对情况解除其相应的仓单折抵，用以交割配对。

交割月最后交易日下午不再进行交易的品种，交易所不办理该品种标准仓单折抵业务。

第二十六条　各品种期货合约的交易保证金比例及不同阶段的交易保证金比例按交易所有关规定执行。同一会员、同一客户、同一合约月份双向持仓按照单边收取交易保证金。

第二十七条　交易所根据会员当日成交合约数量及相关规定计收交易手续费。

第二十八条　经交易所同意，会员可用有价证券充抵保证金。

第二十九条　期货公司会员受托为客户交易，向客户收取的保证金属于客户所有，禁止挪作他用。

第三十条　期货公司会员向客户收取的交易保证金不得低于交易所向会员收取的交易保证金。

第五章　交易结算

第一节　当日结算

第三十一条　交易所实行当日无负债结算制度。

每日交易结束后，交易所按当日结算价结算所有合约的盈亏、交易保证金，收取手续费等费用，对应收应付的款项同时划转，相应增加或者减少会员的结算准备金。

当日有成交价格的期货合约，其当日结算价是指该合约当日成交价格按照成交量的加权平均价。违法违规交易行为影响当日结算价格公平产生的，交易所有权消除违法违规交易行为的不利影响。当日无成交价格的期货合约，其当日结算价按照下列方法确定：

（一）如果当日收盘时交易所计算机系统中该合约有买、卖双方报价的，按照最优的买方报价、卖方报价和该合约上一交易日的结算价格三者中居中的一个价格为该无成交合约的当日结算价。

（二）如果当日该合约收盘前连续五分钟报价保持停板价格，且交易所计算机系统中只有单方报价时，则以该停板价格为该无成交合约的当日结算价。

（三）除上述第（一）、（二）项之外的其他情况，该无成交价格期货合约的当日结算价按照下列方法确定：

1. 如果当日无成交合约其当日前一有成交的最近月份合约结算价的涨跌幅度（%）小于等于当日无成交合约当日的涨跌停板，则当日无成交合约结算价=该合约上一交易日的结算价×（1±该合约当日前一有成交的最近月份合约结算价的涨跌幅度）。

2. 如果当日无成交合约其当日前一有成交的最近月份合约结算价的涨跌幅度（%）大于当日无成交合约当日的涨跌停板，则当日无成交合约结算价 = 该合约上一交易日的结算价 ×（1±该合约的当日涨跌停板）。

3. 如果当日无成交合约前面所有月份合约当日均无成交，无法找到该合约当日前一有成交的最近月份合约结算价的涨跌幅度，则当日无成交合约结算价=上一交易日该合约的结算价。

第三十二条　交易所结算部门根据会员的平仓、持仓情况及各期货合约的当日结算价计算各个会员的当日盈亏，当日盈亏 = 平仓盈亏 + 持仓盈亏 + 交割差额。

（一）结算部门根据会员平仓合约计算会员平仓盈亏。平仓盈亏的计算公式如下：

平仓盈亏 = 平历史仓盈亏 + 平当日仓盈亏

平历史仓盈亏 = Σ［(卖出平仓价–上一交易日结算价) × 卖出平仓量］+ Σ［(上一交易日结算价 – 买入平仓价) × 买入平仓量］

平当日仓盈亏 = Σ［(当日卖出平仓价–当日买入开仓价) × 卖出平仓量］+ Σ［(当日卖出开仓价 – 当日买入平仓价) × 买入平仓量］

（二）结算部门根据会员持仓合约和当日结算价计算持仓盈亏。持仓盈亏的计算公式如下：

持仓盈亏 = 历史持仓盈亏 + 当日开仓持仓盈亏

历史持仓盈亏 = Σ［(上一日结算价–当日结算价) × 卖出历史持仓量］+ Σ［(当日结算价 – 上一日结算价) × 买入历史持仓量］

当日开仓持仓盈亏 = Σ［(卖出开仓价–当日结算价) × 卖出开仓量］+ Σ［(当日结算价–买入开仓价) × 买入开仓量］

（三）结算部门根据会员交割配对合约、当日结算价和交割结算价计算交割差额。交割差额的计算公式如下：

交割差额 = Σ［(当日结算价 – 交割结算价) × 卖出配对量］+ Σ［(交割结算价 – 当日结算价) × 买入配对量］

第三十三条　当日盈亏在每日结算时进行划转，当日盈利划入会员结算准备金，当日亏损从会员结算准备金中扣划。

当日结算时的交易保证金超过上一交易日结算时的交易保证金部分从会员结算准备金中扣划。当日结算时的交易保证金低于上一交易日结算时的交易保证金部分划入会员结算准备金。

手续费等各项费用从会员的结算准备金中扣划。

第三十四条　结算准备金余额的具体计算公式如下：

当日结算准备金余额 = 上一交易日结算准备金 + 上一交易日交易保证金–当日交易保证金 + 当日有价证券充抵保证金–上一交易日有价证券充抵保证金 + 当日盈亏 + 入金–出金–手续费等

第三十五条　当日结算完毕后，交易所通过会员服务系统向会员发送结算结果。会员的结算准备金低于最低余额时，该结算结果即视为交易所向会员发出的追加保证金通知。

交易所发出追加保证金的通知后，可以通过存管银行从会员的专用资金账户中扣划。

会员必须在下一个交易日开市前补足至结算准备金最低余额。未补足的，结算准备金余额大于零而低于结算准备金最低余额时，禁止开新仓；结算准备金余额小于零时，交易所有权对该会员持仓强行平仓。

交易所可根据市场风险和保证金变动情况，在交易期间发出追加保证金通知，会员须在通知规定的时间内补足保证金。结算准备金未按时补足且余额为负数的，交易所有权对其持仓强行平仓。

第二节　出入金

第三十六条　会员入金方式：会员可用相关转账凭证、银期通系统向交易所专用结算账户划入资金。会员划入的资金，经存管银行确认到账后，交易所将及时增加会员的保证金。

第三十七条　会员出金方式：会员出金须在每交易日下午 3 时之前办理。使用银期通系统出金的，会员应在银期通系统上提出出金申请，经交易所审核后办理出金手续；特殊情况下使用转账凭证出金的，会员应加盖预留印鉴作为会计核算的依据。交易所可根据业务发展需要，变更出金方式和流程。

第三十八条　会员的出金标准为：

（一）当有价证券充抵保证金实际可用金额大于等于交易保证金的 80%时，可出金额 = 实有货币资金 – 交易保证金 × 20% – 结算准备金最低余额；

（二）当有价证券充抵保证金实际可用金额小于交易保证金的 80%时，可出金额 = 实有货币资金 –（交易保证金–有价证券充抵保证金实际可用金额）– 结算准备金最低余额。

交易所可根据市场风险状况对会员出金标准做适当调整。

第三十九条　会员或者客户有下列情况之一的，交易所可以限制会员出金：

（一）涉嫌重大违规，经交易所立案调查的；

（二）因投诉、举报、交易纠纷等被司法部门、交易所或者其他有关部门正式立案调查，且正处在调查期间的；

（三）交易所认为必要的其他情况。

第三节　结算数据

第四十条　当日交易结束后，交易所对每一会员的盈亏、交易手续费、保证金等款项进行结算。交易所采用发放纸质结算单据或电子结算单据等方式向会员提供当日结算数据。结算数据是会员核对当日有关交易并对客户结算的依据。因特殊情况不能按时提供时结算数据的，交易所另行通知提供结算数据的时间。

第四十一条　会员应当每天及时获取交易所提供的结算数据，做好核对工作，妥善保存。

第四十二条　会员对结算结果有异议的，应当在下一交易日开市前以书面形式通知交易所。如遇特殊情况，会员可在下一交易日开市后两小时内以书面形式通知交易所。在规定时间内，会员没有对结算结果提出异议的，视作已认可结算结果的正确性。

第四十三条　交易所在每月月初向会员提供上月的《会员保证金核对单》，作为会员核查交易账簿记录的依据。

第四节　移　仓

第四十四条　发生下列情况之一的，可由期货公司会员和客户提出申请，经交易所批准后，可以进行客户移仓：

（一）期货公司会员因故不能从事期货经纪业务，或发生经监管部门批准的合并、分立、破产等账号变更；

（二）期货公司会员和客户违反《郑州商品交易所期货交易风险控制管理办法》，引发交割违规、违约风险；

（三）交易所认可的其他移仓情况。

第四十五条　移仓申请经批准后，交易所与期货公司会员约定具体的客户移仓结算日。

客户移仓结算日当日结算完成后，交易所为期货公司会员实施客户移仓，并提供客户移仓前和移仓后的持仓清单由期货公司会员确认。

移仓内容仅包括客户的持仓不包括当日的盈亏、交易手续费、保证金等其他款项。

第六章　交割结算

第四十六条　会员进行交割，应当按规定向交易所交纳交割手续费。具体标准在交割细则中载明。

交割手续费在交割日结算时由交易所直接从会员的结算准备金中扣划。

第四十七条　交割货款结算实行一收一付，同时划转。

第四十八条　交割结算价的规定见交割细则。交割商品货款以交割结算价为基础，加减相应的升贴水和包装款。包装款按交易所公布的标准结算。

第四十九条　交割配对日结算时，交易所对会员交割月份配对持仓按交割结算价进行结算处理，产生的交割差额计入会员当日盈亏中。

第七章　有价证券充抵保证金

第五十条　有价证券充抵的保证金仅用于交易担保，会员发生的亏损、交割货款、出金、费用等款项均须以货币资金及时结清。

第五十一条　有价证券充抵保证金业务由交易所结算部门负责办理。交易所受理有价证券充抵保证金业务的时间为每个工作日交易时间的下午 2 时 30 分之前。交割月最后交易日下午不再进行交易的品种，交易所不办理该品种标准仓单充抵保证金业务。

第五十二条　会员使用有价证券充抵保证金时，须将有价证券移转交易所占有，办理有价证券充抵保证金登记手续后，交易所享有有价证券的质押权。

非期货公司会员使用有价证券充抵保证金的，须以自己的名义到交易所办理。客户使用有价证券充抵保证金的，须委托期货公司会员并以期货公司会员名义办理，并向交易所申明愿为期货公司会员名下期货交易提供担保。

第五十三条　交易所接受以下有价证券充抵保证金：

（一）可在交易所流通的标准仓单；

（二）可流通并能够实现质押权登记的国债；

（三）交易所认可的其他有价证券。

依前款规定的有价证券充抵保证金的，充抵的期限不得超过有价证券的有效期，每次充抵的有价证券价值不得低于十万元（人民币）。

第五十四条　有价证券充抵保证金应当符合以下规定：

（一）会员办理有价证券充抵保证金业务时，应当按交易所规定填报有价证券充抵保证金申请；

（二）以标准仓单充抵保证金时，由交易所结算部门负责人审批；以国债及其他有价证券充抵保证金时，须经交易所结算部门和法律部门签署意见后，报交易所主管领导批准；

（三）会员以标准仓单充抵保证金的，须将标准仓单提交交易所，并办理交存和充抵登记手续；国债及其他有价证券的验证交存和充抵登记须依法办理。

第五十五条　有价证券价值的确定标准：

（一）标准仓单充抵保证金时，以办理日前一交易日该标准仓单对应品种最近交割月份期货合约的结算价为基准价计算其价值；

（二）国债充抵保证金时，以充抵办理日前一交易日该国债在上海、深圳证券交易所较低的收盘价为基准价计算其价值；

（三）其他有价证券充抵保证金的价值由交易所核定。

第五十六条 有价证券充抵保证金的金额不得高于以下标准中的较低值：

（一）有价证券价值的 80%；

（二）会员在期货交易所专用结算账户中的实有货币资金的 4 倍。

第五十七条 有价证券充抵保证金生效当日，交易所结算部门按照充抵金额进行账务核算，同时增加会员保证金。

第五十八条 每次充抵保证金的期限原则上为六个月。

第五十九条 交易所有权根据市场状况调整有价证券充抵保证金金额及实际可用充抵金额。

充抵期限内，有价证券的价值涨跌幅度大于或等于 10%时，交易所可以对充抵金额作相应调整；交易所可以依据市场风险情况，调整有价证券的基准计算价和会员充抵金额。调整会员充抵金额时，交易所结算部门向会员出具有价证券充抵保证金调整单，同时调整会员保证金。

充抵期限内，会员配比货币资金不足时，交易所按照充抵保证金配比规定即时对该会员的实际可用充抵金额作相应调减；会员增加货币资金时，交易所按照充抵配比规定即时调增其实际可用充抵金额。

第六十条 出现下列情况之一的，交易所有权取消有价证券充抵保证金的额度：

（一）使用有价证券充抵保证金的会员或者客户运用资金出现较大风险并有可能危及交易所合法权益的；

（二）充抵期内，市场出现较大风险，并有可能危及交易所合法权益的；

（三）有价证券所对应的货物出现瑕疵或者发生重大风险的；

（四）有价证券充抵业务经办会员或者客户（有价证券所有人）存在违规、违约行为嫌疑的；

（五）由于其他原因需要停止有价证券充抵保证金的。

取消有价证券充抵保证金额度的当日，交易所结算部门减少会员保证金，同时计算并收取充抵保证金手续费。会员保证金不能满足结算要求的，有价证券充抵关系不得解除。

第六十一条 交易所依据本细则第五十八条、第五十九条调整会员充抵金额或取消会员充抵保证金额度后，会员出现保证金不足又未及时追加的，交易所有权按照强行平仓制度对其采取措施。因交易所采取措施造成会员损失的，由会员先行承担，然后由会员向客户追偿；造成交易所损失的，交易所有权将充抵的有价证券按市场价格变现或兑现并从中优先受偿。交易所受偿结束前，会员保证金充抵关系不予解除。

第六十二条 有价证券充抵保证金期满，交易所解除充抵关系，应当减少会员保证金，向会员返还有价证券。充抵期内，会员提出申请要求提前解除充抵保证金的，必须在弥补应交保证金之后，方可办理相应手续，取回充抵的有价证券。

解除标准仓单充抵关系时，结算部门当日办理仓单解除充抵保证金手续。

解除国债及其他有价证券充抵保证金时，结算部门按有关程序和规定办理解除充抵保证金手续，归还其原有的有价证券。

第六十三条 有价证券所充抵的保证金不能全额及时清偿时，交易所有权将用作充抵保证金的有价证券按市场价兑现或者变现，用于清偿其充抵的保证金和相关债务。清偿后有余额的，将余额部分退还会员；兑现或者变现金额不足以清偿其充抵的保证金和相关债务的，交易所有权向会员追索。

兑现或者变现时，有价证券可以分割的，按其不能清偿的保证金数额、充抵费用、兑现或者变现费用以及相关费用等的合计数额进行分割兑现或者变现；有价证券不能分割的，全部兑现或者变现。

第六十四条　会员应当承担有价证券充抵保证金期内的手续费和其他相关费用。其他相关费用包括有价证券的仓储费、保管费等相关费用。

有价证券充抵保证金的手续费收取标准由交易所规定并公告。有价证券充抵保证金手续费在充抵关系解除时收取。

有价证券的仓储费、保管费等按有关规定交纳。

第六十五条　交易所应当建立有价证券充抵保证金相关资料的保管制度，完善相关手续。有价证券充抵保证金业务的相关资料保管期限与会计档案相同。

第八章　风险与责任

第六十六条　期货交易风险防范实行分级负责制度。交易所防范会员风险，会员防范客户的风险。

第六十七条　会员对其在交易所成交的合约负有承担风险的责任。

第六十八条　会员不能履行合约义务时，交易所有权对其采取下列保障措施：

（一）动用会员的结算准备金；

（二）暂停开仓交易；

（三）按规定强行平仓，直至用平仓后释放的保证金能够履约为止；

（四）将充抵保证金的有价证券变现，用变现所得履约赔偿。

第六十九条　采取前条措施后会员仍不能清偿债务的，交易所可采取以下清偿措施：

（一）转让会员资格，用转让所得抵偿；

（二）经理事会批准，动用风险准备金进行履约赔偿；

（三）动用交易所的自有资产进行履约赔偿；

（四）通过法律程序继续对该会员追偿。

第七十条　交易所实行风险准备金制度。风险准备金由交易所设立，用于维护期货市场正常运转提供财务担保和弥补交易所难以控制的风险带来的亏损。

第七十一条　风险准备金的来源：

（一）交易所按手续费收入 20% 的比例提取；

（二）符合国家财政政策规定的其他收入。

当风险准备金余额达到一定规模时，经中国证监会批准可不再提取。

第七十二条　风险准备金必须单独核算，专户存储。

第七十三条　风险准备金的动用必须经交易所理事会批准，并报告中国证监会。

第九章　附　则

第七十四条　违反本细则规定的，交易所按《郑州商品交易所违规处理办法》有关规定处理。

第七十五条　本细则解释权属于郑州商品交易所。

第七十六条　本细则自 2013 年 9 月 16 日起施行。

深圳证券交易所综合协议交易平台业务实施细则

（为提高大宗交易市场效率，丰富交易服务手段，深圳证券交易所于2008年12月18日发布该细则并实施）

第一章 总 则

第一条 为规范在深圳证券交易所（以下简称“本所”）综合协议交易平台（以下简称“协议平台”）上进行的大宗交易和协议交易，根据《深圳证券交易所交易规则》（以下简称“《交易规则》”）等相关业务规则，制定本细则。

第二条 本细则所称协议平台，是指本所为会员和合格投资者进行各类证券大宗交易或协议交易提供的交易系统。

第三条 符合法律法规和《交易规则》规定的证券大宗交易以及专项资产管理计划收益权份额等证券的协议交易，可以通过协议平台进行。

第四条 会员和合格投资者在协议平台的交易行为应当遵守法律、行政法规、部门规章以及本所有关业务规则。

第五条 下列交易可以通过协议平台进行：

（一）权益类证券大宗交易，包括A股、B股、基金等；

（二）债券大宗交易，包括国债、企业债券、公司债券、分离交易的可转换公司债券、可转换公司债券和债券质押式回购等；

（三）专项资产管理计划收益权份额协议交易（以下简称“专项资产管理计划协议交易”）；

（四）本所规定的其他交易。

第二章 用户申请

第六条 本所会员可以申请成为协议平台交易用户（以下简称“交易用户”）。

第七条 符合条件的合格投资者，经本所批准，可以申请成为交易用户。

合格投资者申请成为交易用户的资格条件和申请程序，由本所另行规定。

第八条 经本所批准，会员和合格投资者可以变更或撤销交易用户资格。

第三章 申 报

第九条 协议平台接受交易用户申报的时间为每个交易日9：15至11：30、13：00至15：30。申报当日有效。

当天全天停牌的证券，协议平台不接受其有关申报。

第十条　协议平台接受交易用户下列类型的申报：

（一）意向申报；

（二）定价申报；

（三）双边报价；

（四）成交申报；

（五）其他申报。

第十一条　意向申报指令应当包括证券账号、证券代码、买卖方向和本方交易单元代码等内容。

意向申报不承担成交义务，意向申报指令可以撤销。

第十二条　定价申报指令应当包括证券账号、证券代码、买卖方向、交易价格、交易数量和本方交易单元代码等内容。

市场所有参与者可以提交成交申报申请按指定的价格与定价申报全部或部分成交，交易主机按时间优先顺序配对成交。

定价申报的未成交部分可以撤销。定价申报每笔成交的交易数量或交易金额，应当满足协议平台不同业务模块适用的最低标准。

第十三条　双边报价分为双边意向申报和双边定价申报。双边意向申报等同于两条买卖方向相反的意向申报；双边定价申报等同于两条买卖方向相反的定价申报。

第十四条　成交申报指令包括证券账号、证券代码、买卖方向、交易价格、交易数量和对手方交易单元代码等内容。

成交申报要求明确指定价格和数量。成交申报指令在协议平台确认成交前可以撤销。

第十五条　根据债券市场发展的需要，本所将债券大宗交易的最低限额调整为：

（一）债券单笔现货交易数量不低于5000张（以人民币100元面额为一张）或者交易金额不低于50万元人民币；

（二）债券单笔质押式回购交易数量不低于5000张（以人民币100元面额为一张）。

第四章　成交确认

第十六条　协议平台按不同业务类型分别确认成交，具体确认成交的时间规定如下：

对权益类证券大宗交易、债券大宗交易（除公司债券外），协议平台的成交确认时间为每个交易日15:00至15:30；

对公司债券的大宗交易、专项资产管理计划协议交易，协议平台的成交确认时间为每个交易日9:15至11:30、13:00至15:30。

第十七条　协议平台对申报价格和数量一致的成交申报和定价申报进行成交确认。用户对各交易品种申报的价格应当符合下列规定，交易方可成立：

（一）权益类证券大宗交易中，该证券有价格涨跌幅限制的，由买卖双方在其当日涨跌幅价格限制范围内确定；该证券无价格涨跌幅限制的，由买卖双方在前收盘价的上下30%或当日已成交的最高、最低价之间自行协商确定。

（二）债券大宗交易价格，由买卖双方在前收盘价的上下30%或当日已成交的最高、最低价之间自行协商确定。

（三）专项资产管理计划协议交易价格，由买卖双方自行协议确定。

第十八条　符合《交易规则》并由协议平台确认的成交，买卖双方必须承认交易结果。协议平台用户应当保证其自身或投资者实际拥有与申报时相对应的足额资金或证券数量。因资金或证券数量不足造成交收失败的，协议平台用户应按照中国证券登记结算有限公司深圳分公司的规定承担由此引起的相关责任。

第五章 回转交易与跨系统交易安排

第十九条 债券大宗交易以及专项资产管理计划协议交易实行当日回转交易。

第二十条 协议平台、竞价系统双边交易的公司债券，协议平台 T 日买入的，T+2 日在竞价系统可用；竞价系统 T 日买入的，T 日在协议平台可用。

第二十一条 协议平台、竞价系统双边交易的权益类证券、债券（除公司债券外），协议平台 T 日买入的，T+1 日在竞价系统可用；竞价系统 T 日买入的权益类证券，T+1 日在协议平台可用；竞价系统 T 日买入的债券（除公司债券外），T 日在协议平台可用。

第六章 交易信息披露

第二十二条 本所每个交易日通过协议平台、交易所网站等方式对外发布协议平台交易信息。

第二十三条 对于权益类证券大宗交易以及债券大宗交易（除公司债券外），本所在每个交易日结束后，通过交易所网站公布每笔大宗交易的成交信息。

交易所网站发布的成交信息包括：证券代码、证券名称、成交量、成交价以及买卖双方所在会员营业部或交易单元的名称。

协议平台上进行的权益类证券大宗交易和双边交易债券的大宗交易，暂不纳入本所即时行情和指数的计算，成交量在协议平台交易结束后计入当日该证券成交总量。

第二十四条 对于公司债券大宗交易，本所在协议平台交易时间内通过协议平台和交易所网站即时公布每笔协议交易的报价信息和成交信息。

通过协议平台和交易所网站发布的报价信息包括：证券代码、证券名称、申报类型、买卖方向、买卖数量、买卖价格以及报价联系人和联系方式等。

通过协议平台和交易所网站发布的成交信息包括：证券代码、证券名称、成交量、成交价以及买卖双方所在会员营业部或交易单元的名称。

第二十五条 仅在协议平台交易的公司债券大宗交易信息纳入本所即时行情发布。

即时行情发布的内容包括：证券代码、证券简称、前收盘价、当日最高价、当日最低价、当日累计成交数量、当日累计成交金额以及实时最优五个买入或卖出价位定价申报的申报价格和数量等。

前收盘价的计算方法为前交易日该证券所有大宗交易的成交量加权平均价。当日无成交的，以前收盘价为当日收盘价。

第二十六条 对于专项资产管理计划协议交易，本所在协议平台交易时间内通过协议平台和交易所网站即时公布每笔协议交易的报价信息和成交信息。

通过协议平台和交易所网站发布的报价信息包括：证券代码、证券名称、申报类型、买卖方向、买卖数量、买卖价格以及报价联系人和联系方式等；

通过协议平台和交易所网站发布的成交信息包括：证券代码、证券名称、成交量、成交价以及买卖双方所在会员营业部或交易单元的名称。

第二十七条 专项资产管理计划协议交易信息，纳入本所即时行情发布。

即时行情发布内容包括：证券代码、证券简称、前收盘价、当日最高价、当日最低价、当日累计成交数量、当日累计成交金额以及实时最优五个买入或卖出价位定价申报的申报价格和数量等。

前收盘价的计算方法为前交易日该证券所有协议交易的成交量加权平均价。当日无成交的，以前收盘价为当日收盘价。

第二十八条　本所可以根据市场需要，调整协议平台交易信息发布的方式和内容。

第七章　监督管理

第二十九条　交易用户应当遵守本所《交易规则》及相关规定，依法及时履行有关信息披露义务。

第三十条　本所对协议平台交易进行监督，对利用协议平台进行虚假或其他扰乱市场秩序的申报等异常交易行为予以重点监控，并视情况采取监管措施。

第八章　附　则

第三十一条　协议平台相关清算交收业务按照中国证券登记结算有限公司深圳分公司有关规定办理。

第三十二条　本细则未作规定的事宜，参照本所交易规则及其他相关规则执行。

第三十三条　本细则由本所负责解释。

第三十四条　本细则自 2009 年 1 月 12 日起施行。

图书在版编目（CIP）数据

中国证券业政策法规汇编（2014 年版）/ 丛书编辑部编. —北京：经济管理出版社，2014.7
（最新经济管理政策法规汇编丛书）
ISBN 978-7-5096-3177-5

Ⅰ. ①中…　Ⅱ. ①丛…　Ⅲ. ①证券市场—金融政策—汇编—中国—2014 ②证券法—汇编—中国—2014　Ⅳ. ①F832.51 ②D922.287.9

中国版本图书馆 CIP 数据核字（2014）第 126912 号

责任编辑：谭　伟　丁慧敏
责任印制：黄章平
责任校对：张　青

出版发行：经济管理出版社
（北京市海淀区北蜂窝 8 号中雅大厦 A 座 11 层　100038）
网　　址：www. E-mp. com. cn
电　　话：（010）51915602
印　　刷：三河市海波印务有限公司
经　　销：新华书店
开　　本：880mm×1230mm/16
印　　张：40.25
字　　数：1136 千字
版　　次：2014 年 7 月第 1 版　2014 年 7 月第 1 次印刷
书　　号：ISBN 978-7-5096-3177-5
定　　价：298.00 元